나의 사랑하는 책

IVP(InterVarsity Press)는
캠퍼스와 세상 속의 하나님 나라 운동을 지향하는
IVF(InterVarsity Christian Fellowship)의 출판부로서
생각하는 그리스도인을 위한 문서 운동을 실천합니다.

Text copyright ⓒ 2006 John Stott
Copyright ⓒ Lion Hudson plc/Tim Dowley and Peter Wyart trading as Three's Company

Original edition published in English under the title *Through the Bible Through the Year*
by Candle Books(a publishing imprint of Lion Hudson plc, Oxford).

All rights reserved.

Korean Edition Copyright ⓒ 2012 by InterVarsity Press Korea, Seoul, Republic of Korea

This Korean edition is translated and used by arrangement of Lion Hudson plc through rMaeng2,
Seoul, Republic of Korea.

이 한국어판의 저작권은 알맹2 에이전시를 통하여 Lion Hudson plc와 독점 계약한
한국기독학생회출판부에 있습니다.

나의 사랑하는 책
교회력에 따른 매일 성경 묵상

존 스토트 | 이지혜·최효은 옮김

나의 충직한 비서
프랜시스 화이트헤드에게.

신실하고도 탁월한 능력으로 섬겨 준
지난 50년을 기념하며
이 책을 헌정합니다.

차례

서문: 교회력을 따르는 성경 읽기   9
감사의 글   11

제1부 천지창조에서 그리스도까지: 구약 성경
     (이스라엘 백성의 삶) 9월부터 12월까지

제1주	창조	15
제2주	노동과 결혼 제도	23
제3주	타락	31
제4주	사회의 타락	39
제5주	족장 시대	47
제6주	모세와 출애굽	55
제7주	십계명	63
제8주	여호수아와 사사들	71
제9주	왕정 시대	79
제10주	지혜 문학	87
제11주	시편	95
제12주	선지자 이사야	103
제13주	선지자 예레미야	111
제14주	포로기 선지자들	119
제15주	귀환과 회복	127
제16주	메시아의 이미지	135
제17주	예수님의 탄생	143

제2부 성탄절에서 오순절까지: 복음서
(그리스도의 생애) 1월부터 4월까지

제18주	성탄절에 대한 반응들	153
제19주	그리스도에 대한 사중 복음	161
제20주	준비 기간	169
제21주	공생애	177
제22주	비유로 가르치심	185
제23주	산상수훈	193
제24주	주기도문	201
제25주	전환점	209
제26주	예수님의 논쟁	217
제27주	마지막 한 주	225
제28주	다락방	233
제29주	고난의 시작	241
제30주	최후	249
제31주	가상칠언	257
제32주	십자가의 의미	265
제33주	부활의 몸으로 나타나시다	273
제34주	부활의 의미	281

제3부 오순절에서 재림까지: 사도행전, 서신서, 요한계시록
       (성령 안에서 사는 삶) 5월부터 8월까지

제35주 오순절을 준비하며	291
제36주 기독교 최초의 설교	299
제37주 예루살렘 교회	307
제38주 사탄의 방해	315
제39주 세계 선교의 기초	323
제40주 바울의 전도 여행	331
제41주 로마를 향한 긴 여정	339
제42주 갈라디아서와 데살로니가전후서	347
제43주 로마서	355
제44주 고린도전후서	363
제45주 세 개의 옥중서신	371
제46주 목회서신	379
제47주 히브리서	387
제48주 일반서신	395
제49주 일곱 교회에 보낸 그리스도의 편지	403
제50주 천국 보좌	411
제51주 하나님의 의로운 심판	419
제52주 새 하늘과 새 땅	427
주	435

서문
교회력을 따르는 성경 읽기

이 책의 활용법

1963년 영국에서는 8개 교회가 모여 "합동 예전 모임"(Joint Liturgical Group)을 결성하고, 「교회력과 성구집의 재고」(*The Calendar and Lectionary: A Reconsideration*)라는 제목의 비공식 문서를 발표했다. 이 문서는 대강절 기간(12월)에 그리스도의 초림 준비에 초점을 맞추는 교회력을 제안했다. 이는 예수님의 초림과 재림을 동시에 축하해야 하는 어색함을 피하려는 의도였다. 이렇게 하면 오순절 이후 계속되는 주일들까지 교회력을 확장시켜, 교회력의 한 해 주기를 거의 완성할 수 있다.

그 이후로, 특히 주일 공동 예배 때 사용할 수 있는 합의된 교회력과 성구집을 만들려는 시도가 여러 차례 있었다.

그러나 나의 주된 관심사는 개인이 날마다 사용할 수 있는 묵상집을 만드는 것이다. 우리가 다니는 교회가 예전을 중시하건 않건 간에, 이 책은 창세기의 창조 기사부터 요한계시록 22장의 완성에 이르기까지 성경 이야기 전체를 해마다 개괄할 수 있게 해준다. 이런 식으로 따져 보면, 교회력은 자연스럽게 네 달씩 세 기간으로 나누어진다.

첫 번째 기간은 9월 초(동방 정교회의 교회력이 시작되는 때이자, 유럽 교회에서 추수감사절을 지키는 때)부터 성탄절까지다. 이 기간에는 창조 기사부터 그리스도의 오심까지 구약 이야기를 되새기게 해준다.

두 번째 기간은 1월 초부터 4월 말에 이르는, 성령강림절 혹은 오순절까지다. 이 기간에는 예수님의 탄생에서부터 공생애, 죽음, 부활, 승천, 성령의 선물에 이르기까지 복음서에 나오는 예수님 이야기를 되새기게 해준다.

세 번째 기간은 오순절 이후인 5월 초부터 8월 말까지다. 이 기간에는 사도행전의 이야기를 되새기고, 성령이 지금도 살아 계시는 하나님의 능력인 동시에 그리스도가 다시 오실 때 우리에게 주실 최종 유산에 대한 보증임을 상기시켜 준다. 또한 서신서와 요한계시록에 드러난 그리스도인의 삶과 소망을 묵상하도록 돕는다.

따라서 교회력은 이처럼 세 기간으로 전개되고, 성경도 세 부분으로 나누어지고, 전능하신 하나님도 성부, 성자, 성령 세 위격으로 자신을 계시하셨다는 사실이 드러난다.

그뿐 아니라 각각 세 가지로 구성되는 교회력과 성경과 하나님의 삼중 구조는 건전한 삼위일체 구조 안에서 서로 겹친다. 성경 이야기 전체가 여기 포함된다. 첫 번째 기간(9-12월)에는 구약 성경에 드러난 성부 하나님의 사역과 그분이 메시아의 도래를 위해 자기 백성을 준비시키시는 내용을 살펴본다. 두 번째 기간(1-4월)에는 복음서에 나타난 성자 하나님의 사역과 그분의 구원 사역을 살펴본다. 세 번째 기간(5-8월)에는 사도행전과 서신서와 요한계시록에 기록된 성령 하나님의 사역과 그분의 활동을 살펴본다.

우리는 이 거룩한 이야기를 해마다 상고하고 되살아내며 축하하면서, 온전하고 균형잡힌 삼위일체 신앙을 갖게 된다. 또한 성경의 틀과 내용에 더욱 익숙해질 뿐만 아니라, 역사의 하나님을 신뢰하게 될 것이다. 예수 그리스도가 능력과 영광 가운데 다시 오실 그날까지, 그분의 성육신 이전과 성육신하여 이 세상에 계신 동안에 또한 그 이후에도 자신의 뜻에 따라 역사하셨고 계속 역사하실 그 하나님을 말이다.

독자들에게

이 책은 1-3부 중 어느 부분부터 읽기 시작해도 무리가 없도록 구성되어 있다.

예를 들면, 1주 '창조'를 9월부터 시작해서 성경 이야기를 처음부터 끝까지 따라가는 것이 자연스러운 흐름이다.

하지만 12월/1월부터 17주 '예수님의 탄생'부터 시작하고 싶은 독자들도 있을 것이다.

또는 3월/4월의 부활절부터 시작하는 방법도 있다. 그러나 부활절 날짜가 해마다 다르기 때문에 시작하는 날짜를 고정하기는 힘들 것이다.

교회력을 따라가는 가장 좋은 방법은, 이 책을 사용하는 해의 부활절 날짜를 확정해 두는 것이다. 그런 다음, 부활절 2주 전에(고난주간과 성주간) 31주('가상칠언')와 32주('십자가의 의미')에 해당하는 묵상을 읽는다. 그리고 부활주일 주간과 그 이후 주간에는, 33주('부활 후 나타나심')와 34주('부활의 의미')를 읽으면 된다.

이렇게 하면 부활절 전후의 중요한 기간에 그에 적합한 본문과 묵상을 읽을 수 있고, 승천일(부활절 40일 후)과 성령강림절(부활절 50일 후)을 비롯한 다른 절기들에도 남은 기간에 맞추어 묵상이 가능하다. 삼위일체 주일이 그 절정에 해당하는데, 이는 늘 성령강림절 다음 주일이다.

감사의 글

이 책을 펴낸 영국의 라이언 허드슨 출판사(Lion Hudson plc)와 미국의 베이커 출판사(Baker Books)에 감사드립니다. 이 책을 디자인한 쓰리 컴퍼니(Three's Company)의 팀 다울리(Tim Dowley)와 피터 와이어트(Peter Wyart), 일러스트레이터 프레드 앱스(Fred Apps)에게 특별히 고맙습니다.

2002년부터 2005년까지 연구 비서로 수고한 매튜 스미스(Matthew Smith)에게 감사합니다. 원고 전체를 꼼꼼하게 읽고 내용 보완에 필요한 제안을 아끼지 않았습니다.

무엇보다도 프랜시스 화이트헤드(Frances Whitehead)에게 큰 빚을 지었습니다. 그녀는 이 책의 원고를 전부 타이핑해 주었을 뿐 아니라, 지금까지 50년이라는 놀라운 시간 동안 비서로서 탁월한 능력을 발휘해 주었습니다.

존 스토트

제1부
천지창조에서 그리스도까지

구약 성경
(이스라엘 백성의 삶)

─── 9월부터 12월까지 ───

11월 말이나 12월 초의 대강절로 시작하는 교회력과 달리, 일반 달력은 1월 1일부터 시작된다는 점에서 발생하는 어쩔 수 없는 문제가 있다.

게다가 이 책은 대강절 석 달 전부터 시작한다. 이는 성탄절 준비 기간을 좀더 길게 갖기 위해서이기도 하고, 1년을 넉 달씩 3부로 나누기 위해서이기도 하다. 그러면 천지창조부터 그리스도에 이르기까지 구약 성경 전체를 넉 달 동안 살펴볼 수 있으니 얼마나 좋은가.

첫 주에는 당연히 창세기 1장의 천지창조 이야기에 초점을 맞출 것이다. 하지만 그리스도의 탄생 이야기로 새해를 시작하고 싶은 독자들은 얼마든지 그렇게 해도 좋을 것이다.

제1주

창조

루터는 "창세기보다 아름답고 유용한 책은 없다"는 글을 남겼는데, 이 얼마나 적절한 표현인가. 그의 말대로 창세기는 매우 아름답고 실제 매우 유익하다. 특별히 창세기 앞 부분에 창조주 하나님의 주권, 말씀의 능력, 인간의 존엄성, 하나님의 형상대로 지음받고 이 땅의 청지기로 세움받은 인간, 남녀평등과 상호 보완성, 창조세계의 선함, 노동의 신성함, 쉼의 리듬과 같은 성경의 주요 교리들이 확립되어 있다. 이러한 핵심 진리들은 마치 거대한 주춧돌처럼 창세기 시작 부분에 자리잡고 있으며, 성경의 상부구조는 바로 그 위에 세워진다.

일요일: 창조주의 주도권
월요일: 혼돈에서 질서로
화요일: 어둠에서 빛이 나오다
수요일: 창세기 내러티브의 사실성
목요일: 하나님의 형상
금요일: 인간의 성
토요일: 안식일의 쉼

일요일

창조주의 주도권

태초에 하나님이
천지를 창조하시니라.
창세기 1:1

성경에 처음 등장하는 두 단어 "태초에 하나님이"는 성경 전체에 꼭 필요한 서론이다. 이 말은 우리가 절대로 하나님을 예측할 수도 없고, 그분을 놀래킬 수도 없다는 사실을 말해 준다. 그분은 '태초'부터 늘 계시기 때문이다. 모든 행위의 주도권은 그분께 있다.

이는 특히 창조에서 두드러진다. 그리스도인들은 하나님이 창조 사역을 시작하셨을 때 그분 외에는 아무것도 없었다고 믿는다. 태초에는 오직 그분만 계셨다. 오직 그분만이 영원하시다. 창세기 1장의 하나님 중심성은 창조 내러티브에서 분명히 드러난다. 거의 모든 동사의 주어가 바로 하나님이다. "하나님이 이르시되"라는 말이 열 번이나 등장하고, "하나님이 보시기에 [심히] 좋았더라"라는 표현은 일곱 번 나온다.

우리는 창세기 1장과 현대 우주론 혹은 천체물리학 중에서 양자택일할 필요가 없다. 하나님은 성경을 과학 교과서로 만드신 게 아니기 때문이다. 사실, 누가 보더라도 창세기 1장은 정교하게 구성된 아름다운 시로 읽혀야 마땅하다. 창조에 대한 두 가지 기술(과학적이든, 시적이든)은 모두 사실이다. 다만 서로 다른 관점으로 쓰였기에 상호 보완될 수 있다.

사도신경으로 "전능하신 하나님 아버지"에 대한 신앙을 고백할 때, 그것은 그분의 전능하심뿐 아니라 창조세계에 대한 그분의 통치도 동시에 언급하는 것이다. 하나님은 창조세계를 유지시키시는 분이다. 그분은 자신이 만드신 세상에 편재하시면서, 계속해서 만물을 붙드시고 만물에 생기를 불어넣으시며 질서를 부여하신다. 살아 있는 모든 피조물의 호흡이 그분 손에 달려 있다. 햇빛을 비추고 비를 내리시는 분도 그분이다. 새를 먹이시며 꽃의 옷을 입히신다. 다시 말하지만, 이것은 시다. 그러나 틀림없는 사실이다.

그러므로 해마다 추수감사절을 지키는 교회와 식사 때마다 기도하는 그리스도인들은 지혜롭기 그지없다. 이렇듯 우리 생명과 모든 소유가 신실하신 창조주요 만물을 유지시키시는 하나님께 달려 있다는 사실에 정기적으로 감사하는 일은 바람직하고도 유익하다.

마태복음 5:43-45과 6:25-34을 읽으라.

혼돈에서 질서로

월요일

> 땅이 혼돈하고 공허하며 흑암이 깊음 위에 있고
> 하나님의 영은 수면 위에 운행하시니라.
> 창세기 1:2

이사야 선지자는 하나님이 "땅을…황폐한 곳이 아니라 사람이 살 수 있는 곳으로 창조"(사 45:18, 현대인의 성경)하셨다고 말한다. 하지만 맨 처음 이 땅은 공허하고 형체가 없었으며 어두웠고 아무것도 살지 않았다. 우리는 창세기 1장에서 하나님이 무질서에서 질서를, 혼돈에서 우주를 만들어 가시는 모습을 단계별로 볼 수 있다. 창세기 저자는 그 기간에 대해서는 명시하지 않지만 창조가 일련의 과정이라는 점은 분명히 해준다.

이러한 과정은 2절에 생생하게 묘사되어 있다. 일부 성경 번역가들은 이 구절이 바다의 폭풍우와 같은 비인격적인 자연 현상을 가리킨다고 이해한다. 예를 들면, 뉴 예루살렘 성경(New Jerusalem Bible)은 "하나님의 바람이 수면 위로 휘몰아친다"고 번역한다. 하지만 나는 이 본문이 가리키는 대상은 바람이 아니라 인격적인 성령이라는 주석가들의 말에 동의한다. 이러한 성령의 창조 행위는 새끼들 위를 맴도는 어미 새에 비유할 만하다(Revised English Bible).

더 나아가, 창세기 저자는 창조 시 하나님의 영의 사역에 하나님의 말씀에 대한 암시를 덧붙인다. "하나님이 이르시되"(창 1:3). "그가 말씀하시매 이루어졌으며"(시 33:9). 여기서 성부 하나님, 그분의 말씀 그리고 그분의 영, 즉 삼위일체를 언급한다고 해도 무방하다.

하나님의 세 위격 중 어느 하나만 강조하는 경향이 두드러지는 오늘날, 계속해서 세 위격을 강조하는 것은 매우 바람직하다. 사실, 성경이 처음부터 삼위일체의 존재를 확인해 준다는 점에 주목하는 것이 중요하다. 이 책을 시작하면서 우리는 삼위일체를 믿는 그리스도인이라는 사실을 깨닫고 기뻐할 수밖에 없다.

시편 104:29-31을 읽으라.

화요일

어둠에서 빛이 나오다

하나님이 이르시되
빛이 있으라 하시니 빛이 있었고
창세기 1:3

이스라엘의 좁은 영토는 북으로는 바빌로니아와 남으로는 이집트, 이렇게 양대 제국 사이에 끼어 있었다. 두 나라에서는 모두 해와 달과 별을 숭배하는 것이 유행이었다. 이집트에서 태양을 숭배하는 중심지는 온(On)이었다. 이는 그리스어로 '태양의 도시'라는 뜻의 헬리오폴리스(Heliopolis)로, 카이로에서 그리 멀지 않은 곳에 있었다. 당시 바빌로니아의 천문학자들은 이미 그들이 파악하고 있던 다섯 행성의 정확한 이동 경로를 계산했고 천체 지도를 그리기 시작했다.

이러한 까닭에 수많은 이스라엘 지도자들이 그들을 둘러싼 나라들의 천체 숭배에 영향을 받아 타락해 가는 모습은 그리 놀라운 일이 아니다. 에스겔은 스물다섯 명이 "여호와의 성전을 등지고 낯을 동쪽으로 향하여 동쪽 태양에게 예배하는"(겔 18:6) 모습을 보고 경악을 금치 못했다.

예레미야도 "해와 달과 하늘의 뭇 별"(렘 8:2)을 사랑하며 섬기는 국가 지도자들을 정죄했다.

우리는 이와 같은 우상숭배를 염두에 두고 창세기 1장을 읽고 이해할 필요가 있다. 이집트인들과 바빌로니아인들은 해와 달과 별들에게 예배했다. 그러나 창세기 저자는 해, 달, 별은 인간이 예배해야 할 대상이 아니라 한 분이신 참 하나님의 피조물이라고 주장한다.

또 하나님은 아브라함의 후손을 "하늘의 별과 같고 바닷가의 모래와 같게"(창 22:17) 하시겠다고 약속하셨다. 우리 은하계에만 천억 개의 별이 있고 수십억 광년 떨어진 곳에 그런 은하계가 수십억 개가 있다고 한다. 놀라운 사실은, 별과 모래의 숫자를 비슷하게 본 것이 꽤 정확하게 맞아떨어진다는 것이다.

사도 바울은 "빛이 있으라" 하신 하나님의 장엄한 명령을 새 창조 시 일어날 사건의 모델로 보았다. 그는 회개할 의지가 없는 인간의 마음을 태초의 어두운 혼돈에 비유했고, 새로운 탄생은 "빛이 있으라" 하신 하나님의 창조 명령에 비유했다. 이는 분명 그 자신이 실제 경험한 사실이었다. "어두운 데에 빛이 비치라 말씀하셨던 그 하나님께서 예수 그리스도의 얼굴에 있는 하나님의 영광을 아는 빛을 우리 마음에 비추셨느니라"(고후 4:6).

고린도후서 4:3-6을 읽으라.

창세기 내러티브의 사실성

수요일

> 하나님이 이르시되…라 하시니 그대로 되니라.…
> 하나님이 보시기에 좋았더라.
> 창세기 1:6, 9-10

"에누마 엘리쉬"(Enuma Elish)로 알려진 바빌로니아 서사시와 같은 고대 근동의 창조 설화와 창세기 1장의 창조 기사가 상당히 비슷하다는 주장이 자주 제기된다. 하지만 바빌로니아 이야기와 성경 이야기를 비교해 보면, 둘의 유사성이 아니라 그 상이성에 놀라게 된다. 창세기 1장은 바빌로니아 설화를 모방하기는커녕, 오히려 그 설화의 기본 신학을 비판하고 도전한다. 바빌로니아 신화에서는 도덕관념이 없는 변덕스러운 신들이 서로 티격태격 싸운다. 최고 신 마르둑은 모신(母神) 티아맛을 공격해서 죽인다. 그런 다음 티아맛의 몸을 둘로 갈라서 그 절반으로 하늘을, 나머지 절반으로 땅을 창조한다. 이 조악한 다신교를 보다가 창세기 1장에 나오는 윤리적인 유일신교로 눈길을 돌리니 얼마나 안심이 되는가. 창세기 1장에서 모든 창조물은 참되고 거룩하신 한 분 하나님의 명령으로 탄생한다.

요한계시록을 보면, 하늘에서 드리는 영원한 예배는 창조주께 초점을 맞추고 있다.

> 우리 주 하나님이여
> 영광과 존귀와 권능을 받으시는 것이 합당하오니
> 주께서 만물을 지으신지라.
> 만물이 주의 뜻대로 있었고
> 또 지으심을 받았나이다(계 4:11).

과학자들은 우주의 기원과 본질, 발전 과정을 끊임없이 탐구할 것이다. 하지만 신학적으로 말하자면, 우리는 하나님이 그분의 뜻대로 단순하고 장엄한 말씀으로 만물을 창조하셨다는 사실을 아는 것만으로도 충분하다. 이러한 까닭에 창세기 1장에는 "하나님이 이르시되…"라는 구절이 반복해서 나타난다. 또 하나님은 자신의 피조물을 음미하시고 "보시기에 좋았더라"고 말씀하신다. 따라서 우리는 음식이든, 결혼과 가정이든, 미술과 음악이든, 새와 짐승과 나비든, 또 다른 무엇이든, 하나님이 창조하신 모든 것을 보면서 기뻐하는 것이 마땅하다.

하나님께서 지으신 모든 것이 선하매 감사함으로 받으면 버릴 것이 없나니(딤전 4:4).

예레미야 10:12-16을 읽으라.

목요일

하나님의 형상

하나님이 자기 형상 곧 하나님의 형상대로 사람을 창조하시되
남자와 여자를 창조하시고
창세기 1:27

하나님의 창조 행위의 절정은 인간을 창조하신 것이다. 창세기는 이 절정의 순간을 가리켜, 그들이 "하나님의 형상대로" 창조되었다고 묘사했다. 하지만 학자들 사이에서는 인간이 하나님의 형상대로 창조되었다는 것이 무슨 뜻인지를 놓고 의견이 분분하다.

어떤 학자들은 이를 두고 인간이 하나님의 대리자라는 뜻이라 해석한다. 인간은 하나님 대신 창조세계를 다스리는 이들이라는 것이다. 또 다른 학자들은 하나님의 형상이란, 그분이 자신과 우리 사이에 세우신 특별한 관계를 암시한다고 결론짓는다. 그러나 창세기 해당 본문의 전후 문맥과 성경의 전반적인 관점을 고려할 때, 하나님의 형상은 우리를 동물과는 다르지만 하나님과는 비슷한 존재로 규정하는 인간의 모든 특성과 능력을 가리키는 듯하다. 그 특성과 능력이란 과연 어떤 것들인가?

첫째, 인간에게는 이성과 자의식이 있다. 둘째, 인간은 윤리적 존재로서 양심이 있어서 스스로 옳다고 생각하는 일을 하게 되어 있다. 셋째, 인간은 창조주처럼 창의적 존재로서 아름다운 것이 무엇인지를 눈과 귀로 감지할 수 있다. 넷째, 인간은 사회적 존재로서 진정한 사랑의 관계를 맺을 수 있다. 하나님이 사랑이시기에, 우리를 그분의 형상대로 지으셔서 인간에게 하나님을 사랑하고 서로를 사랑할 수 있는 능력을 주셨기 때문이다. 다섯째, 인간은 영적 존재로서 하나님을 갈망한다. 이와 같이 인간은 독특하게 사고하고 선택하며 창조하고 사랑하고 예배하는 존재로 지음받았다.

하지만 안타깝게도, 우리 안에 있는 하나님의 형상이 훼손되는 바람에 인간성의 모든 측면이 이기심에 물들었다. 그러나 하나님의 형상은 파괴되어 사라지지 않았다. 오히려 구약과 신약 모두, 인간은 여전히 하나님의 형상을 지니고 있으며 이것이 바로 우리가 서로를 존중해야 하는 이유라고 단언한다(9:6). 인간은 하나님을 닮은 존재다. 그러니 마땅히 서로 사랑하고 섬겨야 할 것이다.

야고보서 3:7-12을 읽으라.

인간의 성

금요일

> 하나님이 자기 형상 곧 하나님의 형상대로 사람을 창조하시되
> 남자와 여자를 창조하시고.
> 창세기 1:27

성경이 첫 장부터 계속해서 강조하는 아름다운 진리가 있다. 남녀 간의 사랑은 하나님의 목적에 따른 것이며, 남녀는 창조주 하나님 앞에서 그 존엄성과 가치가 동등한 인격체로 지음받았다는 것이다. 하나님은 남자와 여자 모두 하나님의 형상대로 창조하셨고(27절), 둘 다에게 복 주시며 생육하고 번성하여 땅에 충만하고 땅을 정복하라는 명령을 주셨다(28절). 이렇듯 남녀 모두 동등하게 하나님의 형상을 지녔고 세상의 청지기직을 부여받았다. 뒤에 나오는 어떤 내용(예를 들면, 창 2장)도 이러한 양성의 근본적인 동등함을 반박하거나 약화시키는 것으로 이해되어서는 안 될 것이다. 창조 시에 만들어진 것을 어떤 문화도 결코 망가뜨릴 수 없다. 물론, 동등함이 동일함을 의미하지는 않는다. 양성은 동등하지만, 서로 다르다. 따라서 이 동등함은 상호 보완성과 조화를 이루어야만 한다.

여기에 덧붙일 말이 있다. 인간의 불순종과 타락이 남녀의 관계를 망가뜨렸지만, 하나님의 뜻은 복음을 통해 그 관계를 회복시키시고 더욱 온전한 관계로 이끄시는 것이다. 그래서 바울도 갈라디아 교인들에게 이렇게 쓸 수 있었다. "너희는 유대인이나 헬라인이나 종이나 자유인이나 남자나 여자나 다 그리스도 예수 안에서 하나이니라"(갈 3:28). 이 말씀은 그리스도가 인종적·사회적·성적 차이를 소멸하신다는 뜻이 아니다. 남자는 남자고, 여자는 여자다. 단지 우리가 그분과 인격적으로 관계를 맺을 때, 그리스도 안에서 우리의 성별은 하나님과 혹은 다른 사람과 교제하는 데 걸림돌이 되지 않는다는 의미다. 우리는 그분 앞에서 동등하며, 동등하게 믿음으로 의롭다 하심을 얻었고, 동등하게 그분의 성령이 내주하시기 때문이다.

기독교 공동체에서 남녀는 일반 사회에서보다 서로를 더 존중하고 소중히 여겨야 한다. 우리는 우리의 신분을 확실히 알기 때문이다. 우리는 동등하게 창조되었고, 구속으로 인해 더욱 동등해지지 않았는가(동등함에도 정도라는 게 있다면 말이다!).

창세기 2:18-25을 읽으라.

토요일

안식일의 쉼

> 하나님이 그 창조하시며 만드시던 모든 일을 마치시고
> 그날에 안식하셨음이니라.
> 창세기 2:3

하나님의 창조 사역에서 최고의 순간은 언제였을까? 그것은 인간을 창조하신 때가 아니라 안식일을 마련하신 순간이었다. 인간에게 연장을 들고 엿새 동안 일하라고 명령하신 때가 아니라, 일곱째 날에 연장을 내려놓고 예배하라고 명령하신 순간이었다. 인간을 '호모 파베르'(homo faber, 도구의 인간)뿐 아니라 '호모 아도란스'(homo adorans, 예배하는 인간)로 지으시는 것이 하나님의 계획이었다. 하나님께 예배하는 인간이야말로 가장 숭고한 인간의 모습이기 때문이다.

이러한 하나님의 목적은 나중에 십계명의 네 번째 계명에 고스란히 담겼다. "안식일을 기억하여 거룩하게 지키라"(출 20:8)는 계명이 그것이다. 이는 그날을 다른 날과 구별하여 쉼과 예배의 날로 삼으라는 뜻이다. 하나님은 인간의 몸과 마음이 쉴 수 있도록 그 제도를 만드셨다. 이레 중 하루를 쉬는 하나님의 리듬을 바꾸어 보려는 시도가 몇 차례 있었다. 프랑스 혁명이 도입한 프랑스 혁명력은 일주일이 열흘이었는데, 1805년에 나폴레옹이 기존의 일주일로 복귀시켰다. 그런가 하면 러시아 혁명 때는 일요일에도 일을 했는데, 그리 오래가지 못했고 스탈린이 일요일을 다시 휴일로 복원시켰다. 하나님은 무엇이 최선인지를 아신다.

또 일주일 중 하루는 예배하는 날이었다. 일곱째 날을 안식일로 지키는 그리스도인들도 있지만, 초기 신자들은 예수 그리스도의 부활을 기념하는 의미에서 일주일의 첫날에 예배를 드렸던 것 같다(요 20:19, 26; 행 20:7). 하지만 어느 날을 지키느냐보다 더 중요한 것은 일주일에 하루를 쉬는 리듬을 지키는 것이다.

예수님도 안식일을 지키셨고 제자들에게 안식일을 지키라고 가르치셨다. 하지만 예수님이 주신 중요한 원칙이 하나 있다. "안식일이 사람을 위하여 있는 것이요 사람이 안식일을 위하여 있는 것이 아니니"(막 2:27). 주일 성수는 따분하고 강제적인 규율이 아니라, 일주일에 하루씩 쉼과 예배와 가족을 위한(꼭 덧붙여야 한다) 시간을 마련하는 즐거운 축제가 되어야 한다.

신명기 5:12-15을 읽으라.

제2주

노동과 결혼 제도

하나님의 선한 섭리 가운데 우리는 서로 보완되는 두 가지 창조 기사를 갖게 되었다. 이 두 가지 기사는 다 인간의 창조에 초점을 맞추고 있지만, 둘 사이에는 중요한 차이점이 있다. 창세기 1장에서는 "하나님"이라는 이름의 창조주가 온 우주를 보존하시는 반면, 창세기 2장은 그분께 인간 피조물과 친밀한 교제를 누리시는 "여호와 하나님"이라는 언약의 이름을 부여한다. 특히, 창세기 2장에는 인간 삶의 근간이 되는 두 가지 초석, 즉 노동과 결혼이 등장한다. 둘 다 여호와 하나님이 주신 사랑의 선물이다.

일요일: 일요일을 특별하게 지키라
월요일: 하나님과 동역하는 인간
화요일: 창조세계를 돌보라
수요일: 진정한 자유
목요일: 남성과 여성으로 창조된 인간
금요일: 하와를 창조하시다
토요일: 결혼의 성경적 정의

일요일

일요일을 특별하게 지키라

하나님이 그 일곱째 날을 복되게 하사
거룩하게 하셨으니.
창세기 2:3

하나님이 일곱째 날을 "복되게" 하사 "거룩하게 하셨다"는 말은 무슨 뜻인가? 분명 일곱째 날 그 자체에는 아무런 변화가 없었다. 단지 그날의 쓰임새가 바뀌었다는 말이다. 하나님은 특별한 목적을 위해 그날을 나머지 여섯 날과 구분하셨다.

1985년 영국에서는 "일요일을 특별하게 지키자"(Keep Sunday Special)는 캠페인이 시작되었다. 특수 직업을 제외하고는 노동자가 일요일에 강제로 일하는 일이 없도록 보호하자는 취지였다. 또한 일요일을 휴식과 여가, 예배, 가족을 위한 날로 온전히 사용하자는 의도이기도 했다. 이 캠페인은 꽤 성공적이었다. 요즘에는 누구나 "일주일에 하루를 정기적으로 쉴 수 있도록" 보장하는 쪽으로 가닥이 잡혀 가고 있다.

이 캠페인은 강제적인 안식일 엄수주의와는 아무 연관이 없다. 예수님 시대의 랍비들은 안식일 준수와 관련된 규정을 1,500개쯤 뽑아냈다. 그러나 예수님은 그런 율법주의에는 동의하지 않으셨다. 예수님은 "인자는 안식일에도 주인이니라"(막 2:28)라고 주장하심으로써 제4계명의 진정한 의미를 제시할 권세를 지니셨음을 보여 주셨다. 그분은 안식일에 "선을 행하는 것"이 옳다고 말씀하시기도 했다(막 3:4). 예수님이라면 이사야 58:13-14에 표현된 하나님의 마음에 전적으로 공감하셨을 것이다.

> 만일 안식일에 네 발을 금하여 내 성일에 오락을 행하지 아니하고
> 안식일을 일컬어 즐거운 날이라,
> 여호와의 성일을 존귀한 날이라 하여
> 이를 존귀하게 여기면…
> 네가 여호와 안에서 즐거움을 얻을 것이라.
> 내가 너를 땅의 높은 곳에 올리고
> 네 조상 야곱의 기업으로 기르리라.

마가복음 2:23-28을 읽으라.

하나님과 동역하는 인간

월요일

여호와 하나님이 그 사람을 이끌어
에덴동산에 두어 그것을 경작하며 지키게 하시고.
창세기 2:15

"**월**요병인가 봐요." 우리는 가끔 힘없는 목소리로 이렇게 말한다. 사실 누구나 흔히 경험하는 일이다. 하지만 일요일에 예배를 드리고 쉬면서 재충전한 후에는 의욕적으로 한 주를 시작해야 마땅하지 않은가. 마크 그린(Mark Greene)의 유명한 책 제목을 힘껏 외치면서 말이다. "하나님, 월요일이라서 감사합니다!"(*Thank God It's Monday*)

우리에게는 진정 노동에 대한 기독교 철학이 필요하다. 노동을 먹고살기 위해 어쩔 수 없이 해야 하는 고통스러운 일로만 생각하는 그리스도인들이 너무 많다. 오히려 우리는 (분명 신석기 시대 농부였던) 아담이 날마다 에덴동산으로 힘차게 일하러 가는 모습을 상상해야 하지 않을까? 하나님은 그분이 지으신 동산에 그분이 만드신 인간을 두시고 "그것을 경작하며 지키게" 하셨다(15절). 그렇게 하나님은 의도적으로 자신을 낮추시어 아담과 협력하셨다. 물론 아담의 도움 없이 혼자서도 얼마든지 하실 수 있었다. 동산을 지으신 분이 바로 그분이니, 동산을 돌보는 일도 충분히 가능하셨을 것이다! 하지만 그분은 그렇게 하지 않으셨다.

내가 좋아하는 이야기 중에 어느 런던 토박이 정원사에 대한 일화가 있다. 어느 날 그는 꽃이 만발해 있는 자신의 다년초 화단을 목사님께 보여 드렸다. 그러자 그 목사님은 정원사의 노고에 대해서는 한마디 말도 없이, 계속 하나님만 찬양했다. 정원사는 지겨워하며 이렇게 투덜댔다. "하나님이 이 정원을 처음 만드셨을 때의 모습을 보셨어야 해요!" 그의 신학이야말로 전적으로 옳다. 인간의 노고가 없었다면, 이 정원은 황무지였을 테니 말이다.

자연과 문화를 구분하는 일은 매우 중요하다. 하나님이 우리에게 주신 것이 자연이라면, 그것으로 우리가 만들어 내는 것은 문화다(농업, 원예학 등). 자연은 원재료이고, 문화는 시장에 내다 팔 재화다. 자연은 하나님의 창조물이고, 문화는 인간이 경작하고 개발한 것이다. 하나님은 우리를 초청하여 그분의 일에 동참하게 하신다. 노동을 하나님과의 협력으로 볼 때에야 비로소 그것은 인간의 특권이 된다.

창세기 2:7-9, 15을 보라.

화요일

창조세계를 돌보라

하나님이 이르시되 우리의 형상을 따라…우리가 사람을 만들고 그들로…
모든 것을 다스리게 하자 하시고.…하나님이 그들에게 복을 주시며
하나님이 그들에게 이르시되 생육하고 번성하여 땅에 충만하라, 땅을 정복하라.
창세기 1:26, 28

2005년 3월 "밀레니엄 생태계 평가"(Millennium Ecosystem Assessment)의 결과가 발표되었다. 이는 지구에 사는 인간의 행복 조건을 과학적으로 면밀하게 분석한 것이었다. 이 평가서에 따르면, 우리는 인간의 생존이 달린 "천연 자원"을 급속하게 소비하여 고갈시키고 오염시키고 파괴하면서 "분에 넘치는 생활을 하고 있다."

그리스도인들은 환경 보호 운동에 앞장서야 한다. 하나님이 우리에게 그분의 창조 세계를 돌보는 임무를 맡기셨기 때문이다. 하지만 요즘 그리스도인들은 생태계 위기를 해결하지도 못할 뿐 아니라 오히려 그 위기를 초래하고 있다고 비난받는 경우가 많다. 특히 어느 비평가는 창세기 1장의 "끔찍한 세 구절"과 "섬뜩하고 비참한 본문"[1]에 집중 포격을 가했다. 그가 언급한 본문은, 하나님이 인류에게 땅을 "다스리고" "정복하라"고 명령하신 부분이었다.

그가 지적한 첫 번째 동사는 히브리어로 '짓밟다'라는 의미가 있고, 두 번째 동사는 사람들을 억지로 복종시킨다는 뜻으로 사용된 것이 사실이다. 그렇다면 이안 맥하그(Ian McHarg)의 비판이 정당한 것 아닌가? 그렇지 않다. 문맥을 고려하여 본문의 의미를 결정하는 것은 성경 해석의 기본 원칙이다. 따라서 우리는 하나님이 우리에게 주신 '지배권'은 그분에게 위임받은 책임감 있는 청지기 역할임을 염두에 두어야 한다. 하나님이 이 세상을 창조하신 후에 우리가 파괴하도록 넘겨주셨다는 것은 상식적으로 앞뒤가 맞지 않다. 우리는 세상을 착취하는 일이 아니라 세상을 돌보는 일로 부르심을 받았다.

창세기 1:26-31을 읽으라.

진정한 자유

수요일

> 여호와 하나님이 그 사람에게 명하여 이르시되 동산 각종 나무의 열매는 네가 임의로 먹되 선악을 알게 하는 나무의 열매는 먹지 말라. 네가 먹는 날에는 반드시 죽으리라 하시니라.
> 창세기 2:16-17

하나님은 아담에게 단순하고 분명한 명령을 두 가지 주셨다. 하나는 긍정형이었고 다른 하나는 부정형이었다. 첫 번째로는 자유를 허락하셨고(아담은 동산에 있는 모든 나무의 열매를 먹을 수 있었다), 두 번째로는 한 가지를 금하셨다(아담은 동산 가운데 있는 선악을 알게 하는 나무의 열매는 먹어서는 안 되었다).

인간에게는 동산 각종 나무의 열매를 마음껏 먹을 수 있는 자유가 주어졌다. 이 열매들은 "보기에 아름답고" "먹기에[도] 좋아서"(9절) 아담과 하와의 눈과 배를 흡족케 했다. 또 하나님이 베푸신 자비하심으로 인간은 "생명나무"에도 접근할 수 있었다. 이 생명나무는 하나님과 지속적인 사귐을 뜻하는 영생을 상징하는 것으로(요 17:3을 보라), 후에 여호와 하나님이 동산에서 그들과 함께 걸으셨다는 내용(창 3:8)에서 그 모습을 살짝 엿볼 수 있다.

하나님이 유일하게 금하신 선악을 알게 하는 나무는 어떤 신비한 특성 때문이 아니라, 아담과 하와를 시험하기 위한 용도로 그런 이름이 붙었다. 하나님의 형상대로 창조된 두 사람에게는 이미 도덕적 분별력이 있었다. 하지만 하나님께 불순종한다면 선은 물론 악에 대한 비참한 경험을 하게 될 것이었다.

헬싱키 대학에 재학 중인 어느 핀란드 학생이 내게 이런 말을 한 적이 있다. "저는 자유를 갈망해요. 그래서 하나님을 떠난 이후로 더 많은 자유를 만끽하고 있답니다." 하지만 진정한 자유는 그리스도의 멍에를 포기하는 데 있는 것이 아니라 거기에 굴복하는 데 있다. 다시 말해, 그분이 우리에게 금하신 것을 삼가는 데 있다. 순종은 생명을, 불순종은 죽음을 뜻하기에.

마태복음 11:28-30을 읽으라.

목요일

남성과 여성으로 창조된 인간

여호와 하나님이 이르시되 사람이 혼자 사는 것이 좋지 아니하니
내가 그를 위하여 돕는 배필을 지으리라 하시니라.
창세기 2:18

세심한 독자라면 창세기 2:18에 등장하는 예상 밖의 표현을 놓치지 않을 것이다. 창세기 1장의 창조 기사에는 "하나님이 보시기에 좋았더라"라는 후렴구가 여섯 번 등장한다. 그런 다음 "하나님이 지으신 그 모든 것을 보시니 보시기에 심히 좋았더라"(31절)라는 최종 결론이 나온다.

그런데 갑자기 "좋지 않은" 것이 나타난다. 하나님의 선한 창조세계에 어찌 "좋지 않은" 것이 있을 수 있단 말인가? 그러나 하나님은 사람이 혼자 사는 것이 좋지 않다고 말씀하셨다. 남자는 여자가 없이는 불완전한 존재이기 때문이다.

하지만 이를 절대적인 설명으로 몰아가지 않도록 조심해야 한다. 사도 바울이 분명히 밝히듯이(고전 7:7) 독신으로 부름받은 사람들도 있기 때문이다. 어디 그뿐인가. 완전한 인간이셨던 우리 주 예수님도 독신이셨다. 독신으로 사는 사람도 얼마든지 있을 수 있다는 증거다!(마 19:11-12을 보라)

하지만 다시 창세기 2장으로 돌아오면, 하나님은 아담에게 그에 걸맞은 배필을 주시기로 작정하셨다. 여기 사용된 두 개의 히브리어 단어는 다양한 의미로 번역할 수 있지만, 협력 관계(partnership)와 적합성(suitability)이라는 개념을 결합한 것이다. 따라서 남성 우월주의(남자가 여자를 지배함)나 극단적 페미니즘(남자가 필요 없는 여자)은 둘 다 설 자리가 없다. 게이 또는 레즈비언 관계도 마찬가지다.

하지만 창세기 2:18을 결혼 관계에만 국한시켜 적용하는 것은 잘못이다. 칼뱅도 이 구절을 더욱 폭넓게 적용해야 한다고 보았다. 그는 "고독은 좋지 않다"고 썼다. 인간은 누구든 홀로 지내는 것은 좋지 않다. 하나님은 우리를 사회적 존재로 지으셨다. 우정은 하나님이 주신 귀한 선물이다.

창세기 2:18-25을 읽으라.

하와를 창조하시다

금요일

> 여호와 하나님이 아담을 깊이 잠들게 하시니 잠들매 그가 그 갈빗대 하나를 취하고 살로 대신 채우시고 여호와 하나님이 아담에게서 취하신 그 갈빗대로 여자를 만드시고 그를 아담에게로 이끌어 오시니.
> 창세기 2:21-22

하나님이 마취를 하고 수술을 하셨다는 말을, 얼마나 문자 그대로 받아들여야 할지는 잘 모르겠다. 하지만 뭔가 신비롭고 심오한 일이 벌어진 것은 틀림없다. 그러니 하와를 본 아담의 입에서 인류 최초의 연애시가 터져 나오지 않았겠는가.

> 아담이 이르되 이는 내 뼈 중의 뼈요
> 살 중의 살이라.
> 이것을 남자에게서 취하였은즉
> 여자라 부르리라 하니라(23절).

주석가들은 하와가 아담의 옆구리에서 나왔다는 사실에 상징적인 의미가 있다고 보았다. 예를 들어, 1159년에 파리의 주교가 된 페테르 롬바르(Peter Lombard)는 그보다 한두 해 앞서 완성한 유명한 기독교 교리 요약서 「명제집」(The Book of Sentences)에서 이렇게 썼다. "하와는 아담의 발에서 나와 그의 종이 된 것도 아니고, 그의 머리에서 나와 그의 주인이 된 것도 아니었다. 하와는 아담의 옆구리에서 나와 그의 동역자(partner)가 되었다." 1704년부터 성경 주석을 쓰기 시작한 매튜 헨리(Matthew Henry)의 다음 글은 페테르 롬바르의 주장을 자세히 풀어쓴 것이나 다름없다. "하와는 아담의 머리에서 나와 그의 위에 군림한 것도 아니고, 그의 발에서 나와 그에게 짓밟힌 것도 아니었다. 아담의 옆구리에서 나온 하와는 그와 동등했으며, 아담의 팔 아래서 그의 보호를 받았고, 아담의 심장 곁에서 그의 사랑을 받았다."

그러므로 사실상 모든 사회가 결혼을 제도화한 것은 올바른 일이다. 하지만 결혼은 인간의 발명품이 아니다. 결혼에 관한 기독교의 가르침은 결혼이 인간의 발상이 아니라 하나님의 계획임을 즐겁게 확인해 주는 것으로 시작된다. 1662년 결혼 예배 서문이 말하듯이, 결혼은 "인간이 죄 없던 시절에 하나님이 만드신 제도"다.

아가 2:14-17을 읽으라.

토요일

결혼의 성경적 정의

이러므로 남자가 부모를 떠나
그의 아내와 합하여 둘이 한 몸을 이룰지로다.
창세기 2:24

결혼이 심각한 위험에 처해 있는 오늘날, 결혼의 성경적 기초를 되새겨 보는 것은 의미 있는 일이다. 창세기 2:24에 결혼에 대한 성경의 정의가 나온다. 이는 훗날 주 예수 그리스도께서 직접 그 내용을 지지하신 만큼(막 10:7) 아주 중요한 말씀이다. 결혼 관계에는 다섯 가지 요소가 있다.

1. **이성 관계.** 결혼은 남자와 그 아내가 연합하는 것이다. 동성 관계는 결코 적법한 대안이 될 수 없다.
2. **일부일처제.** '남자'와 '그의 아내'는 둘 다 단수다. 구약 시대에 잠시 일부다처제를 허용한 적이 있지만, 하나님은 처음부터 일부일처제를 염두에 두셨다.
3. **헌신된 관계.** 남자는 결혼할 때 자기 부모를 떠나 그의 아내와 '결합'해야 한다. 부부는 마치 접착제처럼 끈끈하게 붙어 있어야 한다(신약 성경에 나오는 병행 구절의 의미가 바로 이것이다). 이혼은 한두 가지 특별한 상황에 한해 허용될 수도 있지만, 예수님이 말씀하셨듯이 "본래는 그렇지 않았다"(마 19:8). 또 오늘날 유행하는 동거에는 결혼의 근간을 이루는 헌신이라는 요소가 빠져 있다.
4. **공적 관계.** 두 사람은 '결합' 전에 먼저 부모를 '떠나야' 하는데, 이 '떠남'은 공적으로 사회적인 행사다. 가족, 친구, 사회가 두 사람 사이에서 일어나는 일을 알아야 할 권리가 있다.
5. **육체적 관계.** "둘이 한 몸을 이룰지로다." 한편, 이성간의 결혼은 하나님이 허락하신 유일한 형태의 성적 결합이요 자녀 생산 방법이다. 다른 한편으로, 성적 연합은 결혼 생활의 상당히 필수적인 요소이기에, 고의로 잠자리를 피하는 행위는 많은 사회에서 혼인 무효 사유가 된다. 아담과 하와는 성관계를 전혀 부끄러워하지 않았다. "아담과 그의 아내 두 사람이 벌거벗었으나 부끄러워하지 아니하니라"(창 2:25).

이렇듯 결혼 제도에 대한 하나님의 뜻에 따르면, 결혼은 상대방에게 평생 사랑의 헌신을 결단하는 일부일처의 이성 관계다. 두 사람은 공개적으로 부모를 떠나 결혼 관계로 들어가며, 성적 연합을 누려야 마땅하다.

에베소서 5:21-33을 읽으라.

제3주

타락

낙원의 사랑, 기쁨, 평화는 인간의 불순종, 또는 '타락'으로 산산조각 나고 말았다.

하지만 아담과 하와의 이야기는 신화가 아닌가. 신학적으로는 사실이지만 역사적으로는 사실이 아니지 않느냐는 말이다. 수많은 사람들이 이렇게 말하지만, 내 의견은 전혀 다르다. 말하는 뱀이나 동산 나무들의 이름을 보면 분명 신화 같기도 하다. 성경 뒷부분에 이런 것들이 명백히 상징적인 형태로 다시 등장하기 때문이다. '생명나무'는 요한계시록 2:7; 22:2, 14을 참고하고, '옛 뱀 곧 마귀'는 요한계시록 12:9; 20:2을 보라.

한편, 사도 바울은 아담이 실제 인물이라고 확실히 주장하면서, 아담과 그리스도를 나란히 대비시킨다. 그는 아담 한 사람의 불순종으로 세상에 죄와 죽음이 들어왔지만, 예수 그리스도 한 사람의 순종으로 구원과 생명의 길이 열렸다고 주장한다(롬 5:12-21). 만약 그리스도의 순종과 달리 아담의 불순종이 사실이 아니라면, 바울의 주장은 설득력이 떨어질 것이다.

일요일: 하나님의 진실하심을 부정하다
월요일: 하나님의 선하심을 부정하다
화요일: 하나님이 '인간과 구별되는 존재'임을 부정하다
수요일: 수치심과 책임 전가
목요일: 깨어진 관계
금요일: 은혜의 작은 불꽃
토요일: 특별 은총과 일반 은총

일요일

하나님의 진실하심을 부정하다

그런데 뱀은 여호와 하나님이 지으신 들짐승 중에 가장 간교하니라.
뱀이 여자에게 물어 이르되 하나님이 참으로 너희에게 동산 모든 나무의 열매를 먹지 말라 하시더냐.
창세기 3:1

하나님이 아담과 하와에게 주신 세 가지 지침을 상기해 보자. 하나님은 동산 모든 나무의 열매를 먹어도 좋다고 허락하셨지만, 한 가지 열매만은 먹지 말라고 금하셨다. 그리고 이에 불순종하면 벌을 받을 것이라고 말씀하셨다. 인간은 자기가 해도 될 일과 해서는 안 될 일, 그리고 불순종의 결과를 정확히 알고 있었다. 이제 하나님의 피조물 가운데 가장 간교한 사탄이 이 세 가지 지침을 시험거리로 어떻게 유혹하는지 살펴볼 차례다. 간사한 마귀의 전략은 오늘날도 변함이 없다.

오늘 우리는 마귀가 하나님의 진실하심을 부정하는 장면을 살펴볼 것이다. 하나님은 "네가 먹는 날에는 반드시 죽으리라"(2:17)라고 말씀하셨지만, 마귀는 "너희가 결코 죽지 아니하리라"(3:4)라고 말했다. 하와는 모순되는 말을 들었다. 둘 다 옳을 수는 없다. 둘 중 하나는 거짓말을 했음에 틀림없다. 어느 쪽인가? 아! 하와는 마귀의 거짓말을 믿고 하나님의 진실하심을 의심했다.

하지만 진실을 말하고 있는 쪽은 하나님이셨다. 한편, 아담과 하와는 영적인 죽음을 맞이했다. 죄를 짓기 전까지는 생명나무의 열매를 마음껏 먹었지만, 이제는 그런 특권을 박탈당했고, 생명나무로 가는 길은 경비가 삼엄했다(22-24절). 다른 한편, 이들의 육체도 죽음을 맞이하게 되었다. 하나님은 아담에게 "너는 흙이니 흙으로 돌아갈 것이니라"(19절)라고 말씀하셨다. 화석 기록을 보면, 동식물 세계에는 태초부터 죽음이라는 것이 존재했음을 분명히 알 수 있다. 하지만 하나님은 그분의 형상대로 창조하신 인간이, 소위 죽음이라는 것보다는 더 고상한 최후를 맞이하도록 계획하셨던 것 같다. 에녹과 엘리야가 죽음을 맛보지 않고 '변형'되었던 것처럼 말이다.

마귀는 회개하지 않으려는 사람들에게 임할 하나님의 심판과 무시무시한 지옥에 대한 경고를 여전히 부인한다. 우리는 "너희가 결코 죽지 아니하리라"라는 마귀의 속삭임을 끊임없이 듣는다. 하지만 평화가 없는데 "평화"를 선포하는 선지자는 거짓 선지자다(예를 들면, 겔 13:10). 예수님은 그런 마귀를 가리켜 "거짓말쟁이요 거짓의 아비"라고 말씀하셨다(요 8:44).

요한복음 8:42-44을 읽으라.

하나님의 선하심을 부정하다

월요일

뱀이 여자에게 물어 이르되 하나님이 참으로 너희에게 동산 모든 나무의 열매를 먹지 말라 하시더냐.
여자가 뱀에게 말하되 동산 나무의 열매를 우리가 먹을 수 있으나
동산 중앙에 있는 나무의 열매는 하나님의 말씀에 너희는 먹지도 말고 만지지도 말라
너희가 죽을까 하노라 하셨느니라. 뱀이 여자에게 이르되 너희가 결코 죽지 아니하리라.
너희가 그것을 먹는 날에는 너희 눈이 밝아져 하나님과 같이 되어 선악을 알 줄 하나님이 아심이니라.
창세기 3:1-5

사탄의 교묘한 두 번째 작전은 하나님의 선하심을 부정하는 것이었다. 불순종한다 해도 벌을 받지 않고("너희가 결코 죽지 아니하리라") 도리어 복을 받는다고 말한 것이다("너희 눈이 밝아져"). 게다가, 하나님이 이를 아셨기에 그 열매를 먹지 말라고 하셨다(고 사탄은 넌지시 말한다). 하나님은 고의로 그 열매를 금하셔서 그들이 지식을 얻지 못하게 하시려는 의도였다는 것이다. 하나님이 그들이 잘되기를 바라시는 것이 아니라 망하기를 바라고 계신다는 말이다.

동산 열매에 대한 하나님의 명령은 절대적으로 분명했다. 하나님은 그들이 자유롭게 '할 수 있는' 일과, 그 자유 가운데서 '하지 말아야 할' 금기 사항을 확실히 구분하셨다. 그런데 마귀는 하나님이 아담과 하와가 마음껏 먹을 수 있는 열매를 넉넉하게 주셨다는 사실을 가볍게 무시했다. 그들에게 부족한 것은 아무것도 없었다. 하지만 사탄은 이 사실을 왜곡했다. 하나님이 허락하신 것들을 만족스럽지 못한 것으로, 그분이 금하신 것들을 탐나는 것으로 뒤바꾸어 버렸다.

오늘날에도 사탄이 가장 즐겨하는 일은 여전하다. 사탄은 하나님이 허락하신 것들은 시시해 보이도록 만들고, 그분이 금하신 것은 탐스럽게 보이도록 만든다. 하나님을 마치 우리에게 좋은 것은 허락하지 않는 무시무시한 괴물처럼 그리는 것이다.

"범사에 헤아려" "좋은 것을 취하고" "악은 어떤 모양이라도 버리는" 분별력이 필요하다(살전 5:21-22). 또 "하나님의 도는 완전하다"(시 18:30)는 확신을 가져야 한다.

요한일서 2:15-17을 읽으라.

화요일 하나님이 '인간과 구별되는 존재'임을 부정하다

> 뱀이 여자에게 이르되…너희가 그것을 먹는 날에는 너희 눈이 밝아져 하나님과 같이 되어 선악을 알 줄 하나님이 아심이니라. 여자가 그 나무를 본즉 먹음직도 하고 보암직도 하고 지혜롭게 할 만큼 탐스럽기도 한 나무인지라. 여자가 그 열매를 따먹고 자기와 함께 있는 남편에게도 주매 그도 먹은지라.
>
> 창세기 3:4-6

마귀의 세 번째 전략은 하나님이 '인간과 구별되는 존재'(otherness)임을 부정하는 것이었다. 마귀는 여자에게 "너희가 그것을 먹는 날에는 너희 눈이 밝아져 하나님과 같이 되어 선악을 알 줄 하나님이 아심이니라"(5절)라고 말했다.

마귀는 하나님처럼 될 수 있다는 말로 하와를 유혹했다. 이 사악한 제안에 죄의 본질이 그대로 드러나 있다. 사실 아담과 하와는 하나님의 형상대로 창조되었기에 이미 하나님이 의도하신 대로 모든 면에서 '하나님과 같은' 존재였기 때문이다. 하나님은 이미 인간에게 이성적·윤리적·사회적·영적 능력을 허락하셨다.

아담과 하와가 근본적으로 하나님과 다르고 동물과 같은 점이 있다면, 피조물로서 그분께 의존하는 존재라는 것이었다. 하나님은 스스로 계신 분이므로 다른 누군가에게 의지할 필요가 없다. 하지만 인간을 포함한 모든 생물은 창조자요 만물을 유지하는 분이신 그분을 의지해야 한다. 아담과 하와는 바로 이 사실에 반항한 것이다. 누군가에게 의존하고 복종하는 굴욕스러운 지위에 계속 머물러 있을 이유가 무엇인가? 독립을 시도하여 하나님과 똑같아지지 못할 이유가 무엇인가? 그러면 죽지 않고 하나님처럼 될 수 있을 텐데 말이다.

이와 같은 교만한 독립 정신은 오늘날에도 여기저기서 찾아볼 수 있다. 인간은 이제 '성년기'에 접어들었다고들 말한다. 이제 하나님 따위는 필요 없다. 하나님 없이도 얼마든지 살아갈 방법을 터득할 수 있다. 아니, 인간도 하나님처럼 될 수 있다.

그러나 이것이 바로 죄의 본질이다. 하나님을 하나님 자리에 모시기 싫어하는 것이 죄다. 죄는 하나님이 '인간과 구별되는 존재'임을 인정하지 않고, 우리가 계속해서 그분을 의지해야 하는 존재임을 부정한다. 죄는 하나님의 고유한 권위에 반기를 들고, 자기 자신을 신격화하려는 시도다.

이사야 14:3, 11-15을 읽으라.

수치심과 책임 전가

수요일

이에 그들의 눈이 밝아져 자기들이 벗은 줄을 알고
무화과나무 잎을 엮어 치마로 삼았더라.
창세기 3:7

수치심과 책임 전가는 아담과 하와의 타락 즉시 나타났던 두 가지 결과다. 먼저, 수치심이 생겨났다. 하나님께 불순종하여 금단의 열매를 먹은 결과, "그들의 눈이 밝아졌다." 물론 여기서 말하는 눈은 육신의 눈이 아니라 양심의 눈이다. 이제 아담과 하와는 자신들이 어리석고 악하게 하나님께 반항한 사실을 두 눈으로 똑똑히 볼 수 있게 되었다. 그뿐이 아니다. 전에는 "부끄러워하지 않았던"(2:25) 벗은 몸 때문에 당황하는 기색이 역력했다. 이는 그들이 하나님 앞에서 느끼는 죄책감을 상징한다. 그러나 설령 그들이 죄를 고백했다 하더라도 무화과나무 잎으로 만든 어설픈 앞치마(3:7)로 수치심을 가릴 수 있다고 생각했다면, 이는 죄의 심각성을 깨닫지 못했다는 증거다!

아담과 하와가 사용한 두 번째 방책은 상대방에게 책임을 전가하는 것이었다. 아담은 자기에게 먹으라고 열매를 주었다며 하와에게 책임을 떠넘겼다. 게다가 하나님이 그 여자를 주셔서 동산에 함께 있게 하셨다며 하나님께 책임을 떠넘겼다(12절). 그러고 나서 하나님이 하와를 추궁하시자, 하와는 뱀이 자기를 속였다며 뱀에게 책임을 전가했다(13절).

이러한 수치심과 책임 전가는 오늘날에도 횡행하다. 우리는 수치심을 줄이고 다른 사람에게 책임을 떠넘기기 위해 갖은 잔꾀를 부린다. 이런 핑계들을 대는 것이다. "집안 내력이라니까요." "부모님이 그렇게 키우셔서 그래요." "내 잘못이 아니에요. 선천적으로 그런 걸 저보고 어쩌라고요." 하지만 자신의 선택에 대해서 책임질 줄 아는 것이 하나님을 닮은 인간의 본질적인 특징이다.

요한복음 16:8-11을 읽으라.

목요일

깨어진 관계

> 또 [하나님이] 여자에게 이르시되 내가 네게 임신하는 고통을 크게 더하리니…
> 너는 남편을 원하고 남편은 너를 다스릴 것이니라 하시고 아담에게 이르시되…
> 땅은 너로 말미암아 저주를 받고 너는 네 평생에 수고하여야 그 소산을 먹으리라.
> 창세기 3:16-17

창세기의 첫 두 장이 단언하는 바에 따르면, 하나님은 자기 형상대로 인간을 남녀로 만드셨고, 그 하나님의 형상은 무엇보다 인간이 맺는 모든 관계에서 드러나야 했다. 즉, 하나님과의 관계(아담과 하와는 대화로 그분과 관계를 맺었다), 다른 인간과의 관계(여기에는 삼위 하나님의 위격 간의 교제가 반영되어 있다), 선한 창조세계와의 관계(인간은 창조세계를 다스릴 책임을 부여받았다)에서 말이다.

하지만 우리 선조의 불순종 때문에 이 세 가지 중요한 관계가 모두 망가지고 말았다.

첫째, 아담과 하와는 숨었다. 인류 최대의 비극이 시작되고 있었다. 하나님에 의해 하나님처럼 하나님을 위해 지음받은 인간이 이젠 하나님 없이 살기 위해 애쓰고 있다. 우리가 방향 감각을 잃고 방황하게 된 것은 결국 하나님으로부터 소외되었기 때문이다. "오직 너희 죄악이 너희와 너희 하나님 사이를 갈라놓았고 너희 죄가 그의 얼굴을 가리어서 너희에게서 듣지 않으시게 함이니라"(사 59:2).

둘째, 아담과 하와는 상대를 비난했을 뿐 아니라 남성과 여성으로서의 관계도 왜곡되기 시작했음을 깨달았다. 이제 하나님이 약속하신 자녀의 축복(창 1:28)에는 기쁨과 함께 고통이 수반될 것이고, 애초에 의도된 협력 관계 대신 불화가 끼어들 것이다. 아담이 아내를 '다스릴' 것이기 때문이다(3:16).

셋째, 아담과 하와에게는 땅을 다스리고 동산을 경작하고 돌보는 책임이 주어졌지만, 이제부터는 땅이 저주를 받아서 땅을 경작하는 일이 매우 고통스러울 것이다(17-19절).

그리스도와 그분의 화해의 복음만이 이 세 가지 깨어진 관계를 회복할 수 있다.

골로새서 1:15-20을 읽으라.

은혜의 작은 불꽃

금요일

> 그들이 그날 바람이 불 때 동산에 거니시는 여호와 하나님의 소리를 듣고 아담과 그의 아내가 여호와 하나님의 낯을 피하여 동산 나무 사이에 숨은지라. 여호와 하나님이 아담을 부르시며 그에게 이르시되 네가 어디 있느냐?… 여호와 하나님이 아담과 그의 아내를 위하여 가죽옷을 지어 입히시니라.
> 창세기 3:8-9, 21

죄 악의 상황에 전망도 어둡다. 아담과 하와는 하나님의 권위에 반항했고, 이제 잘못 뿌린 씨앗을 거두어들일 일만 남았다. 하지만 이런 죄와 죄책감, 정죄 가운데서도 은혜의 작은 불씨가 피어오르기 시작한다.

첫째, 여호와 하나님은 "그날 바람이 불 때 동산에 거니셨다." 그날의 일과는 끝났다. 여호와는 여느 날처럼 저녁 산책길에 나서셨다. 추측컨대, 보통은 아담과 하와도 동행했을 것이다. 하지만 그날은 두 사람을 찾아볼 수 없었다. 어디론가 숨어 버렸기 때문이다. 그래도 하나님은 두 사람을 찾으시면서 산책을 계속하셨다.

둘째, "여호와 하나님이 아담을 부르시며 그에게 이르시되 네가 어디 있느냐?" 요즘에는 역할이 뒤바뀐 감이 없지 않아서, 인간이 하나님을 찾아 헤매는 이야기들을 많이 한다. 하지만 사실은 하나님이 인간을 찾고 계신다. 아담과 하와가 나무 사이에 몸을 숨겼을 때, 여호와 하나님은 그들이 없다는 것을 눈치채시고, 그들의 이름을 불러 가며 그들을 찾으셨다.

셋째, 아담과 하와는 하나님께 불순종한 자신들의 잘못 때문에 벌거벗었다는 사실을 깨달았다. 그럼에도 여호와 하나님은 그들의 수치심을 안타깝게 여기시고 그 수치심을 덜어 주고 싶어 하셨다. 그래서 "아담과 그의 아내를 위하여 가죽옷을 지어"(21절) 입히셨다. 그런데 가죽을 사용하려면 반드시 동물을 죽여야 한다. 그렇다면 이는 성경 다른 곳에서 분명히 가르치듯이, 희생 제사로 피를 흘려야만 인간의 죄를 덮을 수 있다는 것과, 그리스도의 피흘림을 통한 구원을 예표하는 사실에 대한 암시일까? 그럴지도 모르겠다. 어쨌든 분명한 사실은, 하나님이 아담과 하와에게 그들이 만든 조잡한 무화과나뭇잎 옷 대신 그분이 손수 만드신 가죽옷을 주심으로써, 그들이 만들 수 있는 수준을 훨씬 뛰어넘는 옷으로 그들을 덮어 주기로 하셨다는 것이다. 두 경우 모두 하나님이 주도권을 잡으셨다. 그리고 이 분에 넘치는 하나님의 주도권에 맞는 적절한 이름이 바로 **은혜**가 아닐까 싶다.

시편 32:1-7을 읽으라.

토요일

특별 은총과 일반 은총

여호와 하나님이 뱀에게 이르시되…내가 너로 여자와 원수가 되게 하고
네 후손도 여자의 후손과 원수가 되게 하리니 여자의 후손은 네 머리를 상하게 할 것이요
너는 그의 발꿈치를 상하게 할 것이니라 하시고
창세기 3:14-15

어제는 은혜의 세 가지 작은 불꽃을 살펴보았다. 오늘은 우리가 '원복음'(prot-evangelium), 혹은 처음으로 선포되는 은혜의 복음이라 부르는 말씀, 즉 창세기 3:15을 살펴볼 것이다. 하나님이 뱀에 대한 심판을 선언하시는 중에 등장하는 이 내용은 두 부분으로 되어 있다.

첫째, 하나님은 뱀과 여자가 원수가 되게 하겠다고 말씀하신다. 이는 후에 뱀의 자손(참고. 요 8:44)과 하와의 후손(하와의 영적 자손을 의미한다)의 대결로 이어질 것이다.

둘째, 하나님은 이 오랜 갈등이 결국 고통 가운데 끝맺을 것이라고 예언하신다. 그러나 하와의 후손보다는 사탄이 받을 고통이 더 클 것이다. 둘 중 한쪽만 승자가 될 것이므로, 하나님은 뱀에게 치명적인 타격을 가하시며 "여자의 후손은 네 머리를 상하게 할 것이요"라고 말씀하신다. 그러나 사탄도 "그의 발꿈치를 상하게 할 것"이다. 예수님도 상처를 피하기는 힘들 것이다.

이 고통스럽지만 결정적인 승리는 십자가에서 이루어졌다. 예수 그리스도는 바로 그 십자가에서 정세와 권세를 무장해제시켜 물리치시고 마침내 승리를 거두셨다(골 2:15). 이로 인해 우리는 사탄의 굴레에서 벗어났다. 이것이 바로 무엇보다도 장엄한 하나님의 특별 은총이다.

반면, 하나님의 일반 은총은 모든 사람에게 미친다. 예를 들어, 하와는 임신하여 가인을 낳고 나서 이렇게 말했다. "주님의 도우심으로, 내가 남자 아이를 얻었다"(창 4:1, 새번역). "주님의 도우심"이라니? 하나님이 하와와 그의 남편을 추방하시지 않았던가!(3:22-24) 그런데 어떻게 그분의 도우심으로 아이를 낳았다고 고백할 수 있는가? 그 대답은 이렇다. 하나님의 특별 은총은 신자들에게만 구원을 허락하시지만, 생명과 건강을 비롯하여 생존에 필요한 모든 것을 주시는 그분의 일반 은총은 모든 인류에게 허락된다.

요한계시록 12:1-9을 읽으라.

제4주

사회의 타락

창세기 3장이 인류 최초의 불순종을 기록하고 있다면, 창세기 4장에는 인류 최초의 살인이 나온다. 죄는 개인적이면서도 사회적이기에, 아담에게 "네가 어디 있느냐?"(3:9)고 물으셨던 하나님은 가인에게 "네 아우 아벨이 어디 있느냐?"(4:9)고 물으신다. 사실 창세기 4장에서 11장까지의 이야기를 살펴보면, 사회적 상황은 계속 악화된다. 인간의 분노와 질투, 교만과 폭력, 분개와 복수, 두려움과 자기 연민은 결국 홍수와 바벨탑을 통한 하나님의 심판을 불러오고야 말았다.

하지만 인간의 끔찍한 죄에도 불구하고 농업과 건축, 기술과 음악 등 인류 문화가 꽃피기 시작했다는 점이 이 본문에서 찾아볼 수 있는 긍정적인 면모다.

일요일: 인류 최초의 살인자 가인
월요일: 문화의 탄생
화요일: 부패의 확산
수요일: 노아와 홍수
목요일: 하나님의 영원하신 자비의 언약
금요일: 민족들의 기원
토요일: 바벨탑

일요일

인류 최초의 살인자 가인

가인이 아우 아벨에게 말하였다.
"우리, 들로 나가자." 그들이 들에 있을 때에,
가인이 그의 아우 아벨을 쳐 죽였다.
창세기 4:8(새번역)

하와는 아들 둘을 낳았는데, 큰아들이 가인이었고 동생이 아벨이었다. 아벨은 "양을 치는" 목동이 되었고, 가인은 "밭을 가는" 농부가 되었다(2절, 새번역). 그리고 형제는 각자의 직업에 맞게 여호와께 제사를 드렸다. 가인은 "땅의 소산"(3절)을, 아벨은 양의 첫 새끼를 잡아 "그중에서도 제일 살지고 좋은 부분"(4절, 현대인의 성경)을 드렸다. 그런데 여호와께서는 아벨의 제사는 받으시고, 가인의 제사는 받지 않으셨다. 크게 분노한 가인은 질투심에 사로잡혀 동생 아벨을 살해하고 말았다.

가인에게 동정심을 느끼는 독자들이 많을 것이다. 어쨌거나 그도 자기 직업에 맞는 제사를 드리지 않았던가. 그러니 하나님이 그의 제사를 받지 않으신 것은 불공평해 보인다. 하지만 알다시피, 하나님은 아무 이유 없이 마음 내키는 대로 행동하시는 분이 아니다. 하나님은 가인에게 "네가 어째서 화를 내느냐?…네가 옳은 일을 했다면 왜 내가 네 예물을 받지 않았겠느냐?"(5-6절, 현대인의 성경) 하고 물으셨다. 그렇다면 어째서 아벨의 제사는 옳고 가인의 제사는 그렇지 못했는가? 아벨은 양을 잡아서 가져온 반면, 가인은 자기 손으로 지은 농산물을 가져와 자기를 내세웠다는 해석을 내놓는 주석가들도 있다.

하지만 신약 성경을 보면, 아벨이 "믿음으로" 행동했다는 구절이 세 번이나 나온다(히 11:4). 뿐만 아니라 히브리서 11장은 믿음을 정의하기를, 하나님의 계시된 말씀에 순종하는 것이라고 한다. 이를 아벨에게 적용해 보면, 하나님이 이 형제에게 하나님이 바라시는 희생 제사가 무엇인지를 알려 주셨는데, 아벨만이 순종하는 믿음으로 반응했다고 추측해 볼 수 있다.

사도 요한은 이 이야기를 연장해서 가인과 그리스도를 비교한다. 가인이 동생을 시기하여 살해한 것과 달리, 우리는 그리스도처럼 다른 사람들을 사랑하고 그들을 위해 목숨을 버리라고 부름받았다고 말한다(요일 3:11-17).

히브리서 11:1-4을 읽으라.

문화의 탄생

월요일

야발은…장막에 거주하며 가축을 치는 자의 조상이 되었고
그의 아우의 이름은 유발이니 그는 수금과 통소를 잡는 모든 자의 조상이 되었으며…
두발가인은…구리와 쇠로 여러 가지 기구를 만드는 자요.
창세기 4:20-22

창세기 4장 후반부(17-26절)에는 가인의 후손 중 하나인, 라멕이라는 아주 기이한 사람이 나온다. 우선, 그는 중혼을 해서 두 아내를 두었고(19절), 자기에게 상해를 입혔다며 소년을 죽여 놓고는 그 사실을 부인들에게 떠벌렸다. 또 나중에는 가인보다 더 잔인한 행위를 하게 될 것이었다. 가인이 칠 배의 복수를 할 수 있다면, 라멕은 칠십칠 배나 더 할 것이라고 으스댄 것을 보니 말이다. 우리에게 죄를 범한 형제를 일흔 번씩 일곱 번 용서하라고 하신 예수님의 말씀이 훨씬 좋지 않은가!

또 라멕의 두 아내가 낳은 자식들은 재능이 많았는데, 그 재능은 후손들에게까지 이어졌다. 이들의 주도로 문명이 발달하기 시작했다. 가인은 하나님에게서 도망 다니는 신세가 되었지만, 가족을 위해 도시(작은 마을 정도였겠지만)를 건설하기 시작했다. 그리고 자기 아들의 이름을 따서 그곳을 에녹이라고 불렀다(17절). 라멕의 아들들을 보면, 야발은 유목민으로 장막에 살면서 가축을 쳤고, 그의 동생 유발의 가족은 수금과 통소를 연주하는 음악가들이었다. 이들의 배다른 형제 두발가인과 그 일가는 석기 시대를 넘어가 "구리와 쇠로 여러 가지 기구를 만들었다." 바야흐로 건축, 농업, 음악, 과학, 기술이 꽃피기 시작하고 있었다. 그와 동시에, 사람들은 미미하게나마 격식을 갖춘 예배를 드리기 시작했다. "사람들이 비로소 여호와의 이름을 불렀더라"(26절).

인간의 이중성은 이제 만천하에 알려졌다. 하나님의 형상대로 창조된 인간은 그 존엄성이나 문화적 독창성을 그대로 간직하고 있었다. 그러나 타락한 이들은 때로는 끔찍한 교만과 폭력을 표출하곤 했다. 라멕은 이런 인간의 역설적인 상황이 분명하게 드러내는 본보기였다.

창세기 4:19-24, 26을 읽으라.

화요일

부패의 확산

여호와께서 사람의 죄악이 세상에 가득함과
그의 마음으로 생각하는 모든 계획이 항상 악할 뿐임을 보시고
창세기 6:5

하나님이 자기 형상대로 아담을 창조하신 것처럼, 아담도 자기를 닮은 아들(셋)을 낳았다(5:1-3). 그렇다면 아담이 하나님을 닮은 것과 셋이 아담을 닮은 것은, 같은 종류인가 다른 종류인가? 분명 둘 다 하나님의 형상을 지니고 있다(9:6). 아담과 하와 속에 있는 그분의 형상이 그들의 후손에게 전달되어 오늘날 우리에게까지 이르렀기 때문이다. 그러나 그 형상은 타락으로 왜곡되고 말았다.

창세기 5장에 나오는 족보는 아담에서 노아까지 셋의 계보를 보여 준다. 저자는 각 세대를 설명하면서 모두 똑같은 표현을 사용한다. 에녹만 예외였다. 에녹에 대해서는, 몇 년을 살고 죽었다는 표현 대신 "하나님과 동행하더니 하나님이 그를 데려가시므로 세상에 있지 아니하였더라"(24절)라고 말했다. 이 거룩한 사람의 경우에는, 삶과 죽음이 둘 다 다른 사람과 달랐다(변형되었다). 프란츠 델리취(Franz Delitzsch)는 "그는 질병이나 죽음, 매장을 거치지 않고, 순식간에 사라졌다"라고 썼다.[1]

하지만 전반적인 윤리는 매우 타락한 상태여서, 머지않아 하나님의 홍수 심판이 임할 것이었다. 창세기 저자는 "하나님의 아들들"이 "사람의 딸들"에 끌려 그들과 결혼하는 희한한 이야기를 들려준다(6:2). 대부분의 고대 교부는 이를, 천사가 인간과 결혼하는 것이라 생각했지만, (칼뱅이 썼듯이) 그 이론은 "자체의 모순 때문에 아주 분명하게 반박할 수 있다."[2] 천사는 성별이 없다고 예수님이 가르치셨기 때문이다. 크리소스톰(Chrysostom)과 아우구스티누스(Augustinus)의 뒤를 이은 개혁주의자들은 이 본문을, 경건한 셋의 후손들이 경건하지 못한 가인의 후손들과 결혼하는 것이라 생각했다. 어느 경우든, 이 결합은 일부다처인데다 비정상이었고, 하나님이 만드신 결혼 제도의 본래의 취지를 무시하는 교만한 행위였다.

이 이야기는 땅에는 "포악함이…가득"(11절)했으며, 여호와의 마음에는 한탄과 근심이 가득했다(6절)는 말로 끝맺는다. 이제 홍수가 다가올 상황이 마련되었다.

창세기 6:1-12을 읽으라.

노아와 홍수

수요일

내가 홍수를 땅에 일으켜 무릇 생명의 기운이 있는 모든 육체를
천하에서 멸절하리니 땅에 있는 것들이 다 죽으리라.
창세기 6:17

노아는 거름 속에서 피어난 향기로운 꽃처럼, 부패한 세상에서 단연 돋보이는 인물이었다. 그는 "여호와께 은혜를 입었고"(8절), 또 에녹처럼 "하나님과 동행하였다"(9절). 불신앙이 판치는 상황에서 하나님의 임재 가운데 살던 사람이었다.

하나님이 노아에게 다가올 홍수를 경고하시면서 방주를 지으라고 하셨을 때, 그는 하나님의 말씀을 믿고 순종했다. 방주에 사용할 재료나 방주의 치수, 제조 방법은 그분이 하신 말씀을 그대로 따랐다. 노아는 구름 한 점 없는 화창한 날씨에 바다에나 떠울 법한 거대한 배를 짓느라 몇 달간 애를 썼다. 주변 사람들은 그런 노아를 분명히 비웃었을 것이다. "믿음으로 노아는 아직 보이지 않는 일에 경고하심을 받아 경외함으로 방주를 준비하여 그 집을 구원하였으니"(히 11:7).

그렇다면 홍수는 과연 실제로 있었던 전 지구적인 사건이었는가? 그렇다. 홍수는 역사적 사실이다. 예수님이 직접 그 사건을 언급하셨을 뿐 아니라, 홍수 이야기들은 고대 연대기에도 등장하기 때문이다. 전 지구적인 사건이라는 점은 어떤가? 남북반구를 포함한 지구 전체가 물에 잠겼다고 주장하는 그리스도인들도 있다. 하지만 그것은 현실적으로 불가능한 일일 뿐 아니라, 성경도 그렇게 주장하는 것 같지는 않다. 성경 저자가 "천하의 높은 산이 다 잠겼더니"(창 7:19)라고 말하기는 하지만, 성경은 '모든', '전부' 같은 보편적 용어를 절대적인 의미가 아니라 저자의 관점에서 상대적 의미로 사용하는 경우가 많다. 따라서 "각국 백성도 양식을 사려고 애굽으로 들어와 요셉에게 이르렀으니 기근이 온 세상에 심함이었더라"(41:57)라는 말씀에서 '온 세상'이란 표현은, 전 지구가 아니라 애굽 주변국을 가리키는 것이다. 창세기 저자의 눈에는 홍수가 전 지구적인 현상으로 보였겠지만, 실제로는 온 세상이 아니라 중동 지역 정도를 뒤덮었을 가능성이 크다.

그러나 홍수의 규모보다 더 중요한 것은 예수님이 이 사건을 통해 배우라고 하신 교훈이다. "노아의 때와 같이 인자의 임함도 그러하리라"(마 24:37). 그분의 심판은 불시에 이 세상에 임할 것이다.

마태복음 24:37-39을 읽으라.

목요일

하나님의 영원하신 자비의 언약

무지개가 구름 사이에 있으리니 내가 보고 나 하나님과
모든 육체를 가진 땅의 모든 생물 사이의 영원한 언약을 기억하리라.
창세기 9:16

시간이 흐르자 홍수로 불어난 물이 빠지고, 방주에 들어가 있던 인간과 동물 승객들이 모두 밖으로 나왔다. 노아는 새 인생을 하나님께 바친다는 의미로 제단을 쌓고 번제를 드렸다. 홍수가 나기 전에도 하나님은 앞으로의 일을 내다보시고 노아에게 이렇게 말씀하신 적이 있다. "너와는 내가 내 언약을 세우리니"(6:18). 이제 홍수 후에 그분은 그 약속을 확증해 주셨다(9:8-11).

언약은 성경의 핵심 단어다. 이는 하나님이 한량없는 자비 가운데 직접 베푸시는 중대한 약속을 말한다. 그러면 홍수 이후에는 하나님이 어떤 언약을 주셨는가? 그 언약에는 부정적인 표현과 긍정적인 표현이 동시에 들어 있다. 부정적인 표현으로는, 하나님이 다섯 차례나 연속으로 "다시 아니하리라"(8:21; 9:11, 15)라고 말씀하신다.

그리고 여기에 긍정적인 축복의 말씀을 덧붙이신다. 그 말씀에는 창조 때에 하셨던 네 가지 명령, 즉 생육하고 번성하여 땅에 충만하라, 땅을 정복하라는 명령이 들어 있었다(9:7). 이렇듯 그분은 창조세계에 대한 약속을 새롭게 하셨다. 또 이 지구가 멸망하지 않는 한, 계절의 변화(파종기와 추수기, 추위와 더위, 여름과 겨울)와 밤낮의 주기가 멈추지 않을 것이라고 약속하셨다. 모든 생물은 정도의 차이는 있지만 이 규칙적인 리듬에 의존하여 살아간다. 밤낮과 계절의 변화가 지구의 자전과 공전 때문이라는 사실이 알려지기 훨씬 이전부터 그랬다. 영국 해군은 지구의 자전과 공전 사실을 확신하고 이런 지시를 내린 적이 있다. "해가 뜨면 함대가 출항한다. 일출 시각은 오전 5시 52분이다."

하나님은 언약에 충실하신 분이다. 그분은 무지개로 그 증거를 보여 주셨다(12, 17절). 어둡고 위협적인 하늘에 밝고 아름다운 일곱 빛깔 무지개가 나타나 이 땅과 하늘을 연결해 준다. 이와 비슷하게, 사도 요한은 자비로 세상을 다스리시는 하나님의 보좌가 무지개로 둘러싸여 있는 모습을 보았다(계 4:3).

창세기 8:20-22; 9:1, 7-17을 읽으라.

민족들의 기원

금요일

홍수 후에 이들에게서
그 땅의 백성들이 나뉘었더라.
창세기 10:32

하나님은 홍수가 끝나면 에덴동산으로 돌아갈 수 있다고 약속하지 않으셨다. 인간의 마음이 여전히 악했기 때문이다(8:21). 의롭다는 노아조차 술에 취해 자기 아들(함)과 손자(가나안)가 남부끄러운 행동을 하게 만들고 말았다. 술 취함과 부도덕한 행동은 이미 밀접하게 연결되어 있었지만, 창세기 9:18-27에는 더 비도덕적인 이야기가 등장한다.

그럼에도 불구하고 노아의 세 아들 셈과 함과 야벳으로부터 민족들이 일어나 전 세계로 뻗어 나갔다. 창세기 10장에 이러한 확산 과정이 기록되어 있다. 저자는 먼저 상대적으로 덜 중요한 함과 야벳의 계보를 배치한 다음, 셈(셈 족)의 후손에 초점을 맞춘다. 아브라함 때문에 창세기는 이 셈 족에 집중하게 된다. 야벳의 후손들은 아라랏 지역에서 출발, 서쪽으로 이동하여 지금의 소아시아, 유럽 지역에 정착했고, 함은 남서쪽인 가나안, 애굽, 북아프리카 지역으로 향했으며, 셈은 남동쪽인 메소포타미아 지역, 현재의 페르시아 만으로 이동했다.

이런 이동을 볼 때, 하나님은 모든 민족에게 관심이 있으신 것이 분명하다. 이 본문은 완전수인 70개의 민족 또는 종족을 나열한다. 예수님이 70명의 제자를 둘씩 짝지어 내보내실 때 이들을 염두에 두셨을 수도 있다(눅 10:1).

우리는 하나님이 이처럼 온 민족에게 관심이 있으시다는 사실을 늘 염두에 두고, 가나안에 대한 저주(창 9:25)가 그 사실을 부정한다고 해석해서는 안 된다. 또 19세기와 20세기의 일부 그리스도인들처럼, 그것을 빌미로 서아프리카의 노예 매매나 남아프리카의 인종차별정책을 정당화해서도 안 된다.

예수 그리스도는 그렇게 사람들을 나누는 장벽을 모두 무너뜨리셨다. 이제는 "헬라인이나 유대인이나…야만인이나 스구디아인이나 종이나 자유인이 차별이 있을 수 없나니 오직 그리스도는 만유시요 만유 안에 계시니라"(골 3:11; 엡 2:11-22을 보라).

창세기 9:18-27을 읽으라.

토요일

바벨탑

> 여호와께서 거기서 그들을 온 지면에 흩으셨으므로
> 그들이 그 도시를 건설하기를 그쳤더라.
> 창세기 11:8

여기 나오는 바벨탑은 계단식 피라미드 모양의 거대한 바빌로니아 신전을 가리키는 것 같다. 바빌로니아 신전은 여러 개가 발굴되었는데, 그중 오래된 것은 주전 3000년대까지 거슬러 올라간다.

하나님이 바벨탑 때문에 심기가 불편해지신 이유는 무엇일까? 하나님이 자기 형상대로 인간을 창조하셔서 인간이 이렇게 뛰어난 기술을 갖게 된 것 아닌가? 그러면 도대체 무엇이 문제인가? 건축자의 이기적인 동기가 문제였다.

첫째, 이들은 불순종의 죄를 저질렀다. 하나님이 인류에게 주신 최초의 명령이자 홍수 이후 다시 반복하신 그 명령은 "땅에 충만하라, 땅을 정복하라"(1:28; 9:1을 보라)였다. 노아의 후손들은 그 명령을 따라 움직이긴 했지만, 비옥한 메소포타미아 평원에 도달하자 "거기에 정착하게 되었다"(11:2, 현대인의 성경). 땅을 탐색하고 땅의 가능성을 개발하는 데 힘쓰기보다는 안락하고 안전한 곳에 정착하는 편을 택했다. 세상은 여전히 그들의 불순종 때문에 고통당하고 있다. 에너지 문제를 해결하지 못했기 때문이다. 바닷물의 염분을 제거하여 사막에 물을 대고, 주린 사람들을 먹일 수 있는 값싼 방법을 찾아내지 못했다.

둘째, 탑을 세우는 일은 주제넘는 행위였다. 그들은 "그 탑 꼭대기를 하늘에 닿게 하여 우리 이름을 내자"라고 말했다. 그들은 땅의 한계를 받아들이지 못하고 하나님이 계시는 하늘을 넘보았다. 그로 인해 성경 전반에서 바벨은 주제넘은 오만함을 상징하는 단어가 되었다. 그리스어로는 이를 '휘브리스'(hubris)라고 하는데, 이것이 바로 죄의 본질이다.

그들에게 하나님의 심판이 임한 것은 당연하다. 우선, 하나님은 그들을 전 세계로 흩으셔서, 그들이 자발적으로 하지 못한 일을 강제로 하게 하셨다. 또 사람들을 흩으시기 위해 그들의 언어를 혼란케 하셨다. 언어는 살아서 시시각각 변한다. 고립된 환경이 언어를 변화시키는 것과 마찬가지로, 언어의 변화 역시 공동체의 고립을 강화할 수 있다.

신약 시대 오순절에 이르면, 바벨 이야기의 대반전이 일어난다. 하나님이 베푸신 이적으로, 오순절에 모인 사람들이 각자 자기 언어로 복음을 듣게 되는 것이다.

창세기 11:1-9을 읽으라.

제5주

족장 시대

끔찍한 홍수 심판과 바벨탑 사건 이후, 하나님은 새 출발을 계획하셨다. 바벨은 사람들을 온 지면으로 흩었지만, 아브라함은 하나님의 약속 아래로 그들을 다시 모았다. 하나님은 스스로를 아브라함과 이삭과 야곱의 하나님으로 부르실 정도로(출 3:6; 막 12:26) 자신을 낮추셨다. 사실, 이 세 족장과 그다음 세대인 요셉은 인간의 감정에 휘둘려, 애석하게도 선과 악, 위대함과 보잘것없는 모습이 공존하는 이들이었다. 하지만 하나님은 그들을 통해 그분의 뜻을 이루어 가셨고, 이 족장들은 구원사, 즉 세상을 구원하시려는 하나님의 계획 가운데 독특한 지위를 차지하게 된다.

일요일: 아브라함을 부르심
월요일: 이삭의 출생
화요일: 아브라함의 믿음을 시험하심
수요일: 하나님이 아브라함과 맺으신 언약
목요일: 이삭과 하나님의 신실하심
금요일: 야곱과 하나님의 끊임없는 사랑
토요일: 요셉과 하나님의 섭리

일요일

아브라함을 부르심

여호와께서 아브람에게 이르시되…
땅의 모든 족속이 너로 말미암아 복을 얻을 것이라.
창세기 12:1, 3

창세기 12:1-3이 하나님의 구원 계획을 요약해 준다는 말은 과장이 아니다. 이 본문에는 아브라함의 자손인 그리스도를 통해 세상에 복 주시려는 그분의 계획이 압축되어 드러나 있다. 또 이 약속과 함께 하나님의 두 가지 부르심이 나온다. 우선, 아브라함은 고향을 떠나 하나님이 보여 주실 땅으로 가야 했다. 친척과 아비의 집도 떠나야 했다. 그러면 하나님이 그를 큰 민족으로 만들어 주실 것이다. 하나님은 아브라함에게 복을 주실 뿐 아니라 아브라함이 다른 사람들, 곧 이 땅의 모든 민족에게 복이 되게 해주실 것이다.

자손과 땅을 주시겠다는 이 약속들은 아브라함의 생애에서 중요한 시기마다 반복되면서 더 정교해진다. 예를 들어, 한번은 하나님이 아브라함에게 동서남북을 보라고 말씀하셨다. 그리고 나서 그가 보는 것을 모두 그와 그의 자손들에게 주겠다고 하셨다(13:14-15). 또 언젠가는, 밤하늘을 보고 별을 헤아려 보라고 하시면서, 그의 후손이 밤하늘의 뭇별과 같아질 것이라고 말씀하셨다(15:5).

자손을 주시겠다는 하나님의 약속이 여러 차례에 걸쳐 성취되는 모습을 보면 참으로 놀랍다. 첫째, 이스라엘 백성의 수가 늘어났다(신 1:10-11). 둘째, 이 약속은 교회의 선교를 통해 지금도 성취되고 있다. 아브라함은 모든 믿는 자의 조상이므로(롬 4:16-17) 그리스도께 속한 모든 사람은 아브라함의 자손이다(갈 3:29). 셋째, 이 약속은 각 나라에서 구원받은 헤아릴 수 없는 큰 무리가 나아올 천국에서 성취될 것이다(계 7:9-17). 그때에야 비로소 아브라함의 자손은 하늘의 별과 같이, 해변의 모래알같이 많아질 것이다.

창세기 11:27-12:5을 읽으라.

이삭의 출생

> 여호와께서 말씀하신 대로 사라에게 행하셨으므로 사라가 임신하고 하나님이 말씀하신 시기가 되어 노년의 아브라함에게 아들을 낳으니.
> 창세기 21:1-2

하나님이 아브라함에게 자손을 주시겠다고 약속하셨을 때, 그와 그의 아내 사라에게는 자녀가 없었다. 분명 불임이었다. 그러니 하나님의 약속은 그들의 믿음을 시험하는 것이나 마찬가지였다. 자식이 하나라도 있어야 수많은 후손을 이룰 것 아니겠는가?

계속해서 자식이 생길 기미가 없자 아브라함은 자기 종 다메섹 사람 엘리에셀에게 유산을 물려줘야겠다고 불평하기도 했다. 하지만 여호와께서는 아브라함의 몸에서 나온 아들이 그의 상속자가 될 것이라고 확신시켜 주셨고(15:1-4), 아브라함은 하나님을 믿었다.

그다음에는 사라가 기발한 생각을 해냈다. 애굽인 몸종 하갈을 아브라함에게 첩으로 주면서 "내가 혹 그로 말미암아 자녀를 얻을까 하노라" 하고 말했다. 아브라함은 동의했고, 하갈이 임신을 해서 이스마엘을 낳았다. 하지만 사라는 질투심에 사로잡혔고, 이스마엘은 하나님이 약속하신 자녀가 아닌 것이 확실해졌다(16:1-6).

그 와중에도 하나님은 약속을 번복하시기는커녕 주인공의 이름을 바꾸시면서까지 그들에게 계속 확신을 주셨다. 그분은 아브람을 "여러 민족의 아버지"로, 사래를 "여러 민족의 어머니"로 칭하신다(17:5, 15-16). 이것을 확증하기라도 하듯 세 사람(그들은 함께 '여호와'를 상징하는 듯하다)이 아브라함의 장막을 찾았다. 여호와께서는 그에게 1년 안에 사라가 아들을 낳을 것이라고 약속하셨다. 장막 문에서 이 이야기를 엿들은 사라는 믿지 못하겠다는 듯 웃었다. 아브라함과 사라는 아이를 낳을 수 있는 시기를 이미 지났기 때문이다. 여호와께서 사라에게 "여호와께 능하지 못한 일이 있겠느냐?"(18:14)고 물으신 것도 당연하다. 꾸지람을 들은 사라는 웃지 않았다고 거짓말을 했다.

때가 이르자 여호와는 말씀하신 대로 사라에게 은혜를 베푸셨다. 사라는 임신을 하고 아브라함의 아들을 낳았다. 아브라함은 아이에게 이삭('웃음')이라는 이름을 지어 주었다. 불신의 웃음이 이제 기쁨과 축복의 웃음으로 바뀌었다(21:1-3, 6).

창세기 18:1-15을 읽으라.

화요일

아브라함의 믿음을 시험하심

그 일 후에 하나님이
아브라함을 시험하시려고 그를 부르시되.
창세기 22:1

성경이 위인들의 잘못과 실패를 감추지 않는 모습은, 성경의 사실성을 드러내는 표지라고 할 수 있다. 아브라함도 그중 하나다. 그는 "갈 바를 알지 못하고"(히 11:8) 자기 고향과 집을 떠나는 대단한 믿음을 보여 주었다. 하지만 기근 때문에 애굽으로 내려갔을 때는, 사라에게 자신의 아내가 아니라 누이라고 말해 달라고 부탁했다(사라의 미모가 뛰어났기 때문이다). 이는 아내의 목숨을 담보로 자기만 살겠다는 비열한 행동이었다. 그런 행동의 뿌리에는 불신이 자리하고 있었다(창 12:10-20).

이렇게 믿음과 의심 사이를 오가는 모습을 목격한 우리는 아브라함이 아들 이삭을 번제로 바치라는 극한의 시험에 어떻게 반응할지 자못 궁금해진다. 하나님이 이런 끔찍한 명령을 내리신 첫 번째 목적은, 여호와는 인간을 제물로 바치는 행위를 요구하지 않으신다는 사실을 아브라함에게 알려 주시기 위해서였다. 인간 제물은 하나님이 멸하라고 명하신 가나안 사람들이 저지르는 혐오스러운 행위였기 때문이다(제8주 일요일 묵상을 보라).

하지만 이 이야기에는 더 심오한 의미가 있다. 하나님은 세 번에 걸쳐 "네 아들 네 사랑하는 독자 이삭"(22:2)이라고 말씀하시며 이삭을 애틋하게 묘사하신다. 이는 이삭을 귀한 독자로뿐 아니라 "이삭에게서 나는 자라야 네 씨라 부를 것임이니라"(21:12)라고 하시며 독특한 존재로 표현하시는 것이다. 아브라함과 사라는 이 약속의 자녀를 얻기 위해 오랜 세월을 기다렸다. 그런데 왜 이제 와서 아들을 죽여야 했을까?

아브라함은 이삭을 통해 자신의 약속을 성취하시겠다고 하신 하나님의 말씀을 의지한다. "그가 하나님이 능히 이삭을 죽은 자 가운데서 다시 살리실 줄로 생각한지라. 비유컨대 그를 죽은 자 가운데서 도로 받은 것이니라"(히 11:19). 이보다 더 큰 믿음과 순종의 행위가 또 있을까.

히브리서 11:8-19을 읽으라.

하나님이 아브라함과 맺으신 언약

수요일

내가 내 언약을 나와 너 사이에 두어
너를 크게 번성하게 하리라.
창세기 17:2

우리는 홍수 이후에야 비로소 처음으로 '언약'이라는 성경의 개념을 만나게 된다. 성경에 나오는 언약은 하나님과 인간 사이의 계약으로서, 이는 하나님의 은혜로 그분의 약속에 기초하여 이루어지며 징표가 주어진다.

하나님은 노아와 처음으로 언약을 맺으셨고, 이제 아브라함과 두 번째로 언약을 맺으신다. 하나님은 노아에게는 자연 세계의 리듬을 유지시키겠다고 약속하셨고, 아브라함에게는 많은 자손과 땅을 약속하셨다. 노아와의 언약의 징표는 무지개였고, 아브라함과의 언약의 징표는 할례였다. 노아와 맺은 언약은 보편 언약이었고, 아브라함과 맺은 언약은 특별 언약이었다. 여기에는 구약 성경 전체에서 끊임없이 반복되는 언약 공식이 포함된다. 즉 "나는 너희 하나님이 되고, 너희는 내 백성이 되리라"(7-8절을 보라)라는 말씀이다.

언약의 약속을 말하면 당연히 언약의 성취 문제가 제기된다. 땅을 주시겠다는 언약을 예로 들어 보자. 아브라함은 땅을 소유한 적이 없었다. 장막을 짓고 살면서 땅을 지나갈 뿐이었다. 하지만 사라가 죽자 아브라함은 아내를 묻을 곳이 필요했다. 그래서 그가 머물고 있던 땅의 주인인 헷 족속에게 도움을 청했다. "나는 여러분 가운데서 나그네로, 떠돌이로 살고 있습니다. 죽은 나의 아내를 묻으려고 하는데, 무덤으로 쓸 땅을 여러분들에게서 좀 살 수 있게 해주시기를 바랍니다"(23:4, 새번역). 그러고 나서 전형적인 고대 근동의 협상 과정이 이어졌다. 아브라함은 은 사백 세겔을 지불하고 마므레(에브론) 근처에 굴과 나무가 있는 밭을 구입했고, 이후로는 모든 족장이 그곳에 묻혔다.

그들은 모두 약속을 받았으나 "약속된 것을 받지 못하였다"(히 11:13, 39). 땅을 주시겠다는 약속을 받았지만, 밭을 조금 받았을 뿐이다. 하지만 그들은 더 나은 본향 곧 "하늘에 있는 것"(히 11:16)을 사모했다. 하나님의 약속들은 믿음만이 아니라, "믿음과 오래 참음으로 말미암아"(히 6:12) 상속받는 것이기 때문이다.

창세기 17:1-14을 읽으라.

목요일

이삭과 하나님의 신실하심

이삭이 그의 아내가 임신하지 못하므로 그를 위하여 여호와께 간구하매
여호와께서 그의 간구를 들으셨으므로
창세기 25:21

이삭은 출발이 좋았다. 부모님은 그에게 출생 이야기를 들려주었을 테고, 이삭('웃음')이라는 이름을 붙여 준 이유와 할례의 의미도 설명해 주었을 것이다. 하지만 어린 시절 모리아 산에서 겪은 끔찍한 사건은 그의 뇌리에 지워지지 않는 흔적을 남겼다. 자신이 희생 제물이라는 사실을 깨달았을 때의 공포와 다시 풀려났을 때의 기쁨이란. 그의 기적적인 탄생과 하나님이 예비하신 새로운 탄생! 그는 신실하신 하나님의 은혜로 두 번씩이나 생명을 얻었다.

그리고 나서 아브라함은 이삭을 가나안 여자가 아닌 자기 친족 중 한 사람과 맺어 주어야겠다고 결심했다. 그의 이런 결심은 동족 결혼을 염두에 두었다기보다는 언약의 혈통을 보존하겠다는 종교적 선택이었다. 창세기 24장 전체에 리브가가 이삭의 아내가 되는 과정이 묘사되어 있다. 이는 기도와 건전한 판단력에 대한 응답이었다. 리브가의 오라비 라반이 말한 것처럼 "이 일은 주님이 하시는 일"(50절, 새번역)이었다. 혼인 후 리브가는 무려 20년 동안 임신하지 못했다. 그러나 이삭이 아내를 위해 기도하자 리브가는 쌍둥이를 임신했다. 하나님이 언약에 충실하신 분임을 보여 주는 또 다른 확실한 예였다.

그러나 리브가의 임신으로 상황이 달라졌다. 쌍둥이 임신 사실을 안 그녀는 여호와께 자식들의 미래에 대해 여쭈었다. 하나님은 태중에 두 국민이 있는데, 큰 자가 어린 자를 섬길 것이라고 말씀해 주셨다. 하나님은 그분의 뜻을 분명히 밝히셨다. 아브라함과 이삭에게 주신 약속은 첫째 에서가 아니라 둘째 야곱을 통해 이루어질 것이다. 그러나 이삭은 하나님의 뜻을 거부하고 장자 에서를 축복하기로 결심했다.

이삭의 행동에 문제가 있었음에도, 그분이 여전히 아브라함과 이삭과 야곱의 하나님으로 불리기를 좋아하신다는 사실이 놀랍지 않은가.

창세기 24:59-67을 읽으라.

야곱과 하나님의 끊임없는 사랑

금요일

> 야곱이 이르되 당신이 내게 축복하지 아니하면
> 가게 하지 아니하겠나이다.
> 창세기 32:26

야곱은 특별히 중요한 족장이다. '야곱 자손' 혹은 '이스라엘 자손'이라는 이름으로 잘 알려진 택함받은 백성의 선조이기 때문이다. 하지만 구약 성경에 등장하는 그는 하나님의 약속을 잘 알면서도 그분이 약속을 지키신다는 사실은 신뢰하지 못했다. 그래서 스스로 그 약속을 성취해 보겠다고 아등바등하는 인물로 그려진다. 제일 먼저, 그는 가나안에서 에서를 속였다. 그리고 밧단아람(메소포타미아)에서는 라반과 서로 속고 속였다. 야곱은 믿음보다는 잔머리 굴리기로 유명했다.

이제 밧단아람에서 돌아오는 야곱은 "홀로 남았다"(24절). 하지만 하나님은 그를 혼자 내버려두지 않으시고, 홀로 있는 그를 찾아오셨다. 그날 밤 야곱은 하나님을 만났다. 그리고 그 만남은 그의 인생을 180도 바꿔 놓았다. 그 만남은 두 단계로 진행되었다.

먼저, 하나님이 야곱과 씨름하셨다. 야곱이 나중에 그곳을 '하나님의 얼굴'이라는 뜻의 브니엘이라 부른 것을 보면, 그분이 하나님(신의 현현)이셨음을 알 수 있다. 하나님은 사랑으로 야곱을 항복시키기 위해 그와 씨름을 시작하셨고, 날이 밝을 때까지 힘겨운 싸움은 계속되었다. 그러자 하나님은 "자기가 야곱을 이기지 못함을 보고" 야곱의 허벅지 관절을 쳐서 탈골되게 하셨다. 하나님의 손길 한 번으로 충분했다. 야곱은 항복했다. 하나님은 우리에게도 부드럽게 다가오셔서 사랑하는 마음으로 끈질기게 역사하신다. 하지만 우리가 계속해서 저항하면, 극단적인 방법을 취하셔서 우리를 치고 부러뜨리신다.

그다음 단계에서는 두 사람의 입장이 뒤바뀌어, 야곱이 하나님을 붙들고 씨름했다. 하나님이 "나로 가게 하라"라고 말씀하시지만, 야곱은 "당신이 내게 축복하지 아니하면 가게 하지 아니하겠나이다"라고 대답했다(26절). 마치 하나님께 이렇게 말한 셈이다. "아브라함과 제 아버지 이삭, 제게 복을 주겠다고 약속하셨잖습니까? 이제 그 약속대로 저를 축복해 주세요!" 그래서 하나님이 "야곱에게 축복하셨다"(29절). 하나님은 우리의 고집을 꺾으시려고 우리와 씨름하시고, 우리는 하나님의 약속을 상속받기 위해 그분과 씨름한다.

창세기 32:22-32을 읽으라.

토요일

요셉과 하나님의 섭리

당신들은 나를 해하려 하였으나
하나님은 그것을 선으로 바꾸사.
창세기 50:20

구약 성경은 간혹 한 가지 사건으로 여러 교훈을 준다. 요셉의 이야기가 아주 적절한 예다. 첫째, 역사의 교훈이 있다. 하나님은 제국들의 다툼(세속사)을 통해 자기 백성의 이야기('구원사')를 만들어 가셨다. 아브라함과 이삭과 야곱의 하나님은 각 세대마다 그분의 언약을 재확인해 주셨다. 하지만 이제 야곱의 노년에 이르러, 기근이 하나님의 뜻을 위협하고 있었다. 야곱은 식량을 구하려고 아들들을 애굽으로 보냈다. 요셉이 나중에 그들에게 이야기한 것처럼, "하나님이 큰 구원으로 당신들의 생명을 보존하고 당신들의 후손을 세상에 두시려고 나를 당신들보다 먼저 보내셨다"(45:7).

둘째, 섭리의 교훈이 있다. 요셉은 잇따른 불의의 희생자였다. 형들에게 잡히고 팔려가 노예가 되었고, 억울한 고소를 당해 재판도 없이 옥에 갇혔으며, 변호해 주겠다던 동료 죄인들은 그를 잊었다. 그러나 이런 악한 상황에서도 하나님은 선을 이루고 계셨다. 요셉이 형들에게 한 말처럼 말이다. "당신들은 나를 해하려 하였으나 하나님은 그것을 선으로 바꾸사 오늘과 같이 많은 백성의 생명을 구원하게 하시려 하셨나니"(50:20).

셋째, 용서의 교훈이 있다. 요셉은 형제들에게 복수를 하거나 값싼 용서를 베풀 수도 있었지만, 대신 그들이 진정으로 뉘우쳤는지 시험해 보기로 했다. 그는 막내 동생 베냐민을 인질로 잡았다. 매우 극적인 순간이었다. 형들은 이미 요셉을 희생한 전력이 있었다. 이제 와서 또 베냐민을 희생시킬 것인가? 안 될 말이었다! 유다가 나서서 막내 동생을 풀어 달라고 간청했다. 심지어 자기가 대신 종으로 남겠다고까지 말했다. 요셉의 형제들에게 이런 큰 변화가 일어나다니! 정말로 뉘우친 것이 틀림없었다. 요셉은 확신했다. 그제야 요셉은 형제들에게 자기 정체를 밝히고 그들을 안아 주며 용서의 뜻을 전했다.

창세기 50:15-21을 읽으라.

제6주

모세와 출애굽

창세기는 애굽에서 유배 생활을 하는 동안 죽음을 맞이한 두 사람의 이야기로 끝을 맺는다. 먼저 야곱이 죽자 그의 아들들은 그를 헤브론 근처 막벨라 굴에 매장하기 위해 가나안으로 옮겼다. 그곳은 아브라함이 친족들을 위해 사 두었던 매장지였다. 그후 요셉 역시 애굽에서 죽었다. 그러나 두 가지 확실한 약속이 주어진다. 즉, 때가 되면 하나님이 그 백성을 약속의 땅으로 인도하실 것과, 그때 그들이 요셉의 시신을 가족 매장지로 메고 올라갈 것이다.

이번 주에는 아브라함의 뒤를 이어 이스라엘의 위대한 지도자로 우뚝 선 모세의 일대기를 살펴보려 한다. 애굽의 압제에서 이스라엘을 해방시킨 이가 바로 모세였다. 이스라엘 백성을 이끌고 홍해(다른 말로는 '갈대 바다')를 안전하게 건너 시내 산으로 인도한 이가 바로 모세였다. 또 그 백성이 광야에서 방황하는 40년 동안 모세는 계속해서 그들을 인도했다. 요단 동편 광야에서 그들을 모아 약속의 땅으로 건너갈 채비를 시킨 이도 그였고, 그들에게 이스라엘의 역사를 되새기면서 그분과의 언약에 충실하라는 부탁의 말을 전한 이도 그였다. 이러한 모세의 이야기는 창세기를 제외한 모세오경 네 권, 즉 출애굽기, 레위기, 민수기, 신명기에 잘 나와 있다. 말년에 그는 약속의 땅에 들어가는 것은 허락받지 못했지만, 느보 산에서 그곳을 바라보며 죽음을 맞이했다.

일요일: 가혹한 탄압
월요일: 모세를 부르시다
화요일: 바로에게 도전하다
수요일: 유월절
목요일: 출애굽
금요일: 시내 산의 축복
토요일: 광야의 방랑 생활

일요일

가혹한 탄압

> 이스라엘 자손은 고된 노동으로 말미암아 탄식하며 부르짖으니…
> 하나님이 그들의 고통의 소리를 들으시고…그의 언약을 기억하사.
> 출애굽기 2:23-24

출애굽기는 요셉을 알지 못했던 새로운 바로(아마도 람세스 2세)가 이스라엘을 탄압하는 모습을 생생하게 묘사하면서 시작된다. 애굽 사람들이 "어려운 노동으로 그들의 생활을 괴롭게 하니 곧 흙 이기기와 벽돌 굽기와 농사의 여러 가지 일이라"(1:14). 애굽의 탄압은 430년이나 계속되었다. 그러나 이스라엘 백성이 하나님께 구해 달라고 부르짖었더니, 하나님은 아브라함과 이삭과 야곱과 맺은 언약을 기억하셨다. 사실 그분은 이미 그들을 구원할 이를 예비하셨다.

모세는 아기 때 나일 강에서 익사하기 직전 가까스로 구조되었다. 그리고 나서 처음에는 친어머니에게, 그다음에는 바로의 딸에게 양육을 받았다. 모세가 애굽 문화와 히브리 문화 사이에서 겪었을 갈등은 미루어 짐작할 뿐이다. 하지만 그는 결코 히브리 사람으로서의 정체성을 잃지 않았고, 자기 백성의 고통을 보고 분을 참지 못했다. 그러다 그는 큰 대가를 치러야 하는 대담한 결단을 하기에 이른다. "믿음으로 모세는 장성하여 바로의 공주의 아들이라 칭함 받기를 거절하고 도리어 하나님의 백성과 함께 고난받기를 잠시 죄악의 낙을 누리는 것보다 더 좋아하고"(히 11:24-25).

그러나 자기 백성에 대한 사랑과 자신도 그 백성 편이 되겠다는 결심이 아무리 가상하다 해도, 합법적인 테두리를 벗어난 그의 행동은 신중하지 못한 처사였다. 모세는 히브리인을 때리는 애굽 사람을 죽이고, 다음 날에는 동족끼리 싸우는 히브리 사람들을 말리려 했다. 하지만 두 사람은 그의 개입을 성가시게 여겼다. 애굽 사람을 죽였다는 소문이 퍼짐에 따라, 그는 미디안 땅(시나이 반도)으로 도망가서 40년간 숨어 지내야 했다. 그는 하나님은 뜻은 오직 하나님의 방식대로 이루어져야 한다는 사실을 배워야만 했다.

출애굽기 2:11-15, 23-25을 읽으라.

모세를 부르시다

월요일

이제 내가 너를 바로에게 보내어
너에게 내 백성 이스라엘 자손을 애굽에서 인도하여 내게 하리라.
출애굽기 3:10

바로를 피해 다니는 신세가 된 모세는 도피처가 발각될지도 모른다는 불안감으로 하루하루를 보냈을 것이다. 하지만 세월이 흘러 바로가 죽었다(2:23). 정권이 바뀌면 정책도 바뀌지 않을까 하는 기대감에, 이스라엘 노예들은 더 크게 부르짖으며 도움의 손길을 구했다.

이제 새로이 모세를 부르시기 위한 준비가 다 갖춰진 것 같다. 하나님은 호렙 산(시내 산) 근처에서 모세를 부르셨다. 그곳 불타는 떨기나무 가운데서 하나님은 모세에게 말씀하셨다. 그분은 그 백성의 고통을 보았다고 말씀하셨다. 그들의 신음소리를 들었고, 그들의 고통이 가슴 아프다고 말씀하셨다. 그래서 이제 그분이 내려가서 애굽에서 그들을 건져내어 약속의 땅으로 인도하겠다고 하시며 모세를 통해 그 일을 하겠다고 말씀하셨다.

모세는 하나님의 부르심에 어떻게 반응했을까? 분명 광야에서 40년간 자숙하면서 얻은 교훈이 있었을 것이다. 그래서였을까. 이번에는 너무 반대 방향으로 나갔다. 변명을 다섯 가지나 늘어놓았다. 그 일에 부적합하다고 생각하는가? 하나님이 그와 함께하실 것이다. 이스라엘 백성이 하나님에 대해 의심하면 어떻게 하나? 하나님이 스스로를 그의 선조들의 하나님, 여호와, 살아 있고 영원하신 하나님으로 선언하실 것이다. 백성들이 그의 말을 듣지 않거나 믿지 않으면 어떻게 할까? 모세는 지팡이로 이적을 행하여 하나님이 함께하심을 증명하면 되었다. 또 모세는 네 번째로, 자신은 말이 느리고 어눌한 사람이라고 주장했다. 하지만 하나님은 그분이 모세의 입을 만드셨으니 그에게 할 말을 알려 주겠다고 대답하셨다. 그런데도 모세가 마지막으로 "보낼 만한 자를 보내소서"라고 하자 하나님은 화가 나셨지만, 그의 형 아론을 함께 보내어 대변자 역할을 하게 하셨다.

지나치게 자신감이 넘치는 것도, 자신을 너무 믿지 못하는 것도 둘 다 하나님의 부르심에 대한 적절한 반응이 아니다. 부르신 자들을 구비시키시는 살아 계신 하나님을 겸손히 신뢰하는 것만이 최선의 길이다.

출애굽기 3:1-11을 읽으라.

화요일

바로에게 도전하다

내가 내 손을 애굽 위에 펴서 이스라엘 자손을 그 땅에서 인도하여 낼 때에야
애굽 사람이 나를 여호와인 줄 알리라.
출애굽기 7:5

모세와 아론은 대담하게 바로 앞에 나가서, 여호와의 이름으로 이스라엘 노예의 해방을 요구했다. 하지만 그들은 이미 바로가 순순히 응하지는 않으리라는 경고를 받은 터였다. 저자는 바로의 완고함을 하나님 탓으로 돌리기도 하고[예를 들면, "내가 바로의 마음을 완악하게 하고"(3절)], 바로 탓으로 돌리기도 한다[예를 들면, "바로가…그의 마음을 완강하게 하여 그들의 말을 듣지 아니하였으니"(8:15)]. 어떤 것이 맞는지 확인할 필요는 없다. 하나님은 스스로 마음을 완강하게 하는 사람을 더 완악하게 하시니 말이다.

모세가 가져간 지팡이를 뻗을 때마다 애굽 사람들에게 새로운 심판이 임했다. 그 땅에는 잇달아 열 가지 재앙이 내렸다. 나일 강이 피로 변했는가 하면, 개구리가 사방에서 판을 치기도 했다. 그다음에는 이와 파리의 재앙이 이어졌고, 가축 돌림병에 이어, 사람과 가축에게 악성 종기가 퍼졌다. 우박이 내려 각종 작물과 나무를 망쳤고, 엄청나게 마한 메뚜기 떼가 몰려와 그나마 얼마 남지 않은 곡물을 휩쓸어 갔다. 때 아닌 어둠이 온 땅을 뒤덮었고, 모든 인간과 동물의 첫 소생이 죽으면서 이 재앙은 절정에 달했다.

이 재앙들의 성격과 목적을 곰곰이 생각해 보라. 이중에는 초자연적인 재앙이 아닌 것도 있었다. 예를 들어, 메뚜기 재앙은 당시에 흔한 자연재해였다. 하지만 그 시점은 기적 같았다. 모세가 지팡이를 든 바로 그 순간, 동풍이 불어 메뚜기 떼를 실어왔기 때문이다.

이 재앙들의 목적은 무엇이었는가? 이는 완고한 애굽인들에게 내린 심판인 동시에, 이스라엘 백성을 놓아 주도록 바로를 설득하려는 목적이 있었다. 하지만 가장 중요한 목적은 따로 있었다. "온 천하에 나와 같은 자가 없음을 네가 알게 하리라"(9:14). 열 가지 재앙을 다룬 본문들에는 다음과 같은 후렴구가 반복해서 등장한다. "내가 여호와인 줄을 네가 알게 될 것이라." 우리에게 이보다 큰 열망은 없을 것이다.

출애굽기 7:1-7을 읽으라.

유월절

수요일

여호와께서 애굽 사람들에게 재앙을 내리려고 지나가실 때에
문 인방과 좌우 문설주의 피를 보시면 여호와께서 그 문을 넘으시고
출애굽기 12:23

하나님은 열 번째이자 마지막 재앙에 대해서는 분명한 지침을 주셨다. 자정쯤 하나님이 애굽을 지나시며 심판을 하시면, 사회 계층에 상관없이 모든 장자가 죽게 될 것이었다.

하지만 이스라엘 백성은 집집마다 흠 없는 1년 된 양을 한 마리씩 죽여 그 피를 문 인방과 좌우 설주에 뿌리면 재앙을 피할 수 있었다. 그들은 밖으로 나가서는 안 되었다. 그날 밤 하나님이 애굽을 지나가시면서 피를 뿌린 집은 그냥 넘어가실 것이었기 때문이다. 이 유월절 절기는 이스라엘 달력의 시작점이 되었고, 이후로 매년 지키게 되었다.

그리스도인들에게 예수 그리스도는 "하나님의 어린 양"이시다. 우리는 "우리의 유월절 양 곧 그리스도께서 희생되셨느니라. 이러므로 우리가 명절을 지키되"(고전 5:7-8)라고 선포한다. 이 유월절 이야기에서 배울 수 있는 진리가 몇 가지 있다. 첫째, 우리의 심판자와 구원자는 같은 분이다. 하나님은 애굽을 지나시며 장자를 심판하셨지만 이스라엘 가정들은 보호하시며 그냥 지나치셨다. 우리는 성부 하나님은 심판자로, 성자 하나님은 구원자로 특징짓지 않도록 주의해야 한다. 예수 그리스도를 통해 우리를 그분의 심판에서 건지신 분은 동일하신 한 분 하나님이시기 때문이다.

둘째, 구원은 대속을 통해 이루어졌고 이루어진다. 장자가 죽는 재앙을 피한 가정에서는 장자 대신 양의 첫 새끼가 죽음을 당했다. 셋째, 양의 피를 흘린 다음에는 그것을 문 주변에 뿌려야 했다. 하나님이 명령을 주셨지만 그것을 실행하는 것은 각자의 몫이었다. 하나님은 문에 발린 피를 보고 그 가정을 구원해 주셨다.

넷째, 하나님이 구해 주신 각 가정은 그로 인해 그분께 사신 바 되었다. 이제 그들의 모든 삶은 그분께 속했다. 우리 삶도 마찬가지다. 그러한 헌신은 기쁨으로 이어진다. 하나님의 구속받은 백성의 삶은 축제의 연속이며, 그리스도인들은 성만찬을 통해 이를 기념하며 감사와 기쁨을 표현한다.

요한계시록 5:6-14을 읽으라.

목요일

출애굽

이스라엘이 여호와께서 애굽 사람들에게 행하신 그 큰 능력을 보았으므로
백성이 여호와를 경외하며 여호와와 그의 종 모세를 믿었더라.
출애굽기 14:31

바로와 그의 신하들은 이스라엘 백성을 놓아 준 다음 다시 마음이 바뀌었다. "도대체 우리가 무슨 짓을 한 거지?" 그들은 이스라엘 노예들이라는 막대한 노동력을 잃어버린 것을 뒤늦게 깨달았다. 바로는 군대에 명령을 내려 포로들을 급히 뒤쫓게 했다. 광야와 물과 산에 가로막힌 이스라엘 백성들은 쫓아오는 애굽 사람들을 보고 기겁했다. 그들은 "애굽에 매장지가 없어서 당신이 우리를 이끌어 내어 이 광야에서 죽게 하느냐?"(11절) 하고 모세에게 불평했다. 하지만 하나님을 굳게 믿은 모세는 이렇게 대답했다. "여호와께서 너희를 위하여 싸우시리니 너희는 가만히 있을지니라"(14절).

이스라엘 백성이 추격하는 애굽 군대의 손에서 구원받는 장면은 아주 생생하게 묘사되어 있다. 모세는 하나님의 명령에 순종하여 손에 지팡이를 들고 바다 위로 두 번 내밀었다. 처음에는 밤이어서 강한 동풍이 불어 바닷물을 물러가게 했고, 이스라엘 백성이 그 사이로 건너갔다. 애굽 사람들은 어안이 벙벙했다. 두 번째는 동틀 무렵이어서 물이 제자리로 돌아왔고, 애굽 사람들은 물에 빠져 죽었다. 물론 이스라엘 백성은 이미 안전하게 바다를 건넌 후였다.

이스라엘은 출애굽을 결코 잊지 못했다. 이는 여호와가 능력과 자비를 드러내시며 대적에게서 그들을 구하시고 그들을 그분의 특별한 백성으로 삼으신 사건이었다. 모세는 그 일을 노래로 만들었다. 모세의 누이 미리암도 소고를 들고 춤추며 노래했다. 출애굽은 이스라엘이 함께 드리는 예배의 핵심 주제로 자리잡았다.

> 내가 여호와를 찬송하리니
> 그는 높고 영화로우심이요
> 말과 그 탄 자를
> 바다에 던지셨음이로다.
> 여호와는 나의 힘이요 노래시며
> 나의 구원이시로다 (출 15:1-2).

이 노래를 그리스도인의 언어로 옮기기는 그리 어렵지 않다. 우리는 그보다 더 큰 (예수 그리스도의) 승리와 그보다 더 큰 (죄와 죽음에서의) 구원을 축하하고 기념하기 때문이다.

시편 106:7-12; 114편을 읽으라.

시내 산의 축복

금요일

세계가 다 내게 속하였나니…너희가 내게 대하여
제사장 나라가 되며 거룩한 백성이 되리라.
출애굽기 19:5-6

이스라엘 백성이 여호와와 만나기 위해 시내 산에 도달하는 데는 석 달이 걸렸다. 그들은 산자락에 장막을 치고 1년 정도 거기 머물렀다. 그러자 하나님은 구속하신 자기 백성에게 세 가지 소중한 선물, 즉 언약의 갱신, 도덕법, 희생 제사 제도를 주셨다.

가장 먼저 언약을 갱신하셨다. 족장들의 이야기를 살펴보면, 하나님은 거듭해서 스스로를 아브라함과 언약을 맺은 하나님이라고 선포하셨다. 그리고 이삭, 야곱과 언약을 갱신하셨다. 출애굽도 하나님이 그 언약을 기억하셨기에 가능했다. 하지만 이제 포로기가 끝나고 약속의 땅이 그들 앞에 있었다. 언약을 확증하고 갱신해야 할 시점이었다. 그래서 하나님은 모세를 통해 이스라엘에게 이렇게 말씀하셨다. "내가 애굽 사람에게 어떻게 행하였음과 내가 어떻게 독수리 날개로 너희를 업어 내게로 인도하였음을 너희가 보았느니라. 세계가 다 내게 속하였나니 너희가 내 말을 잘 듣고 내 언약을 지키면 너희는 모든 민족 중에서 내 소유가 되겠고"(4-5절).

둘째로, 하나님은 이스라엘에게 도덕법을 주셨다. 그 법에 순종하는 것이 이스라엘 편에서 지켜야 할 언약의 책임이었다. 그 도덕법의 핵심이 십계명이었다. 다른 법규들은 십계명을 좀더 상세히 설명하고 보충한 것들이었다. 십계명에 대해서는 다음 주에 살펴볼 예정이다. 셋째, 자비로우신 하나님은 율법을 어긴 사람들을 구제할 방법을 마련해 주셨다. 이를 위해서는 성소를 세우고, 희생 제사 제도를 마련하고, 그 제도를 시행할 제사장을 임명해야 했다.

이러한 과정에는 심오한 역설이 자리잡고 있었다. 한편으로 하나님은 "내가 그들 중에 거할 성소"(25:8)라고 말씀하셨다. 하지만 다른 한편으로는 1년에 단 하루 속죄의 날에 대제사장만 희생 제사를 드리기 위해 지성소에 들어갈 수 있었을 뿐, 그 외에는 아무도 그곳에 접근할 수 없었다. 이렇게 지성소의 휘장은, 죄인이 하나님께 나아갈 수 없음을 상징했다. 하지만 그리스도가 돌아가실 때 성소의 휘장이 위에서 아래로 찢어지면서 이런 역설은 해결되었다. 이제 누구라도 그리스도를 통해 하나님께 나아갈 수 있다.

히브리서 10:19-25을 읽으라.

토요일

광야의 방랑 생활

우리는 이제 주님께서
우리에게 주시겠다고 약속하신 곳으로 떠납니다.
민수기 10:29(새번역)

이스라엘 백성이 약속의 땅을 향해 길을 떠난 날은 역사상 가장 흥분된 날이었을 것이다. 하나님이 아브라함에게 처음 약속을 주시고 나서 700여 년이 흐른 뒤에야 드디어 그 약속이 이루어질 참이었다. 하지만 그들의 기대감은 얼마 가지 못했다. 모세는 그 땅을 정찰하기 위해 열두 정탐꾼(지파 당 한 명씩)을 보냈지만 결과는 실망스러웠다. 정탐꾼들은 가나안이 정말 젖과 꿀이 흐르는 땅임을 증명해 주는 잘 익은 과일들을 들고 돌아왔지만, 그중 열 사람은 그곳에 사는 사람들을 몰아내기 힘들겠다는 의견을 내놓았다. 다수가 지지하는 이 의견이 우세했다. 결국 신실한 갈렙과 여호수아를 제외하고는 아무도 약속의 땅에 들어가려 하지 않았다.

애굽에서 나와 가나안에 입성하기까지 40년의 세월이 흘렀다. 그동안 이스라엘 백성들은 오아시스를 전전하며 산전수전을 다 겪었다. 그 자세한 여정은 민수기에 기록되어 있다. 하지만 결국 40년 광야 생활은 끝이 나고 어른 세대는 다 죽음을 맞았다. 이스라엘은 이제 모압 평야에 진을 쳤다. 이곳은 사해로 흘러 들어가는 요단 강 남동쪽 부근에 위치한 곳이었다.

여기서 모세가 마지막으로 백성에게 전한 말씀이 신명기에 기록되어 있다. 그는 이스라엘의 최근 역사와 그 교훈을 되새기면서, 그들이 약속의 땅을 차지하도록 준비시키려 했다. 그런데 그가 심혈을 기울여 강조한 내용은 여호와와 그 백성을 묶어 준 사랑의 언약이었다. 여호와가 그들을 사랑하고 택하신 까닭은 그들이 잘나서가 아니라 순전히 그분이 그들을 사랑하셨기 때문이라고 모세는 말했다(신 7:7-8). 그러므로 이제 이스라엘 백성들은 전심으로 하나님을 사랑하고, 순종으로 그 사랑을 표현해야 했다(신 6:4-9; 10:12-13).

우리 주 예수님이 이 말씀을 인용하여 들려주신 다음 말씀은 얼마나 놀라운가. "나의 계명을 지키는 자라야 나를 사랑하는 자니"(요 14:21). 사랑의 증거는 순종이다.

신명기 6:1-12을 읽으라.

제7주
십계명

이번 주에는 십계명과 그것이 오늘날 우리에게 주는 의미를 생각해 보려 한다. 이를 위해 십계명에 대한 다음 세 가지 진리를 기억하자.

첫째, 십계명은 이스라엘의 언약의 하나님이 그 백성을 향한 그분의 뜻을 나타내신 것이다. 십계명은 "나는 너를 애굽 땅…에서 인도하여 낸 네 하나님 여호와니라"(출 20:2)라는 말씀으로 시작한다. 이스라엘이 언약의 당사자로서 해야 할 일이 바로 이 계명들에 순종하는 것이었다.

둘째, 예수님은 전심으로 하나님을 사랑하고 이웃을 네 몸처럼 사랑하라는 두 가지 명령으로 십계명을 요약하셨다(신 6:5; 레 19:18; 마 22:37-39). 예수님은 "이 두 계명이 온 율법과 선지자의 강령이니라"(마 22:40)라고 말씀하셨다.

셋째, 우리는 내주하시는 성령의 능력을 힘입어야만 십계명에 순종할 수 있다. 바울이 말한 것처럼, 하나님은 "그 영을 따라 행하는 우리에게 율법의 요구가 이루어지게" 하시려고 그의 아들을 보내셨다(롬 8:4). 성령께서 우리 내면에서 역사하시지 않는다면, 예수님이 산상수훈에서 명령하신 철저한 마음의 순종은 불가능할 것이다.

일요일: 1계명과 2계명

월요일: 3계명과 4계명

화요일: 5계명

수요일: 6계명

목요일: 7계명

금요일: 9계명

토요일: 8계명과 10계명

일요일

1계명과 2계명

너는 나 외에는 다른 신들을 네게 두지 말라. 너를 위하여 새긴 우상을 만들지 말고…
그것들에게 절하지 말며 그것들을 섬기지 말라.
출애굽기 20:3-5

여호와 '외에는' 다른 신을 예배하지 말라는 명령은 곧 다른 신은 없다는 뜻을 내포한다. "나는 여호와라. 다른 이가 없느니라"(사 45:6).

해나 달, 별을 숭배하는 것만이 이 첫 번째 계명을 어기는 행위는 아니다. 우리 삶에서 하나님 대신 어떤 사람이나 대상을 첫째 자리에 놓는다면, 그것이 바로 첫 계명을 어기는 것이다. 우리는 하나님의 뜻을 우리 기쁨으로 삼고, 그분의 영광을 우리 목표로 삼아, 온 힘을 다해 하나님만 사랑해야 한다.

첫째 계명이 하나님만 예배하라고 명령한다면, 둘째 계명은 신령과 진정으로 예배해야 한다고 말한다. 예수님도 "하나님은 영이시니 예배하는 자가 영과 진리로 예배할지니라"(요 4:24)라고 말씀하셨다. 우상을 금한다는 말씀은 눈에 보이는 형상은 아무것도 만들어서는 안 된다는 뜻이 아니라 그것을 예배해서는 안 된다는 뜻이다. 이는 또한 진심이 빠져 버린 겉치장을 금하는 말씀이기도 하다. 입술로는 하나님을 찾으면서 마음은 그분에게서 멀리 떠난 경우처럼 말이다(사 29:13; 막 7:6).

이 둘째 계명에서는 우리가 해결해야 할 문제가 두 가지 있다. 첫째, 하나님은 여기서 스스로를 "질투하는 하나님"(출 20:5)으로 묘사하신다. 하지만 이 표현 때문에 시험에 들 필요는 전혀 없다. 질투란 경쟁자들에게 분노하는 것인데, 하나님은 이런 의미에서 질투하는 하나님이시다. 하나님은 자신의 영광을 다른 사람과 공유하려 하지 않으신다. 그 영광을 공유할 만한 이는 아무도 없기 때문이다.

두 번째 문제는, 과연 그분이 선조의 죄 때문에 후손들을 벌하시는 분인가 하는 점이다. 언뜻 보기에는 불공평한 처사인 것 같기 때문이다. 하지만 부모가 지은 죄 때문에 자녀들이 고통당하는 것은 분명한 사실이다. 신체적(선천적 질병), 사회적(지나친 도박이나 음주로 인한 가난), 심리적(불행한 가정의 갈등과 긴장), 윤리적(부모에게서 좋지 않은 행동을 배우는 경우)으로 자녀들에게 그런 고통이 전이될 수 있다.

요한복음 4:19-24을 읽으라.

3계명과 4계명

월요일

너는 네 하나님 여호와의 이름을 망령되게 부르지 말라…
안식일을 기억하여 거룩하게 지키라.
출애굽기 20:7-8

이 두 계명을 하나로 묶고 보니, 여호와의 이름과 여호와의 날 둘 다 지극히 존중해야 함을 알게 된다. 하나님의 이름을 망령되게 부르는 경우는 어떤 것이 있을까? 이 계명은 신성모독과 불경한 말을 분명히 금한다. 이는 거짓 맹세, 즉 맹세를 하고 깨뜨리는 것도 포함한다. 예수님은 그럴 바에는 아예 맹세하지 않는 편이 낫다고 가르치셨다. 정직한 사람이라면 약속을 할 때 굳이 맹세까지 할 필요는 없다. 그냥 예 아니오로 간단하게 답하면 된다(마 5:33-37). 그런데 하나님의 이름을 망령되게 부르는 더욱 심각한 경우가 또 있다. 이름은 단순한 단어가 아니기 때문이다. 이름에는 한 사람의 인격과 성품이 담겨 있다. 따라서 우리가 하나님의 성품에 걸맞지 않는 행동을 할 때 그것은 그분의 이름을 망령되게 부르는 것이다. 하나님을 "아버지"라고 하면서 그분을 신뢰하지 않거나, 예수님을 "주님"이라고 하면서 그분께 불순종하는 것, 이것이 바로 그분의 이름을 망령되게 부르는 것이다.

이제 세 번째 계명에서 네 번째 계명으로 넘어가서 여호와의 이름 대신 여호와의 날에 대해 생각해 보자. 이 계명은 "안식일을 기억하라"는 말로 시작한다. 이는 당시 사람들이 이미 안식일을 지키고 있었음을 나타낸다. 앞에서 보았듯이, 사실 안식일 전통은 창세기의 서두 부분까지 거슬러 올라간다. 따라서 이것이 창조 때의 규정이라면, 안식일 계명은 하나님의 언약 백성뿐 아니라 모든 인류에게 주시는 하나님의 명령이다. 또 이 계명은 이들의 종들에게도 적용되었다. 이스라엘 백성도 여호와께서 구원해 주시기 전까지는 애굽에서 종살이를 했기 때문이다(신 5:15).

누가는 예수님이 관례처럼 안식일마다 회당에 가셨다고 말한다(눅 4:16). 하지만 그분은 안식일 준수 법으로 묶어 놓은 전통 법규와 규례(랍비 요하난과 랍비 시므온 벤 라키시에 따르면 총 1,521조항)의 제약은 받지 않으셨다. 오히려 예수님은 "안식일이 사람을 위하여 있는 것이요, 사람이 안식일을 위하여 있는 것이 아니니"(막 2:27)라는 원칙을 고수하셨다.

마태복음 5:33-37을 읽으라.

화요일

5계명

네 부모를 공경하라.
그리하면 네 하나님 여호와가 네게 준 땅에서 네 생명이 길리라.
출애굽기 20:12

처음 네 가지 계명은 하나님에 대한 의무와 관련이 있으므로(하나님의 존재와 예배, 그분의 이름과 그분의 날), 부모를 공경하라는 다섯째 계명부터는 이웃에 대한 의무를 다룬다고 생각하는 사람들이 있다. 하지만 5계명 역시 하나님에 대한 의무로 보는 편이 더 적절하다고 생각할 수도 있다. 그렇게 보면 하나님에 대한 의무와 이웃에 대한 의무를 각 다섯 계명씩 균형을 맞출 수 있을 뿐 아니라, (적어도 미성년에게) 부모는 하나님을 대신해 자녀에게 그 권위를 행사하는 역할을 하기 때문이다.

사도 바울은 이렇게 부모를 공경하기 위해서는 부모에게 순종해야 한다고 생각했으며, 부모 공경이 옳은 일이요 그리스도를 기쁘시게 하는 일이라고 말했다(엡 6:1; 골 3:20). 신약 성경은 부모에게 불순종하는 행위를 사회 붕괴의 징후로 보았다(롬 1:30; 딤후 3:2을 보라).

그렇다고 해서 부모의 권위가 절대적인 것은 아니다. 이스라엘 문화에 따르면, 부모의 권위는 어린 자녀들에게로 제한된다. 또 자녀에게 부모를 공경할 의무가 있다면, 부모에게도 자녀에 대한 의무가 있다. 부모들은 자녀를 "노엽게" 하거나 "원통하게" 하지 말고, "주의 교훈과 훈계로 양육해야" 한다(엡 6:4; 골 3:21). 이처럼 부모 자식 사이에는 상호 의무가 있다는 사실을 서로에게 확인해 주어야 한다.

서구 사회에서는 기대 수명과 평균 수명이 늘면서, 자녀들이 늙고 병든 부모를 소홀히 하고 내팽개치는 사례가 증가하고 있다. 이런 일은 대개 서구에 한정된 충격적인 현상이다. 아프리카와 아시아의 대가족 제도에서는 어른을 공경하는 풍습이 여전하다. 전통 중국 문화도 마찬가지다. 이 문제에 대해서는 바울이 했던 마지막 말을 해야 할 것 같다. "누구든지 자기 친족 특히 자기 가족을 돌보지 아니하면 믿음을 배반한 자요, 불신자보다 더 악한 자니라"(딤전 5:8).

에베소서 6:1-4을 읽으라.

6계명

살인하지 말라.
출애굽기 20:13

"생명을 죽이지 말라"(Thou shalt not kill, KJV)는 번역은 오해의 소지가 있다. 6계명은 동물을 비롯하여 생명체를 죽이는 행위를 일절 금하는 명령이 아니다. 같은 모세 율법에서 희생 제사 제도는 물론, 중죄를 처벌하는 살인 제도, 거기다 가나안 사람들에 대한 '성전'(聖戰)까지 명령하기 때문이다. 다른 구절이라면 모르겠지만, 이 구절을 근거로 채식주의자, 낙태반대주의자, 평화주의자를 옹호하기는 힘들어 보인다. 6계명은 이유 없이 무고한 피를 흘리는 것, 즉 살인을 금하고 있다. 성경은 모든 생명체가 아니라 특별히 인간의 생명이 신성하다고 주장한다(불교는 생명 전반을 중시한다). 인간이 하나님의 형상대로 지음받았기 때문이다. 살인이 그토록 잔인무도한 범죄요, 사형죄에 해당하는 까닭도 여기 있다(창 9:6; 롬 13:4). 그럼에도 불구하고 하나님이 인류 최초의 살인자를 보호하신 것으로 보아, 경감 사유가 있다면 감형을 해야 한다.

태아의 생명이 위협을 받을 때에도 인간의 생명이 신성하다는 동일한 원리가 위태로워지는 셈이다. 태아도 엄연히 성장 중인 인간인 만큼 보호해야 마땅하다. 따라서 대다수 그리스도인들은 낙태를 찬성하기보다는 반대하는 입장이다. 그리스도인들은 극히 제한된 예외적인 경우를 제외하고는, 낙태로 태아를 파괴하는 행위를 살인으로 여기고 거부한다. 또 인간 배아에 대한 실험 역시 법으로 금지해야 한다고 생각한다.

전쟁 또한 인간의 생명을 앗아 가는 심각한 문제다. 수세기 동안 그리스도인들 사이에서는 전쟁에 대한 의견이 분분했다. 평화주의자들은 예수님의 가르침과 모범은 모든 보복을 금지한다고 주장한다. 반면 '정전'(just war) 이론을 옹호하는 사람들은 몇 가지 조건이 주어진다면 차악으로 전쟁을 허용할 수도 있다고 믿는다. 그러나 전쟁을 최후의 수단으로만 정당화하고, 대량 살상 무기 사용은 거부한다. 흔히 그렇듯이, 대량 살상 무기는 통제 불가하고 무차별적이기 때문이다. 6계명과 관련해서 마지막으로 살펴볼 것은, 예수님이 산상수훈에서 하신 말씀이다. 그분은 남을 죽이고 싶어 하는 마음과 모욕을 주는 말도 살인 행위로 보셨다(마 5:21-22). 사도 요한도 그 점을 분명히 했다. "그 형제를 미워하는 자마다 살인하는 자니"(요일 3:15).

요한일서 3:11-15을 읽으라.

목요일

7계명

간음하지 말라.
출애굽기 20:14

그리스도인들은 성과 결혼, 가정을 선하신 창조주가 허락하신 좋은 선물이라고 믿는다. 이는 오늘날 세간의 평판과는 완전히 다른 것이다. 우리는 하나님이 태초에 인간을 남자와 여자로 창조하셨고, 따라서 인간의 구별된 성(남성성과 여성성)은 창조의 결과라고 믿는다. 또 자녀 출산뿐 아니라 부부의 상호 만족을 위해 결혼 제도를 만드신 분도 하나님이라고 믿는다(이는 우리 생각이 아니라 하나님의 생각이셨다). 바울은 여기에다 남편과 아내의 사랑은 그리스도와 교회의 관계를 반영해야 한다는 아름다운 진리를 덧붙였다.

이러한 진리를 확고하게 세울 때에야 비로소 성경이 금하는 것들이 이해된다. 하나님은 결혼 제도를 만드시고 그분이 정하신 환경 안에서만 성적 즐거움을 누리도록 하셨기에 그 외의 성관계를 금하신다. 사실, 간음을 분명히 지적하여 정죄하는 이유는 그것이 결혼 제도에 대한 직접적인 공격이기 때문이다. 하지만 여기에는 간음 이외의 다른 부도덕한 성행위도 포함된다. 그런 행위들 역시 결혼의 뿌리를 뒤흔들어 놓기 때문이다. 예를 들어, 혼전 동거와 혼외 정사는 상대방에게 헌신하지 않고 사랑만 얻으려는 시도라 할 수 있다. 또 혼전 동거를 하는 한쪽은 장기적인 관계를 바라는데 다른 한쪽은 그럴 준비가 되어 있지 않을 경우, 고통은 더 심해질 수 있다. 그 외에 동성 관계 역시 하나님의 창조 질서와 자연 질서에 맞지 않기에 이성 결혼에 대한 타당한 대안이 될 수 없다는 점을 분명히 해야겠다. 하나님이 허락하신 '한 몸'은 이성 간의 일부일처 관계에서만 성립한다. 캔터베리 대주교였던 조지 캐리(George Carey)가 2002년 4월에 언급했듯이 "이성 결혼을 벗어나는 모든 성관계는 성경의 가르침에서 벗어난 것이다."

마지막으로, 예수님은 살인의 경우와 마찬가지로 간음 역시 행위뿐 아니라 생각까지도 죄가 된다고 주장하셨다. "음욕을 품고 여자를 보는 자마다 마음에 이미 간음하였느니라"(마 5:28). 그래서 우리 눈 때문에 죄를 지으면 "빼어 내버리라"(마 5:29)라고 말씀하셨다. 다시 말해, (현실이든 공상이든) 눈 때문에 유혹이 찾아오면, 거기서 벗어나는 유일한 방법은 그 대상을 철저하게 거부하고 쳐다보지도 않는 것이다.

잠언 5:15-23을 읽으라.

9계명

네 이웃에 대하여 거짓 증거하지 말라.
출애굽기 20:16

8계명("도둑질하지 말라")과 10계명("네 이웃의 집을 탐내지 말라")은 비슷한 내용을 다루고 있으므로 내일 함께 알아보기로 하고, 오늘은 9계명("네 이웃에 대하여 거짓 증거하지 말라")을 먼저 살펴보겠다.

6계명부터 10계명까지는, 다른 사람을 진심으로 사랑한다면 그들의 권리를 존중해야 한다고 가르친다. "사랑은 이웃에게 악을 행하지 않지만"(롬 13:10), 십계명에서 금하는 죄들은 사람들의 가장 소중한 재산을 빼앗아 가기 때문이다. 그러므로 이 계명들은 사람들을 보호하기 위해 마련된 장치다. 살인자에게 생명을 빼앗기지 않도록, 간음하는 자들이 그들의 결혼, 가정, 가족을 망치지 않도록, 도둑에게 재산을 빼앗기지 않도록, 그리고 거짓 증거하는 자가 그들의 명성에 먹칠을 하지 않도록 말이다. 흠 없는 명성은 이 세상에서 가장 귀한 자산 가운데 하나다. 그래서 성경도 "많은 재물보다 명예를…은이나 금보다…더욱 택할 것이니라"(잠 22:1)라고 말하지 않는가.

물론 이 계명은 주로 법정에서 적용될 것이다. 재판관과 배심원이 피고와 원고의 사건 경위를 듣고 판결을 내릴 때, 피고의 운명은 증인의 손에 달려 있다고 해도 과언이 아니다. 증인은 선서를 하고 증언을 한 다음, 양측의 질문에 대답한다. 위증죄(고의로 거짓 증언을 하는 것)는 매우 심각한 죄다. 그런데도 종종 그런 일이 벌어져서, 예수님 이외에도 거짓 증언으로 고통당한 사람이 허다하다.

또 반드시 법정이 아니더라도, 가정이나 이웃, 직장에서 거짓 증언은 얼마든지 문제가 될 수 있다. 중상모략은 흔히 볼 수 있다. 고의로 과장하거나 진실을 왜곡하는 경우도 마찬가지다. 거짓 증언을 하지 말아야 한다는 말은 진실한 증인이 되어야 할 책임이 있다는 말이기도 하다. 극단적인 상황에서 소위 선의의 거짓말이 차악으로 정당화될 수 있을지 몰라도, 그것은 분명 죄다. 우리가 하는 말은 진실해야 하며, 우리는 무엇보다도 우리 주 예수 그리스도의 담대한 증인이 되어야 한다.

야고보서 3:1-12을 읽으라.

토요일

8계명과 10계명

도둑질하지 말라. 출애굽기 20:15

네 이웃의 집을 탐내지 말라. 출애굽기 20:17

"도둑질하지 말라." 도둑질하지 말라는 계명은, 사유재산을 소유할 권리와 함께 내 것과 남의 것 사이에 구분이 필요하다는 점을 전제한다. 그렇지 않으면 질서 있고 공정하고 안정된 사회는 불가능할 것이다. 뿐만 아니라, 이 계명은 돈이나 재산을 직접 훔치는 것만이 아니라, 부정직한 것과 남을 속이는 모든 행위를 금한다. 탈세, 근무 태만, 과다 청구, 저임금을 주는 것 등이 모두 여기에 해당한다.

"네 이웃의 집을 탐내지 말라." 열 번째 계명이 특히 중요한 이유는 이 계명이 십계명을 시민법에서 도덕법으로 바꿔 놓기 때문이다. 세상 법정에서는 남의 것을 탐냈다고 해서 고발당하지는 않는다. 탐욕은 행동이 아니라 마음의 태도이기 때문이다. 따라서 분노가 살인이고, 음욕이 간음인 것처럼, 탐욕도 도둑질에 해당한다.

탐욕을 금하는 계명은 오늘날 서구 세계에 만연한 소비주의에 시사하는 바가 크다. 예수님은 탐욕을 주의하라고 말씀하셨고, 바울은 자족하는 삶, 간소한 삶, 베푸는 삶을 살라고 권했다. 광야의 이스라엘 백성처럼, 우리는 약속의 땅을 향해 가는 순례자들이다. 그러니 짐을 가볍게 하고 여행하는 편이 현명하지 않겠는가.

십계명은 하나님 사랑과 이웃 사랑의 의미를 설명해 주는 동시에, 우리 죄를 밝히고 정죄한다. 바울이 고백하듯이 율법이 "탐내지 말라"고 하지 않았다면 그는 결코 죄를 알지 못했을 것이다(롬 7:7). 루터도 율법을 인간의 자기 의를 부수는 강력한 '망치'에 비유했다. 그런 의미에서 율법은 우리를 그리스도께로 인도하는 "초등교사"(갈 3:24)다. 19세기 런던의 유명한 설교자였던 스펄전(C. H. Spurgeon)은 십대 시절 이미 자신이 죄인임을 진정으로 깨달았다. 특별히 무슨 죄를 지었기 때문이 아니었다. 그는 "모세를 만났다"고 고백했다. 모세의 율법이 그를 정죄하고, 그에게 구세주의 필요성을 보여 주었기 때문이다.

디모데전서 6:6-10을 읽으라.

제8주

여호수아와 사사들

신명기는 모세의 죽음으로 끝을 맺는다. 그러나 모세는 죽기 전에 여호수아에게 안수하고 그를 후계자로 삼았다. 드디어 여호수아의 인도로 이스라엘 백성이 기업으로 받은 땅 가나안에 들어가면서 하나님의 약속이 성취되었다. 그 후 나이가 든 여호수아는 계속해서 여호와의 언약에 충실하라고 이스라엘을 권면했다. 그러나 여호수아가 죽고 나서 사사가 다스리던 200여 년 동안, 이스라엘은 타락, 압제, 구원이 끊임없이 반복되는 삶을 살았다. 마지막 사사는 사무엘이었다. 그는 대중의 요구에 못 이겨 사울을 왕으로 삼게 된다. 하지만 사울은 계속해서 신실하지 못했고 이 때문에 그의 통치기는 순탄치 못했다.

일요일: 땅을 차지하다
월요일: 언약을 지키라
화요일: 이스라엘 백성의 타락
수요일: 사사들에 대한 판단
목요일: 사무엘의 삶과 사역
금요일: 사울의 초기 모습
토요일: 죄로 얼룩진 사울의 말년

일요일

땅을 차지하다

여호와께서 이스라엘의 조상들에게 맹세하사 주리라 하신 온 땅을
이와 같이 이스라엘에게 다 주셨으므로 그들이 그것을 차지하여 거기에 거주하였으니.
여호수아 21:43

요단 강을 건넌 여호수아는 먼저 남쪽으로 가서 아모리의 다섯 왕이 이끄는 연합군을 궤멸시켰다. 그런 다음에는 북쪽으로 진군해서 적의 연합군을 무찔렀다. 그렇게 모든 땅을 차지한 후 그 땅을 열두 지파에게 나누어 주었다. 그러나 이스라엘의 정복 이야기를 읽으면서 그러한 전멸 정책의 윤리성에 대해 자문해 보지 않을 수 없다. 이스라엘의 거룩하신 하나님이 정말로 그런 명령을 내리셨단 말인가? 세 가지를 짚어 보도록 하자.

먼저, **족장들에게 하신 약속**을 생각해 보라. 하나님은 아브라함의 후손들에게 땅을 주시겠다고 거듭 약속하셨다. 그러나 땅을 차지하려면 전에 살던 거주민을 내쫓아야 했다. 둘째, **가나안 사람들은 악했다**. 하나님은 아브라함에게 "아모리 족속의 죄악이… 가득 차야만"(창 15:16) 그의 후손들이 땅을 차지할 것이라고 말씀하셨다. 여호와가 이스라엘 백성에게 그 땅을 주시는 것은 그들이 의로워서가 아니라 가나안 사람들이 악했기 때문이다(신 9:4-5). 유아 희생 제사 같은 가증스러운 행위가 그렇듯 가나안의 풍요 신 숭배는 너무도 역겹고 부도덕한 우상숭배였기에, 이스라엘이 그들을 쫓아내는 것은 그 땅이 그들을 토해 내는 것으로 그려졌다. 하나님은 이스라엘에게도, 그들이 그 땅을 더럽히면 이방 민족을 내치신 것처럼 그 땅에서 내치시겠다고 경고하셨다(레 18:24-30; 20:22-23; 신 12:31).

셋째, **타락할 위험**이 있었다. 모세는 이스라엘 백성에게 "그들과 어떤 언약도 하지 말 것이요"라고 명령했다(신 7:2). 이스라엘 백성은 여호와께 구별된 거룩한 백성이었기에 우상숭배에 사용된 가나안의 제사 용품을 전멸해야 했다(신 7:6). 가나안의 가증한 행위를 본받거나(신 18:9) 여호와와의 언약을 어기는 어떠한 행위도 금물이었다(삿 2:1, 20; 스 9:1, 10-12). 이 '성전'(聖戰)은 여호와가 허용하신 유일한 전쟁이다. 이스라엘이 하나님께 순종하여 가나안 사람들과 그들의 부패한 행습을 전멸했다면, 훗날 주변 민족들과의 불필요한 갈등은 피할 수 있었을 것이다. 우리 또한 죄를 철저히 제거하도록 부름받았다.

여호수아 24:8-13을 읽으라.

언약을 지키라

월요일

그날에 여호수아가 세겜에서 백성과 더불어 언약을 맺고
그들을 위하여 율례와 법도를 제정하였더라.
여호수아 24:25

여호와는 "나는 너희 하나님이 되고 너희는 내 백성이 되리라"라는 거룩한 서약으로 우리와 관계를 맺으신 언약의 하나님이시다. 아브라함에서 시작된 그 언약은 이삭과 야곱, 여호수아에게로 이어졌다. 모세는 그 언약을 성취하는 것이 자신의 사명임을 분명히 했다. 그리고 이제 여호수아는 자신이 그 약속을 물려받았다는 사실을 확고히 해야 했다. 그래서 여호수아서의 시작과 끝에는 그 언약이 언급되어 있다. 이스라엘 백성이 요단 강을 건넌 후, 하나님은 여호수아에게 부싯돌로 칼을 만들어 이스라엘 백성들에게 할례를 행하라고 말씀하셨다. 할례는 언약의 표지였지만 40년간 광야에서 방황하면서 할례를 시행하지 못했기 때문이다. 이제 할례를 받은 백성들은 유월절을 지킬 자격을 갖게 되었다.

여호수아서는 세겜에서 언약을 갱신하는 장면으로 끝을 맺는다. 그런데 특별히 흥미로운 점이 있다. 여호수아는 언약의 내용을 제시하면서 의도적으로 당시 속국과 정복자 왕이 맺는 봉신 조약의 양식(고대 근동에서 최근에 발견된)을 따른다는 것이다. 먼저 조약 당사자들을 소개하고 나서 간략하게 역사를 훑는다. 그다음에는 조약 조건과 증인 명단을 나열하고, 조약을 지켰을 때의 축복과 어겼을 때의 경고로 끝을 맺는다. 이 봉신 조약의 자세한 내용은 여호수아 24장에 잘 나와 있다.

예수 그리스도를 따르는 자들은 하나님이 아브라함과 맺으신 언약을 상속받은 이들이다. 구약 시대에는 할례와 유월절이 있었다면, 예수님이 말씀하신 "새 언약"의 표지는 세례와 성만찬이다. 봉신 조약은 해마다 갱신했지만, 우리가 하나님과 맺은 언약은 날마다, 혹은 최소한 성만찬에 참여할 때마다 새롭게 해야 한다.

여호수아 24:19-27을 읽으라.

화요일

이스라엘 백성의 타락

이스라엘 자손이 여호와의 목전에
악을 행하여 바알들을 섬기며.
사사기 2:11

신실한 여호수아가 죽고 난 뒤 이스라엘은 200년 가까이 불순종, 압제, 구원이라는 악순환의 굴레에서 헤어나지 못했다. 첫째, 그들은 자기 조상들의 하나님 여호와를 저버렸다. 이스라엘을 애굽에서 건져내신 하나님을 잊어버리고 주변 민족들의 신을 섬기면서 여호와를 화나게 했다.

둘째, 여호와는 그들을 침입자들의 손에 넘겨 그들을 약탈하고, 전쟁에서 패배시키며, 억압하도록 내버려두셨다.

셋째, 자기 백성의 호소를 들으신 여호와는 '사사'를 세워 원수의 손에서 그들을 구해 내셨다. 하지만 이스라엘 백성은 구원자들의 음성을 거부했고, 그로 인해 타락과 패배와 회복의 악순환은 끊임없이 반복되었다(11-17절).

소위 사사는 여러 가지 역할을 겸했다. 그중에서 가장 중요한 것은 군사 지도자의 역할이었다. 여호와는 그들을 세워 이스라엘을 억압자의 손에서 구하셨다. 그렇게 에훗은 모압 족속, 드보라는 가나안 족속, 기드온은 미디안 족속, 입다는 암몬 족속, 삼손은 블레셋 족속에게서 이스라엘 백성을 구했다. 그다음, 그들은 영적 지도자였다. 각자 여호와를 향한 충성을 표현하는 방식이나 정도는 달랐지만, 사사들은 모두 믿음과 성령의 사람이었다. 마지막으로, 그 이름이 말해 주듯 그들은 재판관이었다. 그들은 백성이 들고 온 문제를 들어 주고, 이스라엘에 정의를 구현했다.

하지만 사사 시대에는 법과 질서가 제대로 자리잡히지 않았던 것 같다. 그래서 사사기에는 "그때에 이스라엘에 왕이 없었고"(18:1; 19:1)라는 직설적인 표현이 두 번씩이나 등장하는데, 두 본문 모두에 무정부 상태가 초래한 불가피한 결과가 언급되어 있다. 또 그중 한 번은 사사기의 결론으로 등장한다. "그때에 이스라엘에 왕이 없으므로 사람이 각기 자기의 소견에 옳은 대로 행하였더라"(17:6; 21:25). 외견상 이스라엘의 고질적인 타락에도 불구하고, 여호와 하나님이 그분의 언약에 충실하셨다는 사실은 얼마나 놀라운가.

사사기 2:10-19을 읽으라.

사사들에 대한 판단

수요일

> 무엇이든지 전에 기록된 바는
> 우리의 교훈을 위하여 기록된 것이니.
> 로마서 15:4

바울은 구약 성경의 인물들에 대해 이렇게 썼다. "그들에게 일어난 이런 일은 본보기가 되고 또한 말세를 만난 우리를 깨우치기 위하여 기록되었느니라"(고전 10:11). '이런 일'이란 하나님이 이스라엘의 우상숭배와 악행, 불신앙을 심판하신 것을 가리킨다. 그들이 본보기라면, 우리가 따라야 할 좋은 본보기가 아니라 피해야 할 최악의 본보기다.

따라서 우리는 주저 없이 일부 사사들의 행위를 비판해야 한다. 삼손과 입다는 바알 숭배자들 틈바구니에서도 여호와께 충성을 지켰으므로, 히브리서 11:32에서 그들을 믿음의 영웅으로 칭송하는 것이 사실이다. 하지만 그들의 다른 행동은 참담하기 이를 데 없었다. 삼손은 과시욕이 강한 사춘기 아이 같은 행동을 저질렀다. 입다는 무모한 맹세를 했다고 해서 딸을 희생 제물로 바쳐서는 안 되었다. 아이를 제물로 바치는 희생 제사는 여호와가 가나안 문화에서 가장 가증스럽게 여기시는 죄악이었기 때문이다.

그러나 이스라엘 백성과 지도자들이 예외 없이 모두 악의 소용돌이에 빠져든 것은 아니었다. 사사기 바로 다음에 등장하는 이야기에 나오는 룻은 예외였다. 두 아들과 함께 베들레헴에 살던 엘리멜렉과 나오미 부부는 극심한 기근 때문에 할 수 없이 모압 땅으로 내려갔다. 두 아들은 거기서 모압 여자와 결혼했는데, 그중 하나가 룻이었다. 세월이 흘러 세 남자가 모두 죽고, 나오미와 두 며느리는 과부 신세가 되었다. 다른 며느리는 모압에 있는 가족에게로 돌아갔지만, 룻은 한사코 거부했다. 룻은 나오미에게 "어머니의 백성이 나의 백성이 되고 어머니의 하나님이 나의 하나님이 되시리니"(룻 1:16)라고 말했다. 룻은 여호와를 확고히 믿고 "그의 날개 아래에 보호를 받으러 왔다"(룻 2:12). 그 후 하나님의 놀라운 섭리로, 나오미의 친척 보아스가 룻의 기업 무를 자가 되어 그녀와 결혼했다. 나중에 보아스와 룻은 다윗의 증조부모가 되었다.

하나님에 대한 배신이 판을 치는 사사 시대에, 어둠 속 한 줄기 빛처럼 아름다운 믿음을 보여 주는 룻기는 참으로 감동적인 이야기다.

고린도전서 10:1-11을 읽으라.

목요일

사무엘의 삶과 사역

사무엘이 자라매 여호와께서 그와 함께 계셔서
그의 말이 하나도 땅에 떨어지지 않게 하시니.
사무엘상 3:19

사무엘은 마지막 사사이자 가장 위대한 사사였다. 태어나기 전부터 부모가 그를 여호와께 바쳐서 그는 엘리 대제사장의 보호를 받으며 실로에서 자랐다. 성경을 보면 그가 아직 젊은데도 "단에서부터 브엘세바까지의 온 이스라엘이 사무엘은 여호와의 선지자로 세우심을 입은 줄을 알았더라"(20절)라는 말씀이 나온다. 그는 사사로서 해마다 집 주변 마을들을 순회했는데(7:15-17), 때로는 제사장 역할도 겸했다. 이렇듯 그는 선지자와 제사장, 사사의 역할을 모두 다 소화했다.

사무엘이 나이 들어 그의 아들들을 사사로 임명했지만, 그들은 아버지의 행위를 따르지 않고 "이익을 따라 뇌물을 받고 판결을 굽게 했다"(8:3). 이에 이스라엘 장로들은 사무엘에게 왕을 세워 이스라엘을 다스리게 해 달라고 요구했다. 이는 그들의 왕이신 하나님을 거부하는 행위였다. 이스라엘은 건국 초기부터 250여 년간 신정 국가(하나님이 통치하시는 나라)였기 때문이다. 사무엘은 장로들에게 항의하면서, 왕을 세우면 그가 백성을 억압할 것이라고 경고했다. 하지만 백성들은 그의 경고에도 막무가내였다. "아니로소이다. 우리도 우리 왕이 있어야 하리니 우리도 다른 나라들같이 되어 우리의 왕이 우리를 다스리며"(19-20절). 이스라엘은 재차 왕을 요구하면서 똑같은 이유를 내세웠다. "다른 나라들같이 되어"야 한다는 것이었다. 그러자 여호와께서는 사무엘에게 그들의 요구를 들어주라고 말씀하셨다.

하지만 이는 비극의 시작이었다. 이스라엘은 하나님이 거룩한 나라, 그의 소유가 된 백성을 삼으시려고 다른 나라와 구별해서 부르신 백성이었기 때문이다. 오늘날 하나님의 백성도 동일한 딜레마에 처해 있다. 우리의 소명은 주변 세상에 순응하는 것이 아니라 철저하게 구분된 삶을 사는 것이다.

사무엘상 12:1-4을 읽으라.

사울의 초기 모습

금요일

> 사무엘이 모든 백성에게 이르되 너희는 여호와께서 택하신 자를 보느냐.
> 모든 백성 중에 짝할 이가 없느니라 하니.
> 사무엘상 10:24

이스라엘의 초대 왕은 사울이었다. 그의 출발은 좋았다. 무엇보다 그는 다른 사람보다 "어깨 위만큼 컸다"(9:2; 10:23)고 묘사될 정도로 남다른 체격 조건을 갖고 있었다. 또 젊고 잘생겼으며 용감하고 인기도 많았다.

게다가 사울은 애국심도 남달랐다. 주변 국가들이 이스라엘 영토를 침입하자 그는 격분했다. 그가 왕이 되고 얼마 되지 않아, 암몬의 지도자 나하스가 요단 강 동편 길르앗 야베스에 진을 쳤다는 소식이 들려왔다. 사울은 즉각 대응했다. 대규모 군대를 소집하여 요단 강을 건너 과감하게 공격을 시도하여 그곳 거주민들을 구했다. 이에 백성들은 사울의 승리를 크게 칭송하며 그를 자기들의 왕으로 재천명했다.

하지만 그는 블레셋 사람들을 타도하는 데는 성공하지 못했다. 블레셋 사람들은 이스라엘 땅에 주둔하면서 기습 공격을 시도하곤 했다. 이는 이스라엘에게 치욕스러운 일이었다. 하지만 그런 상황 가운데서도 두 이스라엘 사람의 공적이 두드러졌다. 우선, 사울의 아들 요나단이 혁혁한 공을 세웠다. 요나단은 손과 발을 이용해 가파른 절벽을 기어올라가 블레셋을 무찌르고 통행로를 확보했다. 나머지 한 사람은 물론 다윗이다. 어린 다윗이 골리앗을 쓰러뜨린 사건은 한 편의 드라마였다.

그러나 사울은 이런 공적을 인정하고 마땅한 칭찬을 하는 대신, 그만 불같은 질투심에 사로잡히고 말았다. 그도 통치 초반에는 진정한 영적 체험을 했던 것 같다. 하나님의 영이 크게 임하여 그는 다른 사람으로 변했다(10:6). 하지만 이러한 초반의 모습은 오래가지 못했다. 그는 스스로 감정을 조절하지 못하는 상태가 되었다. "그 이튿날 하나님께서 부리시는 악령이 사울에게 힘 있게 내리매"(18:10) 그는 분노와 쓴 뿌리 그리고 질투의 노예가 되고 말았다.

사무엘상 9:1-2, 15-17을 읽으라.

토요일

죄로 얼룩진 사울의 말년

사울이 죽은 것은 여호와께 범죄하였기 때문이라.
역대상 10:13

사울의 가장 큰 죄는 불순종이었다. 뚜렷한 세 가지 예를 찾아볼 수 있다. 첫째, 사울은 제사장의 특권을 가로챘다. 그는 사무엘이 도착해서 희생 제사를 드릴 때까지 길갈에서 이레를 기다리라는 말씀을 들었다. 하지만 일주일이 다 지나도록 사무엘이 도착하지 않자 율법을 무시하고 제멋대로 일을 처리했다. 핑곗거리는 많았다. 그는 "부득이했다"고 말했지만, 사무엘은 "당신은 어리석은 짓을 하였소!…당신의 하나님 여호와의 명령에 불순종했단 말이오"(삼상 13:12-13, 현대인의 성경)라고 나무랐다. 사울의 죄는 성급함, 교만, 신성모독, 불순종이었다.

둘째, 사울은 아말렉 족속을 전멸하지 못했다. 하나님은 아말렉이 출애굽 직후 약하고 준비가 덜 된 이스라엘을 공격했다는 이유로 그들을 심판하시려 했다. 왜 이 민족들을 사람과 가축 구분 없이 전멸해서 "여호와께 온전히 바쳐야" 하는지에 대해서는 지난주 일요일에 이미 살펴보았다. 그러나 사울은 아멜렉 왕 아각과 함께 최상의 양과 소들을 살려 두었다. 사무엘이 사울의 불순종을 지적하자, 사울은 자기 병사들에게 책임을 떠넘기며 여호와께 희생 제물을 바치기 위해 그랬노라고 대답했다. 그런 사울에게 사무엘은 이런 유명한 말을 남겼다. "순종이 제사보다 낫고 듣는 것이 숫양의 기름보다 나으니"(삼상 15:22).

셋째, 사울은 신접한 자를 찾아갔다. 모세의 율법은 모든 형태의 주술(죽은 자에게 말을 거는 행위)을 금했고(레 19:31; 신 18:9-14), 사울도 초기에는 "신접한 자와 박수를 그 땅에서 쫓아내었다"(삼상 28:3). 그러나 결국 하나님의 율법과 자신의 명령까지 어기고 말았다.

사울은 불순종이 얼마나 위험한지를 구체적으로 보여 주는 실례다. 그가 여호와의 말씀을 듣지 않았기 때문에, 여호와께서도 그를 이스라엘을 다스리는 왕이 되지 못하게 하셨다(삼상 15:26). 그러니 여호와가 사울을 대신할 자로 "그의 마음에 맞는 사람"(삼상 13:14; 참고. 행 13:22)을 찾으신 것은 당연하다. 다음 주에는 다윗을 살펴보도록 하자.

사무엘상 28:11-20을 읽으라.

제9주

왕정 시대

이번 주에는 사울의 죽음부터 예루살렘 멸망까지 거의 500년에 달하는 기간을 살펴보려고 한다. 다윗과 솔로몬이 통치하던 초기에는 군주제 아래 나라가 잘 연합되어 있었지만, 솔로몬의 아들 르호보암이 왕이 되면서 나라가 둘로 나뉘었다. 이후로 북 왕국(이스라엘)과 남 왕국(유다)은 끊임없이 갈등을 겪었다. 사무엘서와 열왕기서, 역대기는 이 이야기를 다양한 관점에서 다룬다.

이 시기의 가장 두드러진 특징은, 문서 선지자들이 일어나서 크게 영향을 미쳤다는 점이다. 주전 8세기 중반에 하나님의 공의를 선포한 아모스 선지자와, 하나님의 사랑을 선포한 호세아 선지자로부터 이런 고귀한 전통이 시작되었다. 이후 8세기 후반에는 이사야가 하나님의 주권을 선포했고, 예레미야는 바벨론을 통해 하나님의 백성에게 임할 심판을 경고했다. 또한 에스겔은 백성들과 함께 포로로 끌려간 후 이스라엘의 회복을 내다보았다.

일요일: 다윗 왕
월요일: 솔로몬 왕
화요일: 북 왕국
수요일: 아모스의 메시지
목요일: 호세아의 메시지
금요일: 유다의 교회와 정부
토요일: 예루살렘의 멸망

일요일

다윗 왕

이에 그[다윗]가 그들[하나님의 백성]을
자기 마음의 완전함으로 기르고
시편 78:72

다윗은 왕위에 오르기 전부터 이미 매력이 넘치고 촉망받는 젊은이였다. 어린 시절, 그는 살아 계신 하나님을 믿는 믿음으로 블레셋 장수 골리앗을 물리쳤다. 또 요나단과는 우정의 언약을 맺었다. 사무엘이 그에게 비밀리에 기름 부었을 때에는 여호와의 영이 임했다. 훗날에는 놀라운 아량으로 두 번이나 사울의 목숨을 살려 주기도 했다. 그는 정치적 역량도 뛰어나서, 특히 예루살렘을 수도로 세우는 데 발군의 실력을 발휘했다.

그러니 다윗이 이 모든 기대에 못 미치는 삶을 살았을 때의 저열함이란 이루 말할 수 없다. 그는 아름다운 밧세바를 향한 욕정을 절제하지 못하고 십계명 중 다섯 가지 계명을 어기고 말았다. 살인을 저지르고, 간음을 했으며, 남의 여자를 탐내고, 훔쳤으며, 거짓 증거를 했다. 그는 또 전쟁에 참가할 수 있는 남자를 파악하는 인구 조사를 고집하여 또 다른 약점을 드러냈다. 여호와의 크신 팔보다 인간의 팔을 의지한 것이다.

그런데 어떻게 이런 심각한 죄를 저지른 다윗을 "하나님의 마음에 맞는 사람"(삼상 13:14; 참고. 행 13:22)이라 할 수 있었을까? 분명 다윗은 진심으로 회개했다. 하지만 무엇보다 그는 후계자인 솔로몬과 달리, 다른 신들에게 마음을 주지 않고 "그의 하나님 여호와께 그의 마음을 완전히 바쳤다"(왕상 11:4, 현대인의 성경). 따라서 약속하신 메시아가 "다윗의 자손"이라는 사실은 전혀 이상하지 않다. 다윗은 마음속 깊은 곳에서 이렇게 노래할 수 있었다.

나의 힘이신 여호와여, 내가 주를 사랑하나이다.
여호와는 나의 반석이시요, 나의 요새시요, 나를 건지시는 이시요,
나의 하나님이시요, 내가 그 안에 피할 나의 바위시요(시 18:1-2).

시편 78:70-72을 읽으라.

솔로몬 왕

월요일

하나님이 솔로몬에게 지혜와 총명을 심히 많이 주시고…
그는 모든 사람보다 지혜로워서.
열왕기상 4:29, 31

솔로몬이 다윗의 왕위를 물려받은 지 얼마 되지 않았을 때, 여호와가 솔로몬의 꿈에 나타나 그의 소원을 물으셨다. 스스로 경험이 부족하다고 느낀 솔로몬은 부나 명예, 장수나 승리 대신, 공의로 백성을 다스릴 수 있는 지혜를 달라고 말했다. 그 결과 솔로몬은 뛰어난 행정가로 나라를 다스리게 되었다. 그는 나라를 열두 지역으로 나누어 열두 지방 관장을 두었다. 또 상비군을 두고, 처음으로 이스라엘 상선을 건조하기도 했다. 아카바 만에 정박한 이스라엘 배들은 먼 곳까지 가서 무역을 했다.

또 자신과 왕비를 위한 궁은 물론, 여러 공공 기관의 건축을 완료한 솔로몬은 아버지가 원했던 거대한 성전 건축을 시작했다. 거기다 솔로몬은 예술을 적극 후원하고, 수많은 노래와 잠언을 만들기도 했다. 그가 지혜와 부와 공의가 뛰어나다는 명성은 멀리까지 자자했고, 그의 통치 아래 백성들은 태평성대를 누렸다. 예수님도 "솔로몬의 모든 영광"(마 6:29)이라는 표현을 쓰시지 않았던가. 이스라엘은 최고의 전성기를 구가했다.

하지만 겉과 속은 천양지차였다. 솔로몬은 마음을 다하여 여호와 하나님을 사랑하지 않았다. 이웃을 자기 몸처럼 사랑하지도 않았다. 그가 거느린 여러 후궁과 첩들이 "그의 마음을 돌려 다른 신들을 따르게 하였고"(왕상 11:4), 또 세금 과징과 강제 노동 같은 탄압 정책으로 호화로운 생활을 영위했다.

지금까지 연합 왕국의 세 왕, 즉 사울과 다윗, 솔로몬을 살펴보았다. 이들은 각각 40년 정도씩 통치했다. 또 정도의 차이는 있지만, 모두 선악이 뒤섞인 인물이었다. 그리고 각각 하나님의 은혜를 상징하는 인물이기도 했다.

열왕기상 11:4-6을 읽으라.

화요일

북 왕국

왕이 만일 오늘 이 백성을 섬기는 자가 되어 그들을 섬기…면
그들이 영원히 왕의 종이 되리이다.
열왕기상 12:7

솔로몬이 죽자, 백성들은 그의 아들 르호보암을 왕으로 삼기 위해 모였다. 백성들은 르호보암에게 그의 아버지가 부과한 고역과 무거운 멍에를 가볍게 해달라고 호소했다. 그러면 그를 섬기겠다고 말이다. 하지만 르호보암은 아직 어리고 경험이 미천한 사람들의 자문만 듣고 그의 아버지보다 더 심한 멍에를 백성에게 지웠다. 이에 격분한 북쪽의 열 부족은 독립을 주장하게 되었고, 이때부터 분열 왕국이 시작되었다. 세겜(나중에는 사마리아)을 수도로 정한 북 왕국 이스라엘에서는 여로보암이 초대 왕이 되었고, 르호보암이 이끄는 남 왕국 유다는 예루살렘을 수도로 정했다.

여로보암은 백성의 마음을 다윗의 집에서 돌이키게 할 작정으로, 예루살렘 순례를 가지 못하게 했다. 대신 두 군데에 성소를 마련하고(북쪽의 단과 남쪽의 벧엘), 금송아지를 만들어 세웠다. 여로보암 이후로는 별다른 특징이 없는 다섯 왕이 대를 이었고, 그 후 오므리 왕조가 시작되었다. 오므리의 아들 아합은 페니키아 공주 이세벨과 결혼했고, 이세벨은 왕궁 안팎에서 바알 숭배에 열을 올렸다.

엘리야 선지자는 이 뻔뻔한 배교 행위에 발끈했다. 그는 후계자들과는 달리 문서 선지자는 아니었지만, 담대하게 증언하는 그의 모습을 볼 때 그를 존경하지 않을 수 없다. 첫째로, 그는 바알의 선지자들에게 갈멜 산에서 대결을 하자고 당당하게 도전했다. 그 사건을 통해 여호와는 살아 계신 진짜 하나님으로 입증되었다. 둘째로, 엘리야는 왕에게, 즉 나봇을 죽이고 그의 포도원을 빼앗은 왕에게 정면으로 도전했다.

예후 왕조가 끝나고 고작 30년 후, 군부 지도자가 왕좌를 차지한 동안, 사마리아는 앗수르인들에게 멸망당해(주전 722년) 식민 통치를 받게 되었다. 이 일로 우리가 사마리아인이라 알고 있는 혼합 민족이 생겨났다. 200년간의 불순종 끝에 하나님의 심판이 임한 것이다.

열왕기상 12:1-17을 읽으라.

아모스의 메시지

수요일

> 오직 정의를 물같이 공의를 마르지 않는
> 강같이 흐르게 할지어다.
> 아모스 5:24

아모스는 8세기 문서 선지자의 시초였다. 여로보암 2세가 이스라엘 왕이 되자 그는 맹비난을 퍼부었다. 여로보암 2세는 다윗과 솔로몬 치세 때 소유했던 이스라엘 영토를 모두 회복했다. 평화는 번영을 불러왔고, 번영은 사치를 불러왔다. 지역 성전을 찾아 예배하는 사람들이 많아지면서 종교 붐도 일었다.

하지만 이런 외형적인 발전과 함께 이스라엘은 사회적·윤리적 부패가 심각했다. 아모스는 사회 곳곳에 만연한 악을 밝히 드러내야 한다고 생각했다. 법정에서는 재판관이 뇌물을 받으며 가난한 사람들의 권리를 마구 짓밟았다(12절). 시장 상인들은 "되는 줄이고 추는 늘이면서"(8:5, 새번역) 죄를 범했다. 상류 사회의 부자들은 가난한 사람들의 고통은 무시한 채 좋은 것을 먹고 마시며 호화로운 생활에 빠져 있었다(4:1; 6:4-6). 성전에 예배하러 모인 자들 역시 하루빨리 절기가 끝나 곡식을 사고팔 궁리만 했다(8:5).

아모스의 가르침에는 한 가지 독특한 점이 두드러진다. 아모스는 특권층에는 책임이 뒤따르므로 하나님의 심판을 면할 수 없다고 주장했다. 이는 아모스 1-2장에 잘 나와 있다. 그는 시리아, 블레셋, 두로, 에돔, 암몬, 모압, 이렇게 주변 여섯 나라에 하나님의 심판을 경고했다. 군중이 점점 더 흥분하는 모습은 쉽게 상상할 수 있다. 그런데 갑자기 아모스는 유다와 이스라엘에 임할 하나님의 심판을 덧붙였다. 그들은 분명 하나님의 선택을 받은 언약 백성이었지만, 그렇다고 해서 심판을 면제받지는 못할 것이다. 이는 우리를 향한 준엄한 경고이기도 하다.

> 내가 땅의 모든 족속 가운데
> 너희만을 알았나니
> 그러므로 내가 너희 모든 죄악을
> 너희에게 보응하리라(암 3:2).

아모스 5:18-24을 읽으라.

목요일

호세아의 메시지

나는 인애를 원하고 제사를 원하지 아니하며
번제보다 하나님을 아는 것을 원하노라.
호세아 6:6

아모스가 하나님의 공의를 선포했다면, 호세아는 그분의 사랑을 선포했다. 두 선지자가 하나님의 메시지를 받은 경로도 달랐다. 하나님은 아모스에게는 "가서 내 백성 이스라엘에게 예언하라"(암 7:15)라고 직접 말씀하셨지만, 호세아의 경우에는 그의 깨어진 결혼 생활을 통해 그분의 메시지를 밝히셨다.

호세아의 예언에서 핵심 문장은 다음일 것이다. "여호와가 그들[이스라엘 백성]을 사랑하나니 너는 또 가서 타인의 사랑을 받아 음녀가 된 그 여자를 사랑하라"(호 3:1). 신부 이스라엘을 사랑하는 여호와를, 아내 고멜을 사랑하는 호세아로 비유해 묘사한 것은, 이 메시지를 이해하는 데 결정적으로 중요하다. 고멜이 어떤 부정을 저질렀는지는 확실하지 않지만, 이스라엘이 여호와를 저버린 것처럼 고멜이 호세아를 버린 것은 확실하다. 또 여호와가 이스라엘을 집으로 다시 데려오시려는 것처럼 호세아가 고멜을 다시 데려와야 하는 것도 확실하다.

이스라엘이 정절을 지키지 못한 것은 '헤세드'(hesed)가 부족해서 일어난 일이었다. 흔히 '자비'나 '인자함'으로 번역하는 '헤세드'는 원래 언약적 신실함을 가리키는 말로, '변함없는 사랑'으로 번역할 수 있다. 변함없는 사랑, 이것이야말로 자기 백성을 향한 여호와의 뜻이었다. "나는 인애[헤세드]를 원하고"(6:6). 또 여호와는 이렇게 불평하기도 하셨다. "이 땅에는 진실[헤세드]도 없고 인애도 없고 하나님을 아는 지식도 없고"(4:1). 그렇다면 이 땅에는 도대체 무엇이 있었던가? "오직 저주와 속임과 살인과 도둑질과 간음뿐이요"(4:2). 다시 말해, 언약 명령을 저버린 행위들뿐이었다. "이 나라가 여호와를 떠나 크게 음란"(1:2)하여, "사랑하는 자", 즉 지역 산당의 풍요 신들을 따라갔다(2:13). 그런 그들에게 회개하고 여호와께 돌아오라는 부르심이 임한다. 이스라엘을 찾으시는 하나님은 "내가 네게 장가 들어 영원히 살되"(2:19)라고 약속하신다.

오늘날 우리에게도 동일한 불평과 부르심이 임한다. 주 예수님이 에베소 교회에 하신 말씀을 들어 보자. "그러나 너를 책망할 것이 있나니 너의 처음 사랑을 버렸느니라.…회개하여 처음 행위를 가지라"(계 2:4-5).

호세아 14:1-8을 읽으라.

유다의 교회와 정부

금요일

> 여호와의 말씀이 너는 앗수르 왕의 신복에게 들은
> 바 나를 모욕하는 말 때문에 두려워하지 말라.
> 열왕기하 19:6

북왕국이 흥망성쇠하는 동안 남 왕국도 비슷한 상황을 겪었지만, 남 왕국의 왕들에 대해서는 알려진 바가 별로 없다. 그러다 주전 722년 사마리아가 앗수르인들에게 함락당하고 그로 인해 북 왕국이 망한 이후로도 유다는 135년을 더 버텼다(주전 722-587년). 이 기간에는 왕과 선지자들이 협력하여 두 차례의 종교개혁이 일어났다. 첫 번째는 미가 선지자와 이사야 선지자의 격려에 힘입은 히스기야의 개혁이었다. 두 번째는 요시아 왕의 개혁이었다. 이번에는 요시아 왕의 먼 친척 스바냐 선지자와 젊은 예레미야 선지자가 그를 독려했다. 이 선지자들에 대해서는 3-4주 후에 좀더 자세히 알아볼 것이다.

히스기야 왕은 앗수르인이 행했던 우상숭배의 자취를 유다 땅에서 완전히 몰아냈고, 이사야와 미가 선지자는 그 백성의 종교적 위선과 사회적 불의를 맹렬히 비난했다. 그들의 증언은 다음과 같은 미가의 감동적인 호소에 잘 요약되어 있다.

> 사람아, 주께서 선한 것이 무엇임을 네게 보이셨나니
> 여호와께서 네게 구하시는 것은
> 오직 정의를 행하며 인자를 사랑하며
> 겸손하게 네 하나님과 함께 행하는 것이 아니냐(미 6:8).

주전 701년, 유다에 위기가 찾아왔다. 당시 앗수르 왕 산헤립은 예루살렘을 포위하고 히스기야를 (히스기야의 표현에 따르면) "새장 속의 새처럼" 가두었다. 그러나 이사야는 히스기야에게 꿋꿋하게 버티라고 했고, 적들은 곧 물러갔다. 그 후 히스기야의 아들 변절자 므낫세는 아버지의 종교 정책과는 다른 길을 걸은 반면, 히스기야의 증손자 요시아(주전 639-609년)는 어린 나이에도 불구하고 위대한 개혁을 일으켰다. 이는 예레미야 선지자의 지도와 도움이 있었기에 가능한 일이었다.

교회와 정부가 협력하여 이루어 낸 이 두 개혁은 오늘날 우리에게 시사하는 바가 크다. 왕이 예언을 시도하거나 선지자가 정치에 입문해서 이루어진 일이 아니었다. 왕과 선지자는 각자의 소명에 충실했고, 둘이 함께할 때 큰 효력을 발휘할 수 있었다.

미가 6:6-8을 읽으라.

토요일

예루살렘의 멸망

슬프다, 이 성이여, 전에는 사람들이 많더니 이제는 어찌 그리 적막하게 앉았는고!
전에는 열국 중에 크던 자가 이제는 과부같이 되었고.
예레미야애가 1:1

히스기야와 요시야가 두 차례에 걸쳐 종교개혁을 단행했지만, 그 결과는 썩 오래 가지 못했다. 예레미야는 그 백성이 "자신들의 악한 마음의 꾀와 완악한 대로"(렘 7:24) 행했다고 그들을 끊임없이 고발했다. 특히 요시아 왕의 아들 여호야김은 아버지가 이루어 놓은 선한 일들을 다 수포로 돌아가게 했다. 노예들을 부려 자신을 위한 사치스런 왕궁을 짓는가 하면(렘 22:13-17), 예레미야의 말이 담긴 두루마리를 낭독하는 소리를 들으면서 그것을 베어 태워 버렸다(렘 36:21-23).

그 사이, 주전 612년 강력한 제국 앗수르가 망하고 수도 니느웨는 바벨론에게 함락되었다. 바벨론의 느부갓네살은 여호야김의 후계자로 그의 형제 시드기야를 지목했다. 하지만 새 왕은 유약하고 우유부단해서 "선지자 예레미야가 여호와의 말씀으로 일러도 그 앞에서 겸손하지 아니하였다"(대하 36:12). 오히려 그는 대놓고 바벨론에 반항했고, 바벨론 군대가 예루살렘을 포위하기에 이르렀다. 기근이 날로 심해지면서 주전 587-586년 사이 예루살렘은 함락당했다. 예루살렘 성벽은 폐허가 되고, 솔로몬의 장엄한 성전은 불에 타 재로 변했다. 그리고 이스라엘 백성은 포로로 끌려갔다.

하나님의 백성이 자신들의 삶의 중심이었던 거룩한 성과 성전을 잃고 어떤 충격에 빠졌을지 우리로서는 상상하기 힘들다. 하나님은 자기 백성을 버리신 것인가? 예레미야애가를 읽으면서 이스라엘 백성이 느꼈을 절망감을 조금이나마 이해할 수 있을 뿐이다. 하지만 신실한 남은 자들은 절망에만 빠져 있지 않고 하나님의 변함없는 성품과 언약을 신뢰했다.

> 이것을 내가 내 마음에 담아 두었더니
> 그것이 오히려 나의 소망이 되었사옴은
> 여호와의 인자와 긍휼이 무궁하시므로
> 우리가 진멸되지 아니함이니이다.
> 이것들이 아침마다 새로우니
> 주의 성실하심이 크시도소이다(애 3:21-23).

예레미야애가 1:1, 6, 12을 읽으라.

제10주

지혜 문학

기독교 지성은 모든 현상의 배후에 있는 궁극적인 최고의 실재가 하나님이라고 믿는다. 성경의 하나님 중심성(하나님을 창조자, 만물의 유지자, 주, 구원자, 아버지, 심판자로 인식하는 것)은 기독교 지성에 기본이 되는 개념이다. 기독교 지성은 경건을 추구한다. 성경적 관점에서 선한 것이란 무엇보다도 경건한 것이다. 여호와 우리 하나님을 전 인격으로 사랑하는 것이 가장 크고 으뜸가는 계명이기 때문이다.

여기서 진정한 지혜의 의미를 찾을 수 있다. 지혜는 성경에서 중요한 주제다. 구약성경에는 율법과 선지서에 이어 다섯 권의 지혜서가 나온다. 즉 욥기, 시편, 잠언, 전도서, 아가다. 이 지혜서들은 모두 우리가 '의미'라고 부르는 것들과 관련이 있다. 인간으로 사는 것은 무엇을 의미하는가? 고통, 악, 불의, 사랑은 그 의미와 어떻게 조화를 이루는가? 이번 주와 다음 주에 살펴볼 주제가 이런 것들이다.

일요일: 전도서
월요일: 욥의 위로자들
화요일: 욥과 하나님
수요일: 잠언—미련한 자
목요일: 잠언—오만한 자
금요일: 잠언—게으른 자
토요일: 아가서

일요일

전도서

여호와를 경외하는 것이 지혜의 근본이요.
잠언 9:10

전도서는 비관주의적인 후렴구로 유명하다. 우리에게 익숙한 개역개정 성경의 번역은 "헛되고 헛되며 헛되고 헛되니 모든 것이 헛되도다"이지만, 현대인의 성경은 "모든 것이 헛되고 무가치하며 의미가 없으니 아무것도 소중한 것이 없구나!"(전 1:2)라고 탁월하게 옮겼다.

'의미'나 '의미가 없다'는 표현은 개인적으로 중요한 의미를 찾아 헤매는 요즘 사람들에게 낯설지 않다. 예를 들어, 어린 시절 아우슈비츠 포로수용소에서 살아남아 나중에 비엔나 대학 신경정신과 교수로 임명된 빅터 프랭클(Viktor Frankl)은 인간에게는 기본적으로 '의미를 향한 열망'이 있다고 확신하게 되었다. 그는 이런 말을 남겼다. "인생에서 의미를 찾고자 하는 갈망은 인간에게 동기를 부여하는 가장 주요한 동력이다."[1]

전도서는 다양한 정서와 분위기를 넘나들지만, 특히 시공간에 갇혀 하나님의 실재를 무시하거나 부인하는 인간 삶의 허무함을 강조한다. 우리 삶이 시간의 제한을 받는다면, 즉 출생으로 시작하여 죽음으로 끝나는 동물과 하등 다를 바 없는, 불의와 고통으로 가득한 인간의 짧은 생애에 국한된다면, 모든 것이 "의미가 없으니 아무것도 소중한 것이 없다!"

또 우리 삶이 공간의 제한을 받는다면, 태양을 넘어서는 어떤 기준점 없이 해 아래서의 삶에만 국한된다면 "의미가 없으니 아무것도 소중한 것이 없다!" 모두 다 헛되어 바람을 잡으려는 것이다.

하나님만이 우리 삶에 의미를 주실 수 있다. 그분만이 우리가 놓쳐 버린 영역을 찾아 주실 수 있기 때문이다. 하나님은 시간에 영원을 더하시고, 공간에 초월성을 더하신다. 그래서 "여호와를 경외하는 것이 지혜의 근본"이다. 지혜는 하나님의 실재를 겸손히 인정하는 것에서 시작되기 때문이다.

전도서 1:1-11을 읽으라.

욥의 위로자들

월요일

> 여호와께서 데만 사람 엘리바스에게 이르시되 내가 너와 네 두 친구에게 노하나니 이는 너희가 나를 가리켜 말한 것이 내 종 욥의 말같이 옳지 못함이니라.
> 욥기 42:7

성경은 고통의 문제를 해결해 준다고 장담하지는 않지만, 그것을 진지하게 다루면서 이에 직면할 수 있는 관점을 제공해 준다. 욥기는 이런 면에서 중대한 기여를 한다.

욥기는 두 장면을 짧게 그리면서 시작한다. 첫 장면에서는 욥의 의로움과 그의 가족, 재산을 이야기하고, 두 번째 장면에서는 하나님과 사탄이 욥의 문제를 상의하는 천상 회의가 그려진다. 이로 보건대, 하나님이 욥의 고통을 허락하셨다는 것이 분명하다. 하나님의 허락 이후에야, 욥은 가축과 종들, 자녀와 건강을 잃는 끔찍한 재앙을 당한다.

그리고 나서 위로자라 할 수 있는 이들이 세 명 등장한다. 처음에 이들은 일주일 내내 욥의 곁에 잠자코 앉아만 있었다. 그들이 계속해서 입을 다물고 있었더라면 좀 좋았을까! 하지만 한 사람씩 차례대로 나름의 정통 신학을 꺼내 놓기 시작한다. 그렇게 그들은 욥이 자기 죄 때문에 고통당하고 있다는 이야기를 귀에 못이 박히도록 반복한다. 엘리바스가 "악인은 그의 일평생에 고통을 당하며"(18:5)라고 말하니, 빌닷은 "악인의 빛은 꺼지고"(18:5)라고 맞장구치고, 소발도 "악인이 이긴다는 자랑도 잠시요"(20:5)라고 거든다.

욥이 자기 연민에 빠진 것은 잘못이지만, 친구들의 논리를 거부하거나 그들더러 "쓸모없는 의원"(13:4)이라거나 "헛되이 위로하는"(21:34) "재난을 주는 위로자들"(16:2)이라고 한 것은 잘못이 아니었다. 나중에 하나님도 욥의 판단이 옳다고 확인해 주셨다. 하나님은 그들의 "우매함"을 지적하시고, 그들이 그분을 가리켜 말한 것이 "옳지 못함이니라"라고 두 번씩이나 말씀하셨다(42:7-8).

욥기는 우리가 성경을 이해하는 데도 중요한 역할을 한다. 우리는 이 위로자들의 말을 성경 말씀이랍시고 인용해서는 안 된다. 그들의 말은 옳기 때문이 아니라 잘못된 본보기로 성경에 실렸기 때문이다.

욥기 42:1-9을 읽으라.

화요일

욥과 하나님

> 욥이 여호와께 대답하여 이르되 보소서 나는 비천하오니 무엇이라 주께 대답하리이까…
> 내가 한 번 말하였사온즉 다시는 더 대답하지 아니하겠나이다.
> 욥기 40:3-5

욥기에는 고통을 대하는 여러 가지 태도가 나온다. 자기 연민과 과시가 뒤섞인 욥의 태도는 분명 우리가 지양해야 할 태도다. 위로자들이 권면하는 자책도 마찬가지다. 젊은 엘리후가 제안한 태도는 소위 자기 훈련이라 할 수 있다. 이는 그가 하나님을 "사람에게 그의 행실을 버리게 하[고]…사람의 교만을 막으려"고(33:17) 고통 가운데 있는 우리를 가르치시는 교사로 제시하기(36:22) 때문이다. 하지만 이 설명도 완벽하지는 못하다.

인간이 하나님께 취해야 할 올바른 태도는 바로 복종이다. 하나님은 욥으로 하여금 창조세계를 새로운 눈으로 보게 하시고 그에게 수많은 질문을 던지신다. 하나님이 세상을 창조하실 때 그는 어디에 있었는가? 그가 눈과 폭풍우, 별들을 관장할 수 있는가? 야생 동물과 새들을 관리할 수 있는가? 무엇보다도 신비한 것들을 이해하고, 베헤못(하마)과 리워야단(악어)의 힘을 제압할 수 있는가?

욥이 창조세계에 그 지혜와 능력을 드러내신 하나님을 신뢰하는 것이 합당하다면, 우리는 십자가에서 사랑과 공의를 보여 주신 하나님을 더 깊이 신뢰해야 하지 않겠는가? 신뢰가 합당한가의 여부는 그 대상이 얼마나 믿을 만한지에 달려 있다. 그런데 십자가의 하나님보다 더 믿을 만한 분이 있을까. 십자가는 고통의 문제를 해결해 주는 것이 아니라, 고통을 바라보는 올바른 관점을 보여 준다.

그러므로 우리는 갈보리 언덕에 올라 거기서 삶의 모든 비극을 조망하는 법을 배워야 한다. 하나님이 역사적 사건(십자가)에서 그분의 거룩하신 사랑을 보여 주셨기에, 그 어떤 역사적 사건(개인의 사건이든 인류 전체의 사건이든)도 그 사랑을 무시하거나 무효로 만들 수 없다.

욥기 38:1-11을 읽으라.

잠언 - 미련한 자

수요일

> 여호와를 경외하는 것이 지식의 근본이거늘
> 미련한 자는 지혜와 훈계를 멸시하느니라.
> 잠언 1:7

잠언은 오랜 묵상과 세심한 구성 끝에 나온 작품임에 틀림없다. 경구마다 언어의 연금술사가 발휘한 훌륭한 솜씨가 엿보인다. 게다가 잠언에는 하나님의 진리는 물론이요, 일반 상식도 담겨 있다. 인간의 지혜와 하나님의 지혜가 양립하지 못할 이유는 없다. 하나님은 옛 사람들의 지혜를 통해서도 오늘날 우리에게 얼마든지 말씀하실 수 있다.

잠언의 흥미로운 특징은, 밋밋한 문장만 나열하지 않고, 미련한 사람이나 오만한 사람, 게으른 사람 같은 희비극 인물이 등장한다는 것이다.

미련한 자들에게는 확실히 지혜가 부족하다. "미련한 자는 지혜와 훈계를 멸시하느니라"(7절). 여기서 지혜와 훈계를 함께 언급하는 점이 중요하다. 미련한 자가 미련한 까닭은 단순한 지능 문제가 아니기 때문이다. 미련한 자는 지능이 모자란 것이 아니라 자제력이 부족하다.

미련한 자는 특히 혀를 통제하는 면에서 자제력이 부족하다. 입으로 "미련한 것을 쏟는"(15:2) 사람을 "입이 미련한 자"(10:8)라고 부르는 것은 당연하다. 입을 다물고 있으면 "미련한 자라도…지혜로운 자로 여겨지지만"(17:28), 미련한 자가 그러기는 쉽지 않을 것이다. "성문에서" 장로들이 모여 중요한 토론을 할 때 미련한 자도 의견을 내 뭔가 기여하고 싶어 하지만, 그는 "사람이 모인 데서 입을 열지 못한다"(24:7, 새번역). 그저 "미련한 자는…자기의 의사를 드러내기만 기뻐하느니라"(18:2). 또 "사연을 듣기 전에 대답하는 자는 미련하여 욕을 당하느니라"(18:13).

그래서 잠언은 우리에게 미련한 자를 피하라고 경고한다. "차라리 새끼 빼앗긴 암곰을 만날지언정 미련한 일을 행하는 미련한 자를 만나지 말 것이니라"(17:12).

잠언 9:13-18을 읽으라.

목요일

잠언 – 오만한 자

교만하고 건방진 사람을 오만한 자라고 하는데.
잠언 21:24(새번역)

잠언에 등장하는 두 번째 인물은 오만한 자다. 옛날 성경들은 망령된 자라고 번역 하지만, 오만한 자라는 표현이 더 적합하다. 오만한 자의 특징은 삶을 진지하게 생각하지 않으려 하는 것이기 때문이다. 경멸을 미덕으로 여기고 비꼬는 게 일이니 이 사람을 두고 냉소가라 할 수도 있겠다. 이 사람은 선행으로 세상을 바꿔 보려는 사람들을 마음껏 비웃는다.

잠언의 한 구절은 "어리석은 자는 죄를 우습게 여긴다"(14:9, 공동번역)고 말한다. 학자들은 이 번역에 동의하지 않지만, 이 본문은 죄와 죄책과 심판의 심각성을 부인하고, 화해와 용서의 필요성을 가볍게 여기는 이들을 오만한 자로 보는 듯하다.

미련한 자는 또 가정을 우습게 여긴다. 참으로 고통스러운 일이다. 잠언은 수차례 부모를 공경하라고 가르친다. "내 아들아, 네 아비의 훈계를 들으며 네 어미의 법을 떠나지 말라"(1:8). 냉소가라도 부모 말씀은 잘 들을 거라고 생각할지도 모르겠지만 그렇지 않다. "지혜로운 아들은 아비의 훈계를 들으나 거만한 자는 꾸지람을 즐겨 듣지 아니하느니라"(13:1). 이렇게 부모의 가르침을 업신여기면서 부모를 공경하라는 제5계명에 순종할 수는 없다.

오만한 자는 다른 관계에서도 비슷하게 행동한다. 남에게 조언을 구하지도 않고, 애써 조언을 주는 사람을 무시하기 일쑤다. "거만한 자는 견책 받기를 좋아하지 않는다"(15:12). 그러니 "거만한 자를 책망하지 말라. 그가 너를 미워할까 두려우니라"(9:8). 반대로, "지혜로운 자는 권고를 듣느니라"(12:15). 책망과 조언에 귀를 기울이는 것이 지혜로운 자의 특징이다.

결론은 여호와는 "거만한 자를 비웃으신다"(3:34)는 것이다. 하나님을 진지하게 생각하지 않는 사람이 어떻게 하나님이 그를 진지하게 생각해 주시기를 기대할 수 있겠는가?

잠언 9:7-12을 읽으라.

잠언 - 게으른 자

금요일

문짝이 돌쩌귀를 따라서 도는 것같이 게으른 자는 침상에서 도느니라.
잠언 26:14

잠언 전체에 걸쳐 게으른 자는 아주 우스꽝스럽게 묘사된다. 너무 졸려서 아침에 일어나기가 힘들고(6:9-11), 사자가 있어서 밖에 못 나간다는 터무니없는 변명을 댄다(22:13; 26:13). 또 너무 게으른 나머지 그의 밭과 포도원에는 잡초만 무성하고(24:30-31), 자기 손을 그릇에 넣고도 음식을 입에까지 가져갈 힘이 없다(19:24; 26:15).

성경은 우리가 동물이 아니라 하나님의 형상대로 지음받은 인간임을 분명히 한다. 그렇기에 인간이 하지 않으려는 일을 동물이 본능으로 하는 모습을 보면서 우리를 꾸짖는다. 좋은 예로 개미와 게으른 자를 비교한 말씀이 있다. "게으른 자여 개미에게 가서 그가 하는 것을 보고 지혜를 얻으라"(6:6).

개미의 힘과 근면함은 감탄할 만하다. 개미는 자기보다 몇 배는 크고 무거운 짐을 끊임없이 나른다. 꿀벌이나 말벌보다 훨씬 조직적인 공동체 생활을 하는 사회적 동물임에도 불구하고, 또 "두령도 없고 감독자도 없고 통치자도"(7절) 없음에도 불구하고, 즉 인간적인 리더십이나 선견지명이라 할 만한 것이 전혀 없음에도, 본능만으로 겨울에 필요한 먹이를 여름에 모아 비축해 둔다(8절; 30:25). 성경을 비판하는 사람들은, 개미는 육식동물인데다 먹이를 저장해 두지도 않는다고 반박한다. 하지만 팔레스타인 지역에 흔한 수확 개미처럼, 씨앗을 먹기도 하고, 씨앗이 싹트는 축축한 곡물 저장고에 씨앗을 모아 두는 개미도 있다. 그러니 개미는 근면함은 물론, 유비무환의 교훈도 가르쳐 준다. 사도 바울은 우리가 친족, 특히 자기 가족을 돌보지 않으면 "믿음을 배반한 자"(딤전 5:8)라고까지 말했다.

개미를 주신 하나님께 감사하자!

잠언 24:30-34; 26:13-16을 읽으라.

토요일

아가서

내 사랑하는 자는 내게 속하였고
나는 그에게 속하였도다.
아가 2:16

구약 정경에 아가서가 포함된 것이 적절한지에 대해 많은 사람이 의문을 제기하곤 했다. '나'와 '그의 사랑하는 자' 사이에 오가는 친밀한 대화가 당혹스러워 거룩한 성경에 오르기에는 부적절하다는 주장이었다. 어떤 이들은 이 책이 여호와와 이스라엘, 혹은 그리스도와 교회의 관계를 알레고리로 표현하고 있다고 보기도 한다. 실제로 유대교와 기독교에는 이처럼 알레고리로 해석하는 오랜 전통이 있었다. 클레르보의 베르나르(Bernard of Clairvaux)가 쓴 「아가서 설교」(Sermons on the Canticle of Canticles)가 아마 대표적인 예일 것이다. 베르나르는 생애 마지막 18년간(1135-1153년) 아가서를 본문으로 86회에 걸쳐 설교를 했는데, 이는 상상력을 동원한 알레고리적 성경 해석의 절정이라 할 수 있다.

아가서의 내용을 전혀 부끄러워하지 않고 그대로 해석하는 데서 시작해야 한다. 아가서를 처음 읽는 사람은 누구라도 이것을 거침없는 사랑의 시로 이해할 것이다. 성적인 사랑을 표현한다는 의미에서 '에로틱하다'고 말할 수는 있겠지만, '외설'과는 분명 거리가 멀다. 이 둘의 차이점을 이해하는 것이 중요하다.

그리스도인들은 성 문제에 너무 부정적이거나 금욕적인 경향이 있다. 하지만 아가서는 그런 태도가 옳지 않음을 보여 준다. 부부의 성은 우리가 마땅히 누려야 할 아름다운 것이다.

그렇다면 과연 아가서를 그리스도와 그 백성에 대한 알레고리로 사용하는 것은 정당한가? 나의 대답은 이렇다. 알레고리는 예화로서 사용될 수 있을 뿐 진리를 입증하는 근거로 제시될 수는 없다. 한편 성경은 곳곳에서 하나님과 그 백성이 사랑의 언약으로 헌신한 관계임을 가르쳐 준다. 그러므로 그 진리에 대한 예화로서 신랑 신부의 사랑을 표현한 아가서를 사용하는 것은 정당하다.

에베소서 5:21-33을 읽으라.

제11주
시편

구약 성경의 지혜 문학에서 가장 많은 부분을 차지하는 것은 단연 시편이다. 또 시편에는 공동 예식서와 개인 묵상, 탄식과 참회, 찬양과 기도, 추모와 예언까지 다양한 문학 양식이 등장한다.

칼뱅은 시편을 인간의 다양한 정서를 반영한다는 의미로 '거울'이라고 불렀는데 이는 정확한 표현이다. 시편에는 기쁨과 슬픔, 흥분과 절망, 확신과 의심, 승리와 패배가 모두 들어 있기 때문이다. 또 어느 작가가 말했듯이, 시편에는 "인간의 마음에 대한 모든 음악이 담겨 있다."

시편의 저자는 여러 사람이지만, 다수가 다윗의 작품이다. 다윗은 스스로를 "이스라엘의 노래 잘하는 자"(삼하 23:1)라고 불렀을 뿐 아니라, 사울이 악령으로 번뇌할 때 수금을 타서 그의 마음을 안정시키기도 했다(삼상 16:14-23).

일요일: 시편 1편 — 의인과 악인
월요일: 시편 19편 — 하나님의 자기 계시
화요일: 시편 32편 — 하나님의 용서와 인도
수요일: 시편 42편과 43편 — 영적 침체
목요일: 시편 104편 — 자연 가운데서 하나님이 하신 일
금요일: 시편 130편 — 깊은 곳에서 나오는 부르짖음
토요일: 시편 150편 — 마지막 영광송

일요일

시편 1편 – 의인과 악인

무릇 의인들의 길은 여호와께서 인정하시나
악인들의 길은 망하리로다.
시편 1:6

지혜 문학은 '의인'과 '악인'을 분명하게 구분하면서 그들의 현재 상태와 미래의 운명도 분명하게 구분한다. 시편 저자는 이를 통해, 넓은 길은 멸망으로 인도하고 좁은 길은 생명으로 인도한다는 예수님의 가르침을 예고한다(마 7:13-14).

한편, 의인은 물질이 늘 풍족하지는 않더라도 번영할 것이다. 의인은 친구를 가려 사귀고 그들에게 조언을 구한다. 또 하나님의 율법을 기뻐하고 끊임없이 묵상한다. 사실 이는 하나님 백성의 모습이다. 날마다 성경을 묵상하는 것은 우리에게 끊임없는 즐거움이다. 그 결과, 우리는 시냇가에 심은 나무처럼 끊임없이 원기를 회복하고 양분을 공급받으며 열매를 맺는다.

반대로, 악인은 '망한다.' 악인은 뿌리를 내리고 열매 맺는 나무가 아니라, 바람에 나는 겨와 같다. 팔레스타인에서는 겨가 바람에 날리는 모습을 흔히 볼 수 있었다. 대개 타작마당은 언덕 위 단단하고 평평한 곳에 있어서 바람을 피할 수 없었다. 커다란 키로 밀을 까부르면, 가벼운 겨는 사방으로 흩어지고 낱알은 아래로 떨어져 따로 모을 수 있었다. 나중에 세례 요한이 메시아를 언급하는 부분에도 이런 표현이 나온다. "손에 키를 들고 자기의 타작마당을 정하게 하사 알곡은 모아 곳간에 들이고 쭉정이는 꺼지지 않는 불에 태우시리라"(마 3:12).

악인은 두 가지 의미에서 겨와 같다고 할 수 있다. 첫째, 알맹이가 없어서 쓸모가 없다. 둘째, 바람에 날리거나 불타기 쉽다. 나무는 굳건히 뿌리를 내리지만, 겨는 불안정하다. 안정감은 언제나 하나님 백성의 특징이어야 한다.

시편 1:1-6을 읽으라.

시편 19편 – 하나님의 자기 계시

월요일

하늘이 하나님의 영광을 선포하고…
여호와의 율법은 완전하여 영혼을 소성시키며.
시편 19:1, 7

루이스(C. S. Lewis)는 시편 19편을 가리켜 "시편 중에 가장 훌륭한 시이자, 세상에서 가장 훌륭한 노래"라고 말했다. 기독교적 관점에서 볼 때 시편 19편은 구약 성경에 나타난 계시의 교리를 확실하게 정리하고 있다. 하나님은 모든 인류에게 스스로를 창조주로 나타내셨고(1-6절), 이스라엘 전체에게는 율법을 주시는 자로(7-10절), 개개인에게는 구속자로(11-14절) 나타내셨다.

첫째, **일반 계시**가 있다(1-6절). 세상 모든 사람에게 나타나는 계시이기에 이를 일반 계시라고 한다. 자연, 특히 하늘에 잘 드러나 있는 이 계시는 지속적이며 보편적이다. 시편 저자는 극적인 이미지를 사용하여, 일출을 신방에서 나오는 신랑에 비유하고, 태양이 하루 동안 하늘을 지나가는 모습을 운동선수의 달리기에 비유한다.

둘째, **특별 계시**가 있다(7-10절). 저자는 자연에 드러나는 하나님의 일반 계시에서 갑자기 화제를 바꾸어 '토라', 즉 구약 성경에 나타나는 하나님의 특별하고 초자연적인 계시를 이야기한다. 율법의 탁월함을 완벽한 히브리 대구법으로 잘 표현하고 있다. 율법은 영혼을 소성시키며, 우둔한 자를 지혜롭게 하며, 마음을 기쁘게 하고, 눈을 밝게 한다. 진실로 여호와의 계명은 "금 곧 많은 순금보다 더 사모할 것이며 꿀과 송이꿀보다 더 달다"(10절). 그 계명들이 하나님을 우리에게 계시해 주기 때문이다.

셋째, **개인적인 계시**가 있다(11-14절). 시편 저자는 처음으로 자신을 언급하면서, 하나님의 종으로서 개인적인 마음의 소원을 피력한다. 그는 용서와 거룩함을 간구하고 나서 기도로 마무리한다. 설교자들이 자주 인용하는 이 기도에는 그의 모든 말과 생각이 하나님께 열납되기를 바라는 간절함이 나타나 있다. 지금 그가 그의 반석과 구속자로 고백하는 그 하나님께 말이다.

시편 19:1-14을 읽으라.

화요일

시편 32편 - 하나님의 용서와 인도

> 허물의 사함을 받고
> 자신의 죄가 가려진 자는 복이 있도다.
> 시편 32:1

온 세상 모든 인류가 맞닥뜨리는 근본적인 문제가 두 가지 있다. 첫째는 과거에 대한 죄책감이요, 둘째는 미래에 대한 불안감이다. 시편 32편은 이 두 가지를 직접적으로 다룬다.

첫째, **하나님은 용서를 약속하신다.** 이 시편은 복을 선언하며 시작한다. "허물의 사함을 받[은]…자는 복이 있도다." 하지만 도대체 어떻게 하나님이 우리 죗값을 묻지 않고 용서하실 수 있단 말인가? 사도 바울이 이 질문에 답을 했다. 그는 이 시편의 첫 두 절을, 구약 성경에 나오는 하나님의 칭의의 예로 인용했다. 하나님은 선행과는 전혀 상관없이 믿음을 통해 은혜로만 죄인들을 의롭다 하시는 분이다(롬 4:6-8).

그렇다고 죄를 고백하지 않아도 된다는 뜻은 아니다. 우리가 죄를 고백해서 드러내야만, 하나님은 그 죄를 사하시고 가리실 수 있다. 그래서 다윗은 죄를 자백하지 않은 사람들의 비참한 모습을 계속해서 묘사한다. '심신증'이라는 용어가 생기기 훨씬 이전에, 다윗은 마음의 괴로움 때문에 신체에 이상 징후가 나타났다고 이야기한다(시 32:3-4).

둘째, **하나님은 인도를 약속하신다.** 하나님은 8절에서 네 차례나 똑같은 약속을 반복하신다. "내가 네 갈 길을 가르쳐 보이고 너를 주목하여 훈계하리로다." 하지만 이 약속 바로 다음에 금지 명령이 나온다는 사실에 유의해야 한다. "너희는 무지한 말이나 노새같이 되지 말지어다"(9절).

하나님은 우리를 인도하겠다고 약속하시지만, 말이나 노새를 끄는 것처럼 우리를 인도하시리라고 기대해서는 안 된다. 왜 그런가? 말이나 노새는 우리와 달리 무지하기 때문이다. 하나님은 대체로 우리의 생각을 무시하시지 않고 생각의 변화를 통해 우리를 인도하신다.

시편 32:1-11을 읽으라.

시편 42편과 43편 - 영적 침체

> 내 영혼아 네가 어찌하여 낙심하며…
> 너는 하나님께 소망을 두라.
> 시편 42:5

주변에서 침체된 그리스도인들을 흔히 볼 수 있다. 여기서 말하는 침체란 전문가의 심리 치료가 필요한 병적인 우울증이 아니라, 우리 스스로 다룰 수 있는 영적 침체를 가리킨다.

시편 42편과 43편의 저자(아마도 이 둘은 하나의 시편일 것이다)는 자신의 침체 이유를 정확히 알고 있다. 그는 (사슴이 시냇물을 찾듯이) 하나님을 갈급해한다는 내용으로 시작한다. 일종의 강제 유배로 인해 하나님에게서 멀어져 있기 때문이다. 그는 지난날 절기들에 "나아가서 하나님의 얼굴을 뵈었던"(42:2) 일들을 떠올리고, 그의 즐거움이자 큰 기쁨이신 하나님께로, "하나님의 제단"(43:4)으로 돌아갈 수 있기를 간절히 바란다.

그런데 그를 낙심케 한 것은 하나님의 부재뿐 아니라 원수의 존재다. 대적들은 "네 하나님이 어디 있느뇨?"(42:3, 10)라는 말로 끊임없이 그를 조롱한다. 이는 한편으로는 그들이 눈에 보이지 않고 형체가 없는 "살아 계시는 하나님"(42:2)이 아니라 눈으로 보고 손으로 만질 수 있는 신들을 섬기는 우상숭배자이기 때문이요, 다른 한편으로는 하나님이 자기 백성의 혐의를 벗겨 주시지 못하는 듯 보이기 때문이다.

각 연은 똑같은 후렴구로 끝을 맺는다(42:5, 11; 43:5). 시편 저자는 그 후렴구에서 자기에게 말을 한다. 흔히 혼잣말은 정신이상의 첫 번째 증거라고들 한다. 하지만 여기서는 오히려 그 반대로, 성숙함의 확실한 표시다. 혼잣말도 하기 나름이다! 여기서 시편 저자는 자기 상황을 무시하지도 않고 자기 기분에 굴복하지도 않는다. 오히려 자신을 철저하게 통제하고 있다. 첫째, 그는 스스로에게 질문한다. "내 영혼아, 네가 어찌하여 낙심하느냐?" 그의 질문은 스스로를 꾸짖는다. 둘째, 그는 자신에게 권면한다. "너는 하나님께 소망을 두라." 하나님은 우리가 신뢰할 만한 분이시기 때문이다. 셋째, 그는 스스로에게 다짐했다. "이제 내가 나의 구원자, 나의 하나님을 또다시 찬양하련다"(새번역). 여기서 "나의 구원자, 나의 하나님"이라고 소유격을 두 번이나 사용한 것은 의미심장하다. 그는 하나님과 맺은 언약을 스스로에게 재확인시키고 있다. 아무리 감정이 요동친다 해도 언약을 깨뜨릴 수는 없다.

시편 42:1-11을 읽으라.

목요일

시편 104편 – 자연 가운데서 하나님이 하신 일

> 여호와여 주께서 하신 일이 어찌 그리 많은지요 주께서 지혜로 그들을 다 지으셨으니 주께서 지으신 것들이 땅에 가득하니이다.
> 시편 104:24

시편 104편에는 C. S. 루이스가 시편 저자의 "자연에 대한 열정"이라 일컬은 것이 표현되어 있다. 시편 저자는 창세기 1장의 창조 기사를 염두에 두고 그와 거의 비슷한 순서로, 어떻게 하나님이 천지를 만들고 유지시키시는지를 아름다운 시로 그려 낸다(1-9절).

그다음, 이 시편의 중간 즈음에서 하나님이 공중의 새와 가축들에게 먹을 것과 마실 것, 쉴 곳을 주시는 모습을 그린다(10-23절). '생태학'이란 용어를 이 단락에 적용하기에는 너무 거창할 수 있지만, 저자는 그런 개념을 염두에 두고 있었음이 분명하다. 그는 땅의 자원이 살아 있는 피조물들의 필요를 채우고, 반대로 그것들이 땅의 필요를 채우는 하나님의 놀라운 계획에 매료되었다.

음식과 생명은 모든 피조물의 기본적인 욕구다. 그런데 여기 시편에서 하나님이 손을 펴고 숨을 불어넣으시니 그것들이 생겨났다가, 그분이 낯을 숨기시니 사라진다. 현대인들 귀에는 너무 순진한 소리로 들리겠지만, 이는 사실 시적 표현이나 의인법을 사용한 비유적 표현이다.

하지만 이 비유적 표현에도 진리가 숨어 있다. 창조주 하나님은 온 세상의 주님이시다. 그분은 왕위에서 물러나지 않으시고, 그분이 창조한 세상을 다스리신다. 그리스도인이라면 기계론적 자연관을 가질 수 없다. 우주는 부동의 법칙에 따라 움직이는 거대한 기계가 아니다. 하나님이 그런 법칙을 만드셔서 스스로 그 종이 되신 것도 아니다. **자연 법칙**이란 용어는 한결같이 지속되는 하나님의 일하심을 표현하기 위해 만든 것에 불과하다. 하나님은 그분의 세상에서 살아서 활동하시며, 우리는 "생명과 호흡과 만물"을 위해 그분께 의지한다(행 17:25). 그러니 창조하시는 하나님뿐 아니라 섭리하시는 하나님께도 마땅히 감사해야 한다.

시편 104:10-31을 읽으라.

시편 130편 – 깊은 곳에서 나오는 부르짖음　　금요일

> 여호와여 내가 깊은 곳에서
> 주께 부르짖었나이다.
> 시편 130:1

시편 저자는 자신에 대해 깊은 물속에 빠져 허우적거리고 있다고 묘사한다. 그는 그 깊은 곳에서 하나님께 구해 달라고 부르짖는다. 자비를 구하는 것으로 보아, 그가 빠진 깊은 물은 그의 죄와 죄책 그리고 후회를 뜻하는 것이 틀림없다. 또한 그에게 임한 그리고 그가 자신과 동일시하는 그 민족에게 임한 하나님의 심판을 의식하고 있음에 틀림없다. 하나님이 그의 죄를 빠짐없이 기록하여 헤아리신다면, 그는 물론 견뎌낼 사람이 없을 것임을 그는 잘 안다. 하지만 그는 곧바로 이렇게 덧붙인다. "용서는 주님만이 하실 수 있는 것이므로"(4절, 새번역).

이 시편에 행위가 아닌 은혜로 값없이 받는 용서에 대해 나온 것을 보고, 마르틴 루터는 이 참회시에 "바울의 시편"이라는 이름을 붙였다. 4절은 「천로역정」(*Pilgrim's Progress*)의 저자 존 번연(John Bunyan)이 양심의 가책과 죄책감으로 힘들어 할 때도 큰 위안이 되었다. 이 4절은 또 아름다운 균형을 이루고 있다. 앞부분은 절망한 사람들에게 확신을 주고("용서는 주님만이 하실 수 있는 것이므로"), 뒷부분은 교만한 사람들에게 경각심을 주기("우리가 주님만을 경외합니다") 때문이다. 하나님의 용서는 죄인들이 더 죄를 짓도록 부추기는 것이 아니라, 여호와를 경외함으로써 악에서 떠날 수 있게 해준다(잠 16:6).

시편 저자는 이렇게 참회하는 죄인들에게 임할 하나님의 자비로운 용서를 확신하면서, 이제 두 가지를 행한다. 첫째, 그는 하나님의 약속에 의지하여, 용서하시는 하나님을 신뢰하겠다는 결단을 새롭게 한다. 그래서 "파수꾼이 아침을 기다리는"(6절) 것처럼 간절히 주님을 기다리는 것이다. 밤이 길고 어둠은 깊을지라도, 파수꾼은 마침내 아침이 온다는 사실을 확실히 안다. 둘째, 그는 이스라엘에게도 같은 결단을 촉구한다. 여호와의 "인자하심"(7절)이 "이스라엘을 그의 모든 죄악에서 속량하실"(8절) 것을 알기 때문이다.

내게도 이 참회의 시편이 필요한 적이 많았고, 이 시편의 약속 때문에 하나님의 용서를 확신한 적도 많았다.

시편 130편을 읽으라.

토요일

시편 150편 - 마지막 영광송

> 호흡이 있는 자마다
> 여호와를 찬양할지어다.
> 시편 150:6

이 영광송이 시편의 대미를 장식한다. 예배를 명하는 이 시편은 그 어느 영광송보다 장엄하다. 어디서, 왜, 어떻게, 누가 하나님을 찬양해야 하는지 가르쳐 주며, 구구절절 우리를 찬양으로 초청한다.

첫째, **어디서** 예배해야 하는지 궁금하다면, 그 답은 "그의 성소에서"(원래 예루살렘 성전을 가리키는 말이다)와 "그의 권능의 궁창에서"다(1절). 하늘과 땅, 천사와 인간이 하나되어 하나님을 찬양한다.

둘째, **왜** 예배해야 하는가? 우리는 "그의 능하신 행동"과 "그의 지극히 위대하심"을 찬양해야 하기 때문이다(2절). 이스라엘은 하나님이 행하신 위대한 창조와 구속을 늘 찬양했다.

셋째, **어떻게** 예배할 것인가? 관악기, 현악기, 타악기 등 모든 악기를 동원해야 한다. '나팔'(3절)은 고대의 양뿔 나팔을 가리키는데, 이는 요즘에도 회당에서 사용한다. 어느 주석가에 따르면, 전문가들은 "양뿔 나팔로 아주 큰 소리를 낼 수 있다"고 한다. 나머지 악기들은 다 쉽게 파악할 수 있다. 자, 이렇게 관현악단이 모였다. 예배자들은 양뿔 나팔을 불고 비파를 켜고 소고를 두드리고 현악을 뜯고 퉁소를 불고 큰 소리 나는 제금으로 찬양한다.

네 번째 질문은 **누가** 예배하느냐다. 시편 저자는 "호흡이 있는 자마다" 여호와를 찬양해야 한다고 권면한다(6절). 그가 "생명의 기운이 있는"(창 6:17) 동물을 포함했을 수도 있으나, 그보다는 인류 전체를 가리킨다고 보는 편이 더 적절하다. 대중 예배 도중에 오르간이나 다른 연주에 맞춰 찬양대가 노래를 하면, 우리도 천사들과 천사장을 비롯해 하나님의 보좌를 두른 천상의 모든 존재와 함께 찬양하는 듯한 느낌이 들 때가 있다.

그러나 우리 예배는 교회에서 드리는 예배에만 국한되지 않는다. 오히려 날마다 숨쉬는 순간마다 찬양하는 삶을 살아야 하지 않겠는가.

시편 150편을 읽으라.

제12주

선지자 이사야

우리는 이미 (제9주에) 히스기야 왕의 개혁을 도운 이사야 선지자의 사역을 잠깐 살펴보았다. 이번 주에는 그의 예언자적 메시지의 주요 주제를 몇 가지 찾아서 그의 삶을 살펴보는 데 주력하려 한다. 그 메시지는 1절에서 "아모스의 아들 이사야가…본 계시"(사 1:1)라고 소개되며, 2절에서는 그가 하늘과 땅에게 이 계시를 들으라고 담대히 명령한다. 그는 또 하나님이 주신 계시가 온 우주에 미친다는 사실을 인식하고 있다. 이사야서 마지막 장을 보면 그의 계시가 미래에 하나님이 지으실 "새 하늘과 새 땅"에까지 확장되기 때문이다(66:22). 이사야는 이 책에서 심판과 위로의 메시지를 동시에 전한다.

일요일: 포도원의 노래
월요일: 선지자로 부르심
화요일: 믿음의 시험
수요일: 하나님의 두 가지 속성
목요일: 짐을 지신 하나님
금요일: 계시의 타당성
토요일: 새로운 세상

일요일

포도원의 노래

좋은 포도 맺기를 바랐더니
들포도를 맺었도다.
이사야 5:2

이사야는 연가라는 문학 형식을 빌려, 대담하게도 여호와를 사랑하는 자로, 여호와의 백성 이스라엘을 그의 포도원으로 묘사한다. 여호와는 기름진 산에 포도원을 마련하여 돌을 제하고 망대를 세우고 술틀까지 준비했다. 극상품 포도주 생산을 위한 만반의 준비를 갖추신 것이다. 그런데 좋은 포도는커녕 들포도만 맺혔다.

그래서 이제 여호와는 자기 백성에게 심판을 선언하신다. 포도원을 황폐하게 하겠다고 말씀하신다.

> 무릇 만군의 여호와의 포도원은
> 이스라엘 족속이요
> 그가 기뻐하시는 나무는
> 유다 사람이라.
> 그들에게 정의를 바라셨더니 도리어 포학이요
> 그들에게 공의를 바라셨더니 도리어 부르짖음이었도다(7절).

형편없는 포도의 모습은 여섯 번의 "화 있을진저"라는 경고를 통해 실체가 밝혀진다. 땅을 불법으로 획득함(8절), 과음(11-12절), 하나님께 뻔뻔하게 저항함(18-19절), 선과 악을 뒤바꿈(20절), 자만(21절), 부패와 인간의 권리를 무시함(22-23절) 등이 그 모습이다. 웃시야 왕이 다스리던 주전 8세기 후반, 번영과 사치가 절정에 달한 유다 사회에는 이러한 사회적 범죄가 만연했다. 백성들은 이렇게 다양한 면에서 "이스라엘의 거룩하신 이의 말씀을 멸시하였다"(24절). 이에 여호와는 그 백성에게 불같은 분노를 발하셨고, 북쪽에서 적의 침입, 즉 앗수르 군대의 침입이 있으리라고 경고하셨다(26-30절).

예수님이 포도원 비유를 말씀하실 때(요 15장) 이 포도원의 노래를 염두에 두시지 않았을까 가끔 궁금해진다. 분명 두 비유 모두 열매를 기대하는 점은 비슷하다. 나중에 바울이 성령의 열매를 이야기하는 것처럼 말이다.

요한복음 15:1-11을 읽으라.

선지자로 부르심

월요일

내가 또 주의 목소리를 들으니 주께서 이르시되 내가 누구를 보내며 누가 우리를 위하여 갈꼬 하시니 그때에 내가 이르되 내가 여기 있나이다 나를 보내소서 하였더니.
이사야 6:8

이사야 6장은 많은 교회에서 선교에 대한 설교 본문으로 자주 사용한다. 하지만 이 본문은 본래 특별한 한 사람에게 해당하는 것이었다. 이는 바로 이사야를 선지자로 부르시는 장면을 기록한 것이다. '보내다'라는 단어("내가 누구를 보내며…나를 보내소서")가 그 점을 분명히 보여 준다. 나중에 예수님이 사도들을 보내시는 것처럼 여호와께서도 선지자들을 보내셔서 여호와의 이름으로 가르치게 하신다. 또 거짓 선지자들에게는 "내가 너희를 보낸 적이 없다"고도 말씀하셨다.

이사야를 부르신 장면의 핵심은 여호와가 등장하는 환상이었다. 초월적이고 높으신 그분은 하늘 보좌에 앉아 계시고, 스랍들이 둘러서서 "거룩하다, 거룩하다, 거룩하다"(3절)라고 외쳤다. 이는 왕의 환상("왕을 뵈었음이로다", 5절)이라 불리는 것으로, 웃시야 왕이 50년을 다스리고 죽은 바로 그해인 주전 740년에 계획적으로 이사야에게 이 환상이 주어졌다. 이사야는 이 두 나라를 비교하고 대조할 수밖에 없었고, 여호와가 우리가 신뢰하고 순종해야 할 왕이라는 확신은, 앞으로 그가 해 나갈 사역에 큰 영향을 미쳤을 것이다.

환상을 본 이사야는 죄를 고백하고 깨끗해져서 사명을 받는다. 하나님은 이사야에게 백성들이 마음을 굳게 하여 하나님의 말씀을 거부하고 심판을 받게 되리라는 경고도 함께 주셨다. 예수님(마 13:14-15)과 바울(행 28:25-29)이 나중에 이 말씀을 직접 인용하기도 했다.

하지만 소망이 완전히 끊어진 것은 아니었다. 나무가 베임을 당하여도 그루터기는 남아 있는 것같이 이스라엘도 그럴 것이다. "거룩한 씨가 이 땅의 그루터기니라"(사 6:13). 이 말씀은 이사야가 전해 주는 메시지의 특징 중 하나를 소개해 준다. 즉, 이처럼 신실한 남은 자들이 있어 선지자 주변에 모여들게 되리라는 것이다(8:16-18을 보라).

이사야 6장을 읽으라.

화요일

믿음의 시험

만일 너희가 굳게 믿지 아니하면
너희는 굳게 서지 못하리라.
이사야 7:9

유다의 아하스(웃시야의 손자) 왕이 다스리던 주전 734년 무렵, 아람(시리아)의 르신 왕과 이스라엘의 베가 왕이 무모한 동맹을 맺었다. 북쪽 앗수르의 디글랏 빌레셀 3세의 위협에 맞서기 위해서였다. 두 왕은 유다의 아하스 왕과도 동맹을 맺으려는 마음으로 먼저 예루살렘을 공격하기로 했다. 그들이 예루살렘으로 진군할수록, 왕과 그 백성의 마음은 "숲이 바람에 흔들림같이 흔들렸다"(2절). 하지만 여호와는 이사야를 아하스 왕에게 보내 이런 말씀을 전하게 하셨다. "너는 삼가며 조용하라…이들은 연기 나는 두 부지깽이 그루터기에 불과하니 두려워하지 말며 낙심하지 말라"(3-4절).

이 사건으로 아하스 왕의 믿음에 첫 번째 위기가 찾아왔고, 곧이어 두 번째 위기가 들이닥쳤다. 연합군의 계획은 성공했지만, 여호와 하나님께서는 그들에게 이렇게 말씀하셨다. "그 일은 서지 못하며 이루어지지 못하리라"(7절). 세상 왕은 인간 지도자에 불과하지만, 아하스는 다윗의 신성한 계보를 물려받은 왕이었기 때문이다(그렇게 암시되어 있다). "만일 너희가 굳게 믿지 아니하면 너희는 굳게 서지 못하리라"(9절, NIV는 히브리 원문의 언어유희를 살리려 애쓴 흔적이 보인다).

하지만 아하스 왕은 하나님을 믿으려는 마음이 전혀 없었다. 이미 결심을 굳힌 것 같았다. 그는 오히려 앗수르 왕 디글랏 빌레셀에게 사자를 보내 이렇게 전했다. "나는 왕의 신복이요 왕의 아들이라. 이제 아람 왕과 이스라엘 왕이 나를 치니 청하건대 올라와 그 손에서 나를 구원하소서"(왕하 16:7-8). 앗수르에게 어마어마한 양의 은과 금을 조공으로 바치기도 했다. 그 결과, 시리아는 주전 732년에, 이스라엘은 722년에 망했다.

이사야의 메시지는 믿음을 시험하는 것이었다. 그는 국가 지도자들에게 애굽과 앗수르 같은 강대국을 의지하지 말고 살아 계신 하나님을 신뢰하라고 간청했다. 이사야의 약속이 우리에게도 주어졌다고 믿는다면, 오늘날 우리도 같은 도전을 받는다. "그것을 믿는 이는 다급하게 되지 아니하리로다"(사 28:16). "너희가 돌이켜 조용히 있어야 구원을 얻을 것이요, 잠잠하고 신뢰하여야 힘을 얻을 것이거늘"(사 30:15).

이사야 7:1-9을 읽으라.

하나님의 두 가지 속성

수요일

> 영원하신 하나님 여호와
> 땅 끝까지 창조하신 이.
> 이사야 40:28

이사야 40장의 핵심은 27절이다. 하나님은 자기 백성들에게 이상한 질문들을 던지신다. "야곱아…내 길은 여호와께 숨겨졌으며 내 송사는 내 하나님에게서 벗어난다 하느냐?" 그들은 하나님이 이미 자기들을 잊어버리셨다고 생각하지만(바벨론에서 포로 생활을 하고 있을 때), 사실 그 하나님은 그들의 불평에 귀를 기울이시고 그들의 대화를 들으시며 그들의 생각을 읽고 계셨다. 자기 백성이 끔찍한 고통에 처했는데, 하나님은 마냥 손을 놓고 계신다. 하나님이 눈이 멀어서 못 보시거나, 공의는 나 몰라라 하는 분이라 신경 쓰지 않으시거나, 힘이 없어서 그들을 구해 주시지 못하는 것 아닌가. 이러한 불평은 우리 현대인들의 귀에도 익숙하다.

하나님의 응답은 그들의 질문에 반문하시는 것이었다. 사람들이 "왜 하나님은 그냥 손 놓고 계십니까?"라고 묻자, 하나님은 "왜 그렇게 묻느냐?"고 대답하신다. 그런 다음에는, 그들로 하여금 자신들의 고통을 넘어 하나님과 그분이 어떤 분이신지를 보게 하신다. 고통 중에 있을 때 하나님을 새로운 시각으로 보는 것보다 중요한 것은 없기 때문이다. 특히 그분에 대한 두 가지 서로 보완되는 진리를 강조해야 한다. 첫째, 하나님은 "영원하신 여호와 하나님"이시다. 또 이스라엘과 언약을 맺으신 여호와 하나님은 "땅 끝까지 창조하신 이"시기도 하다. 그러니 창조주는 지식과 정의와 능력이 부족하다고 생각하는 것은 어불성설이다(28절).

두 번째 진리는 첫 번째 진리를 보완한다. 창조주 하나님은 또한 이스라엘과 엄숙한 언약을 맺고 그들을 향한 변치 않는 사랑을 지키실 주님(여호와)이시요 이스라엘의 하나님이시다. 이사야 40장은 하나님이 영원히 우리 하나님이심을 끊임없이 강조한다.

하나님은 "그런즉 너희가 하나님을 누구와 같다 하겠으며"(18절; 25절도 보라)라는 핵심 질문을 두 차례나 던지신다. 그분은 창조주 하나님인 동시에 언약의 하나님이라는 것이 그 답이다. 우리가 창조주 하나님의 능력을 의심할 수 없듯이, 언약의 하나님의 사랑도 의심할 수 없다. 이 같은 하나님의 두 가지 속성을 굳게 붙들지 않는다면, 필립스(J. B. Phillips)가 말했듯이 "우리는 하나님을 너무 작은 분으로 여기는 것이다."

이사야 40:18-31을 읽으라.

목요일

짐을 지신 하나님

배에서 태어남으로부터 내게 안겼고 태에서 남으로부터 내게 업힌 너희여.
너희가 노년에 이르기까지 내가 그리하겠고.
이사야 46:3-4

우상숭배에 대한 이사야의 풍자는 46장에서 절정에 달한다. 바벨론의 주신 벨(마르둑이라고도 한다)과 느보(벨의 아들)가 등장하고, 도금장이가 그것들을 만드는 과정이 묘사된다(6-7절). 그렇게 만든 다음에는 그 신을 숭배하는 사람들이 들어 어깨에 메고 옮겨 처소에 둔다. 그러나 그 신들은 움직이지도 못하고 말도 하지 못한다.

바사 왕 고레스가 순식간에 바벨론을 멸망시키고, 고레스의 군사들은 도시의 신전들을 약탈하기 시작한다. "벨은 엎드러졌고 느보는 구부러졌도다"(1절). 받침대에서 끌어내린 육중한 우상들이 길거리에 송장처럼 거꾸로 쓰러진다. 그러자 사람들이 그것들을 수레에 실어 치웠다. 그토록 강력한 우상들이 이렇게 무너지다니! 종교 행렬에 자랑스럽게 어깨에 메고 다니던 신들이 이제는 아무 데도 쓸모없는 쓰레기 신세로 전락하여 예배자들에게 짐만 되고 말았다.

선지자의 조소 어린 목소리가 잦아들면서, 침묵 가운데서 하나님이 말씀하신다. 3-4절을 풀어 쓰면 이런 뜻이다. "나는 벨과 느보와 같지 않다. 나는 살아 있기에 사람들의 어깨를 빌릴 필요가 없다. 내가 너희를 태에서부터 안고 다녔으니, 너희가 백발이 될 때까지도 안고 다닐 것이다."

따라서 오늘날 우리 앞에 있는 질문은 "누가 누구를 안고 다니냐"는 것이다. 우리에게 종교는 희망인가, 아니면 짐인가? 혹시 우리는 하나님을 짐으로 여기지 않는가? 신약 성경은 예수 그리스도를 세상 최고의 짐을 지고 가는 자로 묘사했다. 그분은 우리 죄를 짊어 지셨다(사 53장을 보라). 그는 우리의 슬픔도 담당하신다. 베드로가 기록했듯이 "너희 염려를 다 주께 맡기라. 이는 그가 너희를 돌보심이라"(벧전 5:7). 하나님이 우리에게 허락하신 역할과 반대로, 그분이 우리를 안고 가시는 것이 아니라 오히려 우리가 그분을 안고 가려 한다면, 이야말로 엄청난 비극이다.

이사야 46:1-9을 읽으라.

계시의 타당성

금요일

이는 하늘이 땅보다 높음같이 내 길은 너희의 길보다 높으며
내 생각은 너희의 생각보다 높음이니라.
이사야 55:9

기독교는 근본적으로 계시의 종교다. 하나님이 스스로를 드러내시지 않았다면 우리는 아무것도 알 수 없었을 것이다. 특별히 하나님은 그분의 자비하신 성품을 드러내셨다. 하나님은 목마른 자에게 값없이 마실 것을 주시고, 모든 민족에게 값없이 언약을 허락하시며, 악인들을 값없이 용서하신다(1-7절). 도대체 누가 이런 은혜의 복음을 만들 수 있겠는가? 너무 좋은 소식이라 도저히 믿기지 않는다! 우리는 하나님의 계시로만 이 은혜의 복음을 알 수 있다. 그 논리를 한번 생각해 보자.

첫째, 우리는 여호와의 생각을 알 수 없다. 하늘이 땅보다 높음같이 그분의 생각은 우리 생각보다 높다. 우리의 좁은 사고로는 하나님의 무한하신 생각에 다다를 수 없다(8-9절).

둘째, 여호와의 높은 생각은 마치 하늘에서 비와 눈이 내리는 것처럼 우리에게 내려와야만 했다(10절).

셋째, 우리가 여호와의 생각을 알 수 있게 된 것은 사실 그것이 인간의 언어로 옮겨졌기 때문이다. 따라서 인간의 언어는 하나님의 계시의 모델이다. 우리는 입에서 나오는 말로 마음의 생각을 교환한다. 우리도 말하지 않으면 상대방의 마음을 알 수 없는데, 하물며 하나님이 말씀하시지 않는다면 어떻게 우리가 그분의 마음을 알 수 있겠는가? 그리하여 하나님이 우리에게 말씀하셨고, 그 말씀이 우리에게 내려왔다.

넷째, 여호와의 말씀은 능력이 있다. 그 말씀은 늘 그 뜻하는 바를 이룬다(10-11절).

이 장의 마지막 두 절(12-13절)은 말씀을 받은 하나님의 백성들이 누리는 어마어마한 축복을 생생한 히브리 시의 이미지로 묘사한다. 그들은 새로운 출애굽을 경험하고(12절), 새로운 약속의 땅을 물려받는다(13절). 우리에게 기쁨과 즐거움이 충만한 것은 당연하지 않겠는가.

고린도전서 2:6-10을 읽으라.

토요일

새로운 세상

> 내가 지을 새 하늘과 새 땅이 내 앞에 항상 있는 것같이
> 너희 자손과 너희 이름이 항상 있으리라.
> 이사야 66:22

이사야는 이제 미래를 내다보며 교회의 세계 선교(18-21절)와 온 우주의 궁극적인 회복(22-24절)에 초점을 맞춘다. 기독교 선교와 관련해서는 세 가지 측면을 지적한다. 첫째, 선교의 범위는 모든 민족이다. 그는 18-20절에서 모든 민족이 함께 모인다는 것을 네 차례나 언급한다. 둘째, 선교의 이유(계기)는 이스라엘이 복음을 거부했기 때문이다. 누가는 사도행전에 나오는 각기 다른 네 사건에서 이 사실을 강조한다. 사도 바울은 바로 이 꿈, 즉 그리스도 안에서 유대인과 이방인이 하나가 되는 꿈을 꾸었다. 셋째, 기독교 선교의 목적은 하나님의 영광(18-19절)이다. 선교사들은 하나님의 영광을 선포하고, 회심자들은 그 영광을 보고 인정한다.

그러고 나서 22절에서 선지자는 갑자기 시간을 뛰어넘어 하나님이 새 하늘과 새 땅을 창조하실 역사의 종말을 내다본다. 그는 앞 장에서 이미 종말을 언급한 적이 있다(65:17). 그리고 나중에 예수님과 사도들도 똑같은 내용을 예언할 것이다(마 19:28; 벧후 3:13; 계 21:1, 5). 이 예언에서는 두 가지 특징이 눈에 띈다. 첫째, 새로운 우주에도 물질적인 요소가 있을 것이다. 원래의 땅이 변하여 영광을 입은 새 땅이 되기 때문이다. 나중에 바울이 쓴 것처럼, 온 피조물이 현재의 종노릇 하는 데서 벗어날 것이다(롬 8:18-25). 부활한 우리 몸이 현재 몸과의 연속성과 불연속성을 다 지닐 것처럼, 새 땅도 현재 땅과의 연속성과 불연속성을 다 지닐 것이다. 둘째, 새 하늘과 새 땅은 그곳에 사는 사람들만큼이나 오래 지속될 것이다. 의도적으로 하나님께 반항한 사람들만(예루살렘 밖에 버려진 쓰레기처럼) 멸망할 것이다(사 66:24).

이 두 가지 강조점(세계 선교와 궁극적인 회복)은 예수님의 가르침과도 연결되었다. 예수님은 세상 끝까지 복음을 전파하라고 명령하셨고, 그때에야 비로소 세상 종말이 오리라고 말씀하셨기 때문이다. 두 가지 일이 동시에 일어날 것이다. 그때까지, 그리스도의 초림과 재림 사이의 기간에는 온 세상을 향한 교회의 선교가 지속되어야 한다.

베드로후서 3:1-13을 읽으라.

제13주

선지자 예레미야

예레미야 1장의 앞부분은 영감에 대한 기독교적 관점을 잘 이해하도록 도와준다. 거기에는 이것은 "예레미야의 말"(렘 1:1)이라는 표현과 "여호와의 말씀이 예레미야에게 임하였다"(2절)는 표현이 동시에 나온다. 따라서 성경은 순전히 하나님의 말씀인 것도 아니고 순전히 사람의 말인 것도 아니며, 오직 사람의 말로 주신 하나님의 말씀이다. 이것이 바로 성경의 이중 저작권으로, 우리는 이 사실을 확고하게 붙들어야 한다.

예레미야는 소명을 받는 순간부터 계속 주저하는 모습을 보인다. 상황마다 매우 인간적으로 반응하는 모습도 보인다. 왕과 신하들, 제사장들을 비롯한 온 백성이 그에게 맞선다. 심지어 제사장 가문이었던 가족들마저 그에게 반대한다. 사람들은 그에게 차꼬를 채워 물웅덩이에 내던지기도 했다. 그런데도 그는 하나님의 말씀이 불붙듯이 골수에 사무쳐서 그 말씀을 선포하지 않을 수 없다. 그러나 그런 그의 말에 귀 기울이는 사람은 아무도 없다. 그는 본래 애국자지만 사람들은 그를 배신자로 여긴다. 그는 자기 민족의 흥망성쇠를 묵묵히 지켜본다. 때로는 여호와까지 그를 버리신 것만 같다. 외롭고 고통스러운 그는 쓰디쓴 눈물을 흘린다(4:19과 9:1을 보라).

일요일: 예레미야를 부르심
월요일: 타락한 백성
화요일: 완악한 마음
수요일: 하나님의 계획
목요일: 거짓 선지자와 진짜 선지자
금요일: 새 언약
토요일: 여호와의 한결같은 사랑

일요일

예레미야를 부르심

내가 너를 모태에 짓기 전에 너를 알았고 네가 배에서 나오기 전에 너를 성별하였고
너를 여러 나라의 선지자로 세웠노라.
예레미야 1:5

이사야와 예레미야를 부르신 장면을 비교해 보는 일은 여러모로 유익하다. 두 사람 모두 '보내심'을 받았다. 여호와는 이사야에게 "내가 누구를 보내며"(사 6:8)라고 물으셨고, 예레미야에게는 "내가 너를 누구에게 보내든지 너는 가며"(렘 1:7)라고 말씀하셨다. 그런데 그다음부터는 조금 다르다. 이사야는, 적어도 입술이 깨끗해진 이후로는 선뜻 하나님의 일에 자원했다. "내가 여기 있나이다. 나를 보내소서!"(사 6:8) 그런데 예레미야는 (모세처럼) 아직 어리고 미숙하다는 이유로 계속 머뭇머뭇했다. 그는 이런 이유를 둘러댔다. "슬프도소이다, 주 여호와여. 보소서, 나는 아이라 말할 줄을 알지 못하나이다"(렘 1:6).

여기에 예수님의 가르침과 상충되는 것은 없다. 예수님은 어린아이처럼 겸손하라고 명령하신 반면, 여호와는 예레미야의 아이 같은 무책임함을 꾸짖고 계시기 때문이다.

이사야와 예레미야의 부르심에서 비슷한 점이 한 가지 더 있다면, 두 사람 모두 입술(이사야)과 말(예레미야) 때문에 자신이 부적합하다고 느꼈다는 점이다. 이사야는 입술이 부정하다고 고백했고, 예레미야는 무슨 말을 해야 할지 알지 못한다고 말했다. 그래서 선지자 직분을 맡기기 전에, 하나님은 핀 숯으로 이사야의 입술을 깨끗하게 하셨고, 손을 내밀어 예레미야의 입에 대셨다. 예레미야의 경우는 여호와가 그분의 말씀을 예레미야의 입에 주신 것을 상징했다.

마지막으로, 하나님은 예레미야가 전할 메시지에는 부정적인 메시지("파괴하며 파멸하고 넘어뜨리며")와 긍정적인 메시지("건설하고 심게")가 다 있다고 말씀하셨다. 그리고 이에 대해 두 가지 환상으로 자세히 설명해 주셨다. 첫째로, 예레미야는 "살구나무 가지"(11절)를 보았다. 살구나무를 뜻하는 히브리어는 **지켜본다**는 단어와 비슷하므로 이는 여호와의 약속을 상징했다. "이는 내가 내 말을 지켜 그대로 이루려 함이라"(12절). 둘째로, 그는 "그 윗면이 북에서부터 기울어진 끓는 가마"(13절)를 보았다. 이는 곧 침입하는 적군, 아마도 스구디아 족속을 뜻했을 것이다.

예레미야 1:1-19을 읽으라.

타락한 백성

이 예루살렘 백성이
항상 나를 떠나 물러감은 어찌함이냐?
예레미야 8:5

예레미야는 지속적으로 회개를 촉구하면서 선지자 사역을 시작한다. 그의 메시지는 일차적으로 유다를 대상으로 한 것이지만, "배역한 이스라엘"(3:6)과 "그의 반역한 자매 유다"(7절)를 한통속으로 본다. 선한 왕 요시야의 개혁에 사람들이 얼마간 반응했지만, 대개는 피상적인 수준에 그쳤다. 그래서 하나님은 "유다가 진심으로 내게 돌아오지 아니하고 거짓으로 할 뿐이니라"(10절)라고 한탄하신다. 백성은 여전히 죄에서 돌이킬 줄 몰랐다. 그들은 높은 산당에서 이방 신들을 섬겼다. 십계명을 어겼고, 고아와 과부와 이방인들을 보살피지 못했다. 어린아이를 제물로 바치는 끔찍한 이방 풍습을 따르기까지 했다. 그런데도 예레미야가 이런 죄악들을 고발했을 때 그들은 회개를 거부했다.

이제 선지자는 유다의 양심을 일깨우려고 온갖 은유를 다 동원한다. 그는 이렇게 묻는다. 사람들이 넘어지면 다시 일어나지 않느냐? 길을 잘못 들면 다시 돌아오지 않느냐? 그런데 왜 하나님의 백성은 끊임없는 타락의 나락에서 벗어나지 못하는가? 그들은 전쟁터로 향해 돌진하는 말처럼 다시 돌아오기를 거부했다(8:4-6).

그중에서도 철새의 행동을 언급한 은유가 가장 강력하다. "공중의 학은 그 정한 시기를 알고 산비둘기와 제비와 두루미는 그들이 올 때를 지키거늘 내 백성은 여호와의 규례를 알지 못하도다"(7절).

팔레스타인은 철새들의 주요 이동 경로다. 예레미야는 많은 새들이 중동 지역을 거쳐 따뜻한 아프리카로 가서 겨울을 난다는 사실을 잘 알고 있었다. 그러나 그 새들은 봄이 되면 어김없이 다시 돌아온다. 그런데 하나님의 백성은 한 번 떠나면 돌아오는 법이 없었다. 학은 대표적인 철새다. 50만에 가까운 학 떼가 이 경로로 이동하는 것으로 추정된다. 주전 6세기에 기록된 예레미야서는 아마도 철새 이동을 세계 최초로 언급한 문헌이 아닌가 싶다.

아, 봄이 되면 번식지로 돌아오는 학처럼, 인간에게도 하나님께 돌아오려는 강력한 본능이 있다면 얼마나 좋을까!

예레미야 8:4-7을 읽으라.

화요일

완악한 마음

> 그들이 순종하지 아니하며 귀를 기울이지도 아니하고
> 자신들의 악한 마음의 꾀와 완악한 대로 행하여.
> 예레미야 7:24

예레미야의 가르침에는 독특한 점이 있다. 회개를 거부하는 이스라엘의 심리를 고질적인 마음 상태로 진단했다는 점이다. 하나님은 "그러나 너희 백성은 배반하며 반역하는 마음이 있어서 이미 배반하고 갔으며"(5:23)라고 말씀하신다. 또 "그들은 다 심히 반역한 자"(6:28)라고 하신다. 예레미야는 그들의 수많은 악한 행위가 "자기들의 악한 마음에서 나오는 온갖 계획과 어리석은 고집"(7:24, 새번역) 때문이라고 일곱 번도 넘게 말한다.

그리고 마음이 모든 문제의 근원이기에, 인간으로서는 구제할 방법이 없다고 강조한다. 유다 백성이 잿물로 스스로 씻고 많은 비누를 쓸지라도, 죄악의 흔적은 그대로일 것이다(2:22). 에티오피아 사람이 피부 색깔을 바꾸고, 표범이 반점들을 바꿀 수 있다면, "죄악에 익숙해진" 유다 백성도 선을 행할 수 있을 것이다(13:23, 새번역). 하지만 유다의 죄는 그들의 마음판에 철필로 기록되어 있고 금강석 촉으로 새겨져 있기에 지워지지 않는다(17:1). 게다가 만물보다 거짓되고 심히 부패한 것이 마음이다(17:9). 이 네 가지 이미지는 하나같이 인간의 치료법으로는 인간의 죄를 해결할 수 없다는 사실을 생생하게 묘사한다. 죄란 어떻게 해도 지워지지 않는 얼룩무늬나 도무지 바꿀 수 없는 피부색, 한 번 새기면 없앨 수 없는 글씨, 그리고 불치병과도 같다. 오직 하나님만 우리를 바꾸실 수 있다.

정말 그렇다. 예레미야는 "예루살렘아 네 마음의 악을 씻어 버리라"(4:14)라고 외치지만 그들이 그럴 수 없다는 사실을 누구보다도 잘 안다. 그래서 그는 하나님이 그들과 새 언약을 세우실 날을 고대한다. 그날에 하나님은 그들의 마음에 그분의 법을 새기시고(31:31-34), 그들에게 새 마음을 주실 것이다(32:39; 참고 겔 36:26). 오늘날 한 사람이 거듭날 때마다 이 약속은 놀랍게 이루어진다.

요한복음 3:1-15를 읽으라.

하나님의 계획

수요일

> 여호와의 말씀이니라. 너희를 향한 나의 생각을 내가 아나니 평안이요 재앙이 아니니라. 너희에게 미래와 희망을 주는 것이니라.
> 예레미야 29:11

거짓 선지자들은 유다가 바벨론의 위협을 무사히 견뎌낼 것이라고 자신 있게 예언한 반면, 예레미야는 예루살렘이 바벨론 군대에 함락되어 멸망할 것이니 어서 항복하라고 자신 있게 말했다. 물론 예레미야의 말이 옳았다. 주전 597년, 예루살렘이 망하고 국가 지도자들은 바벨론에 포로로 끌려갔다.

이스라엘 백성이 바벨론에 정착하자마자 예레미야는 그곳의 포로들에게 편지를 썼다. 그는 그들에게 거기서 집을 지어 바벨론 사람들과 함께 살면서 텃밭을 만들고 그 열매를 먹으며, 가정을 꾸려 생활하며, 그 도시가 잘되기를 구하라고 말했다. 곧 예루살렘으로 돌아갈 수 있다는 거짓 선지자들의 헛된 꿈을 믿어서는 안 된다는 것이다. 포로 생활 70년이 지나야 여호와께서 그들을 회복시키실 것이기 때문이다.

그러고 나서 하나님은 바벨론 포로들에게 약속을 주신다. 이는 이후로 고난과 역경 가운데 살아간 수많은 그리스도인에게 큰 위로가 되었다. 여호와께서는 "너희를 향한 나의 생각을 내가 아나니 평안이요 재앙이 아니니라. 너희에게 미래와 희망을 주는 것이니라"(11절)라고 선언하신다.

첫째, **하나님은 자기 백성을 향한 계획을 갖고 계신다.** 인생은 맘대로 되지 않는 것 같다. 역사는 마치 술 취한 모기 한 마리가 흰 종이에 갈지자로 남긴 흔적 같다고 묘사되기도 한다. 그러나 그렇지 않다. 인생은 마구잡이도 아니고, 무의미하거나 불합리하지도 않다. 하나님은 포로들을 향한 계획을 갖고 계셨다. 그분은 물론 우리를 향한 계획도 갖고 계신다.

둘째, **하나님은 그 계획을 아신다.** 하나님이 그 계획을 굳이 알려 주실 필요는 없지만, 그분은 확실히 계획을 갖고 계시고 그 계획을 아신다. 부모는 자녀가 태어나기 전부터 아이를 위해 계획을 세우기 시작한다. 우리 하늘 아버지도 마찬가지다.

셋째, **하나님의 계획은 훌륭하다.** 바벨론 포로들은 믿기 힘들었겠지만, 하나님은 그들에게 "미래와 희망"을 주고 싶어 하셨다. 신약 성경 로마서 8:28이 이와 비슷한 성경 구절이 아닐까 싶다. 우리는 하나님이 모든 것을 합력하여 선을 이루시는 분임을 확실히 알고 있다.

로마서 8:28-39을 읽으라.

목요일

거짓 선지자와 진짜 선지자

꿈을 꾼 선지자는 꿈을 말할 것이요
내 말을 받은 자는 성실함으로 내 말을 말할 것이라.
예레미야 23:28

예레미야는 그에게 반대하는 거짓 선지자들의 활동 때문에 몹시 괴로웠다. 그는 "내 마음이 상하며 내 모든 뼈가 떨리며"(9절)라고 토로했다. 요즘 상황은 그때와 비슷하기도 하고 다르기도 하다. (예수님이 예언하셨던 것처럼) 거짓 선지자들은 많지만, 예레미야 같은 사람은 하나도 없다. 예언자의 통찰력으로 성경 본문을 해석하고 적용하는 사람들이 있기는 하다. 하지만 예레미야 같은 성경의 선지자들처럼 영감과 권위를 지닌 사람은 보기 어렵다. 그 대신, 우리에게는 감사하게도 기록된 하나님의 말씀이 있다. 그래서 오늘날에는 성경에 순복하는 진짜 교사와 성경을 거부하거나 조작하려 하는 거짓 교사들이 대조적으로 나타난다.

예레미야가 지적한 거짓 교사들의 다섯 가지 특징은 다음과 같다.

1. 거짓 교사들은 능력을 남용한다. 그리스도의 온유함보다는 독단성이 그들의 특징이다. "그들이 힘쓰는 일도 옳지 못하다"(10절, 새번역).
2. 거짓 교사들은 가짜 인생을 산다. 그들은 사생활과 공적인 모습이 완전히 다른 이중생활을 한다(13-14절).
3. 거짓 교사들은 악행을 일삼는 자들에게 회개를 촉구하지 않고 오히려 그들의 손을 강하게 한다(14, 22절).
4. 거짓 교사들은 아무런 재앙도 임하지 않을 거라며 사람들에게 거짓 소망을 주입한다(16-17절).
5. "그들이 말한 묵시는 자기 마음으로 말미암은 것이요 여호와의 입에서 나온 것이 아니니라"(16절).

오직 하나님의 말씀만이 능력이 있다. 하나님의 말씀은 바위를 쳐서 부스러뜨리는 방망이처럼, 완고한 인간의 마음을 내리쳐 쪼갠다. 또 불처럼 활활 태워 불순물을 제거한다. 그 말씀은 겨와 달리 알곡처럼 영양분이 꽉 차 있다(28-29절).

인간의 꿈을 넘어 하나님의 말씀을, 추측보다 계시를 선택하는 것이 어려워서는 안 된다. 오늘날 교회에 가장 절실한 것은, 하나님의 말씀을 성실하게 해설하고 적용하며 자기가 가르친 대로 실천하는 목회자들이 아닐까 싶다.

예레미야 23:21-32을 읽으라.

새 언약

여호와의 말씀이니라. 보라. 날이 이르리니
내가 이스라엘 집과 유다 집에 새 언약을 맺으리라.
예레미야 31:31

성경을 통틀어서 은혜 언약은 하나밖에 없음을 아는 것이 중요하다. 그것은 바로 하나님이 4천 년 전에 아브라함에게 주신 약속이다. 하나님은 아브라함과 그의 후손에게 복을 주시고 그들을 통해 온 세상에 복을 주겠다고 약속하셨다. 신약에서 예수님이 승인하신 언약이 바로 이것이다["이 잔은 내 피로 세운 새 언약이니"(고전 11:25)]. 이 언약은 아브라함까지 거슬러 올라가는 오래된 언약이기에 그 자체로는 새롭지 않지만, 시내 산 언약과 관련해서는 새롭다고 할 수 있다(렘 31:32을 보라). 이제 새 언약에 등장하는 표현을 살펴보자.

첫째, 새 언약에서 하나님의 율법은 **내면적**이다. "내가 나의 법을 그들의 속에 두며 그들의 마음에 기록하여"(33절). 그래서 우리는 그 법을 깨닫고 사랑하고 순종한다. 그리스도인들은 더 이상 하나님의 도덕법을 지킬 의무가 없다는 이상한 가르침이 오늘날 횡행하고 있다. 그러나 오히려 그 반대다. 하나님은 우리 마음에 하나님의 법을 기록하여 우리로 순종하게 하신다.

둘째, 새 언약에서 하나님을 아는 지식은 **보편적**이다. "그들이 다시는 각기 이웃과 형제를 가리켜 이르기를 너는 여호와를 알라 하지 아니하리니 이는 작은 자로부터 큰 자까지 다 나를 알기 때문이라…여호와의 말씀이니라"(34절). 이 보편성은 이방인들과 '만인 제사장직'을 포함한다. 다시 말해, 예수 그리스도의 언약 공동체에는 특권 계층이 없고, 그리스도를 통해 하나님께 이르는 길이 모든 사람에게 똑같이 열려 있다.

셋째, 새 언약에서 하나님의 용서는 **영원하다**. "내가 그들의 악행을 사하고 다시는 그 죄를 기억하지 아니하리라"(23절). 구약 성경에도 용서가 없지는 않지만(참고. 시 32:1-2), 죄를 용서받기 위해서는 끊임없이 희생 제사를 드려야 했다. 그러나 이제 주 예수 그리스도께서 죄를 위해 영단번에 희생 제물이 되셨으므로, 하나님은 예수님이 이루신 사역을 근거로 더 이상 우리 죄를 기억하지 않으신다.

이렇듯 내면의 법, 하나님에 대한 보편적인 지식, 영원한 용서는 새 언약이 우리에게 허락하는 귀중한 복이다.

히브리서 10:11-18을 읽으라.

토요일

여호와의 한결같은 사랑

그러나 마음속으로 곰곰이 생각하며 오히려 희망을 가지는 것은
주님의 한결같은 사랑이 다함이 없고 그 긍휼이 끝이 없기 때문이다.
예레미야애가 3:21-22(새번역)

예레미야애가는 비가(悲歌)라 불리는 고대 시다. 유대교와 기독교 전통은 예레미야가 이 시를 썼다고 말하지만, 실은 작자 미상이다. 이 시는 예루살렘이 포위되고 성전이 무너진 주전 587년이나 그 이후에 쓰인 것이 확실하다. 예레미야애가에는 감당하기 힘들었던 재난의 여파가 엿보인다.

이 책의 묘사는 매우 생생하다. 예루살렘 성벽이 무너져 내리고 건물들은 폐허가 되었다. 길에는 인적이 없고, 겨우 목숨을 건진 몇 안 되는 사람은 몰래 인육을 먹으며 목숨을 부지하고 있다. 그곳은 남편과 아이들을 잃고 혼자 된 과부 신세와 같다. 친구도 없고, 누구에게서도 보호와 위로와 도움을 구할 수 없다. 절망적인 상황이다. 설상가상으로 "여호와께서 또 자기 제단을 버리시며 자기 성소를 미워하신다"(2:7). 사람들은 더 이상 희생 제사와 절기, 안식일을 지키지 않는다. 하나님의 무시무시한 심판이 그 백성에게 임했다. 선지자는 자신이 겪은 일을 "빛도 없는 캄캄한"(3:2, 새번역) 것으로 묘사한다. 도대체 무슨 일이 벌어졌는지, 그의 이야기에 귀를 기울여 보자.

내게서 평안을 빼앗으시니, 나는 행복을 잊고 말았다.…그러나 마음속으로 곰곰이 생각하며 오히려 희망을 가지는 것은, 주님의 한결같은 사랑이 다함이 없고 그 긍휼이 끝이 없기 때문이다. 주님의 사랑과 긍휼이 아침마다 새롭고, 주님의 신실하심이 큽니다(17, 21-23절, 새번역).

예레미야가 여기서 사용하는 세 단어, 즉 **한결같은 사랑, 긍휼, 신실**은 모두 하나님이 이스라엘과 맺은 언약을 가리키고, 그분이 그 언약에 충실하시다는 사실을 표현한다. 그 언약 때문에 선지자는 마음속으로 곰곰이 생각하고 희망을 품게 된다. 주변을 둘러보면 끔찍한 재앙밖에 없고, 마음속에는 의심과 두려움과 고통이 가득하다. 그러나 하나님의 신실하신 언약을 확신할 때 그의 마음은 안정을 얻을 수 있다.

20절에서 예레미야는 자신의 고통을 생각하지만, 21절에서는 하나님의 언약적 사랑을 곰곰이 생각한다. 우리도 마찬가지다. 우리 자신과 고통스런 문제들만 생각하면 절망스럽지만, 하나님과 그분의 신실하심을 생각하면 희망이 생긴다. "주님께서는 우리를 언제까지나 버려두지는 않으신다. 주님께서 우리를 근심하게 하셔도, 그 크신 사랑으로 우리를 불쌍히 여기신다. 우리를 괴롭히거나 근심하게 하는 것은, 그분의 본심이 아니다"(31-33절, 새번역).

예레미야애가 3:17-33을 읽으라.

제14주

포로기 선지자들

주로 바벨론 포로기에 예언을 했던 에스겔과 다니엘을 두고, 종종 '포로기' 선지자라 부른다. 이 포로기는 예루살렘이 처음으로 멸망한 때(주전 597년)부터 고레스 왕이 포로 귀환을 허락한 때(주전 538년)까지 60년간 지속되었다.

실제로, 포로들은 세 차례에 걸쳐 바벨론으로 이송되었다. 주전 605년 첫 번째 이송에서 다니엘과 그의 세 친구가 잡혀갔다. 예루살렘이 망한 주전 597년에 두 번째 이송이 있었는데, 이때 여호야긴 왕과 에스겔을 포함한 여러 국가 지도자들이 포로로 잡혀갔다. 세 번째 이송은 10년 후인 주전 587년에 있었고, 이때 예루살렘과 예루살렘 성전이 무너졌다. 에스겔은 주전 593년에 환상으로 하나님의 영광을 보았다.

일요일: 하나님의 영광
월요일: 에스겔을 부르심
화요일: 죄와 심판
수요일: 하나님의 거룩한 이름
목요일: 문화적 순응과 불순응
금요일: 하나님의 주권
토요일: 교만한 자를 낮추심

일요일

하나님의 영광

이는 여호와의 영광의 형상의 모양이라.
에스겔 1:28

에스겔의 예언은 하나님의 영광에 대한 세 가지 환상을 축으로 한다. 처음에는 영광이 바벨론에 임한다(1:1-28). 두 번째는 영광이 예루살렘을 떠나고(8-11장), 마지막으로 그 영광이 다시 예루살렘으로 돌아온다(43장).

첫째, **영광이 바벨론에 임한다**. 에스겔이 하나님의 영광에 대한 환상을 받은 날은 그의 서른 번째 생일이었던 듯하다. 초월적이고 장엄한 그 환상은 북쪽에서 온 큰 폭풍으로 시작하더니, 이내 날개 달린 네 생물에게 집중되었다. 이 생물들에게는 (피조물을 상징하는) 네 얼굴과 네 바퀴가 있었는데, 바퀴 안에 바퀴가 있어 사방으로 다니는 모습을 구체적으로 떠올리기는 쉽지 않다. 이 생물들(나중에는, 이들이 그룹이라고 나온다) 위로는 빛나는 궁창이 있고, 그 궁창 위로는 보좌의 형상이 있었는데, 무지개 같은 광채가 그 형상을 두르고 있었다. 또 그 위로는 영광 가운데 사람 모양의 형상이 앉아 있었다. "이는 여호와의 영광의 형상의 모양이라"(1:28). 놀라운 사실은, 에스겔이 이 환상을 보았을 때 그는 바벨론에서 포로들 가운데 있었다는 것이다. 하나님은 자기 백성을 포기하지 않으셨다.

둘째, **영광이 예루살렘을 떠난다**. 에스겔은 환상 속에서 성전으로 오게 되었는데, 거기에 "이스라엘 하나님의 영광"(8:4)이 있었다. 하지만 선지자는 수많은 우상숭배 행위가 하나님의 분노를 사는 모습에 큰 충격을 받았다. 에스겔은 여호와의 영광이 땅에서부터 일어났다가 멈추고, 또다시 움직이다가 멈추는 모습을 보았다. 마치 가기 싫어하는 듯한 모습이었다(10:4, 16-19). 그러다가 결국 그 영광이 성읍을 떠나 성읍 동쪽 산에 머물렀다(11:23). 성전에 있어야 할 여호와의 영광이 점점 떠나는 모습을 지켜보는 에스겔의 심정은 말할 수 없이 괴로웠을 것이다.

셋째, **영광이 다시 예루살렘으로 돌아온다**. 43:1-5은 에스겔의 마지막 환상에서 가장 감동적인 장면인 것 같다. 그는 환상 속에서 동쪽을 향한 문 앞에 와 있었다. "여호와의 영광이 동문을 통하여 성전으로 들어가고…여호와의 영광이 성전에 가득하니라"(4-5절). 드디어 하나님이 집으로 돌아오셔서, 그분을 예배하고 순종하는 백성 가운데 자리하셨다.

에스겔 1:22-28을 읽으라.

에스겔을 부르심

월요일

> 그들은 심히 패역한 자라.
> 그들이 듣든지 아니 듣든지 너는 내 말로 고할지어다.
> 에스겔 2:7

앞에서 본 것처럼, 이사야와 예레미야의 부르심을 비교해 보는 일은 여러 면에서 유익하다(p. 112를 보라). 이제, 에스겔도 함께 비교해 볼 수 있겠다. 하나님은 이사야에게 "내가 누구를 보내며"(6:8)라고 물으셨고, 예레미야에게는 "내가 너를 누구에게 보내든지 너는 가며"(렘 1:7)라고 말씀하셨다. 또 에스겔에게는 "내가 너를 이스라엘 자손…에게 보내노라"(겔 2:3)라고 말씀하셨다. 이렇게 각 사람은 선지자가 되어, 하나님의 이름으로 하나님의 말씀을 전하라는 명령을 받았다.

따라서 각 사람의 부르심에는 선지자의 입 혹은 입술을 언급하는 대목이 있었다. 이사야는 부정한 입술을 깨끗하게 해야 했다. 여호와는 예레미야의 입에 손을 대시며, "내가 내 말을 네 입에 두었노라"(렘 1:9)라고 말씀하셨다. 그리고 에스겔은 여호와의 입에서 나오는 말씀을 이스라엘에 전해야 했다(겔 3:4).

그러나 이런 유사점을 제외하면, 각 선지자의 부르심은 독특했다. 에스겔의 경우, 여호와는 두루마리를 주시며 그것을 배에 넣고 창자에 채우라고 하셨다. 에스겔이 받아먹은 두루마리는 꿀처럼 달았다(1-3절). 이러한 행동은 무엇을 상징하는가? 에스겔은 다른 사람에게 여호와의 말씀을 선포하기 전에, 먼저 자기 것으로 완전히 소화해야 했음에 틀림없다. 또 하나님의 말씀에 순종하고, "그 패역한 족속[이스라엘]같이 패역하지 말아야"(2:8) 했다. 하나님의 말씀은 달콤하기 때문이다.

오늘날에는 이사야나 예레미야, 에스겔처럼 직접 받은 계시를 전달하는 선지자들이 없다는 사실은 이미 앞에서 살펴보았다. 그 대신, 하나님이 그리스도와 성경을 통해 주신 계시의 청지기들이 있다.

말씀의 청지기라는 귀한 직분으로 부름받은 자들은 무엇보다 신실해야 한다. 먼저 하나님의 말씀을 자기 것으로 소화한 다음, 그 말씀에 순종하고, 어느 상황에서든지 그 말씀을 다른 사람들에게 전해야 한다. 캔터베리 대주교였던 도널드 코건(Donald Coggan)이 남긴 글처럼, "기독교 설교자들은…전할 메시지를 마음대로 지어내서는 안 된다. 그에게 맡겨진 메시지가 있다. 그는 그 말씀을 청중에게 선포하고, 자세히 설명하고, 권해야 한다."

에스겔 2:1-3:3을 읽으라.

화요일

죄와 심판

> 그래도 네 민족은 말하기를 주의 길이 바르지 아니하다 하는도다.
> 그러나 실상은 그들의 길이 바르지 아니하니라.
> 에스겔 33:17

에스겔서 중반부(4-24장)를 제대로 읽으면, 그 본문을 지배하는 핵심 주제를 피해 갈 수 없다. 그 주제는 바로 인간의 죄와 하나님의 심판이다. 이스라엘의 죄가 폭로되고, 하나님의 심판의 정당함이 드러난다. 더욱이, 에스겔이 폭로하는 그들의 죄는 두 돌판에 새겨진 십계명을 위반한 것이었다.

첫째, 하나님의 백성들은 전심으로 하나님을 사랑하지 않았다. 환상 속에서 예루살렘을 방문한 에스겔은 성전 안에까지 자리잡은 우상의 형상을 보고 기겁했다. 그는 그 우상들을 가리켜 "모든 가증한 악"(6:11)이라고 했다. 남녀, 제사장과 일반인 가리지 않고 하나같이 하나님의 집을 더럽히고 있었다. 어떤 사람들은 여호와의 성전을 등지고 얼굴을 동쪽으로 향하여 동쪽 태양에게 예배했다(8:16). 또 어떤 사람들은 가나안 다산 종교의 산당에서 예배를 드렸다. 유아 희생 제사까지 서슴지 않는 사람들도 있었다. 더욱이, 이들의 우상숭배는 표면적인 수준에서 그치지 않고 "우상들을 마음으로 떠받들었다"(14:3, 새번역).

둘째, 하나님의 백성들은 이웃을 사랑하지 않았다. 그들은 "그 땅을 폭행으로 채웠다"(8:17). 가난한 자들을 돌아보지 않고, 주린 자들을 먹이지 않았으며, 헐벗은 자들을 입히지 않고, 억압당하는 자들에게 정의를 베풀지 않았다. 더욱더 나쁜 것은, 그들은 예루살렘에 "피 흘린 성읍"(22:2)이라는 오명을 씌웠다. 이는 선지자 나훔이, 무고한 피를 너무 많이 흘렸다는 이유로 니느웨에 붙인 이름이었다(나 3:1).

우상숭배가 하나님께 저지른 죄의 정점이라면, 피는 이웃에게 저지른 죄의 정점이라고 할 수 있다. 따라서 이 두 죄를 동시에 저지른 것보다 더 심각한 죄는 없을 것이다. 에스겔은 바로 그 이유로 백성을 비난했다. "너희 우상들에게 눈을 들며 피를 흘리니"(33:25; 36:18도 보라). 이것이 패역한 이스라엘의 죄목이었다. 그러나 이들이 여호와를 성소에서 몰아내고(8:6), 그분의 영광이 성전을 떠난 것은 당연한 일이다.

에스겔 14:1-8을 읽으라.

하나님의 거룩한 이름

수요일

내가 이렇게 행함은 너희를 위함이 아니요
너희가 들어간 그 여러 나라에서 더럽힌 나의 거룩한 이름을 위함이라.
에스겔 36:22

에스겔서에는 90회에 걸쳐 후렴구처럼 반복되는 독특한 구절이 있다. 여호와가 하신 이 말씀은 흔히 인지 공식(recognition formula)이라 한다. "그리한즉 너희가[그들이] 나를 여호와인 줄 알리라." 이 말씀은 자신이 어떤 존재인지를 백성에게 알리고 인정받고자 하시는 하나님의 궁극적이고 최우선적인 바람을 표현한 것이다. 그리고 이렇게 되기를 기대하시는 주요한 세 가지 상황이 있다. 즉, 하나님이 자기 백성을 심판하실 때, 자기 백성을 구원하실 때, 이스라엘을 넘어 모든 민족에게 손을 내미실 때다.

아마 첫 번째에 해당하는 가장 눈에 띄는 경우가 6장일 것이다. 거기서 에스겔은 이스라엘의 산을 향하여 예언하라는 명령을 받는다. 여호와는 그들의 산당을 무너뜨리고, 남은 자들을 포로로 흩으시며, 우상숭배자들을 세 가지(칼, 기근, 전염병)로 심판하심으로써, 온 땅을 황폐하게 만들려 하신다. 그런데 이 네 가지 준엄한 각각의 경고 후에는 어김없이 똑같은 후렴구가 등장한다. "내가 여호와인 줄을 너희가 알게 하려 함이라"(7, 10, 13, 14절).

둘째로, 여호와가 그 백성을 구원하실 때도 똑같은 공식이 사용된다. 마른 뼈 환상을 예로 들어 보자. 하나님은 이스라엘 백성에게 생기를 넣으시고 그들을 이스라엘 땅으로 데려오겠다고 약속하신 다음, 이렇게 덧붙이신다. "너희는 내가 여호와인 줄을 알리라"(37:13). 하지만 에스겔의 지평은 훨씬 더 넓어서 이스라엘을 초월해 온 세상을 품는다. 그래서 그는 25장에서 32장까지, 이스라엘 주변의 일곱 족속에게도 예언을 한다. 이 본문 곳곳에도 인지 공식이 스무 차례에 걸쳐 등장하는데, 심판의 말씀은 물론, 하나님의 언약 백성에 편입되리라는 예언을 하는 부분에도 그 말씀이 나온다. 에스겔은 하나님이 아브라함에게 하신 약속, 즉 그를 통해 모든 민족이 복을 받으리라는 약속을 잊지 않았다.

이러한 인지 공식 배후에는, 자신의 거룩한 이름에 대한 여호와의 마음이 있다. 이스라엘은 여러 나라 앞에서 그분의 거룩한 이름을 더럽혔던 것이다(36:21). 여호와는 그 이름이 그에 합당한 영광을 얻도록 자기 이름을 위하여 행하신다. 그리고 우리는 그분의 관심사를 나누어야 마땅하다. 선교에 대한 동기로 이보다 더 중요한 것은 없다.

에스겔 36:22-32을 읽으라.

목요일

문화적 순응과 불순응

다니엘은 뜻을 정하여 왕의 음식과
그가 마시는 포도주로 자기를 더럽히지 아니하리라.
다니엘 1:8

포로기의 두 번째 선지자는 다니엘이다. 그의 이야기는 유다 왕 여호야김이 다스린 지 3년째 되는 주전 605년에 시작된다. 이는 예루살렘에서 바벨론으로 첫 번째 포로 송환이 있었던 해이기도 했다. 이 송환에는 왕족과 귀족 출신 젊은이들이 포함되었다. 이들은 흠이 없고 용모가 아름다웠으며 총명하고 지식이 많았다. 느부갓네살 왕은 환관장 아스부나스에게 명하여, 그중 몇 사람을 선발하여 바벨론 문화를 가르치게 했다. 앞으로 국정을 맡길 요량이었다. 이들에게는 날마다 왕궁에서 나오는 음식과 포도주가 지급되었고, 3년 후부터는 왕의 궁전에서 일을 맡아 보아야 했다. 다니엘, 하나냐, 미사엘, 아사랴도 선발되었는데, 환관장이 그들의 이름을 고쳐 벨드사살, 사드락, 메삭, 아벳느고라 불렀다.

'그런데' 갑자기 내러티브가 방향을 바꾸어 "다니엘은 뜻을 정하여 왕의 음식과 그가 마시는 포도주로 자기를 더럽히지"(8절) 않았다고 전한다. 우리는 다니엘이 어떤 기준으로 음식을 가렸는지 알 수 없지만, 다니엘 본인은 확실히 알았을 것이다. 다니엘은 "갈대아 사람의 학문과 언어"는 기꺼이 배우고(4절) 새 이름도 받아들였다. 아마 외모도 바벨론 식으로 꾸몄을 것이다. 하지만 그는 분명히 선을 그었다. 그는 절대 하나님의 법을 어기지 않았을 것이다.

이 일화는 문화적 분별력을 보여 주는 훌륭한 예다. 인간이 만든 모든 문화에는 선과 악, 진리와 오류, 아름다움과 추함이 뒤섞여 있다. 다니엘과 그의 친구들은 갈대아 문화의 장점은 모두 받아들이되, 자신들의 신앙과 양립할 수 없는 것은 무엇이든 거부하기로 결단했다.

게다가 그들은 한 번 시작한 일을 끝까지 고수했다. 하나님께 충성하기로 한 이들은 얼마 지나지 않아 심각한 시민 불복종 사태에 가담했다. 다니엘과 친구들은 느부갓네살 왕이 세운 신상에 절하기를 거부했고(3장), 다니엘은 여호와께 드리는 기도를 멈추지 않았다(6장). 이 신실한 유대인들은 자신들의 충성을 증명하기 위해 큰 대가를 치렀다. 첫 번째 사건에서는 불타는 풀무불이, 두 번째 사건에서는 사자굴이 그들을 기다리고 있었다.

다니엘 1장을 읽으라.

하나님의 주권

금요일

지극히 높으신 이가 사람의 나라를 다스리시며
자기의 뜻대로 그것을 누구에게든지 주시는 줄을 알기까지 이르리라.
다니엘 4:32

바벨론 포로들이 느꼈던 불안감을 상상하기란 쉽지 않다. 이스라엘의 견고한 중심지였던 예루살렘은 이제 먼 곳에 있고, 그마저도 폐허가 되어 버렸다. 유대인들은 패하여 수치스러운 이방인으로 살아가고 있었다. 그들은 하나님이 약속하신 땅, 다니엘이 "영화로운 땅"(11:41)이라 부른 그 땅에서 쫓겨났고, 이제 그곳은 이방인들 차지가 되었다. 600여 년간, 이 자그마한 땅덩어리의 이스라엘과 유다 왕국은 북쪽(앗수르와 바벨론)과 남쪽(애굽)의 열강들 사이에 끼어 고통당했다. 이방 군대들은 끊임없이 이 신성한 땅을 침략했다. 백성들의 신앙의 기반이 약해지기 시작했다. 도대체 그들의 하나님은 어디에 계신가? 다니엘서는 다음과 같은 답을 내놓았다. 정반대로 돌아가는 외관과는 달리, 지극히 높으신 하나님은 인간의 모든 왕국을 다스리고 계시다고 말이다.

이것이 바로 2장에 나오는 느부갓네살 왕의 꿈이 전해 주는 메시지였다. 그는 꿈에 커다란 신상을 보았는데, 그 머리는 순금, 가슴과 팔은 은, 몸통은 놋, 다리는 쇠, 발은 쇠와 진흙으로 되어 있었다. 이 각각의 신체 부위는 앞으로 이어질 제국들을 상징했다. 다니엘은 구체적으로 그 나라들의 이름을 열거하지는 않지만, 전통적으로 바벨론, 메대-바사, 그리스["온 세계를 다스릴 것이며"(39절)], 로마 왕국을 가리킨다고 알려져 있다. 그런데 작은 돌 하나가 날아와서 그 형상을 부서뜨리고, 그 돌이 태산을 이루어 온 세계를 가득 채웠다. 이것이 곧 "영원히 망하지도 아니할"(44절) 하나님 나라였다. 제국들의 피비린내 나는 싸움은 다니엘서 내내 계속된다. 그리고 서쪽에서부터 온 숫염소(알렉산더 대왕)에서 절정에 다다른다(8:5-8). 그는 남방과 북방의 왕들, 즉 11장의 셀레우코스 왕조와 프톨레마이오스 왕조를 계승한다.

다니엘서는 시편에 나오는 "여호와께서 다스리시니"(예를 들면, 97, 99편)라는 믿음의 고백을 생생하게 보여 주는 예다.

다니엘 2:36-45을 읽으라.

토요일

교만한 자를 낮추심

교만하게 행하는 자를
그[하나님]가 능히 낮추심이라.
다니엘 4:37

윌리엄 글래드스톤(William Gladstone)의 친구 액튼 경(Lord Acton)이 말한 유명한 경구가 있다. "권력은 부패한다. 절대 권력은 절대적으로 부패한다." 우리는 다니엘 시대의 과대망상증 환자들에게서 권력의 부패를 똑똑히 확인할 수 있다. 느부갓네살이 대표적인 예다. 느부갓네살의 꿈에 나타난 신상 또는 오벨리스크를 보면, 머리 부분만 금이었다(2:32). 하지만 왕이 아마도 자신을 형상화하여 세운 27미터 높이의 거대 신상은 몸 전체가 금이었다(3:1).

얼마 후, 그는 거드름 피우는 공작처럼 바벨론 왕궁의 지붕을 거닐면서 혼잣말을 했다. 그의 독백의 주제는 다름 아닌 자기가 세운 제국의 위엄이었다. "이 큰 바벨론은 내가 능력과 권세로 건설하여 나의 도성으로 삼고 이것으로 내 위엄의 영광을 나타낸 것이 아니냐?"(4:30) 이는 우리에게 익숙한 영광송, 즉 나라와 권세와 영광이 어떠한 인간이 아니라 하나님께 있다는 고백과는 정반대였다. 그러니 이 말이 느부갓네살의 입에서 채 떨어지기도 전에 하나님의 심판이 그에게 임했다는 사실은 놀랍지 않다. 그는 왕위를 잃고 왕궁에서 쫓겨났다. 그러고 나서 들짐승과 함께 살면서 동물처럼 먹었다. 머리털이 독수리 털처럼 자랐고, 손톱은 새 발톱처럼 되었다. 한마디로, 완전히 미친 사람이 되어 버렸다.

결국 그는 스스로를 낮추어 지극히 높으신 하나님이 모든 인간 나라를 다스리신다는 사실을 인정하고, 하늘을 우러러 보며 경배를 드렸다. 그때에야 비로소 자신의 총명과 나라를 동시에 회복했다. 교만과 광기가 함께 가듯이, 겸손과 이성도 함께 간다.

그는 자신이 몸소 깨달은 교훈을 이렇게 표현했다. "교만하게 행하는 자를 그[하나님]가 능히 낮추심이라"(37절). 세월이 가도 변함없는 이 진리를 예수님은 이렇게 표현하셨다. "무릇 자기를 높이는 자는 낮아지고 자기를 낮추는 자는 높아지리라"(눅 18:14). 하나님은 스스로 높이는 자를 낮추신다. 우리는 20세기에도 이러한 원리가 수많은 인물들에게 적용되는 것을 목격했다. 히틀러, 무솔리니, 스탈린, 이디 아민, 폴 포트, (그리고 우리가 자신 있게 예상하듯) 사담 후세인을 비롯한 그밖의 인물들이다.

다니엘 4:28-37을 읽으라.

제15주

귀환과 회복

주전 539년 바벨론 제국이 망하고, 고레스 왕이 다스리는 바사 제국이 그 뒤를 이었다. 우리는 이미 고레스 왕을 만난 적이 있다. 그는 여호와의 기름부음을 받은 훌륭한 군인으로, 열국이 그 앞에 항복했다(사 41:2; 45:1). 유대인 포로들은 바벨론이 고레스 왕에게 마침내 항복할 때까지, 그의 군사적 위업을 감탄하며 지켜보았을 것이 틀림없다.

그 후 고레스 왕 원년에 "여호와께서…바사 왕 고레스의 마음을 감동시키시매"(스 1:1), 두 가지 칙령이 발표되었다. 첫 번째는 바벨론 사람들이 추방한 유대인들을 본국으로 송환하라는 것이었고, 두 번째는 성전을 재건하라는 것이었다. 이는 고레스 왕의 종교 정책에 부합하는 포고령이었다. 앗수르와 바벨론 사람들은 정복민들에게 자기들의 신을 예배하도록 강요한 반면, 바사인들은 정복민들의 신을 존중하고 심지어 그 신들을 예배하는 회유책을 썼다.

일요일: 성전 재건
월요일: 반대와 격려
화요일: 서기관 에스라
수요일: 느헤미야의 비전
목요일: 느헤미야의 계획
금요일: 느헤미야의 끈기
토요일: 에스더 이야기

일요일

성전 재건

이스라엘 하나님의 명령과 바사 왕 고레스와 다리오와
아닥사스다의 조서를 따라 성전을 건축하며 일을 끝내되.
에스라 6:14

시편 126편은 이스라엘 백성이 바벨론에서 본국으로 송환되었을 때 느낀 커다란 안도감과 기쁨을 표현한다.

> 여호와께서 시온의 포로를 돌려보내실 때에
> 우리는 꿈꾸는 것 같았도다.
> 그때에 우리 입에는 웃음이 가득하고
> 우리 혀에는 찬양이 찼었도다 (1-2절).

사건이 발생한 정확한 순서에 대해서 아직도 학자들 사이에 의견이 분분하지만, 나는 전통적인 연대순을 따르려 한다. 전통적으로는 세 지도자의 주도 아래 세 단계로 유다의 송환이 일어났다고 본다.

첫째, 주전 538년 여호야긴 왕의 손자 스룹바벨이 예수아 대제사장과 함께 예루살렘에 돌아와 성전을 재건했다. 둘째, 주전 458년에 선지자이자 서기관이었던 에스라가 예루살렘에 도착했다. 그는 바벨론에서 유다 관련 업무를 보던 일종의 지방 장관으로, 그의 업무는 율법에 따라 이스라엘의 종교적·윤리적 책임을 규제하고 복원하는 것이었다. 셋째, 주전 445년에 바사 왕 아닥사스다의 잔을 맡고 있다 나중에 유다 총독이 된 느헤미야가 예루살렘 성을 복구하는 작업, 특히 성벽 재건을 위해 예루살렘으로 돌아왔다.

그리하여 스룹바벨이 귀환하는 포로들과 함께 맨 처음 도착했다. 고레스 왕은 조서를 내려 이들의 귀환을 허락했고, 성전에서 가져온 5,400여 점의 금은을 잘 세어서 유다 지도자들에게 다시 내주는 후한 인심을 베풀었다. 그들은 돌아오자마자 제단부터 만들어 정기적인 희생 제사를 재개했다. 일곱째 달에는 초막절을 지켰고 새 성전의 기초도 놓았다. "우리가 이방 땅에서 어찌 여호와의 노래를 부를까?"(시 137:4) 하며 예배를 그친 지 오래였다. 하지만 이제는 그들의 혀가 풀리고, 익숙한 언약의 노래가 터져 나왔다. "주는 지극히 선하시므로 그의 인자하심이 이스라엘에게 영원하시도다"(스 3:11). 대성통곡하는 사람들이 있는가 하면, 기뻐서 함성을 지르는 사람들도 있었다. 예배 중에 엄청난 감정들이 쏟아져 나왔다.

학개 1장을 읽으라.

반대와 격려

월요일

> 스룹바벨과…예수아가 일어나…하나님의 성전을 다시 건축하기 시작하매
> 하나님의 선지자들이 함께 있어 그들을 돕더니.
> 에스라 5:2

하나님의 역사가 크게 일어나는 곳에는 반드시 반대 세력이 뒤따른다. 예루살렘에서도 처음에는 사마리아인들이 시비를 걸더니, 성전 재건을 중단시키려고 안달이 난 사람들이 끊임없이 나타났다. 이들은 얼마 동안은 성공했지만, 그 기간에 격려가 되는 사건도 두 차례 있었다.

첫째, 왕궁 문서 창고를 조사한 결과, 유대인들에게 성전 재건을 허락한 사실이 확실하게 밝혀졌다. 그래서 예루살렘에 있던 유브라데 강 건너편 총독에게 조서가 내려졌다. "하나님의 성전 공사를 막지 말라"(6:7).

둘째, 여호와의 특별한 두 선지자 학개와 스가랴가 스룹바벨을 강력히 권면하여 일을 마무리하게 했다. "너희 가운데에 남아 있는 자 중에서 이 성전의 이전 영광을 본 자가 누구냐? 이제 이것이 너희에게 어떻게 보이느냐? 이것이 너희 눈에 보잘것없지 아니하냐?…그러나…스스로 굳세게 하여 일할지어다. 내가 너희와 함께하노라. 만군의 여호와의 말이니라"(학 2:3-4).

하나님의 말씀은 스가랴에게도 임했다. "스룹바벨의 손이 이 성전의 기초를 놓았은즉 그의 손이 또한 그 일을 마치리라"(슥 4:9). 그래서 "스룹바벨과…예수아가 일어나…하나님의 성전을 다시 건축하기 시작하매 하나님의 선지자들이 함께 있어 그들을 돕더니"(스 5:2). 성전 재건 사업은 주전 520년에 재개되어 주전 515년에 마쳤다. 예레미야가 예언했던 것처럼, 성전이 무너지고 나서 70여 년의 세월이 흐른 뒤였다. 기쁨으로 성전을 봉헌한 제사장들과 백성들은 마치 새롭게 구원받은 사람들처럼 유월절을 지켰다. 아니 실제 그랬다. 그들은 이스라엘이 세 번 구속하심을 입었음을 알아채기 시작했다. 여호와는 우르에서 아브라함을, 애굽에서 이스라엘을, 바벨론에서 포로들을 불러내셨다. 이러한 세 가지 구원은 하나님이 예수 그리스도를 통해 이루실 더 큰 구원을 미리 보여 준다.

요한계시록 5:9-10; 14:1-6을 읽으라.

화요일

서기관 에스라

에스라가 여호와의 율법을 연구하여 준행하며
율례와 규례를 이스라엘에게 가르치기로 결심하였었더라.
에스라 7:10

주전 515년 성전 재건이 끝나고 거의 75년의 세월이 지난 다음, 이스라엘 재건 2단계에 이른다. 제사장이요 서기관이자 교사인 에스라가 이 두 번째 단계를 이끌었다. 그를 예루살렘으로 보낸 사람은 다름 아닌 바사 왕 아닥사스다였다. 그리고 그의 의무는 모세의 율법에 따라 이스라엘의 종교적·사회적·윤리적 행동을 규제하는 것이었다.

에스라는 어떤 사람이었는가? 그에 대한 간단명료한 설명이 남아 있으니, 괜한 추측은 필요 없다. "에스라가 여호와의 율법을 연구하여 준행하며 율례와 규례를 이스라엘에게 가르치기로 결심하였었더라"(10절). 이 세 가지 묘사는 매우 중요하다. 첫째, 그는 하나님의 율법을 열심히 연구했다. 피상적인 지식에 만족하지 않고 율법의 의미와 적용점을 찾기 위해 애썼다. 둘째, 그는 하나님의 말씀을 흘려듣지 않고 순종하여 행하기로 작정했다. 셋째, 그는 개인적인 연구와 순종에 그치지 않고, 다른 사람들에게 가르치는 사역에 힘썼다. 무엇보다도 그는 이 세 가지 과제(연구, 실천, 가르침)에 헌신하기로 결심했다.

하나님의 말씀에 대한 겸손한 순종이야말로 에스라의 주요한 특징이었다. 그는 어느 공공 집회에서 하나님의 말씀에 대한 합당한 예의를 갖추었던 적이 있었다. 이 행사를 위해 특별히 지은 나무 강단에 선 에스라는 새벽부터 정오까지 큰 소리로 율법책을 낭독했다. 그가 책을 펴니 모든 백성이 자발적으로 일어섰다. 그리고 "몸을 굽혀 얼굴을 땅에 대고 여호와께 경배"(느 8:6)했다. 그들은 그 책에 경배한 것이 아니었다. 물론 우리도 마찬가지다. 우리는 주님을 경배하고, 그분 때문에 성경을 존중한다.

느헤미야 8:1-8을 읽으라.

느헤미야의 비전

수요일

자, 예루살렘 성을 건축하여
다시 수치를 당하지 말자.
느헤미야 2:17

스룹바벨의 인도로 성전을 재건하고, 에스라의 인도로 율법을 회복한 다음에는, 느헤미야의 인도로 성벽을 재건했다. 느헤미야는 구속사, 즉 자기 백성을 회복하고자 하시는 하나님의 계획에서 독특한 역할을 담당했다. 요즘에는 느헤미야 같은 역할을 하는 사람은 없지만, 하나님은 오늘날의 그리스도인들에게도 느헤미야가 보여 준 리더십의 자질들을 요구하신다. 우리는 느헤미야에게서 최소한 여섯 가지 자질을 찾아볼 수 있다.

첫째, **그리스도인 리더는 분명한 비전이 있다**. 비전에는 상호 보완적인 두 요소가 있다. 현 상황에 대한 심각한 불만족과 대처 방안을 분명히 인지하는 것이 그것이다. 비전은 현 상황에 분노하는 것에서 시작하여 적극적으로 대안을 찾는 것으로 이어진다. 예를 들어, 어느 기자는 1968년 바비 케네디(Bobby Kennedy) 암살 사건 이후 그에 대해 이렇게 썼다. "그의 독특한 점은 윤리적인 면에서 격분할 수 있다는 것이었다. 그는 대부분의 사람이 어쩔 수 없이 받아들이는 상황에 대해 '그것은 용인할 수 없는 일입니다' 하고 말했다.…빈곤, 문맹, 영양실조, 편견, 부정직, 음해 등 일반적으로 용인된 악을 그는 모욕적인 일로 여겼다." 무관심하다 보면 받아들일 수 없는 것도 받아들일 수 있다고들 하지만, 리더십은 받아들일 수 없는 것을 과감하게 거부하는 데서 출발한다. 하나님이 용납하시지 못하는 것을 어떻게 우리가 용납할 수 있겠는가?

둘째, **그리스도인 리더는 자신의 비전을 마음속 깊이 느낀다**. 예루살렘 성벽이 무너지고 성문이 불타고 있다는 소식을 들은 느헤미야는 심히 번민했다. 그때 하나님이 그의 마음에 할 일을 주셨다. 그는 "자, 예루살렘 성을 건축하자"(17절)라고 말했다. 하나님을 기쁘시게 하지 않는 현 상황을 지켜보고 변화를 모색하는 것만으로는 부족하다. 그런 상황에 대해 분개하고 긍휼히 여기는 마음도 가져야 한다. 느헤미야의 수심은 얼굴에까지 드러나서, 그를 지켜보던 왕이 알아차릴 정도였다.

느헤미야 1:1-4을 읽으라.

목요일

느헤미야의 계획

내가 곧 하늘의 하나님께 묵도하고
왕에게 아뢰되.
느헤미야 2:4-5

느헤미야에게서 배울 수 있는 세 번째 교훈은, **그리스도인 리더는 하나님과 인간 양쪽에게 도움을 요청한다**는 것이다. 왕이 느헤미야에게 무엇을 원하느냐고 묻자, 그는 먼저 "하늘의 하나님께 묵도하였" 난 뒤, 예루살렘에 가서 성벽을 재건하게 해 달라고 요청했다. 그는 너무 영적이라서 하나님께만 부르짖고 인간적인 도움은 무시하는 태도를 취하지도 않았을 뿐만 아니라 너무 인간의 힘만 믿고 하나님께 기도하는 것을 우습게 여기지도 않았다.

기도와 행동은 양자택일의 문제가 아니다. 두 가지가 양립 불가능하지도 않다. 기도와 행동은 같이 간다. 둘 중 하나만으로는 위험한 불균형을 초래할 수 있다. 느헤미야 1-2장을 보면, 그는 기도의 사람이 틀림없다. 하지만 그가 기도의 사람이라고 해서, 왕에게 도움을 청하지 않은 것은 아니었다. 그는 왕에게 예루살렘으로 보내 달라는 요청과 함께, 유다까지 무사히 통과할 수 있도록 강 서쪽 총독들에게 조서를 내려 달라는 요청도 했다. 또 왕의 삼림 감독 아삽에게도 조서를 내려, 재건 사업에 사용할 재목을 얻게 해 달라고 했다.

넷째, **그리스도인 리더는 현실적인 계획을 세운다**. 세상은 꿈꾸는 자들을 비웃는다. 요셉의 형들은 이렇게 말했다. "꿈꾸는 자가 오는도다! 자, 그를 죽여…그의 꿈이 어떻게 되는지를 우리가 볼 것이니라." 밤새 꾼 꿈은 아침 햇살과 함께 증발해 버리는 경우가 많다. 그래서 꿈꾸는 자들은 생각하고 계획하고 실천하는 사람이 되어야 한다. 비전을 품은 사람들은 행동하는 사람이 되어야 한다. 예루살렘을 재건하는 환상을 본 느헤미야도 계획을 세워야 했다. 그는 예루살렘에 도착하자마자 개인 정찰을 시작했다. 밤마다 나가서 예루살렘 성벽을 조사했다. 이렇듯 진정한 리더는 비전과 행동, 꿈과 계획을 동시에 지닌 사람이다.

느헤미야 3장을 읽으라.

느헤미야의 끈기

금요일

주위에 있는 이방 족속들이…
우리 하나님께서 이 역사를 이루신 것을 앎이니라.
느헤미야 6:16

느헤미야에게서 배울 수 있는 다섯 번째 교훈은, **그리스도인 리더에게는 추종자가 따른다**는 것이다. 사실, **리더**라는 말이 바로 그런 뜻 아닌가. 리더는 앞장서는 사람이지만 다른 사람들도 같이 그 일을 하도록 설득하기도 한다. 물론 역사 속 리더 중에는 심한 개인주의자도 있었다. 하지만 진정한 리더는 자신에게 주어진 과제를 협동 임무로 생각하기에, 사람들이 자신의 인도를 잘 따라오도록 격려한다. 느헤미야 2장에는 그가 개인주의에서 단체 행동으로 넘어가는 모습이 기록되어 있다. 5절("왕이…나를…성읍에 보내어 그 성을 건축하게 하옵소서")에서 17-18절("후에 그들에게 이르기를…자, 예루살렘 성을 건축하여")로 넘어가는 모습을 보라.

여섯째, **그리스도인 리더는 낙심하지 않는다**. 하나님의 일을 시작하면 여기저기서 반대가 빗발치기 마련이다. 반대 세력들이 힘을 모으고 공공연히 적대감을 드러낸다. 사실, 낙심이야말로 리더에게 가장 큰 위험 요소다. 느헤미야의 경우에는, 호론 사람 산발랏과 암몬 사람 도비야, 아라비아 사람 게셈이 적대감을 드러냈다. 우선, 그들은 느헤미야를 업신여기고 비웃은 다음, 그가 바사의 통치에 저항하고 있다며 그에 대한 잘못된 소문을 퍼뜨렸다. 조롱과 중상모략은 적의 손에 들린 치명적인 무기다. 그러나 진정한 리더는 절대로 굴복하지 않고 끝까지 참아 낸다.

이러한 여섯 가지 자질은, 국가 지도자뿐 아니라 직장과 사업, 각종 매체와 교회 지도자 등 어떤 리더십에도 적용할 수 있다. 부모는 가정의 리더요, 교사는 학교나 대학의 리더다. 학생 리더도 세계 곳곳에서 큰 영향력을 미치고 있다. 느헤미야의 본보기는 우리 모두에게 큰 도전을 준다.

느헤미야 6장을 읽으라.

토요일

에스더 이야기

네가 왕후의 자리를 얻은 것이
이때를 위함이 아닌지 누가 알겠느냐?
에스더 4:14

에스더서에는 하나님이란 단어가 단 한 번도 등장하지 않는다. 하지만 우연이나 신의 섭리, 또는 둘 다가 나타나는 듯한 사건들이 많이 나온다. 이 이야기는 바사 왕 아하수에로 즉 크세르크세스(주전 486-465년)의 궁전을 배경으로 한다. 모르드개라는 유대인이 있었는데, 그가 돌보던 사촌 에스더가 새로운 왕비로 간택을 받게 되었다. 또 모르드개는 왕의 암살 계획을 알리고도, 아무런 보상을 받지 못한 적이 있었다.

모르드개의 숙적 하만은 왕의 고관이었다. 스스로를 대단한 인물로 여긴 하만은 모든 사람에게 자기 앞에서 절을 하라고 명령했다. 하지만 제1계명을 기억하고 있던 모르드개는 그 명령에 따르지 않았다. 화가 머리끝까지 난 하만은 바사 지역의 모든 유대인에게 복수를 하기로 마음먹고, 유대인 숙청 계획에 왕의 동의를 얻고자 했다. 둘 사이의 불화가 커지면서, 모르드개가 유다 백성을 살릴 길은 요원해졌다. 그런데 바로 이때 하나님의 섭리가 나타나기 시작했다.

우연히도 에스더 왕비 역시 유대인이었고, 에스더는 왕께 자비를 구하기 위해 기꺼이 목숨까지 내놓았다. 에스더는 왕과 하만만을 손님으로 청한 잔치 자리에서 왕께 소청을 드렸다. 하만은 자신의 명예를 으스대며 "마음이 기뻐" 즐거이 집으로 돌아갔다(5:9). 하지만 모르드개가 대궐 문에 앉은 모습을 계속 보는 한, 그는 결코 만족할 수가 없었다.

또 우연히도, 왕은 그날 밤에 잠을 이루지 못하고 역대 일기를 가져다가 자기 앞에서 읽도록 명했다. 그런데 그 책에 모르드개가 왕의 암살 음모를 고한 일과 그 일로 아무런 보상도 받지 못한 내용이 들어 있었다. 때마침 (모르드개의 교수형을 왕과 의논하러 온) 하만이 왕궁 바깥뜰에 도착했다. 왕은 하만에게 왕이 존귀하게 하기를 원하는 사람에게 어떻게 해야 하겠느냐고 물었다. 그러자 왕이 자기 이야기를 하는 줄로 착각한 하만은 그에게 왕복을 입혀 성 중 거리로 다니게 해야 한다고 대답했다. 그러자 왕은 하만에게 "너는 네 말대로 속히…유다 사람 모르드개에게 행하되"(6:10) 하고 명령했다. 하나님의 섭리는 때로 이렇게 역설적이어서, 두 사람의 역할이 완전히 뒤바뀌어 버렸다. 하만은 굴욕을 당하고(면치 못했고), 모르드개는 명예를 얻었다.

에스더 7장을 읽으라.

제16주

메시아의 이미지

구약 성경의 가장 두드러진 특징은 장차 오실 메시아에 대한 기대감이 점점 커져 가는 모습이다. 이 기대감은 인류의 타락 직후부터 시작되었다. 하나님은 아담과 하와가 죄를 짓자마자 죄인을 구원하시겠다는 의도를 밝히셨다. 놀랍게도, 죄를 세상에 들여온 바로 그 사람의 후손을 통해서 말이다. 그 이후로, 메시아를 보내시겠다는 하나님의 약속은 점점 더 풍성하고 다양해졌다. 예를 들면, 메시아는 모세 같은 선지자요, 멜기세덱 같은 제사장, 다윗 같은 왕으로 오실 것이다. 이는 칼뱅이 언급한 선지자, 제사장, 왕을 말하는 삼중적 이미지다. 따라서 구약 성경을 마무리하는 이 시점에서, 메시아의 주요 이미지들을 살펴보는 것이 적절할 것 같다.

일요일: 하와의 후손
월요일: 아브라함의 자손
화요일: 모세 같은 선지자
수요일: 다윗 같은 왕
목요일: 멜기세덱 같은 제사장
금요일: 여호와의 종
토요일: 인자

일요일

하와의 후손

내가 너로 여자와 원수가 되게 하고 네 후손도 여자의 후손과 원수가 되게 하리니
여자의 후손은 네 머리를 상하게 할 것이요.
창세기 3:15

경고와 약속, 전투와 승리가 뒤섞인 이 혼란스러운 메시지 가운데서도, 몇 가지 사실만큼은 확실히 선언되었다. 첫째, 하나님은 인류(하와의 후손)와 악의 통치자들 및 권세들(뱀의 후손)이 서로 적대감을 갖도록 만드셨다. 우리는 결코 악의 세력과 타협해서는 안 된다.

둘째, 둘 사이에 반목이 끊임없이 계속되겠지만 영원하지는 않을 것이다. 이는 둘이 계속 공존하는 '이원론'의 경우가 아니다. 그리스도와 적그리스도 사이의 최종 결전에서 승자가 결정될 것이기 때문이다.

셋째, 서로에 대한 적대감은 비슷하지만 결과는 그렇지 않다. 그리스도 예수가 원수의 머리를 짓밟을 것이다. 하지만 승자도 부상을 완전히 피해 가지는 못하고 발뒤꿈치를 다칠 것이다.

하와의 후손이 뱀의 머리를 상하게 할 것이라는 이 약속은 흔히 원복음, 즉 바로 처음으로 선포되는 복음이라고 하는데, 이는 올바른 표현이다. 이 약속은 물론 십자가에서 성취되었다. 메시아는 바로 그 십자가에서 고난당하심으로, 마귀를 무장해제하고 정복하셨기 때문이다. 이제 만물이 그의 발아래 복종하게 되었고(엡 1:22), 우리는 (바울의 말대로) "평강의 하나님께서 속히 사탄을 너희 발아래에서 상하게 하시리라"(롬 16:20)라고 확신한다. 이러한 갈등 상황에서 바울이 "평강의 하나님"을 언급한 것은 다소 이상해 보일 수도 있다. 평강을 누리는 것과 사탄을 무찌르는 것은 전혀 어울리지 않는 일처럼 보이니 말이다. 하지만 하나님의 평강은 마귀의 회유를 허용하지 않는다. 사실, 진정한 평화는 악을 물리치는 것을 통해서만 얻을 수 있는 것이다.

에베소서 1:15-23을 읽으라.

아브라함의 자손

월요일

> 내가…네게 복을 주어…너는 복이 될지라…
> 땅의 모든 족속이 너로 말미암아 복을 얻을 것이라.
> 창세기 12:2-3

아브라함은 구약 성경에서 영웅과 같은 인물이다. 그는 위대한 세 명의 족장 중 첫 번째이자, 여호와의 언약 백성의 선조다. 하나님은 아브라함에게 땅과 자손을 주시겠다는 약속 이외에도, 그에게 복을 주고 그를 복이 되게 하시겠다는 약속을 주신다. 또 그를 통해 (즉, 그의 후손 메시아를 통해) 땅의 모든 족속에게 복을 주시겠다는 약속까지 하셨다.

구약 성경, 아니 이후 인류 역사는 이 약속들이 성취된 것이라 해도 과언이 아니다. 바울의 주장을 한번 살펴보라 (갈 3:16, 29). 하나님은 아브라함과 그 자손(단수)에게 약속을 하셨으므로, 그는 여기서 집합명사를 사용하여 그리스도를 암시할 뿐 아니라 믿음으로 그분과 연합한 모든 사람을 암시한다. 그리스도께 속한 사람은 누구나 아브라함의 자손이기 때문이다.

사도 바울은 계속해서 저주와 복이라는 단어를 대조한다. 좀더 구체적으로 말하자면, "율법의 저주"와 "아브라함의 복"을 대조한다. "그리스도께서 우리를 위하여 저주를 받은 바 되사 율법의 저주[즉, 율법에 순종하지 않은 자들에게 예정된 심판]에서 우리를 속량하셨으니…이는 그리스도 예수 안에서 아브라함의 복이 이방인에게 미치게 하고"(갈 3:13-14)라고 바울은 말한다. 우리가 그 복을 물려받을 수 있도록 그리스도께서 저주가 되셨다.

아브라함의 자손을 통해 세상에 복을 주시겠다는 하나님의 약속은 기독교 선교 활동의 기초다. 우리는 유대인이든 이방인이든 계속해서 복음을 전해야 한다. 온 나라와 언어에서 하늘의 별과 땅의 모래알처럼 헤아릴 수 없이 많은 구속받은 자들이 나올 때까지 말이다. 그제야 비로소 하나님이 아브라함과 하신 약속이 성취될 것이다.

창세기 3:6-25을 읽으라.

화요일

모세 같은 선지자

네 하나님 여호와께서 너희 가운데 네 형제 중에서 너를 위하여
나와 같은 선지자 하나를 일으키시리니 너희는 그의 말을 들을지니라.
신명기 18:15

인류의 가장 간절한 소원은 하나님의 뜻을 발견하는 것이다. 하지만 어떻게 그 뜻을 알 수 있을까? 이스라엘에는 대략 두 가지 대안이 있었다. 우선, 가나안 사람들은 마술과 마법을 사용하기도 하고 온갖 종류의 점을 치기도 했다. 하지만 하나님은 이스라엘 백성이 그들을 따라하는 것을 금하셨다. 다른 방법으로는, 선지자들을 통해 말씀하시는 하나님의 목소리에 귀를 기울이는 것이었다. 결국 어느 소리를 듣느냐의 문제였다. 그들은 "길흉을 말하는 자"의 말을 들어서는 안 되었다. "네 하나님 여호와께서…나와 같은 선지자 하나를 일으키시리니 너희는 그의 말을 들을지니라"(14-15절).

이 하나님의 약속은, 그분이 이스라엘에 지속적으로 보내신 선지자들을 언급했던 듯하다. 하지만 중간기에 예언의 목소리가 그치자, 그 "선지자"는 메시아를 가리키는 호칭으로 여겨졌다. 그래서 예수님이 오셨을 때 사람들은 "이는 참으로 세상에 오실 그 선지자라"(요 6:14)라고 말했다. 그리고 베드로는 초기 설교 중 한 편에서, 이 약속을 예수님께 적용했다(행 3:22). 예수님은 수세기 동안 이어져 온 여러 선지자 중 하나가 아니라, 모든 예언을 성취하신 분이었다. 그분 안에서 하나님의 모든 약속이 "예"가 되었고(고후 1:20), 이 "선지자"는 마치 모세처럼 "얼굴과 얼굴을 마주 대고"(신 34:10, 새번역) 하나님을 알았으며, 그분에게서 하나님의 계시가 절정에 달했다.

변화산에서 하나님 아버지의 목소리가, 신명기 18:15에 나오는 자신의 명령을 인용하여 예수님께 적용하는 장면은 매우 감동적이다. 우리 모두에게 주시는 그분의 명령 또한 동일하다. "너희는 그의 말을 들으라!"(막 9:7)

신명기 18:14-22을 읽으라.

다윗 같은 왕

수요일

> 이는 한 아기가 우리에게 났고 한 아들을 우리에게 주신 바 되었는데 그의 어깨에는 정사를 메었고 그의 이름은 기묘자라, 모사라, 전능하신 하나님이라, 영존하시는 아버지라, 평강의 왕이라 할 것임이라.
> 이사야 9:6

하나님은 처음부터 이스라엘이 왕정 국가가 아니라 신정 국가이기를 바라셨다. 인간의 중재 없이 하나님이 직접 통치하시는 나라 말이다. 그래서 그들이 다른 나라들처럼 왕을 달라고 했을 때, 그것은 사무엘이 아니라 하나님을 반대한 행위였다. 사무엘은 인간 왕이 가져올 억압적인 정권에 대해 계속해서 경고했지만, 그들은 아랑곳하지 않았고 결국 올 것이 오고야 말았다. 그러니 선지자들이 미래의 이상적인 나라를 생각하면서, 이스라엘과 유다 왕들이 보여 주지 못한 특징을 기대한 것은 당연했다. 비록 다윗만큼은 그들의 이상에 가까웠지만 말이다.

첫째, **하나님 나라는 의로울 것이다**. 메시아는 의로운 분이셔서 자기 백성을 정의로 다스리실 것이다. 여호와는 "때가 이르니 내가 다윗에게 한 의로운 가지를 일으킬 것이라. 그가 왕이 되어 지혜롭게 다스리며 세상에서 정의와 공의를 행할 것이며"(렘 23:5)라고 선포하셨다.

둘째, **하나님 나라는 평화로울 것이다**. 다윗의 통치기는 끊임없는 전쟁으로 얼룩져 있었다. 다윗의 아들이자 후계자의 이름이 솔로몬('샬롬', 즉 평화)이라는 점은 그 사실과 확연히 대조되었다(대상 22:6-10).

셋째, **하나님 나라는 안정적일 것이다**. 이스라엘과 유다의 왕위는 대부분 불안정하고, 비교적 짧았다. 하지만 메시아의 왕국은 영원히 지속될 것이다.

넷째, **하나님 나라는 우주적일 것이다**. 이스라엘의 영토는 전성기 때에도 "단에서 브엘세바까지"(삼하 3:10)밖에 이르지 못했다. 그러나 메시아 왕국은 "바다에서 바다까지 이르고 유브라데 강에서 땅 끝까지"(슥 9:10) 이를 것이다.

의와 평화, 영원과 보편성은 예수님이 이끄실 메시아 왕국의 주요 특징이다. 따라서 왕으로 오신 아기의 네 가지 이름에서 이런 특징들을 찾아내는 것이 전혀 터무니없지는 않다(사 9:6).

시편 72편을 읽으라.

목요일

멜기세덱 같은 제사장

너는 멜기세덱의 서열을 따라
영원한 제사장이라.
시편 110:4

멜기세덱은 성경 전체에서 가장 신비로운 인물이라 할 만하다. 그를 언급하는 본문은 딱 세 군데인데, 거기서 그는 모두 제사장으로 나온다. 그는 롯을 구하고 돌아온 아브라함을 만나는 창세기 기사에 처음으로 등장한다(창 14:12, 18-20). 두 번째로는, 시편 110:4에 이름이 나온다. 여호와는 그 왕에게 이런 말을 전한다. "너는 멜기세덱의 서열을 따라 영원한 제사장이라." 세 번째로, 히브리서 저자는 위의 두 본문을 암시하면서 예수님과의 연관성을 이끌어 낸다.

메시아 예수는 제사장이시다. 하지만 레위의 자손이 아니기에, 레위 족속의 제사장은 아니다. 실제로 그분의 제사장직은 레위 제사장들과 그저 다르기만 한 것이 아니라, 그보다 우월하다. 그분은 멜기세덱의 서열에 속한다. 멜기세덱이 아브라함(레위의 조상)에게 복을 빌어 주고, 십일조를 받은 데서 그 우월성은 확연히 드러난다. 복을 비는 것과 십일조를 받는 것은 모두 우월한 쪽에서 할 수 있는 행동이기 때문이다.

그렇다면 예수님의 제사장직은 어째서 레위 제사장직보다 더 우월한가? 몇 가지 이유가 있지만, 한 가지만 강조하려 한다. 예수님은 '영원한' 제사장이시기 때문이다. 레위 제사장들은 유한한 인간이기에 "죽음 때문에 그 직무를 계속할 수 없고"(히 7:23, 새번역) 다른 제사장들이 그 역할을 물려받을 수밖에 없다. 그러나 예수님은 다르다. "예수는 영원히 계시므로 그 제사장 직분도 갈리지 아니하느니라"(히 7:24). 예수님의 희생이 반복되거나 연장될 수 있다는 의미가 아니라, 그 효력이 영원하다는 뜻이다. 그리스도가 우리 죄를 위해 십자가에서 영단번에 돌아가셨을 때, 그분은 아버지의 오른편에 앉으셨고, 대속 사역을 완수하셨다(히 10:11-14). 우리는 그리스도가 십자가에서 완성하신 일을 기뻐하고 누리는 데서 용서의 확신을 얻을 수 있다.

히브리서 10:11-22을 읽으라.

여호와의 종

금요일

내가 붙드는 나의 종
내 마음에 기뻐하는 자 곧 내가 택한 사람을 보라.
이사야 42:1

이사야서의 후반부는 흔히 말하는 종의 노래 네 편으로 구성되어 있다. 종이 어떤 존재인지를 두고는 논란이 분분했다. 이사야나 예레미야 같은 개인을 가리킨다고 보는 사람도 있고, 이스라엘이나 이스라엘 내부의 거룩한 남은 자 같은 집단으로 이해하는 사람도 있다. 하지만 신약 성경은 이 종의 노래가 예수님 안에서 성취되었다고 본다. 베드로는 사도행전에 기록된 초기 설교에서 네 차례나 예수님을 '종'으로 언급했고, 바울은 예수님이 '종의 형체'를 가지셨다고 기록했다(빌 2:7). 또 예수님도 이사야 42장에서 53장까지의 내용을 여러 번 직접 인용하시거나 암시하셨다.

종의 노래 네 편은 여호와의 종의 모습을 다각도로 그려 준다. 첫 번째 노래(사 42:1-4)는 이 종을 교사로 묘사한다. 하나님의 영을 받은 그는 온 세상에 온유한 가르침을 베푼다.

두 번째 노래(사 49:1-6)에 등장하는 종은 전도자다. 여기서는 먼 나라들을 강조한다. 하나님은 타락한 이스라엘을 회복하는 것은 여호와의 종에게 너무 쉬운 일이라고 말씀하셨다. 여호와는 그의 종을 "이방의 빛"으로 삼아 그의 구원을 "땅 끝까지 이르게 할" 작정이셨다(6절). 바울은 이 구절을 이방인 사역의 근거로 삼았다(행 13:46-47).

세 번째 노래(사 50:4-9)는 종을 제자로 묘사한다. 먼저 듣고 배워야 가르칠 수 있지 않겠는가. 그래서 여호와는 "아침마다" 종의 귀를 깨우치셔야 했다(4절). 종의 혀보다 귀가 먼저 열려야 했다. 그가 배우고 가르치는 내용 때문에 사람들에게 배척과 박해를 당한다 할지라도 말이다.

네 번째 노래(사 52:13-53:12)는 종을 고난당하는 구원자로 묘사한다. 그는 (예언적으로 말하자면) 우리의 죄악 때문에 상함을 입었고, 우리의 죄를 담당했다. 신약 성경 저자들이 이사야 53장에서 무려 여덟 구절을 인용하고 어떤 구절은 여러 차례 인용하고 있다는 것은 시사하는 바가 크다. 그러니 이사야 53:7-8에 나오는 사람이 누구냐는 에티오피아 사람의 질문에, 빌립이 "입을 열어 이 글에서 시작하여 예수를 가르쳐 복음을 전한" 것은 당연한 일이다(행 8:35).

이사야 42:1-9을 읽으라.

토요일

인자

> 인자가 많은 고난을 받고…버린 바 되어 죽임을 당하고 사흘 만에 살아나야 할 것을 비로소 그들에게 가르치시되.
> 마가복음 8:31

오늘은 메시아의 이미지 중에 일곱 번째이자 마지막 이미지를 살펴볼 것이다. 이 '인자'라는 이미지는 예수님이 자신을 표현할 때 즐겨 사용하신 단어다. 언뜻 듣기에는 별로 위험해 보이지 않는 호칭이다. 예수님은 이 표현을 3인칭으로 자주 사용하셨기에, (예를 들어) 그분이 "인자가 고난을 받고"라고 말씀하실 때는 "내가 고난을 받고"라는 뜻이었다. 또 '인자'는 '인간'을 뜻하는 히브리어 관용구이기도 하다. 하나님이 에스겔을 인자라고 부르실 때는 바로 그런 의미였다.

그러나 예수님이 다니엘 7장의 예언을 직접 언급하시면서 이 호칭을 사용하신 것도 분명하다. 다니엘은 "인자 같은[즉, 사람처럼 보이는] 이가 하늘 구름을 타고 오는"(단 7:13) 환상을 보았다. 그는 옛적부터 항상 계신 이 앞에 서서 권세와 영광과 나라를 받았으며, 다른 언어를 말하는 모든 민족이 그를 예배했다. 다니엘은 이렇게 덧붙였다. "그의 권세는 소멸되지 아니하는 영원한 권세요, 그의 나라는 멸망하지 아니할 것이니라"(단 7:14).

예수님은 이 놀라운 환상을 자신에게 여러 차례 적용하셨다. 예를 들면, 그분은 대제사장에게 "인자가…하늘 구름을 타고 오는 것을 너희가 보리라"라고 말씀하셨다(막 14:62). 이는 최고의 권위와 영원한 나라를 주장하는 것이었다. 하지만 더 중요한 것은, 예수님이 같은 호칭을 완전히 다른 맥락에서도 사용하셨다는 점이다. 예를 들어, 예수님은 "인자가 많은 고난을 받고…버린 바 되어 죽임을 당하고 사흘 만에 살아나야 할 것을"(막 8:31) 말씀하시는데, 이는 이사야 53장을 연상시키는 말씀이다. 예수님은 여기서 이전에 아무도 시도하지 않았던 일을 하셨다. 바로 다니엘 7장의 영광을 이사야 53장의 고난과 결합하신 것이다. 예수님은 이 말씀을 통해, 그가 고난을 통해서만 영광으로 들어가실 수 있다는 사실을 가르치려 하셨다. "인자가 고난을 받아야 한다"는 그분의 말씀은 두 가지 이미지를 합친 것이다.

이번 주에는 메시아의 일곱 가지 이미지를 살펴보았다. 그분은 하와의 자손이요, 아브라함과 다윗의 자손이시다. 그분은 선지자요 제사장이요 왕이시다. 그분은 고난받는 종인 동시에 영광스러운 통치자시다. 그분 앞에 엎드리는 것이 우리의 합당한 태도다.

마가복음 8:27-9:1을 읽으라.

제17주

예수님의 탄생

이제 드디어 구약 성경의 절정, 선지자들이 여러 모양으로 예언했던 바로 그 사건에 이르렀다. 예수님의 탄생, 특히 마태와 누가가 들려주는 메시아 예수의 탄생 이야기가 그것이다. 우리는 반전된 분위기에 크게 놀란다. 복음서 앞부분에 있는 이 이야기들은 구약 성경의 언어와 문화에 기초하면서도, 기적을 동반한다. 이런 사실에 당황할 필요는 없다. 초자연적인 인물이 초자연적인 방법으로 이 세상에 들어오는 것이야말로 분명 잘 어울리는 일이 아니겠는가. 성육신을 믿는다면, 동정녀 출생도 믿는 것이 당연하다.

일요일: 수태고지
월요일: 마리아의 노래
화요일: 동정녀 탄생
수요일: 마리아의 복종
목요일: 베들레헴
금요일: 목자들
토요일: 때가 차매

일요일

수태고지

천사 가브리엘이 하나님의 보내심을 받아 갈릴리 나사렛이란 동네에 가서…
요셉이라 하는 사람과 약혼한 처녀에게 이르니.
누가복음 1:26-27

400여 년에 걸친 기다림 끝에 드디어 하나님이 침묵을 깨셨다. 이번에는 선지자가 아니라 천사를 통해서였다. 가브리엘이 나사렛에 가져온 메시지를 듣고 마리아는 기겁할 수밖에 없었다. 아직 결혼도 하지 않은 처녀가 아이를 낳으리라는 소식도 그렇지만, 태어날 아들을 묘사하는 최상급의 삼중 수식어가 충격이었던 탓이다.

첫째, 그의 이름을 예수라 하라 했다. 그가 구원 사역을 이루리라는 뜻이었다.

둘째, 그는 지극히 높으신 이의 아들이라 일컫는 큰 자가 될 것이다. 마리아는 이 말을 예수님을 하나님의 아들이라고 부를 때 뜻하는 방식으로 이해하지는 못했을 것이다. 당시에 하나님의 아들은 메시아에게 주어지는 칭호였으므로(시 2:7-8을 보라), 예수가 메시아가 될 것이라는 뜻으로 받아들였을 것이다.

셋째, 그는 이스라엘을 영원히 다스릴 것이다. 그의 나라는 망하지 않을 것이다.

구원자, 아들, 왕은 천사가 마리아에게 알려 준 예수의 세 가지 호칭이었다.

마리아가 "몹시 놀란"(29절, 새번역) 것도 당연했다. 천사의 메시지에 얼떨떨해진 그녀는 도대체 그 말이 무슨 뜻인지를 물었다. 그러자 가브리엘은 이렇게 장엄하게 답한다. "성령이 네게 임하시고 지극히 높으신 이의 능력이 너를 덮으시리니, 이러므로 나실 바 거룩한 이는 하나님의 아들이라 일컬어지리라.…대저 하나님의 모든 말씀은 능하지 못하심이 없느니라"(35-37절). 이번 주 화요일과 수요일에는 계속해서 동정녀 탄생 사건과 그 의미를 묵상할 것이다. 하지만 우선 내일은 마리아의 노래에 귀를 기울여 보자.

누가복음 1:26-32을 읽으라.

마리아의 노래

월요일

내 영혼이 주를 찬양하며 내 마음이 하나님 내 구주를 기뻐하였음은
그의 여종의 비천함을 돌보셨음이라.
누가복음 1:46-48

최소 6세기부터 교회는 마리아의 노래의 가치를 알아보고, 이를 교회 예전에 '마리아 송가'(the Magnificat)로 포함시켰다. 하지만 이는 중요한 질문을 제기한다. 우리는 어떻게 마리아의 노래를 불러야 할까? 하나님이 그분의 아들 메시아의 어머니로 택하신 히브리 처녀는 자신에게 찾아온 더할 나위 없는 영광에 놀라 감탄사를 연발한다. 하지만 마리아의 이야기를 어떻게 우리 입술로 담아낼 수 있을까? 전혀 가당치 않은 말 아닌가?

그렇지 않다. 오랜 세월 마리아의 경험은 아주 독특한 개인의 이야기이자, 모든 그리스도인 신자의 보편적인 경험으로 인식되어 왔기 때문이다. 마리아에게 놀라운 일을 행하셨던 하나님은 우리에게도 그분의 은혜를 부어 주셨다. 마리아도 그 점을 의식했던 것 같다. 노래 초반부에 등장하는 '나'라는 표현이 후반부로 갈수록 3인칭으로 바뀌기 때문이다. "긍휼하심이 두려워하는 자에게 대대로 이르는도다"(50절). 한나가 사무엘을 낳고 부른 노래에서처럼, 마리아의 노래에서도 인간의 가치관을 전복시키시는 하나님이 나온다. 두 가지 예가 있다.

첫째, 하나님은 권세 있는 자를 내리치시고 비천한 자를 높이신다. 그분은 바로와 느부갓네살 왕에게 그렇게 행하시고, 포로 된 이스라엘을 구해 내셨다. 하나님은 우리를 구원하시는 오늘날에도 똑같이 일하신다. 우리가 뉘우치는 세리처럼 무릎을 꿇기만 한다면, 그분은 하염없는 은혜로 우리를 높이실 것이다.

둘째, 하나님은 부자를 빈손으로 보내시고 주린 자를 먹이신다. 마리아는 주린 자였다. 마리아는 구약 성경을 읽고 언젠가 하나님 나라가 임한다는 사실을 알고 그날을 간절히 고대했다. 주린 자만이 영적 축복을 받을 수 있다. 현실에 안주하는 자기만족은 영적 축복의 가장 큰 적이다.

마리아의 축복을 물려받고자 한다면, 마리아의 성품, 특히 겸손과 굶주림을 본받아야 한다.

누가복음 1:46-55을 읽으라.

화요일

동정녀 탄생

> 성령이 네게 임하시고 지극히 높으신 이의 능력이 너를 덮으시리니
> 이러므로 나실 바 거룩한 이는 하나님의 아들이라 일컬어지리라.
> 누가복음 1:35

'**동**정녀 탄생'은 예수님의 출생이 뭔가 이상하다고 암시하는 오해의 소지가 있는 표현이다. 사실 그분의 탄생은 지극히 정상적이고 자연스러웠다. 오히려 비정상적이거나 초자연적인 부분이 있다면, 그분의 임신 과정일 것이다. 인간 아버지가 아닌 성령의 역사로 잉태되셨기 때문이다.

마태와 누가는 예수님이 동정녀 마리아에게서 태어나셨다고 확실히 말한다. 더군다나 두 사람은 시가 아니라 산문을, 신화가 아니라 역사를 쓴 것임에 틀림없다. 그렇다면 왜 마가와 요한은 이 부분을 빼먹었을까? 그 답은 이렇다. 두 사람은 세례 요한의 이야기로 복음서를 시작하기로 작정했기 때문이다. 두 저자가 동정녀 탄생을 언급하지 않는다고 해서 그 사실을 믿지 않았다는 뜻은 아니다. 이는 그들이 예수님의 어린 시절에 대해 침묵한다고 해서 그분께 어린 시절이 없었다고 말할 수 없는 것과 같은 이치다. 중요한 것은, 예수님의 탄생을 기록한 두 복음서 저자가 모두 그분이 처녀에게서 나셨다고 밝힌다는 점이다.

동정녀 탄생의 역사성을 살펴보았으니, 이제 그 의미를 생각해 보자. 동정녀 탄생이 중요한가? 물론이다. 천사의 수태고지는 두 단계로 되어 있다.

첫 번째 단계(31-33절)에서는 마리아의 아들이 누리는 과거와 **연속성**을 강조했다. 마리아가 낳은 아들이 그 조상 다윗의 왕위를 물려받을 것이기 때문이다. 다시 말해, 이 아들은 그의 어머니에게서 인간성과 함께 메시아 왕국에서의 칭호도 물려받을 것이다. 두 번째 단계(35절)는 이 아이와 과거의 **불연속성**을 강조했다. 성령이 마리아에게 임하시고 하나님의 능력이 그를 덮으시기에, 그의 아들은 독특하고 죄가 없는 ("거룩한 이") 하나님의 아들이 될 것이기 때문이다.

이렇듯 동정녀 마리아에게 선언하신 내용은, 그 아들의 인간성과 메시아 됨이었다. 그 인간성은 마리아에게서 물려받은 것인 반면, 그의 무죄함과 신성은 성령에게서 비롯되었다. 동정녀 탄생의 결과로, 예수 그리스도는 마리아의 아들인 동시에 하나님의 아들이요, 인간인 동시에 신이 되실 수 있었다.

누가복음 1:33-35을 읽으라.

마리아의 복종

수요일

> 마리아가 이르되 주의 여종이오니
> 말씀대로 내게 이루어지이다 하매.
> 누가복음 1:38

존 로빈슨(John A. T. Robinson) 주교는 이런 글을 남겼다. "예수님의 탄생에서 무엇보다 분명한 사실은, 그것이 혼외 출생이었다는 점이다. 예수님이 요셉과 마리아의 합법적인 아들이라는 주장은 증거가 없으니, 우리가 선택할 수 있는 대안은 동정녀 탄생 아니면 불륜 관계에 의한 출생밖에 없다."

예수님의 공생애 기간에는, 예수님이 사생아일 가능성이 있다는 소문이 돌았다. 그분의 평판에 흠집을 내려는 의도였다. 예를 들면, 예수님이 믿지 않는 유대인들에게 그들의 조상은 아브라함이 아니라 사탄이라고 말씀하시자 그들은 이렇게 반박했다. "우리는 음행으로 태어나지 않았습니다"(요 8:41, 새번역). 마치 "당신은 음행으로 태어났잖소" 하고 빈정대는 말투다. 이런 추문은 예수님이 돌아가신 후에도 쉽게 사그라지지 않았다. 유대인의 탈무드를 보면 그 사실을 알 수 있다. 마리아가 요셉과 결혼할 당시 이미 임신 중이었다는 사실이 알려지지 않았다면, 이런 추측과 중상모략은 없었을 것이다. 이런 소문이 달갑지는 않지만, 오히려 동정녀 탄생을 확증해 주는 증거라 할 수 있다.

마리아가 천사의 말에 반응하는 모습에 우리는 놀랄 수밖에 없다. "주의 여종이오니 말씀대로 내게 이루어지이다"(38절). 천사가 설명해 주는 하나님의 목적과 방법을 들은 마리아는 더 이상 이의를 제기하지 않고, 하나님의 처분에 자신을 맡겼다. 마리아는 처녀의 몸으로 하나님의 아들을 잉태하는 역할을 기꺼이 받아들이기로 했다. 물론 그것은 마리아에게 엄청난 특권이었다. "능하신 이가 큰일을 내게 행하셨으니"(49절)라고 그녀는 말했다. 하지만 그와 동시에 그것은 큰 희생을 요구하는 막중한 책임이기도 했다. 혼전 임신을 각오한 만큼, 부도덕한 여자라는 손가락질과 고통도 감내해야 했다.

내가 보기에는, 동정녀 탄생에 복종한 마리아의 용기와 겸손이 동정녀 탄생을 부정하고 비판하는 자들의 태도와 확연히 대조되어 더 부각되는 듯하다. 마리아는 자신의 명예가 실추되는 것은 아랑곳하지 않고, 온전히 하나님의 뜻에 복종했다. 우리도 마리아처럼 좋은 평판을 잃어버릴 위험에 처할지라도, 하나님이 그분의 뜻대로 일하실 수 있도록 복종하는 것이 중요하다.

누가복음 1:34-38을 읽으라.

목요일

베들레헴

첫아들을 낳아 강보로 싸서 구유에 뉘었으니
이는 여관에 있을 곳이 없음이러라.
누가복음 2:7

누가는 예수님이 어떤 환경에서 태어나셨는지, 어떻게 다윗의 자손(예수님)이 다윗의 동네(베들레헴)에서 태어나셨는지 그 배경을 말해 준다. 누가는 특히, 유명한 로마 황제 아구스도의 명령과 무명의 베들레헴 여관 주인을 강조한다. 황제와 여관 주인은 방법은 전혀 달랐지만, 자신도 모르는 사이에 하나님의 목적을 성취하는 도구로 사용되었다.

먼저, 주전 30년부터 주후 14년까지 그 제국을 다스린 가이사 아구스도는 온 나라에 인구 조사 명령을 내렸고, 그에 따라 모든 사람이 고향에 가서 호적을 등록해야 했다. 물론 이 인구 조사의 목적은 세금 징수였다. 요셉과 마리아도 나사렛에서 베들레헴으로 떠났다. 요셉이 굳이 마리아를 데려갈 필요는 없었을 테지만, 만삭의 약혼자를 홀로 남겨 두고 싶지 않았던 것 같다.

긴 여행을 무사히 마쳤다는 안도감도 잠시, 요셉과 마리아는 마구간으로 사용되던 곳 외에는 머물 곳이 없다는 베들레헴 여관 주인의 말에 눈앞이 캄캄해졌다. 마리아는 아이를 낳아 구유에 뉘였다. 구유는 가축의 여물통이었다. 방이 없어 마구간에서 탄생하신 예수님의 모습은 그분이 나중에 겪으실 거절을 상징했다.

이렇게 해서, 황제와 여관 주인은 부지불식간에 하나님의 계획 가운데 자기 역할을 감당하게 되었다. 요셉과 마리아가 황제의 명령 때문에 베들레헴에 오면서 예언이 성취되었다(미 5:2; 마 2:5-6). 또 여관 주인은 베들레헴이 여행객으로 넘쳐나는 통에, 세상의 구주에게 적절한 자리를 마련해 주었다. 왕궁이 아니라 마구간으로, 화려한 곳이 아닌 가난하고 소박한 곳으로.

누가복음 2:1-7을 읽으라.

목자들

금요일

> 그 지역에 목자들이 밤에 밖에서 자기 양 떼를 지키더니…천사가 이르되…내가…큰 기쁨의 좋은 소식을 너희에게 전하노라…오늘…너희를 위하여 구주가 나셨으니 곧 그리스도 주시니라.
> 누가복음 2:8-11

목자들은 이스라엘에서 평판이 좋지 않았다. 정직하지 못해 미덥지가 못하다는 것이었다. 그런데 하나님은 하필이면 이 목자들을 택하셔서 온 세상에 전할 최고로 좋은 소식을 전하게 하셨다. 오랫동안 기다려 온 메시아가 드디어 탄생하셨다는 소식 말이다. 목자들은 천사가 전해 준 소식에 어떤 반응을 보였는가?

첫째, 목자들은 그 사실을 확인하러 직접 베들레헴으로 갔다. 그들의 반응은 딱히 확신이라고 하기도, 불신이라고 하기도 힘들다. 그저 아무런 편견 없이 사실 여부를 확인해 보기로 한 것이다. 목자들은 "빨리 가서"(16절) 그들이 찾던 것을 발견했다. "구하는 이마다 받을 것이요"(마 7:8).

둘째, 예수님을 본 목자들은 자신들이 보고 들은 바를 "전했다"(17절). 그 좋은 소식을 자기들끼리만 간직할 수 없었다. 그 소식을 모든 사람에게 알리고 싶었다.

셋째, "목자들은 자기들에게 이르던 바와 같이 듣고 본 그 모든 것으로 인하여 하나님께 영광을 돌리고 찬송하며 돌아가니라"(20절). 다시 말해, 그들의 체험은 증언뿐 아니라 예배로 이어졌다. 그런데 여기서 "돌아가니라"라는 말에 유의할 필요가 있다. 목자들은 평생 예수님이 태어나신 마구간에서 살거나 그 주변을 얼쩡대지 않았다. 자기 양 떼가 있는 들판과 가정, 아내와 자식들에게 돌아갔다. 그러나 그들의 일터와 가정은 그대로였겠지만, 그들은 달라졌다. 환경은 그대로지만, 목자들은 새사람이 되었다. 그들은 예수님을 만나고 삶이 변화되었다. 그들은 마음으로 경탄하며 예배했다.

예수 그리스도를 만나는 사람은 지금도 그런 변화를 체험한다. 예수님과의 만남은 우리의 구태의연한 일상에 새로운 반향을 불러일으킨다. 빌리 그레이엄(Billy Graham)이 즐겨 말하듯, 그분과의 만남은 "우리 눈을 밝히고, 우리 발걸음을 가볍게 한다."

누가복음 2:8-20을 읽으라.

토요일

때가 차매

때가 차매
하나님이 그 아들을 보내사.
갈라디아서 4:4

성육신이 일어난 시점을 추정해 보면, 주전 5년, 즉 헤롯 대왕이 사망한 주전 4년보다 1년 앞선다. 그때 일어난 특별한 이유라도 있을까? 하나님이 아브라함을 부르셔서 그의 가족을 통해 온 세상을 축복하겠다고 약속하신 지 어느덧 2천 년이 흐른 뒤였다. 약속을 주시고 그 약속을 성취하시기까지 그렇게 긴 시간이 필요했던 이유는 무엇일까? 바울은 하나님이 "기한이 찼을 때"(갈 4:4, 새번역) 그의 아들을 보내셨다고 말하지만, 그 기한이 어떻게 정해졌는지에 대해서는 함구한다.

이를 두고 여러 가지 추측이 많은데, 특히 당시의 사회 정치적 상황과 관련된 것이 많았다. 확실히, 몇몇 요인들 덕분에 복음이 더 빨리 확산되고 사람들이 복음을 받아들이기 좋은 환경이 마련된 것이 사실이다.

첫째, 제국에 '팍스 로마나'(*pax romana*) 시대가 왔다. 곳곳에 군대가 배치되어, 평화를 유지하고 도둑(대륙)과 해적(바다)에게서 여행자들을 보호했다. 둘째, 헬라어가 제국의 공용어가 되어 70인역(헬라어 구약 성경)이 통용되면서 복음 전도가 쉬워졌다. 셋째, 사람들 사이에 영적 갈망이 커졌다. 로마의 구닥다리 신들은 더 이상 그들의 관심을 끌지 못했다. 신비 종교들은 개인에게 어느 정도 도움이 되었지만, 영적 만족감을 주기보다는 오히려 영적 갈급함을 증명해 주는 데 그쳤다. 그리고 회당 가장자리에는 소위 하나님을 경외하는 사람들이 있었다. 그들은 유대교의 유일신 사상과 높은 윤리적 기준에 매료되었다. 바울이 복음을 전한 대상이 바로 이들이었다.

이렇게 해서 10년 만에(주후 48-57년), 바울은 갈라디아, 마게도냐, 아가야, 아시아 이렇게 로마의 네 지방에 교회가 세워지는 것을 목도했다. 그래서 바울은 "그리하여 내가 예루살렘으로부터 두루 행하여 일루리곤까지 그리스도의 복음을 편만하게 전하였노라"(롬 15:19)라고 주장할 수 있었다. 여러모로 세계 복음화를 위한 때가 무르익었다.

로마서 15:23-29을 읽으라.

제2부
성탄절에서 오순절까지

복음서
(그리스도의 생애)

∼ 1월부터 4월까지 ∼

이제 교회력의 두 번째 부분에 이르렀다. 1월부터 4월/5월에 이르는 이 기간에는, 성탄절부터 오순절까지, 이스라엘 백성의 삶에서 그리스도의 생애까지 복음서의 기록을 살펴보게 된다.

제18주

성탄절에 대한 반응들

성탄절에 대해 이야기하거나 성탄절을 생각할 때마다, 우리는 영원하신 성자 하나님이 예수 그리스도 안에서 인간이 되신 획기적인 사건을 떠올린다. 하지만 하나님은 단순히 그 사건을 일으키는 데서 그치지 않고 그 사건을 온 세상에 선포하셨다. 그렇다면 그 소식을 들은 세상이 어떻게 반응했느냐가 관건이다. 우리는 이미 목자들의 반응을 살펴보았다. 이번 주에는 동방박사들과 헤롯 왕, 시므온을 비롯하여, 사도 바울과 요한 같은 후대의 교회 지도자들이 어떤 반응을 보였는지 살펴보려 한다. 이들의 반응은 각양각색이었다. 예수님의 탄생을 받아들인 사람부터 거부한 사람에 이르기까지, 또 아기 예수께 경배드리고 싶어 한 동방박사들로부터 아기 예수를 없애려고 한 헤롯 왕에 이르기까지 참으로 다양했다. 신약 성경은 과히 예수 그리스도 안에서 이루어진 하나님의 강력한 역사에 대한 사람들의 반응을 기록한 책이라 할 수 있을 것이다.

일요일: 동방박사들의 방문
월요일: 헤롯의 분노
화요일: 애굽으로 피신하다
수요일: 시므온의 노래
목요일: 바울의 증언
금요일: 요한의 회고
토요일: 요한의 도전

일요일

동방박사들의 방문

우리가…그에게 경배하러 왔노라.
마태복음 2:2

서구 교회는 1월 6일을 주현절로 지킨다. 이는 그리스도가 이방인들에게 현현하신 날을 가리킨다. 반면 동방정교회는 이날을 성탄절로 지킨다.

동방박사들은 고대 페르시아 제국의 점성술사였던 듯하다. 이 동방박사들의 방문은 목자들의 방문과 아주 잘 보완된다. 사실 이 두 집단만큼 서로 다르기도 힘들 것이다. 인종만 보더라도, 목자들은 유대인이었고 동방박사들은 이방인이었다. 지적으로 보자면, 목자들은 단순하고 정식 교육을 받은 적이 없는 반면, 동방박사들은 동방에서 온 학자요 현자들이었다. 사회적으로 봐도, 목자들은 무일푼 신세인 반면, 동방박사들은 (그들이 가져온 값진 선물들로 짐작컨대) 재산이 넉넉했다.

하지만 사람들을 갈라놓는 이런 (인종적·지적·사회적) 장벽들에도 불구하고, 동방박사들은 주 예수께 경배를 드림으로써 목자들과 하나가 되었고, 이후로 그분께 예배하러 나아온 수많은 이방인들의 선조가 되었다.

다원주의가 확산되면서, 다른 종교들은 특정 민족과 문화에 제한되어 있다는 사실이 좀더 분명하게 밝혀지고 있다. 기독교만이 그렇지 않다. 오늘날 전 세계 그리스도인 중에서 백인과 서양인이 차지하는 비중은 고작 20퍼센트다. 기독교는 더 이상 백인의 전유물이 아니다. 나는 아프리카의 대학 캠퍼스에서 아프리카 학생들과, 또 북극 툰드라에서 에스키모인들과, 한국의 대형 교회에서 수천 명의 한국 그리스도인들과, 스페인 기타를 연주하는 열정적인 남미인들과 함께 예배드리는 특권을 누린 적이 있다.

예수님은 인종에 상관없이 전 세계 사람들의 이목을 끄는 분이시다. 예수님 때문에, 목자들은 들판에서 뛰쳐나왔고, 동방박사들은 동방으로부터 먼 길을 떠났다. 그분은 지금도 자석처럼 일하시며 모든 문화권의 사람들을 불러 모으신다. 이것이야말로 예수님이 온 세상의 구원자라는 가장 확실한 증거가 아니겠는가.

마태복음 2:1-6을 읽으라.

헤롯의 분노

월요일

헤롯이 아기를 찾아 죽이려 하니.
마태복음 2:13

사람들이 예수 그리스도에게 보일 수 있는 반응은 결국 두 가지밖에 없다. 헤롯왕과 동방박사들이라는 대조적인 인물이 그 대표적인 예다. 헤롯은 잘 알려진 그의 성격에 걸맞은 반응을 보였다. 그의 오랜 통치기는 피로 얼룩져 있었다. 로마인들은 그를 왕좌에 앉히고는 '유대인의 왕'이라고 불렀다. 하지만 그는 유대인이 아니었다. 그의 아버지는 에돔 출신이었고, 어머니는 아라비아의 공주였다. 그런 그가 유대인의 왕이라니, 말도 안 되는 소리였다.

그러다 보니 헤롯의 왕위는 매우 불안했다. 늘 정적을 두려워하며 살았던 그는 정적이 나타나면 즉시 제거했다. 아내 마리암네와 어머니 알렉산드라, 세 아들 아리스토불루스, 알렉산더, 안티파터를 숙청했고, 산헤드린 공회 의원 중 절반이 넘는 사람들을 죽였으며, 그밖에도 삼촌과 사촌 등 수많은 친척을 살해했다. 이 정도니, 유대인 역사가 요세푸스가 그를 두고 "인정사정없는 괴물"이라고 한 것도 당연하다. 아구스도 황제도 헤롯의 아들이 되느니 차라리 그의 돼지가 되는 편이 안전하다고 말할 정도였다. 요즘 말로 하자면, 그는 심각한 피해망상에 시달리고 있었다. 그런 판국에 동방박사들이 그를 찾아와 "유대인의 왕"으로 나신 이가 어디 계시냐고 물었다. 헤롯, 그가 유대인의 왕이었다. 그렇다면, 감히 왕이라고 주장하는 이 사람은 도대체 누군가?

오늘날에도 똑같은 상황이 벌어지고 있다. 많은 사람들이 예수님을 정적으로, 귀찮은 존재로, 골칫거리로 생각한다. C. S. 루이스의 표현을 빌리자면 "초월적인 방해자"로 여긴다. 우리는 선택의 기로에 서 있다. 예수님을 위협적인 존재로 보고 헤롯처럼 그분을 제거해 버리든지, 그분을 왕 중의 왕으로 보고 동방박사들처럼 그분을 예배하든지, 선택은 우리에게 달렸다.

마태복음 2:7-12을 읽으라.

화요일

애굽으로 피신하다

주의 사자가 요셉에게 현몽하여 이르되…
일어나 아기와 그의 어머니를 데리고 애굽으로 피하라.
마태복음 2:13

동방박사들은 예루살렘을 떠나 고향으로 향했고, 아기 예수를 죽이려던 헤롯의 음모는 실패로 돌아가고 말았다. 이제 요셉은 예수와 그의 어머니를 데리고 애굽으로 피신하라는 명령을 들었다. 하나님의 아들이 난민이 되어 세상의 추방자들과 같은 신세가 되다니 이 얼마나 가슴 아픈 일인가.

하지만 마태는 여기서 또 다른 사실을 끄집어낸다. 예수 일가가 애굽으로 피신한 것은 성경 말씀을 성취한 것이라는 사실이다. "이는 주께서 선지자를 통하여 말씀하신 바 애굽으로부터 내 아들을 불렀다 함을 이루려 하심이라"(15절). 하지만 호세아 11:1에 나오는 이 말씀은 예수 일가의 이집트 피신을 예언한 것이 아니라 원래 출애굽을 언급한 내용이다. 마태는 예수님의 이야기에서 이스라엘의 이야기가 반복되는 것을 본 것이다. 최소한 네 가지 측면에서 그렇다.

이스라엘이 바로의 폭정으로 애굽에서 고통당한 것처럼, 아기 예수도 헤롯의 폭정으로 애굽에서 피난민 신세가 되었다. 이스라엘이 홍해를 건넌 것처럼, 예수님은 요단 강에서 세례 요한이 베푸는 세례를 친히 받으셨다. 이스라엘이 신 광야에서 40년 동안 시험을 받은 것처럼, 예수님도 유대 광야에서 40일 동안 시험을 받으셨다. 모세가 시내 산에서 이스라엘에게 율법을 준 것처럼, 예수님도 팔복을 말씀하신 산에서 제자들에게 율법의 진정한 의미를 보여 주시고 그 의미를 확장해 주셨다.

우리는 구속사가 이렇게 되풀이되는 모습에서 하나님의 섭리를 보고 감탄할 뿐이다.

호세아 11:1; 마태복음 2:13-18을 읽으라.

시므온의 노래

수요일

내 눈이 주의 구원을 보았사오니…
이방을 비추는 빛이요, 주의 백성 이스라엘의 영광이니이다.
누가복음 2:30, 32

오늘은 시므온이라는 이름의 한 경건한 노인을 소개하려 한다. 메시아를 간절히 기다리던 그에게, 하나님은 그가 메시아를 보기 전에는 죽지 않으리라고 말씀해 주셨다. 그는 성령의 감동을 받아 성전에 들어갔다가, 바로 그때 난 지 8일 된 아들을 데려온 요셉과 마리아를 만났다. 상황을 예비하시는 하나님의 놀라운 섭리가 드러나는 대목이었다.

시므온은 영적 분별력으로 예수님을 즉시 알아보았다. 그는 아기를 안고서 하나님을 찬양했다. 이는 본능적으로 아기를 받아 안았다기보다는 아기 예수를 알아보았다는 상징적인 몸짓이었다. "주님, 이제 주님께서는 주님의 말씀을 따라, 이 종을 세상에서 평안히 떠나가게 해주십니다"(눅 2:29, 새번역).

첫째, 시므온은 예수님을 **하나님의 구원**으로 보았다. 그가 실제로 본 것은 마리아의 아이였지만, 자신은 하나님의 구원을 보았노라고 고백했다. 우리를 죄의 형벌과 감옥에서 해방하시기 위해 하나님이 보내 주신 메시아를 보았다고 말이다.

둘째, 시므온은 예수님을 **세상의 빛**으로 보았다. 그 빛은 열방을 비추고, 이스라엘에 영광을 가져올 것이다. 여기서 시므온은 의식했든 하지 않았든 이사야 49:6을 언급하는데, 이 구절은 나중에 바울의 선교 신학에서 중요한 역할을 하게 된다.

셋째, 시므온은 예수님을 **분열의 원인**으로 보았다. 어떤 사람들에게는 걸림돌이지만, 어떤 사람들에게는 주춧돌인 그런 존재 말이다. 예수님 때문에 흥하는 사람이 있는가 하면, 망하는 사람이 있을 것이다. 예수님 앞에서는 중립이란 있을 수 없다.

우리는 시므온의 이야기를 통해 영적 분별력에 대해 배운다. 하나님이 우리에게도 분별력을 주셔서 겉모습 이면에 있는 예수 그리스도의 실제를 보게 하시기를!

누가복음 2:25-35을 읽으라.

목요일

바울의 증언

그리스도 예수께서
죄인을 구원하시려고 세상에 임하셨다.
디모데전서 1:15

그리스도의 오심을 직접 본 사람들만이 그분에게 다양한 반응을 한 것은 아니었다. 이후의 사도 시대에도 그분에게 다양한 반응을 한 사람들을 볼 수 있는데, 바울과 요한이 대표적인 예라 할 수 있다. 오늘은 바울의 말에 귀 기울여 보자. 바울은 "미쁘다, 모든 사람이 받을 만한 이 말이여. 그리스도 예수께서 죄인을 구원하시려고 세상에 임하셨다 하였도다. 죄인 중에 내가 괴수니라"(15절)라고 말한다. 그는 자신이 전하는 복음이 믿을 만하고("미쁘다…이 말이여"), 보편적이고("모든 사람이 받을 만한"), 역사적이고("그리스도 예수께서…세상에 임하셨다"), 자유를 주시기 위한 것이고(그분은 "죄인을 구원하시려고" 임하셨다), 개인적이라고("내가 괴수니라," 성령님이 죄를 깨닫게 하시면 우리는 모든 지겨운 비교를 그만두기에) 주장한다.

나는 이 말씀을 듣거나 읽을 때면 늘 토머스 빌니(Thomas Bilney)를 떠올린다. 그는 작은 체구 때문에 "작은 빌니"라고 불리기도 했다. 1520년 케임브리지 대학 트리니티 홀 연구원으로 선출된 그는 평안을 찾아 헤맸지만 찾지 못했다. 하지만 결국에는 이런 글을 남겼다.

성 바울이 쓴 이 한 문장을 우연히 접하게 되었다. 하나님의 인도와 역사하심으로 말미암은 일이었다.…죄책감으로 깊은 상처와 절망에 빠졌던 내 마음은 더할 나위 없이 기뻤다. 이 말씀을 보자마자 내 마음은 놀랍도록 차분하고 평안해졌다. 마치 "주님께서 꺾으신 뼈들도, 기뻐하며 춤출 것입니다"(시 51편, 새번역)라는 다윗의 고백처럼 말이다. 이 일이 있고 나서, 성경이 송이꿀보다 더 달게 느껴지기 시작했다.

빌니로 인해 회심한 사람 중에 가장 유명한 인물은, 나중에 영국의 종교개혁자요 유명한 설교자가 된 휴 래티머(Hugh Latimer)다. 래티머는 신앙을 위해서라면 어떠한 시련도 감수하는 빌니의 용기를 존경해 마지않았다. 래티머는 설교 중에 그를 "성 빌니"라고 언급하곤 했다.

디모데전서 1:12-17을 읽으라.

요한의 회고

금요일

> 아버지가 아들을 세상의 구주로 보내신 것을
> 우리가 보았고 또 증언하노니.
> 요한일서 4:14

장수한 사도 요한이 가장 늦게까지 생존한 사도라는 점은 확실한 듯하다. 그러니 성육신의 의미와 목적에 대한 그의 원숙한 회고에 귀를 기울이는 것이 좋을 것 같다. "아버지가 아들을 세상의 구주로 보내신 것." 성탄절을 직접적으로 묘사한 이 말씀에는 네 개의 명사가 두드러진다. **아버지**가 **아들**을 **세상**의 **구주**로 보내신 것.

세상은 요한이 하나님을 믿지 않는 사회를 가리킬 때 사용한 단어다. 하나님을 기쁘시게 하지 못하는 이 세상은 그분의 정의로운 심판을 받게 된다.

구주는 이 세상에 구원이 필요하다는 사실을 가리킨다. **죄**나 **구원** 같은 말은 사람들을 당황하게 하거나 혼란스럽게 만드는 전통적인 단어들이지만, 그렇다고 해서 그것들을 폐기해서는 안 된다. 이 단어들은 우리가 결코 무시해서는 안 될 사실을 알려 준다. 구원은 죄책과 심판, 자기중심성, 두려움과 죽음에서 해방되는 것이다.

아들은 우리에게 필요한 구원자를 가리키는데, 그분은 하나님인 동시에 인간이시다. 우리는 성탄절에 그분의 탄생을 축하한다. 또 그분의 죽음은 하나님이 오늘 우리 죄를 용서해 주시는 유일한 근거다. 요한의 말을 또 한 번 인용하자면, 하나님이 "우리 죄를 속하기 위하여 화목 제물로 그 아들을 보내셨기"(10절) 때문이다.

뿐만 아니라, **아버지**는 그 아들을 세상의 구원자로 보내셨다. 아들은 자진해서 세상에 온 것이 아니었다. 마지못해 구원을 베풀고자 하시는 아버지에게서 억지로 그것을 얻어내기 위해 씨름한 것은 더더욱 아니었다. 그렇지 않다. 아버지가 직접 아들을 보내셨다. 아버지가 먼저 위대한 사랑으로 이 일을 시작하셨다. 아들을 주신 아버지는 자기 자신을 주신 것이나 마찬가지였다.

요한일서 4:7-16을 읽으라.

토요일

요한의 도전

그가 우리 죄를 없애려고
나타나신 것을 너희가 아나니.
요한일서 3:5

이번 주의 마지막 날, 그리스도의 오심에 대한 한 가지 반응을 더 살펴보려 한다. 요한일서로 돌아가서 그리스도가 이 세상에 오신 목적에 대해 그가 어떻게 썼는지를 한번 살펴보자.

요한은 요한일서 3:4-9에서 기이한 말을 남긴다. 그리스도인은 범죄하지 않고 범죄할 수도 없다고 쓴 것이다. 어떤 사람들은 이 본문을 근거로 '죄 없는 완전 성화' 교리를 주장하기도 했다. 하지만 주석가들은 요한의 이 말에 몹시 당혹스러웠다. 우리의 경험을 보건대 전혀 들어맞지 않는 말이었기 때문이다. 그리스도를 알게 된 이후에도 죄를 짓는 것이 현실 아니던가?

그러나 이 본문을 자세히 들여다보면, 그리스도인들이 범죄하지 않고 범죄할 수도 없다는 뜻이 아니라, 우리는 계속해서 고집스럽게 죄를 짓지 않고 지을 수도 없음을 뜻한다는 사실을 알 수 있다. 그러므로 우리는 **범죄할** 때마다 슬퍼하고 회개한다. 죄를 대적하고 거룩함을 좇는 것이 우리 삶의 목적이기 때문이다. 알프레드 플러머(Alfred Plummer)도 자신의 주석에서 "신자도 때로는 작은 죄를 짓기 마련이지만, 신자의 삶의 대원칙은 죄를 대적하는 것이다"라고 썼다.

그렇다면 죄를 버리고 의를 추구하도록 우리에게 동기를 부여하는 것은 무엇인가? 요한의 대답은 분명하다. 그리스도가 오신 목적을 기억하는 것이다. 요한은 같은 대답을 두 번이나 반복한다. "그가 우리 죄를 없애려고 나타나신 것을 너희가 아나니"(5절). "하나님의 아들이 나타나신 것은 마귀의 일을 멸하려 하심이라"(8절). 그러므로 그리스도가 우리 죄를 해결하시기 위해 오셨다면, 우리가 계속해서 죄를 가지고 장난치는 것은 있을 수 없는 일이다. 예수님이 이 땅에 오신 이유에 걸맞은 삶을 사는 것이야말로 성탄절에 대한 우리의 합당한 반응일 것이다.

요한일서 3:4-9을 읽으라.

제19주

그리스도에 대한 사중 복음

하나님이 우리에게 한 권이 아니라 네 권의 복음서를 주셨다는 사실은 그분의 놀라운 섭리다(다양한 이단적 주장을 펼치기 위해 2세기에 기록된 소위 위경 복음서들도 많이 있다). 어느 한 저자가 한 가지 관점에서 그려내기에는, 예수 그리스도라는 인물이 너무나 크고 영광스러운 분이기 때문이다. 복음서의 그리스도는 네 가지 면모를 지닌 인물이다. 이는 마치 네 가지 면으로 빛을 발하는 다이아몬드와 같다. 우리가 마음대로 사복음서의 독특한 개별성을 획일화하여 네 개를 하나로 만들거나, 그 개별성을 과장하여 한 복음을 네 개로 만들 수는 없다.

일요일: 마태복음 1—예수 그리스도
월요일: 마태복음 2—온 세상의 예수
화요일: 마가복음—고난받는 종 예수
수요일: 누가복음 1—역사적 인물 예수
목요일: 누가복음 2—세상의 구원자 예수
금요일: 요한복음 1—인류의 빛 예수
토요일: 요한복음 2—생명을 주시는 예수

일요일

마태복음 1 – 예수 그리스도

이 모든 일이 된 것은
주께서 선지자로 하신 말씀을 이루려 하심이니.
마태복음 1:22

마태는 예수님을 그리스도, 즉 오랫동안 기다려 온 메시아, 그 안에서 하나님의 약속이 성취될 분으로 소개한다. 마태복음에 열한 차례 등장하는, 그가 가장 좋아하는 표현은 대략 다음과 같다. "이 모든 일이 된 것은 예언서에 기록된 말씀을 이루려 하심이니."

그러니 마태가 마태복음 첫머리에 예수님의 족보를 배치한 것은 적절하다 하겠다. 마태는 그 족보를 통해 왕족의 혈통을 추적하면서, 이스라엘 건국의 아버지 아브라함과 '다윗의 자손' 메시아의 조상인 다윗 왕을 특히 강조한다.

약속의 성취라는 주제는 예수님이 하나님 나라를 도래시키는 장면에서 가장 분명하게 드러난다. 사복음서 저자들이 다 예수님의 하나님 나라 선포에 대해 기록하지만, 마태는 자신만의 강조점을 분명히 했다. 그는 거룩하신 하나님의 이름을 입에 올리기 꺼리는 유대 전통을 존중하여, 하나님 나라 대신 '하늘나라'라는 단어를 사용한다(약 50회). 또 마태는 하나님 나라가 현존하는 실제인 동시에 다가올 미래의 일이라는 사실도 잘 알고 있다.

마태복음에는 예수님의 가장 놀라운 말씀 가운데 하나가 담겨 있는데, 이는 누가복음에도 나와 있는 말씀이다.

그러나 너희 눈은 봄으로 너희 귀는 들음으로 복이 있도다. 내가 진실로 너희에게 이르노니 많은 선지자와 의인이 너희가 보는 것들을 보고자 하여도 보지 못하였고 너희가 듣는 것들을 듣고자 하여도 듣지 못하였느니라(마 13:16-17).

다시 말해, 구약의 선지자들은 기대하는 시간 속에 살았고, 사도들은 성취하는 시간 속에 살고 있었다. 당시 사람들은 선조들이 간절히 보고 또 듣고자 했던 것들을 두 눈과 귀로 똑똑히 보고 듣고 있었다. 따라서 마태는 오랜 세월 이어져 온 전통에 따라 예수님을 또 다른 선지자로 묘사하기보다는 그 모든 예언의 성취로 본다. 또 그는 예수님을 이스라엘에게 최종적인 회개를 요청하고, 이미 새로운 이스라엘을 창조하기 시작하신 분으로 본다. 예수님의 열두 사도는 이스라엘의 열두 지파가 발전한 형태였다.

마태복음 23:37-39을 읽으라.

마태복음 2- 온 세상의 예수

월요일

> 동서로부터 많은 사람이 이르러
> 아브라함과 이삭과 야곱과 함께 천국에 앉으려니와.
> 마태복음 8:11

어제는 마태가 유대인 예수님을 묘사한 내용을 살펴보았다. 실제로 마태는 그분을, 오랫동안 기다려 온 메시아로 선포한다. 이렇게 예수님이 유대인이 기대한 그분이라는 증거는 명백하다. 구약 성경 곳곳에서 예수님을 암시했고, 그분이 스스로를 구약 성경 예언의 성취로 보셨다.

뿐만 아니라, 마태는 다른 복음서에는 등장하지 않는 두 가지 사건을 기록하는데, 언뜻 보면 그 사건들에서 예수님은 민족주의자나 인종차별주의자로 보인다. 우선, 예수님은 자신의 사역을 언급하시면서 "나는 이스라엘 집의 잃어버린 양 외에는 다른 데로 보내심을 받지 아니하였노라"(15:24)라고 말씀하셨다. 두 번째로는, 제자들에게 그들이 해야 할 사역을 언급하시면서 "이방인의 길로도 가지 말고…오히려 이스라엘 집의 잃어버린 양에게로 가라"(10:5-6)라고 하셨다.

하지만 이는 역사적 한계에 불과했다. 예수님은 이스라엘에게 마지막 기회를 주고 계셨던 것이다. 그분은 바로 뒤이어, 자기 제자들이 나중에 "이방인들에게 증거가" 될 것이라는 말씀을 덧붙이셨다(18절). 또 이스라엘의 "잃어버린 양"에 대해 기록한 이 마태가, 마태복음 초반부에서 이방인인 동방박사들의 방문을 기록하기도 했고, 마지막 부분에서는 "가서 모든 민족을 제자로 삼으라"(28:19)라는 지상 명령을 기록하기도 했다. 그러므로 비록 예수님에 대한 마태의 묘사가 사복음서 중에 가장 유대적이라 할지라도, 예수님을 인종적 자만이나 편견의 죄를 지었다고 몰아세우는 것은 적절치 않다. 오히려 그분은 새로워진 이스라엘이 온 세상이 함께하는 나라임을 분명히 하셨다.

또 너희에게 이르노니 동서로부터 많은 사람이 이르러 아브라함과 이삭과 야곱과 함께 천국에 앉으려니와(마 8:11).

마태복음 28:16-20을 읽으라.

화요일

마가복음 - 고난받는 종 예수

> 인자[예수]가 많은 고난을 받고…죽임을 당하고
> 사흘 만에 살아나야 할 것을 비로소 그들에게 가르치시되.
> 마가복음 8:31

마가복음의 핵심은 그리스도의 십자가다. 열두 제자가 예수님이 누구신지 깨닫고 그분을 메시아로 고백하자, 예수님은 그들에게 십자가에 대해 가르치기 시작하셨다. 이것은 예수님의 사역에서는 물론, 마가복음에서도 중요한 전환점이었다. 이전까지만 해도 예수님은 유명 설교가요 치유자로 명성을 날리셨다. 하지만 그분은 그런 메시아가 되기 위해 이 땅에 오신 것이 아니었다. 그러니 이때부터는 자신이 고난을 받고 죽어야만 한다는 사실을 제자들에게 공개적으로 가르치셨다. 마가는 예수님이 자신의 죽음을 엄하게 예고하신 세 가지 경우를 더 언급한다. 사실, 마가복음의 삼분의 일은 그분의 수난에 관한 내용이라고 해도 과언이 아니다.

"인자가 많은 고난을 받는다"는 말씀에 예수님의 가르침의 정수가 들어 있다. 왜 그분은 고난받아야 하는가? 그분이 그렇게 해야 한다고 느끼시는 이유는 무엇인가? 성경 말씀이 성취되어야 하기 때문이다. 그렇다면, 왜 '인자'인가? 그분은 인간을 나타내는 이 히브리어 특유의 표현을 사용하여, 다니엘 7장을 언급하고 계셨다. 그 환상에서 "인자 같은 이"(즉, 인간 형상)는 구름을 타고 와서 옛적부터 항상 계신 이(하나님)에게 나아간다. 그러자 그분은 그에게 권세와 영광과 나라를 준다. 이로 인해 모든 백성이 그를 섬길 것이고 그의 나라는 멸망하지 않을 것이다(단 7:13-14).

예수님은 인자라는 칭호를 사용하되 그 역할은 바꾸셨다. 다니엘서에 따르면 온 나라가 그분을 섬길 것이었다. 하지만 예수님은 섬김을 받기 위해서가 아니라 오히려 섬기러 오셨다. 사실, 예수님은 이 세상 그 누구도 하지 않았던 일을 하셨다. 구약 성경의 두 이미지, 즉 이사야서의 고난받는 종과 다니엘서의 다스리는 인자를 결합하신 것이다. 예수님이 먼저 우리 죄를 담당하신 후에야 부활하셔서 그 영광에 들어가실 수 있기 때문이리라.

마가복음 8:27-9:1을 읽으라.

누가복음 1- 역사적 인물 예수

수요일

> 그 모든 일을 근원부터 자세히 미루어 살핀 나도…
> 차례대로 써 보내는 것이 좋은 줄 알았노니.
> 누가복음 1:3

누가는 기독교의 기원에 관한 두 권짜리 저술을 남겼다. 하나는 누가복음, 다른 하나는 사도행전이다. 그리고 누가는 두 책을 포괄하는 서문에서, 자신이 쓰려고 하는 내용이 꽤 믿을 만하다고 강조한다. 그가 보기에 예수님은 신화가 아니라 역사적 인물임이 분명하기 때문이다. 그래서 그는 다섯 단계로 논증을 전개한다(1-4절).

첫째, "우리 중에 이루어진 사실"(1절)이 있다. 이는 예수님이 사역하시는 동안 일어난 사건들을 가리켰다.

둘째, 목격자들은 이 사건들을 보고 자신들이 본 내용을 다른 사람들에게 "전하여 주었다"(2절).

셋째, 목격자 중 한 사람인 누가도 "그 모든 일을 근원부터 자세히 미루어 살폈다"(3절).

넷째, 누가는 자신의 조사 결과를 "차례대로" 기록했다(3절).

다섯째, 누가의 특별한 후원자 데오빌로를 포함한 독자들이 있었다. 그의 독자들은 누가복음에서 믿음의 확실한 근거를 발견할 수 있을 것이다.

그런데 누가는 도대체 언제 조사를 했을까? 그는 열두 제자도, 예수님을 직접 만난 사도도 아니었으니 말이다. 그러나 누가는 후에 바울이 가이사랴의 옥에 갇혀 있었을 때(행 24:27) 팔레스타인에서 2년간 머물렀다. 거기서 시간을 어떻게 보냈겠는가? 아마도 그 지방을 샅샅이 돌면서 복음서의 기초가 될 만한 자료를 모으고, 사도행전에 나오는 초기 예루살렘 이야기 집필에 필요한 자료들을 수집했을 것이다. 그는 예수님의 사역과 연관된 장소를 찾아가고, 유대 문화를 익히는 한편(그는 이방인이었다), 목격자들을 만나 대화를 나누었을 것이다. 그중에는 이미 노년에 이른, 예수의 어머니 마리아도 있었을 것이다. 누가는 예수의 탄생을 둘러싼 세세한 사연을 비롯하여, 마리아의 이야기를 전하기 때문이다. 그런 이야기는 마리아 본인이 아니라면 듣기 힘든 이야기였다. 이 모두를 종합해 볼 때, 우리는 누가가 쓴 저작의 역사적 신빙성을 확신할 수 있다.

누가복음 1:1-4을 읽으라.

목요일

누가복음 2 - 세상의 구원자 예수

또 그의 이름으로 죄사함을 받게 하는 회개가 예루살렘에서 시작하여
모든 족속에게 전파될 것이 기록되었으니.
누가복음 24:47

어제는 역사가 누가의 면모를 살펴보았다면, 오늘은 신학자요 복음서 저자인 누가의 모습을 살펴보려 한다. 그의 메시지는 무엇이었는가? 그것은 예수님이 온 세상의 구원자시라는 것이다. 그분은 인종과 국적, 신분, 나이와 성을 초월하여 모든 사람을 구원하신다. 그래서 누가는 누가복음과 사도행전 초반부에서 의도적으로 구원의 보편성을 언급한다.

누가복음 3:6, "모든 육체[*pasa sarx*]가 하나님의 구원하심을 보리라."

사도행전 2:17, "내가 내 영을 모든 육체[*pasa sarx*]에 부어 주리니."

그리고 그는 누가복음 전체에서 예수님이 특히 사회에서 소외받는 이들을 포용하고 계심을 보여 주려고 애를 쓴다.

누가가 의사라는 점을 고려한다면, 그가 환자와 고통받는 사람들을 불쌍히 여기시는 예수님의 모습을 강조한 것은 충분히 이해할 만하다. 하지만 그 외에도 그는 여성과 아동, 가난하고 궁핍한 사람들, 세리와 죄인, 더군다나 사마리아인과 이방인들에게도 관심을 늦추지 않았다. 이러한 각각의 경우에, 다른 복음서 저자들보다 누가는 훨씬 더 소외된 이들에게 초점을 맞춘다.

누가는 이방인이었기에 시야도 넓었다. 대양(지중해)을 항해한 경험이 있는 그는 갈릴리를 절대로 바다로 부르는 법이 없다. 드넓은 바다에 비하면, 갈릴리는 그저 작은 호수에 불과하기 때문이다.

사도행전에서 누가는 세 차례에 걸친 그의 영웅 바울의 선교여행을 연대순으로 기록한다. 그가 그 여행에 바울의 동료로 따라나섰다는 증거다. 사도행전은 유대인의 수도 예루살렘에서부터 세상의 수도 로마에 이르는 승리의 여정을 기록한다. 그들은 가는 곳마다 그리스도 안에서 만백성에게 주어지는 (죄사함과 성령의) 구원을 선포했다. 또 그는 바울의 확신을 다음과 같은 글로 남긴다.

다른 이로써는 구원을 받을 수 없나니 천하 사람 중에 구원을 받을 만한 다른 이름을 우리에게 주신 일이 없음이라 (행 4:12).

누가복음 24:44-49을 읽으라.

요한복음 1 - 인류의 빛 예수

금요일

> 만물이 그로 말미암아 지은 바 되었으니 지은 것이 하나도 그가 없이는 된 것이 없느니라.
> 그 안에 생명이 있었으니 이 생명은 사람들의 빛이라.
> 요한복음 1:3-4

하나님이 멀리 계신다고 생각하여 괴로워하는 사람들이 많다. 하나님은 머나먼 곳에 홀로 고고하게 계시는 비현실적인 존재 같다. 사람들은 욥처럼 "아, 그분이 계신 곳을 알 수만 있다면!"(욥 23:3, 새번역) 하고 탄식한다.

요한은 이처럼 부재하는 하나님이라는 개념을 말끔히 지워 버린다. 그는 요한복음 서문에서 하나님이 그리스도를 통해 세상에 오시는 모습을 세 가지로 묘사한다.

첫째, 하나님은 **이미 이 세상에 오고 계셨다**. 예수님이 이 세상에서 태어나셨을 때에야 비로소 하나님이 처음으로 세상에 오셨다고 생각하는 것은 엄청난 오해다. 그분은 세상을 창조하신 다음 절대로 그 세상을 떠나지 않으셨다. "참 빛 곧 세상에 와서 각 사람에게 비추는 빛이 있었나니"(요 1:9). 이렇듯 그분은 세상에 태어나기 오래 전에 이미 이곳에 오셔서 각 사람에게 생명과 빛을 주셨다. 그러므로 세상의 아름답고 선하고 진실한 것은 모두 예수 그리스도께 속해 있다. 보통 예수님은 자신의 신분을 감추시기 때문에 사람들은 잘 모를 수도 있지만, 그분은 "사람들의 빛"(4절)이시다. 완전한 암흑에 빠진 사람은 아무도 없다.

둘째, 하나님은 **세상에 오셨다**. "자기 땅에 오매"(11절). 모든 인류에게 오셨던 하나님은 이제 그분의 특별한 백성에게 오셨다. 신분을 감추고 오셨던 그분이 이제 공개적으로 당당하게 인간의 모습으로 오셨다. 영원하신 말씀이 인간이 되셨다. 세상 사람들이 그를 알아보지 못했다는 것이 문제다.

셋째, 하나님은 **계속해서 오신다**. 그분은 이제 성령으로 오신다. 그분을 영접한 사람들, 그 이름을 믿는 사람들에게, 그분은 하나님에게서 난, 하나님의 자녀가 되는 권세를 주신다(12절).

요한이 여기서 언급하지는 않지만, 이 내용에 네 번째 오심도 덧붙일 수 있다. 나중에 요한은 예수님의 약속을 기록한다. "내가 다시 와서 너희를 내게로 영접하여 나 있는 곳에 너희도 있게 하리라"(14:3, 저자 강조).

이것이 바로 하나님이 오시는 네 가지 모습이다. 그분은 인류의 빛과 생명으로 이미 계속해서 오고 계셨고, 첫 번째 성탄절에 우리에게 오셨다. 그리고 오늘날에도 우리가 그분을 영접하기를 바라며 우리를 찾아오시며, 마지막 날에 다시 오실 것이다.

요한복음 1:1-14을 읽으라.

토요일

요한복음 2- 생명을 주시는 예수

> 오직 이것[표적들]을 기록함은 너희로 예수께서 하나님의 아들 그리스도이심을 믿게 하려 함이요
> 또 너희로 믿고 그 이름을 힘입어 생명을 얻게 하려 함이니라.
> 요한복음 20:31

요한은 자신이 요한복음을 쓰는 가장 중요한 목적은, 독자들이 그리스도를 통해 생명을 얻게 되는 것이라고 말한다. 그리스도에게서 생명을 얻기 위해서는 그리스도를 믿어야 하는데, 이를 위해 요한은 그리스도를 증언해 주는 표적들을 선택했다. 이 증거가 사람들을 믿음으로 이끌고, 믿음은 생명으로 이끈다.

사실 요한은 자신의 복음서를 무엇보다 그리스도에 대한 증언으로 본다. 요한복음은 마치 예수 그리스도를 심판하는 법정 같다. 세례 요한부터 시작해서 연달아 증인들이 불려 나오고, 다시 일곱 가지 놀라운 표적으로 이어진다. 이 표적 하나하나는 모두 극화된 주장이었다.

1. 예수님은 물을 포도주로 바꾸시며, 자신이 새 질서의 막을 여셨다고 주장하셨다.
2-3. 예수님은 두 가지 치유의 기적을 행하시며, 자신은 새 생명을 주시는 분이라고 주장하셨다.
4. 예수님은 오천 명을 먹이시며, 자신이 생명의 떡이라고 주장하셨다.
5. 예수님은 물 위를 걸으시며, 자연의 힘조차 자기 권세 아래 있다고 주장하셨다.
6. 예수님은 날 때부터 보지 못한 사람의 눈을 뜨게 해주시며, 자신이 온 세상의 빛이라고 주장하셨다.
7. 예수님은 나사로를 죽음에서 일으키시며, 자신이 부활이요 생명이라고 주장하셨다.

그러나 예수님에 대한 요한의 증언에는 또 다른 측면도 있다. 요한복음 전반부에 기록된 일곱 가지 표적이 능력과 권위의 표시라면, 후반부에는 약함과 겸손의 표시들이 나타나 있다. 예수님은 먼저 제자들의 발을 씻어 주시고, 그다음 십자가에 달리셨는데, 요한은 이 두 가지 사건에서 모두 예수님의 영광스러움을 포착한다.

요약하자면, 요한복음은 두 부분으로 나눌 수 있다. 제1부는 표적의 책이요, 제2부는 십자가의 책이다. 하지만 요한은 독자들이 예수님을 믿고 생명을 얻을 수 있도록, 요한복음 전체에서 예수님을 증언한다.

요한복음 20:30-31; 21:25을 읽으라.

제20주
준비 기간

복음서의 자료가 빈약해 보일 수도 있지만, 사실 그분의 탄생 이후부터 세례 이전에 일어난 일 중에 우리가 알아야 할 내용은 다 기록되어 있는 셈이다. 예수님이 공적 무대에 모습을 드러내시기 이전의 기간을 사람들은 '숨겨진 세월'이라고들 한다. 이번 주에는 예수님의 어린 시절과 성장기, 목수로 일하던 시절, 세례 요한의 증언을 살펴보려고 한다. 그런 다음에는, 예수님이 자신의 공생애의 시작을 알리는 세례를 받으시기 전에 (니고데모 그리고 사마리아 여인과) 나눈 개인적인 대화도 살펴볼 것이다. 요한은 요한복음 서두에 그 두 대화를 기록했다.

일요일: 예수님의 유아기
월요일: 성전에 앉아 있는 소년
화요일: 숨겨진 세월
수요일: 목공소
목요일: 세례 요한의 증언
금요일: 니고데모와의 만남
토요일: 사마리아 여인과의 만남

일요일

예수님의 유아기

> 부모가 아기[예수]를 데리고 예루살렘으로 올라갔다.
> 누가복음 2:22(현대인의성경)

누가는 사복음서 저자 중에 예수님의 유아기에 대해 가장 많이 기록한 사람이다. 그는 특히 세 가지 사건, 즉 예수님이 아기였을 때 경험한 세 가지 일을 언급한다.

첫째, 예수님은 난 지 8일 만에 할례를 받으셨다. 할례는 2천 년 전 하나님이 아브라함 및 그의 후손들과 맺은 언약의 징표로 아브라함에게 행하신 것이었다. 할례를 받은 예수님은 아브라함의 진정한 후손이 되셨다(창 17:12; 레 12:3).

둘째, 그분은 '하나님이 구원하신다'라는 뜻의 예수라는 이름을 받으셨다. 예수님이 태어나시기 전, 천사가 요셉과 마리아에게 나타나 아이 이름을 예수로 하라고 명령했다는 내용이 마태복음과 누가복음에 모두 나온다(마 1:21; 눅 1:31). 이는 예수가 구원의 사명을 띠고 이 땅에 왔다는 뜻이다.

셋째, 예수님은 예루살렘 성전에서 여호와께 첫 선을 보였다. 여기서 구약 성경에 나오는 독특한 두 가지 의식이 떠오른다. 하나는 어머니와 다른 하나는 아이와 연관된 것이었다. 우선, 율법에 규정된 40일간의 격리 기간이 끝난 후에 요셉과 마리아는 정해진 희생 제물을 드렸다. 대개는 양을 번제로 드리고 집비둘기를 속죄제로 드리지만, 요셉과 마리아는 가난한 사람들에 대한 규정을 따라 집비둘기 두 마리를 바쳤다.

또 출애굽 이후로 모든 맏아들은 하나님의 소유였지만 가축을 바침으로써 대속할 수 있었다(출 13:2). 그리고 일단 대속을 받으면 이들이 자원해서 하나님을 섬길 수도 있었다.

예수님은 이렇게 연속적으로 할례를 받고 이름을 얻고 성전에서 첫 선을 보였다. 이 세 가지 사건은 그분이 이 세상에서 하실 사명과 깊은 연관이 있었다. 할례는 예수님을 아브라함의 자손이요 하나님의 언약 백성의 진정한 일원으로 인정했고, 예수라는 이름은 그분을 하늘이 보낸 죄인들의 구원자로 선포했다. 그분이 하나님 앞에 나아가신 모습은, 전심을 다해 하나님을 섬기며 아버지의 뜻을 행할 준비가 되었음을 보여 주었다.

누가복음 2:21-24을 읽으라.

성전에 앉아 있는 소년

월요일

어찌하여 나를 찾으셨나이까.
내가 내 아버지 집에 있어야 될 줄을 알지 못하셨나이까.
누가복음 2:49

예수님의 소년 시절에 대해서는 알려진 사건이 딱 하나 있다. 부모와 떨어져 성전에 계셨던 예수님에 대한 이야기는 매우 의미심장하다. 이스라엘에서 성인들은 율법의 규정에 따라 주요 절기(유월절, 맥추절, 수장절)를 지키기 위해 1년에 세 차례 예루살렘에 올라가야 했다(출 23:14-17). 하지만 거리가 너무 멀어 세 번 다 참석하기 어려운 사람들은 유월절에만 예루살렘에 올라가도록 허용했다. 요셉과 마리아는 해마다 유월절에 예루살렘에 올라갔는데, 적어도 이번에는 예수가 함께 갔다. 이제 열두 살인 예수는 내년이면 열세 살이 되어 '바르 미츠바'(*bar mitzvah*, '계명의 아들')가 된다. 유대 공동체에서는 이 성년식을 치르면 성인으로서 영적 책임감을 지니게 된다고 생각한다.

어떻게 해서 예수를 잃어버렸는지 자세한 경위는 나와 있지 않다. 순례 일행은 남자와 여자가 나뉘어 있었기 때문에, 요셉과 마리아는 서로 예수가 상대방과 함께 있으리라 생각했을지도 모른다. 이유야 어찌됐든, 두 사람은 사흘 후 성전 경내에서 아들을 찾았다. "그가 선생들 중에 앉으사 그들에게 듣기도 하시며 묻기도 하시니"(눅 2:46). 듣는 자들이 다 그의 지식을 "놀랍게 여겼다"(47절). 그의 부모도 보고 "놀랐다"(48절). 여기 나오는 놀랐다는 동사는, 다른 곳에서는 사람들이 예수님께 느끼는 경외감을 표현할 때 사용되었다.

그런데 예수의 말은 더욱 놀랍다. 이것은 메시아가 한 말씀으로는 처음으로 성경에 기록된 말이다. 다음 두 가지를 유념해 보자.

첫째, 예수는 하나님을 자기 아버지라고, 성전을 아버지의 집이라고 말했다. 그렇기 때문에 "네 아버지와 내가 근심하여 너를 찾았노라"(48절)라고 한 어머니의 말씀이 잘못되었다고 지적한다. 소년 예수는 이미 아버지 하나님과의 특별한 관계를 인식하고 있었다.

둘째, 예수는 의무감을 드러냈다. "내가 내 아버지 집에 있어야 될 줄을 알지 못하셨나이까?"(49절) 그는 왜 이러한 우선순위 문제에 **집중해야만 했는가**? 답은 나와 있지 않다. 하지만 소년 예수는 이미 성경에 계시된 자신의 소명을 깨닫고 있었음에 틀림없다. 그리고 그 성경 말씀은 반드시 **성취되어야만 한다**.

누가복음 2:41-51을 읽으라.

화요일

숨겨진 세월

예수는 지혜와 키가 자라가며
하나님과 사람에게 더욱 사랑스러워 가시더라.
누가복음 2:52

앞서 보았듯이, 성전 경내에서 소년 예수를 잃어버렸다가 다시 찾은 기사는 누가가 그분의 출생과 세례 사이에 있었던 일로 기록한 유일하게 공개된 사건이다. 물론, 그 사이에 있었던 다른 일들을 기록한 외경들이 있기는 하다. 하지만 모두 2세기 이후의 책이라서 사료로서의 가치가 미심쩍다. 그 내용도 한두 가지를 제외하고는 이단적이거나 하찮은 것이어서, 누가의 진지한 이야기와는 격이 다르다.

그렇다면 예수님은 공생애를 시작하기 전 30년 동안 어떻게 지내셨을까? 정답은, 그분은 성장하면서 자신의 사명을 준비하고 계셨다는 것이다. 누가는 그 간격을 메우는 '다리' 역할을 하는 2장의 두 구절에서 그 모습에 대해 언급한다.

아기가 자라며 강하여지고 지혜가 충만하며 하나님의 은혜가 그의 위에 있더라(40절).
예수는 지혜와 키가 자라가며 하나님과 사람에게 더욱 사랑스러워 가시더라(52절).

바로 앞 39절에서는 예수가 아직 아기이고 그다음 41절에서는 열두 살이 되었으니, 40절은 무려 12년 세월을 이어 준다. 또 51절에서는 예수가 아직 열두 살인데 다음 구절인 3:1에서는 서른 살이 되었으니, 52절은 18년 세월을 이어 준다.

이렇게 각각 12년과 18년이라는 시간 동안, 예수는 몸과 지성과 영혼이 성장하고 있었다. 그의 몸은 자연적으로 성장했다. 그의 지성은 가정과 학교에서 교육을 받으면서 확장되었다. 또 은혜 가운데서도 성장하여 하나님과 이웃에게 점점 더 큰 기쁨이 되었다.

이 대목에서 이의를 제기하는 사람들이 있다. 예수님이 만약 이런 부분들에서 성장하셨다면, 그 이전에는 그분이 불완전한 존재였다는 증거가 아니냐고 말이다. 그렇지 않다. 우리는 예수님이 신생아에서 어른으로 순식간에 변한 것이 아니라, 조금씩 성장하셨으며 단계별로 완벽한 모습을 유지하셨다고 믿는다. 예를 들어, 하나님께 더욱 사랑스러워 가셨다고 해서 그 전에는 하나님의 사랑을 받지 못했다는 뜻이 아니다. 예수님은 성장 단계마다 나이에 맞게 하나님을 기쁘시게 했다. 이렇게 점진적으로 성장하셨다는 사실은 예수님이 진정한 인간이셨음을 보증한다.

히브리서 2:14-18을 읽으라.

목공소

> 이 사람이 어디서 이런 것을 얻었느냐…
> 이 사람이…목수가 아니냐.
> 마가복음 6:2-3

목수라는 단어는 복음서에 두 차례밖에 나오지 않는다. 한 번은 예수님을 '목수'로 지칭하는 경우고, 다른 한 번은 그분을 '목수의 아들'로 언급하는 경우다. 이 호칭에서 우리는 요셉이 목수였으며, 예수님은 그의 조수로 일했다는 사실, 아마 요셉이 죽고 나서는 예수님이 가업을 물려받았으리라는 사실을 유추할 수 있다.

'테크톤'(tektōn)은 모든 종류의 장인과 기술자에게 붙일 수 있는 이름이지만, 대개 나무를 가지고 일하는 사람을 뜻했다. 예수님은 가정용 가구와 농기계들을 제작하고 수리하셨을 것이다. 19세기 중반의 라파엘 전파(Pre-Raphaelite) 화가 밀레이(J. E. Millais)는 "목공소"라는 제목의 그림에서 목공소 내부의 풍경을 생생하게 보여 준다. 그림 정중앙에는 어린 예수가 서 있다. 요셉은 몸을 구부려 못 때문에 손을 다친 예수의 상처 부위를 살피고, 마리아는 그런 예수를 입맞춤으로 달래고 있다. 또 청년 세례 요한은 상처 부위를 씻길 물을 들고 서 있다. 예수가 기대고 있는 뒤쪽의 작업대는 희생 제단을 상징하는 듯하다.

영국에서 초기 노동 운동을 이끈 기독교 지도자들 중에는, 예수님이 육체노동을 중시하시는 모습을 보고 그분에게서 영감을 얻은 사람들이 있었다. 제임스 스토커(James Stalker)는 「나사렛 사람 예수」(Life of Jesus Christ)라는 책에서 다음과 같이 썼다.

> 하나님은 자기 아들을 사람들 가운데 살게 하실 때 다른 여러 자리를 놓아두고 굳이 노동자로 살도록 하셨다. 하지만 이 사실에 어떤 의미가 있는지 다 헤아리기는 쉽지 않을 것이다. 다만 이는 인간의 일상의 수고에 영원한 영광을 입혀 주었다.

사도행전 20:33-35을 읽으라.

목요일

세례 요한의 증언

하나님께로부터 보내심을 받은 사람이 있으니 그의 이름은 요한이라.
그가 증언하러 왔으니 곧 빛에 대하여 증언하고.
요한복음 1:6-7

흔히 세례 요한을 예수님의 '전조'라고 말한다. 이사야의 예언을 성취하기 위해 요한이 먼저 "주의 길을 준비"(막 1:3)하려고 왔기 때문이다. 요한의 사역을 중요하게 여긴 사복음서 저자들 모두 요한의 이야기를 언급한다. 오랫동안 침묵했던 예언의 목소리가 요한에게서 다시 들려왔다.

요한은 "회개하라. 천국이 가까이 왔느니라"(마 3:2)라는 메시지를 전했다. 다시 말해, 메시아가 곧 오셔서 그분의 통치를 시작하시리라는 내용이었다. 사람들은 그분의 오심에 대비해서 회개하고 요한이 베푸는 회개의 세례를 받고 죄사함을 받아야 했다. 많은 사람들이 그 메시지에 반응했다. 죄를 고백하고 요단 강에서 그가 베푸는 세례를 받았다.

요한은 심판을 경고하는 말씀도 전했다. 그는 메시아가 손에 키를 들고서 알곡과 쭉정이를 분류하실 것이라고 말했다.

그러나 세례 요한에 따르면, 심판보다는 구원의 행위야말로 메시아 사역의 가장 중요한 특징이 될 것이다. 요한의 다음 말을 보라.

보라, 세상 죄를 지고 가는 하나님의 어린 양이로다(요 1:29).

그가 곧 성령으로 세례를 베푸는 이인 줄 알라(요 1:33).

이 두 구절을 합쳐 보면, 예수님의 사역의 이중적 특징이 보인다. 그분은 제거하고 수여하는 일을 하신다. 즉 죄를 없애시고 성령으로 세례를 베푸신다. 용서와 성령, 이 두 가지가 예수 그리스도 우리 구원자가 주시는 귀한 선물이다. 이것이 새 언약의 가장 주요한 축복이다. 예언자들이 약속하고 세례 요한이 메시아의 선물로 확증한 것이 바로 이것이었다.

요한복음 1:29-34을 읽으라.

니고데모와의 만남

금요일

> 예수께서 대답하여 이르시되 진실로 진실로 네게 이르노니
> 사람이 거듭나지 아니하면 하나님의 나라를 볼 수 없느니라.
> 요한복음 3:3

니고데모는 진리를 찾는 진지한 추구자의 훌륭한 본보기다. 오늘날 이 세상에 니고데모 같은 사람이 더 많아진다면, 무관심과 편견과 두려움을 내려놓고 정직하고 겸손한 심령으로 진리를 추구하는 사람이 많아진다면 얼마나 좋겠는가! 예수님은 "찾으라 그리하면 찾아낼 것이요"(마 7:7)라고 약속하셨다.

예수님이 니고데모에게 다시 태어나야 한다고 말씀하셨을 때, 그는 틀림없이 당황했을 것이다. 도대체 무슨 말씀인가? 분명히 어머니 뱃속에 들어갔다가 다시 나와야 한다는 말씀이나 스스로 개혁을 해야 한다는 뜻은 아니었다. 기독교의 세례를 암시하는 것도 아니었을 것이다. 세례는 예수님의 부활 이후에야 정식으로 도입되었으니 말이다. 세례가 새로운 출생을 뜻하는 징표나 예식인 것은 확실하지만, 외적 징표를 내적 의미와 혼동해서는 안 된다. 세례는 새로운 출생을 공적으로 드러내는 표시다. 반면 이 새로운 출생은 눈에 보이지 않는 하나님의 신비로운 사역이며 우리는 이를 통해 새 생명을 얻고 새 출발을 한다.

뿐만 아니라, (예수님의 말씀대로) 우리는 **반드시** 거듭나야 한다. 거듭나지 않으면, 하나님 나라를 볼 수도 없고, 그곳에 들어갈 수도 없다. 니고데모는 경건하고 윤리적이고 학식 있고 공손하며 존경할 만한 사람이었다. 그는 예수님이 하나님으로부터 오셨다는 사실도 믿었다. 하지만 그래도 부족한 것이 있었다. 그것이 바로 거듭남이었다.

그렇다면 어떻게 거듭날 수 있는가? 한편으로, 거듭남은 전적으로 하나님의 역사다. 자신을 낳을 수 있는 사람은 아무도 없으니, 새로운 출생은 "하늘에서 내려온" 출생이요, "성령으로 나는" 것이다. 하지만 우리 편에서는 회개하고 믿어야 한다. 니고데모는 요한의 회개의 세례를 피해 갈 수 없었다. 예수님이 말씀하신 "물로 나는 것"은 요한의 세례를 가리키는 것이 확실했다. 그러고 나서 니고데모는 메시아 예수님을 신뢰하고, 그분이 바로 자기에게 필요한 구원자이심을 믿어야 했다.

요한복음 3:1-16을 읽으라.

토요일

사마리아 여인과의 만남

[예수께서 대답하여 이르시되] 내가 주는 물을 마시는 자는 영원히 목마르지 아니하리니
내가 주는 물은 그 속에서 영생하도록 솟아나는 샘물이 되리라.
요한복음 4:14

요한은 "이 말씀은 곧 하나님이시니라"(1:1)라는 진술로 복음서를 시작했지만, 이어서 "말씀이 육신이 되어"(14절)라고 말했다. 요한은 이제 예수님과 사마리아 여인의 만남을 묘사하면서, 인간이 얼마나 연약한 존재인지 보여 준다. 정오쯤 되어 예수님과 제자들이 야곱의 우물에 이르렀다. 태양이 작열하고 있었다. 오전 내내 걸어서 피곤하셨던 예수님은 우물가에 앉아 잠시 쉬셨다. 시장해지신 예수님은 제자들을 근처 마을로 보내 먹을 것을 사 오게 하셨다. 날도 덥고 목이 마르자, 그분은 사마리아 여인에게 물을 달라 하셨다. 예수님은 슈퍼맨이 아니셨다. 연약한 인간과 전혀 다를 바 없는, 진정한 인간이셨다.

이 이야기가 강조하는 예수님의 또 다른 특징은, 전통을 대하는 그분의 태도다. 그분은 성경을 하나님의 말씀으로 믿는 보수적인 분이셨다. 하지만 전통은 인간의 말에 불과함을 아시고 전통에 대해서는 급진적이셨다. 급진주의자란, 과거부터 전해져 내려왔다는 이유만으로 전통과 관습을 무조건 받아들이기를 거부하고 비판하는 사람을 가리킨다.

이 사마리아 여인에게는 세 가지 관습적인 장애가 있었다. 첫째, 이 사람은 여자였다. 당시 남자는 공공장소에서 여자에게 말을 걸어서는 안 되었다. 하지만 예수님은 부적절한 일을 하셨다. 둘째로, 이 여자는 사마리아인이었다. 유대인들은 사마리아인들과 상종하지 않았다. 셋째로, 이 여자는 죄인이었다. 남편이 다섯이나 되었고, 지금도 결혼하지 않은 남자와 동거 중이었다. 랍비처럼 존경받는 사람들은 이 여인 같은 죄인들과 어울리지 않았다. 따라서 예수님은 부적절한 행동을 세 건이나 행하신 것이었다. 그분은 당시의 사회 관습을 일부러 어기셨다. 예수님은 성 차별이나 인종 편견, 고리타분한 도덕성에서 완전히 자유로운 분이셨다. 그분은 아무도 피하지 않고, 누구나 사랑하고 존중하셨다.

이렇게 예수님은 (성경에 대해서는) 보수적이셨지만 (문화에 대해서는) 급진적이셨다. 우리에게는 새로운 RC 세대가 필요한 것 같다. 여기서 내가 말하는 RC란, 로마 가톨릭(Roman Catholics)이 아니라 급진적 보수주의자(radical conservatives)를 뜻한다.

요한복음 4:7-18을 읽으라.

제21주

공생애

예수님은 약 30년 동안 "지혜와 키가 자라가며 하나님과 사람에게 더욱 사랑스러워" 가셨다(눅 2:52). 이 기간은 예수님의 준비기였다. 그러나 이제 초야의 목공소에서 나와 공생애로 발돋움할 시기가 왔다. 그분은 남쪽으로 내려가, 세례 요한의 메시지를 듣기 위해 모여든 사람들과 합류하여 그에게 세례를 받으셨다. 예수님의 세례는 아버지의 목소리와 성령의 내려오심이 일어난, 일종의 위임식이었다.

이 드라마 같은 체험을 하자마자 예수님은 곧바로 마귀의 시험을 받으셨다. 십자가는 피하면서 사명을 완수하라는 혹독한 시험이었다. 이렇게 시험을 받으신 후에는 하나님 나라의 복음을 선포하고, 그 메시지를 입증해 주는 놀라운 치유 사역을 시작하셨다. 예수님은 과중한 사역으로 많이 지치셨지만, 홀로 기도하는 시간과 열두 제자를 통해 힘을 얻으셨다. 예수님은 열두 제자를 불러 함께 지내며 그분의 사역을 돕게 하셨다.

일요일: 세례
월요일: 광야의 시험
화요일: 복음
수요일: 나사렛 선언
목요일: 치유 사역
금요일: 주님의 기도 생활
토요일: 열두 제자를 부르심

일요일

세례

> 그때에 예수께서 갈릴리 나사렛으로부터 와서
> 요단 강에서 요한에게 세례를 받으시고
> 마가복음 1:9

세례 요한의 사역은 일대 돌풍을 불러일으켰다. 순식간에 그는 영적 대부흥의 중심에 있게 되었다. 회개하라는 그의 요청을 듣고 세례를 받기 위해 몰려온 사람들로 요단 강 하류는 인산인해를 이루었다. 그는 심판이 임박했으니 다가올 진노를 피하라고 경고했기 때문이다.

예수님은 이 부흥 운동 소식을 듣고, 집과 일터와 친지를 떠나 그들과 합류해야겠다는 확신을 품으셨는지도 모른다. 하지만 그분이 세례를 받겠다고 하셨을 때 요한이 이의를 제기한 것은 당연하다. 그는 이미 예수님이 자기보다 훨씬 능력이 많으시며, 자신은 그분의 신발끈을 풀 자격도 없다고 말한 터였다. 그러니 요한이 예수님께 세례를 주기보다는 예수님이 요한에게 세례를 베푸시는 것이 더 적절해 보였다. 하지만 예수님은 주장을 굽히지 않으셨다.

우리가 보기에는, 예수님이 세례를 요청하셔야만 했던 것도 이상하다. 요한의 세례는 죄사함을 위한 회개의 세례였는데, 예수님은 죄가 없으셨으니 말이다. 아마도 그분은 언젠가는 사람들의 죄를 담당해야 한다는 사실을 알고, 자기 백성과 스스로를 동일시하려고 하셨던 것 같다. 여하튼 요한의 세례는 이스라엘의 순결한 남은 자가 되는 길이었다.

예수님이 세례를 받고 물속에서 나오시자, 하늘이 열리고 성령이 비둘기같이 내려오시면서 소리가 들렸다. "이는 내…아들이요, 내 기뻐하는 자라"(마 3:17). 이 말씀은 구약 성경의 두 구절을 합친 것이었다. 우선, "이는 내…아들이요"라는 어구는 하나님이 다윗 왕을 아들로 선포하시는 시편 2:7에서, "내 기뻐하는 자라"라는 구절은 하나님이 그분의 종을 기뻐하신다고 선포하신 이사야 42:1에서 가져왔다. 따라서 예수님은 여기서 하나님의 아들과 종으로 선포되신 것이다.

예수님의 세례는 삼위일체가 조화롭게 나타나는 장면이었다. 아버지는 아들을 인정하시고 성령이 그 아들 위에 내려오셨다. 이는 구약에서 선지자를 부르는 장면에 필적할 만한 것으로, 예수님에게 사명을 부여하고 준비시킨 예수님의 위임식이었다.

마태복음 3:13-17을 읽으라.

광야의 시험

월요일

그때에 예수께서 성령에게 이끌리어
마귀에게 시험을 받으러 광야로 가사.
마태복음 4:1

예수님은 요단 강에서 나오시자마자 곧장 유대 광야로 가셔서, 마귀에게 혹독한 시험을 받으셨다. 마귀의 공격은 두 가지 형태였다.

먼저 예수님의 정체성, 즉 그분이 어떤 존재인지를 두고 공격했다. "이는 내…아들이요"라는 아버지의 말씀이 아직도 그분의 귓가에 생생한데, 지옥의 목소리가 하늘의 목소리에 맞섰다. 마귀는 "네가 만일 하나님의 아들이어든…"(6절)이라는 말로 예수님이 그렇지 않다는 암시를 하면서, 그분을 조롱했다. 이는 예수님의 마음에 의심의 씨앗을 뿌리려는 의도적인 발언이었다. 예수님은 그에 맞서 "이는 내…아들이요"라는 아버지의 말씀을 스스로에게 반복해서 되뇌어야 했다. 오늘날에도 마귀는 하나님의 자녀인 우리의 정체성을 폄훼하려고 애쓴다. 그의 이름이 바로 '디아볼로스'(*diabolos*), 모략하는 자 아닌가. 우리는 마귀의 말에는 귀를 닫고, 성경에 나오는 하나님의 확증과 약속의 말씀에 귀를 기울여야 한다.

마귀는 두 번째로 예수님의 사역, 그분이 이 땅에서 하시려는 일을 공격했다. 어제 우리는 하늘의 음성이 예수님을 하나님의 아들로 인정하셨을 뿐 아니라, 자기 백성의 죄 때문에 고난받고 죽으실 하나님의 종으로도 인정하셨다는 내용을 살펴보았다. 그런데 마귀는 그보다 덜 수고로운 대안을 제시했다. 세상의 갈급함을 채워 주고, 화려한 능력을 선보이고, 마귀와 흥정을 해서 세상을 얻을 수 있다면 어쩌겠는가? 세 경우 모두, 십자가는 건너뛰고 말이다. 마귀는 목적이 수단을 정당화할 수 있다고 우리를 설득하려 한다.

예수님은 마귀의 음성을 거부하셨다. 그 즉시 아주 단호하게 각각의 유혹을 거절하셨다. 마귀와 토론을 하거나 협상할 필요가 전혀 없었다. 그런 문제라면 이미 성경에 답이 나와 있다("기록되었으되"). 예수님은 신명기 6장이나 8장에서 적절한 본문을 인용해서 매번 바로 답을 주셨다. 오늘날에도 혼란을 주는 소리들이 곳곳에 있다. 마귀는 우리를 둘러싼 세속 문화를 통해 말하고, 하나님은 성경을 통해 말씀하신다. 무엇에 귀 기울여야겠는가? 우리는 매일 꾸준히 성경 읽기를 훈련함으로써, 하나님의 소리가 마귀의 소리를 잠식시키도록 해야 한다. "마귀를 대적하라. 그리하면 너희를 피하리라"(약 4:7).

마태복음 4:1-11을 읽으라.

화요일

복음

> 예수께서 갈릴리에 오셔서 하나님의 복음을 전파하여 이르시되 때가 찼고
> 하나님의 나라가 가까이 왔으니 회개하고 복음을 믿으라 하시더라.
> 마가복음 1:14-15

이 말씀이 특히 더 흥미로운 이유가 있다. 예수님이 공생애 사역을 시작하신 후 가장 먼저 성경에 기록된 말씀이기도 하고, 마가가 이 내용을 두 번씩이나 '복음'이라고 칭하기 때문이다. 그렇다면 예수님이 말씀하신 복음은 과연 무엇인가? 그 내용은 선언과 그에 뒤이은 소환으로 되어 있다.

그 선언은 하나님 나라가 왔다고 말한다. 물론 여호와는 늘 자연과 역사를 모두 다스리는 왕이시다. 구약 성경에는 "여호와가 다스리신다"라는 장엄한 믿음의 고백이 여러 번 등장한다. 하지만 선지자들은 여호와가 세상 전반을 통치하시는 것보다 훨씬 더 친밀한 한 나라를 세우실 때가 온다고 예언했다. 메시아가 그 나라를 시작하실 것이다. 의와 평강이 특징인 그 나라는 온 세상에 퍼져 나가 영원히 지속될 것이다. 그 나라는 새 생명과 새로운 공동체를 낳을 것이다.

그 나라가 가까이 왔다는 것이 바로 복음이었다. 예수님은 그 나라가 왔다고 말씀하시지는 않았다. 아직 그 나라가 온전히 오지는 않았기 때문이다. 하지만 이미 하나님 나라는 현존하는 실재였다. 때가 찼고, 예수님이 그 나라를 이 땅에 도래시키셨기 때문이다. 이제 사람들은 하나님 나라를 '받아들이거나' 거기 '들어갈' 수 있었다. 회개하고 믿음으로써, 즉 모든 죄에서 단호하게 돌이켜 믿음으로 돌아서서 예수님을 왕으로 인정함으로써 그렇게 할 수 있었다.

이 첫 번째 복음 선포는 진정한 복음 전도가 어떠해야 하는지 보여 준다. 우리도 먼저 선언(그리스도가 십자가에 죽으시고 부활하셔서 다스리신다는 복음에 대한 온전한 설명)을 하고 나서, 사람들이 그분께로 나아오도록 소환해야 한다. 설명과 권고는 본질적으로 서로에게 속해 있다.

마태복음 9:35-38을 읽으라.

나사렛 선언

수요일

주의 성령이 내게 임하셨으니
이는 가난한 자에게 복음을 전하게 하시려고 내게 기름을 부으시고
누가복음 4:18

마태와 마가는 예수님의 나사렛 회당 방문 기사를 그분의 사역 후반부에 배치한다. 하지만 누가는 의도적으로 그 기사를 공생애 시작 부분에 두었다. 그 내용이 예수님의 메시지와 그분이 자기 백성에게 거부당하실 것을 예언적으로 보여 주는 것이라 보았기 때문이다.

예수님은 이사야 61장의 처음 두 절을 읽으신 다음, 이사야의 말이 자기를 가리킨다고 주장하셨다. "이 글이 오늘 너희 귀에 응하였느니라"(눅 4:21). 예수님은 기름부음 받으신 메시아였다. 네 부류의 사람들, 즉 가난한 자, 포로 된 자, 눈먼 자, 눌린 자를 구원하실 사명을 위임받은 분이셨다.

중요한 문제는, 이런 묘사가 이 사람들의 영적 상황을 가리키느냐, 사회 정치적 상황을 가리키느냐이다. 그에 대한 대답은 다양하다. 복음이 사람들을 죄에서 구원해 준다고 주장하며, 복음에 영적 의미만 부여하는 사람들이 있다. 그런가 하면, 복음이 사람들을 압제에서 자유롭게 한다고 주장하며, 복음에 정치적 의미만 부여하는 사람들이 있다. 하지만 둘 다 만족스러운 답은 아니다. 어느 쪽도 이 본문을 공정하게 다루지 못하기 때문이다. 영적 의미만 강조하는 사람들은 예수님이 가난한 사람들을 가까이하셨다는 사실을 잊고 있는 반면, 정치적 의미만 강조하는 사람들은 헬라어로 **자유**(18절)가 '용서'를 의미하기도 한다는 사실을 잊고 있는 것이다.

이런 딜레마를 해결하는 유일한 방법은, 예수님이 둘 다 가르치셨으니 둘 다 옳다고 보는 것이다. 구약 성경의 가난한 사람들은 하나님께 자비를 구하는 겸손한 자들인 동시에, 자유가 필요한 눌린 자들이었다. 나아가, "복음은 양쪽 모두에게 좋은 소식이다. 영적으로 가난한 사람들, 하나님 앞에서 스스로를 낮추는 사람들은 믿음으로 구원의 선물을 받는다.…물질적으로 가난하고 힘없는 사람들은 하나님의 자녀라는 새로운 존엄성과 형제자매의 사랑도 발견한다. 이 형제자매들은 소외된 자들의 품위를 떨어뜨리고 억압하는 모든 것에서 그들을 해방시키기 위해 함께 애쓸 것이다."[1]

(물질적으로든 영적으로든) 가난한 사람들에게 일어나는 일은 포로된 자들, 눈먼 자, 눌린 자들에게도 일어난다. 복음은 두 가지 의미에서 모두 그들에게 좋은 소식이다.

누가복음 4:14-21을 읽으라.

목요일

치유 사역

> 예수께서 온 갈릴리에 두루 다니사 그들의 회당에서 가르치시며
> 천국 복음을 전파하시며 백성 중의 모든 병과 모든 약한 것을 고치시니.
> 마태복음 4:23

복음서 저자들은 예수님의 사역을 가르침과 설교와 치유, 이렇게 세 가지로 묘사한다. 가르침과 설교는 우리가 이해하거나 따라 하기가 그리 어렵지 않지만, 치유 사역은 어떻게 이해해야 할까?

아마도 하나님의 창조세계가 선하다는 사실을 단언하는 것부터 시작해야 할 것 같다. 다시 말해, 질병은 하나님이 이 세상에 존재하도록 의도하신 것이 아니요, 그분의 궁극적 목적에도 해당하지 않는다. 새로운 우주에는 질병이나 고통, 죽음이나 눈물이 없을 것이다(계 21:4). 그렇다면 질병과 죽음은 하나님의 선한 세계에 침입한 외계인과 같으므로, 의사와 간호사들은 마땅히 이 질병에 대항해 싸워야 한다. 또한 모든 치유는 하나님의 치유라고 할 수 있다. 하나님이 인간의 몸에 놀라운 치료 과정을 심어 두셨기 때문이다. 예를 들어, 몸의 어느 부분이 감염되면 곧바로 항체가 만들어져 그에 맞서 싸운다. 이를 확고하게 믿은, 위그노 교도이자 의사인 앙브로와즈 파레(Ambroise Paré)는 "상처에 약을 바르는 것은 나지만, 낫게 하시는 분은 하나님이다"라고 말했다. 이 말은 파리 의과대학(the École de Médicine) 벽에 새겨 있다.

그러나 복음서들은 예수님의 치유 사역이 전혀 다른 질서를 따르고 있다는 점을 분명히 한다. 물을 포도주로 만드신 사건이나 오병이어의 기적, 물 위를 걸으신 사건처럼, 예수님의 치유는 하나님 나라를 초자연적으로 드러내신 행위였다.

이런 일들을 이해하려 할 때는 양극단을 피하는 지혜를 발휘해야 한다. 한편으로, 우리의 잣대로 재단한 답답한 옷을 창조주께 입히고는 기적은 불가능하고 일어날 수 없다고 단정짓는 것은 말도 안 되는 일이다. 하지만 다른 한편으로, (일부 사람들이 그렇게 하듯) 기적이 그리스도인의 삶에 일상적인 일이라고 말할 자유도 없다. 기적을 어떻게 정의하든, 기적은 확실히 정상보다는 비정상에 속하기 때문이다. 우리가 예수님처럼 환자를 고칠 수 있다고 주장하려 한다면, 예수님은 약품이나 수술이라는 수단을 사용하시지 않고도, 즉시 완벽하고도 완전하게 사람들을 고치셨다는 사실, 그래서 그분을 혐오하는 사람들조차 그 모습을 보고 "우리도 부인할 수 없는지라"(행 4:16)라고 말했다는 사실을 기억해야 한다.

사도행전 4:8-16을 읽으라.

주님의 기도 생활

금요일

> 새벽 아직도 밝기 전에 예수께서 일어나 나가
> 한적한 곳으로 가사 거기서 기도하시더니.
> 마가복음 1:35

예수님의 세 가지 사역이 얼마나 힘겨운 일이었을지 우리로서는 상상하기 어렵다. 마가는 가버나움에서의 어느 하루를 본보기로 보여 준다. 그분은 가르치는 사역으로 하루를 시작하셨다. 듣는 사람들은 그분의 권위에 깜짝 놀랐다. 예수님에 대한 소문은 갈릴리 전 지역에 급속히 퍼져서, 가르침과 치유를 받기 위해 사람들이 구름 떼처럼 몰려왔다. 그날 밤 해가 지고 날이 서늘해졌을 즈음 예수님께서는 식사와 휴식이 필요했을 것이다. 하지만 "온 동네가 그 문 앞에 모였고"(33절) 예수님은 아픈 사람들을 고쳐 주셨다. 예수님께 그 정도는 식은 죽 먹기처럼 보일 수도 있지만, 나중에 예수님이 혈우병에 걸린 여인을 고쳐 주시는 장면을 보면 그분에게서 능력이 나왔다는 말을 볼 수 있다. 밀려드는 환자를 치료하시느라 그분은 진이 빠지셨을 것이다. 그중에서도 가장 힘든 일은 악한 영과 대적하는 일이었다. 하나님 나라가 임했지만, 마귀의 나라는 순순히 물러나지 않았다.

그날 밤 예수님이 과연 몇 시에 잠자리에 드셨을지 궁금하다. 그렇게 정신없는 하루를 보내셨으니 몸과 영혼에 휴식이 필요하셨다는 것만 알 뿐이다. 이에 예수님은 아침 일찍 일어나 한적한 곳에 가서 기도하셨다.

복음서 저자들 중에 유독 누가는 이런 예수님의 행위에 크게 관심을 보였다. 그는 예수님이 기도하신 경우를 열 번이나 기록하는데, 다른 복음서에는 기록되지 않은 경우가 많다.

예수님은 이사야 40:31 같은 구약 말씀을 잘 알고 계셨을 것이다. "오직 여호와를 앙망하는 자는 새 힘을 얻으리니." 그래서 기도에서 그 새 힘을 얻으셨다. 우리는 또 예수님이 "아바"라는 아람어 호칭을 사용하신 것을 보아 아버지와의 관계가 얼마나 친밀했는지를 알 수 있다. 고(故) 요아킴 예레미아스(Joachim Jeremias) 교수는 "고대 유대교 기도서 중에…하나님을 아바라고 부른 예는 찾아볼 수 없다.…그런데 예수님은 기도하실 때 늘 이 호칭을 사용하셨다"[1]라고 썼다. 이렇게 기도로 새 힘을 얻으신 예수님은 분주하고 부담스러운 사역으로 복귀하시곤 했다. 예수님이 사역의 긴장감을 견디실 수 있었던 것은, 기도와 사역 그리고 회복과 업무 사이에서의 이러한 리듬을 통해서다. 그분께 이런 시간이 필요했다면, 우리는 말할 나위도 없다.

마가복음 1:21-39을 읽으라.

토요일

열두 제자를 부르심

[예수께서] 그 제자들을 부르사
그중에서 열둘을 택하여 사도라 칭하셨으니.
누가복음 6:13

누가복음에 따르면, 예수님은 밤새도록 기도하신 다음 열두 제자를 택하여 부르셨다. 그분은 중대한 결정을 앞두고 있다는 사실을 분명히 아셨다. 열두 제자는 앞으로 특별한 역할을 감당할 예정이었기 때문이다. 여기서 눈여겨 볼 점이 두 가지 있다.

첫째, **예수님은 열두 명을 택하셨다**. 그분께서는 이미 여러 추종자, 즉 '제자들'이 있었지만, 이 수많은 사람 중에서 열두 명을 택하셨다. 열둘이라는 숫자는 분명 의도적인 것이다. 그분은 열두 사도를 이스라엘의 열두 지파와 동급으로 보셨다. 예수님과 이 열두 사도는 새로이 깨끗함을 입은 이스라엘의 핵심이 될 것이다.

사도들의 목록을 보면서 가장 놀라운 점은 기이할 정도로 다양한 사람으로 구성되었다는 것이다. 세리(반역자로 취급당했던) 마태와 열심당원(극단적 애국주의자) 시몬이 거기 끼었다는 사실만 봐도 그렇다. 아마 예수님은 일부러 문화적으로 다양한 부류의 사람들을 사도로 삼으신 듯하다. 예수님의 공동체가 지닐 다양성을 미리 보여 주시기 위해서 말이다.

둘째로, **예수님은 그들을 사도 즉 '보냄받은 자'로 임명하셨다**. 우리는 이 단어의 두 가지 배경을 되새길 필요가 있다. 구약 성경에서 '보냄받은 자'는 선지자를 가리켰다. 여호와가 선지자들을 보내셨다면, 이제 예수님은 자기 사도들을 보내고 계셨다. 그후 랍비 유대교에서는 '보냄받은 자'를 '샬리아'(*shaliach*)라고 부르며, 사람들을 가르치라고 산헤드린이 보낸 사람들을 가리켰다. 이 사람에 대해서는 "어떤 사람이 보낸 사람은 바로 그 사람이나 마찬가지다"라고들 말했다. 그를 보낸 사람의 권위가 그 사람에게 있다는 뜻이다. 그런 의미에서 예수님도 나중에 열두 제자에게 "너희를 영접하는 자는 나를 영접하는 것이요"(마 10:40), "너희 말을 듣는 자는 곧 내 말을 듣는 것이요"(눅 10:16)라고 말씀하실 수 있었다.

예수님은 자신의 이름으로 말씀을 선포하도록 사도들을 준비시키기 위해, 그분의 말씀을 듣고 그분의 사역을 보는 목격자로 그들을 "자기와 함께 있게 하셨다." 그들이 보고 들은 것을 전할 수 있도록 말이다(막 3:14; 요 15:27도 보라). 사도 직분에 암시되어 있는 이런 측면은 신약 성경의 저술에 중요한 영향을 미쳤다.

마가복음 3:13-19을 읽으라.

제22주

비유로 가르치심

예수님은 탁월한 교사였을 뿐 아니라, 비유라는 그분만의 독특한 방법을 애용하여 사람들을 가르치셨다. 기본적으로 비유는 극적인 이야기 형식을 띤 비교나 직유를 뜻하는 말로, 대개 한 가지 주요한 요점을 전달한다. 반대로 알레고리는, 포도나무와 가지 이야기처럼 세세한 부분 하나하나에 대응되는 내용이 있는 경우가 많다.

예수님이 사용하신 비유의 첫째 기능은 어떤 진리, 특히 하나님 나라의 특성이나 가치관 그리고 그 나라의 도래와 관련한 진리를 밝히는 것이었다. 둘째, 비유는 청중에게 일종의 결단을 촉구하기 위한 것이었다. 셋째, 비유는 진리를 드러내기도 하지만 가리기도 했다. "그들이 보아도 보지 못하며 들어도 듣지 못하며 깨닫지 못함이니라"(마 13:13). 비유를 깨닫지 못하게 하는 것이 비유의 목적은 아니었지만, 듣는 이들이 마음을 강퍅하게 하면 그런 일이 일어났다.

일요일: 자라는 씨의 비유
월요일: 씨 뿌리는 자의 비유
화요일: 곡식과 가라지의 비유
수요일: 잃어버렸다가 찾는 세 가지 비유 1―복음
목요일: 잃어버렸다가 찾는 세 가지 비유 2―선교
금요일: 바리새인과 세리의 비유
토요일: 선한 사마리아인의 비유

일요일

자라는 씨의 비유

사람이 씨를 땅에 뿌림과 같으니 그가 밤낮 자고 깨고 하는 중에
씨가 나서 자라되 어떻게 그리 되는지를 알지 못하느니라.
마가복음 4:26-27

마가복음의 순서에 따르면, 자라는 씨의 비유는 가장 앞쪽에 등장한다. 당시에는 하나님 나라가 아주 작았다. 예수님의 복음을 듣고 그분의 부르심에 응답한 사람들은 많지 않았다. 따라서 이 짧은 비유는 하나님 나라의 확산이 더디어 보이는 그때에, 예수님을 따르는 이들에게 확신과 격려를 주기 위한 의도가 있었다.

몇 가지 중요한 점에서, 하나님 나라의 성장은 식물의 성장과 비슷하다. 농부는 씨를 뿌리고, 정해진 때가 되어 곡식이 익으면 낫을 들고 곡식을 거둔다. 하지만 씨를 뿌리고 추수하기까지는 눈에 띄게 하는 일이 없다. 사실, 그가 잠을 자든 일어나 있든 별 차이가 없을 것이다. 어떤 상황이든 그 사이에 씨는 싹을 틔우고 조금씩 자란다.

하나님 나라도 자연의 섭리와 마찬가지다. 하나님 나라는 더 오랜 시간에 걸쳐 어마어마한 크기로 자라지만, 성장 원리는 똑같다.

첫째, 하나님 나라는 **거침없이** 자란다. 아무도 그 성장을 막을 수 없다. 숨은 능력이 작용하여 "처음에는 싹이요, 다음에는 이삭이요, 그다음에는 이삭에 충실한 곡식"이 된다(28절).

둘째, 하나님 나라는 **눈에 띄지 않게** 자란다. 우리는 하나님 나라의 진행을 보지 못한다. 그 나라는 우리가 보든 안 보든 상관없이 꾸준히 자란다.

셋째, 하나님 나라는 **자연적으로** 자란다. 우리는 하나님 나라의 숨겨진 성장 과정에 기여할 것이 없다. 땅은 "스스로" 열매를 맺는다(28절). 헬라어로는 '아우토마테'(*automate*)인데, 이것이 그 문자적 의미대로 자동이라는 뜻은 아니다. 하나님 나라의 성장 배후에는 성령님의 은밀한 작용이 있기 때문이다. 그 일은 우리 몫이 아니라 그분 몫이다.

마가복음 4:26-29을 읽으라.

씨 뿌리는 자의 비유

월요일

> 씨를 뿌리는 자가 그 씨를 뿌리러 나가서 뿌릴새…[여러 종류의 땅에 떨어졌다]…
> [예수께서] 이 말씀을 하시고 외치시되 들을 귀 있는 자는 들을지어다.
> 누가복음 8:5, 8

1세기 팔레스타인 농부가 씨를 뿌리는 모습은 상상하기 어렵지 않다. 왼쪽 허리춤에 바구니를 얹고는, 밭고랑을 왔다 갔다 하면서 억센 오른 팔로 씨를 흩뿌린다.

비유를 들려주신 예수님은 본인의 해설과 함께 그 의미가 담긴 짧은 격언을 덧붙이신다. "들을 귀 있는 자는 들을지어다." 예수님은 자신의 가르치는 사역을 하나님 말씀이라는 씨를 뿌리는 행위로 묘사하신다. 사람들은 거기에 다양한 반응을 보였다. 원수들인 새들이 와서 먹어 버리기도 하고(마귀), 작열하는 태양에 말라 버리거나(유혹과 고난), 가시떨기에 기운이 막히기도 했다(부와 세속화). 그러나 비유 메시지는 거기서 끝나지 않는다. 이 비유에는 확실한 유형이 있다. 어떤 씨가 떨어진다는 말이 네 번 나오는데, 그것은 네 집단의 사람이 하나님 말씀을 듣는다(11절)는 뜻이다. 여기서 기본적인 질문은 이것이다. 말씀을 들은 사람들은 어떤 반응을 보였는가?

말씀을 전혀 받지 않은 사람들이 있다. 하나님의 말씀이 그들의 방어벽을 뚫지 못한다. 그들의 강퍅한 마음은 굳게 닫혀 있다. 이들은 마귀의 유혹에 매우 취약하다. 그런가 하면, 하나님의 말씀을 피상적으로 받은 사람들이 있다. 처음에는 열정적으로 말씀을 받는다. 하지만 믿음은 잠깐뿐이다. 땅 밑에 바위가 있어서, 씨가 뿌리를 내리지 못한다. 그래서 태양(유혹과 박해)이 강하게 내리쬐면, 이들의 영적 생명은 말라비틀어지고 만다.

말씀에 뒤섞인 반응을 보이는 사람들도 있다. 말씀을 받기는 하지만, 이것저것 다른 것들도 함께 받아들인다. 세속적인 것과 거룩한 것을 구별하지 못한다. 자신의 열린 태도를 자랑스럽게 내세우지만, 그 정도가 심해서 아무것도 받아들이지도 거부하지도 못한다. 종국에는 사업, 쾌락, 부가 마치 가시떨기처럼 그들의 영적 생명을 질식시킨다.

하지만 하나님의 말씀을 온전히 받아들이는 사람들이 있다. 그들은 말씀을 단단히 붙잡고 인내한다. 말씀에 우선순위를 둔다. 말씀을 잘 자라게 한다. 그리고 열매를 맺는다.

누가복음 8:4-18을 읽으라.

화요일

곡식과 가라지의 비유

둘 다 추수 때까지 함께 자라게 두라.
마태복음 13:30

이 비유는 '명목상의 기독교'라는 희한한 현상을 소개해 준다. 마음은 없는데 이름만, 실상은 아닌데 겉모습만 그리스도인이 되는 것이 가능하다는 뜻이다.

이 이야기가 전하는 메시지는 분명하다. 씨 뿌리는 사람이 둘 있다. 한 사람은 농부고, 다른 한 사람은 그의 원수다. 작물도 곡식(밀)과 가라지, 이렇게 두 종류다. 그러다 보니 추수도 두 종류다. 가라지는 불태우고, 곡식은 곳간에 모을 것이다. 하지만 처음부터 끝까지 같은 밭에서 벌어지는 일이다. 이 비유가 주는 교훈은 세 가지다.

첫째, **교회는 여러 사람이 뒤섞여 있는 곳이다**. 밭에 곡식과 가라지가 섞여 있는 것처럼, 교회에도 신자와 불신자가 섞여 있다. 어떤 사람들은 이를 부인한다. 그들은 "밭은 세상이요"(38절)라는 예수님의 말씀을 들이댄다. 하지만 원수는 다른 밭이 아니라 "곡식 가운데"(25절) 가라지를 뿌렸다. 그리고 결국 하나님 나라, 즉 예수님을 왕으로 인정하는 공동체에서 악인들을 거두게 될 것이다. 교회 내부에는 진짜 신자도 있고 가짜 신자도 있기 마련이다. 그래서 보이는 교회(세례받은 교인)와 보이지 않는 교회(진정으로 예수 그리스도께 속한 모든 사람)를 구분해야 한다.

둘째, **마귀가 교회에서 활동하고 있다**. 교회 지도자들 중에는 마귀의 존재를 믿지 않는 사람들도 있다. 하지만 예수님이 마귀의 존재를 믿으셨으니, 우리도 믿어야 할 이유가 충분하다. 마귀는 감쪽같이 신실한 성도로 위장한 부하들을 교회에 침투시킨다. 그러니 소위 가라지라는 잡초는 최소한 초기 단계에는 곡식과 흡사해서 구별하기가 쉽지 않다.

셋째, **결국에는 구분을 하게 된다**. 가짜 그리스도인은 언젠가는 정체가 드러나게 되어 있다. 심판 날에 그들의 가면이 벗겨질 것이다. 그때까지는, 그들을 체로 거르고 구분하는 일을 시도해서는 안 된다. 그것은 엄연히 하나님이 하실 일이다. 그러나 그렇다고 해서 교회가 전적으로 수용하는 공동체가 되어야 하고 징계도 하지 말라는 뜻은 아니다. 대놓고 이단이라 주장하고 악행을 일삼는 이들은 징계해야 마땅하지만, 우리가 사람들의 마음을 읽을 수는 없기에, 믿음을 고백하고 진정한 신자처럼 보이는 사람들에 대한 판단은 보류해야 한다는 뜻이다.

마태복음 13:24-30, 36-43을 읽으라.

잃어버렸다가 찾는 세 가지 비유 1- 복음

수요일

> 이 내 아들은 죽었다가 다시 살아났으며
> 내가 잃었다가 다시 얻었노라 하니 그들이 즐거워하더라.
> 누가복음 15:24

누가복음 15장은 성경에서 가장 유명하고 가장 사랑받는 본문 중 하나다. 잃어버린 양, 잃어버린 동전, 잃어버린 아들을 다시 찾는 세 가지 비유가 등장하기 때문이다. 그러나 사람들은 이 비유들을 여러 가지 의미로 해석했다. 그래서 내가 이 본문에서 강조하려는 두 가지 진리가 적절한지 아닌지는 독자들의 판단에 맡겨야 할 것 같다. 오늘은 복음에 대해, 내일은 선교에 대해 생각해 보려 한다.

잃어버린 아들의 비유는 잃어버린 인간 존재를 생생하게 설명해 주는 이야기다. 여기에 우리 모두의 자서전이 있다. 이 아들은 독립하려는 마음에 일부러 아버지께 터무니없는 요구를 했다. 자기 몫의 유산을 달라는 말은 아버지가 죽었으면 좋겠다고 바라는 것이나 마찬가지였다. 결국 아들은 먼 나라에 가서 제멋대로 살다가 방종한 삶에 빠지고 말았다. 사치스럽고 부도덕한 생활이 몸에 배었다. 그러다가 기근이 닥치자, (유대인들이 혐오하는) 돼지를 쳐서 연명할 정도로 비참한 신세가 되고 말았다. 그를 돕겠다고 나서는 사람은 아무도 없었다. 재산을 탕진하고 굶주린 그는 완전히 혼자였다.

그러는 사이에도, 아버지의 사랑은 조금도 변함이 없었다. 아버지는 아들을 그리워하며 하루빨리 돌아오기만을 간절히 바랐다. 이것이 바로 은혜, 다시 말해 분에 넘치는 사랑이다. 게다가 하나님은 우리를 사랑하셔서 우리 때문에 고통을 당하신다. 일부 자유주의 비판가들은, 이 비유에 등장하는 아버지는 아무런 위험이나 고통을 감수하지 않았다고 주장한다. 무슬림들도 이 비유를 가리켜, 이 젊은이가 구원자 없이 구원받았다고 주장한다. 이 비유가 속죄 없는 용서를 가르친다는 말이다. 하지만 중동 문화 전문가 케네스 베일리(Kenneth Bailey) 박사는 『십자가와 탕자』(The Cross and the Prodigal)에서 이 비유의 의미를 설명한다. 그 집 아들이 벌 받아 마땅한 수치스러운 아들이라는 사실은 온 동네 사람들이 다 알았을 것이다. 그런데 아들이 견뎌야 할 괴로움을 아버지가 짊어진다. 그 아버지 또래의 사회적 명성을 갖춘 사람은 어딜 가든 절대로 달려가는 법이 없었다. 아주 천천히 품위 있게 걸어 다녔다. 그런데 길을 내달리는 이 아버지를 보라. 온 동네에 비웃음거리가 될 것이 뻔한데도, 돌아오는 아들 때문에 온갖 수치와 굴욕을 다 떠안은 이 아버지. 아버지가 자리를 박차고 아들을 맞이하러 달려가는 모습은 성육신을 암시하고, 온 동네에 조롱거리가 되는 모습은 곧 십자가를 암시한다.

누가복음 15:11-24을 읽으라.

목요일

잃어버렸다가 찾는 세 가지 비유 2 - 선교

모든 세리와 죄인들이 말씀을 들으러 가까이 나아오니 바리새인과 서기관들이 수군거려 이르되
이 사람이 죄인을 영접하고 음식을 같이 먹는다 하더라.
누가복음 15:1-2

누가는 이 본문에서 예수님이 세 비유를 말씀하시게 된 배경을 직접 설명한다. 그러나 이는 사람들이 자주 간과하는 부분이다. 세리는 경멸의 대상이었다. 사람들이 혐오하는 로마 점령 세력(또는 갈릴리 지방에서는, 헤롯 안티파스를 위해 일하는 이들)과 협력했을 뿐 아니라, 대개는 부당한 이득을 누리고 있었기 때문이다. 그런가 하면 **죄인들**이란 표현은, 바리새인들이 율법을 무시하는 일반인들에게 갖다 붙이는 욕설이었다. 바리새인들은 두 집단을 모두 멀리했다. 그러니 예수님이 이들과 어울리시자, 그들이 분노한 것은 당연했다. 바리새인들은 충격에 빠져 이렇게 외쳤다. "이 사람이 죄인을 영접한다." 하지만 누가는 이에 찬성하다 못해 감탄하면서 그 사실을 기록하고 있다. 우리도 그래야 마땅하다. 사실, 예수님이 영접한 사람들은 죄인들뿐이다. 그렇지 않았다면, 우리에게는 아무런 소망이 없을 것이다!

예수님은 자신과 바리새인들의 근본적인 차이점을 강조하시기 위해, 이 잃어버렸다가 찾는 세 가지 비유를 말씀하셨다. 예수님은 죄인들을 영접하셨지만, 바리새인들은 죄인들을 반대하고 거부했다. 바리새인들은 거룩함을 잘못 알고 있었다. 그들은 사람들을 접촉함으로 부정해진다고 믿었기에 그들과 거리를 두었다. 하지만 예수님은 죄인들을 가까이하셨고, 사람들은 그분을 "세리와 죄인의 친구"(마 11:19)라 부르기도 했다. 바리새인들은 창녀를 보면, 늘어진 옷자락을 거두어 몸을 가리고 자리를 피했다. 하지만 예수님은 창녀를 보고도 피하시지 않고, 그녀의 경배를 받아들이셨다.

그렇다면 우리 앞에 놓인 질문은 이것이다. 우리는 예수님을 닮을 것이냐 바리새인들을 닮을 것이냐. 죄인들과의 만남을 피할 것이냐 열심히 죄인들을 찾아다닐 것이냐. 그러나 오해해서는 안 된다. 예수님이 죄인들을 영접하셨다고 해서, 그분이 그들의 죄까지 용납하신 것은 아니었다. 오히려 그 반대로, 이 세 가지 비유 모두 회개와 축복을 암시하며 끝난다. 예수님은 바리새파주의와 타협, 이 두 극단을 모두 거부하셨다. 그분은 회개하는 죄인 한 사람으로 천국에서 크게 기뻐한다고 말씀하셨다.

"이 사람이 죄인을 영접"하셨기에, 우리도 그들을 환영해야 한다. 이것 없이 진정한 선교는 불가능하다.

누가복음 15:1-10을 읽으라.

바리새인과 세리의 비유

금요일

내가 너희에게 이르노니 이에 저 바리새인이 아니고
이 사람[세리]이 의롭다 하심을 받고 그의 집으로 내려갔느니라.
누가복음 18:14

칭의는 법률 용어로, **정죄**와 반대 의미다. 구약 시대의 재판관들은 죄 없는 자는 의롭다 하고, 죄인들은 정죄해야 한다고 가르침을 받았다. 그러니 예수님이 죄 많은 세리는 의롭다 하시고 올바른 바리새인은 정죄하셨을 때, 바리새인들이 얼마나 분개했겠는가. 예수님은 하나님이 재판관들에게 금하신 행동을 감히 그분이 직접 하셨다고 말씀하시는 것인가?

비유에 나오는 두 인물은 둘 다 기도하러 성전에 올라갔다. 그러나 공통점은 거기서 끝나고, 이후로는 차이점이 부각된다.

첫째, 두 사람은 자기 자신을 전혀 딴판으로 평가했다. 바리새인은 '나'라는 표현을 다섯 번씩이나 썼다. 하지만 세리는 딱 한 번, 그것도 목적격으로 사용했을 뿐이다. "하나님, 죄 많은 저를 불쌍히 여겨 주십시오"(13절, 역자 사역). 이것이 진정한 뉘우침의 표현이다. 더욱이, 자신에 대한 다른 평가는 그들의 자세에 그대로 드러난다. 두 사람 다 (유대 관례에 따라) 서 있었지만, 바리새인은 꼿꼿이 서서 자랑스러운 듯 자기를 과시하며 스스로에게 취해 있었던 반면, 세리는 "멀리 서서"(13절) 시선을 아래로 향하고 가슴을 치며 기도했다.

둘째, 두 사람은 하나님이 자기를 받아 주시리라는 확신의 근거가 달랐다. 바리새인은 스스로 의롭다는 자기 생각을 믿었지만, 세리는 하나님의 자비하심만을 붙잡았다.

토머스 크랜머(Thomas Cranmer) 대주교는 1552년 성찬 예식서에서 우리를 의도적으로 세리의 위치에 놓고, "우리의 공적을 달아 보지 말고, 예수 그리스도를 의지하여 우리 잘못을 사해 주시기를 구하라"라고 권면한다. 그러면서 우리 자신의 의로움이 아니라 주님의 "크신 자비"를 신뢰하면서 성만찬에 나와야 한다고 말했다. 세리의 겸손한 기도는 진정한 참회의 기도로 영원히 남을 것이다.

누가복음 18:9-14을 읽으라.

토요일

선한 사마리아인의 비유

네 이웃을 네 자신같이 사랑하라.
누가복음 10:27

이 비유는 널리 사랑받으며 다양하게 해석되어 왔다. 예를 들어, 아우구스티누스를 비롯한 고대와 현대의 많은 주석가들은 이 이야기를 인간의 구속에 대한 알레고리로 보았다. 선한 사마리아인은 구원자 예수 그리스도시다. 그분은 죽어가는 우리를 발견하고는 상처를 치료한 후 교회(주막)로 인도하신다. 그리고 주막 주인에게 두 데나리온(성례)을 주고 다시 오겠다고 약속하신다. 기발한 해석이기도 하고, 최소한 선한 사마리아인에게서 구원하시는 사랑의 이미지를 찾아볼 수도 있다. 하지만 우리에게는 이 이야기의 세세한 부분까지 모두 알레고리화할 자유는 없다. 그보다 이 비유는 "네 이웃을 사랑하라"라는 명령의 의미를 이해하는 데 실마리를 던져 준다고 할 수 있다.

첫째, 이 비유는 **사랑**의 한 실례다. 모세는 사랑에 대한 소극적인 예시를 주었다. 우리가 진정으로 이웃을 사랑하면, 가난한 사람을 무시할 수 없고, 일꾼들을 착취하지 않으며, 귀먹은 자나 맹인에게 해를 입히지 않고, 정의를 왜곡하지 않고, 사업할 때 가짜 저울이나 척도를 사용하지 않고, 원한을 품지 않고, 원수를 갚지 않을 것이다. 왜냐하면 이 모든 일이 "네 이웃 사랑하기"(레 19:18)와 양립할 수 없기 때문이다. 적극적으로, 우리는 우리 이웃이 최고로 잘되기를 바라야 한다.

둘째, 이 비유는 **이웃**을 정의해 준다. 하필이면 그 많은 사람 중에, 강도 만난 사람을 도우러 온 사람이 사마리아인이었다니. 사마리아인들은 유대인들이 혐오하는 대상이었다. 종교로 보나 인종으로 보나 혼혈인이었기 때문이다. 하지만 여기 나오는 사마리아인은 강도 만난 유대인을 위해, 유대인이라면 도무지 사마리아인을 위해 해줄 것 같지 않은 일을 한다. 진정한 이웃 사랑은 상호적이다. 이 비유는, 우리가 섬겨야 할 우리 이웃이 누구이며, 그들에게 이웃이 된다는 것이 무엇을 의미하는지 정의해 준다.

오늘날에는 사마리아 종족을 거의 찾아볼 수 없지만, 우리가 경멸하고 거부하고 싶은 사람들은 주변에 널려 있다. 다른 종족, 다른 피부색, 다른 문화의 사람들이 그렇지 않은가. 동성애 혐오증의 피해자들인 동성애자들, 무슬림처럼 다른 신앙을 가진 사람들도 마찬가지다. 예수님의 비유는 우리에게 이 모든 인종적·사회적·성적·종교적 편견을 극복해야 한다고 도전한다. 기독교의 신념이나 윤리를 타협하라는 말이 아니라, 그런 것들 때문에 적극적으로 이웃을 사랑하는 일을 주저해서는 안 된다는 뜻이다. 이것이 바로 "가서 너도 이와 같이 하라"(37절)라는 말씀이 우리에게 의미하는 바다.

누가복음 10:25-37을 읽으라.

제23주
산상수훈

자신은 산상수훈대로 산다면서 달변을 늘어놓는 사람들이 있다. 과연 그들이 산상수훈을 제대로 읽기는 했는지 모르겠다. 사실은 그와 정반대로 반응하는 사람이 훨씬 더 많다. 산상수훈은 참으로 아름다운 이상이기는 해도, 실천하기는 터무니없이 어렵다는 것이다. 톨스토이(Tolstoy)는 이 두 가지 반응을 다 조금씩 보여 준다. 그는 한편으로는 산상수훈을 실천하기를 간절히 원했으면서도, 다른 한편으로는 자신의 실패를 겸허히 인정했다.

(한 편의 설교라기보다는 아마도 일종의 여름 학교와 비슷했을) 산상수훈의 핵심은, 다른 사람들과는 다르게 살라는 그리스도의 요청이었다. 그분은 "그들을 본받지 말라"라고 말씀하셨다(마 6:8). 예수님이 선포하신 하나님 나라는 독특한 가치관과 기준을 제시하는 반문화적인 나라다. 그분은 의, 영향력, 경건, 신뢰, 야망에 대해 말씀하시고는, 자신의 길을 따르라는 근본적인 도전으로 산상수훈을 마무리하신다.

일요일: 팔복
월요일: 소금과 빛
화요일: 그리스도와 율법
수요일: 여섯 가지 대구
목요일: 종교적 실천
금요일: 진짜 야망과 가짜 야망
토요일: 근본적인 선택

일요일

팔복

심령이 가난한 자는 복이 있나니
천국이 그들의 것임이요
마태복음 5:3

먼 저 세 가지 오해하지 말아야 할 것을 언급함으로써 산상수훈을 시작해야겠다. 첫째, 예수님은 우리에게 선별적으로 접근하지 말라고 말씀하신다. 예를 들면, 누구는 온유한 사람으로, 누구는 긍휼히 여기는 사람으로 부름받았다는 식으로 말이다. 팔복은 성령의 아홉 가지 열매가 그렇듯, 그리스도를 따르는 사람의 전반적인 특징을 나타낸다. 둘째, 예수님은 정신적인 건강을 위한 어떤 공식을 처방하시는 것이 아니다. '마카리오스'(makarios, "복이 있나니")는 '행복하다'는 의미일 수도 있으나, 예수님은 여기서 주관적인 판단(우리의 느낌)이 아니라 객관적인 판단(하나님의 생각)을 하고 계신다. 셋째, 예수님은 선행으로 구원받는다고 선포하시는 것이 아니라, 성령으로 이미 구원받은 사람들이 어떻게 행동해야 할지를 가르치신다.

심령이 가난한 자는 영적인 파산을 인정하는 사람들이다. 그들은 이렇게 말한다. "주님의 십자가만 붙잡고 빈손으로 나아갑니다." 애통하는 자는 한걸음 더 나아간다. 이들은 가족이나 친구의 죽음을 슬퍼하는 것이 아니라, 신실함과 자존감을 잃어버린 자신에 대해 슬퍼한다. 이들은 하나님의 용서로 위로를 얻는다. 온유한 자는 (본문에서 암시하는 대로) 다른 사람들이 자신의 부족한 모습을 있는 그대로 지적할 때 그것을 기꺼이 받아들인다. 그다음 단계는 의에 주리고 목마른 상태다. 간절한 영적 욕구는 하나님 백성의 표지다.

팔복 중 처음 네 가지가 하나님과의 관계에 집중한다면, 나머지 네 가지는 다른 사람들과의 관계에 집중한다. 우리 하나님은 긍휼히 여기는 하나님이시기에, 그분의 백성도 긍휼히 여기는 사람들이 되어야 한다. 지난주에 선한 사마리아인의 비유가 가르쳐 주었듯이, 도움이 필요한 사람은 누구라도 사랑하고 도와야 한다. 그다음으로 복 있는 사람은 마음이 청결한 자다. 한결같고 철저하게 진실한 사람 말이다. 그리스도인들은 또 화평케 하는 자가 되어야 한다. 그러면 하나님의 아들이라 일컬음을 받을 것이다. 그들의 아버지야말로 아들의 죽음이라는 큰 희생을 치르시고 우리와 평화를 이루신 (골 1:20) 최고의 평화주의자이시기 때문이다. 마지막 여덟 번째로는 의를 위하여 박해받은 자에게 복을 선언한다. 오늘날 여러 문화권에서는 그리스도인들에 대한 박해가 점점 심해지고 있다. 예수님은 그리스도인이라면 마땅히 박해를 받아야 한다고 가르치시면서, 우리 앞서 박해를 받은 선지자들의 고귀한 전통을 이어 가게 하신다.

이렇듯 예수 그리스도의 반문화는 이 세상의 문화와 상충한다. 예수님은 세상이 가장 불쌍히 여기는 사람들을 기뻐하시며, 세상이 거부하는 사람들을 복 있다고 하신다.

마태복음 5:1-12을 읽으라.

소금과 빛

월요일

너희는 세상의 소금이니…너희는 세상의 빛이라.…
이같이 너희 빛이 사람 앞에 비치게 하여.
마태복음 5:13-14, 16

소금과 빛은 가정에서 흔히 볼 수 있는 필수품이다. 아마도 예수님은 어머니가 부엌에서 소금을 사용하는 모습을 자주 보았을 것이다. 당시에는 냉장 시설이 없어서, 소금이 방부제와 살균제 역할을 톡톡히 했다. 예수님의 어머니 마리아도 생선과 고기를 소금물에 절여 두었을 것이다. 또 해가 지면, 등잔에 불을 붙였을 것이다.

예수님은 이제 이 이미지들을 사용하셔서, 그분을 따르는 이들이 세상에서 어떤 영향력을 발휘해야 하는지 말씀하신다. 이 말씀은 무슨 뜻인가? 오늘날 우리는 예수님이 선택하신 은유에서 어떤 의미를 추론해야 하는가? 나는 예수님이 네 가지 진리를 가르치신다고 생각한다. 첫째, **그리스도인들은 근본적으로 비그리스도인들과 다르다.** 소금과 빛 이미지는 상반되는 두 집단을 상정한다. 한편에는 이 세상이 있고, 다른 한편에는 어두운 세상의 빛이 되어야 하는 당신이 있다. 이 세상은 썩은 고기와 생선 같지만, 당신은 사회의 부패를 막는 소금 역할을 해야 한다. 빛과 어두움, 소금과 부패가 정반대인 것처럼, 이 두 집단은 철저하게 다르다.

둘째, **그리스도인들은 비그리스도인들의 사회 속으로 뚫고 들어가야 한다.** 우리는 영적·윤리적으로는 구분되어야 하지만, 사회적으로 분리되어서는 안 된다. 찬장 속에 숨겨 둔 등불이나, 소금통에만 얌전히 들어 있는 소금은 아무 소용이 없다. 빛은 어둠 속에서 비추어야 하고, 소금은 고기 속으로 스며들어야 한다. 소금과 빛은 이런 침투 과정을 잘 묘사해 준다.

셋째, **그리스도인들은 비그리스도인들의 사회에 영향을 미치고 그 사회를 바꿀 수 있다.** 소금과 빛은 둘 다 효과적인 물품이어서, 주변 환경을 바꿔 놓는다. 고기에 소금을 뿌리면 부패 속도를 늦출 수 있다. 마찬가지로, 불을 켜면 어둠이 사라진다. 개인만이 아니라 사회도 변화될 수 있다. 물론 완벽한 사회를 만들지는 못하겠지만 그 사회를 개선시킬 수는 있다. 우리는 역사를 통해, 기독교의 영향력으로 사회를 개선시킨 훌륭한 예를 많이 볼 수 있다.

넷째, **그리스도인들은 그리스도인의 독특함을 잃지 말아야 한다.** 짠맛을 잃어버린 소금은 쓸데없어진다. 빛이 광채를 잃으면 어둠을 몰아내지 못할 것이다. 그렇다면 우리 그리스도인들의 독특함은 무엇인가? 그 답을 찾기 위해 산상수훈의 나머지 내용을 살펴보자.

마태복음 5:13-16을 읽으라.

화요일

그리스도와 율법

내가 율법이나 선지자를 폐하러 온 줄로 생각하지 말라.
폐하러 온 것이 아니요 완전하게 하려 함이라.
마태복음 5:17

사람들은 예수님의 권위에 크게 놀랐다. "이게 뭐지? 새로운 가르침이다!" 특히, 사람들은 그분의 권위와 모세 율법의 권위 사이에 무슨 연관이 있는지 궁금했다. 사람들이 이러한 질문들을 말하건 하지 않건 간에, 예수님은 이 질문에 확실한 대답을 주셨다. 그분은 구약 성경을 폐하기 위해서가 아니라, 완전하게 하기 위해 오셨다. 즉 율법을 성취하고 율법에 순종하며 율법에 진정한 의미를 부여하기 위해 오셨다. 율법은 영원히 유효하기 때문이다. 따라서 하나님 나라에서는 율법에 얼마만큼 순종하느냐에 따라 얼마나 큰 사람인지가 결정된다. 예수님은 계속해서 말씀하셨다. "너희 의가 서기관과 바리새인보다 더 낫지 못하면 결코 천국에 들어가지 못하리라"(20절). 이 말씀을 듣는 제자들은 어안이 벙벙했을 것이다. 서기관과 바리새인들은 이 세상에서 가장 의로운 사람들이었기 때문이다. 앞에서도 보았듯이, 이들은 구약 성경에 248개의 명령과 365개의 허용이 있음을 추산해 내고, 그 모든 계명을 지키고 있다고 주장했다. 그러니 한낱 예수의 제자들이 어찌 세상에서 가장 의로운 이 사람들보다 의로울 수 있단 말인가? 이 수수께끼는 어렵지 않게 풀 수 있다. 그리스도인의 의는 바리새인들의 의보다 크다. 그리스도인의 의는 더 깊은 마음의 의이기 때문이다.

마태복음 5장의 나머지 내용은 여섯 개의 병행 단락으로 되어 있다. 그리고 이 각 단락은 "…하였다는 것을 너희가 들었으나 나는 너희에게 이르노니"라는 공식으로 시작하는 대구로 구성되어 있다. 예수님은 스스로를 누구와 비교하고 계신가? 주석가들은 예수님이 자신을 모세와 대조하고 있다고 주장했다. 그러나 최소한 두 가지 이유에서 그 주장은 사실이 아니다. 첫째, 예수님이 성경을 인용하실 때 사용한 "기록되었으되"와 달리, 여기 사용하신 "…하였다"는 표현은 기록된 성경이 아니라 구전된 전통을 가리켰다. 둘째, 예수님은 매우 분명한 용어로 성경의 영원한 권위(17-18절)를 확인해 주셨다. 그런데 뒤돌아서자마자 성경(과 스스로)에 모순되는 내용을 연달아 말씀하셨다고는 생각하기 어렵다. 예수님은 성경을 지지하셨고, 성경의 권위를 주장하셨으며, 성경에 진정한 의미를 부여하셨다. 이 내용은 내일 살펴볼 것이다.

마태복음 5:17-20을 읽으라.

여섯 가지 대구

*또 네 이웃을 사랑하고 네 원수를 미워하라 하였다는 것을 너희가 들었으나
나는 너희에게 이르노니 너희 원수를 사랑하며.*
마태복음 5:43-44

어제는, 예수님이 마태복음 5장의 여섯 가지 대구에서 성경이 아니라 전통에 반대하셨다는 사실을 살펴보았다. 이 여섯 가지 대구는 모두 같은 주제를 변형한 것이다. 서기관과 바리새인들은 율법이 과중하다고 여겼기에, 율법의 요구 사항은 덜 부담스럽게, 허용 사항은 더 관대하게 만들어서 그런 부담을 줄여 주려 했다. 이런 식으로 그들은 율법을 쥐락펴락했다. 그 예로 다섯 번째, 여섯 번째 대구를 살펴보자.

먼저, 다섯 번째 대구를 보라. "또 눈은 눈으로, 이는 이로 갚으라 하였다는 것을 너희가 들었으나 나는 너희에게 이르노니 악한 자를 대적하지 말라"(38-39절). "눈은 눈으로"는 이스라엘 사사들에게 주어진 지침이었다. 이는 탈리온 법칙(lex talionis), 즉 최고형으로 똑같은 벌을 준다는 원칙이었다. 그러나 서기관과 바리새인들은 그것을 (원래 사용된) 법정에서 (전혀 관계가 없는) 개인 관계 영역까지 확장했다. 율법에서는 복수를 엄격히 금했지만, 그들은 이 표현을 사용해서 복수를 정당화했다.

다음은 여섯 번째 대구를 보라. "또 네 이웃을 사랑하고 네 원수를 미워하라 하였다는 것을 너희가 들었으나 나는 너희에게 이르노니 너희 원수를 사랑하며"(43-44절). 서기관들은 성경을 왜곡해서 인용했다. 네 이웃을 사랑하라는 명령에다, 원래 구약 성경 본문에는 있지도 않은 원수를 미워하라는 명령을 덧붙인 것이다. 율법 교사들은 사랑해야 할 이웃이 누구인지 스스로에게 질문을 던진 다음, 당연하게도 같은 인종에 같은 종교를 가진 자기 친지와 친척들이 이웃이라고 대답했다. 따라서 그들이 이웃만을 사랑해야 한다면, 그것은 원수를 미워하도록 허용해 주는 것과 마찬가지였다. 하지만 예수님은 이런 궤변을 강력하게 정죄하셨다. 예수님은, 하나님의 사전에는 원수도 우리 이웃에 포함된다고 말씀하셨다.

우리가 우리를 사랑해 주는 사람들만 사랑한다면, 불신자들과 다를 바가 없다. 하지만 원수까지 사랑한다면, 우리는 하늘 아버지의 자녀가 틀림없다. 하나님의 사랑은 차별이 없어서 모든 사람에게 똑같이 비와 햇빛을 내려 주시기 때문이다. 알프레드 플러머는 우리가 선택할 수 있는 대안을 이렇게 요약했다. "선을 악으로 갚는 것은 사악한 행위다. 선을 선으로 갚는 것은 인간적인 행위다. 악을 선으로 갚는 것은 거룩한 행위다."

마태복음 5:43-48을 읽으라.

목요일

종교적 실천

사람에게 보이려고 그들 앞에서
너희 의를 행하지 않도록 주의하라.
마태복음 6:1

예수님은 제자들이 구제, 기도, 금식 같은 종교 관습을 실천해야 한다고 생각하신 것이 틀림없다. 이 세 가지 종교적 의무는 하나님에 대한 의무(기도), 다른 사람에 대한 의무(구제), 우리 자신에 대한 의무(금식)를 나타내는 것이기 때문이다. 마태복음 6장 초반의 세 단락도 동일한 유형을 따른다. 예수님은 사람들에게 칭찬받으려고 사람들 앞에서 경건을 과시하는 위선자들을 아주 생생하고 우스꽝스러운 이미지로 묘사하신다. 예수님은 그들은 이미 자기 상을, 즉 그렇게도 원하던 칭찬을 이미 받았다고 말씀하신다. 하지만 은밀하게 경건을 실천하면, 은밀한 중에 보시는 아버지께서 갚으신다고 하셨다.

예수님의 첫 번째 예는 구제다. 그분은 구제하러 가면서 으스대는 바리새인의 모습을 묘사하신다. 그 앞에서는 연주자들이 나팔을 불고 팡파르를 울리며 관중을 모으려고 안간힘을 쓴다. 위선자들은 극장에서 공연하는 배우와 같다. 그러나 오른손이 하는 일을 왼손이 모르게 하라. 즉 구제할 때에는 자축하며 자기 만족감에 빠져 있어서는 안 된다.

예수님의 두 번째 예는 기도다. 우리는 남에게 보이기 위해 기도해서는 안 된다. 오히려 방에 들어가서 문을 닫고 은밀하게 아버지께 기도해야 한다. 구경하는 사람들을 곁눈질하는 것만큼 기도를 망치는 것이 없듯이, 하나님이 보고 계시다는 생각만큼 기도를 풍성하게 해주는 것도 없다. 우리 아버지는 우리에게 갚아 주실 것이다. 그것도 적절하지 않은 것이 아니라, 우리가 가장 원하는 것, 즉 그분의 임재를 허락해 주실 것이다.

예수님의 세 번째 예는 금식이다. 그분은 제자들이 금식하는 것을 당연하게 여기셨다. 성경은 금식이 단독으로 실천하는 관습이 아니라, 회개와 자기 훈련, 가난한 사람들에 대한 관심, 특별한 기도 제목을 위한 특별한 기도 시간과 연관이 있다고 말한다. 금식할 때는 울적해하거나 얼굴을 찌푸리지 말고 평소와 다름없는 모습을 보여서, 우리가 금식 중인 것을 아무도 눈치채지 못하게 해야 한다.

차이가 극명하지 않은가. 바리새인의 경건은 허영심으로, 남에게 과시하기 위해, 인간의 보상을 바라고 하는 것이요. 그리스도인의 경건은 겸손한 마음으로, 은밀히, 하나님의 보상을 바라고 하는 것이다.

마태복음 6:1-18을 읽으라.

진짜 야망과 가짜 야망

금요일

> 그런즉 너희는 먼저 그[하나님]의 나라와 그의 의를 구하라.
> 그리하면 이 모든 것을 너희에게 더하시리라.
> 마태복음 6:33

이제 예수님은 이방인들이 구하는 것과 그리스도인이 먼저 구해야 할 것을 대조해서 말씀하신다. 우리가 구하는 것은, 우리가 인생에서 최고선으로 생각하고 우리 삶을 바치는 대상을 가리킨다. 그것은 우리를 온통 사로잡고 있는 것, 우리의 야망이다. 그런데 예수님은 그 대상을 두 가지로 압축하신다. 이방인들은 물질적 안정(음식과 옷)에 집착하는 반면, 그리스도인들은 가장 먼저 하나님의 통치와 의, 그리고 하나님 나라가 세상 속으로 퍼져 나가는 데 몰두해야 한다.

예수님은 부정문으로 시작하신다. 물질 걱정을 하지 말라고 세 번이나 반복해서 말씀하신다. 생각이나 신중한 계획을 하지 말라는 것이 아니라, 염려를 금하시는 것이다. 염려와 그리스도인의 신앙은 양립할 수 없기 때문이다. 하나님이 우리 생명과 몸을 돌보시는데, 우리가 어찌 먹을 것과 입을 것을 책임지심을 믿지 않을 수 있단 말인가? 공중의 새를 먹이고 백합화를 입히시는 하나님이신데, 우리가 어찌 우리를 먹이고 입히실 그분을 신뢰하지 않을 수 있단 말인가?

하지만 우리는 예수님의 가르침을 오해하지 않도록 주의해야 한다. 첫째, 하나님을 신뢰한다고 해서 먹고살기 위해 일하지 않아도 된다는 뜻은 아니다. 새들이 우리에게 교훈을 준다. 하나님은 어떻게 새들을 먹이시는가? 정답은, 하나님이 새들을 먹이시지 않는다는 것이다! 예수님은 자연을 주의 깊게 관찰하셨다. 그분은 새들이 스스로 먹이를 찾는다는 사실을 잘 알고 계셨다. 하나님이 새들을 먹이신다는 것은, 새들이 스스로 먹이를 찾는 데 필요한 수단을 마련해 주신다는 간접적인 의미에서다. 둘째, 하나님을 신뢰한다고 해서 재앙이 따르지 않는 것은 아니다. 아버지의 허락 없이는 참새 한 마리도 땅에 떨어지지 않는 것이 사실이지만, 땅에 떨어져 죽는 참새도 있기 마련이다. 그 점에서는 인간도, 비행기도 마찬가지다.

예수님을 따르는 사람이라면 물질에 집착하기보다는, 하나님의 나라와 그의 의를 먼저 구해야 한다. 하나님의 나라를 구한다는 것은, 사람들이 그리스도의 통치를 따를 수 있도록 그리스도를 왕으로 선포하는 것이다. 하나님의 의를 구한다는 것은, 하나님이 의를 사랑하시고 악을 미워하신다는 사실을 기억하는 것이다. 그리하여 하나님 나라의 경계 밖이라도, 불의보다는 정의가, 억압보다는 자유가, 폭력과 전쟁보다는 평화가 하나님을 더 기쁘시게 한다는 사실을 기억하는 것이다. 이 두 가지 야망을 추구함으로써 복음 전도와 사회 책임이 하나가 되고, 하나님의 영광이 우리의 최고 관심사가 되는 것이다.

마태복음 6:25-34을 읽으라.

토요일

근본적인 선택

나더러 주여 주여 하는 자마다 다 천국에 들어갈 것이 아니요
다만 하늘에 계신 내 아버지의 뜻대로 행하는 자라야 들어가리라.
마태복음 7:21

예수님은 산상수훈을 마무리하시면서 우리에게 순종과 불순종 중에서 근본적인 선택을 하라고 하신다. 물론, 우리가 순종함으로써 구원받는다는 말이 아니라, 우리가 진정으로 구원받았다면 순종으로 그것을 나타내게 될 것이라는 뜻이다.

첫째, 예수님은 말로만 하는 고백의 위험성을 경고하신다 (21-23절). 말로 하는 고백이 꼭 필요한 것은 사실이다. "예수님은 주님이시다"라는 표현은 기독교의 모든 신조 중에 제일 먼저 등장한 가장 간단명료한 고백이다. 하지만 예수님의 주되심에 복종하는 행동이 뒤따르지 않는다면, 이 고백은 아무 쓸모가 없다. 그랬다가는, 마지막 날에 예수님에게서 다음과 같은 끔찍한 말씀을 들을지도 모른다. "내가 너희를 도무지 알지 못하니 불법을 행하는 자들아 내게서 떠나가라"(23절).

둘째, 예수님은 머리로만 아는 것의 위험성을 경고하신다. 21-23절에서 말과 행위가 대조되어 나타났다면, 여기서는 들음과 행위가 대조된다(24-27절). 이어서 예수님은 그 유명한 집 짓는 두 사람의 비유를 들어 핵심을 설명하신다. 비유에는, 반석 위에 집을 지은 지혜로운 사람과, 기초는 무시하고 모래 위에 집을 지은 어리석은 사람이 등장한다. 두 사람이 집을 짓는 동안, 지나다니면서 어쩌다 한 번씩 공사 현장을 들여다본 사람은 두 사람의 차이를 눈치채지 못했을 것이다. 두 사람의 차이는 기초 공사에 있으며, 건물의 기초는 겉으로 드러나지 않기 때문이다. 폭풍이 몰아쳐 집을 강타하자 그제야 비로소 치명적인 차이점이 드러났다. 신앙을 고백하는 그리스도인들도(진정으로 고백하는 사람이나 겉으로만 고백하는 사람이나) 언뜻 보기에는 별 차이가 없어 보인다. 양쪽 다 견실한 그리스도인의 생활을 보여 준다. 양쪽 다 그리스도의 말씀에 귀를 기울인다. 양쪽 다 교회에 가서 성경 공부를 하고 설교를 듣는다. 하지만 그들 삶의 깊숙한 기초는 눈에 보이지 않는다. 이생에서 역경의 폭풍우가 불어닥칠 때에야, 그리고 마지막 날에 심판의 폭풍우가 불어닥칠 때에야 그들의 진면목이 드러날 것이다.

산상수훈은 이처럼 근본적인 선택을 제시하면서 엄숙하게 마무리된다. 두 가지 길(넓은 길과 좁은 길)과 두 가지 기초(반석과 모래)밖에 없다. 과연 우리는 어느 길을 걷고 있는가? 어떤 기초 위에 집을 지을 것인가?

마태복음 7:13-29을 읽으라.

제24주
주기도문

이번 주에는 기도에 대한 예수님의 가르침을 살펴보려 한다. 이는 마태복음 6:7-15에 기록되어 있다. 예수님은 기도할 때 조심해야 할 죄가 위선만은 아니라고 강조하신다. "중언부언"(7절)하거나 무의미한 말을 기계적으로 내뱉는 것도 문제다. 중언부언은 바리새인들의 문제였고, 무의미한 말을 기계적으로 내뱉는 것은 이방인이나 이교도들의 문제였다. 위선은 기도의 **목적**을 오용하는 것이며(하나님의 영광이 아니라 자기 영광을 구하는 것), 장황한 말은 기도의 **본질**을 오용하는 것이다(하나님께 인격적으로 진실하게 다가가는 것이 아니라 말을 단순히 반복하는 것). 따라서 예수님은 무의미한 말을 늘어놓는 이방인의 방식과, 하나님과 의미 있게 교제하는 그리스도인의 방식을 대조하신다. 그리고 주기도문에 드러난 아름다움과 균형감을 통해 이 점을 분명히 보여 주신다.

일요일: 이방인의 기도
월요일: 그리스도인의 기도
화요일: 하나님의 영광
수요일: 우리에게 일용할 양식을 주시옵고
목요일: 우리 죄를 사하여 주시옵고
금요일: 악에서 구하시옵소서
토요일: 하나님에 대한 우리의 이미지

일요일

이방인의 기도

> 또 기도할 때에 이방인과 같이 중언부언하지 말라.
> 그들은 말을 많이 하여야 들으실 줄 생각하느니라.
> 마태복음 6:7

헬라어 '바탈로게오'(*battalogeo*)는 '쓸데없는 말을 반복하다', '무의미한 문구를 늘어놓다', '중언부언하다' 등 여러 가지 의미로 해석할 수 있다. 이 단어는 여기서만 등장해서 정확히 어떤 뜻인지 확실히 아는 사람이 없다. 일부 학자들은 이 단어가 말을 더듬었던 바투스(Battus) 왕 혹은 지루하고 장황한 시를 창작하곤 했던 바투스 시인으로부터 나왔다고 주장한다. 그러나 학자들 대부분은 이 단어를 의성어로 간주하고 그 단어의 소리가 그 의미를 가리킨다고 본다. '바타리조'(*battarizo*)가 '말을 더듬다'라는 뜻이고, '바르바로스'(*barbaros*)가 헬라인들이 이해할 수 없는 말을 쓰는 이들을 가리키는 '야만인'을 뜻하는 것처럼, '바탈로게오'도 그저 '중언부언하다'라는 의미라는 것이다.

그렇다면 예수님은 기도할 때 무엇을 피해야 한다고 말씀하시는가? 말을 반복하는 것은 무조건 안 된다는 뜻이 아니다. 예수님도 겟세마네에서 기도하시면서 같은 말을 되풀이하셨기 때문이다. 그보다는, 의미 없는 말을 늘어놓는 기도를 가리키는 듯하다. 마니차(불교 경전을 넣어 돌릴 수 있도록 둥글게 만든 통—역주)와 룽타(기도 깃발—역주)도 여기 포함된다. 초월 명상을 하면서 아무 생각 없이 되뇌는 주문도 마찬가지다. 실제로 초월 명상법을 창시한 마하리시 마헤쉬 요기(Maharishi Mahesh Yogi) 자신도 '명상'(meditation)이라는 단어를 잘못 선택한 것 같다고 유감을 표한 적이 있다. 진정한 명상은 늘 지성을 의식적으로 활용하기 때문이다. 예수님이 금하신 것에는 묵주도 포함될 수 있다. 묵주를 사용하여 잡념이 없어지기보다는 오히려 많아진다면 말이다.

예배 때 정해진 예식을 따르는 것은 어떨까? 성공회 교인들은 '중언부언'하는 죄를 범하고 있지 않은가? 정신을 딴 데 파는 일부 사람들에게는 그 죄가 적용될 것이다. 하지만 대부분은 정해진 예식을 사용함으로써 오히려 예배에 집중하게 된다.

요약하자면, 예수님은 자기 백성이 마음 없이 입술로만 드리는 기도를 금하신다. 이방인들은 말을 많이 할수록 더 많은 응답을 받으리라 생각하기에 가식적으로 기도한다. 얼마나 터무니없는 생각인가! 도대체 어떤 하나님이 화려한 수사와 분량 많은 기도에 쉽게 감동을 받으신단 말인가? 예수님은 "그들을 본받지 말라"라고 말씀하신다 (8절).

마태복음 6:5-8을 읽으라.

그리스도인의 기도

월요일

> 그러므로 그들[이방인]을 본받지 말라. 구하기 전에 너희에게 있어야 할 것을
> 하나님 너희 아버지께서 아시느니라.
> 마태복음 6:8

그리스도인들은 살아 계신 진짜 하나님을 믿기에, 이방인들처럼 기도해서는 안 된다. 우리의 사고방식이 그들과 다르기에, 우리의 행동도 그들과 달라야 한다. "구하기 전에 너희에게 있어야 할 것을 하나님 너희 아버지께서 아시느니라." 하나님은 우리에게 필요한 것을 모르시지도 않고, 그 필요를 채우는 일을 주저하시지도 않는다. 그렇다면 우리는 도대체 왜 기도해야 하는가? 기도하는 이유가 뭔가? 칼뱅 특유의 명료함이 돋보이는 다음 인용구가 그 답을 제시한다.

> 신자들은 하나님이 모르시는 것을 알려 주기 위해서라든지, 그분을 자극해서 그분의 의무를 다하도록 하기 위해서라든지, 마치 그분이 주저하시는 일을 재촉하기 위해서 기도하는 것이 아니다. 오히려, 그들은 하나님을 찾는 마음을 불러일으키기 위해서, 하나님의 약속을 묵상하는 가운데 믿음을 굳건히 하기 위해서, 하나님 품에 모든 염려를 털어 놓고 쉼을 얻기 위해서 기도한다. 한마디로, 하나님만이 자신과 다른 사람들에게 선한 모든 것을 허락해 주시는 분임을 선포하기 위해서 기도한다.

바리새인들의 기도가 위선적이고 이방인들의 기도가 기계적이라면, 그리스도인들의 기도는 진짜 기도여야 한다. 위선적이지 않고 진심이 담겨 있으며, 기계적이지 않고 생각이 담겨 있어야 한다.

주기도문은, 예수님이 진정한 그리스도인의 기도가 어떠해야 하는지를 본보기로 우리에게 주신 것이다. 마태복음은 이를 본받아야 할 모형으로["이렇게 기도하라"(9절)], 누가복음은 기도의 형식으로["너희는 기도할 때에 이렇게 하라"(눅 11:2)] 제시한다. 실제로 우리는 이 기도를 두 가지 방식으로 다 사용할 수 있다.

예수님은 하나님을 "하늘에 계신 우리 아버지"(9절)라고 부르라고 가르치셨다. 이 말씀은 첫 번째로, 그분이 인격적인 분임을 암시한다. C. S. 루이스의 유명한 표현대로, 하나님은 "인격성을 초월한" 분이실지도 모르나 그보다 못한 존재는 분명 아니다. 둘째로, 하나님은 사랑이 많으시다. 그분은 우리 주변에서 흔히 볼 수 있는 독재자나 난봉꾼, 술주정뱅이 아버지가 아니라, 사랑으로 자녀를 돌보는 이상적인 아버지의 요건을 모두 갖추신 분이다. 셋째로, 하나님은 능력이 많으시다. 그분의 능력을 실현 가능케 하는 것은 바로 그분의 사랑이다. 기도하기 전에 우리가 기도하려는 대상이 어떤 분이신지를 늘 먼저 기억하는 것이 현명하다.

마태복음 6:7-13을 읽으라.

화요일

하나님의 영광

하늘에 계신 우리 아버지여, 이름이 거룩히 여김을 받으시오며
나라가 임하시오며 뜻이 하늘에서 이루어진 것같이 땅에서도 이루어지이다.
마태복음 6:9-10

주기도문에는 여섯 가지 간구가 들어 있다. 처음 세 간구는 하나님의 영광(그분의 이름과 나라와 뜻)과 관련이 있고, 나머지 세 간구는 우리와 우리의 필요(일용할 양식, 용서, 구원)와 연관이 있다. 십계명도 이와 비슷한 우선순위로 되어 있어서, 처음 다섯 계명은 하나님에 대한 우리의 의무를 다루고, 나머지 다섯 계명은 이웃에 대한 의무를 다룬다.

오늘은 하나님의 영광, 즉 그분의 이름과 통치와 뜻을 집중적으로 살펴보려 한다. 이름은 그 이름을 가진 사람, 즉 그 사람의 본성, 성품, 행위를 상징한다. 따라서 하나님의 '이름'은 하나님이 스스로 드러내신 그분 자신이다. 하나님의 이름은 다른 모든 이름보다 뛰어나다는 점에서 이미 그 자체로 거룩하지만, 그래도 우리는 그 이름이 거룩히 여김을 받도록, 즉 우리 삶에서, 교회에서, 세상에서 그 이름에 합당한 존경을 받으시도록 기도한다.

하나님 나라는 그분의 다스림을 가리킨다. 그 다스림은 자연과 역사에 대한 전적인 주권의 형태가 아니라, 예수님과 함께 이 세상에 임했다. 하나님 나라가 임하도록 기도한다는 것은, 교회의 증거를 통해 사람들이 예수님께 복종함으로 그 나라가 확장되도록 기도하는 것이며, 또 예수님이 영광 중에 다시 오실 때 그 나라가 완성되기를 기도하는 것이다.

하나님의 뜻은 지식과 사랑과 능력이 완벽한 분의 뜻이기에, 그것을 거부하는 것은 어리석은 짓이다. 지혜로운 사람은 그분의 뜻을 분별하고 간절히 바라며 그 뜻대로 행한다. 그러므로 우리는 하나님의 뜻이 하늘에서 이루어진 것같이 땅에서도 이루어지도록 기도해야 한다.

앵무새처럼 혹은 '중언부언'하는 이방인들처럼 주기도문을 반복해서 외우기는 비교적 쉽다. 하지만 진심을 담아 주기도문으로 기도하는 일은 가히 혁명적인 일이다. 우리의 보잘것없는 이름과 나라와 뜻을 발전시키는 것은 더 이상 우선순위가 아니다. 하나님의 이름과 나라와 뜻을 임하게 하는 것이 가장 중요하다. 이러한 간구를 얼마나 진심으로 드리느냐에 따라 우리 신앙 고백의 깊이와 진실성이 판가름 날 것이다.

에베소서 1:3-14을 읽으라.

우리에게 일용할 양식을 주시옵고

수요일

나를 가난하게도 마옵시고 부하게도 마옵시고
오직 필요한 양식으로 나를 먹이시옵소서.
잠언 30:8

주기도문 뒷부분에서는 '우리'라는 단어가 자주 등장하면서, 하나님의 일에서 우리 일로 관심사가 바뀐다. 하나님의 영광을 간절히 구하는 심정을 표현한 다음, 이제 우리는 하나님의 은혜를 겸손히 의지하는 마음을 표현한다. 우리의 개인적인 필요를 2순위로 내려앉혔지만, 그렇다고 그런 필요가 아예 사라지는 것은 아니다. 사소한 부탁으로 하나님을 귀찮게 하고 싶지 않다는 이유로 기도할 때 우리의 필요를 전혀 언급하지 않는다면, 그것은 우리의 필요만 아뢰는 것만큼이나 크나큰 실수다.

일부 초기 주석가들은, 예수님이 여기서 진짜 먹을 것을 말씀하신 것이 아니라고 믿었다. 그들이 보기에는 말도 안 되는 내용이었기에, 이 간구를 알레고리로 해석했다. 터툴리아누스(Tertullianus)와 키프리아누스(Cyprianus), 아우구스티누스 같은 초대 교부들도 여기 나오는 양식은 하나님의 말씀이라는 눈에 보이지 않는 양식(아우구스티누스)이나 성만찬의 성체를 가리킨다고 생각했다. 이보다 더 훌륭하고 현실적인 종교개혁자들의 설명이 있어 얼마나 다행인지 모른다. 칼뱅은 교부들의 이런 해석이 "지나치게 터무니없다"고 말했다. 루터는 주기도문에 나오는 양식은 "음식이나 건강한 몸, 좋은 날씨, 집과 가정, 아내와 자녀, 훌륭한 정부와 평화 등 이생의 삶을 유지하는 데 필요한 모든 것"을 상징한다고 말했다.

물론 이렇게 일용할 양식을 구하는 기도를 드린다고 해서, 먹고살기 위해 돈을 벌어야 한다는 사실이나 굶주린 사람들에게 우리가 먹을 것을 주어야 한다는 사실을 부정하는 것은 아니다. 오히려, 이 기도는 하나님만이 우리가 궁극적으로 의지할 분이시라는 표현이다. 그분은 대개 인간의 생산과 분배 수단을 사용해서서 그분의 목적을 이루신다. 뿐만 아니라, 예수님은 제자들이 날마다 하나님을 의지해야 한다는 사실을 인식하기를 바라셨던 듯하다. "일용할 양식"에 나오는 헬라어 형용사 '에피오우시오스' (*epiousios*)는 고대 세계에 전혀 알려진 바가 없어서, 오리게네스(Origenes)는 이를 복음서 저자들이 만들어 낸 단어라고 생각했다. 이 단어가 '오늘'을 뜻하건 '다음날'을 뜻하건, 곧 닥칠 미래를 위한 기도임에 틀림없다. 우리는 하루하루를 살아갈 뿐이다. 식전에 드리는 감사 기도는 그런 사실을 인정하는 것이다. 이것이야말로 그리스도인의 소중한 습관이다.

신명기 26:1-11을 읽으라.

목요일

우리 죄를 사하여 주시옵고

> 우리가 우리에게 죄 지은 자를 사하여 준 것같이
> 우리 죄를 사하여 주시옵고
> 마태복음 6:12

20세기에 소설가와 비평가로 유명세를 떨친 마르가니타 라스키(Marghanita Laski)는 자신이 무신론자임을 당당하게 드러냈다. 그러던 어느날 텔레비전에 출연해서 속내를 솔직하게 드러낸 적이 있다. "제가 당신네 그리스도인들에게 가장 부러운 것이 있다면, 용서랍니다. 저는 저를 용서해 줄 사람이 아무도 없거든요." 라스키의 말이 옳았다. 용서는 복음의 핵심이다. 음식이 몸에 꼭 필요하듯이, 용서는 영혼의 삶과 건강에 없어서는 안 될 요소다.

그래서 주기도문에 다음으로 등장하는 간구는 "우리 죄를 사하여 주시옵고"다. 죄는 빚을 지는 것과 비슷하다. 죄를 지으면 벌을 받아야 하는데, 하나님이 우리를 용서하시면 우리가 마땅히 받아야 할 형벌을 면제해 주시고 고발을 철회해 주시기 때문이다.

"우리가 우리에게 죄 지은 자를 사하여 준 것같이"를 덧붙인 이유는 14절과 15절에 자세히 나와 있다. 예수님은 주기도문에 이어서, 우리가 다른 사람의 잘못을 용서하면 우리 아버지도 우리를 용서해 주시지만, 다른 사람을 용서하지 않으면 아버지도 우리를 용서해 주시지 않는다고 말씀하신다. 이 말씀은 물론 우리가 다른 사람을 용서해 주면 우리도 용서받을 자격을 얻는다는 뜻이 아니다. 하나님은 진심으로 회개하는 자들만 용서해 주시며, 다른 사람을 용서하는 마음이야말로 그 사람이 진정으로 회개했다는 증거라는 뜻이다. 우리가 하나님께 얼마나 큰 죄를 범했는지 볼 줄 아는 눈이 열리면, 다른 사람이 우리에게 준 상처는 상대적으로 하찮아 보일 수도 있다. 반대로, 다른 사람이 준 상처를 과장하고 있다면, 이는 자기 죄는 애써 축소하고 있다는 증거다. 용서할 줄 모르는 종의 비유의 핵심은 바로 빚의 규모의 차이다. 이 비유는 이렇게 끝을 맺는다. "내가 [어마어마한] 네 빚을 전부 탕감하여 주었거늘, 내가 너를 불쌍히 여김과 같이 너도 [사소한 빚을 진] 네 동료를 불쌍히 여김이 마땅하지 아니하냐?"(18:32-33)

마태복음 18:23-35을 읽으라.

악에서 구하시옵소서

금요일

> 우리를 시험에 들게 하지 마시옵고
> 다만 악에서 구하시옵소서.
> 마태복음 6:13

주기도문의 이 마지막 두 간구는 사실 한 가지나 마찬가지다. 같은 기도를 긍정과 부정의 형태로 표현한 것인 듯하다. 하지만 여기에 두 가지 문제가 있다.

첫째, 성경은 하나님이 우리를 시험하시지 않는다고, 아니 시험하실 수 없다고 말한다(약 1:13). 그렇다면 하나님이 절대로 하시지 않겠다고 약속하신 일을 하시지 말아 달라고 굳이 기도해야 하는 까닭은 무엇인가? 어떤 사람들은 여기 나오는 '시험'을 '테스트'로 해석하는 대답을 내놓는다. 하지만 더 나은 설명은, 이 기도의 두 구절을 하나로 보는 것이다. 대응 관계에 있는 "다만 악에서 구하시옵소서"의 관점에서 "우리를 시험에 들게 하지 마시옵고"를 이해하되, '악'을 '악한 존재'로 해석하라는 것이다. 즉, 하나님의 백성을 죄로 유혹하는 존재는 마귀고, 우리는 마귀에게서 구원받아야 한다.

둘째, 성경은 시험과 시련이 우리에게 유익하다고 말한다(약 1:2). 그런데 시험이 우리에게 이롭다면, 왜 시험에 들지 않도록 기도해야 하는가? 굳이 대답을 하자면, 이 기도는 시험을 피하게 해 달라는 기도이기보다는 시험을 이기게 해 달라는 기도에 가깝다. 그렇다면 이 간구를 이렇게 바꿔 볼 수 있지 않을까. "우리가 넘어질 만한 시험에 빠지게 하지 마시고, 우리를 악한 존재에게서 건지시옵소서."

이쯤에서 돌이켜 보니, 주기도문의 세 가지 간구는 아주 포괄적임을 알 수 있다. 원론적으로 주기도문에는 인간의 모든 필요, 즉 물질적(일용할 양식)·영적(죄사함)·도덕적(악에서 구함) 필요가 담겨 있다. 우리는 이 기도를 드릴 때, 인간 삶의 모든 영역에서 하나님을 겸손히 의지한다는 사실을 드러낸다. 뿐만 아니라, 삼위일체를 믿는 그리스도인들은 이 세 가지 간구에서 삼위일체의 세 위격을 은근히 암시하는 내용을 발견할 수 있다. 우리는 성부 하나님의 창조와 섭리를 통해 일용할 양식을 얻고, 성자 하나님의 속죄하는 죽음을 통해 죄를 용서받으며, 성령 하나님의 내주하시는 능력을 통해 악한 존재로부터 구원받을 수 있기 때문이다. 그러니 일부 고대 사본(최고의 사본은 아니더라도)의 주기도문이, 영광을 받으시기에 합당한 이 삼위일체 하나님께 나라와 권세와 영광을 돌리는 영광송으로 끝나는 것은 당연한 일이다.

요한일서 3:7-10을 읽으라.

토요일

하나님에 대한 우리의 이미지

너희가 악한 자라도 좋은 것으로 자식에게 줄 줄 알거든
하물며 하늘에 계신 너희 아버지께서 구하는 자에게 좋은 것으로 주시지 않겠느냐!
마태복음 7:11

예수님은 주기도문에서, 바리새인과 이방인들의 기도와 대조되는 **진정한** 기도, 그리스도인의 기도의 모범을 보여 주셨다. 물론, 주기도문을 형식적으로나 기계적으로만 암송할 수도 있다. 그러나 우리가 진심을 담아 기도한다면, 주기도문은 바리새인과 이방인의 잘못된 기도 양식에 적절한 대안이 될 수 있다.

위선자들의 잘못은 이기심이다. 바리새인은 기도할 때조차 자신의 이미지에 집착하고 남의 눈을 의식한다. 하지만 주기도문으로 기도하는 그리스도인들은 하나님께만 집중한다. 자신의 이름과 나라와 뜻이 아니라 그분의 이름과 나라와 뜻에 집중한다.

이방인들의 잘못은 생각 없는 기도를 드린 것이다. 이방인은 자신에게는 아무 의미도 없는 예배를 드리며 끊임없이 중언부언한다. 이런 어리석은 행위와 달리, 예수님은 우리에게 있어야 할 것을 모두 하늘 아버지께 겸손하고 신중하게 구함으로써 우리가 날마다 하나님만 의지한다는 사실을 표현하라고 말씀하신다.

이처럼 여러 기도들이 다르게 나타나는 근본적인 이유는, 바로 그 배후에 있는 하나님에 대한 다양한 이미지 때문이라고 할 수 있다. 그런 이기적이고 생각 없는 기도에 귀 기울이는 신은 도대체 어떤 신인가? 하나님은 우리 상황을 개선시키기 위해 사용하고 버리는 소모품이나 기계적으로 단어를 입력하는 컴퓨터가 아니다. 우리는 이런 부적절한 이미지들을 버리고, 하나님은 하늘에 계신 우리 아버지라는 예수님의 가르침으로 돌아와야 한다. 하나님은 지극한 애정으로 자녀들을 사랑하시며, 은밀한 곳에 있는 자녀들까지 살피시며, 그들이 부탁하기도 전에 자녀들의 모든 필요를 아시고, 하늘과 땅의 권세로 우리를 대신해 행동하시는 분임을 우리는 기억해야 한다. 이렇듯 우리가 성경에 따라 하나님에 대한 이미지를 그린다면, 위선적인 기도나 기계적인 기도 대신, 하나님의 자녀답게 늘 진실하고 생각이 담긴 기도를 하게 될 것이다.

마태복음 7:7-11을 읽으라.

제25주

전환점

우리는 앞서 예수님이 받으신 시험에 대해 고찰할 때, 그 시험들은 그분을 십자가의 길에서 벗어나 대중의 찬사를 받는 길을 따르도록 설득하려는 수단이었다는 것을 보았다. 그분이 가시는 곳마다 불순종과 타협의 유혹은 끈질기게 그분을 따라다녔다.

예수님이 기적을 목격한 사람들에게 그 사실을 말하고 다니지 말라고 엄하게 명하신 까닭도 바로 그 때문이다. 이를 가리켜 '메시아 비밀'이라고 한다. 예수님은 사람들이 예수님의 메시아 되심의 의미를 깨달을 준비가 되기까지는 그 사실을 알리고 싶어 하지 않으셨다.

그러나 이번 주에는 베드로가 처음으로 예수님을 메시아로 고백하고 (약간의 저항 이후에) 십자가의 필요성을 깨닫게 되는 중요한 사건을 살펴보려고 한다. 이 사건은 예수님의 공생애 사역의 전환점이었다.

일요일: 베드로의 고백
월요일: 십자가의 필요성
화요일: 십자가를 지라
수요일: 자기 찾기
목요일: 변모
금요일: 대속의 죽음
토요일: 하나님 나라에서 큰 자

일요일

베드로의 고백

너희는 나를 누구라 하느냐. 시몬 베드로가 대답하여 이르되
주는 그리스도시요 살아 계신 하나님의 아들이시니이다.
마태복음 16:15-16

드디어 제자들이 예수님을 메시아로 믿음을 분명하게 밝힐 때가 왔다. 그래서 예수님은 제자들을 데리고 북쪽 끝에 있는 가이사랴 빌립보 지방으로 가셨다. 이곳은 요단 강 발원지에서 가까운 헬몬 산의 기슭에 있었다. 예수님은 한갓진 이곳에서 제자들에게 두 가지 질문을 던지셨다. 그분에 대한 대중의 의견을 묻는 첫 번째 질문에, 제자들은 사람들이 예수님을 세례 요한, 엘리야, 예레미야나 선지자 중 하나로 생각한다고 대답했다. 제자들은 그분을 어떻게 생각하는지에 대한 두 번째 질문에는, 수제자이자 열두 제자의 대변인인 시몬 베드로가 나서서 "주는 그리스도시요"라고 대답했다. 마태복음에는 베드로가 "살아 계신 하나님의 아들"이라는 말도 덧붙였다고 나온다. 아마도 그는 메시아를 나타내는 제한적인 의미로 이 호칭을 사용했을 것이다. 베드로가 예수님께 고백하자마자, 예수님도 베드로에게 고백하셨다.

첫째, 베드로는 인간의 이성이 아니라 아버지의 계시에 따라 그런 확신에 이르렀다.

둘째, 베드로는 어떤 의미에서는 바위였다. 메시아가 그 위에 영원히 멸하지 않을 공동체를 세우실 것이다. 물론 이 구절에는 다소 논란의 소지가 있다. 따라서 이 구절을 해석할 때는 다음의 사실을 염두에 두는 것이 현명할 것이다. 신약 성경 전체를 보면, 진정한 반석이신 그리스도 위에 교회가 세워졌다는 것이다. 또 대부분의 초대교회 교부들은 여기서 바위는 믿음을 고백하는 베드로가 아니라, 베드로가 고백한 믿음을 가리킨다고 가르쳤다.

셋째, 베드로는 천국 열쇠를 받았다. 역사적으로 말하자면, 그는 나중에 이 열쇠를 사용하여 처음에는 유대인, 그다음에는 사마리아인, 그러고 나서 이방인들까지 하나님 나라로 인도했다.

한 가지 더 살펴볼 것이 있다. 베드로가 신앙 고백을 하자마자 "[예수님은] 자기의 일을 아무에게도 말하지 말라 경고하셨다"(막 8:30). 이 구절이 예수님이 사람들에게 발설하지 말라고 명령하신 마지막 경우라는 사실과 그렇게 하신 까닭이 무엇인지 내일 살펴볼 것이다.

마태복음 16:13-20을 읽으라.

십자가의 필요성

월요일

[예수께서] 인자가 많은 고난을 받고…죽임을 당하고…
비로소 그들에게 가르치시되 드러내 놓고 이 말씀을 하시니.
마가복음 8:31-32

예수님과 베드로의 대치 장면을 보기 전에, 역사적인 배경을 살펴보는 것이 도움이 될 것 같다. 이스라엘은 중간에 잠시 마카비 왕조의 통치를 받은 기간을 제외하고는, 앗수르, 바벨론, 바사, 헬라, 로마 제국들에게 연이어 700년 넘게 압제를 받았다. 1세기 초반에 일어난 여러 종말론 운동의 지도자들은 무모한 약속을 내놓았다. 그들은 여호와가 메시아를 통해 역사에 곧 개입하실 것이라고 말했다. 이스라엘의 대적들은 폭력과 피비린내 나는 전쟁을 겪으면서 망하고, 평화와 자유의 메시아 시대가 도래한다고 말이다.

갈릴리는 그런 기대감의 온상이었고, 그중에는 나사렛 예수에 기대를 거는 사람들이 있었다. 그래서 요한은 "예수께서 그들이 와서 자기를 억지로 붙들어 임금으로 삼으려는 줄 아시고 다시 혼자 산으로 떠나가시니라"(요 6:15)라고 기록한다. 예수님은 그렇게 무력을 내세우는 메시아로 오시지 않았기에, 사람들에게 침묵하라고 명령하셨다.

그런데 이제 베드로가 예수님을 메시아로 고백하자, 제자들은 메시아의 고난을 받아들일 준비를 해야 했다. 그래서 예수님은 "인자가 많은 고난을 받고…죽임을 당하고…비로소 그들에게 가르치셨다[이것은 새로운 가르침이었다]"(막 8:31). 게다가 이 사실을 분명하고 공개적으로 말씀하셨다. 더 이상 숨길 필요가 없었다. 아연실색한 베드로는 곧바로 폭발하고 말았다. "주여, 그리 마옵소서! 이 일이 결코 주께 미치지 아니하리이다!"(마 16:22) 베드로는 다니엘 7장에 나오는 인자의 모습에 익숙했을 것이다. "권세와 영광과 나라"(단 7:14)를 받은 인자는 모든 나라의 섬김을 받을 것이다. 그런데 인자가 어떻게 고난을 당할 수 있단 말인가? 말도 안 되는 모순이다. 그래서 베드로는 경솔하게 예수님을 나무랐고, 이젠 예수님이 베드로를 나무라셨다. "사탄아, 내 뒤로 물러가라!"(마 16:23) 조금 전 하늘의 계시를 받았던 베드로가 한순간에 사탄의 속임수에 넘어갔다.

오늘날에도 베드로의 목소리가 그리스도의 목소리를 압도하는 경우들이 종종 있다. 베드로처럼 많은 사람들이 십자가의 필요성을 부인하기 때문이다. 십자가는 여전히 인간의 자존심에 걸림돌이 되고 있다.

마가복음 8:31-33을 읽으라.

화요일

십자가를 지라

누구든지 나를 따라오려거든
자기를 부인하고 자기 십자가를 지고 나를 따를 것이니라.
마가복음 8:34

예수님이 계속 **자신**의 십자가를 언급하시다가 여기서 **우리의** 십자가를 언급하시는 데로 옮겨오시는 모습은 매우 주목할 만하다. 예수님은 자신이 곧 십자가형을 당하실 것을 이미 아시는 듯하다. 이제 그분은 **누구든지** 그분을 따라오려면, 자기 십자가를 **져야 한다**고 말씀하신다. 여기서도 십자가의 필요성을 암시하는 분위기를 엿볼 수 있다.

예수님의 말씀은 무슨 뜻인가? 스웨트(H. B. Swete)는 자신의 마가복음 주석에서 십자가를 지는 것은 "스스로를 사형장으로 향하는 죄인의 위치에 두는 것"이라고 했다. 우리가 당시 로마가 점령한 팔레스타인 지역에 살고 있었다면, 십자가 가로대(*patibulum*)를 지고 가는 사람을 보고는 "실례합니다만, 지금 도대체 뭐하고 계신 거죠?" 하고 물어볼 필요가 전혀 없다. 유죄 선고를 받은 죄수라는 사실을 단번에 알아차릴 수 있었을 것이다. 로마인들은 사형 선고를 받은 죄인에게 십자가형을 받을 장소까지 자기 십자가를 지고 가게 했기 때문이다.

예수님은 이 장면을 골라 자기 부인의 의미를 설명해 주셨다. 우리는 자기 부인의 의미가 퇴색하지 않도록 주의해야 한다. 자기 부인을 사순절 기간에 작은 사치를 포기하는 것쯤으로 여기거나, '내 십자가'를 어떤 개인적이고 고통스러운 시련으로 여겨서는 안 된다. 우리는 늘 기독교의 제자도를 하찮게 만들 위험에 처해 있다. 일반인들과 똑같은 삶에 형식적인 경건을 살짝 얹어놓는 것쯤으로 여기는 것이다. 거기서 장식물을 걷어내면, 그 밑에는 그렇고 그런 이교도의 삶밖에 남지 않는다. 기독교의 제자도는 그런 것이 아니다. 그리스도인이 되고 그리스도인으로 살아가는 것은, 죽음과 부활 이외에는 그것을 제대로 설명해 줄 이미지가 없을 정도로 철저한 변화를 요구한다. 그것은 자기중심적이었던 옛 사람을 죽이고, 거룩함과 사랑의 새사람으로 태어나는 것이다. 바울은 다음 구절들에서 예수님의 이 말씀을 더 자세히 설명했다. "내가 그리스도와 함께 십자가에 못 박혔나니"(갈 2:2), "그리스도 예수의 사람들은 육체와 함께 그 정욕과 탐심을 십자가에 못 박았느니라"(갈 5:24).

마지막으로 덧붙이자면, 누가는 예수님의 말씀에 **날마다**라는 부사를 추가했다. "아무든지 나를 따라오려거든 자기를 부인하고 **날마다** 제 십자가를 지고 나를 따를 것이니라"(눅 9:23, 저자 강조).

로마서 8:12-14을 읽으라.

자기 찾기

수요일

누구든지 자기 목숨을 구원하고자 하면 잃을 것이요
누구든지 나와 복음을 위하여 자기 목숨을 잃으면 구원하리라.
마가복음 8:35

이 구절이 목숨을 구원하고 잃는 것에 대해 말하기 때문에, 예전에는 이 본문이 특별히 기독교 순교자들을 가리킨다고 생각했다. 그리스도를 위해 목숨을 버리고 영생에 들어간 사람들 말이다. 그러나 이 본문이 순교를 포함한다고 할 수는 있지만, 이제는 예수님이 그보다 훨씬 더 폭넓은 적용을 염두에 두셨다는 것을 안다. 여기서 '목숨'으로 번역된 단어는 '프쉬케'(*psuchē*)로, '영혼'이나 '자아'를 뜻한다. 실제로 누가는 '자기'라는 단어를 사용하여 예수님의 이 말씀을 기록한다. "사람이 만일 온 천하를 얻고도 자기를 잃든지 빼앗기든지 하면 무엇이 유익하리요?"(눅 9:25)

예수님이 여러 상황에서 즐겨 사용하시던 가장 아끼시던 경구를 다음과 같이 풀어 써 볼 수 있으리라. "너희가 자기를 내려놓지 못하고 스스로에게 집착하면서 너희 힘으로 살아 보겠다고 하면, 자기를 잃고 말 것이다. 그것은 생명의 길이 아니라 죽음의 길이다. 그러나 기꺼이 자기를 버리고, 사랑 가운데, 복음에 순종함으로, 완전한 포기 상태로 자기를 드리면, 모든 것을 잃었다고 생각하는 바로 그 순간 기적이 일어나 자기를 찾게 될 것이다."

요즘에는 일부 심리학파에서 **자아실현**을 점점 더 강조하는 경향이 있다. 그리스도인들도 처음에는 이 말에 혹할지도 모르지만, 예수님의 말씀을 기억하는 순간 자아실현은 덧없는 소리가 되고 만다. 그분은 자기를 발견하는 유일한 길은 자기 부인이요, 살 수 있는 유일한 길은 자기중심성에 대해 죽는 것이라고 말씀하셨다.

예수님은 이와 비슷한 두 경구를 말씀하시면서, 이득, 손실, 교환 등의 상업 용어를 사용하셨다. 예수님은 두 가지 수사학적 질문을 던지셨다. 첫째, 사람이 만일 온 천하(세상이 주는 모든 부와 권세와 명예)를 얻고도 자기를 잃는다면 무슨 이득이 있겠는가? 둘째, 사람이 무엇을 주고 자기 목숨과 바꾸겠느냐? 이 두 질문은 이 세상의 가치와 비교해 볼 때 자신의 목숨이 얼마나 무한한 가치를 지녔는지를 강조한다. 우선, 온 세상을 얻는 것은 불가능하다. 또한 그것이 가능하다 하더라도, 지속되지 않는다. 그리고 설사 그것이 지속된다 하여도, 만족을 주지 못한다.

누가복음 12:13-21을 읽으라.

목요일

변모

여기 서 있는 사람 중에는 죽기 전에
하나님의 나라가 권능으로 임하는 것을 볼 자들도 있느니라.
마가복음 9:1

복음서 저자들은 예수님의 이 약속이 그분의 변모를 가리킨다고 이해했던 것 같다. 그래서 이 말씀 바로 뒤에 이어서 예수님의 변모를 이야기한다. 그렇다면 우리는 변모 사건을 어떻게 이해해야 하는가? 네 가지를 언급할 수 있을 것 같다.

첫째, 그것은 **확인**이었다. 예수님은 자신의 고난을 예언하심으로 열두 제자에게 충격을 안겨 주셨다. 그러나 이제 메시아는 고난을 통해 영광에 들어가실 것임을 그들에게 확인시켜 주기 위해 자신의 영광을 살짝 보여 주신다.

둘째, 그것은 **성취**였다. 모세와 엘리야가 그들에게 나타나서, (누가복음에 따르면) 예수님과 함께 그분의 '별세'(exodus), 즉 죽음에 대해 말씀하셨다는 사실은 매우 의미심장하다. 모세와 엘리야는 율법과 선지자들을 대표했다. 하지만 두 사람은 금세 사라져 버리고, 구름이 걷히고 현실로 돌아왔다. 그러고 나서 하늘에서 소리가 들렸다. 이 소리는 구약 성경의 세 구절을 조합하여 예수님을 묘사했다. "너는 내 아들이라"(시 2:7), "내 마음에 기뻐하는 자"(사 42:1), "너희는 그의 말을 들을지니라!"(신 18:15) 이렇게 예수님은 구약 성경의 세 가지 직분, 즉 선지자, 제사장, 왕으로 인정을 받으셨다. 왕으로서 열방을 다스리고, 섬기는 제사장으로서 자기 죄를 속하는 희생 제물로 바치시며, 선지자로서 하나님의 계시를 완성할 것이다.

셋째, 그것은 **예고**였다. 마가복음 9:9을 보면, 예수님은 베드로와 야고보와 요한에게, 자신이 부활할 때까지는 그들이 본 것을 아무에게도 말하지 말라고 명하셨다. 이는 다시 메시아 비밀로 돌아가시겠다는 것이 아니라, 예수님이 부활하시기 전에는 그분의 변모를 아무도 이해할 수 없으리라는 뜻이었다. 왜냐하면 변모하신 예수님의 몸은 사실상 그분의 부활하신 몸을 미리 보여 주신 것이었기 때문이다.

넷째, 그것은 **유혹**이었다. 이것은 약간의 추측이 가미된 것이다. 예수님의 변모된 몸이 그분의 부활하신 몸이었다면, 아마 그분은 죽지 않고 곧바로 영광 속으로 들어가실 수도 있었을 것이다. 하지만 그분은 그리 하시지 않았다. 예수님은 십자가를 피하라는 시험을 다시 한 번 물리치시고, 우리 죄를 위해 돌아가시기 위해 의도적으로 현실로 돌아오셨다.

베드로후서 1:16-18을 읽으라.

대속의 죽음

금요일

> 인자가 온 것은 섬김을 받으려 함이 아니라 도리어 섬기려 하고
> 자기 목숨을 많은 사람의 대속물로 주려 함이니라.
> 마가복음 10:45

마가는 예수님이 자신의 고난과 죽음을 예고하신 세 가지 경우를 기록한다. 그중 이 본문이 세 번째다. 이 본문이 특히 중요한 것은, 여기서 우리 주님이 십자가의 의미를 직접 해석하셨기 때문이다. 예수님의 죽음의 의미를 이해한 사람이 있다면, 바로 그분 자신이 아니겠는가.

우선, 예수님은 자신의 죽음이 자발적임을 강조하셨다. 이전에는 자신의 죽음을 수동태로 표현하시며, 자신이 배신당하고 거부당하고 죽음당할 것이라고 말씀하셨다. 하지만 이제는 인자가 온 것은 섬김을 받으려 함이 아니라 섬기려 하고, 자기를 주기 위해 오셨다고 말씀하신다. 다시 말해, 그분은 자기 인생을 살기 위해서가 아니라 자기 목숨을 주기 위해 오셨다는 것이다. 그 죽음은 섬김으로 점철된 그분 인생의 정점이었다.

특히 예수님은 계속해서 "자기 목숨을 많은 사람의 대속물로" 주기 위해 오셨다고 말씀하셨다. 바울은 후에 여기 나오는 '많은 사람'을 '모든 사람'으로 해석했다(딤전 2:6). 그렇다면 우리는 대속의 은유에서 어떤 의미를 추론해 낼 수 있을까? 첫째, 대속은 우리가 심각한 곤경에 빠졌음을 암시한다. 우리는 스스로는 풀려날 수 없는 죄의 종이나 노예에 비유된다. 둘째, 이는 우리가 얼마나 큰 값을 치르고 해방되었는지를 암시한다. 사도 바울이 나중에 쓴 것처럼, 우리는 은이나 금이 아니라 "오직 흠 없고 점 없는 어린 양 같은 그리스도의 보배로운 피로"(벧전 1:19) 구속받았다. 베드로는 유월절을 염두에 둔 것이 틀림없다. 이스라엘 장자들이 양의 피를 대신 흘려 목숨을 구했듯이, 그리스도가 우리의 대속물로 죽으셨다. 셋째, 이는 그리스도에게 사신 바 된 우리는 이제 그분께 속하였다는 것을 암시한다. 바울이 디도에게 쓴 편지에서처럼, 예수 그리스도는 "우리를 대신하여 자신을 주심은 모든 불법에서 우리를 속량하시고 우리를 깨끗하게 하사…자기 백성이 되게 하려"(딛 2:14) 하셨다. 그러므로 우리는 모두 이제와 영원히 그분의 소유다.

요한계시록 5:6-10을 읽으라.

토요일

하나님 나라에서 큰 자

> 너희 중에 누구든지 크고자 하는 자는 너희를 섬기는 자가 되고 너희 중에 누구든지
> 으뜸이 되고자 하는 자는 모든 사람의 종이 되어야 하리라.
> 마가복음 10:43-44

세베대의 아들 야고보와 요한이 예수님 앞에 나왔을 때 그 둘의 대립은 전면전으로 치달았다. 예수님은 주고 섬기러 오셨는데, 제자들은 얻고 다스리기 원했다. 오늘날의 우리도 동일한 선택 사항 앞에 서 있다.

첫째, 우리는 **자기 추구와 자기 희생 중에서 선택해야 한다**. 야고보와 요한은 예수님께 "무엇이든지 우리가 구하는 바를 우리에게 하여 주시기를 원하옵나이다"(35절)라고 말했다. 이들의 요구는 "기네스북"에 최악의 기도로 이름을 올릴 만한 내용이다. 그 뻔뻔한 이기심은 둘째가라면 서러울 정도였다. 이들은 하나님 나라에서 좋은 자리를 놓고 볼썽사나운 다툼이 있을 것을 예상하여, 자리를 예약해 두는 편이 좋겠다고 판단했다. 야고보와 요한의 기도는 하나님의 뜻을 자기 뜻으로 관철하려는 시도인 반면, 진정한 기도는 하나님의 뜻에 우리 뜻을 복종시킨다.

둘째, 우리는 **권세와 섬김 중에서 선택해야 한다**. 둘은 하나님 나라에서 그분 양옆에 앉을 수 있겠느냐고 예수님께 여쭈었다. 도대체 어디에 앉기를 바랐던 것일까? 마룻바닥? 소파나 의자? 아니다. 아마도 보좌에 앉기를 원했을 것이다. 야고보와 요한은 집에서 종을 부리는 중산층 가정 출신이었다. 두 사람은 그 시절을 그리워하며, 다스리는 권세를 다시 누리고 싶었는지도 모른다. 예수님은 세상에서는 "고관들이 그들에게 권세를 부리는 줄을 너희가 알거니와 너희 중에는 그렇지 않을지니"(42-43절)라고 말씀하셨다. 예수님의 새로운 공동체는 세상과는 전혀 다른 원리로 세워진다. 권력 대신 섬김, 권위 대신 겸손의 원리로 말이다.

셋째, 우리는 **고난과 안전 중에서 선택해야 한다**. 야고보와 요한은 집을 떠나 예수님을 따르면서 부랑자 신세가 되었다. 그들은 안락한 집을 떠난 것을 후회했을까? 그들은 예수님의 질문에 대답하면서, 그분의 잔을 마시고 그분의 세례를 받을 수 있다고 주장했다. 예수님이 고난과 십자가의 길을 언급하고 계신 줄도 모르고, 화려한 메시아 잔치를 말씀하고 계신다고 생각했기 때문이다. 예수님은 희생과 섬김과 고난을 명령하고 계신데, 야고보와 요한은 명예와 권력과 안전을 바라고 있었다. 예수님은 "너희 중에는 그렇지 않을지니"라는 인상적인 말씀으로, 세상에는 구별되는 가치 체제를 지향하는 두 공동체가 있다고 암시하셨다. 하나는 보좌를, 다른 하나는 십자가를 상징한다.

마가복음 10:35-45을 읽으라.

제26주

예수님의 논쟁

그리스도는 가는 곳마다 논란을 불러일으키셨다. 그분은 당대의 종교 지도자들과 늘 논쟁하셨다. 예수님은 그들의 의견에 반대하셨고, 그들도 예수님의 의견에 반대했다. 마가는 마가복음 1장에서 예수님의 공생애 사역을 대략적으로 그린 다음, 2장에는 그분이 관련된 네 가지 논쟁을 실었다. 그 사건들에서 두드러지는 점은, 예수님이 드러내놓고 말씀하시건 암시적으로 말씀하시건 간에, 논쟁할 때마다 자신의 유일무이한 정체성과 관련한 주장을 펼치고 계신다는 것이다. 이 네 가지 논쟁 다음에는, 마가복음 후반부에 나오는 세 가지 논쟁, 즉 전통, 이혼, 권위에 대한 논쟁을 더 살펴볼 것이다.

일요일: 용서에 관한 논쟁
월요일: 친교에 관한 논쟁
화요일: 금식에 관한 논쟁
수요일: 안식일에 관한 논쟁
목요일: 전통에 관한 논쟁
금요일: 이혼에 관한 논쟁
토요일: 세금에 관한 논쟁

일요일

용서에 관한 논쟁

인자가 땅에서 죄를 사하는 권세가 있는 줄을
너희로 알게 하려 하노라.
마가복음 2:10

마가는 한 중풍병자에 대한 감동적인 이야기를 전해 준다. 그는 병이 낫고 죄사함까지 받았다. 네 친구가 이 환자를 메고 왔지만 인파 때문에 예수님께 가까이 갈 수가 없었다. 그래서 이 친구들은 집 지붕에 구멍을 내고 환자를 눕힌 들것을 아래로 내려 보냈다. 그런데 예수님은 중풍병자에게 병이 나았다고 선언하시지 않고 그가 죄사함을 받았다고 말씀하셔서, 모여 있던 사람들이 다 깜짝 놀랐다. 치유와 죄사함은 둘 다 메시아 왕국의 축복이었기 때문이다.

그러자 거기 앉아 있던 서기관들이 분개하며 이렇게 생각했다. '이 사람이 어찌 이렇게 말하는가? 신성모독이로다! 오직 하나님 한 분 외에는 누가 능히 죄를 사하겠느냐?'(7절) 이에 예수님은 두 축복을 비교하신 다음, 자신이 죄를 사하는 권세가 있는 줄을 알게 하시려고 중풍병자의 죄사함을 먼저 선언했다고 덧붙이셨다. 그런 다음에야 중풍병자의 병을 고치셨다. 그는 놀랍게도, 사람들이 다 보는 앞에서 자리에서 일어나 걸어 나갔다.

얼마 후에 누가도 비슷한 사건을 기록한다. 예수님은 한 창녀가 그분의 발에 향유를 붓고 눈물로 발을 적신 후 입맞춤하도록 내버려두셨다. 그리고 나서 예수님이 그 여자가 죄사함을 받았다고 선포하시자, 식사 자리에 있던 손님들은 속으로 말했다. '이가 누구이기에 죄도 사하는가?'(눅 7:49)

이 두 사건에서 예수님은 "네 죄사함을 받았느니라"라고 말씀하시면서 사람들의 죄를 사해 주셨다. 두 사건 모두, 주변에 있던 사람들은 그분의 말씀이 선언 이상이라는 것, 곧 실제적인 사죄라는 사실을 감지했다. 그리고 두 경우 모두, 목격한 사람들은 하나님 이외에는 죄를 사할 자가 없다는 것을 잘 알았기에 분개했다.

마가복음 2:1-12을 읽으라.

친교에 관한 논쟁

월요일

건강한 자에게는 의사가 쓸 데 없고 병든 자에게라야 쓸 데 있느니라.
나는 의인을 부르러 온 것이 아니요 죄인을 부르러 왔노라.
마가복음 2:17

이 두 번째 논쟁을 다룬 마가복음 본문에는 "세리와 죄인"이라는 표현이 세 번이나 등장한다. 앞에서 보았듯이(190면), 세리는 늘 반감과 혐오의 대상이었지만, 갈릴리 지방 유대인들에게는 유독 미움을 샀다. 그 이유는 첫째, 추가 징수된 세금이 헤롯 안티파스의 금고로 들어갔고, 둘째, 세리들은 직업의 특성상 이방인을 가까이했으며, 셋째, 징수 대상에게 최대한 돈을 뽑아내는 것이 그들의 일상이었기 때문이다.

여기서 말하는 '죄인들'은 하나님의 도덕법에 불순종한 사람들(우리 모두처럼)뿐만 아니라, 고의든 아니든, 서기관들의 전통대로 살지 못한 사람들을 가리켰다. 점잖은 사람들은 두 집단을 모두 멀리했다. 의식적으로 부정해질까 봐, 그런 사람들을 대접하지도 않고 그들의 대접을 받지도 않았다. 하지만 예수님은 아무런 거리낌 없이 일부러 그런 사람들을 가까이하셨다. 그분은 레위 마태(세리)를 제자로 부르시고, 자기 집에서 함께 식사하자는 그의 초대를 수락하셨다. 그 집에는 다른 세리와 '죄인들'도 많이 있었다.

서기관들이 이의를 제기하자, 예수님은 속담 한 구절을 인용하시며 그에 답하셨다. 그분은 자신을 의사에 비유하시며 말씀하셨다. 의사가 건강한 자가 아니라 병든 자를 위해 일하는 것처럼 자신 역시 자신을 필요로 하는 사람들과 함께하는 것이 당연하다는 것이다. 의인이 아니라 죄인을 불러 회개하게 하기 위해 오셨다는 예수님의 말씀은, 정말로 구원이 필요 없는 의인이 있다는 뜻이 아니라 스스로 의인이라 여기는 사람들이 있다는 뜻이었다. 예수님이 여기서 말씀하신 '의'는 '자기 의'를 가리켰다. 몸이 아프지만 자신이 아프다는 사실을 인정하지 않는 한 의사를 찾아가지 않듯이, 우리가 죄인이지만 그것을 인정하지 않는다면 그리스도께 나아가지 않을 것이다. 사실상 자만심과 자기만족이야말로 사람들을 하나님 나라에 들어가지 못하게 하는 가장 큰 걸림돌이다.

마가복음 2:13-17을 읽으라.

> 화요일

금식에 관한 논쟁

혼인 집 손님들이
신랑과 함께 있을 때에 금식할 수 있느냐?
마가복음 2:19

마가는 세 그룹의 제자들이 어떻게 다른지를 이야기하면서 세 번째 논쟁 기사를 시작한다. 세례 요한과 바리새인의 제자들은 금식하는데, 예수님의 제자들은 금식하지 않는다고 그는 쓴다. 누가의 표현을 빌리자면, 오히려 예수님의 제자들은 "먹고 마시기만 한다"(눅 5:33, 현대인의 성경). 그리하여 어떤 사람들이 예수님께 나아와 왜 요한과 바리새인의 제자들은 금식하는데, 당신의 제자들은 하지 않느냐고 따져 물었다.

예수님은 다른 질문으로 되물으셨다. "혼인 집 손님들이 신랑과 함께 있을 때에 금식할 수 있느냐? 신랑과 함께 있을 동안에는 금식할 수 없느니라"(막 2:19). 주석가들 중에는 이 말씀을 부적절한 행동을 지적하는 속담으로 이해하는 사람들이 더러 있다. 예를 들면, 피로연에 참석한 손님들이 금식하는 것이 부적절하듯이, 이런저런 행동이 우리에게 부적절하다는 뜻으로 말이다.

하지만 개인적으로 나는, 예수님이 이 말씀을 짤막한 알레고리로 의도하셨다고 본다. 신랑 되신 예수님이 그들과 함께 계시므로, 지금은 마땅히 즐거워해야 할 시간이었다. 그런 시간에 금식이라니 이 얼마나 가당치 않은 일이란 말인가. 예수님은 계속해서 말씀하신다. "그러나 신랑을 빼앗길 날이 이르리니 그날에는 금식할 것이니라"(20절). 여기서 "빼앗긴다"는 말은 그분이 당하실 무자비한 죽음을 암시하는 듯하다. 예수님은 아직 자신의 고난을 분명하게 예고하시지는 않았지만, 이미 그 고난을 눈치채고 계신 듯하다. 예수님을 빼앗기는 날에, 그들은 슬퍼하고 금식할 것이다. 산상수훈에서 보았듯이, 예수님은 구제와 기도와 금식을 그리스도인의 삶에 중요한 요소로 보셨다.

그러나 금식을 늘 슬픔과 연관시킬 필요는 없다. 우리가 신랑을 빼앗겼지만, 그 신랑이 성령으로 우리에게 돌아오셔서 우리 슬픔이 변하여 기쁨이 되었기 때문이다(요 16:20-22).

마가복음 2:18-20을 읽으라.

안식일에 관한 논쟁

수요일

안식일이 사람을 위하여 있는 것이요 사람이 안식일을 위하여 있는 것이 아니니.
이러므로 인자는 안식일에도 주인이니라.
마가복음 2:27-28

예수님과 종교 지도자들의 네 번째 논쟁은 안식일에 관한 것이었다. 안식일에 적법한 일과 적법하지 않은 일을 두고 의견이 대립했다. 마가는 두 사건을 기록하는데, 둘 다 안식일에 벌어졌다.

첫 번째 사건은 밀밭에서 일어난 일이다. 예수님은 제자들이 밀밭 사이로 지나면서 이삭을 잘라 먹도록 내버려두셨다. 율법은 안식일에 수확하는 것을 엄격히 금했다(출 34:21). 그런데 구전되는 전통에 따르면 이삭을 뜯는 것도 수확이나 마찬가지였으므로, (서기관들이 보기에는) 제자들은 심각하게 안식일을 범한 셈이었다. 하지만 예수님은 성경을 증거로 대셨다. 다윗과 그와 함께한 자들이 배가 고파 제사장만 먹을 수 있는 성막의 진설병을 먹은 사건을 말씀하셨다. 그런데도 성경은 그들을 정죄하지 않았다. 이를 볼 때 바리새인들보다 성경이 율법을 적용하는 데 더 융통성이 있다. 예수님은 다음과 같은 놀라운 선언으로 말씀을 마치셨다. "안식일이 사람[즉, 우리의 즐거움]을 위하여 있는 것이요, 사람이 안식일을 위하여 있는 것이 아니니. 이러므로 인자는 안식일에도 주인이니라." 예수님이 이렇게 말씀하신 것은 그분에게 안식일을 올바로 해석할 권위가 있으셨기 때문이다.

두 번째 사건은 회당에서 일어난 일이다. 예수님이 안식일에 손 마른 사람을 고쳐 주셨다. 예수님은 모든 사람이 보는 자리에서 그 사람에게 일어나라고 말씀하신 다음, 거기 모인 사람들에게 이렇게 물으셨다. "안식일에 선을 행하는 것과 악을 행하는 것, 생명을 구하는 것과 죽이는 것, 어느 것이 옳으냐?"(3:4) 대답하는 사람은 아무도 없었다. 예수님의 질문에 보기보다 훨씬 더 깊은 내용이 함축되어 있었기 때문이다. 예수님은 그들의 위선을 폭로하고 계셨다. 예수님은 안식일에 선을 행하고 치유하는 일을 계획하셨던 반면, 사람들의 마음에는 악한 생각만 가득했기 때문이다. 마가는 그들이 "어떻게 하여 예수를 죽일까 의논하니라"(6절)라고 말해 준다.

마가가 한데 모아놓은 네 가지 논쟁을 죽 훑어보면서, 우리는 이 사건들이 귀한 가르침을 줄 뿐 아니라 예수님의 우월성을 묘사하고 있음을 알 수 있다. 예수님은 죄사함의 권세를 지닌 인자시요, 우리 영혼을 고치시는 의사요, 손님들을 기쁘게 하는 신랑이요, 안식일의 주인이시다.

마가복음 2:23-3:6을 읽으라.

목요일

전통에 관한 논쟁

너희가 너희 전통을 지키려고
하나님의 계명을 잘 저버리는도다.
마가복음 7:9

바리새인과 서기관 몇이 예루살렘에서 와서 예수님 주변에 모여들었다. 그들은 예수님의 제자들이 부정한 손으로 음식을 먹는 것을 보고 기겁했다. 이것은 위생 문제가 아니라, 장로들의 전통에 따른 의식상의 정결 문제였다. 마가는 이방인 독자들에게 이렇게 설명한다. "그 외에도 여러 가지를 지키어 오는 것이 있으니 잔과 주발과 놋그릇을 씻음이러라"(4절).

바리새인들은 대대손손 내려오는 전통의 권위 아래 살았다. 그들은 성경에 어긋나는 경우에도, 그 전통을 노예처럼 따랐다. 예수님이 그들을 비판하신 것은 그 때문이다. 예수님은 거의 똑같은 말을 세 번이나 반복하시며 그들을 비판하셨다. 이를테면 "너희가 하나님의 계명은 버리고 사람의 전통을 지키느니라"(8절) 같은 말씀이다. 예수님은 전통은 사람의 말로, 성경은 하나님의 말씀으로 분명하게 구분하셨다. 바리새인들은 하나님의 말씀으로 자기들의 전통을 개혁하기보다는, 자기들의 전통으로 하나님의 말씀을 억압했다.

종교개혁 시대에도 이것이 주요 쟁점이었다. 중세 가톨릭 교회는 수많은 비성경적 전통으로 하나님의 말씀을 억눌렀다. 그래서 예수님이 장로들의 전통을 일소하신 것처럼, 종교개혁자들도 중세 교회의 전통을 일소하고 하나님의 말씀을 최고 우위에 놓았다. 종교개혁자들은 전통보다 성경이 우위에 있다고 가르쳤고, 성공회를 포함한 개혁교회들은 여전히 그렇게 가르친다. 영국 성공회에는 성경, 전통, 이성이라는 삼중적 권위가 있다고들 한다. 그러나 그렇지 않다. 전통과 이성이 성경을 설명하는 데 필수적인 역할을 하는 것은 사실이다. 하지만 성경과 전통과 이성이 충돌할 때는 어떻게 해야 하는가? 성경에 최고 권위가 있다는 것이 그 답이다. 예수님을 따르는 이들은 성경의 우월성과 예수 그리스도의 주되심을 존중하기 위해서라면, 전통과 관습을 철저히 거부해야 한다.

마가복음 7:1-13을 읽으라.

이혼에 관한 논쟁

금요일

> 사람을 지으신 이가 본래 그들을 남자와 여자로 지으시고 말씀하시기를 그러므로 사람이 그 부모를 떠나서 아내에게 합하여 그 둘이 한 몸이 될지니라 하신 것을 읽지 못하였느냐.
> 마태복음 19:4-5

이번에도 몇몇 바리새인이 예수님을 시험하러 왔다. 마태복음에 보면, 그들이 이렇게 물었다고 한다. "사람이 어떤 이유가 있으면 그 아내를 버리는 것이 옳으니이까?"(3절) 이는 이혼의 근거를 묻는 시험 문제로 오늘날에도 여전히 유효한 질문이다. 하지만 이는 아주 오래된 질문이기도 했다. 주전 1세기, 서로 경쟁하고 있던 랍비 샴마이(Rabbi Shammai)와 랍비 힐렐(Rabbi Hillel)이 각각 이끄는 바리새파가 이 문제로 토론을 벌였다. 랍비 샴마이는 심각한 성범죄가 아니라면 이혼을 절대 허용할 수 없다는 엄격한 입장을 취한 반면, 랍비 힐렐은 좀더 느슨한 입장을 취했다. 아내가 걸핏하면 싸움을 걸거나 요리를 못한다는 가벼운 이유로도 얼마든지 이혼할 수 있다는 것이었다. 바리새인들은 이 랍비들의 논쟁에 예수님을 끌어들이려 했다. 과연 그분은 누구 편에 서실 것인가?

예수님은 이혼에 대한 바리새인들의 질문에 직접적인 답을 주시지 않고, 대신 결혼에 대해 말씀해 주셨다. 그분은 그들에게 창세기 1-2장을 언급하시면서 두 가지 사실을 강조하셨다. 하나님이 인간의 성을 창조하시고, 인간의 결혼 제도도 만드셨다는 것이었다. 예수님은 두 본문(창 1:27; 2:24)을 한데 묶고, 하나님을 저자로 내세우셨다. "본래 그들을 남자와 여자로 지으신"(마 19:4) 창조주가 (성경 본문에서) "그러므로 사람이 그 부모를 떠나서 아내에게 합하여 그 둘이 한 몸이 될지니라"(5절)라고 말씀하셨다는 것이다. 예수님은 그 말씀에 개인적인 지지를 표하시며 이렇게 말씀하셨다. "그러므로 하나님이 짝지어 주신 것[문자 그대로, '함께 멍에를 씌우신 것']을 사람이 나누지 못할지니라"(6절). 이 가르침은 전혀 모호하지 않다. 결혼은 단순한 인간 간의 계약이 아니라, 하나님이 맺어 주신 관계다. 모세는 중죄의 경우에 한해 이혼을 허용했지만, 예수님은 그것이 인간의 완악한 마음 때문에 어쩔 수 없이 허락한 것이었다고 말씀하셨다. 그분은 "본래는 그렇지 아니하니라"(8절)라고 하셨다. 내 목회 경험에서도, 예수님의 우선순위가 크게 도움이 되었다. 누군가 찾아와서 이혼 문제로 조언을 구할 때마다 일단 사양하고, 먼저 결혼과 화해를 이야기하고 나서야 그 문제를 논의했다.

마태복음 19:3-9을 읽으라.

토요일

세금에 관한 논쟁

가이사의 것은 가이사에게
하나님의 것은 하나님께 바치라.
마가복음 12:17

충성스런 유대인이 황제에게 세금을 바쳐야 하느냐 마느냐 하는 문제는, 당시 논란이 분분하고 민감한 정치적 이슈였다. 한쪽 극단에는, 주후 6년 로마에 맞서 반란을 일으킨 갈릴리인 유다 같은 열심당원들이 있었다. 이들은 "로마인들에게는 아무것도 바치지 말라"를 슬로건으로 내세웠다. 반면 그보다 훨씬 온건한 바리새인들은 세금 징수를 억울하게 생각하면서도 정당화했고, 헤롯 왕의 지지자들은 세금 정책을 지지했다. (세금 정책에 대해서는 의견을 달리하면서도, 예수님을 반대하는 데는 뜻을 같이했던) 몇몇 사람들이 예수님께 와서 그분을 골탕 먹이려고 질문을 던졌다. "가이사에게 세금을 바치는 것이 옳으니이까, 옳지 아니하니이까?"(14절) 이는 예수님을 진퇴양난에 빠트렸다. 옳지 않다고 하면 즉시 체포될 것이 뻔하고, 옳다고 하면 대중의 지지를 잃게 될 것이 뻔했다.

예수님은 데나리온 하나를 가져오라고 하시더니, 거기 새겨진 형상과 글이 누구의 것이냐고 물으셨다. 사람들은 "가이사의 것"이라고 답했다. 동전에는 당시 황제였던 디베료의 형상이 있었고, 라틴어로 이런 글이 쓰여 있었다. "티베리우스 황제, 신성한 아우구스투스의 아들, 대제사장."

"가이사의 것은 가이사에게, 하나님의 것은 하나님께"라는 예수님의 유명한 경구는, (가이사의 것과 하나님의 것이라는) 독립된 두 세계가 있다는 뜻이 아니었다. 가이사에게 속한 모든 것이 궁극적으로 하나님의 것이기 때문이다. 오히려, 예수님은 하나님의 백성은 가이사로 인한 혜택을 인정해야 한다(혹은 문자 그대로, 빚을 갚는 것처럼 '돌려주어야 한다')고 말씀하고 계셨다. 로마 통치의 혜택(평화, 정의, 교육, 도로 등)을 누리면서 그 대가로 아무것도 바치지 않을 수는 없었기 때문이다. 그러나 가이사에 대한 충성에는 한계가 있었다. 하나님을 경외하는 유대인이라면 황제 숭배에 동참해서는 안 되었다. 이렇듯 국가를 신격화하는 현상은 로마 제국에서 끝나지 않았다. 오늘날에도 좌파, 우파를 불문하고, 무조건적인 충성을 요구하는 전체주의 정권들이 있다. 그리스도인들은 그런 충성을 거부해야 마땅하다. 오늘날에도 하나님에 대한 충성을 타협하지 않고 옥에 갇혀 고문을 받고, 강제 노동 수용소에서 죽음을 맞이하는 이들이 있다. 그리스도인들은 가이사의 것은 가이사에게 바치는 충성스런 시민이지만, 하나님의 것은 하나님께 바치며 오직 하나님만을 예배하기에 힘쓴다.

마가복음 12:13-17을 읽으라.

제27주

마지막 한 주

지난 여섯 주 동안은 예수님이 공생애 기간에 하셨던 중요한 말씀과 사역을 살펴보았다. 이제 일반적으로 성주간이라고 하는, 예수님이 지상에서 보내신 마지막 주에 다다랐다. 성주간은 예루살렘을 향한 예수님의 개선 입성(종려주일)으로 시작하여, 십자가 처형(성금요일)으로 끝난다. 여기 주목할 것이 있다. 복음서 저자들은 예수님의 마지막 한 주간에 상당한 분량을 할애한다는 것이다. 누가복음은 사분의 일, 마태복음과 마가복음은 삼분의 일, 요한복음은 절반에 달하는 분량을 성주간에 할애했다. 이는 복음서 저자들이 예수님의 죽음을 둘러싼 사건들을 얼마나 중요하게 생각했는지를 여실히 보여 준다.

일요일: 예루살렘을 향한 개선 입성
월요일: 성전을 정화하심
화요일: 소작인의 비유
수요일: 사두개인들의 오류
목요일: 소 묵시
금요일: 마리아의 기름부음
토요일: 유다의 동기

일요일

예루살렘을 향한 개선 입성

> 예수께서 예루살렘 가까이에 오셔서
> 그 도성을 보시고 우시었다.
> 누가복음 19:41(새번역)

예수님의 예루살렘 입성은, 세부 묘사는 차이가 있지만 사복음서 저자 모두가 기록했다. 예수님은 스가랴 9장에서 그분에 대해 기록한 내용을 성취하기로 확실히 마음을 정하셨다. 미래의 유다 왕이 구원을 베푸시려고 예루살렘에 들어오신다는 말씀 말이다. 그러나 그분은 위풍당당한 영웅의 모습으로 멋진 군마를 타고 오시지 않고, (수많은 동물 중에!) 나귀의 등에 올라타고 초라하고 수수한 모습으로 오실 것이다. 이렇게 오셔서 "이방 사람에게 화평을 전할"(슥 9:10) 것이었다.

이 사건은 사전에 철저하게 준비되었고, 심지어 연출된 느낌마저 준다. 아마도 예수님은 이전에 이곳을 방문하셨을 때 베다니의 친구들에게서 나귀를 빌리기로 하시고, "주께서 쓰시겠다"는 말을 암호로 정해 두셨던 것 같다. 그다음에는 수많은 사람이 이 드라마에 참여하여, 나귀 새끼 위와 길바닥 위에 자기들의 겉옷을 펼치고 찬양을 부르기 시작했다.

대열이 베다니와 벳바게 동네들을 거쳐 감람산 등성이에 이르자, 순식간에 예루살렘이 한눈에 들어왔다. 성전의 빛나는 첨탑과 널찍한 뜰도 보였다. 군중의 환호소리가 점차 잦아들 즈음, 놀랍고 당황스럽게도 예수님이 우시기 시작했다. 예수님은 예루살렘을 두고 한탄하시며 그 도성의 멸망을 예언하셨다. 그들이 하나님이 방문하시는 때를 알아차리지 못했기 때문이다.

예수님이 도성의 심판을 경고하시면서 사랑하는 마음으로 우셨다는 사실은 주목할 만하다. 하나님의 심판(성주간의 주요 주제)은 엄중한 현실임에 틀림없지만, 심판하시는 하나님은 또한 우시는 하나님이다. 하나님은 아무도 멸망하기를 원치 않으신다. (예수님이 말씀하신 것처럼) 결국 누군가에게 심판이 내리더라도, 하나님의 두 눈에는 눈물이 가득할 것이다.

누가복음 19:41-44을 읽으라.

성전을 정화하심

월요일

> 이에 [예수님이] 가르쳐 이르시되 기록된 바 내 집은 만민이 기도하는 집이라 칭함을 받으리라고 하지 아니하였느냐. 너희는 강도의 소굴을 만들었도다.
> 마가복음 11:17

마가에 따르면, 예수님은 예루살렘에 입성하시자마자 무슨 행동을 하시기 전에 곧바로 성전으로 가셔서 "모든 것을 둘러보셨다"(11절). 그런 다음, 늦은 시간이라 열두 제자를 데리고 밤을 보내려고 성 밖으로 나가셨다. 그날 밤 예수님은 성전을 둘러보고 받으신 충격을 곰곰이 생각해 볼 시간을 가지셨다. 이스라엘 신앙 생활의 핵심인 하나님의 성소가 상업주의에 물들어 있었던 것이다.

돈 바꾸는 자들은 반 세겔 성전세와, 희생 제사용 가축을 파는 상인들과 관련이 있었다. 수익이 큰 이 사업은 대제사장들이 독점으로 관리하면서, 가난한 순례자들을 심하게 착취했다. 예수님이 이사야서와 예레미야서를 인용해서 하신 말씀처럼, 하나님의 기도하는 집이 강도의 소굴로 전락하고 말았다. 그래서 그분은 의도된 폭력을 행사하셨다. 요한은 예수님이 노끈으로 채찍을 만드셨다고 말한다. 그 채찍은 사람이 아니라 동물에 사용하신 것이 틀림없다["양이나 소를"(요 2:15)]. 또 돈 바꾸는 자와 비둘기 파는 상인들이 사용하던 상을 뒤엎으시고, 사람들이 물건을 들고 성전 경내를 통과하지 못하게 하셨다.

복음서 저자들이 그리는 예수님의 모습은 여기서 한층 더 폭넓어진다. 나귀를 타고 겸손하게 예루살렘에 입성하셔서 눈먼 예루살렘 도성을 위해 눈물을 흘리신 예수님이 이제는 심판의 상징인 채찍을 휘두르고 계시니 말이다. 우리는 예수님의 눈물을 보고 난 후에야 비로소 그분의 손에 들린 채찍을 볼 수 있을 것이다.

마가복음 11:15-18을 읽으라.

화요일

소작인의 비유

후에 자기 아들을 보내며 이르되 그들이 내 아들은 존대하리라 하였더니
농부들이 그 아들을 보고…죽였느니라.
마태복음 21:37-39

마지막 주간이 진행될수록, 예수님에 대한 당국의 반감은 점점 더 심해지고, 반목과 심판이라는 주제가 도드라졌다. 흔히 소작인의 비유라 하지만 비유가 아니라 알레고리다.

포도원을 만들어 산울타리로 두르고 즙 짜는 틀을 만들고 망대를 지은 집주인은 바로 하나님이시다. 이사야 5장에 나오듯이, 하나님의 포도원은 이스라엘이다. 하나님은 자기 백성이 선한 일에 열매를 맺을 수 있도록 능력이 닿는 대로 뒷받침해 주셨다. 집주인이 포도원을 세 준 소작 농부들은 이스라엘의 종교 지도자들이다. 때가 되어 포도가 무르익자, 주인은 종(선지자)들을 보내 열매를 거두어들이려 했지만, 소작인들은 종들을 잡아 때리고 돌로 쳐서 죽였다. 그래서 주인이 다시 좀더 많은 종들을 보냈지만, 결과는 마찬가지였다. 마지막으로, 그는 자기 아들을 보내며 혼잣말로 이렇게 말했다. "그들이 내 아들은 존대하리라." 그러나 소작인들은 그 아들마저 죽였다.

이야기를 마무리하면서 예수님은 청중에게 단도직입적으로 물으셨다. 예수님의 질문은 그들로 스스로에 대해 도덕적 판단을 하게 했다. 그 대답을 통해 그들은 스스로를 정죄할 수밖에 없었다. 실제로, 마태는 "대제사장들과 바리새인들이 예수의 비유를 듣고 자기들을 가리켜 말씀하심인 줄 알고"(마 21:34)라고 분명하게 말한다. "그러면 포도원 주인이 올 때에 그 농부들을 어떻게 하겠느냐?"(40절)라는 예수님의 질문에, 그들은 "그 악한 자들을 진멸하고 포도원은 제때에 열매를 바칠 만한 다른 농부들에게 세로 줄지니이다"(41절)라고 대답했다.

예수님이 다시 말씀하셨다. "그러므로 내가 너희에게 이르노니 하나님의 나라를 너희[이스라엘]는 빼앗기고 그 나라의 열매 맺는 백성[이방인들]이 받으리라"(43절).

마태복음 21:33-41을 읽으라.

사두개인들의 오류

수요일

예수께서 대답하여 이르시되
너희가 성경도 하나님의 능력도 알지 못하는 고로 오해하였도다.
마태복음 22:29

바리새인과 사두개인 사이에는 늘 논쟁이 끊이지 않았다. 예를 들면, 바리새인들은 사후 세계에 대해 정교한 신학을 구축했지만, 사두개인들은 그것을 거부하고 인간의 몸과 영혼은 동시에 죽는다고 가르쳤다. 좀더 근본적인 차이점으로는 성경에 대한 상이한 태도를 들 수 있는데, 양쪽 모두 예수님의 비판을 받았다. 바리새인들은 성경에 (전통을) **추가했고**, 사두개인들은 성경에서 (초월적인 요소를) **삭제했다**.

성주간에 몇몇 사두개인들이 예수님을 찾아와 수혼법에 관한 교묘한 질문을 던졌다. 수혼법이란 남자가 자식 없이 죽으면 남동생이 형수와 결혼해야 한다는 율법이었다. 사두개인들은 이렇게 물었다. "일곱 형제가 살고 있었는데, 하나같이 자식 없이 죽고 마지막으로 그 여자도 죽었습니다. 일곱 사람이 다 한 여자와 결혼했는데, 다음 생에서 이 여자는 누구의 아내가 됩니까?"(저자 사역) 사두개인들의 얼굴에 능글맞은 웃음이 피어오르는 장면이 눈에 보이는 듯하다. 그들은 자신들이 무척 똑똑해서, 사후 세계에 대한 믿음쯤은 말도 안 되는 조롱거리로 만들 수 있다고 생각했다.

예수님은 그들의 질문에 답하시면서 사두개인들이 틀렸다고, 실제로 그들이 "크게 오해하였다"(막 12:27)고 분명히 말씀하셨다. 더군다나 그들의 잘못은 무지에서 비롯된 것이었다. 사두개인들은 성경도, 하나님의 능력도 알지 못했다.

사두개인들이 성경에 무지하다는 예시로, 예수님은 떨기나무 사건과 하나님이 스스로를 아브라함과 이삭과 야곱의 하나님으로 선언하신 데 내포된 의미를 언급하셨다. 하나님은 족장들과 독특한 사랑의 언약을 맺으셨다. 사두개인들은 진정 죽음으로 그런 언약 관계가 깨질 수 있다고 생각했는가? 오늘날 교회에서도 성경에 대한 무지나 무례에서 비롯한 오류를 많이 찾아볼 수 있다.

그러나 사두개인들의 근본적인 문제는 전혀 다른 종류의 무지였다. 그들은 만약에 사후 세계가 있다면 이생과 같은 종류의 삶일 것이라고 가정했다. 하나님이, 결혼이 필요 없는 전혀 다른 존재 질서를 창조하실 수 있으리라고는 전혀 생각지 못했던 듯하다. 그들은 하나님의 능력에 대해 무지했다.

마가복음 12:18-27을 읽으라.

목요일

소 묵시

내가 진실로 너희에게 말하노니
이 세대가 지나가기 전에 이 일이 다 일어나리라.
마가복음 13:30

하루는 예수님과 제자들이 감람산에 앉아 기드론 시내에서 헤롯 성전까지 이르는 장관을 즐기고 있었다. 성전 건축을 시작한 지 이미 50년이 지났지만 아직도 공사가 끝나지 않았다. 비록 미완성이었지만 성전은 대단한 광경을 연출했다. 제자들은 "얼마나 굉장한 돌입니까! 얼마나 굉장한 건물들입니까!"(1절, 새번역) 하고 말했다. 그런데 예수님은 놀랍게도 이 말에, 돌 하나도 남지 않고 다 무너질 것이라고 대답하셨다. 이 대목부터 소위 소 묵시가 시작된다. 마가복음 13장, 마태복음 24장, 누가복음 21장에 기록된 소 묵시에서 예수님은 미래를 내다보셨다. 이 본문을 해석하기가 만만치 않은 까닭은, 예수님이 가까운 미래(주후 70년에 있을 예루살렘의 멸망과 성전 파괴)뿐 아니라 궁극적인 미래(재림과 역사의 종말)도 내다보고 계시기 때문이다. 이 두 사건은 예수님의 가르침에서 한데 얽혀 나타나기에, 그분이 어느 사건을 언급하시는지 구분하기가 쉽지 않을 때가 있다.

곧 일어날 징조로는 거짓 메시아의 출현, 전쟁과 전쟁의 소문, 지진, 기근 등이 있다. 그러나 예수님은 이런 일이 "재난의 시작"(8절)에 불과하다고 말씀하셨다. 종말은 아직 오지 않았다. 종말을 알리는 다른 징조는, 박해와 순교, 복음이 온 세상에 전파되는 것, 가족의 분열, 해와 달과 별들의 격변 등이다. 이중 천체의 이상 징후는 사회 정치적 격변에 대한 묵시적 이미지로 친숙한 표현이다. 그때에 사람들은 "인자가 구름을 타고 큰 권능과 영광으로 오는 것을" 볼 것이다(26절). 실제로 이 세대가 지나가기 전에 "이 일"(종말을 알리는 징조들)이 다 일어날 것이다. 그러나 "이 일"과는 달리, 그날과 그때는 아무도 모른다. 아들조차도 알지 못한다.

이 소 묵시의 주된 강조점은 이런 징조와 사건들의 진행 순서에 있는 것이 아니라, 그분의 오심에 깨어 준비하라는 (마가복음 13장에 7번이나 나오는) 예수님의 반복된 부름에 있다. 그분이 언제 오실지 아무도 모르기 때문이다. 예수님은 이렇게 말씀을 마치신다. "깨어 있으라! 내가 너희에게 하는 이 말은 모든 사람에게 하는 말이니라"(37절).

마가복음 13장을 읽으라.

마리아의 기름부음

금요일

> 그는 힘을 다하여 내 몸에 향유를 부어
> 내 장례를 미리 준비하였느니라.
> 마가복음 14:8

성주간의 어느 날 저녁, 베다니 동네에서는 기억할 만한 또 다른 극적인 사건이 벌어졌다. 예수님은 나병환자 시몬의 집에 초대를 받아 식사를 하고 계셨다. 물론 그는 이미 나병을 고침 받았다. 예수님이 식탁에 비스듬히 기대 앉아 계실 때 뒤에서 한 여자가 가까이 왔다. 마가는 이 여자의 이름을 밝히지 않지만, 요한은 베다니의 마리아라고 밝힌다. 이 여자는 예수님이 최근에 죽은 자 가운데서 살리신 나사로의 두 누이 중 하나였다 (요 12:1-8). 마리아는 매우 값비싼 향유가 담긴 옥합을 가져다가 깨뜨리고, 그 향유를 예수님의 머리에 부었다. 예수님을 메시아로 알아보고 그녀의 방식으로 그분께 기름을 부어 드린 것이 가능했을까? 하지만 그 모습을 지켜보던 사람들은 낭비라며 크게 분노했다. 그들은 향유를 팔면 1년 치 급여에 해당하는 돈을 챙겨 가난한 사람들을 도와줄 수 있었을 것이라고 주장하면서, 여자를 심하게 책망했다.

그러나 예수님은 여자 편을 들어 주셨다. 우리는 예수님의 말씀에서 깊이 있는 다섯 가지 진리를 배울 수 있다. 첫째, 그녀가 예수님께 한 일은 낭비가 아니라 "좋은 일"(막 14:6)이었다. 그분에 대한 온전한 헌신을 표현했기 때문이다. 둘째, 그녀는 가난한 사람들을 얕잡아 본 것이 아니라, 그들보다 예수님을 귀히 여긴 것이었다. 셋째, 그녀는 다른 사람들은 다른 방법으로 예수님을 섬긴다는 사실을 알고, 자기가 가진 것으로 자기가 할 수 있는 일을 했다. 넷째, 그녀는 예수님의 장례를 예상하면서 그분의 몸에 향유를 부었다. 다섯째, 온 세상에 복음이 전파되는 곳마다 그녀와 그녀가 사랑으로 행한 일도 기억될 것이다.

마가는 의도적으로 유다의 배신이라는 음습한 배경에, 자신을 기꺼이 희생한 마리아의 행동을 배치한다. 유다의 배신은 내일 살펴볼 것이다.

마가복음 14:1-11을 읽으라.

토요일

유다의 동기

열둘 중의 하나인 가룟 유다가
예수를 넘겨주려고 대제사장들에게 가매.
마가복음 14:10

초대교회가 유다의 배신을 성경의 성취로 본 것은 사실이다(시 41:9; 요 17:12을 보라). 또 사탄이 유다의 마음에 예수를 팔려는 "생각을 넣고" "그 속에 들어간" (요 13:2, 27) 다음에 그 일이 벌어졌다고 믿었다. 하지만 그렇다고 해서 유다에게 아무 죄가 없는 것은 아니다. 성경의 예언이나 사탄의 영향력이 있었다 해도, 그는 자기 행동에 스스로 책임을 져야 했기 때문이다. 다락방 식사가 끝나갈 무렵, 예수님은 유다에게 마지막으로 간청하셨지만(요 13:25-30), 그는 그 말씀을 거부했다. 그때 예수님이 유다에게 말씀하셨다. "인자를 파는 그 사람에게는 화가 있으리로다!"(마 26:24)

그렇다면 과연 유다의 동기는 무엇이었을까? 복음서 저자들은 그가 돈을 사랑했다는 점에 주목한다. 요한은 유다가 제자 공동체에서 회계를 맡았고 공동 자금을 유용한 도둑이었다고 말해 준다. 유다는 마리아가 아낌없이 향유를 붓는 모습을 보고 경악을 금치 못했을 것이다. 그는 아까운 손실을 조금이나마 만회하려고 제사장들을 찾아갔던 것 같다. 그러고는 그들과 흥정을 벌여, 예수님의 몸값으로 은 삼십 개에 합의를 보았다.

또 유다가 예수님을 배신한 데는 돈보다는 정치적 동기도 있었을 것이다. 유다의 성(姓)인 가룟의 의미를 두고 여러 가지 추측이 많았다. 어떤 사람들은 가룟이 지명이라고 주장하면서, 그가 헤브론 남쪽에 있는 "그리욧(Kerioth) 출신"이라고 말했다. 또 어떤 사람들은 가룟이라는 단어가 '시카리오스'[sikarios, '시카'(sica, 단도라는 뜻)에서 파생], 즉 암살자의 변형이므로, 유다는 '시카리'(sikarii)의 조직원이었다고 생각한다. '시카리'는 1세기 유대 역사가 요세푸스가 열성 테러리스트 집단으로 언급한 조직이다. 그렇다면 유다는 이스라엘이 로마의 지배에서 벗어나기를 바란 호전적 독립주의자였는데, 메시아로서 실패한 예수님께 실망했던 것일까? 그럴 가능성도 없지 않지만, 확신할 만한 증거가 충분치는 않다.

앞에서 보았듯이, 복음서 저자들은 마리아와 유다를 극명하게 대비시킨다. 마리아는 아무것도 계산하지 않고 아낌없이 베풀었지만, 유다는 아주 실리적으로 계산된 거래를 했다. 1년 치 임금을 낭비했다며 마리아에게 격분한 유다는 고작 그 삼분의 일에 해당하는 값에 예수님을 팔았다. 진실로 "돈을 사랑함이 일만 악의 뿌리가 되나니"(딤전 6:10).

요한복음 13:1-2, 18-20을 읽으라.

제28주

다락방

예수님은 제자들과 함께 조용히 식사를 하며 마지막 저녁을 보내려고 마음먹으신 것이 분명하다. 그래서 미리 지인에게 부탁하여 그 집의 손님방을 빌려 두셨다. 예수님은 그 방을 "자리를 펴고 준비한 큰 다락방"(막 14:15)이라고 설명하셨다. 공관복음 저자들에 따르면, 그날의 식사는 유월절 양을 희생시키는 의례에 이은 유월절 만찬이었다. 예수님은 제자들과 함께 유월절 음식 먹기를 원하셨다고 말씀하신 적이 있기 때문이다(눅 22:15). 그러나 요한에 따르면, 예수님이 십자가에서 돌아가신 시간은 유월절 하루 전날로 유월절 어린 양이 죽임을 당하는 바로 그 시각이었다. 이에, 이 두 시간대를 조화시키려는 다양한 시도가 있었다. 가장 좋은 방법은 둘 다 옳다고 인정하고, 바리새인과 사두개인이건, 갈릴리인과 유대인이건 서로 다른 그룹이 관찰한 바를 기록했다고 보는 것이다. 이번 주에 우리는 예수님이 제자들의 발을 씻기시는 장면과 성찬 예식을 제정하시는 모습을 지켜보는 특권을 누릴 것이다. 또 예수님이 성령에 대하여 가르치시고, 제자들을 위해 기도하시는 것을 듣게 된다.

일요일: 제자들의 발을 씻기시다
월요일: 주의 만찬
화요일: 그리스도의 초림과 재림
수요일: 포도나무와 가지
목요일: 예수님이 떠나시는 것의 유익
금요일: 진리의 영이 하시는 일
토요일: 제자들을 위한 주님의 기도

일요일

제자들의 발을 씻기시다

저녁 잡수시던 자리에서 일어나 겉옷을 벗고 수건을 가져다가 허리에 두르시고 이에 대야에 물을 떠서 제자들의 발을 씻으시고 그 두르신 수건으로 닦기를 시작하여.
요한복음 13:4-5

예수님은 제자들과 함께 식사를 하시다가 일어나 그들의 발을 씻기시고 자기의 본을 따르라고 말씀하셨다. 그래서 일부 그리스도인들은 오늘날도 그분의 행동을 그대로 따른다. 교황과 대주교, 왕과 여왕들은 여전히 성 목요일(Maundy Thursday, 부활절 전 목요일)이 되면 세족식을 행한다. 일부 개신교 교회(예를 들어, 메노나이트 교회)도 세족식을 성찬식에 포함시켜 시행한다. 그러나 다른 일각에서는 예수님이 어떤 의식을 만드신 것이 아니라 평범한 문화적 관습을 나타내셨다고 믿는다. 그렇다면 이를 우리 문화에 대입해 보자. 예수님이 뜻하셨던 바는, 우리가 서로 사랑한다면 서로 섬길 것이고, 그 어떠한 섬김도 하찮거나 더럽지 않다는 것이었다.

하지만 발을 씻기는 행동에는 겸손한 섬김의 모범 이상의 의미가 있다. 이는 구원에 대한 비유이기도 하다. 베드로는 예수님이 발을 씻기려 하셨을 때, 처음에는 그것을 거부했다. 이때 예수님은 베드로에게 그러면 "네가 나와 상관이 없느니라"(13:8)라고 말씀하셨다. 그러자 그는 손과 머리도 씻겨 달라고 요청했다. 이번에는 예수님이 "이미 목욕한 자는 발밖에 씻을 필요가 없느니라. 온 몸이 깨끗하니라"라고 대답하셨다(10절).

이 대화를 볼 때, 씻는 것은 구원을 의미하는 것이 분명하다. 이에는 두 단계가 있는데, 첫째는 목욕이고 그다음은 정기적으로 발을 씻는 것이다. 이러한 구분 이면에 있는 사회적 관습은 그리 낯설지 않다. 저녁 초대를 받아 친구 집에 가는 손님은 가기 전에 목욕을 하고 단장을 한다. 그러나 맨발로 걷거나 샌들을 신으면 발은 다시 더러워진다. 그래서 친구 집에 도착하면 종이 나와 그의 발을 씻긴다. 그러나 목욕을 다시 할 필요는 없다.

이처럼 우리도 처음 예수 그리스도 앞에 회개와 믿음으로 나아갈 때 목욕을 하게 된다. 신학적으로 이를 '칭의'(새 지위를 얻는 것) 또는 '중생'(다시 태어나는 것)이라 부른다. 둘 다 세례를 받을 때 생생하게 극적으로 표현되며 되풀이될 수 없다. 그러나 우리는 계속해서 죄에 빠져들고 세상에서 사는 동안 진흙이 튀겨 더러워진다. 이때 필요한 것은 또 다른 칭의나 중생 혹은 세례가 아니라 매일매일의 용서다. 이 용서는 주의 만찬에 꾸준히 참여하는 데서 상징적으로 표현된다. 이렇게 볼 때, 베드로는 두 가지 상반된 실수를 저질렀다. 처음에는 씻김 받는 것 자체를 거부했다. 그리고 나서는 발만 씻으면 되는 상황에서 목욕을 요구했다. 부디 이 둘을 구분할 수 있도록 도우시길!

요한복음 13:1-15을 읽으라.

주의 만찬

> 너희가 이 떡을 먹으며 이 잔을 마실 때마다
> 주의 죽으심을 그가 오실 때까지 전하는 것이니라.
> 고린도전서 11:26

다락방에서 식사를 하실 때였다. 예수님은 떡을 가져다가 떼어서 제자들에게 나누어 주시며, "이것은 너희를 위하여 주는 내 몸이라. 너희가 이를 행하여 나를 기념하라"(눅 22:19)라고 말씀하셨다. 또 식사를 마친 후에는 포도주 잔을 가져다가 제자들에게 주시며, "이 잔은 내 피로 세우는 새 언약이니 곧 너희를 위하여 붓는 것이라"라고 말씀하셨다(눅 22:20). 이는 자신의 죽음에 관한 예수님 자신의 관점을 보여 주는, 엄청나게 의미심장한 말과 행동이다. 세 가지 진리가 특히 두드러진다.

첫째는 그분의 죽음이 중심이라는 사실이다. 예수님은 자신의 추도식에 대한 지침을 주고 계셨다. 그들은 그분을 기억하며 떡을 떼고 포도주를 마셔야 했다. 그 떡은 살아 있는 그분의 몸이 아니라 제자들을 위해 내어주신 몸을 상징하고, 포도주는 그들을 위해 쏟으신 피를 상징한다. 다시 말해, 두 요소 다 그분의 죽음을 말하고 있었다. 이처럼 예수님은 그분의 죽음이 기억되기를 바라셨다.

주의 만찬에서 배우는 두 번째 진리는 예수님의 죽음의 목적이다. 마태에 따르면, 포도주 잔은 "죄사함을 얻게 하려고 많은 사람을 위하여 흘리는 바 나의 피 곧 언약의 피"를 상징한다(마 26:28). 이는 하나님이 예수님이 죽으며 흘리신 피를 통해 예레미야서에서 약속하신 새 언약(렘 31장)을 세우신다는 참으로 놀라운 주장이다. 그 새 언약의 위대한 약속 가운데 하나가 죄사함이다.

성찬이 가르쳐 주는 세 번째 진리는, 예수님의 죽음이 가져온 유익을 우리가 개인적으로 누려야 한다는 것이다. 다락방 드라마에서 제자들은 관중이 아니라 참여자였다. 예수님은 떡을 떼기만 하신 것이 아니라 제자들이 먹도록 나누어 주셨다. 또 포도주를 따르기만 하신 것이 아니라 그들이 마시도록 나누어 주셨다. 마찬가지로 그리스도가 죽으시는 것만으로는 충분하지 않다. 그분의 죽음이 가져온 축복을 우리 자신의 것으로 만들어야 한다. 떡을 먹고 포도주를 마시는 행위는, 예수 그리스도를 십자가에 달리신 우리 구세주로 받아들인다는 사실 그리고 날마다 믿음으로 그분을 먹고 살아간다는 사실을 생생한 행동으로 보여 주는 것이었다. 그때도 그랬고, 지금도 마찬가지다.

예수님이 직접 제정하신 주의 만찬은 "나를 잊지 말기를" 정도의 경미한 감상적인 의식이 아니라, 영적 의미가 풍성한 드라마였다.

예레미야 31:31-34을 읽으라.

화요일

그리스도의 초림과 재림

가서 너희를 위하여 거처를 예비하면 내가 다시 와서 너희를 내게로 영접하여
나 있는 곳에 너희도 있게 하리라…내가 너희를 고아와 같이 버려두지 아니하고 너희에게로 오리라.
요한복음 14:3, 18

요한복음 14장 서두와 그 장의 마지막 부분에서, 예수님은 제자들에게 "너희는 마음에 근심하지 말라"라고 말씀하셨다(1, 27절). 온 세상이 그로 인해 고통받고 있지만 이 땅의 어떤 의사도 고칠 수 없는 일종의 심장병을 암시하고 있다. 요한은 이 장에서 위대한 의사의 진단과 처방을 기록한다. 이 장의 제목을 '영적 심장병: 그 원인과 치료'라고 붙일 수도 있을 것이다. 이 병의 원인은 주님이 세상을 떠나실 때가 임박했다는 사실에 있다. 이제 곧 예수님이 자신들을 버리시리라는 생각 때문에 제자들에게 심장병이 왔다. 유일한 치료책은 다시 오시리라는 그분의 약속을 믿는 것이다.

마지막 때에 그리스도가 다시 오시리라는 내용이 이 장 처음 열네 구절의 주제다. 물론 이는 우리가 죽을 때도 적용되는 내용이다. 예수님은 다음과 같이 약속하셨다. (1) "내가 너희를 위하여 거처를 예비하러 가노니"(2절). 그래서 성도들의 죽음은 집으로 돌아가는 것과 같다. (2) "내가 다시 와서"(3절). (3) "너희를 내게로 영접하여 나 있는 곳에 너희도 있게 하리라"(3절). (4) "내가 곧 길이요 진리요 생명이니"(6절). 우리의 최종 목적지이기도 하신 그분이 우리보다 앞서 가시며 우리를 호위하시고 우리의 길이 되어 주신다는 사실은 참으로 감동적이다.

그러나 15-26절은 그리스도께서 중간에 오시는 것을 언급한다. 그분이 미래에 오신다고 해서 그 사이에는 제자들을 버려두신다는 의미가 아니다. 반대로 그분은 성령을 보내실 것이다. 아니, 그분 자신이 성령의 위격으로 오실 것이다. 그런데 누구에게 오실 것인가? 그분을 사랑하는 사람들에게 나타나실 것이다. 이들은 순종으로 그 사랑을 증명해 보이는 이들이다(21절).

마지막 27-31절에서는 그리스도의 임박한 죽음으로 주제를 되돌린다. 다시 예수님은 제자들에게 근심하지 말고 두려워하지 말라고, "샬롬!" 즉 "평안을 너희에게 주노라"라고 말씀하신다. 매튜 헨리는 그 특유의 솜씨로 이 말씀을 매력적으로 표현했다.

그리스도가 이 세상을 떠나시며 유지를 남기셨다. 그분의 영혼은 아버지 하나님께 맡기셨고 그분의 육체는 아리마대 요셉에게 남기셨다. 그분의 옷은 로마 병사들의 차지가 되었고, 그분의 어머니는 요한에게 부탁하셨다. 그렇다면 모든 것을 버려두고 그분을 따른 제자들에게는 무엇을 남기셨는가? 그분에게는 은도 금도 없었지만 그들에게 그 무엇보다 좋은 것을 남기셨다. 바로 그리스도가 주는 평안이었다.

요한복음 14:1-31을 읽으라.

포도나무와 가지

수요일

> 나는 포도나무요 너희는 가지라 그가 내 안에 내가 그 안에 거하면
> 사람이 열매를 많이 맺나니 나를 떠나서는 너희가 아무것도 할 수 없음이라.
> 요한복음 15:5

예수님은 포도나무와 가지 알레고리를 말씀하시며 틀림없이 이스라엘을 생각하셨을 것이다. 여호와께서 가나안 땅에 심으신 좋은 포도나무가 바로 이스라엘이었기 때문이다. 예수님은 이스라엘과 하나님의 새로운 공동체 사이의 연속성을 염두에 두고 계셨다. 여기서 핵심 메시지는 간단하다. 즉, 포도나무가 많은 포도를 맺어야 하는 것처럼, 하나님은 그분의 백성들이 풍성하게 열매 맺기를 바라신다는 말이다.

그런데 놀라운 사실은, 사람들을 그리스도께로 인도할 때 풍성한 열매를 맺는다고 생각하는 그리스도인들이 많다는 점이다. 전도는 분명 그리스도인들의 중요한 소명이다. 하지만 성경의 여러 구절을 비교해 볼 때 하나님의 포도원에 맺힌 포도는 정의와 의로움이다. 반면 신약에서 성령의 열매는 그리스도의 형상을 닮는 것이다. 이사야 5장과 갈라디아서 5:22-23, 골로새서 1:10을 참고하라.

그렇다면 어떻게 하면 많은 열매를 맺을 수 있을까? 첫째, 잔가지를 쳐 주어야 한다. 하나님은 포기할 줄 모르는 정원사시다. 그분은 열매 맺는 가지는 더 많은 열매를 맺게 하시려고 잘 손질하신다. 이러한 가지치기는 고난의 장면을 연상시킨다. 또한 과격한 과정이기도 하다. 대개 가을이 되면 덤불이나 관목은 또다시 잘려 나간다. 풋내기의 눈에는 아주 잔인해 보이는 일이다. 때로는 들쑥날쑥 잘려 나간 자국이 보이는 벌거숭이의 그루터기만이 남아 있기도 하다. 하지만 다시 봄이 오고 여름이 오면 수많은 열매를 맺게 된다. 가지치기를 하는 날카로운 칼은 안전한 손에 들려 있다. 어떠한 고난은 거룩함을 이루는 데 필수불가결한 요소다.

둘째, 가지가 포도나무에 '붙어' 있어야 한다. 본질적으로, 그리스도인이 된다는 것은 '그리스도 안에' 거한다는 뜻이다. 그리스도와 유기적으로 연합되어 있다는 말이다. 또 그리스도 안에 거한다는 것은 이미 만들어진 관계를 계속 유지하고 발전시킨다는 의미다. 뿐만 아니라 그 관계는 우리가 그리스도 안에 거하고 그리스도께서 우리 안에 거하시는 상호적인 관계다. 그리스도께서 우리 안에 거하시기 위해서는 그분이 그렇게 하시도록 자리를 내어 드려야 한다. 우리의 주님이자 생명을 주신 그분이 더 합당한 자리에 거하시도록 말이다. 한편 우리가 그리스도 안에 거하기 위해서는 어떻게 해야 하는지, 라일(J. C. Ryle) 주교가 잘 표현해 주었다. "내 안에 거해라. 내게 매달려라. 내게 꼭 붙어 있어라. 나와 친밀하게 교제하는 삶을 살아라. 내게 점점 더 가까워져라. 모든 짐을 내게 맡겨라. 너의 모든 무게를 내게 실어라. 단 한순간도 나를 놓지 말아라."

요한복음 15:1-8을 읽으라.

목요일

예수님이 떠나시는 것의 유익

> 그러나 내가 너희에게 실상을 말하노니
> 내가 떠나가는 것이 너희에게 유익이라.
> 요한복음 16:7

예수님이 떠나시는 것이 어찌 제자들에게 유익이란 말인가? 그들은 예수님과 함께 3년이란 꿈같은 시간을 보냈다. 우리는 그들이 누린 특권이 부러울 뿐이다. 한순간이라도 예수님과 함께할 수 있다면! 주린 자를 먹이시고, 병든 자를 고치시고, 죽은 자를 일으키시는 모습을 직접 볼 수 있다면! 예수님은 왜 이런 말씀을 하신 걸까?

사실 사도들에게는 두 가지 불리한 점이 있었다. 첫째, 예수님이 이 땅에서 그들과 함께 계실 때는 지역적 한계가 있을 수밖에 없었다. 그래서 제자들은 종종 예수님과 헤어져 있었다. 제자들은 배에 타고 있고 예수님은 산에서 기도하실 때처럼 말이다. 그들은 예수님과 아무런 방해 없이 계속되는 교제를 누릴 수 없었다. 그렇다면 예수님이 아직도 이 땅에 계시다고 가정해 보자. 스코틀랜드 출신의 19세기 작가이자 전도자인 헨리 드러몬드(Henry Drummond)는 다음과 같이 말했다. "예수님이 여전히 예루살렘에 계시다고 상상해 보자. 배와 비행기들은 기독교 순례자들로 인산인해를 이룰 것이다. 당신도 그 안에 있다고 가정해 보자. 온갖 어려움을 무릅쓰고 드디어 이스라엘에 당도했지만, 도로마다 꽉 막혀 있다. 당신이 서 있는 곳과 예수님이 계신 예루살렘 사이에는 엄청난 사람들로 들끓고 있다. 예수님을 보러 왔지만, 결코 보지 못할 것이다."

바로 이런 좌절을 막기 위해 예수님이 떠나시고 그 자리를 대신하도록 성령님을 보내셨다. 성령님은 예수님의 임재를 온 우주에 편만하도록 하여 누구나 어디에서든 그분께 나아갈 수 있도록 일하시는 분이기 때문이다.

두 번째로 사도들에게 불리했던 점은, 예수님이 이 땅에서 그들과 함께 거하실 때 그분의 임재는 지역적이었을 뿐 아니라 외면적이었다는 말이다. 예수님은 그들의 인격 안으로 들어가실 수도 없었고, 그들의 생각과 동기와 욕구의 근원에 다가가 내면으로부터 그들을 변화시킬 수도 없었다.

하지만 이제는 그리하실 수 있다. 예수님이 말씀하셨듯이 "그는 너희와 함께 거하심이요 또 너희 속에 계실" 것이기 때문이다(14:17). 이와 같이 성령님이 예수님의 임재를 내면화하심으로써, 그리스도가 그분의 영을 통해 우리 마음속에 거하시고 우리를 그분의 형상으로 변화시키신다. 그러므로 예수님이 떠나시는 것이 우리에게 커다란 유익이다. 그분을 대신하여 성령님이 오셨기 때문이다. 성령님은 예수님의 임재를 더 이상 지역적이지 않고 우주적으로, 더 이상 외면적이지 않고 내면적으로 만드셨다. 성령님은 예수 그리스도의 임재를 보편화시키셨을 뿐 아니라 내면화시키셨다.

요한복음 16:5-11을 읽으라.

진리의 영이 하시는 일

금요일

내가 아직도 너희에게 이를 것이 많으나 지금은 너희가 감당하지 못하리라.
그러나 진리의 성령이 오시면 그가 너희를 모든 진리 가운데로 인도하시리니.
요한복음 16:12-13

다락방 담화에서 가장 중요한 주제는, 진리의 영이 가르치시는 사역과 관련한 두 가지 약속이었다. 첫째, 진리의 영은 "내가 너희에게 말한 모든 것을 생각나게" 하실 것이다(14:26). 기억력 나쁜 그리스도인들이 가끔 이 약속을 주장하지만, 이 약속을 받은 대상은 우선적으로 사도들이었다. 지난 3년 동안 예수님이 그들을 가르치셨기 때문이다. 이제 그분은 이 풍성한 진리의 유산이 보존되기를 바라신다. 그분은 가르치는 일을 하셨고, 성령님은 그 가르침을 기억나게 하는 일을 하실 것이다. 예수님의 이 약속은 복음서가 기록된 것으로 성취되었다.

둘째, 진리의 영은 "너희를 모든 진리 가운데로"(16:13), 또는 '모든 진리 속으로' 인도하실 것이다. 내 생각에 이 구절만큼 잘못 해석되는 구절은 없는 것 같다. 문제는 "너희를 모든 진리 가운데로 인도하시리니"라는 이 약속의 '너희'가 과연 누구냐 하는 것이다. 로마 가톨릭은 이를, 사도의 계승자로 여겨지는 교황과 주교들로 해석한다. 또 정교회는 이를 교회와 교회의 전통으로, 자유주의 신학자들은 학계의 풍조로, 오순절주의는 성령 충만한 모든 성도로 해석한다. 그러나 개혁주의와 복음주의 그리스도인들은 '너희'는 그날 다락방에서 예수님 곁에 모여 있던 사도들을 가리키는 것이 분명하다고 주장한다. 요한복음 16:12-13, "내가 아직도 **너희**에게 이를 것이 많으나 지금은 **너희**가 감당하지 못하리라. 그러나 진리의 영이 오시면 그가 **너희**를 모든 진리 가운데로 인도하시리니"(저자 강조)에는 대명사 '너희'가 세 번 등장한다. 그런데 이 구절에서 앞의 두 '너희'는 분명 사도들을 가리킨다. 그렇다면 세 번째도 마찬가지일 수밖에 없다. 문장 중간에서 '너희'의 대상을 바꿀 수는 없기 때문이다. 예수님은 자신의 가르치는 사역이 아직 끝나지 않았다고 생각하셨다. 사도들에게 가르쳐 주고 싶은 것이 훨씬 더 많았지만 그들은 아직 그것을 전부 받아들일 만한 능력이 없었다. 그래서 성령님이 오셔서 예수님이 남겨 둔 일을 완성하실 것이었다. 성령님은 제자들을 예수님이 알려 주고자 하셨던 모든 진리 가운데로 인도하실 것이었다. 그 약속은 사도행전과 서신서, 요한계시록이 기록된 것으로 성취되었다.

이와 같이 성령님은 예수님의 말씀을 기억나게 하시고 보완하는 사역을 하셨고, 이 두 가지 임무는 신약 성경이 기록되는 것으로 성취되었다.

요한복음 15:26-27; 16:12-15을 읽으라.

토요일

제자들을 위한 주님의 기도

예수께서 이 말씀을 하시고 눈을 들어 하늘을 우러러 이르시되
아버지여 때가 이르렀사오니.
요한복음 17:1

요한복음 17장은 성경에서 가장 심오한 장이라 할 수 있다. 성경 전체가 이 장을 설명하기 위해 쓰였다 해도 과언이 아니다. 한때 올리버 크롬웰(Oliver Cromwell)의 지도 목회자였던 토머스 맨튼(Thomas Manton)은 이 본문으로만 45편의 설교를 했다. 이 설교문이 책으로 출판되었을 때 그 분량은 450면이 넘었다. 그러니 이 지면에 과연 무슨 설명을 할 수 있을까? 예수님은 먼저 자신을 위해, 즉 십자가에서 아들을 영화롭게 하시기를 기도한 후에, 그분에게 속한 사람들을 위해 기도하신다.

먼저, 예수님은 교회의 **진리**를 위해 기도하신다. 즉, 아버지께서 그분의 이름으로, 더 정확히 말해 "그분의 이름에 합당하게"(12절, Jerusalem Bible) 그분의 백성들을 지키고 보전하시기를 기도하신다. 이는 그분의 백성들이, 예수님이 주신 계시의 말씀에 신실하기를 간구하신 것이다.

둘째, 예수님은 교회의 **거룩함**을 위해 기도하신다. 그분은 우리가 세상에서 아예 물러나 있기를 기도하시는 것이 아니라, 세상 속에 거하는 동안 악에 빠지지 않도록 보호해 주시기를 구하신다(15절).

셋째, 예수님은 교회의 **선교**를 위해 기도하신다. "아버지께서 나를 세상에 보내신 것같이 나도 그들을 세상에 보내었고"(18절). 뿐만 아니라 그분의 선교는 우리가 해야 할 선교의 모범이다. 그분이 우리 세상에 들어오신 것처럼 우리도 다른 사람들의 세상으로 들어간다. 진정한 선교는 성육신적 선교다.

넷째, 예수님은 교회의 **하나됨**을 위해 기도하신다. 이 하나됨에는 두 가지 측면이 있다. 먼저, 사도들과의 하나됨이다. "내가 비옵는 것은 **이 사람들**[사도들]만 위함이 아니요 또 **그들의 말로 말미암아 나를 믿는 사람들**도 위함이니…그들도 **다** 하나가 되어"(20, 21절, 저자 강조). 여기서 '다'라는 말은 '이 사람들'과 '그들의 말로 말미암아 나를 믿는 사람들'을 합한 것이다. 이는 사도들과 사도들 이후에 세워진 교회들 사이에 역사적 연속성이 있기를, 모든 시대의 교회가 진정으로 사도적이고 신약의 가르침에 충실한 교회가 되기를 간구하신 것이다. 그리고 다음은, 성부, 성자와의 하나됨이다(21절).

이와 같이 예수님은 이중적 하나됨을 위해 기도하셨다. 하나는 사도들과의 하나됨(공통된 진리)이고, 다른 하나는 성부, 성자와의 하나됨(공통된 생명)이다. 구조도 중요하지만, 훨씬 더 중요한 것은 진리와 생명의 하나됨이다.

요한복음 17장을 읽으라.

제29주

고난의 시작

최후의 만찬은 찬양으로 끝났다. 아마도 '할렐'(Hallel, 유월절 등에 부르는 시편—역주)의 마무리 부분인 시편 115-118편이 불리지 않았을까 싶다. 유월절 식사도 그렇게 정리되었을 것이다.

이제 예수님과 열두 제자는(이때는 유다가 제외되었겠지만) 감람산에 있는 겟세마네라는 동산으로 함께 가셨다. 이곳은 그들이 밤에 자주 올라왔던 곳이었다. 여기서 예수님은 심하게 고뇌하셨다. 십자가에서 고난당하실 때가 임박한 것이다. 이어서 유다의 배신과 베드로의 부인, 그리고 산헤드린, 헤롯, 빌라도 앞에서의 재판, 로마 병사들의 끔찍한 조롱과 채찍질이 이어진다.

일요일: 겟세마네 동산에서의 고뇌
월요일: 유다의 배신
화요일: 베드로의 부인
수요일: 산헤드린 앞에서의 재판
목요일: 빌라도 앞에서의 재판
금요일: 빌라도의 망설임
토요일: 예수님의 죽음의 책임

일요일

겟세마네 동산에서의 고뇌

[예수께서] 심히 놀라시며 슬퍼하사 말씀하시되
내 마음이 심히 고민하여 죽게 되었으니.
마가복음 14:33-34

감람산에서 예수님이 토로하신 극심한 고뇌는 인간 예수가 지닌 역설을 생생하게 보여 준다. 한편으로는, 친구들의 우정과 그들로부터 기도의 지원을 받고 싶은 예수님의 인간적 갈망이 보인다. 또한 그분은 자신의 뜻이 아버지의 뜻과 달랐다는 사실도 인식하셨다["내 원대로 마시옵고 아버지의 원대로 되기를 원하나이다"(눅 22:42)]. 다른 한편으로, 그분은 극심한 고통 속에서도 하나님 아버지를, 특별한 친밀함을 나타내는 "아빠, 아버지"라 부르셨다(막 14:36).

그렇다면 그분의 고뇌는 무엇 때문이었을까? 이 부분의 헬라어는 좀더 생생하게 번역할 필요가 있다. 새번역은 이 구절을 "예수께서는 매우 놀라며 괴로워하기 시작하셨다. 그래서 그들에게 말씀하셨다. 내 마음이 근심에 싸여 죽을 지경이다"(33-34절)로 번역했다. 그런 다음 누가만이 의학적인 관심에서 다음의 묘사를 덧붙인다. "땀이 땅에 떨어지는 핏방울같이 되더라"(눅 22:44). 예수님은 자신에게 다가오는 고난을 '잔'으로 표현하셨다. 번민으로 위축된 자신의 모습을 그 표현에 담아서 말이다. 그렇다면 그 잔은 그저 죽음을 나타냈을까? 소크라테스는 아테네의 작은 감방에서 상당히 다른 분위기로 최후를 맞이했다. 플라톤은 그가 독미나리가 담긴 잔을 "떨림도 없이⋯기꺼이 잠잠히" 마셨다고 기록했다. 그렇다면 소크라테스가 예수님보다 용감했단 말인가? 그렇지 않다. 모든 증거가 이를 반박한다. 예수님의 육체적·도덕적 용기는 단 한순간도 흔들리지 않았다. 그렇다면 그들의 잔에는 서로 다른 독이 담겨 있었음에 틀림없다. 예수님이 그토록 피하시고자 했던 잔은 십자가형의 육체적 고통이나 친구들에게 버림받은 데서 온 정신적 번뇌도 아니었다. 그것은 온 세상의 죄를 짊어지는 영적 공포였다. 구약에서 잔은 주로 하나님의 진노를 나타내는 상징이었다. 예를 들어, 이사야는 파괴된 예루살렘에 대해 "여호와의 손에서 그의 분노의 잔을 마신 예루살렘이여"(사 51:17)라고 묘사했다.

예수님은 이제 동산에서의 고뇌를 마치고 십자가로 나아가는 단호한 결단을 내리신다. 요한은 겟세마네 동산 이야기를 기록하지는 않았지만, 다른 복음서 저자들이 기록하지 않은 예수님의 고백을 포함시켰다. "아버지께서 주신 잔을 내가 마시지 아니하겠느냐"(요 18:11).

마가복음 14:32-42을 읽으라.

유다의 배신

월요일

> 이에 그들이 나아와
> 예수께 손을 대어 잡는지라.
> 마태복음 26:50

지난주에는 유다의 마음속 동기를 꿰뚫어 보고자 했다면, 오늘은 예수님을 배신하는 그의 음모가 어떻게 전개되는지 살펴볼 것이다. 이 모든 이야기는 하나님의 섭리 안에서 하나님의 뜻과 인간의 행위가 뒤섞여 있는 모습을 분명히 보여 준다.

예수님은 겟세마네의 감람나무 숲속에서 고뇌로 몸부림치던 데서 일어나, 이제 십자가 외에는 다른 대안이 없음을 분명히 아시고 아버지의 뜻에 복종하기로 결심하신다. "지금 내 마음이 괴로우니 무슨 말을 하여야 할까? '아버지, 이 시간을 벗어나게 하여 주십시오.' 하고 말할까? 아니다. 나는 바로 이 일 때문에 이때에 왔다. 아버지, 아버지의 이름을 영광스럽게 드러내십시오"(요 12:27-28, 새번역). 이렇게 예수님은 다음 단계로 넘어갈 준비를 하셨다. 대제사장들이 보낸 무장 병사들이 유다의 인도를 받아 동산에 도착했다. 유다에게는 익숙한 장소였기 때문이다. 그리고 그는 미리 정해 놓은 신호에 따라 예수님께 다가가 키스한다. 이때 예수님이 하셨던 저항이라고는, "내가 무슨 반란군이라도 이끌고 있느냐? 나는 날마다 성전에서 가르치고 있었고, 그때는 너희가 내게 손을 대지 않았다"고 말씀하신 것뿐이었다.

하지만 베드로는 예수님이 체포당하시는 것을 그저 보고만 있을 수 없었다. 가이사랴 빌립보에서 그랬듯이 여기서도 그는 메시아가 고난당하고 죽는다는 개념을 받아들이지 않았다. 이번에는 그냥 반박하기만 한 것이 아니라 충동적인 행동을 불사했다. 칼을 뽑아 대제사장의 종 말고의 오른쪽 귀를 베어 버렸다. 예수님은 베드로에게 칼을 칼집에 꽂으라고 명하시고, "너는 내가 내 아버지께 구하여 지금 열두 군단 더 되는 천사를 보내시게 할 수 없는 줄로 아느냐. 내가 만일 그렇게 하면 이런 일이 있으리라 한 성경이 어떻게 이루어지겠느냐"(마 26:53-54)라고 덧붙이셨다.

예수님이 의도적으로 자신을 구약 성경의 권위 아래로 낮추시는 모습은 참으로 인상적이다. 그분은 배반당하고, 체포당하고, 거절당하고, 정죄당하고, 마침내 죽으셔야만 했다. 왜 이런 일들이 벌어져야만 했을까? 바로 성경이 그렇게 예언했기 때문이다.

마태복음 26:47-56을 읽으라.

화요일

베드로의 부인

이에 베드로가 예수께서 자기에게 하신 말씀 곧 닭이 두 번 울기 전에
네가 세 번 나를 부인하리라 하심이 기억되어 그 일을 생각하고 울었더라.
마가복음 14:72

예수님은 제자들과 함께 겟세마네 동산으로 가는 길에, 베드로가 자신을 부인할 것이라고 예언하셨다. 그러나 성급하고 충동적인 베드로는 그럴 가능성에 대해 격렬하게 부인했다. 그는 "내가 주와 함께 죽을지언정 주를 부인하지 않겠나이다"(31절)라고 말했다. 그러나 그는 결코 하지 않으리라고 장담했던 바로 그 일을 저질렀다.

사복음서 저자 모두 베드로가 예수님을 부인한 사건을 기록한다. 비록 각 기사들의 차이를 해결하기는 쉽지 않지만 말이다. 그러나 세 번의 시험과 세 번의 부인이 이어지면서, 뒤로 갈수록 강도가 높아진다는 점은 동일한 듯하다. 사건이 일어난 곳은 모두 대제사장의 집 뜰 안, 혹은 거기서 가까운 곳이었다. 사건은 다음과 같이 요약할 수 있다.

첫째, 이름이 알려지지 않은 한 여종이 베드로에게 "너도 나사렛 예수와 함께 있었도다"(67절)라고 말하며 그를 추궁했다. 그러나 베드로는 그 여종이 무슨 말을 하는지 모르겠다고 우겼다.

둘째, 다른 여종이 베드로를 보고 "그 도당이라"(69절)라고 확신하며 곁에 있는 사람들에게 말했다. 하지만 베드로는 맹세코 그렇지 않다고 부인했다.

셋째, 곁에 서 있는 사람들이 베드로에게 와서 직접 그를 추궁했다. "너도 갈릴리 사람이니 참으로 그 도당이니라"(70절). 그러자 베드로는 저주하며 맹세하기 시작했고, (일부 주석가들이 주장하듯) 예수님을 저주하는 말까지 내뱉었다. 이때 닭이 울고, 예수님이 베드로를 똑바로 쳐다보셨다. 그러자 베드로는 예수님이 그에게 하셨던 말씀을 기억하고는 감정을 주체하지 못하고 울어 버렸다.

베드로가 예수님을 부인한 사건의 심각성을 축소해서는 안 된다. 하지만 용서하시고 변화시키시는 하나님의 크신 은혜를 과소평가해서도 안 된다. 하나님의 때에 베드로는 회복되었고, 교회의 반석 같은 지도자가 되었다.

마가복음 14:66-72을 읽으라.

산헤드린 앞에서의 재판

수요일

> 대제사장들과 온 공회가 예수를 죽이려고
> 그를 칠 증거를 찾되 얻지 못하니.
> 마가복음 14:55

학자들은 예수님이 견디어 내신 네 번의 재판, 즉 안나스, 가야바, 헤롯, 빌라도 앞에서 받으신 재판에 관한 세부 사항에 대해서 지금도 논쟁을 벌인다. 그러나 그분이 겟세마네에서 곧장 유대 지도자들이 참석한 야심한 시각의 비공식 예심으로 호송되었다는 점은 분명한 듯하다. 의장은 전 대제사장이자 가야바의 장인으로 알려진 안나스로, 성전을 상업적으로 남용하여 부를 쌓은 탐욕스러운 노인이라는 평판을 듣는 자였다. 여기서 예수님은 추종자들과 가르침에 대해 심문을 받으셨지만 질문에 대답하지 않으셨다. 자신의 말과 행동은 이미 잘 알려져 있다는 이유에서였다.

그러고 나서, 아마도 다음 날 이른 아침 예수님은 산헤드린 공회 앞으로 끌려가셨다. 산헤드린 공회는 예루살렘의 정치적·법적·종교적 사안을 해결하는 최고 재판기관이었다. 지금 이 공회의 목적은 예수님에 대한 공식적인 고소장을 만들어 빌라도가 주재하는 로마 법정에 제출하는 것이었다. 빌라도는 유대 법과 관련한 사소한 종교적 위반 행위에 대해서는 관심을 가질 리가 없었다. 오직 공공의 안전을 위협하는 반란 혐의 정도에만 관심을 가질 터였다. 그래서 산헤드린 공회를 주재하던 대제사장 가야바는 곧장 예수님에게 "진정 당신이 메시아인가"라는 질문으로 도전한다. 예수님은 그에 대한 대답으로, 그저 "내가 그니라"라고 확인만 해주신 것이 아니라, 다니엘 7장과 시편 110:1을 인용하여 하나님의 보좌에 앉아 온 우주를 다스릴 권능을 가지게 되리라는 예언이 자신에게서 성취되었다고 말씀하셨다. 가야바가 예수님을 신성모독으로 몰아세우고 사형에 해당한다고 분통을 터뜨린 것은 의심할 여지가 없다.

우리는 (어제의) 베드로의 행동과 (오늘) 예수님의 행동을 대비시키지 않을 수 없다. 베드로는 예수님을 부인했다. 하지만 예수님은 하찮은 질문에 대한 대답은 하지 않으셨던 반면, 자신이 메시아라는 사실은 유대 최고 법정에서 담대하게 인정하셨다.

마가복음 14:53-65을 읽으라.

목요일

빌라도 앞에서의 재판

그들이 예수를 가야바에게서 관정으로 끌고 가니…
빌라도가 밖으로 나가서 그들에게 말하되 너희가 무슨 일로 이 사람을 고발하느냐.
요한복음 18:28-29

로마 제국의 법정은 정의롭기로 명성이 높았다. 재판이 시작되면 공정한 법적 절차를 잘 따랐기 때문이다. 빌라도는 예수님을 고소한 자들에게 기소 내용이 무엇이냐고 물었다. 유대 지도자들은 예수님이 세 가지 법을 어겼다고 대답했다. "우리 백성을 미혹하고 가이사에게 세금 바치는 것을 금하며 자칭 왕 그리스도라 하더이다"(눅 23:2). 앞의 두 가지는 다소 부정확해 보인다. 하지만 세 번째는 심각한 반역죄였다. 하지만 빌라도에게는 이것 역시 미심쩍었다. 붙잡혀 온 용의자가 왕 같아 보이지 않았기 때문이다. 그래서 빌라도는 예수에게 어떤 종류의 왕이냐고 물었고, 예수님은 자신이 왕으로 하는 일은 진리에 대하여 증언하는 것이라고 설명하셨다(요 18:37).

복음서 저자들의 기록에서 가장 놀라운 사실은 빌라도가 예수님의 무죄를 반복해서 선언하고 있다는 점이다. 예를 들어, 빌라도는 예심 후에, "너희가 고발하는 일에 대하여 이 사람에게서 죄를 찾지 못하였고"라고 말했다. 또 후에 헤롯이 예수를 빌라도에게로 되돌려 보낸 후에도 빌라도는 "헤롯이 또한 그렇게 하여…그가 행한 일에는 죽일 일이 없느니라"(눅 23:14-15)라고 말했다. 그럼에도 유대 군중이 예수님을 처형하라고 요구하자, 빌라도는 세 번째로 대답했다. "나는 그에게서 죽일 죄를 찾지 못하였나니"(눅 23:22). 그때 빌라도의 아내는 남편에게 메시지를 보내 극적인 전환을 시도한다. "당신은 그 옳은 사람에게 아무 관여도 하지 마세요"(마 27:19, 새번역). 그 사람에 관한 나쁜 꿈을 꾸었다는 것이 그 이유였다. 마지막으로, 빌라도는 물을 가져다가 군중 앞에서 손을 씻으며 말했다. "이 사람의 피에 대하여 나는 무죄하니"(마 27:24).

그러므로 빌라도는 다섯 번에 걸쳐 예수님이 무죄하다고 선언한 것으로 기록되었다. 이것은 물론 의도적인 것이다. 로마 제국에서 기독교가 불법적인 종교(religio illicita)로 취급받는 동안에는 예수님의 무죄함을 확실히 밝히는 것이 중요했다. 복음 전도자들은 로마 제국이 파견한 유대 지방 총독인 본디오 빌라도와 같은 중요한 사람의 말을 인용하면서 그런 목적을 이루었다.

요한복음 18:28-38을 읽으라.

빌라도의 망설임

금요일

> 빌라도가 무리에게 만족을 주고자 하여 바라바는 놓아 주고
> 예수는 채찍질하고 십자가에 못 박히게 넘겨주니라.
> 마가복음 15:15

유대 총독 본디오 빌라도는 유능한 행정관이었지만, 유대인들이 가진 거리낌의 문제에 대해서는 둔감한 듯 보인다. 복음서에서 그는 마치 가시방석에 앉은 듯, 정의와 편의 사이에서 이러지도 저러지도 못하는 모습을 보인다. 한편으로 (우리가 어제 본 것처럼) 그는 예수님의 결백을 알고 유대인들에게 이를 여러 번 말했다. 그러나 군중에게 양보하지 않을 경우 벌어질 상황을 두려워하기도 했다. 복음서 저자들은 그의 심정을 "예수를 놓고자 하여"(눅 23:20), "무리에게 만족을 주고자 하여" 두 가지로 묘사한다. 그러나 빌라도는 두 가지를 동시에 만족시킬 수 없음을 안다. 독자의 입장에서는 그가 이 같은 궁지에서 흔들리는 모습이 참으로 흥미롭다. 빌라도는 명백한 결정을 피하기 위해 다음 네 가지 방법을 시도했다.

첫째, 그는 다른 사람에게 책임을 떠넘기려 했다. 예수님이 갈릴리 사람이고 그곳이 헤롯의 관할임을 알고는, 예수를 헤롯의 법정으로 보냈다. 그러나 헤롯도 예수에 대한 기소 내용에 아무런 근거가 없음을 알게 되었다.

둘째, 그는 잘못된 구실(유월절 관습)로 옳은 일(예수님을 풀어 주는 것)을 하려 했다. 즉, 정의를 구현하기 위해서가 아니라 관용을 베푸는 차원에서 예수님을 풀어 주려 했다.

셋째, 그는 반쪽짜리 대안으로 군중을 만족시키려 했다. 예수님을 십자가형에 처하는 대신 채찍질을 하자고 함으로써 말이다.

넷째, 그는 (공개적으로 손을 씻음으로써) 자신이 이 일에 관련이 없음을 보이며 군중을 설득하려 했다. 하지만 그러면서도 (예수님을 십자가로 보냄으로써) 스스로 모순된 행동을 했다. 네 가지 모두, 타협을 통해 결단을 피하려는 얕은 속임수에 불과했다.

그렇다면 왜 빌라도는 이토록 부실하고 도덕적으로 겁쟁이였을까? 요한이 우리에게 알려 준다. 유대인들이 그에게 계속해서 외쳐댔기 때문이다. "이 사람을 놓으면 가이사의 충신이 아니니이다"(요 19:12). 그것으로 모든 상황이 종결되었다. 문제는 간단했다. 그는 두 왕 사이에서 선택을 해야 했고, 결국 그에게 영원한 수치를 남겨 준 잘못된 선택을 했다. 가이사의 친구로 남고 이성과 정의의 적이 되는 길을 택한 것이다. 결국 그의 이름은 "본디오 빌라도에게 고난을 받으사"라는 사도신경의 구절에 영원히 남게 되었다.

요한복음 19:4-16을 읽으라.

토요일

예수님의 죽음의 책임

대제사장들이…
예수를 결박하여 끌고 가서 빌라도에게 넘겨주니.
마가복음 15:1

누가 예수님의 죽음에 책임이 있을까? 우리 그리스도인들은 종종 반유대주의라는 비난을 받곤 한다. 예수님의 죽음에 대해 유대인들, 특히 유대 지도자들에게 비난의 화살을 돌리려 하기(그렇게 여겨지기) 때문이다. 그러나 예수님이 십자가에 달리신 사건은 일개 사람들의 무리에게만 책임이 있지 않고 훨씬 더 많은 이들이 연루되어 있다. 복음서 저자들은 유다, 대제사장, 빌라도, 군중, 병사들 모두 그 드라마에서 일익을 담당했다고 분명하게 말한다. 게다가 각각의 경우에 저마다의 동기 그 이상이 암시되어 있다. 유다는 탐욕으로 그 배역을 맡았고, 제사장들은 시기심, 빌라도는 두려움, 군중은 과잉 흥분, 병사들은 냉담한 의무감이 그 동인이었다. 우리 자신에게도 동일한 죄들이 섞여 있는 걸 발견하게 된다.

각 단계마다 '파라디도미'(*paradidōmi*)라는 동일한 헬라어 동사가 사용되었는데, 이는 '전달하다, 넘겨주다, 포기하다, 배신하다'라는 의미다. 유다는 예수님을 대제사장들에게 넘겨주었고, 대제사장들은 그를 빌라도에게 넘겨주었다. 빌라도는 그를 군중의 뜻에 넘겨주었고, 군중은 그를 십자가에 달리도록 넘겨주었다.

그러나 이는 이 이야기의 인간적인 측면에 불과하다. 예수님은 자신의 죽음이 자발적인 행동이었음을 강조하셨다. 즉, 그분이 자신을 십자가로 넘겨주신 것이다. 예수님은 "이[내 목숨]를 내게서 빼앗는 자가 있는 것이 아니라 내가 스스로 버리노라"(요 10:18)라고 말씀하셨다. 또 '파라디도미'라는 동사가 다시 등장하는 구절이 있다. "나를 사랑하사 나를 위하여 자기 자신을 버리신 하나님의 아들"(갈 2:20).

그런데 고려해야 할 측면이 하나 더 있다. 즉, 아들을 죽음에 내어 준 아버지 하나님의 행동이다. 예를 들어, 하나님은 "자기 아들을 아끼지 아니하시고 우리 모든 사람을 위하여 내주신 이"로 묘사되어 있다(롬 8:32).

마지막으로 예수님의 죽음에 담긴 신적인 측면과 인간적인 측면을 하나로 녹여 낸 구절이 있다. 베드로는 이렇게 설교했다. "그가 하나님께서 정하신 뜻과 미리 아신 대로 내준 바 되었거늘 너희가 법 없는 자들의 손을 빌려 못 박아 죽였으나"(행 2:23). 예수님의 죽음은 하나님의 뜻이기도 했고 인간들의 사악함 때문이기도 했다. 그 어떤 시도도 이 역설을 해소할 수는 없다. 두 가지 다 진리다.

사도행전 4:27-28을 읽으라.

제30주

최후

우리는 지난 몇 주간 예수님이 세례를 받으신 때부터 체포당하시기까지 공생애의 발자취를 따라가 보았다. 그러면서 예수님의 가르침 가운데 몇 가지를 표본으로 살펴보기도 했다. 특히 지난주에는 예수님의 고난이 시작된 것을 보았다. 유다에게 배신당하고 베드로에게 부인당하신 그분은 유대와 로마 법정에서 심문을 받으셨다. 이제 이번 주에는 예수님의 가상칠언을 살펴보기 전에, 그분의 고난과 죽음에 관해 개관하려 한다. 이는 바라바와 구레네 사람 시몬의 이야기에서 시작해서, 예수님의 십자가 처형과 죽음, 장례 등으로 이어질 것이다.

일요일: 죄수 바라바
월요일: 구레네 사람 시몬
화요일: 십자가형
수요일: 새 성전
목요일: 그리스도의 고난
금요일: 예수님을 장사 지냄
토요일: 죽은 그리스도?

일요일

죄수 바라바

> 명절이 되면 백성들이 요구하는 대로
> 죄수 한 사람을 놓아 주는 전례가 있더니.
> 마가복음 15:6

바라바라는 인물에 대해서는 복음서에 기록된 내용 외에는 알 길이 없다. 하지만 사복음서 저자 모두 그의 이야기를 전해 준다. 다양한 증거들을 한데 모아 보면, 그는 악명 높은 범죄자이자 정치범이었던 것으로 보인다. 얼마 전 예루살렘에서 있었던 반란에 가담한 자로, 절도범이자 살인자였다. 요즘 말로 하자면 사형을 눈앞에서 기다리는 테러리스트였다.

또한 복음서 저자들은 유월절이 되면 백성들이 선택하는 죄수를 사면하는 관습이 있었다고 언급한다. 빌라도는 개인적 딜레마에서 빠져나오기 위해 이러한 전통을 이용하려 했다. 그는 군중에게 예수를 선택하라고 제안했다. 그러나 실망스럽게도 그들은 바라바를 택했고, 그의 계획은 수포로 돌아갔다.

감방 문이 활짝 열리고 처형이 아닌 석방을 위해 호출을 받았을 때 바라바는 도저히 믿기지 않았다. 그는 분명 영문도 모른 채 봄날의 눈부신 햇살 아래로 비틀거리며 나왔을 것이다. 그는 단순히 석방되었을 뿐 아니라, 어떤 측면에서는 속죄를 받았다.

아마도 바라바는 (우리가 그러듯이) 자신의 상황이 매우 이례적이라고 느꼈을 것이다. 눈먼 자들의 눈을 뜨게 하고 어린아이들에게 안수해 주시던 분은 곧 십자가형에 처해질 터였고, 사형당해 마땅한 이 악당은 처벌을 면한 것이다. 베드로 사도는 예루살렘에서 했던 두 번째 설교에서 이 뒤죽박죽된 상황을 언급했다. 그들이 살인한 사람을 놓아 주기를 구하여 생명의 주를 죽였다는 것이다(행 3:14-15).

그리스도인들은 바라바 이야기를 이례적인 것 이상으로 본다. 우리는 또한 그것을 구속의 비유로 바라본다. 우리 각자가 바라바를 닮았기 때문이다. 그와 마찬가지로 우리는 죽어야 마땅하다. 하지만 예수님이 우리를 대신해 죽으셨기 때문에 그와 마찬가지로 죽음에서 벗어났다. 만일 바라바가 호기심에 이끌려 갈보리 동산에 왔다면(물론 이는 순전히 추측이지만) 예수님이 죽어 가는 것을 바라보며 이렇게 혼잣말을 했을지도 모른다. "그가 나를 대신해 죽어 가고 있구나." 그 광경이 그의 마음을 만지고 부드럽게 해서 그가 구원받았을지도 모를 일이다.

마가복음 15:6-15을 읽으라.

구레네 사람 시몬

월요일

> 그들이 예수를 끌고 갈 때에 시몬이라는 구레네 사람이 시골에서 오는 것을 붙들어 그에게 십자가를 지워 예수를 따르게 하더라.
> 누가복음 23:26

예수님은 분명 지칠 대로 지쳐 계셨을 것이다. 잠도 못 주무시고 여러 차례 재판을 받으셨고, 무자비한 채찍질과 매질도 견디셔야 했기 때문이다. 그런데 이제 로마의 관례에 따라 처형장까지 자기 십자가를, 혹은 적어도 십자가의 가로대를 지고 가셔야 했다. 그분은 육중한 목재의 무게에 눌려 비틀거리셨던 것 같다. 물론 복음서 저자들 중 누구도 그렇게 말하지는 않지만, 기독교 전승 자료들은 그렇다고 말한다. 그리고 아마 예수님이 그렇게 비틀거리셨기 때문에, 병사들이 구레네 사람 시몬을 붙들어 그의 어깨에 십자가를 옮기고 대신 지고 가라고 명했을 것이다. 비록 그는 어쩔 수 없이 십자가를 대신 졌지만 교회는 언제나 시몬의 친절한 행동에 경의를 표한다.

시몬과 그의 가족이 신자가 된 것은 분명해 보인다. 마가는 그를 "알렉산더와 루포의 아버지"(막 15:21)로 밝히고 있기 때문이다. 이는 마가복음이 나왔을 때쯤 그들이 로마 교회에서 잘 알려져 있었음을 가리킨다. 안디옥 교회의 지도자 중 하나였던 "니게르('검다'는 뜻)라 하는 시므온"도 동일 인물이었을 수 있다(행 13:1). 또한 바울이 로마에서 문안한 루포와 그의 어머니도 같은 가족의 일원이었을 가능성이 높다(롬 16:13). 이 모든 사실을 종합해 볼 때, 예수님을 위해 십자가를 대신 지고 갔던 시몬은 리비아 출신의 흑인으로 추정된다.

예수님의 수난 드라마에 등장하는 세 명의 주요 인물이 십자가와 어떻게 연관되어 있는지를 묵상해 보는 일은 아주 흥미롭다. 유다는 십자가 사건의 **원인을 제공했다**고 말할 수 있다. 그의 배신이 예수님이 십자가형을 받은 직접적인 원인이 되었기 때문이다. 바라바는 십자가에서 **건짐 받았다**. 예수님이 대가를 지불하심으로써 자유를 얻은 것이다. 시몬은 예수님을 대신하여 십자가를 **감당했다**. 더욱이 이 세 명의 역할은 오늘날 그리스도인들의 경험과도 다르지 않다. 유다처럼 우리는 탐욕과 이중성으로 십자가 사건의 원인을 제공했다. 바나바처럼 우리 역시 우리를 위해 죽으신 그분 때문에 십자가에서 건짐 받았다. 그리고 시몬처럼 우리 역시 매일 자기 십자가를 지고 그리스도를 따르라고 부름받았다.

누가복음 9:18-26을 읽으라.

화요일

십자가형

예수를 끌고 골고다라 하는 곳에 이르러…
십자가에 못 박고.
마가복음 15:22, 24

키케로(Cicero)는 연설 중에 십자가형을 "가장 잔인하고 혐오스러운 처형 방식"이라 묘사했다. 또 그 후에는, **십자가**라는 단어 자체가 로마 시민으로부터 사라져야 할 뿐 아니라 그 생각과 눈과 귀에서도 제거되어야 한다고 덧붙였다. 그렇기 때문에 복음서 저자들이 십자가형에 대해 쓸 때 심히 자제했다는 사실은 놀랍지도 않고 우연도 아니다. 그들은 모두 구체적인 세부 묘사 없이 "여기서 십자가에 못 박고" 정도로 사건을 전한다.

그럼에도 불구하고 우리는 다른 자료들을 통해 십자가형에 관한 많은 사실을 알고 있다. 먼저 죄수의 몸을 십자가에 누이고, 손바닥이나 손목 혹은 팔에 못을 박아 십자가의 가로대에 고정시킨다. 그런 다음 죄수를 매단 십자가를 똑바로 들고 미리 파놓은 구멍에 세운다.

그러고 나서 빌라도는 아람어와 라틴어와 헬라어로 '나사렛 예수, 유대인의 왕'이라 적은 팻말을 만들어 예수님의 머리 위에 붙였다. 유대 지도자들은 예수님이 유대인의 왕이라고 **주장했**다고 문구를 바꾸어야 한다고 빌라도를 설득했지만, 그는 거절했다.

구경하는 무리의 수가 점점 줄어들었다. 병사들은 예수님의 옷을 두고 제비를 뽑았고, 여자들은 예수님을 바라보며 눈물을 흘렸다. 몇몇 제사장과 율법학자는 남아서 예수님을 조롱했다. "그가 남은 구원하였으되 자기는 구원할 수 없도다. 그가 이스라엘의 왕이로다. 지금 십자가에서 내려올지어다. 그리하면 우리가 믿겠노라. 그가 하나님을 신뢰하니 하나님이 원하시면 이제 그를 구원하실지라"(마 27:42-43). 이들이 한 말의 일부는 사실이었다. 그분은 신적 능력을 사용해서 십자가에서 내려오실 수도 있었다. 그러나 자신과 그들을 동시에 구할 수는 없었다. 그들을 구하기 위해 그분은 십자가에 남아 죽으셔야만 했다.

따라서 '십자가'는 어떤 처형 방식이기보다는 구원의 복음으로 여겨진다. 바울 사도는 십자가에 대해 다음과 같이 썼다. "내게는 우리 주 예수 그리스도의 십자가 외에 결코 자랑할 것이 없으니"(갈 6:14).

고린도전서 1:17-25을 읽으라.

새 성전

수요일

> 아하! 성전을 헐고 사흘에 짓는다는 자여
> 네가 너를 구원하여 십자가에서 내려오라.
> 마가복음 15:29-30

유대 지도자들이 십자가에 달리신 예수님을 향해 던진 조롱이 하나 더 있다. 그것은 성전에 관한 예수님의 가르침과 관련된 것으로 오늘 우리가 묵상할 내용이다.

가장 먼저 살펴볼 내용은 우리 주님이 성전을 하나님의 집으로 귀히 여기셨다는 사실이다. 물론 예수님은 이스라엘의 역사를 알고 계셨다. 광야의 성막으로부터, 솔로몬이 세운 첫 번째 성전, 바벨론 포로기 이후 다시 세운 두 번째 성전, 당시 건축 중이던 헤롯의 성전까지 성전과 관련된 일련의 사건들을 잘 알고 계셨다. 이 각 성전 안에는 하나님의 임재를 상징하는 쉐키나(shekinah)를 볼 수 있는 지성소가 있었다. 이처럼 하나님은 그분의 백성 가운데 거하셨고 성전은 그들의 영적 삶의 중심이었다.

그러나 예수님은 당대의 유대인들이 장사를 하느라 성전을 더럽히는 모습에 충격을 받으셨다. 기도하는 집이 강도의 소굴로 변해 버렸다. 그래서 예수님은 성전을 정결케 하시는 것을 넘어, 예루살렘 성전이 무너지고 다른 것으로 대체될 것이라고 예언하셨다. 그분은 "너희가 이 성전을 헐라. 내가 사흘 동안에 일으키리라"(요 2:19)라고 말씀하셨다. 그러나 이 말씀을 들은 사람들은 완전히 잘못 해석했다. 예루살렘 성전은 46년째 건축 중인데, 도대체 어떻게 사흘 만에 다시 지을 수 있겠느냐고 반박했다. 예수님의 주장은 터무니없어 보였다. 하지만 요한은 예수님이 부활하실 자기 몸을 가리켜 말씀하신 것이라고 설명했다. 그 몸이 새 성전이요, 새로운 메시아 공동체의 중심이 될 것이었다. 앞으로 두세 사람이라도 그분의 이름으로 모이면 그분이 그들과 함께하실 것이다(마 18:20).

예수님 시대의 유대인들은 새 성전에 대한 그분의 말씀을 결코 잊을 수 없었다. 거짓 증인들도 산헤드린 공회에서 그 말을 떠올렸다. 예수님이 십자가에 달려 계신 동안에도 제사장들은 새 성전에 관한 그분의 예언을 조롱했다. 그러나 신약의 서신서들은 예수님의 예언이 어떻게 성취되었는지를 밝힌다. 예루살렘의 옛 성전은 주후 70년에 파괴되었다. 그러나 이제 예수님의 메시아적 부활 공동체는 하나님이 성령으로 함께하시는 새 성전이 되었다(고전 3:16을 보라).

에베소서 2:11-22을 읽으라.

목요일

그리스도의 고난

[예수께서] 이르시되…그리스도가 이런 고난을 받고
자기의 영광에 들어가야 할 것이 아니냐.
누가복음 24:25-26

마태는 왜 특별히 예수님의 고난을 그토록 강조했던 것일까? 십자가를 강조해야만 하는 것은 이해할 만하다. 그리스도가 우리 죄를 위해 죽으셨고 그분의 십자가는 그 기쁜 소식의 핵심이기 때문이다. 그러나 그분의 수난에, 다시 말해 그분의 고난에 방점이 찍힌 이유는 무엇일까?

첫째, 고난은 예수님이 진정한 메시아임을 확증한다. 그분은 인자가 많은 고난을 받고 고난을 통해 영광으로 들어가야 한다고 분명히 가르치셨다. 그래서 예수님을 구약의 성취로 묘사하는 마태복음은 수난 이야기에서 그 주제에 집중한다. 예수님이 친구들에게 배신당하고 버림받았는가? 여기서 시편 41:9이 성취되었다. "내가 신뢰하여 내 떡을 나눠 먹던 나의 가까운 친구도 나를 대적하여 그의 발꿈치를 들었나이다." 예수님이 심한 압제를 받고 거부당했는가? 여기서 이사야 53:3이 성취되었다. "그는 멸시를 받아 사람들에게 버림받았으며 간고를 많이 겪었으며 질고를 아는 자라." 또 심판관들 앞에서 존엄하게 침묵을 지키셨는가? 여기서 이사야 53:7이 성취되었다. "마치 도수장으로 끌려가는 어린 양과 털 깎는 자 앞에 잠잠한 양같이 그의 입을 열지 아니하였도다." 또 채찍질 당하고, 주먹으로 맞고, 따귀를 맞고, 침 뱉음을 당했는가? 여기서 이사야 50:6이 성취되었다. "나를 때리는 자들에게 내 등을 맡기며 나의 수염을 뽑는 자들에게 나의 뺨을 맡기며 모욕과 침 뱉음을 당하여도 내 얼굴을 가리지 아니하였느니라." 마태는 이 모든 것이 진정한 메시아, 여호와의 고난받는 종의 표지라고 암시한다.

둘째, 고난은 또한 메시아 공동체를 확인시켜 준다. 예를 들어, 마태복음에 나오는 팔복은 메시아를 따르는 이들에게 반드시 나타나는 특징이 박해라고 선언한다. 이는 오늘날에도 여전히 사실이다. 폴 마셜(Paul Marshall)이 쓴 「그들의 피가 부르짖는다」(Their Blood Cries Out, 두란노 역간)라는 훌륭한 책에 따르면, 오늘날 200-250만의 그리스도인이 신앙으로 인해 박해를 받고 있고, 또 다른 400만 명이 종교의 자유가 심각하게 제한된 상황에서 살고 있다고 한다. 이렇듯 고난은 메시아와 메시아의 제자들의 이름표와 같다.

베드로전서 2:13-25을 읽으라.

예수님을 장사 지냄

금요일

> 아리마대 사람 요셉이…세마포를 사서 예수를 내려다가 그것으로 싸서 바위 속에 판 무덤에 넣어 두고 돌을 굴려 무덤 문에 놓으매.
> 마가복음 15:43, 46

유대 율법에 따르면, 처형된 범죄자의 시체는 밤새 매달아 두어서는 안 된다. 해 지기 전에 내려서 장사를 지내야 한다(신 21:22-23). 바로 이 지점에서 아리마대 사람 요셉이 이야기 속으로 들어온다.

요셉은 오늘날로 치면 상원의원이다. 그는 산헤드린 공회의 수석 회원이었는데, 은밀하게 예수님을 믿는 사람이었다. 그는 담대하게 빌라도에게 가서 예수님의 시체를 달라고 요구했다. 일반적으로 십자가형을 받은 범죄자의 시체는 공동묘지에 던지거나, 개나 독수리들이 뜯어먹도록 그냥 내버려두기 마련이었기 때문이다. 빌라도는 예수님이 벌써 죽었다는 사실에 깜짝 놀랐는데, 그것이 사실임을 백부장이 확인해 주었다. 결국 요셉과 (요한에 따르면) 니고데모가 예수님의 시신을 가져다가 장사 지내고, 여인들이 보는 가운데서 요셉의 무덤 안 돌판에 뉘었다.

예수님의 장례가 복음서에 기록된 첫 번째 이유는, 그 일이 그분의 죽음이 사실임을 증명해 주기 때문이다(고전 15:3-4). 예수님은 그저 기절했거나 죽은 것처럼 보인 것이 아니었다. 여자들이 무덤을 잘못 찾아갔던 것도 아니다. 도굴꾼들이 예수님의 시신을 훔쳐간 것도 아니다. 그럴 여지가 없었다. 만일 시신이 사라졌고 무덤이 비었다면 그것은 그 몸이 부활했기 때문일 수밖에 없다. 즉, 일어난 동시에 변화된 것이다. 어떠한 다른 설명이 있을 수 없다.

예수님의 장례가 복음서에 기록된 두 번째 이유는, 그 일이 부활의 육체적 특성을 보여 주기 때문이다. 다시 살아나 사람들에게 모습을 보인 사람은 죽어서 묻힌 바로 그 사람임이 틀림없었다. 이처럼 부활은 환각이나 심폐소생술의 결과가 아니라 객관적인 초자연적 사건이었다. 그 초자연적 힘으로 부패 과정이 진행되지 않았고 예수님의 죽은 몸이 되살아나 변화될 수 있었다.

마가복음 15:42-47을 읽으라.

토요일

죽은 그리스도?

하나님께서 그를 사망의 고통에서 풀어 살리셨으니
이는 그가 사망에 매여 있을 수 없었음이라.
사도행전 2:24

어제 살펴본 대로, 예수님의 장례가 복음서에 기록된 것은 그 일이 예수님의 죽음의 사실성과 그분의 육체적 부활을 확증해 주기 때문이다. 그러므로 우리는 이 진리들을 굳게 붙잡는 동시에, 우리가 경배하는 그리스도는 죽어서 묻힌 그리스도가 아니라 부활하사 다시 사신 그리스도임을 주장해야 한다. 그러나 그 신앙을 고백하는 그리스도인들조차도 살아 계신 예수님보다는 죽으신 예수님을 더 믿는 듯한 이들이 있다.

나는 그에 대한 실례로, 존 맥케이(John Mackay) 박사가 유명한 저서 「스페인이 낳은 또 다른 그리스도」(The Other Spanish Christ)에서 발전시킨 논지를 인용하고자 한다. 맥케이는 20년간 페루에서 선교 사역을 한 다음, 프린스턴 신학교의 총장으로 재직했다. 그 책에서 그는 16세기 초 잔혹한 무력을 앞세워 라틴 아메리카 원주민들을 짓밟고 식민화한 스페인 정복자들의 끔찍한 역사를 다시 이야기했다. 스페인의 가톨릭이 그 대륙에 소개한 예수님은 비극의 인물이었다. 그에 대해 맥케이는 이렇게 언급했다. "그는 영원히 죽었다.…이 그리스도는 다시 살아나지 않았다."

맥케이가 페루에서 사역한 지 50년이 지난 후 놀랍게도 고(故) 헨리 나우웬이 그곳을 방문했다. 한 사람은 장로교 선교사요, 다른 한 사람은 로마 가톨릭의 신부였지만 두 사람 모두 동일한 결론에 이르렀다. 나우웬은 그의 일기에 페루 가톨릭에 대해 다음과 같이 썼다.

> 나는 어디에서도 부활의 표지를 찾을 수 없었다. 그리스도가 죄와 사망을 이기고 무덤에서 일어났다는 진리를 어디에서도 들을 수 없었다. 그들이 이야기하는 것은 성금요일뿐이었다. 부활절은 존재하지 않았다.…고문당하신 예수님의 시신만을 강조하는 모습에 경악을 금할 수 없었다. 복음은 사람들을 자유롭게 하는 것이 아닌…사람들을 위축시키는 공포스러운 이야기로 변질되어 있었다.[1]

존 맥케이와 헨리 나우웬은 분명히 옳았다. 복음이란 십자가에 못 박히신 그리스도가 이제 다시 사셨다는 것이다. 할렐루야!

사도행전 2:22-32을 읽으라.

제31주

가상칠언

지난주 우리는 관찰자의 입장에서 예수님이 십자가에 달리시고 무덤에 묻히시는 절정의 순간을 바라보았다. 이번 주에는 그 사건의 중심에 계신 예수님의 시선으로 십자가에서 과연 무슨 일이 벌어졌는지 살펴보려 한다. 예수님은 십자가에서 짧지만 의미심장한 일곱 가지 말씀을 하셨다. 그리고 그 일곱 마디가 십자가의 의미를 드러내는 역할을 한다. 복음서 저자 중 그 누구도 일곱 마디 모두를 기록하지는 않았다. 마태와 마가는 그중 한 가지(버리심에 대한 외침)만을 기록했고, 나머지 여섯 마디 중 누가가 세 가지, 요한이 세 가지를 기록했다. 교회는 가상칠언이라 불리는 이 일곱 마디를 아주 소중히 여겼다. 이 말들이 없었다면 십자가에 대한 예수님의 생각을 알 수 없을 것이기 때문이다. 예수님은 일곱 마디 중 그 어떤 말씀도 비통함이나 불평 속에서 하지 않으셨다. 곧 살펴보겠지만, 각각의 말씀에는 우리를 향한 그분의 위대한 사랑과 대속 사역의 가공할 만한 무게, 궁극적인 정복과 승리가 나타나 있다.

일요일: 집행자들을 위한 기도
월요일: 강도를 구원하시다
화요일: 어머니를 부탁하시다
수요일: 버리심에 대한 외침
목요일: 목마름의 고통
금요일: 승리의 외침
토요일: 최후의 순종

일요일

집행자들을 위한 기도

예수께서 이르시되 아버지 저들을 사하여 주옵소서.
자기들이 하는 것을 알지 못함이니이다 하시더라.
누가복음 23:34

십자가 상의 첫 세 마디는 우리의 모범이신 예수님을 보여 준다. 예수님은 그 세 마디로 다른 사람들을 향한 사랑을 표현하셨다. 앞에서 그분은 "나를 위하여 울지 말고"라고 말씀하셨고(28절), 그분도 스스로를 위해 울지 않으셨다. 그분은 고통과 고독 혹은 지금까지 당한 불의로 인해 자기 연민에 빠지지 않으셨다. 자신에 대해서는 전혀 생각지 않고 오로지 다른 사람들을 생각하셨다. 옷까지 빼앗긴 마당에 그들에게 더 이상 아무것도 줄 것이 없었지만, 그분은 여전히 그들에게 사랑을 주셨다. 십자가는 완벽한 자기 희생의 표상이다. 그분은 자신을 십자가에 매다는 병사들에게, 자기를 낳아 준 어머니에게, 옆에서 죽어 가는 뉘우치는 강도에게 사랑을 보여 주셨으니 말이다.

예수님의 첫 마디는 집행자들을 용서해 달라는 기도였다. 이 얼마나 놀라운 일인지 생각해 보라. 예수님은 이미 육체적으로나 감정적으로 거의 견딜 수 없는 고통에 처해 있었다. 그런데도 그분은 발가벗겨져 십자가에 달렸고, 병사들의 거친 손이 무자비하게 망치를 휘둘러 댔다. 이쯤 되면 예수님도 자신을 생각하지 않으셨을까? 이제 욥처럼 하나님께 불평을 토해 내고 자기를 위해 원수를 갚아 달라고 간청하지 않으셨겠는가? 아니, 최소한 약간의 자기 연민이라도 드러내지 않으셨을까? 그러나 그분은 그렇게 하지 않으시고 오직 다른 사람들만을 생각하셨다. 아마 고통 때문에 비명을 토해 내기는 하셨을 것이다. 그러나 그분의 첫 마디는 원수들을 위한 기도였다. 양옆의 두 강도는 저주하고 욕을 퍼부었다. 그러나 예수님은 그러지 않으셨다. 그분은 산상수훈에서 전한 가르침을 실천하셨다. "너희 원수를 사랑하며 너희를 미워하는 자를 선대하며 너희를 저주하는 자를 위하여 축복하며 너희를 모욕하는 자를 위하여 기도하라"(눅 6:27-28).

그렇다면 그분은 구체적으로 누구를 위해 기도하셨던 것인가? 분명, 자신들의 메시아를 거부한 유대인 지도자들을 위해서였다. 예수님의 기도에 대한 응답으로 그들은 40년간 집행유예를 얻었고, 그 기간에 수천 명의 유대인이 회개하고 예수님을 믿었다. 주후 70년이 되어서야 하나님의 심판이 임하여 예루살렘이 함락되고 성전이 파괴되었다.

마태복음 18:21-35을 읽으라.

강도를 구원하시다

월요일

> 예수께서 [뉘우치는 강도에게] 이르시되 내가 진실로 네게 이르노니 오늘 네가 나와 함께 낙원에 있으리라 하시니라.
> 누가복음 23:43

사복음서 모두 그 운명의 아침, 골고다 언덕("해골이라 하는 곳", 33절)에 세 개의 십자가가 세워졌다고 전한다. 예수님이 가운데 십자가에 달리셨고 두 강도(누가에 따르면 "행악자")가 그분의 양옆에 달렸다.

처음에는 두 강도 모두 예수님을 비방했다(마 27:44). 그러나 그중 한 강도만이 계속해서 예수님을 경멸하며 예수님께 자신과 자기들을 구해 보라고 대들었고, 다른 한 강도는 그를 꾸짖었다. "네가 동일한 정죄를 받고서도 하나님을 두려워하지 아니하느냐. 우리는 우리가 행한 일에 상당한 보응을 받는 것이니 이에 당연하거니와 이 사람이 행한 것은 옳지 않은 것이 없느니라"(눅 23:40-41). 그러고 나서 그 회개한 강도는 예수님께 "예수여 당신의 나라에 임하실 때에 나를 기억하소서"(42절)라고 말했다.

예수님의 왕 되심을 인정한 이 두 번째 강도의 행동은 참으로 놀랍다. 그는 분명 제사장들이 이스라엘의 왕임을 주장하는 예수님을 조롱하는 소리를 들었을 것이고, 예수님의 머리 위에 있는 "나사렛 예수, 유대인의 왕"이라는 팻말을 읽었을 것이다. 그는 또한 예수님의 조용하고 왕다운 위엄을 보았을 것이다. 이렇게 그는 예수님이 왕이심을 믿게 되었다. 그리고 집행자들의 용서를 구하는 예수님의 기도도 들었을 것이다. 이 강도는 용서야말로 자신에게 필요한 것임을 알았다. 자신은 마땅한 벌을 받고 있다고 고백했으니 말이다.

예수님은 자신을 기억해 달라는 강도의 외침에 대하여, "내가 진실로 네게 이르노니 오늘 네가 나와 함께 낙원에 있으리라"(43절)라고 대답하셨다. 거기에는 아무런 비난도 담겨 있지 않았다. 예수님은 그 강도가 11시가 되어서야 회개했다고 책망하지 않으셨다. 또 그 회개가 진정한 회개인지에 대해서도 의심하지 않으셨다. 그저 이 뉘우치는 신자에게 그가 갈망하는 바에 대한 확신을 주셨을 뿐이다. 예수님은 그에게, 낙원에 들어가 그리스도와 함께하는 기쁨을 누릴 수 있다는 약속만 주신 것이 아니라, 바로 그날 즉시 낙원에 들어갈 것이라고 약속하셨다. 그리고 이를 "내가 진실로 네게 이르노니"라는 말씀으로 확인해 주셨다. 예수님은 이때 마지막으로 이 익숙한 어구를 사용하셨다. 상상해 보건대, 그 대화 이후 기나긴 고통의 시간이 따랐을 것이지만, 그 용서받은 강도는 구원을 약속하신 예수님의 이 말씀을 마음과 머릿속에 간직하고 있었을 것이다.

누가복음 23:32-43을 읽으라.

화요일

어머니를 부탁하시다

예수께서…자기 어머니께 말씀하시되 여자여 보소서 아들이니이다 하시고
또 그 제자[요한]에게 이르시되 보라 네 어머니라 하신대.
요한복음 19:26-27

십자가에서 첫 번째 고통의 맹습이 덮쳐 왔을 때, 예수님은 아마도 두 눈을 감으셨을 것이다. 그리고 그 고통이 조금 잦아들면서 다시 눈을 뜨셨을 것이다. 그러고 나서 십자가 위에서 아래를 내려다보셨을 때 그분의 눈에 들어온 것은 믿음의 여인들과 사도 요한("사랑하시는 제자", 26절)이었다. 그 순간 그분의 어머니도 눈에 들어왔다. 물론 어머니는 인간적인 면에서 예수님에게 대단히 소중한 존재였지만, 언제나 그분의 사역을 이해해 준 것은 아니었다. 예수님은 한두 번 정도, 아버지 하나님의 뜻을 행하는 데 어머니가 방해가 되어 단호하게 말씀하신 적이 있다. 그러나 어찌되었든 그분의 어머니였다. 성령의 초자연적 능력으로 예수님을 잉태하여 낳아 강보에 싸서 말구유에 뉘였으며 어린 시절 그분을 보살펴 주었다. 아마도 예수님께 성경에 나오는 이스라엘의 족장들과 왕들, 선지자들의 이야기를 해주고, 하나님의 계획과 목적을 가르쳐 준 사람도 바로 어머니였을 것이다. 또한 그 어머니는 예수님에게 경건의 아름다운 본이 되었다.

이제 우리는 "예수의 십자가 곁에는 그 어머니…가 섰는지라"(25절)라는 말씀을 읽는다. 자애롭고 슬픔에 잠긴 여인! 예수님의 고통을 바라보는 어머니의 비통한 심정은 상상조차 할 수 없다. 칼이 마음을 찌르듯 하리라는 시므온의 예언이 성취되는 순간이었다(눅 2:35).

예수님은 자신의 고통이 아니라 어머니의 고통을 생각하시고, 아들이 죽어가는 것을 바라봐야 하는 어머니의 고통을 덜어 주기로 결심하셨다. 학자들에 따르면, 십자가 형을 받은 사람은 유언적 양도권이 있었으며 이는 십자가 위에서도 행사할 수 있었다고 한다. 예수님은 지금 이 권리를 사용하신다. 그분은 가족법에 나오는 용어를 사용하여, 어머니는 요한의 보호와 보살핌에 맡기고, 요한은 어머니의 보살핌과 보호에 맡기신다. 그 즉시 요한은 예루살렘에 있는 그의 집으로 예수님의 어머니를 모셨다.

십자가 상의 첫 세 마디를 보건대, 우리는 이기심이 전혀 없는 예수님의 모습에 놀라지 않을 수 없다. 그분은 자신에 대한 생각은 전혀 하지 않으셨다. 그 지독한 고통과 수치 가운데서도 원수들을 용서해 달라고 기도하셨고, 죄를 뉘우친 강도에게는 낙원을 약속하셨으며, 아들과 사별하는 어머니를 위한 대책을 마련하셨다. 이것이 사랑이다. 그러므로 성경은 우리에게 말한다. "그리스도께서 너희를 사랑하신 것같이 너희도 사랑 가운데서 행하라. 그는 우리를 위하여 자신을 버리사"(엡 5:2).

요한복음 19:25-27을 읽으라.

버리심에 대한 외침

수요일

제육시로부터 온 땅에 어둠이 임하여 제구시까지 계속되더니 제구시 쯤에
예수께서 크게 소리 질러 이르시되…나의 하나님, 나의 하나님, 어찌하여 나를 버리셨나이까.
마태복음 27:45-46

십자가 상의 첫 세 마디가 우리의 본보기이신 예수님을 보여 준다면, 네 번째 말씀은(이후 다섯 번째도) 우리의 대속자 되신 예수님을 보여 준다. 십자가형은 대략 오전 9시("제삼시", 막 15:25)에 집행되었고, 가상칠언 중 첫 세 마디는 형이 집행된 시간 즈음에 하신 것으로 보인다. 그리고 침묵이 흘렀다. 그러다 정오("제육시")가 되었을 때, 정오의 태양에도 불구하고 알 수 없는 어둠이 그 지역 전체를 뒤덮었다. 유월절을 보름에 지키는 것으로 보아 그 현상은 일식일 리가 없다. 그것은 초자연적인 현상이었다. 예수님의 영혼이 떨어져 내리는 깊은 어둠의 공포를 상징하기 위해 하나님이 개입하셨을 것이다. 어둠은 세 시간 동안 이어졌다. 그리고 그동안 고통 중에 있었을 구세주의 입에서는 아무런 말도 나오지 않았다. 그분은 잠잠히 우리 죄를 지셨다.

그러다 오후 세 시("제구시")쯤, 예수님은 갑자기 침묵을 깨고 가상칠언의 나머지 네 마디를 잇달아 하셨다. 시작은 "나의 하나님, 나의 하나님, 어찌하여 나를 버리셨나이까?"였다. 이 처절한 외침은 마태와 마가만 기록했는데, "엘리 엘리 라마 사박다니?" (*Eloi, Eloi, lama sabachthani*)라고 아람어로 말씀하셨다고 한다. "이 사람이 엘리야를 부른다"(47절)고 했던 구경꾼들이 있었는데, 이는 아마 농담이었을 것이다. 그렇게 어리석은 실수를 할 만큼 아람어에 무지한 유대인들은 없었을 것이기 때문이다.

예수님이 시편 22:1을 인용하셨다는 데는 모두가 동의한다. 그런데 왜 그 구절을 인용하여 자신이 버림받았다고 선언하셨을까? 논리적으로 가능한 설명은 두 가지뿐이다. 버림받지 않았는데 예수님이 실수하셨거나, 아니면 실제로 버림받은 사실을 말씀하셨다는 것이다. 첫 번째 설명은 설득력이 없어 보인다. 예수님이 그 위대한 순종의 순간에 착오를 하셨다거나, 하나님으로부터 버림받았다는 표현이 상상에서 나왔다고는 생각할 수 없다. 그렇지 않다. 이에 대해서는 간단하고 직설적으로 설명이 가능하다. 예수님은 실수하지 않으셨다. 십자가에는 하나님이 버리신 하나님이 계셨다. 그 버림은 우리 죄와 그에 마땅한 대가 때문에 벌어진 일이었다. 예수님은 그 상황을 예언한 유일한 성경 구절을 인용하여 그 예언 그대로 하나님에게 버림받은 끔찍한 경험을 표현하셨다.

갈라디아서 3:6-14을 읽으라.

목요일

목마름의 고통

예수께서…이르시되 내가 목마르다 하시니.
요한복음 19:28

십자가형이 시작될 때쯤 사람들은 예수님께 쓸개 탄 포도주를 내밀었다. 그러나 예수님은 맛을 보시고는 마시지 않으려 하셨다(마 27:34). 아마도 우리를 위해 십자가에서 고통받으시는 동안 온 몸의 감각을 온전하게 깨워 두기로 작정하셨던 것 같다. 그러나 몇 시간이 흘러 하나님의 버리심을 상징하는 어둠이 그치자, 예수님은 이제 끝이 가까워 왔음을 아시고는 "내가 목마르다"라고 말씀하셨다. 곁에 서 있던 사람들은 그 말을 듣고 스펀지에 신 포도주(포도 식초, 당시 로마 병사들이 흔히 마시던 음료)를 적셔 우슬초 줄기에 달아 예수님의 입술에 갖다 대었다.

이는 예수님이 십자가에서 하신 말씀 중 유일하게 육체적인 고통을 토로하신 것이었다. 복음서 저자들은, 그분이 성경 말씀을 성취하시려고 그 말씀을 하셨다고 덧붙였다. 실제로 이는 시편에서 두 번 예언되었다. 시편 22:15은 "내 힘이 말라 질그릇 조각 같고 내 혀가 입천장에 붙었나이다"라고 했고, 시편 69:21은 "그들이 쓸개를 나의 음식물로 주며 목마를 때에는 초를 마시게 하였사오니"라고 기록했다.

하지만 문자 그대로의 육체적 목마름을 예수님의 가상칠언 다섯 번째 말씀이 의미하는 전부로 여기면 오산이다. 그분의 갈증은 어둠과 마찬가지로 분명한 은유였다. 하늘의 어둠이 예수님을 뒤덮은 우리 죄의 어둠을 상징하고, 그분의 육신적인 죽음이 그분의 영적 죽음을 상징한다면, 그분의 목마름은 하나님과 분리되는 고통을 상징한다. 여기 어둠, 죽음, 목마름이 있다. 이것들은 바깥 어두움, 둘째 사망, 불 못 등 성경이 지옥이라 부르는 것 아닌가? 하나님에게서 떠날 때의 공포가 여기에 다 표현되어 있다. 이것이 바로 우리 구세주가 우리를 위해 십자가에서 받으신 고통이었다.

목마름은 특히 마음에 사무치는 상징이다. 예수님이 이전에 "누구든지 목마르거든 내게로 와서 마시라"(요 7:37)라고 말씀하셨기 때문이다. 그러나 우리의 목마름을 해소시키시는 그분이 지금 십자가에서 지독한 목마름을 경험하고 계신다. 그분은 비유에 나오는 부자처럼, 나사로를 보내어 그 손가락 끝에 물을 찍어 혀를 서늘하게 해주기를 갈구하고 계신다. 이렇듯 예수님은 우리를 다시는 목마르지 않게 하시려고 십자가 위에서 목마름을 견디셨다(계 7:16).

누가복음 16:19-31을 읽으라.

승리의 외침

금요일

> 예수께서 신 포도주를 받으신 후에
> 이르시되 다 이루었다 하시고
> 요한복음 19:30

예수님의 가상칠언 첫 세 마디에서는 우리의 본보기 되시는 예수님을 보았고, 네 번째와 다섯 번째에서는 대속자 되시는 예수님을 보았다. 이제 마지막 두 외침에서는 정복자 되신 예수님을 볼 수 있다. 예수님은 그 두 마디에서 우리를 위해 이루신 승리를 표현하신다.

이 여섯 번째 외침("다 이루었다")을 지금까지의 모든 말 중 가장 중대한 말이라고 주장하는 사람도 있다. 이미 예수님은 앞을 내다보시며, 자신이 이 땅에 와서 할 일을 다 이루셨다고 말씀하셨다(17:4). 그러므로 이제는 그 사실을 공식적으로 선언하신 것이다. 그분의 외침은 패배와 체념 속에 죽어가는 사람의 절망적인 탄식이 아니었다. 마태와 마가에 따르면 예수님은 "크게 소리 지르셨다"(마 27:50). 그것은 완전한 승리의 선언이었다.

여기 사용된 헬라어 동사(*tetelestai*)는 완료 시제로, 이는 그 결과가 지속되는 성취를 가리킨다. 그 말은 다음과 같이 재구성할 수도 있다. "모든 것이 성취되었고, 그 성취는 영원히 유지된다." 히브리서는 이를 "단 한 번의 영원히 유효한 제사"(히 10:12, 새번역)라 표현했고, 크랜머는 「공동 기도서」(*Book of Common Prayer*)에서 "온 세상의 죄를 대속하는 온전하고 완벽하고 충분한 희생이자 제물이자 배상"이라 불렀다. 이렇게 그리스도가 대속의 사역을 완수하셨으므로, 이제 우리가 해야 할 일은 전혀 없다. 조금이나마 기여할 것조차 없다.

또 그리스도가 하신 일로 충분함을 보이기 위해 성소의 휘장이 "위로부터 아래까지"(마 27:51) 찢어졌다. 위로부터 아래로 찢어졌다는 것은 이 일이 하나님의 손이 하신 일임을 나타낸다. 이 휘장은 수세기 동안 지성소와 외부 성소 사이를 갈라놓았던 것으로, 죄인은 하나님께 나아갈 수 없음을 상징했다. 그래서 속죄일에 대제사장을 제외하고는 휘장을 지나 하나님의 임재 안으로 들어갈 수 없었다. 그러나 이제 그 휘장이 절반으로 갈라져 폐기되었다. 더 이상 필요치 않기 때문이다. 저녁 제사를 드리기 위해 성전 뜰에 모인 예배자들은, 다른 훨씬 더 나은 제사가 드려졌음을 극적으로 알게 되었다. 이로 말미암아 이제 그들은 하나님께 직접 나아가는 일이 가능케 되었다.

히브리서 10:11-14, 19-25을 읽으라.

토요일

최후의 순종

예수께서 큰 소리로 불러 이르시되
아버지 내 영혼을 아버지 손에 부탁하나이다 하고 이 말씀을 하신 후 숨지시니라.
누가복음 23:46

복음서 저자들 중 누구도 예수님이 '죽었다'는 표현을 쓰지 않았다. 의도적으로 그 말을 피한 것으로 보인다. 그들은 죽음이 예수님의 목숨을 앗아갔고 예수님이 그 죽음의 권세에 항복했다는 인상을 주고 싶지 않았다. 예수님은 죽음의 희생물이 아니라 죽음을 사로잡은 승리자셨다.

사복음서 저자는 네 가지 서로 다른 표현으로 예수님의 죽음을 묘사하지만, 각각 다 죽음의 과정이 예수님의 주도권 아래 있었음을 나타낸다. 마가는 "마지막 숨을 내쉬셨다"(breathed his last, 막 15:37, 이하 NIV)라고 하고, 마태는 "그의 영혼을 맡기셨다"(gave up his spirit, 마 27:50)라고 한 반면, 누가는 "내 영혼을 아버지의 손에 부탁하나이다"(눅 23:46)라는 그분의 말씀을 그대로 실었다. 그러나 가장 놀라운 것은 요한의 표현이다. 요한은 "머리를 숙이고 그의 영혼을 맡기셨다"(요 19:30)라고 썼다. 여기 사용된 동사 역시 '파라디도미'로, 전에 바라바, 제사장들, 빌라도, 병사들이 예수님을 '넘겨주었다'고 할 때 사용된 단어다. 그런데 지금 요한은 예수님이 그 동일한 동사의 주체라고 말한다. 예수님은 영혼은 아버지 하나님께, 육신은 죽음에 넘겨주셨다. 그런데 이렇게 '넘겨주기' 전에 그분이 '머리를 숙였다'는 점에 주목해야 한다. 먼저 죽고, 그다음 머리가 가슴 쪽으로 떨구어진 것이 아니라는 말이다. 그 반대였다. 머리를 숙이는 것은 아버지 하나님의 뜻에 복종한다는 마지막 표시였다. 이렇게 말과 행동으로(머리를 숙이고 자기 영혼을 맡기신다고 선언하심으로) 예수님은 자신의 죽음이 자발적 행위임을 나타내셨다.

예수님은 최후의 순간에 죽음에서 벗어나실 수도 있었다. 겟세마네 동산에서 말씀하셨던 것처럼, 그분을 구해 내도록 열두 군단도 넘는 천사를 불러모으실 수도 있었다. 또 그분을 조롱하던 유대인들이 부추겼던 것처럼 십자가에서 내려오실 수도 있었다. 그러나 그렇게 하지 않으셨다. 그분은 자유의지에서 나온 의도적인 선택으로 자신을 죽음에 넘겨주셨다. 떠나는 시간과 장소와 방법을 결정한 주체는 바로 예수님이셨다.

가상칠언의 마지막 두 마디("다 이루었다"와 "내 영혼을 아버지 손에 부탁하나이다")는 예수님을 죄와 사망을 이기신 정복자로 선언한다. 우리는 겸손히 십자가 앞으로 나아가야 한다. 심판 외에는 받을 것이 없고 자비 외에는 구할 것이 없는 우리를 그리스도께서 죄책과 사망의 공포에서 구해 내셨다.

히브리서 2:14-18을 읽으라.

제32주

십자가의 의미

우리는 그동안 메시아의 고난과 죽음이라는 극적인 이야기를 살펴보고, 십자가에서 하신 일곱 말씀을 귀 기울여 들었다. 이번 주에는 그분의 죽음의 의미를 좀더 깊이 파헤쳐 보고자 한다. 그러나 십자가의 목적을 한 가지로 설명할 수는 없을 것이다. 오히려, 십자가는 수많은 면을 지닌 다이아몬드 같기에, 이 다양한 측면들을 통해 그리스도께서 왜 죽으셨는지에 관한 충분하고 균형잡힌 이해를 얻을 수 있다. 그러나 먼저 신약 성경에 나타난 십자가의 중심성을 파악하고, 그다음 교회의 삶과 증거에 나타난 십자가의 중심성을 살펴보아야 한다.

일요일: 십자가의 중심성
월요일: 예수님의 본보기
화요일: 죄의 대속
수요일: 사랑의 계시
목요일: 십자가를 통한 승리
금요일: 십자가와 고난
토요일: 십자가와 선교

일요일

십자가의 중심성

> 내가 너희 중에서 예수 그리스도와 그가 십자가에 못 박히신 것 외에는
> 아무것도 알지 아니하기로 작정하였음이라.
> 고린도전서 2:2

기독교를 처음 접하는 사람은 누구라도 예수님의 죽음이 대단히 강조된다는 점을 바로 알아차린다. 이는 특히 이미 살펴본 것처럼, 복음서 저자들이 예수님의 생애 마지막 한 주를 기록하는 데 지나치게 많은 분량을 할애한다는 사실만 보아도 알 수 있다.

복음서 저자들은 예수님의 죽음을 강조해야 한다는 것을 예수님에게서 직접 배웠다. 예수님은 세 번 "인자가 많은 고난을 받고…죽임을 당하고"(막 8:31)라고 엄중하게 말씀하시며 자신의 죽음을 예언하셨다. 예수님은 그 일이 반드시 이루어져야 한다고 강조하셨다. 구약 성경에 그렇게 기록되어 있기 때문이다. 예수님은 또한 '때'를 언급하시며 그분의 죽음을 말씀하셨다. 그분은 바로 이때를 위해 이 세상에 오신 것이었다. 처음에는 그때가 '아직' 이르지 않았다고 거듭 말씀하셨지만, 마침내 "때가 이르렀다"고 말씀하셨다.

그러나 이보다 더 놀라운 사실이 있다. 예수님은 죽음 이후에 자신이 어떻게 기억되기를 바라시는지 그 방식을 직접 알려 주셨다. 그분은 제자들에게, 그들을 위해 찢길 자신의 몸을 기억하며 떡을 떼고 나누어 먹으라고 하셨고, 또 그들을 위해 흘릴 자신의 피를 기억하며 포도주를 따르고 나누어 마시라고 가르치셨다. 두 가지 모두 죽음이 내포되어 있다. 그 어떤 상징도 이보다 더 자명할 수는 없다. 예수님은 자신이 어떻게 기억되길 바라셨는가? 그분의 모범이나 가르침도 아니고, 그분의 설교나 사역도 아니고, 심지어 그분의 살아 있는 몸이나 몸 안에 도는 피도 아니었다. 오직 죽음에 넘겨준 몸과, 죽어가며 흘린 피로 기억되길 바라셨다.

따라서 교회가 기독교를 상징하는 표식으로 십자가를 택한 것은 옳은 일이었다. 다른 상징을 택할 수도 있었다. 예를 들어, 성육신을 상징하는 말구유나, 육체노동의 존엄함을 말해 주는 목수의 의자, 혹은 겸손한 섬김의 상징인 수건 같은 것 말이다. 하지만 이 모든 것이 십자가의 은혜에 자리를 내주었다.

십자가를 기독교의 최고 상징으로 삼은 것이 더더욱 놀라운 이유는, 그리스 로마 문화에서 십자가는 수치의 상징이었기 때문이다. 그렇다면 어떻게 바울 사도는 그 수치의 상징을 자랑으로 여긴다고 말할 수 있었을까? 이것이 바로 이번 주에 묵상해 볼 질문이다.

고린도전서 1:17-25을 읽으라.

예수님의 본보기

월요일

이를 위하여 너희가 부르심을 받았으니 그리스도도 너희를 위하여 고난을 받으사
너희에게 본을 끼쳐 그 자취를 따라오게 하려 하셨느니라.
베드로전서 2:21

베드로가 예수님을 메시아로 인정하면서부터, 예수님은 제자들에게 자신이 고난을 받아야 한다는 사실을 가르치기 시작하셨다. 그러자 베드로는 격렬하게 반대했다. 그는 이렇게 외쳤다. "주님, 안 됩니다. 절대로 이런 일이 주님께 일어나서는 안 됩니다"(마 16:22, 새번역). 그러나 30년 정도가 지난 후, 그는 한때 상상할 수도 없는 일로 여겨졌던 예수님의 죽음을 꼭 필요한 일로 이해하기 시작했다.

베드로전후서의 역사적인 배경을 떠올려 보자. 기독교는 여전히 불법 종교였고, 신경증 환자나 다름없던 네로 황제는 기독교에 적대적이기로 유명했다. 이미 그리스도인들을 향한 돌발적인 박해가 터져 나오고 있었다. 베드로는 특히 비기독교 집안의 그리스도인 노예들에게 관심이 있다. 그는 그들에게 부당한 고난도 인내로 감내하라고 당부했다. 왜인가? 그리스도인들은 그렇게 부름받았기 때문이다. 왜인가? 아무 죄도 없으셨던 예수님도 우리를 위해 고난받으셨지만 보복하지 않으셨기 때문이다. 이렇게 우리에게 본을 보이시며 자신의 발자취를 따르라고 말씀하셨기 때문이다.

여기 본(example)에 해당하는 헬라어는 신약 성경에만 나온다. 이는 아이들이 글쓰기를 배울 때 본떠 쓰는 선생님의 글씨 연습용 책이라는 의미를 담고 있다. 베드로는 이런 의미로 예수님의 본을 따르고 그분의 발자취를 따라가라고 역설하고 있다. 이는 베드로에게는 가슴이 미어지는 호소다. 예수님이 가시는 곳이면 감옥이든 죽음이든 따르겠노라고 호언장담했지만, 정작 그는 멀찍이서 그분을 따랐다. 그러나 이제 다시금 부름받은 베드로는 십자가의 길을 따라가며 부당한 고통도 인내하기로 결단했다.

그러나 한 가지 질문이 마음속에 떠오른다. 우리가 만일 부당한 고난에 복종하면 과연 정의가 설 곳이 있겠는가? 사악한 자들이 우리를 마구 짓밟게 내버려두어 악이 만연하도록 해야겠는가? 그렇지 않다. 먼저 베드로전서 2:23이 이 질문에 답을 준다. 이 구절은 예수님이 보복하지 않으시고 "오직 공의로 심판하시는 이에게 [자신과 자신의 사건을] 부탁"하셨다고 말한다. 다시 말해, 우리가 앙갚음하지 말아야 하는 이유는 악이 승승장구해야 하기 때문이 아니라, 그것을 벌하는 책임이 우리에게 있지 않기 때문이다. 지금 이 땅에서는 법정이, 그리고 궁극적으로는 심판 날에 정의로운 심판자가 지셔야 할 책임이다. 따라서 사랑과 정의는 공존할 수 없는 게 아니다. 그 둘은 예수님의 본에서 볼 수 있듯이 상호 보완된다.

베드로전서 2:18-23을 읽으라.

화요일

죄의 대속

그리스도께서도 단번에 죄를 위하여 죽으사 의인으로서 불의한 자를 대신하셨으니
이는 우리를 하나님 앞으로 인도하려 하심이라.
베드로전서 3:18

이 말씀은 신약 성경에서 십자가에 관해 말하는 가장 위대한 구절 중 하나다. 그리스도가 왜 죽었는지 주요한 이유를 말해 주기 때문이다. 우리는 그분이 메시아의 영광을 위한 순교자로, 또 고난을 인내하는 본보기로 죽으셨다는 것을 살펴보았다. 이제 십자가의 목적과 의미에 대해 좀더 깊이 알아보자.

첫째, 그리스도는 우리를 하나님 앞으로 인도하려고 죽으셨다. 이 말의 이면에는 우리가 하나님과 분리되었으므로 그분에게로 다시 돌아가야 한다는 전제가 깔려 있다. 그래서 나타나는 현상들이 있다. 우리의 소외감이나 향수병은 궁극적으로 하나님과 분리되었기 때문이고, 그 분리는 우리 죄 때문이다. 이에 대해 이사야 선지자는 다음과 같이 말했다. "오직 너희 죄악이 너희와 너희 하나님 사이를 갈라놓았고 너희 죄가 그의 얼굴을 가리어서 너희에게서 듣지 않으시게 함이니라"(사 59:2). 그렇다면 그리스도는 이러한 상황을 치유하기 위해 무엇을 하신 것일까?

둘째, 그리스도는 죄 때문에 죽으셨다. 의인으로 불의한 자를 대신하셨다. 이 말을 이해하기 위해서는, 성경의 시작부터 끝까지 죄와 죽음이 범법과 그에 응당한 대가로서 단단하게 묶여 있음을 기억해야 한다. "죄의 삯은 사망이요"(롬 6:23). 그러나 예수님은 속죄해야 할 어떤 죄도 짓지 않으셨다. 그러므로 예수님이 죄 때문에 죽으셨다면, 그것은 그분의 죄 때문이 아니라 우리 죄 때문이 틀림없다. 베드로의 말처럼 그리스도께서 "죄를 위하여 죽으사 의인으로서 불의한 자를 대신하셨고"(벧전 3:18), 죄 없으신 분이 죄를 대신 지셨다. 그렇기 때문에 예수님이 대리로 죽으셨다는 우리의 확신은 타당하다. 즉, 그분은 우리의 대속물로 죽으셨다. 우리가 죽어야 마땅한데 그분이 대신 죽으셨다. 그리고 그분이 우리를 대신하여 우리 죄를 지시고 우리의 죽음을 감당하셨기 때문에, 우리는 값없이 용서받을 수 있다.

셋째, 그리스도는 단번에 죄를 위하여 죽으셨다. '하팍스'(hapax)라는 부사는 '옛날 옛적 언젠가'가 아니라 '영단번'을 의미한다. 이는 그리스도께서 십자가에서 하신 일이 최종임을 표현한다. 그분은 우리 죄에 대한 모든 형벌을 치르셨기 때문에 "다 이루었다"고 외치실 수 있었다. 그렇다면 우리가 해야 할 일은 무엇인가? 아무것도 없다! 그리스도가 하신 일에 아무 기여도 할 수 없다. 우리가 할 수 있는 전부는, 그분이 하신 일에 감사하며 그분이 다 이루신 사역 안에 거하는 것뿐이다.

히브리서 9:23-28을 읽으라.

사랑의 계시

수요일

> 우리가 아직 죄인 되었을 때에 그리스도께서 우리를 위하여 죽으심으로
> 하나님께서 우리에 대한 자기의 사랑을 확증하셨느니라.
> 로마서 5:8

하나님의 사랑을 부인하는 증거들이 이렇게 많은데 어떻게 그 사랑을 믿을 수 있을까? 사도 바울은 로마서 5장에서, 하나님이 우리를 사랑하신다는 사실을 확신할 수 있는 두 가지 근거를 이야기했다. 첫 번째는 "우리에게 주신 성령으로 말미암아 하나님의 사랑이 우리 마음에 부은 바"되었다는 것이고(5절), 두 번째는 "우리가 아직 죄인 되었을 때에 그리스도께서 우리를 위하여 죽으심으로 하나님께서 우리에 대한 자기의 사랑을 확증"하셨다는 것이다(8절). 그런데 우리가 어떻게 하나님의 사랑을 의심할 수 있단 말인가? 사실, 우리는 종종 삶의 비극들 때문에 심히 당혹스럽다. 그러나 하나님은 아들을 죽게 하심으로써 우리를 향한 사랑을 확증하셨고, 또 성령을 선물로 주심으로써 우리에게 그분의 사랑을 쏟아부으셨다. 하나님은 역사 속에서 객관적으로, 또 우리의 개별적 경험 속에서 주관적으로 그분의 사랑을 믿을 충분한 근거를 주셨다. 하나님의 아들이 (십자가에서) 행하신 역사적인 사역과, 성령이 (우리 마음속에서) 행하시는 오늘날의 사역이 통합되어 있는 모습은, 복음의 가장 완전하고도 충족시키는 특징 중 하나다.

성경은 고난의 문제를 해결해 주는 것이 아니라 고난을 바라보는 올바른 시각을 제시해 준다. 그렇다면 우리는 언제든 고통으로 마음이 찢어질 때마다, 갈보리 언덕에 올라 바로 그 각별한 자리에서 삶의 불행을 들여다볼 수 있게 될 것이다.

고통을 견딜 수 없는 이유는, 고통에 따르는 아픔 때문이 아니라 하나님이 돌보시지 않는다는 느낌 때문이다. 우리는 그분을 천상의 안락의자에 파묻혀 이 땅의 고통에는 무관심하신 분으로 상상한다. 그러나 이는 하나님에 관한 중상모략이다. 십자가가 이를 산산조각 내 버렸다. 우리는 편안한 의자가 아닌 십자가에서 그분을 보아야 한다. 우리에게 고난을 허락하시는 하나님은 예수 그리스도 안에서 이미 고난을 받으셨고, 오늘날에도 계속 우리와 함께 고난받으신다. 인간의 고통은 여전히 의문부호로 남지만, 우리는 담대하게 그 물음표 위에 다른 표시, 즉 십자가를 그려 넣는다.

로마서 8:28-39을 읽으라.

목요일

십자가를 통한 승리

> 우리 형제들이 어린 양의 피…로써
> 그를 이겼으니.
> 요한계시록 12:11

신약 성경을 읽으면 그 안에 넘쳐흐르는 기쁨에 찬 확신을 느낄 수밖에 없다. 따분한 종교로 인식되는 오늘날의 기독교와는 뚜렷하게 대조되는 모습이다. 초기 그리스도인들에게는 패배주의가 들어설 자리가 없었다. 승리, 정복, 승전, 극복 등이 예수님의 첫 제자들에게 어울리는 어휘였다. 그들은 십자가로 말미암아 이런 승리를 얻었다고 믿었다.

그러나 오늘날 그리스도의 죽음을 본 사람이 있다면, 십자가에 달려 죽은 이가 정복자라는 주장은 말도 안 된다고 여길 것이다. 저기 십자가에 달린 그를 보라. 팔다리를 늘어뜨린 채, 모든 자유를 박탈당해 무력하게 십자가에 못 박혀 있다. 전적인 패배로 볼 수밖에 없다. 그러나 그리스도인들은 사실은 겉보기와는 정반대라고 주장한다. 악이 선을 이긴 것처럼 보이지만, 사실 선이 악을 이긴 것이 확실하다. 뿐만 아니라 예수님이 바로 승리를 쟁취하신 분이었다. 희생자가 바로 승리자였고, 십자가는 여전히 그분이 이 세상을 다스리시는 보좌다.

사도 바울은 악의 권세가 어떻게 예수님을 둘러싸서 십자가에 가두었는지, 그러나 예수님이 십자가에서 승리하심으로 어떻게 그것들을 물리치시고 무장해제시켜 모두의 구경거리가 되게 하셨는지 생생한 이미지로 묘사한다(골 2:15). 그는 이 우주적 싸움이 구체적으로 어떤 모습이었는지는 설명하지 않았다. 그러나 우리는 예수님이 십자가를 피하라는 유혹과, 이 땅의 권세에 보복하거나 의존하라는 유혹을 이기셨음을 분명히 안다. 그분은 타협하지 않으셨다.

고대 그리스 교부와 이후 라틴 교부들은 이 십자가를 통한 승리라는 주제를 기억하고 축하했지만, 일부 중세 신학자들로 인해 사라져 버렸다. 그러나 종교개혁 때 마르틴 루터가 되살렸다. 이는 스웨덴 출신의 신학자 구스타프 아울렌(Gustav Aulen)의 영향력 있는 저작 「승리자 그리스도」(Christus Victor)의 논지이기도 했다. 등한시되었던 주제를 되살린 것은 바람직한 시도였다. 그러나 우리는 정반대의 실수를 범해서도 안 된다. 승리를 강조하느라 속죄와 계시를 놓치는 것 말이다.

요한계시록 12:1-12을 읽으라.

십자가와 고난

금요일

내가 그리스도와…
그 고난에 참여함을 알고자 하여.
빌립보서 3:10

의심할 여지없이 고난은 기독교 신앙에 가장 커다란 도전이다. 예민한 사람들은 하나님의 공의와 사랑이 과연 조화될 수 있는지 질문한다. 필립 얀시(Philip Yancey)는 한걸음 더 나아가, 마음속으로 한 번쯤 생각은 해 보지만 감히 입 밖에 내지 못하는 말을 했다. 그는 「내가 고통당할 때 하나님 어디 계십니까?」(*Where Is God When It Hurts?*, 생명의말씀사 역간)에서 이렇게 썼다. "하나님이 진실로 모든 것을 주관하신다면…왜 그렇게 변덕스럽고 불공평하십니까? 그분은 우리가 고통 속에서 몸부림치는 것을 보며 기뻐하는 가학적인 신입니까?"

하지만 성경은 우리 하나님이 고통으로부터 동떨어져 전혀 영향을 받지 않으시는 분이 아니라 스스로 고통당하시는 하나님임을 분명히 한다. 회개치 않는 예루살렘 성을 보며 흐느끼시고, 십자가에서 죽으신 그분을 바라보라. 과감하게 용기를 내어 「그리스도의 십자가」(*The Cross of Christ*, IVP 역간)에 쓴 내용을 인용하고자 한다.

> 만일 십자가가 없다면 나는 나 자신이 하나님을 믿는다고 결코 말할 수 없을 것이다. 내가 믿는 유일한 하나님은 니체가 "십자가상의 하나님"이라고 조소한 바로 그분이다. 고통으로 가득 찬 현실 세상에서 어떻게 그 고통으로부터 면제된 하나님을 경배할 수 있을 것인가? 나는 아시아의 여러 나라에서 많은 불교 사원에 들어가서는 부처의 상 앞에 공손하게 서 보았다. 부처는 다리를 꼬고, 팔짱을 끼고, 눈을 감고, 입가에는 보일 듯 말 듯한 미소를 머금고, 얼굴에는 희미한 표정을 짓고, 세상의 고뇌에서 동떨어져 있었다. 하지만 매번 잠시 후면 나는 그 앞에서 물러나와야만 했다. 그리고 상상 속에서 나는 그 대신에 십자가상에 있는 외롭고 일그러지고 고문당한 인물, 손과 발에는 못이 박히고 등은 찢기고 손발은 비틀리고 이마에서는 가시에 찔린 자국에서 피가 흐르고 입은 마르고 견딜 수 없이 목이 마른 채 하나님께 버림받아 암흑에 빠져 있는 그 인물을 의지한다. 그분이 바로 나를 위한 하나님이시다! 그분은 고통으로부터 면제되는 것을 포기하셨다. 그분은 혈과 육과 눈물과 죽음으로 된 우리의 세계에 들어오셨다. 그분은 우리를 위해 고난받으셨다. 우리의 고난은 그분의 고난에 비추어 볼 때 좀더 다루기 쉬워진다(「그리스도의 십자가」, p. 639).

포사이스(P. T. Forsyth)의 말처럼, "그리스도의 십자가는…우리가 사는 세상에 대한 하나님의 유일한 자기 변호다."

호세아 11:8-9을 읽으라.

토요일

십자가와 선교

내가 진실로 진실로 너희에게 이르노니 한 알의 밀이 땅에 떨어져 죽지 아니하면
한 알 그대로 있고 죽으면 많은 열매를 맺느니라.
요한복음 12:24

예루살렘을 찾는 순례자 중에는 헬라인도 일부 있었다. 그들은 헬라 철학이나 유대 종교 그 어디에서도 만족을 얻지 못하고, 여전히 영적으로 굶주려 있었던 것 같다. 그래서 빌립에게(아마도 그가 헬라식 이름을 가지고 있었기 때문에) 찾아와 물었다. "선생이여 우리가 예수를 뵈옵고자 하나이다"(21절). 그들의 질문에 대한 예수님의 답변은 직접적이지 않았지만 그 함의는 분명했다. "인자가 영광을 얻을 때가 왔도다"(23절). 다시 말해, 그 헬라인들은 정확한 시점에 질문을 해 왔다. 예수님은 이제 곧 영광을 받으실 것이었기 때문이다. 즉 영광 중에 드러나시게 될 것이기 때문이었다. 여기서 그 '때'란 다른 곳에서 살펴보았듯이 그분이 죽으실 때를 말한다.

예수님은 계속해서 농사에 관한 비유를 들려주신다. 건조하고 따뜻한 곡물창고 안에 그대로 있는 씨앗은 결코 재생산을 할 수 없다. 그 씨는 반드시 살아 있는 상태로 춥고 어두운 무덤 같은 땅에 묻혀야 한다. 그리고 거기서 죽어야만 한다. 그러고 나면, 죽음 같은 겨울을 지나고 봄철에 새순을 틔울 수 있다. 간단한 운율에 맞추어 이렇게 표현할 수도 있겠다. "혼자 살겠다고 하면 철저히 혼자가 될 것이다. 그러나 죽으면 수십 수백 배가 될 것이다." 예수님의 십자가는 이 근본적인 원리를 보여 주는 역사상 최고의 사례다. 예수님이 만약 살고자 하셨다면 이 세상은 죽었을 것이다. 그러나 그분이 하나님께 버림받고 어둠 가운데서 죽으셨기 때문에 이 땅에 생명이 싹텄다.

토니 램버트(Tony Lambert)는 「중국 교회의 부활」(*The Resurrection of the Chinese Church*, 생명의말씀사 역간)에서 다음과 같이 썼다. "중국 교회의 성장 원인은…십자가 교리와 불가분하게 연결되어 있다. 중국 교회의 냉엄한 메시지는 하나님이 고난을 사용하셔서 부흥을 일으키시고 교회를 세우신다는 것이다."

이렇게 십자가와 선교가 연결되는 모습은 예수님의 주장에서도 볼 수 있다. "내가 땅에서 들리면 모든 사람을 내게로 이끌겠노라"(32절). 그분의 약속에는 문자 그대로의 의미와 비유적 의미가 섞여 있는 듯하다. 우선, 이는 그분이 들려 십자가에 못 박히실 것을 가리키는 말이 분명하다(33절). 그리고 실제로 십자가에는 특유의 끌어당기는 힘이 있다. 그러나 또한 그리스도인들이 충실하게 그분을 선포할 때마다 비유적으로 그분은 들려진다. 민족, 국적, 계급, 성별, 나이에 상관없이 온 세상이 십자가에 못 박히신 그리스도께로 이끌린다는 사실이 기쁘기 그지없다.

요한복음 12:20-33을 읽으라.

제33주

부활의 몸으로 나타나시다

"주께서 과연 살아나시고"(눅 24:34). 널리 퍼져 있는 이 부활 신앙은, 예수님의 부활이 객관적인 역사적 사실임을 확실히 인정한다. 그 근거는 다음 세 가지만으로 충분할 것 같다. 첫째, 무덤이 비어 있었다. 부활 외에 다른 어떤 주장으로도 예수님의 시신이 사라진 이유를 설명하지 못한다. 둘째, 예수님이 부활한 몸을 보이셨다. 그 모습은 우리가 아는 환영이나 환상이 아니었다. 셋째, 제자들이 변화되었다. 의심이 믿음으로, 두려움이 용기로, 슬픔이 기쁨으로 변한 그들의 이야기는 부활로만 설명할 수 있다.

이번 주에는 복음서에 기록된 내용을 기초로, 예수님이 부활 후 나타나신 여섯 가지 사건을 새로운 시각에서 바라보려 한다. 그 다양한 모습들은 그 사건의 진실성을 더욱 확증해 준다.

일요일: 막달라 마리아
월요일: 엠마오로 가는 길
화요일: 다락방에 모인 제자들
수요일: 의심 많은 도마
목요일: 내 양을 먹이라
금요일: 누가가 기록한 대위임령
토요일: 부활에 대한 바울의 요약

일요일

막달라 마리아

예수께서 이르시되 여자여 어찌하여 울며 누구를 찾느냐 하시니…
예수께서 이르시되 나를 붙들지 말라.
요한복음 20:15, 17

부활하신 주님이 자신을 드러내신 첫 번째 사람이 여자였다는 것, 그리고 부활의 복음을 전하라는 명령을 들은 첫 번째 사람도 여자였다는 것은 참으로 놀라운 하나님의 섭리다. 이는 여성을 신뢰할 만한 증인으로 여기지 않던 시대에 의도적으로 여성성을 인정하신 것이 아니겠는가? 이 특별한 은총을 입은 여인은 막달라 마리아였다. 복음서들은 이 여인에 대해 많은 이야기를 하지 않는다. 하지만 우리는 그녀가 예수님이 최후를 맞이하실 때까지 십자가 곁을 지켰다는 것, 예수님의 시신을 옮기는 장례 행렬에 있었다는 것, 예수님이 무덤에 묻히는 것을 보았다는 것을 알고 있다. 그리고 서른여섯 시간 정도가 지난 후 막달라 마리아는 다른 여인들과 함께 다시 예수님의 무덤으로 갔다. 하지만 무덤은 열려 있었고, 시신은 온데간데없었다. 그녀는 정신없이 달려가 이 사실을 베드로와 요한에게 알렸고, 두 사람은 무덤을 향해 달려갔다. 아마 막달라 마리아는 조금 뒤처져서 그들을 따라갔을 것이다. 그녀가 무덤에 도착했을 즈음에는 두 제자 모두 돌아가고 없었고, 그녀는 홀로 있었다.

요한은 두 가지 극적인 장면을 보여 준다. 첫 번째 장면에서는 마리아가 울고 있다. 자신을 존귀하게 여기고 사랑하고 존중해 주었던 유일한 사람을 잃었다고 생각했기 때문이다. 그녀의 삶에 빛이 사라졌다. 그러나 예수님이 그녀를 떠나신 것은 아니었다. 반대로 예수님은 부활하셔서 그녀 곁에 계셨다. 다만 마리아가 깨닫지 못했을 뿐이다.

두 번째 장면에서는 마리아가 예수님께 매달리고 있다. 그러자 예수님이 그녀에게 말씀하셨다. "나를 붙들지 말라. 내가 아직 아버지께로 올라가지 아니하였노라"(17절). 사람들은 왜 예수님이 사도들에게는 자신을 만져 보라고 하시면서, 마리아가 그분을 붙드는 것은 막으셨는지 궁금해한다. 답은 붙드는 것과 만져 보는 것은 다른 행동이라는 것이다. 사도들에게 자신을 만져 보라고 하신 것은 그분이 유령이 아님을 확인해 주시기 위함이었다. 반면 마리아가 그분을 붙드는 것을 막으신 이유는 그녀의 행동이 옳지 못한 관계를 상징적으로 보여 주었기 때문이다. 이에 대한 가장 좋은 번역은 아마도 "내게 매달리지 말라"일 것이다. 그녀는 전에 누렸던 옛 관계를 다시 누릴 수 없음을 알아야만 했다. 예수님이 승천하시고 난 후에는 새로운 관계가 가능했을 것이다.

우리는 우는 마리아와 매달리는 마리아를 머릿속에 그려 보며, 그녀의 상반된 실수를 본다. 그녀가 운 것은 예수님을 완전히 잃었다고 생각해서였고, 예수님께 매달린 것은 그분을 예전의 상태로 되돌릴 수 있다고 생각해서였다.

요한복음 20:10-18을 읽으라.

엠마오로 가는 길

월요일

> 두 사람도 길에서 된 일과 예수께서 떡을 떼심으로
> 자기들에게 알려지신 것을 말하더라.
> 누가복음 24:35

엠마오로 가는 길, 여기에 가장 생생한 부활 이야기 중 하나가 있다. 엠마오는 예루살렘에서 북서쪽으로 약 12킬로미터 떨어진 마을이었고, 이 사건은 부활절 당일 오후에 일어났다. 두 제자 중 하나는 글로바라 기록되어 있고, 나머지 한 명은 그의 아내였을 것으로 추정된다. 두 사람은 길을 걸으며 최근에 예루살렘에서 있었던 놀라운 사건에 대해 이야기를 나누고 있었는데, 부활하신 예수님이 그들에게 다가가 함께하셨다.

누가가 그들의 눈에 대해 하는 이야기를 주목해 보자. 16절에 따르면, 그들의 눈이 가리어져서 예수님을 알아보지 못했지만, 31절에 따르면 이제 그들의 눈이 열려 예수님을 알아보았다고 한다. 궁금한 것은 무엇이 이런 차이를 만들었느냐 하는 것이다. 어떻게 하면 우리도 그들처럼 눈이 열릴 수 있을까?

첫째, 성경을 통해 그리스도를 알 수 있다. 예수님은 그들이 선지자들을 믿는 데 더딘 것을 꾸짖으셨다. 그러고 나서 구약 성경의 세 가지 주요 부분, 즉 율법서, 선지서, 시편을 훑으며, 메시아의 고난과 영광에 대한 구약의 가르침을 설명해 주셨다(44절). 예수님은 앞에서도 "성경이 곧 내게 대하여 증언하는 것이니라"(요 5:39)라고 말씀하셨다. 따라서 우리는 성경 전체에서 그리스도를 찾아야 한다. 그렇게 할 때라야 우리 마음이 뜨거워질 것이다.

둘째, 떡을 떼는 것을 통해 그리스도를 알 수 있다. 엠마오로 향하던 제자들은 예수님 손에 있는 못 자국을 보았거나 그분의 목소리를 알아차렸을 수도 있다. 그러나 누가가 사용한 네 가지 동사에서, 즉 예수님이 떡을 가지사, 축사하시고, 떼어, 그들에게 주셨을 때 그들의 기억을 되살렸을 가능성이 더 커 보인다. 그제야 그들의 눈이 열려 그분을 알아보았다. 이후에 그들은 "예수께서 떡을 떼심으로 자기들에게 알려지신 것"을 이야기했다(눅 24:35). 많은 그리스도인이 비슷한 경험을 이야기한다. 존 웨슬리의 어머니 수잔나도 그 한 예다. 그녀는 성찬이 진행되던 어느 날 자신을 향한 말씀을 듣고 이렇게 고백했다. "그때 말씀이 내 마음을 파고들었고, 나는 하나님이 그리스도로 인하여 내 모든 죄를 사하신 것을 알게 되었습니다."

글로바와 그의 동료는 이 두 가지 방법으로 부활하신 주님을 알아보았다. 오늘날 우리도 마찬가지다. 우리 역시 성경을 읽고 떡을 뗌으로써, 즉 말씀과 성찬을 통해 주님을 알아본다.

누가복음 24:13-35을 읽으라.

화요일

다락방에 모인 제자들

예수께서 오사 가운데 서서 이르시되…너희에게 평강이 있을지어다.
아버지께서 나를 보내신 것같이 나도 너희를 보내노라.
요한복음 20:19, 21

이 본문은 요한이 기록한 대위임령이다. 이 구절 앞뒤에는 예수님이 제자들에게 주신 짧지만 강렬한 네 문장이 나와 있다. 첫째, 예수님은 그들에게 **평강을 보장해 주셨다**. 때는 첫 번째 부활절 저녁이었고, 제자들은 겁에 질려 문을 걸어 잠그고 함께 모여 있었다. 그때 예수님이 오셔서 그들 가운데 서서 근심으로 가득 찬 제자들에게 평강을 전하셨다. 물론, '샬롬'(Shalom)은 관례적인 인사였지만 여기에는 관례 이상의 의미가 있었다. 예수님은 자신의 손과 옆구리를 보여 주시며, 성찬 때처럼 그분의 말씀이 어떤 표지가 됨을 확실히 하셨다.

둘째, 예수님은 그들에게 **사역의 본을 보여 주셨다**. "아버지께서 나를 보내신 것같이 나도 너희를 보내노라"(21절). 예수님의 사역에는 성육신이 포함되어 있었고, 이 성육신은 "세계 역사상 다른 문화에 동화되는 가장 놀라운 본"으로 묘사된다. 그것은 자신의 정체성을 잃지 않으면서도 완전한 동화를 이루신 것이었다. 예수님이 우리와 하나가 되셨다고 해서 본래의 자신이 되는 것을 중단하지 않으셨기 때문이다. 그리고 이제 예수님은 아버지께서 그분을 보내셨던 것처럼 우리를 세상 속으로 보내신다. 진정한 사역은 모두 성육신적 사역이다. 다시 말해, 그것은 다른 사람들의 세계로 들어가는 것을 수반한다.

셋째, 예수님은 그들에게 **성령을 약속하셨다**. 예수님은 그들을 향해 숨을 내쉬며, "성령을 받으라"(22절)라고 말씀하셨다. 제자들은 혈혈단신으로 보냄받은 것이 아니었다. 성령 없는 선교란 불가능하다. 성령은 전도를 위해 우리를 구비시키시고 우리에게 권능을 주시는 분이다. 다른 곳에서도 예수님은 제자들에게 성령이 오시기를 기다리라고 말씀하셨다. 그분이 제자들을 향해 숨을 내쉰 것은, 그들이 후에 성령을 받게 될 것을 행동으로 확인시켜 주신 것이었다.

넷째, 예수님은 그들에게 **구원의 복음을 주셨다**. "너희가 누구의 죄든지 사하면 사하여질 것이요 누구의 죄든지 그대로 두면 그대로 있으리라"(23절). 이 역시 논란이 되는 구절이다. 로마 가톨릭 교회는 이 구절에 근거하여 신부가 고해성사를 듣고 면죄를 선언할 사법적 권위를 가진다고 주장한다. 그러나 사도들이 신자들에게 죄를 고백할 것을 요구하거나 면죄를 선언한 적은 단 한 번도 없었다. 대신 그들은 권위를 가지고 구원의 복음을 선포했다. 믿는 자들에게는 죄사함을 약속했고, 거부하는 자들에게는 심판을 경고했다.

요한복음 20:19-23을 읽으라.

의심 많은 도마

수요일

보지 못하고 믿는 자들은 복되도다.
요한복음 20:29

살만 루시디(Salman Rushdie)는 말도 많고 탈도 많던 「악마의 시」(The Satanic Verses, 문학세계사 역간)를 출간한 직후, 인터뷰에서 다음과 같이 말했다. "의심, 이것이 내가 보기에 20세기를 사는 인간의 핵심 조건이다." 이 의심의 세기를 사는 우리의 홍보대사 격인 성자가 있다면 바로 사도 도마일 것이다. 우리는 그에게 공감하며 애정어린 마음으로 그를 '의심 많은 도마'라 부른다. 그의 순례를 살펴보자.

1. **결석생 도마.** 부활절 저녁, 이유는 모르지만 도마는 제자들이 모인 곳에 함께하지 않았고, 그래서 부활하신 예수님을 만나는 복을 놓치게 되었다. 교회를 정기적으로 출석하지 않는 사람들에게 있을 법한 위험 요소다. 그러나 그다음 주일, 도마는 자기 자리로 돌아왔고, 첫 부활 주일에 놓쳤던 축복을 두 번째 주일에 받았다!

2. **회의주의자 도마.** 다른 제자들이 주님을 보았다고 말했을 때, 도마는 그 말을 믿었어야 했다. 실제로 예수님은 도마를 꾸짖으셨고, 보지 못하였지만 믿는 자들이 복되다고 선언하셨다. 우리가 무언가를 믿게 되는 데는 두 가지 방식이 있다. 첫 번째는 직접적인 경험을 통해서고, 두 번째는 믿을 만한 목격자들의 증언을 통해서다. 따라서 다른 제자들이 "우리가 주를 보았노라"(25절)라고 말했을 때, 도마는 그들을 믿었어야 했다. 그들이 정직하고 냉철한 증인임을 알고 있었기 때문이다. 오늘날 모든 사람이 부활하신 주님을 보고 만져 보았다고 주장한다 해도, 그 말을 믿는 사람은 아무도 없을 것이다. 오히려 수많은 사람들은 진실로 예수님을 보고 만졌다는 이들의 증언에 근거하여 믿음으로 나아온다. 그 믿음이 믿을 만한가는 증언하는 사람들의 신뢰성에 달려 있다.

3. **신자 도마.** 도마는 이제 믿었을 뿐 아니라 "나의 주님이시요 나의 하나님이시니이다"(28절)라고 고백하며 경배했다. 그리고 전승에 따르면, 그는 이후 파르티아(이란 북부에 있던 옛 나라–역주), 페르시아, 인도 등에서 선교사로 일했다고 한다. 인도의 그리스도인들은 그가 케랄라(인도 서남부의 주–역주)에 교회를 세우고 마드라스에서 순교했다고 전한다.

기독교 신앙은 부활하신 예수님을 목격한 사도들의 증언에 기초한다. 우리가 오늘날 예수 그리스도를 믿는 것은, 우리가 그분을 보았기 때문이 아니라 사도들이 보았기 때문이다. 따라서 사도들의 증언이 기록된 신약 성경은 결정적으로 중요하다. 그들은 당시 도마에게 말로 전했던 것을 우리에게 글로 전해 준다. "우리가 주를 보았노라"라고.

요한복음 20:24-29을 읽으라.

목요일

내 양을 먹이라

주께서 세 번째 네가 나를 사랑하느냐 하시므로 베드로가 근심하여 이르되 주님 모든 것을 아시오매 내가 주님을 사랑하는 줄을 주님께서 아시나이다. 예수께서 이르시되 내 양을 먹이라.
요한복음 21:17

배교자가 돌아오는 것은 가능할까? 그리스도를 부인했던 사람들에게 또 다른 기회가 주어질까? 이는 3세기와 4세기 초, 초대교회에 대대적인 박해가 가해지고 있을 때 수없이 제기된 질문이다. 신앙을 잃었던 자들에게는 어떤 조치를 취해야 할까? 교회는 극단적인 방임(누구에게도 징계를 하지 않는 것)과 극단적인 엄격함(뉘우치는 사람조차도 복권시키지 않는 것) 사이를 왔다 갔다 했다.

예수님이 자신을 부인한 베드로를 어떻게 대하셨는지를 보면, 회복과 재위임에 관한 객관적인 교훈을 얻을 수 있다. 먼저 예수님은 회복이 일어날 상황을 주의 깊게 선택하신 것 같다. 그분은 이미 예루살렘에서 베드로를 만나셨지만, 적절한 장소로 친숙한 갈릴리를 택하셨다. 일곱 명의 사도는 예수님의 약속에 의지하여 그들을 만나러 오실 예수님을 기다리며 물고기를 잡으러 갔다. 그때 전에 갈릴리 호수에서 있었던 사건과 유사한 일이 또 벌어졌다(아무런 수확도 없었던 고기잡이, 그러나 다른 데로 가서 그물을 던지라는 말씀에 따라 엄청난 양의 물고기를 잡았다). 요한은 호숫가에 서 계신 분이 예수님임을 쉽게 알아차릴 수 있었고, 베드로는 물속으로 뛰어들어 호숫가까지 헤엄쳐 갔다. 예수님이 처음 베드로에게 사명을 주셨던 장면이 의도적으로 재연되는 듯 보인다.

호숫가에서의 아침 식사가 끝나자 베드로가 두려워하던 면담 시간이 다가왔다. 베드로는 세 번 예수님을 부인했다. 그러니 예수님도 세 번 그에게 동일한 질문을 하신다. "네가 나를 사랑하느냐?" 그리고 예수님은 세 번 그에게 "내 양을 먹이라"라고 다시 사명을 주신다. 과거의 주석가들은 **사랑하다**라는 두 헬라어 동사에 많은 의미를 부여했다. 그러나 우리는 예수님이 어떤 아람어를 사용하셨는지, 또 두 헬라어 동사의 강조점이 어떻게 다른지 알 수 없다.

중요한 것은 예수님이 베드로에게 "네가 나를 사랑하느냐?"라고 물으셨다는 점이다. 또 베드로에게 과거에 대해서가 아니라 현재 어떠하냐고 물으셨고, 말이나 행동에 대해서가 아니라 베드로의 마음 상태에 대해 물으셨다. 그리스도에 대한 사랑은 우선순위를 요한다. 용서받은 죄인들은 많이 사랑할 수밖에 없기 때문이다. 사랑한다는 각각의 고백 다음에는 예수님의 재위임이 이어졌다. 분명한 것은, 베드로가 예수님을 부인했다는 사실이 비록 대단히 심각한 일이기는 했으나, 그의 자격까지 박탈하지는 않았다는 것이다. 예수님은 하나님의 은혜로 베드로를 회복시키기만 하신 것이 아니라, 하나님의 사역을 하도록 그를 재위임하셨다.

요한복음 21:1-17을 읽으라.

누가가 기록한 대위임령

금요일

이같이 그리스도가 고난을 받고 제삼일에 죽은 자 가운데서 살아날 것과 또 그의 이름으로 죄사함을 받게 하는 회개가 예루살렘에서 시작하여 모든 족속에게 전파될 것이 기록되었으니.
누가복음 24:46-47

오늘은 누가가 기록한 대위임령을 묵상할 것이다. 여기서 부활하신 주님은 복음을 다섯 가지 진리로 요약하시는데, 그 각각의 진리는 이중적이다. 첫째, **이중적 사건**이 있다. 즉, 메시아의 죽음과 부활이다(46절). 복음은 역사와 함께 시작한다. 복음은 우리의 체험이 되기 전에 먼저 하나의 사건으로 존재했다.

둘째, **이중적 선포**가 있다. 십자가에 달리시고 부활하신 그리스도의 이름에 근거하여 죄사함(복음이 제공하는 것)과 회개(복음이 요구하는 것)가 선포되었다. 그렇다. 복음은 값없이 주시는 선물이다. 하지만 값싼 것은 아니다. 악에서 돌아서지 않고는 그리스도에게로 돌아설 수 없다. 셋째, **이중적 범위**가 드러나 있다. 복음은 "예루살렘에서 시작하여 모든 족속에게 전파될 것"(47절)이다. 다시 말해, 이방인들에게 믿음의 문을 열어 주셨다고 해서 유대인에게 그 문을 닫아 버리신 것은 아니다. 우리는 '두 가지 경로'의 복음이라는 기괴한 교리를 단호히 거부해야 한다. 이 교리에 따르면, 유대인들은 이미 아브라함에게 주신 그들만의 언약이 있기 때문에 예수님을 믿을 필요가 없다고 한다. 그러나 모든 사람이 그리스도 앞으로 나아와야 한다!

넷째, 복음에 대한 **이중적 확증**이 있다. 한편으로는 메시아를 증거하는 구약 성경의 기록이 있고(44, 46절), 다른 한편으로 "너희[사도들]는 이 모든 일의 증인이라"(48절)라는 말씀이 있다. 이렇듯 예수님의 죽음과 부활은 구약과 신약 성경이 이중으로 증명하고 있다. 다섯째, **이중적 사명**이 있다. 대위임령에는 이중적 보내심이 포함되어 있다(49절). 즉, 그들에게 성령을 보내신다는 것과 그들을 세상으로 보내신다는 것이다. 이 두 사명은 함께 간다. 성령은 선교의 영이시기 때문이다.

부활하신 예수님은 이처럼 아름답게 균형을 이루는 포괄적인 복음을 전해 주셨다. 우리는 죽으시고 다시 사신 그분의 이름으로, 모든 인류에게(이방인과 유대인), 성경에 의지하여(구약과 신약), 우리에게 주신 성령의 능력으로, 회개와 죄사함을 선포하라는 명령을 받았다. 이 일에 동참하지 않겠는가.

누가복음 24:44-49을 읽으라.

토요일

부활에 대한 바울의 요약

> 내가 받은 것을 먼저 너희에게 전하였노니 이는 성경대로 그리스도께서 우리 죄를 위하여 죽으시고 장사 지낸 바 되셨다가 성경대로 사흘 만에 다시 살아나사…보이셨나니.
> 고린도전서 15:3-6

바울은 여기서 사도들이 선포했고 고린도 사람들이 받아들인 복음이 무엇이었는지 밝히고 있다. 이 복음으로 그들은 믿음의 자리에 서고 구원에 이르게 되었다. 이는 그리스도의 죽음과 부활이라는 진리를 이야기한다. (1) 이 진리야말로 **중심적** 진리다. 물론 다른 진리들도 중요하다. 예를 들어, 그리스도의 동정녀 탄생이라든지, 무죄하신 삶, 기사와 이적, 영광스러운 승천, 계속적인 다스리심, 재림도 중요한 진리들이다. 하지만 예수님의 죽음과 부활은 '가장 중요한' 진리다. (2) 이 진리는 **역사적** 진리다. 이는 신화가 아니라 검증 가능한 역사적 사건이다. '사흘 만에'라는 숨길 수 없는 어구가 나타내듯 달력에서 정확한 날짜를 짚어 낼 수도 있다.

(3) 이 진리는 **물리적** 진리다. 다시 말해, 그리스도는 죽으셨고, 그 죽으심이 물리적으로 사실임을 보이시기 위해 장사 지낸 바 되셨다. 그리고 다시 사셨고, 그 부활이 물리적으로 사실임을 보이시기 위해 제자들에게 나타나셨다. 바울은 예수님이 부활하신 몸을 보이신 세 사람과 세 그룹을 열거했다. 뿐만 아니라 네 가지 사건(죽음, 장사 지냄, 부활, 나타나심) 모두 동일하게 물리적이었다. 즉, 다시 사시고 제자들에게 보이신 예수님은 죽으시고 묻히신 바로 그 예수님이었다. 혹자는 바울 사도가 빈 무덤을 믿지 않았다고 말한다. 그러나 장사 지낸 바 된 예수님의 몸이 부활하여 제자들에게 나타나셨다면, 그 무덤은 비어 있는 것이 당연하다. 그러므로 **부활**은 죽음 이후의 삶과 동의어가 아니다. 부활하시고 변화된 예수님의 몸은 구속받은 물리적 우주의 첫 열매이고, 언젠가는 우리 모두 그와 같이 변화되리라는 약속이다.

(4) 이 진리는 **성경적** 진리다. 둘 다 구약의 선지자들과 신약의 사도들이 증언한 대로, "성경대로" 이루어졌기 때문이다. 부활하신 주님과의 만남은 사도가 되는 핵심 자격 요건이었다(9:1; 15:8). (5) 이 진리는 엄청난 의미가 있는 사건들에 관한 **신학적** 진리다. 우리는 죄로 인해 죽어야 마땅했지만 그분이 우리를 대신하여 죽으셨다. 그분의 사랑이 얼마나 위대한가! 그리스도의 죽음과 부활(중심적이고 역사적이며 물리적이고 성경적이며 신학적인 진리)이 복음을 구성한다. 이 기초가 사라진다면 그 위의 모든 상부구조는 무너질 것이다.

고린도전서 15:1-11을 읽으라.

제34주
부활의 의미

이제 우리가 해야 하는 질문은 부활이 실제로 일어났는지의 여부가 아니라, 그 일이 과연 의미가 있는지의 여부다. 실제로 그 일이 일어났다 해도, 거의 2천 년 전에 일어난 사건이기 때문이다. 그처럼 오래 전 과거의 일이 오늘날 우리에게 어떤 대단한 의미가 있을까? 도대체 왜 그리스도인들은 부활에 대해 그토록 많은 노래와 춤을 만들어 내는 것일까? 그것이 오늘날의 우리와 무관하지 않다는 말인가?

그렇다. 결코 무관하지 않다. 이번 주에 내가 이야기하고자 하는 바는, 부활이 우리 인류의 삶에 계속 울려 퍼지고 있다는 사실이다. 또 부활은 다른 종류의 어떤 사건도 할 수 없고 하지 못한 방식으로 우리의 필요에 대응하며, 과거와 현재와 미래에 대한 우리 그리스도인의 확신의 중심에 서 있다.

교회의 초창기에 유대 지도자들은 사도들이 "예수 안에 죽은 자의 부활이 있다고 백성을 가르치고 전함을 싫어"(행 4:2)했다. 이는 사도들이 마음을 바꾸어 더 이상 십자가가 아닌 부활에만 초점을 맞추었다는 의미가 아니다. 십자가는 여전히 복음의 중심이었지만, 그 십자가는 부활이 확증해 준 십자가였다.

일요일: 뒤집어진 판결
월요일: 죄사함의 확신
화요일: 능력의 상징
수요일: 죽음의 정복
목요일: 몸의 부활
금요일: 살아 있는 소망
토요일: 세계 선교

일요일

뒤집어진 판결

너희가 나무에 달아 죽인 예수를 우리 조상의 하나님이 살리시고…
그를 오른손으로 높이사 임금과 구주로 삼으셨느니라. 우리는 이 일에 증인이요.
사도행전 5:30-32

자신들의 주님이 십자가에서 처형되었을 때 제자들이 느낀 환멸이 얼마나 깊었을 지는 상상하기가 쉽지 않다. 그들은 예수님을, 오랫동안 염원해 온 메시아로 믿었다. 그러나 그분이 겟세마네 동산에서 체포된 후 상황은 점점 악화되기만 했고 제자들의 믿음도 차츰 약해졌다. 유대 지도자들은 자신들의 지식과 율법을 만족시키기 위해 예수님을 제거할 계획을 세웠다. 결국 예수님은 빌라도 앞에서 재판을 받게 되었고, 빌라도는 군중의 요구에 못 이겨 예수님을 십자가의 수치와 고통에 넘겨주고 만다.

이렇듯 차례차례 여러 법정에서 예수님에 대한 판결을 내렸다. 각각의 재판마다 예수님께 불리한 판결이 나왔고, 십자가에 못 박히는 마지막 순간까지 형 집행 취소 같은 것은 없었다. 그래서 결국 숨을 거둔 그분의 육신은 십자가에서 내려져 요셉의 무덤으로 옮겨져 장사되었다. 거대한 돌을 굴려 무덤 입구를 막아 버리면서, 마지막 한 가닥의 희망조차 사라졌다. 빌라도는 경비병을 세워 두면서, 무덤을 확실하게 지키라고 했다(마 27:65).

이것으로 끝이었다. 죽어 장사된 시신과 입구를 봉하여 경비병을 세운 무덤, 무덤가를 바라보며 계속 눈물 흘리는 여자들과 깨어진 꿈들. 엠마오로 가던 제자들은 이렇게 말했다. "우리는 이 사람이 이스라엘을 속량할 자라고 바랐노라"(눅 24:21).

죽음이 예수님을 인간의 손이 더 이상 닿을 수 없는 곳으로 데려갔다. 기적만이 지금의 상황을 해결할 수 있었다. 부활의 기적뿐이었다. 그런데 하나님이 바로 이 부활로 개입하셨다. 그 결과로 초기 사도들의 설교는 동일한 양상으로 전개되었다. 최초의 설교(행 2장)에서도, 두 번째 설교(행 3장)에서도, 세 번째 설교(행 5장)에서도, 고넬료 가족에게 했던 베드로의 설교(행 10장)에서도, 비시디아 안디옥에서 했던 바울의 설교에서도 같은 메시지가 전해졌다. "너희가 그를 죽였다. 하나님이 그를 다시 일으키셨다. 우리가 그 증인이다." 이 메시지는 부활에 대한 첫 번째이자 기본적인 의미를 표현하고 있다. 즉, 하나님은 예수님을 다시 살리심으로 인간들이 내린 판결을 결정적으로 뒤집으시고, 그분을 진정한 하나님의 아들이자 인류의 구원자로 입증하셨다.

사도행전 2:22-36을 읽으라.

죄사함의 확신

월요일

> 그리스도께서 다시 살아나신 일이 없으면
> 너희의 믿음도 헛되고 너희가 여전히 죄 가운데 있을 것이요.
> 고린도전서 15:17

부활의 두 번째 의미는, 하나님이 우리 죄를 사하셨음을 확인해 준다는 데 있다. 우리는 앞에서, 죄사함은 우리의 기본적인 필요이자 하나님이 복음을 통해 주시는 가장 좋은 선물임을 살펴보았다. 영국에 있는 제법 큰 규모의 정신병원 원장이 이런 말을 한 적이 있다. "만일 자신이 용서받았다는 확신만 가질 수 있다면, 내 환자 중 절반은 내일 당장이라도 퇴원시킬 수 있을 겁니다." 우리는 모두 마음속 어두운 벽장에 한두 개의 말 못할 비밀을 숨기고 있다. 이는 좀더 나은 상황에서 생각하면 너무나도 수치스러운, 과거의 생각과 말, 행동에 대한 기억을 말한다. 우리 양심은 계속 우리를 귀찮게 하고 정죄하며 고통스럽게 한다.

예수님은 공생애 기간 중 몇 차례 죄사함과 평강에 대한 말씀을 하신 적이 있다. 그리고 다락방에서는 그들에게 따라 준 포도주를 가리켜 "이것은 죄사함을 얻게 하려고 많은 사람을 위하여 흘리는…언약의 피니라"라고 하셨다(마 26:28). 이와 같이 예수님은 죄사함과 그분의 죽음을 연결시키셨다.

예수님이 그렇게 말씀하셨다. 그러나 그분이 옳으셨음을 어떻게 알 수 있을까? 그분이 죽으심을 통해 이루겠다고 하신 것을 이루셨는지 어떻게 알 수 있을까? 하나님은 우리를 대신한 그분의 죽음을, 우리 죄를 대속하기 위한 완전하고도 완벽하며 충분한 제사로 받으셨는지 어떻게 알 수 있을까? 그 답은, 만일 그분이 죽은 채로 남아 계셨더라면 결코 알 수 없었으리라는 것이다. 아니, 부활이 없었더라면 우리는 그분의 죽음이 실패였다고 결론내렸을 것이다. 사도 바울은 이 논리를 분명하게 알았다. 그는 부활이 없었다면 끔찍한 상황이 벌어졌을 것이라고 기록했다. 사도들은 거짓 증인이 되었을 것이고, 신자들은 죄사함을 받지 못했을 것이며, 그리스도인으로 죽은 이들은 그냥 소멸되었을 것이다. 그러나 바울은 사실은 그리스도께서 죽음에서 부활하셨고, 하나님이 그분을 다시 살리심으로, 우리 죄를 대신 짊어진 그분의 죽음을 승인하셨음을 확실히 해주셨다고 계속해서 말했다. 그분은 헛되이 죽지 않으셨고, 그분을 믿는 성도들은 완전하고도 값없는 용서를 받는다. 이처럼 부활은 십자가의 공로를 입증해 준다.

고린도전서 15:12-20을 읽으라.

화요일

능력의 상징

여러분이 알게 되기를 바랍니다…강한 힘으로 활동하시는 하나님의 능력…을
그리스도 안에서 발휘하셔서 그분을 죽은 사람들 가운데서 살리시고
에베소서 1:18-20(새번역)

예수 그리스도의 부활은 또한 하나님의 능력을 확증해 준다. 우리는 과거의 죄를 사함 받을 때뿐 아니라 현재에도 그분의 능력을 필요로 한다. 하나님은 정말로 사람의 본성을 바꾸실 수 있는가? 잔인했던 사람을 온유하게, 냉소적이던 사람을 따뜻하게 만드실 수 있는가? 그분은 정말 영혼에 무감각한 이들을 취하셔서 그리스도 안에서 살아 있는 영혼으로 만드실 수 있을까? 그렇다. 하나님은 정말로 그렇게 하실 수 있다! 그분은 영적으로 죽은 이들에게 새 생명을 불어넣으시고 우리를 그리스도의 형상으로 바꾸실 수 있다.

그러나 이러한 주장을 어떻게 입증할 수 있을까? 오직 부활 때문에 가능하다. 바울은 우리 마음의 눈이 밝아져 "믿는…우리에게 강한 힘으로 활동하시는 하나님의 능력"(19절, 새번역)을 알게 되기를 기도했다. 우리가 그것을 어떻게 알 수 있을까? 하나님은 내면에 임하는 성령의 조명하심에 더하여, 부활을 통해 외적이고 공개적이며 객관적인 증표를 허락하셨다. 오늘날 우리에게 임하는 능력은 "그리스도 안에서 발휘하셔서 그분을 죽은 사람들 가운데서 살리신" 바로 그 능력이다(20절, 새번역). 이처럼 부활은 하나님의 창조적인 능력을 증명하는 역사상 최고의 증표로 그려진다.

우리는 언제나 복음을 하찮게 여기려는 위험에 처해 있다. 또 하나님이 우리를 위해, 우리 안에서 하실 수 있는 일을 최소화하려는 위험에 빠져 있다. 우리는 그리스도인이 되는 것을, 그저 새사람이 되는 것이라 여긴다. 또는 그냥 두었으면 세속적이었을 삶을 위해 몇 가지를 약간만 조정하는 것이라 생각한다. 그러나 그렇지 않다. 신약 성경에 따르면, 그리스도인이 되고 그리스도인으로 산다는 것은, 죽음과 부활이 아닌 다른 어떤 언어로도 설명할 수 없는 아주 급진적인 사건이다. 자기중심주의로 가득 찬 옛사람이 죽고 사랑을 아는 새사람으로 부활하는 것이다. 요약하자면, 예수님을 육신적인 죽음에서 다시 살리신 하나님의 초자연적인 동일한 능력이 우리를 영적인 죽음에서 다시 살리실 수 있다. 우리는 그분이 **예수 그리스도**를 다시 살리셨기 때문에 **우리**를 다시 살리실 수 있음을 안다. 그러므로 이제 우리는 삶의 모든 측면에서 "그리스도를 알고, 그분의 부활의 능력을" 깨닫게 되기를 기도한다(빌 3:10).

에베소서 1:15-23을 읽으라.

죽음의 정복

수요일

> 그리스도 예수의 나타나심으로 말미암아…그는 사망을 폐하시고 복음으로써 생명과 썩지 아니할 것을 드러내신지라.
> 디모데후서 1:10

기독교의 주장 가운데 가장 놀라운 것이 바로 예수 그리스도께서 죽음에서 다시 사셨다는 것이다. 이는 우리 믿음을 한계 상황까지 몰아간다. 인간은 가능한 모든 방법을 동원하여 죽음에 저항하고 그것을 부인하려 한다. 그러나 오직 그리스도만이 죽음을 정복하셨다고, 즉, 그분이 직접 그것을 완파하셨으며 다른 이들에게 미치는 죽음의 권세를 무너뜨렸다고 주장하실 수 있다.

오늘날 최소한 서구에서는 희비극(tragic-comedy)의 대가 우디 앨런(Woody Allen)만큼, 이 시대에 만연한 불안, 특히 죽음에 대한 공포를 극적으로 표현해 낸 사람은 없을 것이다. 그는 죽음과 소멸을 극심한 두려움의 대상으로 여긴다. 그는 그 공포에 사로잡혀 있었다. 물론 그래도 죽음에 대해 우스갯소리를 만들어 낼 수는 있었다. 그가 남긴 유명한 말이 있다. "나는 죽는 것을 두려워하는 것이 아니다. 다만 그 일이 일어날 때 그 자리에 있고 싶지 않을 뿐이다." 그는 죽음을 "절대적인 충격"이라고 불렀다.

그러나 예수 그리스도는 이 같은 공포에서 제자들을 구해 내신다. 그분의 위대한 "나는…이다"라는 선언 중 하나를 생각해 보라. "나는 부활이요 생명이니 나를 믿는 자는 죽어도 살겠고 무릇 살아서 나를 믿는 자는 영원히 죽지 아니하리니"(요 11:25-26). 이 구절에는 예수님을 따르는 사람들에게 주어진 두 가지 약속이 들어 있다. 살아서 믿는 자는 결코 죽지 않을 것이다. 그리스도께서 그 사람의 생명이고 그 사람에게 죽음이란 시시한 일에 불과하기 때문이다. 반면 죽은 성도는 다시 살게 될 것이다. 그리스도께서 그 사람의 부활이시기 때문이다. 이와 같이 그리스도는 살아 있는 사람들의 생명이시며 죽은 사람들의 부활이시다. 그리스도는 삶과 죽음을 모두 변화시키신다.

18세기 복음주의 영국 성공회의 목사였던 헨리 벤(Henry Venn)은, 자신이 죽어 가고 있다는 소식을 듣고 몹시 기뻐해서 생명이 두 주나 연장되었다고 전해진다! 이처럼 죽음에 대한 두려움 없는 기쁨의 자세는 예수 그리스도가 죽음을 정복하고 부활하셨다는 믿음 안에서만 가능하다.

요한복음 11:17-44을 읽으라.

목요일

몸의 부활

> 주 예수 그리스도[는]…우리의 낮은 몸을
> 자기 영광의 몸의 형체와 같이 변하게 하시리라.
> 빌립보서 3:20-21

그리스도가 죽음을 정복하셨다는 사실은 부활의 성격에 대해서도 가르쳐 준다. 첫째, 주님의 부활은 시신이 소생한 것이 아니었다. 우리는 우리 몸이 현재와 동일한 물리적 요소로 기적같이 원상 복구가 된다고 믿지 않는다. 예수님은 공생애 동안 죽은 자를 다시 살리는 기적을 세 번 행하셨다. 나인 성 과부의 아들과 야이로의 딸과 나사로를 죽음에서 다시 일으키셨다. 그러나 우리는 C. S. 루이스가 나사로에 대해 표한 연민의 정을 이해한다. 그는 이렇게 썼다. "죽었다가 살아나는 것 그리고 죽어 가는 과정을 다시 겪는다는 것은 꽤나 어려운 일이었을 것이다." 그러나 예수님의 부활은 단순한 소생이 아니었다. 그분은 더 이상 썩어질 몸이 아닌 "세세토록 살아"(계 1:18) 있는 완전히 새로운 차원의 존재로 부활하셨다.

둘째, 우리 그리스도인들의 부활 소망은 단순한 영혼의 생존이 아니다. 예수님은 이렇게 말씀하셨다. "나인 줄 알라. 또 나를 만져 보라. 영은 살과 뼈가 없으되 너희 보는 바와 같이 나는 있느니라"(눅 24:39). 그러므로 다시 사신 주님은 시신이 소생한 것도 아니고 실체가 없는 유령도 아니었다. 그분은 죽음에서 일어나신 동시에 그분의 인격을 담은 새 몸으로 변화되셨다. 더욱이 부활할 우리 몸도, 이전의 몸과 놀라운 연속성과 불연속성을 함께 가진 그분의 몸과 같을 것이다. 한편으로, 그 두 몸에는 뚜렷한 연결성이 있었다. 손과 발, 옆구리에는 상처가 여전히 남아 있었고, 막달라 마리아는 그분의 목소리를 알아들었다. 그러나 그분의 몸은 수의와 돌로 굳게 막은 무덤, 안에서 걸어 잠근 문을 통과했다. 부활하신 그분의 몸에는 감히 상상할 수도 없는 새로운 능력이 있는 것이 분명했다.

사도 바울은 이렇듯 연속성과 불연속성을 함께 가지신 모습을 씨앗과 꽃의 관계로 설명했다. 씨앗의 종류에 따라 꽃도 달라지는 점에서 둘 사이의 연속성은 분명하다. 그러나 평범하고 못생기기까지 한 볼품없는 씨앗에서 향기롭고 화사하며 아름다운 꽃이 피어나는 것을 보면, 불연속성은 참으로 놀랍다. "죽은 자의 부활도 그와 같다"(고전 15:42). 요약하자면, 우리가 고대하는 것은 소생(다시 살기는 하지만 변화된 것은 아닌)도 아니고 생존(유령으로 변화되기는 하지만 육신적으로 다시 산 것은 아닌)도 아니다. 우리는 부활(다시 살 뿐 아니라 변화되며, 변모될 뿐 아니라 영광스럽게 되는)을 소망한다.

고린도전서 15:35-38을 읽으라.

살아 있는 소망

금요일

> 그[하나님]의 많으신 긍휼대로 예수 그리스도를 죽은 자 가운데서
> 부활하게 하심으로 말미암아 우리를 거듭나게 하사 산 소망이 있게 하시며.
> 베드로전서 1:3

그리스도인들은 우리의 개별적인 미래(몸의 부활)만이 아니라 우주의 미래(새 하늘과 새 땅)에 대해서도 소망을 갖고 있다. 이 약속은 지구 온난화라든지 환경 재앙의 위협이 고조되는 오늘날, 더 깊은 의미가 있다. 그러나 전반적으로 우리 그리스도인들은 천상의 천국만 너무 열심히 생각하고 이야기하지, 새 하늘과 새 땅에는 너무 무관심하다. 하지만 성경 전체는 좀더 광범위하고 물리적인 세상에 대한 기대로 가득하다. 성경은 천지창조로 시작하여 새 하늘과 새 땅의 창조로 끝난다. 그리고 이 둘 사이에서 그 관점은 알파와 오메가, 처음과 끝이 둘러싸고 있다.

이를 처음 공개적으로 선언한 내용이, 이사야 65장에 기록되어 있다. "보라 내가 새 하늘과 새 땅을 창조하나니"(17절). 그리고 예수님도 '팔린게네시아'(*palingenesia*)를 말씀하신 적이 있다. 이는 문자 그대로 하자면 '새로운 탄생'이라는 의미로, 성경에는 '세상이 새롭게 되다'(마 19:28, 개역개정), 혹은 '새 세상'(새번역)으로 번역되어 있다. 신약 성경의 나머지 부분에서는 세 명의 사도이자 주요 저자(바울, 베드로, 요한) 모두 동일한 주제를 암시하였다. 바울은 언젠가 모든 피조물이 고통과 썩어짐에 종노릇 한 데서 해방될 것이라고 썼다(롬 8:25). 베드로는 지금의 하늘과 땅은 의와 평강이 있는 새 하늘과 새 땅으로 바뀔 것이라고 예언했다(벧후 3:7-13).

요한은 하나님께로부터 하늘에서 내려오는 새 예루살렘과 함께, 그렇게 새 하늘과 새 땅으로 바뀐 모습을 보았다고 썼다(계 21:1-2). 그리고 그는 같은 장에서, 이 땅의 왕과 나라들이 그들의 영광을 새 예루살렘 성으로 가지고 들어올 것이라고 썼다. 그러나 "무엇이든지 속된 것[은]…결코 그리로 들어가지"(계 21:27) 못할 것이다. 우리는 이 구절을 해석할 때 조심해야 한다. 이는 인간의 문화가 모두 파괴된다는 것이 아니라, 악에 물든 문화를 모두 제거하고 나면 나머지는 새 예루살렘을 아름답게 하기 위해 남아 있으리라는 의미인 듯하다.

요약하자면, 몸의 부활과 마찬가지로 새 하늘과 새 땅이 되는 일도 옛 것이 완전히 파괴되지 않고 변화되리라는 것이다. 이것이 바로 예수 그리스도를 죽은 자 가운데서 부활하게 하심으로 우리가 갖게 된 산 소망이다(벧전 1:3).

로마서 8:18-25을 읽으라.

토요일

세계 선교

예수께서 나아와 말씀하여 이르시되 하늘과 땅의 모든 권세를 내게 주셨으니
그러므로 너희는 가서 모든 민족을 제자로 삼아.
마태복음 28:18-19

모든 민족을 제자로 삼으라는 대위임령은 부활로부터 나온 것이라는 점은 중요하게 관찰해야 될 내용이다. 예수님은 부활하신 후에야 온 세상에 대한 권세를 주장하실 수 있었고, 그 이후에야 제자들을 세상으로 보내실 수 있었다. 바로 부활이 이 일을 가능하게 했다.

이는 네덜란드 선교위원회의 위원장을 지낸 요하네스 블라우(Johannes Blauw)가 「교회의 선교적 본질」(The Missionary Nature of the Church)에서 주장한 논지이기도 하다. 그는 구약 시대 선지자들이 가졌던 말세에 대한 비전은 모든 민족이 예루살렘으로 모이는 것이었다는 점을 지적한다. 시온 산이 모든 산들 위로 높임을 받을 것이고 모든 민족이 강물처럼 그리로 흘러들 것이다.

그러나 신약 성경에서는 그 방향이 반대로 바뀌었다. 선지자들의 '구심적 선교 의식'은 이제 '원심적 선교 활동'으로 대체되었다. 다시 말해, 모든 민족이 교회로 흘러 들어오는 대신 이제 교회가 모든 민족을 향해 나아가는 것이다. 그렇다면 이러한 변화의 전환점은 무엇인가? 바로 부활이다. 온 세상에 대한 권세를 주장하실 수 있는 부활하신 주 그리스도께서 제자들에게 모든 민족을 향해 가라는 명령을 하심으로 그 권세를 행사하셨다. 블라우는 이렇게 결론을 맺는다. "선교는 주되신 그리스도의 파송 명령이다."

온 세상에 대한 예수님의 권세와 온 세상을 향한 교회의 사명은 성경 전체에 필연적으로 연결되어 있다. 예를 들어, 다니엘 7장에는 인자가 권세를 얻음으로 모든 민족이 그분을 경배할 것이라고 기록되어 있다. 또 빌립보서 2:9-11에는, 하나님이 예수님을 지극히 높여 모든 이름 가운데 가장 뛰어난 이름, 즉 최상의 계급을 주셨다고 기록되어 있다. 이로 인해 모든 사람이 그분에게 무릎 꿇고, 모든 입이 그분을 주로 고백하게 될 것이다. 온 천하 만물이 다시 사신 예수 그리스도께 경배하는 것이 하나님의 뜻이라면 우리도 그렇게 해야 할 것이다.

마태복음 28:16-20을 읽으라.

제3부
오순절에서 재림까지

사도행전, 서신서, 요한계시록
(성령 안에서 사는 삶)

〜 5월부터 8월까지 〜

제35주

오순절을 준비하며

지금까지 우리는 구약 성경을 살펴보며 이스라엘 백성의 삶을 따라가 보았고, 또 복음서를 들여다보며 그리스도의 삶을 따라가 보았다. 이제 성경의 세 번째 부분을 살펴볼 차례다. 앞으로 우리는 사도행전과 서신서, 요한계시록 등을 들여다보며 교회 생활을 되돌아볼 것이다.

신약에 사도행전이 포함되지 않았다면 성경은 훨씬 빈약했을 것이다. 예수님의 삶은 각기 다른 관점으로 쓰인 네 개의 기록으로 알 수 있지만, 초대교회의 역사는 이 사도행전으로만 알 수 있기 때문이다. 따라서 사도행전은 성경에 없어서는 안 될 중요한 자리를 차지하고 있다. 누가는 사도행전을 통해 예수님의 승천과 성령 강림, 그리고 스데반과 빌립의 사역을 전해 준다. 이어서 사울과 고넬료의 극적인 회심을 이야기하며 베드로의 사역을 자연스레 뒤로 물리고, 사도행전의 주인공이라 할 수 있는 바울의 사역을 중심에 내세운다.

그러나 사도행전은 이러한 사건들을 기술한 것 이상의 의미가 있다. 사도행전의 가치는 그 책이 우리에게 얼마나 많은 영감을 불러일으키는지를 생각하면 잘 알 수 있다. 사도행전을 "거대한 보물 창고"라고 한 칼뱅의 말은 결코 틀리지 않았다.

일요일: 누가가 남긴 두 권의 책
월요일: 성령을 보내신다는 약속
화요일: 예수님의 승천
수요일: 기다림과 기도
목요일: 가룟 유다를 대신할 새 사도
금요일: 오순절 사건
토요일: 삼위일체

일요일

누가가 남긴 두 권의 책

> 데오빌로여 내가 먼저 쓴 글에는 무릇 예수께서 행하시며 가르치시기를 시작하심부터 그가 택하신 사도들에게 성령으로 명하시고 승천하신 날까지의 일을 기록하였노라.
> 사도행전 1:1-2

여기서 누가가 "먼저 쓴 글"이라 부른 것은 누가복음을 가리킨다는 것이 보편적인 정설이다. 사실, 누가가 우리에게 남긴 것은 두 권의 책이라기보다는 한 책의 두 부분이다. 누가복음의 서두는 양쪽의 서론인 것이 분명하다. 이미 살펴보았다시피, 누가는 그 서론에서 실제로 일어난 특정 사건을 언급한다. 그것은 사도들이 목격했고, 다음 세대에 전달했으며, 누가 자신도 "그 모든 일을 근원부터 자세히 미루어 살핀" (눅 1:3), 그래서 차례대로 써 보는 것이 좋겠다고 결심한 사건이다. 그는 학식 있는 의사로서 정제된 헬라어를 구사했다. 그리고 몇 차례 바울의 전도 여행에 동행한 터라(그는 이따금씩 '우리는'이라는 표현을 조심스레 쓰면서 자신도 그 여행에 참여했음을 부각시킨다), 사도행전에 기록된 많은 사건을 목격한 사람 중 하나였다. 이전에 옥스퍼드 대학의 고대사 교수로 있었던 셔빈 화이트(A. N. Shervin-White)는 사도행전에 대해 다음과 같이 평했다. "사도행전의 역사적 사실성을 확증해 주는 자료들은 실로 엄청나다."[1]

하지만 이 지점에 주의 사항이 있다. 사도행전에 나오는 초대교회에는 흠이 전혀 없는 것처럼 그 교회를 이상화해서는 안 된다는 것이다. 앞으로 보겠지만, 초대교회에도 결점이 많았다.

그렇다면 앞으로 7주간 공부하게 될 이 책을 뭐라고 불러야 할까? 널리 알려진 이름은 4세기 사본에서 확인된 '행전'(The Book of Acts)이다. 하지만 이는 적절하지 않은 것 같다. 누구의 행적을 염두에 두었는지가 드러나지 않기 때문이다. '성령행전'(Acts of the Holy Spirit)이라고 하면 사역의 주체가 잘 드러나기는 하지만, 성령의 쓰임을 받은 인간이 묻히는 단점이 있다. 그래서 20세기 이후에는 전통적으로 '사도행전'[The Acts of (the) Apostles]이라 불렀다. 영어로는 관사를 붙이기도 하고 붙이지 않기도 하지만 분명한 것은 사도들이 주역이었다는 것이다. 하지만 어느 이름도, 예수님의 사역과 말씀을 기록했다는 이 책의 첫 구절을 충분히 담고 있지 못하다. 아마도 가장 정확한 제목은 (길고 복잡하겠지만) "성령의 역사로 사도들을 통해 지금도 계속되는 예수님의 가르침과 사역" 정도가 될 것이다.

누가복음 1:1-4을 읽으라.

성령을 보내신다는 약속

월요일

오직 성령이 너희에게 임하시면 너희가 권능을 받고…
땅 끝까지 이르러 내 증인이 되리라 하시니라.
사도행전 1:8

부활과 승천 사이 40일 동안 예수님은 두 가지 가르침에 중점을 두셨다. 첫째는 하나님 나라이고, 둘째는 예수님도 약속하셨고, 하나님 아버지도(구약에서), 또 세례 요한도 약속한 성령 하나님에 관한 가르침이었다. 또 예수님은 이 두 가지를 서로 연결시키시는 듯하다. 구약 선지자들이 그랬던 것처럼 그분 역시 메시아 왕국에서 누리는 커다란 축복 가운데 하나로 성령 충만을 꼽으셨다. 하지만 사도들은 예수님의 이러한 가르침을 이해하지 못하고 혼란스러워했던 것 같다. 그들이 예수님께 던진 질문을 보면 그것을 분명하게 알 수 있다. "주께서 이스라엘 나라를 회복하심이 이 때니이까"(6절). 이 질문은 오점투성이다.

먼저, 나라의 회복에 관한 질문을 하는 것으로 보아, 사도들은 여전히 로마제국에서 정치적으로 독립하는 것을 꿈꾸고 있음이 분명하다. 하지만 예수님은 그 대답으로, 성령으로 권능을 받고 증인이 될 것이라고 말씀하신다. 하나님 나라는 자기 백성의 삶 가운데 드러나는 하나님의 다스림을 말한다. 그 나라는 군인이 아니라 증인들을 통해 전파되고, 전쟁 선포가 아니라 평강의 복음을 통해 널리 확산된다.

둘째, 이스라엘의 회복을 궁금해하는 것으로 보아, 사도들은 여전히 편협한 국가주의적 열망에 사로잡혀 있는 것이 분명하다. 그들은 예수님이 이스라엘 민족에게 잃어버린 자주 독립권을 되찾아 주기를 희망했다. 주전 2세기 마카베오가 짧은 기간 해방의 기쁨에 도취하도록 해주었던 것처럼 말이다. 하지만 예수님은 대답을 통해 제자들의 시야를 넓혀 주신다. 제자들의 증언은 분명 예루살렘에서 시작되어 가까운 유대 땅으로 이어지겠지만, 결국 "땅 끝까지" 이르게 될 것이다.

셋째, "이 때에" 예수님이 이스라엘 나라를 회복하실지 묻는 것으로 볼 때, 사도들은 이미 그 대답을 알고 있는 듯 주제 넘는 태도를 보인다. 그러자 예수님은 먼저 그들에게, 때와 기한은 그들의 알 바가 아니고 아버지께서 자기의 권한 아래 두셨다고 말씀하신다. 그리고 나서 그들이 보게 되는 것은 성령의 권능으로 그들이 널리 땅 끝까지 증인이 되는 것이라고 말씀하신다. 오순절과 재림 사이의 기간은(길든 짧든) 교회가 전 세계적으로 선교 사명을 감당하는 기간이어야 마땅하다.

사도행전 1:1-8을 읽으라.

화요일

예수님의 승천

이 말씀을 마치시고 그들이 보는 데 올려져 가시니
구름이 그를 가리어 보이지 않게 하더라.
사도행전 1:9

예수님의 승천이 문자 그대로 역사적인 사건이었는지를 둘러싸고 회의주의가 팽배한 것이 사실이다. 비평가들의 주장에 따르면, 예수님의 승천은 하늘을 '저 위'로 여기던 과학 이전의 우주론에 따른 것이므로 그곳에 가기 위해서는 '올려져' 가시지 않을 수 없었다. 그러므로 우리는 승천을 비신화화하면 안 되는 걸까? 그렇게 하면 예수님이 아버지 하나님께로 가셨다는 진리는 유지하면서도, 전근대적 신화의 옷은 벗겨낼 수 있을 텐데 말이다.

하지만 승천을 역사적 사건으로 여기지 않으려는 시도는 거부해야 한다. 여기에는 두 가지 중요한 이유가 있다. 먼저, 지난 일요일 묵상에서 살펴보았듯이 누가의 기록은 상당 부분 목격자들의 증언에서 나왔다. 이 부분을 기술할 때도 마찬가지였다. 예수님은 제자들이 "보는 데" 올려져 가셨고 구름이 그를 가리어 "보이지" 않게 되었다. 제자들이 "자세히 하늘을 쳐다보고 있는데" 흰옷 입은 두 천사가 그들이 "본" 예수님의 승천에 대해 어떤 말을 했다(10절). 누가는 이 짧은 구절에서 예수님의 승천이 눈에 보이는 실제 사건으로 일어났고 목격자들이 그것을 증언할 수 있다고 다섯 번이나 강조한다.

둘째, 눈으로 볼 수 있는 승천이 일어난 이유는, 누구나 쉽게 받아들일 수 있도록 하기 위함이었다. 예수님이 다른 공간으로 여행을 가셔야 했기 때문이 아니다. 예수님을 인류 최초의 우주인으로 보는 것은 어리석은 일이다. 그런 이유에서가 아니다. 예수님은 육신을 입은 존재에서 천상의 존재로 변화되실 때, 다른 사건에서 그랬듯이 완벽하게 사라지는 방식을 취하실 수도 있었다. 비밀스럽고 눈에 띄지 않는 방식으로 아버지 하나님께 가실 수도 있었다. 하지만 예수님은 눈에 보이는 공개적인 승천을 택하셨다. 그것은, 예수님이 이번에 가시는 것이 아주 가시는 것임을 제자들에게 알려 주고 싶으셨기 때문이다. 부활과 승천 사이의 40일 동안 예수님은 나타났다 사라지고 다시 나타나기를 반복하셨다. 하지만 이러한 중간기는 이제 끝났다. 이번에 떠나시는 것이 마지막이었다. 이제 제자들은 예수님이 부활하신 몸으로 언제 다시 나타나실지 기다리지 않아도 되었다. 대신 그들은 다른 분을 기다려야 했다. 바로 성령님이시다.

제자들이 하늘을 자세히 쳐다본 것은 근본적으로 잘못된 행동이었다. 그들은 이미 땅 끝까지 가서 복음을 전파하라는 명령을 받았다. 하늘이 아니라 땅이 바로 그들이 속한 곳이었다. 그들의 사명은 하늘의 별을 바라보는 것이 아니라 증인이 되는 것이었다.

사도행전 1:9-12을 읽으라.

기다림과 기도

수요일

> 더불어 마음을 같이하여
> 오로지 기도에 힘쓰니라.
> 사도행전 1:14

예수님이 떠나신 후, 사도들은 "큰 기쁨으로 예루살렘에" 돌아갔다(눅 24:52). 그리고 열흘 동안 성령님이 오시기를 기다렸다. 누가는 오순절까지 그 기간 동안 제자들이 무엇을 하며 보냈는지를 이야기해 준다. "늘 성전에서 하나님을 찬송하니라"(눅 24:53). 또 사도행전에 따르면, 그들은 함께 다락방에 모여 "더불어 마음을 같이하여 오로지 기도에 힘썼다"(행 1:14). 성전에서의 끊임없는 찬송과 집에서의 끊임없는 기도, 참으로 바람직한 조합이다.

그렇다면 이처럼 찬송과 기도를 하기 위해 모인 이들은 어떤 사람들이었을까? 그 수는 120여 명이었다고 기록되어 있다. 여기에는 살아남은 열한 사도도 포함되어 있었는데, 그 목록은 누가가 복음서에서 기록한 목록과 약간의 차이만 있을 뿐이다. 또 "여자들"(행 1:14)도 언급하는데, 이들은 아마 막달라 마리아와 요안나, 수산나 등으로 예수님과 사도들을 재정적으로 지원하고 예수님의 무덤이 비어 있는 것을 발견한 이들이었을 것이다. 그다음으로 누가는 이 여자들과 별도로 특별한 경의를 표하며 "예수의 어머니 마리아"(14절)를 덧붙인다. 이는 누가복음 첫 두 장에 기록된 예수님의 탄생 기사에서 마리아가 한 특별한 역할을 염두에 둔 것인 듯하다. 그리고 마지막으로 "예수의 아우들"(14절)이 언급되는데, 이들은 아마 예수님이 부활하여 동생 야고보에게 나타나신 것처럼(고전 15:7) 그렇게 개인적으로 나타나신 이후에 믿음을 갖게 되었을 것이다.

이 모든 사람들(사도들, 여자들, 예수의 어머니와 아우들)은 120명에 이르는 나머지 사람들과 더불어 "마음을 같이하여 오로지 기도에 힘썼다." 그들의 기도는 마음을 합한 기도인 동시에 지속적인 기도였다. 그들이 이렇게 마음을 합하여 지속적으로 기도할 수 있었던 것은 분명 예수님의 명령과 약속 때문이었다. 예수님은 성령을 보내겠다고 약속하셨고, 그들에게 성령을 기다리라고 명령하셨다. 그리고 성령의 권능을 받은 후에는 증언을 시작하라고 하셨다. 이 대목에서 우리는 하나님의 약속이 있다고 해서 기도가 불필요한 것은 아님을 알게 된다. 오히려 우리 기도를 보증해 주고, 그분이 우리 기도를 듣고 응답하신다는 확신을 갖게 해주는 것은 오직 하나님의 약속이다.

사도행전 1:12-14을 읽으라.

목요일

가룟 유다를 대신할 새 사도

항상 우리와 함께 다니던 사람 중에 하나를 세워 우리와 더불어
예수께서 부활하심을 증언할 사람이 되게 하여야 하리라 하거늘.
사도행전 1:22

예수님의 승천과 오순절 사이에는 다른 한 가지 사건만이 더 기록되어 있다. 바로 가룟 유다를 대신할 새 사도를 선출한 일이었다. 베드로는 모인 신자들 가운데 서서 시편 69편과 109편을 인용하며 이 일에 대한 성경의 근거를 제시한다. 특히 시편 109:8이 인용되어 있다. "그의 직분을 타인이 취하게 하소서." 여기서 베드로가 "사도의 직무"(행 1:25)라 칭한 그 직무의 세 가지 자격 요건을 알아 두는 것이 도움이 될 것 같다.

첫째는, **예수님이 직접 지명하셔야 했다**. 맛디아는 열두 사도가 그랬던 것처럼(눅 6:13) 교회가 아닌 그리스도의 지명을 받았다. 다락방에 모인 120명은 두 명의 후보자를 추천했다. 그리고 오순절 이후에는 사용하지 않았지만 구약 성경이 인정한 방법인 제비뽑기를 했다. 그러나 그들은 근본적으로 기도를 통해 하나님의 뜻을 구했다. 예수님은 하늘로 올라가셨지만, 우리는 여전히 "사람의 마음을 아시는" 그분과 기도로 소통할 수 있기 때문이다. 그래서 120명의 신자는 "이 두 사람 중에 누가 주님께 택하신 바 되어…보이시옵소서"라고 기도한다(행 1:24-25).

둘째는, **예수님을 직접 보고 따랐던 사람이어야 했다**. 마가와 요한 모두 예수님이 왜 열두 사도를 택하셨는지를 명백하게 밝힌다. "자기와 함께 있게 하시기"(막 3:14) 위해서였고, 이를 통해 예수님에 대해 증언하게 하시기 위함이었다(요 15:27). 베드로 역시 다음과 같이 말했다. "요한의 세례로부터 우리 가운데서 올려져 가신 날까지 주 예수께서 우리 가운데 출입하실 때에 항상 우리와 함께 다니던 사람 중에 하나를 세워"(행 1:21-22). 셋째는, **예수님이 부활 이후에 나타나신 것을 본 사람이어야 했다**. 바울 사도가 사도로 인정받은 것도 이 때문이었다(고전 9:1; 15:8-9). 가룟 유다를 대신할 새 사도 역시, 다른 사도들처럼 부활의 증인이 되기 위해서는 다시 사신 주님을 보았어야 했다(행 1:22).

이제 오순절을 맞이할 준비가 되었다. 사도들은 그리스도의 대위임령을 받았고 그분의 승천을 목격했으며, 그분의 택하심을 입은 사도의 구성도 다시금 완전해졌다. 단 한 가지 일만 아직 이루어지지 않았다. 성령께서 아직 오시지 않으신 것이다. 가룟 유다로 인해 공석이 되었던 사도의 자리는 맛디아로 채워졌지만, 예수님의 빈자리는 아직 성령님으로 채워지지 않았다.

사도행전 1:15-26을 읽으라.

오순절 사건

> 하나님이 오른손으로 예수를 높이시매 그가 약속하신 성령을 아버지께 받아서
> 너희 보고 듣는 이것을 부어 주셨느니라.
> 사도행전 2:33

오순절은 다면적인 사건이었다. 첫째, 오순절 사건은 예수님의 재림 전까지 구원 사역의 최종 마침표라 할 수 있다. 이 점에서 오순절은 성탄절, 성금요일, 부활절, 승천일과 마찬가지로 반복될 수 없는 사건이었다. 둘째, 그 사건은 성령의 새 시대를 여는 시작점이었다. 셋째, 오순절은 사도들이 독특한 가르침의 사역을 감당할 수 있도록 준비시키는 사건이었다. 넷째, 그 사건은 하나님이 전능하신 능력으로 자기 백성들을 찾아오신, 첫 번째 부흥으로 이해할 수 있다.

누가의 이야기는 그날 벌어진 사건에 대해 간략하게 기술하는 것으로 시작된다. 하나님의 영이 기다리던 사도들에게 임하면서, 세 가지 초자연적인 표적이 일어났다. 급하고 강한 바람 같은 소리가 있었고, 불의 혀같이 갈라지는 것이 있었으며, 제자들은 각기 다른 방언으로 말하기 시작했다. 그들이 말한 이 방언(*glossolalia*)의 정체는 과연 무엇이었을까? 첫째, 그것은 소수의 학자들이 농담처럼 이야기하듯 어떤 황홀경으로 인한 것이 아니었다. 둘째, (다른 일각에서 주장하듯) 청력의 기적도 아니었다. 물론 "각각 자기의 방언으로 제자들의 말하는 것을 듣게"(6절) 되었던 것은 확실하다. 하지만 말을 하는 현상이 먼저 있었기 때문에 그 결과로 듣는 일이 있었던 것뿐이다. 셋째, 그것은 누가가 언어라고 착각한 어떤 잘 알아들을 수 없는 중얼거림이 아니었다. 넷째, 너무 당연한 말이기도 하지만, 누가에 따르면 그것은 (전혀 배운 적이 없었지만) 알아들을 수 있는 언어로 하나님의 기적을 선포하는 초자연적인 능력이었다.

누가는 그곳에 모인 무리들의 범세계적 성격을 강조하는 데 힘을 쏟는다. 그들은 모두 예루살렘에 머물고 있던 유대인이었지만, "천하 각국으로부터"(5절), 즉 지중해를 중심으로 한 그리스 로마 시대의 각지에서 온 이들이었다. 물론 여기서의 천하 각국은 문자 그대로를 의미하지는 않지만, 이들에게는 대표성이 있었다. 그래서 누가는 사도행전 2장에서 의도적으로 셈, 함, 야벳의 후손들을 명명하여, 창세기 10장에 나오는 "백성들의 족보"에 비견할 만한 목록을 제시한다. 초대 교부들 이래로 여러 주석가들은 오순절의 축복을, 바벨탑의 저주를 의도적이고 극적으로 회복한 것이라 생각한다. 바벨에서는 인간의 언어들이 혼잡해졌고 민족들이 흩어졌다. 그러나 예루살렘에서는 이제 모든 민족이 그리스도 안에서 함께 모이게 될 것이라는 표징으로, 언어의 장벽이 초자연적으로 극복되었다.

사도행전 2:1-13을 읽으라.

토요일

삼위일체

그러므로 너희는 가서 모든 민족을 제자로 삼아
아버지와 아들과 성령의 이름으로 세례를 베풀고
마태복음 28:19

오순절 이후 첫 번째 주일을 성삼위일체 주일로 기념하게 된 것은 9세기가 되고 나서의 일이다. 이는 크랜머가 1549년 공동 기도서에서 확고하게 밝혔듯이, 참으로 적절한 조치였다. 우리는 구약 성경(창조주 아버지 하나님의 이야기)과 성탄절에서 부활절까지(예수님의 생애)를 거쳐, 성령 강림에서 절정에 이르는 교회력을 따르기 때문이다. 여기에 성삼위일체를 역사 속에서 드러내 보이시는 모습이 담겨 있다.

나는 개인적으로 수년 동안 매일 아침 다음의 삼위일체 기도문을 암송하며 많은 유익을 얻었다. 이 기도문은 찬양으로 시작하여 기도로 마무리된다.

전능하시고 영원하신 하나님,
우주의 창조자 되시며 주관자 되신 당신을 경배합니다.
예수 그리스도, 나의 주님,
이 세상의 구원자이자 주인이신 당신을 경배합니다.
성령님,
하나님의 백성을 성화시켜 주시는 당신을 경배합니다.
태초부터 지금까지 그리고 영원토록
성부, 성자, 성령 하나님께 영광을 돌립니다.
아멘.
하늘에 계신 아버지, 오늘 하루
당신의 임재 가운데 거하고 당신을 더 기쁘시게 하며 살게 하소서.
주 예수 그리스도시여, 오늘 하루
제 십자가를 지고 당신을 따르게 하소서.
성령님, 오늘 하루 제 삶에
사랑과 희락과 화평과 오래 참음과 자비와 양선과 충성과 온유와 절제의
  열매가 맺히게 하소서.
거룩하시고 복되시며 영광스러운 삼위일체 하나님, 세 위격으로 거하시는 한 분이신 하나님,
저를 긍휼히 여겨 주소서.
아멘.

에베소서 2:18을 읽으라.

제36주
기독교 최초의 설교

누가는 사도행전에 총 열아홉 개의 중요한 설교를 기록했다. 이는 사도행전의 25퍼센트 정도를 차지하는 분량이다. 그렇게 기록된 설교가 실제 설교의 전체 내용이라고 생각하는 사람은 없을 것이다. 일단 그렇게 여기기에는 지나치게 짧다. 예를 들어, 누가가 기록한 베드로의 오순절 설교는 고작 3분 분량밖에 되지 않는다.

최근 자유주의 신학자들은 반대 극단으로 치닫는 주장을 하고 있다. 투키디데스(Thucydides) 같은 고대 역사가는 연설문을 창작하여 그것을 주요 인물들의 연설로 삽입했는데, 누가도 그런 관례를 따랐으리라는 것이다.

그러나 보수주의 학자들은 다음과 같은 논지로 이의를 제기한다. 그러한 주장은 투키디데스의 역사적 양심이나, 그 모든 일을 근원부터 자세히 미루어 살펴서 기록했다는 누가의 주장에 적합하지 않다는 것이다. 우리는 자유주의와 회의주의의 양극단을 모두 배제하고, 사도행전의 설교들은 실제 설교의 믿을 만한 요약이라고 보는 것이 좋겠다.

일요일: 베드로의 요엘서 인용
월요일: 예수님의 삶과 사역
화요일: 예수님의 죽음
수요일: 예수님의 부활
목요일: 예수님의 높아지심
금요일: 예수님의 구원하심
토요일: 오늘날을 위한 복음

일요일

베드로의 요엘서 인용

이는 곧 선지자 요엘을 통하여 말씀하신 것이니 일렀으되 하나님이 말씀하시길
말세에 내가 내 영을 모든 육체에 부어 주리니 너희의 자녀들은 예언할 것이요.
사도행전 2:16-17

누가가 사도행전 2:1-13에 묘사한 내용을 이제 베드로가 풀어 설명한다. 성령 충만한 성도들이 하나님의 큰 일을 방언으로 말하는 이 놀라운 현상은, 하나님이 만민에게 그분의 영을 부어 주시리라는 요엘 선지자의 예언이 성취된 것이었다.

베드로의 설명은 사해사본에서 페셰르(pesher)라 불리는 것, 즉 구약의 본문을 성취의 관점에서 해석하는 글과 유사하다. 그래서 베드로는 "이는…말씀하신 것이니"(16절)라는 말로 설교를 시작한다. 그는 요엘이 "그후에"(욜 2:28)라고 한 것을 "말세에"라고 의도적으로 바꾸는데, 이는 성령이 오시면 말세가 온 것임을 강조하기 위해서다. 또 베드로는 그 구절을 예수님에게 다시 적용한다. 그렇게 함으로써 구원을 가져다주시는 "주"는 여호와가 아니라, 그분의 이름을 부르는 모든 이를 죄와 심판에서 구하시는 예수님이 되신다(21절).

예수님이 말세 즉, 메시아 시대를 여셨고, 말세의 결정적인 증거가 성령 충만이라는 점은 신약 저자들의 공통된 확신이다. 성령이 오신다는 것이 바로 말세에 대한 구약 최고의 약속이기 때문이다. 그렇다면 이제 우리는 요엘의 예언을 여전히 성취되어야 할 것으로 여기며 그 예언을 재인용하는 우를 범해서는 안 된다. 베드로는 요엘서의 본문을 그렇게 이해하고 적용하지 않았다. 예수님의 초림과 재림 사이에 걸친 메시아 시대 전체는 성령의 시대로, 그분의 사역이 충만하게 이루어지는 시기다. '부어 주다'라는 동사는, 성령의 선물을 주시는 하나님의 자비하심(찔끔찔끔 내려 주시거나 빗줄기처럼 주시는 것이 아니라, 여름철 장맛비처럼 쏟아부어 주신다)과 그 행위의 최종성(쏟아부은 것은 다시 거둬들일 수 없다) 그리고 그 행위의 보편성(성별, 연령, 지위에 상관없이 다양한 인류 집단에게 폭넓게 배분된다)을 표현하기 위해 사용된 것 같다.

"너희의 자녀들은 예언할 것이요"라는 말은, 보편적인 선물(성령)은 보편적인 사역(예언)으로 이어진다는 의미다. 이는 분명 일부만이 얻는 예언의 은사를 지칭하는 것이 아니다. 그보다는, 우리 모두 성령에 의해 그리스도를 통해 하나님을 아는 지식을 누리게 된다는 점에서 하나님의 백성은 모두 예언자라는 의미다.

사도행전 2:14-21을 읽으라.

예수님의 삶과 사역

월요일

> 이스라엘 사람들아 이 말을 들으라…하나님께서 나사렛 예수로…
> 표적을 너희 가운데서 베푸사 너희 앞에서 그를 증언하셨느니라.
> 사도행전 2:22

어제 우리는 베드로가 요엘의 예언을 오순절 사건에 대입시킨 것을 보았다. 하지만 오순절을 이해하는 최선의 방법은 구약의 예언이 아니라 신약의 성취에, 요엘이 아니라 예수님께 집중하는 것이다.

베드로가 이스라엘 사람들에게 자신의 말에 귀 기울이라고 하며, 요엘서 인용에 뒤이어 한 첫 말은 바로 '나사렛 예수'였다. 모든 전도자가 그렇게 해야 한다. 우리에게 가장 중요하고 핵심적인 책무는 사람들에게 예수님을 알려 주는 것이다. 현명한 전도자는 복음을 전할 때 대화의 초점이 예수 그리스도의 인격과 사역에 가도록 계속 애를 쓴다. 후에 사도 바울이 로마서 서두에서 쓴 것처럼, 하나님의 복음은 하나님의 아들에 관한 것이다. 또 글로버(T. R. Glover)가 「역사 속의 예수」(*The Jesus of History*)에서 쓴 것처럼 "예수는 기독교 운동의 심장이자 혼으로, 여전히 사람들을 장악하고 여전히 사람들을 매혹시킨다."

베드로는 예수님의 이름을 언급하며, 여섯 단계로 이야기를 해 나간다. 첫 번째는 예수님의 삶과 사역에 대해서다. 우선 그분은 "하나님께서…증언하신"이였다. 이는 대단히 충격적인 표현이다. 베드로가 이 대목에서 예수의 신인성(神人性)을 이미 단언하고 있다고 볼 수는 없다. 그럼에도 베드로는 예수님이 인간인 동시에 신이라는 사실을 감지하고 있었다.

뿐만 아니라 베드로는 하나님이 예수님을 증언하셨다는 점을 강조하기 위해 하나님이 예수님을 통해 공개적으로 행하신 기적에 관한 신약의 세 가지 표현을 사용하고 있다. 바로, '큰 권능'과 '기사'와 '표적'이다. 첫 번째 단어 '큰 권능'(*dunameis*)은 기적의 본질을 가리키는 말로, 하나님의 권능(*dunamis*)이 발휘되고 있음을 나타낸다. 두 번째 단어 '기사'(*terata*)는 그 결과를 가리키는 말로, 기적을 목격하는 이들이 놀랄 수밖에 없음을 나타낸다. 세 번째 단어 표적(*sēmaia*)은 그 목적을 가리키는 말로, 기적은 메시아의 주장이 사실임을 나타내고 그 중요성을 보여 주기 위한 것이다.

사도행전 10:38-39을 읽으라.

> 화요일

예수님의 죽음

> 그가 하나님께서 정하신 뜻과 미리 아신 대로 내준 바 되었거늘
> 너희가…못 박아 죽였으나
> 사도행전 2:23

우리가 이번 주에 묵상하고 있는 이 최초의 설교를 보면, 베드로는 예수님의 삶에서 죽음으로 곧장 화제를 전환한다. 그 대비는 상당히 명확하다. 하나님이 큰 권능으로 증언한 '그'를 바로 그들이 죽였다. 하지만 이보다 더 주목할 만한 점은, 베드로가 예수님의 죽음의 책임을 누구에게 돌리고 있느냐 하는 것이다. 한편으로 예수님은 유다(복음서에서는 유다의 배신을 표현하기 위해 동일한 동사가 사용되기는 했지만)에 의해서가 아니라 "하나님께서 정하신 뜻과 미리 아신 대로" 그들에게 "내준 바" 되셨다. 그러나 다른 한편으로는 그들이 "법 없는 자들의 손을 빌려"(23절, 아마도 로마인들) 그분을 십자가에 못 박아 죽게 했다. 이렇게 베드로는 예수님이 십자가에 달려 죽으신 하나의 사건이 하나님의 뜻과 인간의 악함 둘 다에서 기인한 것이라고 귀결시켰다.

속죄 교리는 당시 아직 충분히 전개되지 않았다. 그러기에는 너무 이른 시기였다. 그럼에도 이미 중요한 지표들이 나타나기 시작했다. 이는 무엇보다도 부활하신 이후 예수님이 사도들에게 자신의 죽음에 관하여 가르침을 주셨기 때문이다. 첫째, 베드로는 예수님의 죽음으로 말미암아 인류를 구원하고자 하시는 하나님의 뜻이 어느 정도 이루어지고 있었다는 점을 이미 이해하고 있었다.

둘째, 베드로는 인간의 사악함과 하나님의 섭리가 양립 불가능하지 않다는 점 역시 이해하기 시작했다. 하나님은 인간의 악함을 통해서도 그분의 뜻을 이루신다.

셋째, 베드로는 그들이 예수님을 십자가에 "못 박아 죽였다"(23절)고 표현했다. 하지만 머지않아 그는 두 번째 설교에서, 예수님이 십자가에 못 박혀 죽었다고 표현하지 않고 나무에 달려(행 5:30) 죽었다고 표현할 것이다. 이는 예수님이 우리를 대신하여 죽으심으로써 율법을 어김으로 인한 저주를 짊어지셨음을 나타내는, 심히 신학적인 선언이다. 이후 바울 역시 다음과 같이 썼다. "그리스도께서 우리를 위하여 저주를 받은 바 되사 율법의 저주에서[즉, 율법을 어긴 자에게 율법이 선언하는 심판에서] 우리를 속량하셨으니"(갈 3:13). 이처럼 사도 베드로와 사도 바울은 십자가를 저주의 상징인 나무로 본 점에서 동일하다.

갈라디아서 3:10-14을 보라.

예수님의 부활

수요일

이 예수를 하나님이 살리신지라.
우리가 다 이 일에 증인이로다.
사도행전 2:32

베드로는 사람들이 예수님을 죽였다고 말한 다음, 이어서 하나님이 그를 죽음에서 일으키셨다고 말한다. 그는 예수님의 부활에 대해서도 세 가지를 선포한다.

첫째, 하나님이 그를 "사망의 고통"(24절)에서 풀어 주셨다. '고통'에 해당하는 헬라어는 '출산의 고통'을 의미한다. 따라서 부활은 죽음에서 생명으로의 새로운 탄생으로 그려졌다.

둘째, "그가 사망에 매여 있을 수 없었음이라"(24절). 베드로는 이 사실이 도덕적으로 불가능함을 아무 설명 없이 단언했다.

셋째, 베드로는 시편 16편을 메시아의 부활에 대한 예언으로 보았다. 시편 기자는 그 시편에서, 그가 음부나 썩음을 당하지 않고 생명의 길을 보이시게 될 것이라는 믿음을 표현했다. 하지만 이 예언은 다윗을 지칭하는 것일 수 없었다. 다윗은 죽어 장사되어 그 묘가 여전히 예루살렘에 있었기 때문이다. 다윗은 선지자였으므로, 또 하나님이 그 자손 중에서 한 사람을 보좌에 앉게 하리라고 약속하셨음을 알고 있으므로, 메시아의 부활을 말하게 되었다(행 2:30-31).

베드로의 성경 인용 방식은 우리에게 다소 이상해 보일 수 있다. 그러나 우리는 구약 전체가 그리스도, 특히 그분의 죽음과 부활, 세계 선교를 가리키고 있음을 기억해야 한다. 그것이 바로 구약의 본질이자 목적이다. 예수님도 부활 전에도 후에도 그렇게 말씀하셨다. 따라서 예수님의 제자들은 자연스럽게 구약을 그리스도와 관련지어 읽었고, 하나님의 기름부음을 받은 다윗의 후손에 대한 구약의 예언이 예수 그리스도 안에서 성취되었다고 이해했다.

베드로는 시편 16편을 인용하여 그것을 예수님의 부활에 적용한 다음, 다음과 같은 결론을 내렸다. "우리가 다 이 일에 증인이로다"(행 2:32). 이렇게 사도들이 입으로 선포한 증언과 선지자들이 글로 남긴 예언이 하나로 통합된다. 혹은 구약과 신약이 그리스도의 부활에 대한 증언에서 일치한다고 말할 수도 있겠다.

사도행전 2:24-32을 읽으라.

목요일

예수님의 높아지심

그런즉 이스라엘 온 집은 확실히 알지니
너희가 십자가에 못 박은 이 예수를 하나님이 주와 그리스도가 되게 하셨느니라.
사도행전 2:36

베드로는 이제 예수님이 죽은 자 가운데서 부활하셨다는 내용에서, 하나님이 오른손으로 그를 높이셨다는 내용으로 바로 넘어간다. 예수님은 최고의 영예와 실행 권세가 있는 그 자리에서 아버지께서 약속하셨던 성령을 받아 그 성령을 부어 주신다.

베드로는 다시 한 번 구약 성경을 적절하게 인용하여 자신의 주장을 마무리한다. 시편 16편을 메시아의 부활에 적용했던 것처럼, 이제 시편 110편을 메시아의 승천과 연관시킨다.

> 주께서 내 주에게 말씀하시기를
> 내가 네 원수로 네 발등상이 되게 하기까지
> 너는 내 우편에 앉아 있으라 하셨도다 (행 2:34-35).

다윗은 썩음에서 부활하지 못한 것처럼 하늘로 올라가지도 못했다. 하지만 그는 "내 주"를 여호와께서 그분의 우편에 앉도록 허락하신 존재로 표현한다. 예수님은 이미 성전 뜰에서 가르치실 때 이 구절을 자신에게 적용하셨다. 그분은 유대 지도자들에게 다윗이 어떻게 메시아를 "주"라고 부르면서 동시에 다윗의 후손이라고 할 수 있었느냐고 물으신다 (막 12:35-37). 얼마 후 사도 바울과 히브리서 저자 모두 시편 110편을 예수님께 적용한 것 또한 의미심장한 일이다 (고전 15:25; 히 1:13).

베드로의 결론은 이스라엘 온 집이, 그들이 조롱하고 십자가에 못 박은 그 예수가 하나님이 "주와 그리스도" (행 2:36) 되게 하신 그분임을 확실히 알아야 한다는 것이다. 물론, 예수님이 승천한 시점에서야 비로소 주와 그리스도가 되신 것은 아니었다. 공생애 기간 내내 예수님은 주이자 그리스도셨다 (또 스스로 그렇게 선포하기도 하셨다). 이미 그분의 본성과 권능이었던 것을 하나님이 그분을 높이심으로 드러나게 하신 것이다.

사도행전 2:33-36을 읽으라.

예수님의 구원하심

금요일

> 너희가 회개하여 각각 예수 그리스도의 이름으로 세례를 받고 죄사함을 받으라.
> 그리하면 성령의 선물로 받으리니.
> 사도행전 2:38

베드로의 청중은 마음에 찔림을 받아 이제 무엇을 해야 하는지 걱정스럽게 묻는다. 베드로는 그들에게 회개해야 한다고, 즉 예수님에 대한 생각을 완전히 바꾸어야 한다고 대답했다. 그리고 그분의 이름으로 세례를 받아야 한다고, 즉 세례(당시 유대인들은 이방인 개종자들에게만 해당한다고 여겼던)의 수모를 받아들이고, 이전에 거부했던 바로 그 사람의 이름으로 받는 세례를 받아들여야 한다고 대답했다. 이 세례가 그들의 회개와 믿음에 대한 명백하고 공식적인 상징이 될 것이다. 그래서 베드로는 이후에 이들을 신자라 불렀다.

그렇게 하고 나면 그들은 하나님의 두 가지 선물을 받게 된다. 즉, 죄사함(심지어 하나님의 그리스도를 거부했던 죄까지도)과 성령의 선물이다. 성령은 그들을 새롭게 하시고 그들 안에 거하셔서 그들을 변화시키실 것이다. 그러나 그들은 오순절 성령 강림이 사도들에게만, 혹은 열흘 동안 성령이 임하시기를 기다린 120인이나 어떤 엘리트 집단, 아니면 당대에만 주어지는 것이라고 생각해서는 안 되었다. 하나님은 선물을 주실 때 어떤 제한도 두지 않으셨다. 반대로, 성령의 약속 혹은 선물 혹은 세례(서로 바꿔 쓸 수 있는 단어들이다)는 당시 베드로의 설교를 듣고 있던 이들과 그들의 뒤를 이은 다음 세대, 또 먼 데 있는 사람들(흩어져 살던 유대인 혹은 이방 세계까지도), 사실상 주께서 부르시는 모든 이들에게 주어졌다.

이어서 베드로는 마지막으로 호소한다. "너희가 이 패역한 세대에서 구원을 받으라"(40절). 베드로는 사적이고 개인적인 회심만을 요청한 것이 아니라, 다른 신자들과 연대하여 메시아 공동체의 일원이 되라고도 요청했다.

이제 베드로의 호소에 대한 놀라운 반응이 기록되어 있다. 3천 명 정도가 그의 메시지를 받아들이고 세례를 받았다. 베드로가 약속한 대로, 그들은 죄사함을 받고 성령을 선물로 받았다. 그러나 이때에는 겉으로 드러나는 초자연적 표적이 동반되지는 않았다. 최소한 누가는 강한 바람이나 불, 방언과 같은 현상은 언급하지 않았다.

사도행전 2:37-41을 읽으라.

토요일

오늘날을 위한 복음

> 내가 받은 것을 먼저 너희에게 전하였노니 이는 성경대로 그리스도께서
> 우리 죄를 위하여 죽으시고…성경대로 사흘 만에 다시 살아나사.
> 고린도전서 15:3-4

나는 신앙생활에 도움이 되도록, 사도들의 메시지를 다음과 같이 표현해 보았다. 첫째, **복음의 사건**. 사도들이 예수님의 삶과 사역, 높아지심과 다시 오심 등 그분의 구원 사역 전체를 설명하기는 했지만, 그들은 역사적 사건인 동시에 중요한 구속 사건으로서 그분의 죽음과 부활에 집중하였다. 둘째, **복음의 증거**. 사도들은 예수님의 진정성을 확증하기 위해 두 가지 증거를 사용했다. 두 증인의 입으로 말하게 함으로써 진리를 확정하기 위함이었다(신 19:15). 첫째는 구약 성경이고, 둘째는 사도 자신들의 증언이었다. 베드로는 "우리가 증인이로다"라고 계속해서 말했다. 이처럼 그리스도 한 분이 두 가지 증거로 입증되었다. 우리는 공상에 이끌리거나 우리 경험에 초점을 맞추어 그리스도를 전하려 해서는 안 된다. 우리는 역사적인 예수를 목격하지 못했기 때문이다. 우리 책임은 구약과 신약에 기록된 진정한 그리스도를 이야기하는 것이다. 주된 증인은 선지자들과 사도들이다. 우리의 증언은 그들의 증언에 비해 늘 부차적이다.

셋째, **복음의 약속**. 복음은 예수님이 죽음과 부활로 행하신 일에 대한 좋은 소식일 뿐 아니라, 그 결과로 우리에게 주신 것에 대한 좋은 소식이다. 즉, 그분은 우리에게 죄 사함(과거를 씻어냄)과 성령의 선물(우리를 새사람으로 만드심)을 주셨다. 이 둘을 통해 구원 또는 자유를 얻는다. 또 이 둘은 세례를 통해 공식적으로 선언된다. 넷째, **복음의 조건**. 복음은 우리에게 죄에서 그리스도에게로 철저하게 돌아서라고 요구한다. 이는 내적으로는 회개와 믿음, 외적으로는 세례의 형태를 띤다. 이렇게 우리는 새로운 예수 공동체의 일원이 됨으로써 충성의 대상을 바꾸게 된다. 여기에 네 가지 메시지가 있다. 두 가지 사건(그리스도의 죽음과 부활)이 있고, 이는 두 집단의 증인(선지자들과 사도들)이 증언하며, 하나님의 두 가지 약속(죄사함과 성령)의 기초가 되고, 이에는 두 가지 조건(세례가 함께하는, 회개와 믿음)이 필요하다. 성경적 복음은 이처럼 총체적이다.

고린도전서 15:1-11을 읽으라.

제37주

예루살렘 교회

이 책의 독자들이 다양한 교회와 교파를 배경으로 하고 있을지라도, 적어도 두 가지 요소가 우리를 확실히 하나로 묶어 준다. 첫째, 우리 모두 교회에 속해 있다. 이는 최소한 나의 바람이기도 하다. 독자 중 어느 누구도 기괴한 변종, 즉 교회를 다니지 않는 그리스도인이 아니기를 바란다. 신약 성경에는 그런 괴물에 대한 기록이 전혀 없다! 우리는 그리스도에게 속했을 뿐만 아니라 그리스도의 몸에도 속해 있다. 실제로 둘 중 어느 하나만 선택할 수는 없다. 교회야말로 하나님의 목적의 중심에 있기 때문이다. 영원한 과거에 시작되어 역사 속에서 실행되고 영원한 미래에 완성될 하나님의 목적은, 단지 고립된 개인들을 구원하셔서 우리를 계속 외롭게 하시는 것이 아니라, 그분을 위한 백성을 부르셔서 그분의 교회를 세우시는 것이다. 실제로 그리스도께서 죽으신 것은 우리를 죄에서 구속하시기 위함일 뿐 아니라 우리를 깨끗하게 하사 선한 일을 열심히 하는 자기 백성이 되게 하기 위함이기도 하다(딛 2:14). 결국 우리가 교회에 헌신하는 이유는 하나님이 그러하시기 때문이다.

둘째, 우리는 모두 교회의 갱신에 관심이 있다. 세계 각지에서 교회가 빠르게 성장하고 있지만, 깊이 없는 성장인 경우가 많다. 껍데기뿐인 교회를 어디서나 찾을 수 있다. 우리는 교회 갱신에 대한 성경적 비전을 회복해야 한다.

일요일: 교회를 향한 하나님의 비전
월요일: 배움
화요일: 사귐
수요일: 나눔
목요일: 예배
금요일: 전도
토요일: 살아 있는 교회의 표지

일요일

교회를 향한 하나님의 비전

그들이 사도의 가르침을 받아 서로 교제하고 떡을 떼며
오로지 기도하기를 힘쓰니라.
사도행전 2:42

교회를 향한 하나님의 비전은 무엇인가? 누가가 그 답을 준다. 누가는 그동안 오순절에 무슨 일이 일어났는지 알려 주었고, 그리스도를 중심에 둔 베드로의 설교를 통해 그 사건의 의미를 설명해 주었다. 이제 그는 성령 충만했던 예루살렘 교회에 관한 짧고도 아름다운 이야기를 남김으로써 오순절 사건의 결과를 보여 준다. 물론 그 날 교회가 시작되지는 않았다. 오순절을 교회의 생일로 여기는 것은 옳지 않다. 하나님의 백성인 교회의 역사는 아브라함까지 최소 4천 년을 거슬러 올라간다. 오순절에 벌어진 일은, 하나님의 백성 중 남은 자들이 성령 충만한 그리스도의 몸이 된 사건이었다.

그렇다면 무엇이 살아 있는 교회의 구별되는 표지일까? 이 질문에 대답하기 위해서는, 시작점으로 돌아가 예루살렘에 세워진 첫 교회를 새로운 시각에서 바라보아야 한다. 그와 동시에 현실 감각을 유지해야 한다. 우리는 초대교회를 낭만화하려는 경향이 있다. 색안경을 끼고 바라보는 것이다. 마치 초대교회에는 아무런 흠도 없는 양 소곤거린다. 그러나 그렇게 되면 오늘날의 교회에도 골칫거리이듯 초대교회에도 골칫거리였던 온갖 투기, 위선, 부도덕, 이단을 간과하게 된다.

그럼에도 불구하고 한 가지는 분명하다. 초대교회는 그 모든 과도함과 부족함 속에서도, 철저하게 성령의 인도하심을 따라 움직였다.

따라서 우리는 다시 이런 질문으로 돌아가야 한다. 1세기의 초대교회는 어떤 모습이었는가? 성령의 임재와 능력이 주어졌다는 증거는 무엇인가? 이 질문에 대답할 수 있다면, 21세기의 살아 있는 교회의 표지가 무엇인지도 발견할 수 있을 것이다.

요한복음 17:6-26을 읽으라.

배움

> 그들이 사도의 가르침을 받아.
> 사도행전 2:42

누가는 예루살렘 교회의 네 가지 특징에 초점을 맞춘다. 첫 번째 특징은 아주 놀랍다. 아마 우리라면 택하지 않았을 특징이다. 바로, 살아 있는 교회는 배우는 교회라는 점이다. "그들이 사도의 가르침을 받아." 이것이 누가가 전해 주는 첫 번째 특징이다. 성령이 그날 예루살렘에 학교를 열었다고 할 수도 있겠다. 그 학교의 교사는 예수님이 지명하고 훈련시키신 사도들이었다. 그리고 유치원 과정에는 3천 명의 학생이 있었다. 참으로 놀라운 광경이다.

성령 충만함을 입은 새 회심자들은 신비로운 경험에 몰두한 나머지, 지성을 무시하고 신학을 경멸하며 아예 사고하기를 멈춘 것이 아니었다. 반대로 그들은 가르침을 받는 데 전념했다. 나는 반(反)지성주의와 성령 충만이 서로 양립할 수 없는 개념이라고 주저 없이 단언한다. 성령이 누구신가? 예수님은 그분을 "진리의 영"이라고 부르셨으니, 성령이 일하시는 곳이면 어디든 진리가 중요하다.

또한 초대교회의 신자들은, 자신들이 성령을 받았다는 이유로, 성령만이 유일한 선생이시니 인간 선생은 없어도 된다고 생각하지 않았다는 점도 기억해야 한다. 그들은 사도들의 발 앞에 앉아, 할 수 있는 한 열심히 배우려 했다. 그들은 예수님이 사도들을 선생으로 세우셨음을 알고 있었다. 그래서 사도들의 권위에 복종했다. 그리고 그 권위는 기사와 표적들로 입증되었다. 42절이 사도의 가르침을 말해 준다면, 43절은 그들이 많은 기사와 표적을 행했다고 말해 주기 때문이다. 이와 유사하게도 몇 해 후, 바울은 기적과 표적을 "사도의 표"라고 언급했다(고후 12:12).

그렇다면 우리는 어떻게 사도들의 가르침을 받고 그들의 권위에 복종할 수 있을까? 오늘날의 교회에는 사도가 없기 때문이다. 물론 성직자들과 선교사들과 다른 교회 지도자들이 있고, 그들의 사역이 사도들의 사역과 같다고 말할 수 있다. 하지만 오늘날의 교회에는 사도였던 베드로, 요한, 바울에 필적할 만한 권위를 가진 사도들은 없다. 그러니 사도들의 권위에 복종할 수 있는 유일한 방법은 신약에 기록된 그들의 가르침에 복종하는 것뿐이다. 그 가르침들은 거의 완벽한 형태로 우리에게 전해졌기 때문이다. 사도들의 가르침을 충실하게 배우는 것이 진정한 교회의 첫 번째 표지다.

디모데전서 4:1-13을 읽으라.

화요일

사귐

그가 빛 가운데 계신 것같이
우리도 빛 가운데 행하면 우리가 서로 사귐이 있고
요한일서 1:7

살아 있는 교회의 첫 번째 표지가 배움이라면, 두 번째 표지는 교제다. 오늘과 내일 이 주제를 묵상하게 될 것이다. "그들이 사도의 가르침을 받아 서로 교제하고"(행 2:42). 이는 잘 알려진 헬라어 '코이노니아'(*koinōnia*)로, 그리스도인들인 우리가 삶을 공유하는 모습을 나타낸다. 여기에는 두 가지 상호 보완되는 진리가 담겨 있다. 즉, 함께 **공유**하고 함께 **나누는** 것이다.

첫째, '코이노니아'는 우리가 함께 공유하는 것, 특히 하나님의 은혜를 공유하는 것을 나타낸다. 사도 요한은 "우리의 사귐은 아버지와 그의 아들 예수 그리스도와 더불어" 누리는 것이라고 썼고(요일 1:3), 여기에 사도 바울은 "성령의 교통하심"(고후 13:13)을 덧붙였다. 따라서 진정한 교제란 삼위일체적 교제로, 우리가 성부, 성자, 성령 하나님과 함께하는 것이다. 인종, 국적, 문화, 성별, 연령 등 다양한 요소가 우리를 갈라놓지만, 우리는 동일한 하늘 아버지, 동일한 구세주이자 주님, 동일하게 내주하시는 성령님과 함께 하나가 된다. 우리는 그분 자신과 그분의 은혜를 공유함으로 하나가 된다.

둘째, '코이노니아'는 우리가 함께 나누는 것을 나타낸다. 바울은 유대의 가난한 교회를 돕기 위해 헬라 교회들 사이에서 모은 기금을 가리킬 때 '코이노니아'라는 단어를 사용했다. 또 '코이노니아'의 형용사형인 '코이노니코스'(*koinōnikos*)는 '관대한'이라는 의미다.

누가는 바로 이 단어의 이러한 뜻에 초점을 맞추고 있다.

> 믿는 사람이 다 함께 있어 모든 물건을 서로 통용하고 또 재산과 소유를 팔아 각 사람의 필요를 따라 나눠 주며(행 2:44-45).

참으로 골치 아픈 구절들이다. 우리는 이 구절들이 주는 도전을 회피하려고 재빨리 넘어가 버리는 경향이 있다. 그러나 내일 이 구절들을 마주하게 될 것이다.

사도행전 4:32-35을 읽으라.

나눔

수요일

믿는 사람이 다 함께 있어
모든 물건을 서로 통용하고
사도행전 2:44

당시 예루살렘에서 동쪽으로 몇 킬로미터 떨어진 곳에는 쿰란 공동체의 에세네파 지도자들이 재산을 공동으로 소유하며 살고 있었고, 그 공동체에 합류하는 사람들은 자신이 소유한 모든 재물과 재산을 양도했다.

예수님은 어떤 이들을 철저한 자발적인 가난의 삶으로 부르시기도 한다. 부자 청년, 아시시의 성 프란체스코(San Francesco d'Assisi)와 그의 추종자들, 테레사 수녀와 그녀와 함께한 수녀들처럼, 인간의 삶은 물질적 풍요에 있지 않음을 증거하도록 그렇게 부르시는 이들이 있다. 하지만 모든 제자를 그렇게 부르시지는 않는다. 사유재산을 금하는 것은 기독교가 아닌 마르크스주의의 교리다. 더욱이 예루살렘 교회에서조차 재산을 팔아 나누는 일은 자발적으로 일어났다. 46절을 보면 "집에서 떡을 떼며"라고 되어 있기 때문이다. 집이라고? 나는 그들이 집과 가구를 다 팔았다고 생각했다! 하지만 그렇지 않았다. 사도행전 5장에 기록된 아나니아와 삽비라의 죄는 소유를 팔아 뒤로 얼마를 감춘 데 있는 것이 아니라, 얼마를 감추고도 전부를 내놓은 것처럼 했다는 데 있었다. 그들의 죄는 탐욕이 아니라 기만이었다. 사도 베드로는 아나니아에게 분명하게 물었다. "땅이 그대로 있을 때에는 네 땅이 아니며 판 후에도 네 마음대로 할 수가 없더냐?"(행 5:4) 다시 말해, 모든 그리스도인은 소유를 어떻게 사용할지 하나님 앞에서 양심적인 결단을 해야 한다.

하지만 이 구절이 주는 도전을 회피해서는 안 된다. 당시 초대 교인들은 서로를 사랑했다. 성령의 첫 번째 열매가 사랑이니, 놀랄 일도 아니다. 특별히 그들은 가난한 형제자매들을 보살피는 데 힘쓰며 가진 것을 그들과 나누었다. 이러한 자발적인 나눔의 원칙은 분명 영원토록 지속된다. 부유한 환경에서 살고 있는 우리는 씀씀이를 검소하게 해야 한다. 그렇게 해서 이 세상의 거시 경제 문제들을 해결할 수 있기 때문이 아니라 우리는 가난한 이들과 하나된 이들이기 때문이다.

이처럼 성령 충만한 교회는 너그럽게 베푸는 교회다. 너그러움은 늘 하나님의 백성의 특성이었다. 우리 하나님은 너그러운 하나님이시니, 그분의 백성 또한 너그러워야 한다.

사도행전 5:1-11을 읽으라.

목요일

예배

그들이…
떡을 떼며 오로지 기도하기를 힘쓰니라.
사도행전 2:42

지금까지 우리는 살아 있는 교회란 배우고 보살피는 교회임을 살펴보았다. 살아 있는 교회는 또한 예배하는 교회다. "떡을 떼며"는 성찬을 가리키는 말이 틀림없다. 그러나 여기에는 아마 사귐을 위한 식사도 포함되어 있었을 것이다. "기도"라는 말은 원문을 볼 때 기도 모임을 암시하는 '기도회'였을 가능성이 높다. 초대교회 예배에서 놀라운 점은 이 두 측면이 균형을 이루고 있었다는 것이다.

첫째, 그들의 예배는 의례적이기도 했고 비의례적이기도 했다. 그들은 성전에서도 예배를 드렸고 각자의 집에서도 예배를 드렸다(46절). 초대 교인들이 제도적인 교회를 즉각 폐기한 것이 아님을 주목하라. 물론 복음에 따라 교회를 개혁하기를 간절히 원했다는 점은 의심할 여지가 없다. 그들은 이제 그리스도의 희생으로 더 이상 속죄물이 필요하지 않음을 알았기 때문이다. 하지만 그들은 어느 정도는 의례적이었을 전통적인 기도회에도 꾸준히 참석했다. 그리고 여기에 다소 비의례적인 가정 예배와 그들만의 기독교 예배 혹은 성찬을 추가했다. 우리는 제도화된 것과 제도화되지 않은 것, 예식적인 것과 자발적인 것을 구분하는 우를 범해서는 안 된다. 초대교회에는 둘 다 있었고 우리도 그렇게 해야 한다. 어떤 규모든지 모든 교회는 규모에 상관없이 스스로 소그룹으로 쪼개져야 한다.

둘째, 초대교회의 예배는 기쁨과 경외감으로 가득했다. 그들의 기쁨은 이론의 여지가 없다. 46절에 쓰인 헬라어 '아갈리아시스'(*agalliasis*)는 기쁨이 폭발적으로 넘쳐흐르는 상태를 나타낸다. 기쁨은 성령의 열매이며, 때로는 교회 전통이 권장하는 이상으로 제한 없는 기쁨을 누리기도 하기 때문이다. 어떤 교회의 예배에 참석해 보면 실수로 장례식에 왔나 하는 생각이 들기도 한다. 모두가 검은 옷을 입고 아무도 미소 짓거나 말을 하지 않는다. 찬양도 거북이나 달팽이마냥 느리기만 하고 전반적인 분위기가 너무 침울하다. 하지만 기독교는 기쁨의 종교이고 모든 모임과 예배는 기쁨으로 가득 차 있어야 한다. 또한 그와 동시에 초대교회의 예배는 경외감이 없는 모습도 아니었다. 오늘날 어떤 교회의 예배가 장례식 같다면, 또 어떤 교회의 예배는 경박하다. 그러나 기쁨이 진정한 예배의 표지이듯, 경외감도 그렇다. "사람마다 두려워하는데"(43절). 살아 계신 하나님이 예루살렘 교회를 찾아오셨고, 그들은 우리가 예배라 부르는 경탄과 낮아짐으로 그분 앞에 엎드려 경배했다.

시편 95편을 읽으라.

전도

금요일

> 주께서 구원받는 사람을
> 날마다 더하게 하시니라.
> 사도행전 2:47

지금까지 우리는 초대교회의 배움과 사귐, 예배를 들여다보았다. 누가는 그들이 이 세 가지 활동에 힘썼다고 말한다. 하지만 이는 교회 안에서의 삶만을 이야기하지, 세상을 향해 뻗어나가는 선교는 포함하고 있지 않다.

이쯤에서 우리는 성경 본문을 그 전체 맥락에서 분리해서 설교하는 것이 얼마나 위험한지를 짚고 넘어가야 한다. 사도행전 2:42은 설교자들이 아주 좋아하는 구절이다. 수백만 명의 설교자들이 이 구절이 마치 교회에 관한 포괄적인 이야기를 하는 양 설교를 했다. 42절은 초대교회가 오로지 사도들의 발 앞에서 배우고 공동체 내의 사람들을 보살피며 하나님을 예배하는 데만 관심을 가졌다는 인상을 준다. 마치 유대인 거주 지역 안에서 살면서 자신들의 삶에만 골몰하여 외부의 외롭고 잃어버린 이들의 참상은 무시하고 있는 것처럼 말이다.

하지만 그렇지 않았다. 초대 교인들은 선교에도 힘썼다. 그러나 이는 47절에 와서야 알 수 있다. 47절은 42절의 불균형을 바로잡으며, 초대교회의 전도 사역에 관한 세 가지 교훈을 준다. 첫째, 주 예수께서 직접 그 일을 하셨다. "주께서…사람을 날마다 더하게 하시니라." 분명 주님은 사도들의 설교와 날마다 행했던 교인들의 복음 증거, 사랑을 중심으로 한 공동체 생활을 통해 그렇게 하셨을 것이다. 하지만 주체는 주님이셨다. 그분만이 눈먼 자의 눈을 뜨게 하시고, 듣지 못하는 자의 귀를 여시며, 죽은 자를 살리심으로 교회에 사람들을 더하신다.

둘째, 예수님은 두 가지 일을 함께 하셨다. "주께서 구원받는 사람을 날마다 더하게 하시니라." 예수님은 구원 없이 교인 수만 늘리지도 않으셨고, 교인 수를 늘리지 않고 구원만 하신 것도 아니었다. 구원과 교인이 되는 일은 여전히 함께 간다.

셋째, 예수님은 날마다 그 두 가지 일을 하셨다. 초대교회 교인들은 전도를 이따금씩 하는 활동으로 여기지 않았다. 매일매일 사람들이 교회에 더해졌다. 오늘날 우리도 이런 기대를 회복하는 것이 필요하다.

데살로니가전서 1:1-10을 읽으라.

토요일

살아 있는 교회의 표지

> 날마다 마음을 같이하여…기쁨과 순전한 마음으로 음식을 먹고
> 하나님을 찬미하며 또 온 백성에게 칭송을 받으니.
> 사도행전 2:46-47

누가가 꼽은 살아 있는 교회의 네 가지 표지를 돌이켜 보면, 그 표지들은 초대 교인들의 관계 맺음과 관련이 있음을 분명히 알 수 있다. 첫째, **그들은 사도들과 관계를 맺었다.** 그들은 사도들의 가르침을 받았다. 사도들의 발 앞에 앉았고 그들의 권위에 복종했다. 살아 있는 교회란 사도적인 교회로, 사도들의 가르침을 믿고 순종한다.

둘째, **그들은 서로 관계를 맺었다.** 그들은 서로 교제하는 데 힘썼고 서로 사랑했다. 살아 있는 교회는 서로 돌보는 교회다. 셋째, **그들은 하나님과 관계를 맺었다.** 떡을 떼고 기도하며, 의례적으로 혹은 비의례적으로, 기뻐하고 경외하며 하나님께 예배했다. 살아 있는 교회는 예배하는 교회다.

넷째, **그들은 세상과 관계를 맺었다.** 그들은 복음을 증거하고 선교하는 데로 나아갔다. 살아 있는 교회는 복음을 전하는 교회다.

몇 해 전, 나는 남미의 한 국가의 수도에서 더 이상 교회를 다니지 않는 일단의 그리스도인 학생들을 만난 적이 있다. 그들은 스스로를 '얽매이지 않는 그리스도인'이라고 불렀다. 그 도시에 있는 모든 교회에 가 보았는데 자신들이 찾는 것을 도무지 찾을 수 없었다는 것이다. 그것이 무엇이었을까? 놀랍게도, 그들은 누가의 기록을 알지 못했음에도, 누가의 네 가지 표지를 찾고 있었다. 그들이 찾고 있는 교회는 이런 교회였다.

1. 성경을 가르치는 교회
2. 서로 사랑하고 돌보는 교제가 있는 교회
3. 진실되고 겸손한 예배가 있는 교회
4. 바깥세상으로 나아가 긍휼어린 사역을 하는 교회

우리는 성령이 오시기를 기다릴 필요가 없다. 그분은 이미 오순절에 오셨고 결코 교회를 떠나지 않으셨다. 하지만 우리는 그분 앞에서 낮아지고, 성령 충만함과 그분의 인도하심과 능력을 구해야 한다. 그렇게 해야 적어도 우리의 교회들이 누가가 아름다운 이상으로 그린 모습, 즉 사도적 가르침과 사랑 넘치는 사귐과 살아 있는 예배와 지속적이고도 널리 퍼져나가는 전도 사역이 있는 교회와 비슷해질 것이다.

사도행전 2:37-47을 읽으라.

제38주

사탄의 방해

누가는 예루살렘에 세워진 초대교회 공동체의 모습을 아름답게 그려냈다. 그리스도의 명령을 받고 성령의 능력을 힘입은 교회는 이제 위대한 선교의 항해를 시작하려 한다. 그러나 바로 그 순간 끔찍한 폭풍이 불어닥쳐 교회를 삼킬 듯 위협한다.

혹은 다르게 말해서, 사도행전 1장과 2장의 주인공이 성령이라면, 3장에서 6장까지의 주인공은 사탄이라고 할 수 있다. 물론 그 이름은 단 한 번밖에 언급되지 않는다(5:3). 하지만 사탄의 사악한 행태는 그 부분 전체에서 포착된다.

사탄의 가장 초보적인 전술은 물리적인 폭력과 박해를 가하는 것이었다. 그는 힘으로 교회를 억누르려 했다. 그다음에는 도덕적 타락을 종용했다. 아나니아와 삽비라의 기만을 통해 교회에 침투하려 한 것이다. 세 번째이자 가장 간교한 전술은 공동체의 주의를 산만하게 하는 것이었다. 그는 사도들이 주된 직무인 설교와 기도에 집중하지 못하게 하려 했다. 사탄이 이 작전에 성공했다면 사도들은 설교를 그만두었을 것이고, 충분히 배우지 못한 교회는 온갖 거짓 가르침에 노출되었을 것이다. 이처럼 사탄의 세 가지 무기는 박해, 부패, 주의를 산만하게 하는 것이었다. 사탄은 오늘날에도 이 전술을 포기하지 않고 있다.

일요일: 앉은뱅이를 고치다
월요일: 베드로의 두 번째 설교
화요일: 박해의 시작
수요일: 계속되는 박해
목요일: 아나니아와 삽비라
금요일: 문제와 해결책
토요일: 중요한 원칙

일요일

앉은뱅이를 고치다

그[예수] 이름이…이 사람을…
너희 모든 사람 앞에서 이같이 완전히 낫게 하였느니라.
사도행전 3:16

성전 문 바깥에서 구걸하던 앉은뱅이를 고친 기적과 그에 이은 베드로의 두 번째 설교는 유대 권세자들의 반대를 촉발시켰다.

사도 베드로와 요한은 기도 시간이었던 오후 세 시에 성전으로 올라가고 있었다. 이는 다니엘 같은 경건한 유대인과 고넬료처럼 하나님을 두려워하는 사람은 모두 지키는 관례였다. 사도들이 성전에 도착한 바로 그 시각에, 날 때부터 걷지 못한 한 사람도 그곳에 도착했다. 아마 예배를 위해 성전에 올라오는 사람들에게 구걸할 수 있도록 친구나 친척들이 그를 옮겨 왔을 것이다. 누가에 따르면, 이 걸인이 앉았던 위치는 "미문이라는 성전 문"(2절)이었다. 주석가들은 대부분 이 문을, 성전 동쪽의 주된 출입구였던 니카노르(Nicanor) 문으로 추정한다. 요세푸스에 따르면, 고린도의 황동으로 제작된 이 문은 "은과 금으로만 덮인 문들보다 훨씬 뛰어났다"고 한다. 높이가 약 23미터에 이르고 거대한 이중문으로 되어 있었다.

하지만 그 거대한 구조물 밑에 앉은뱅이가 앉아 구걸하고 있었다. 누가가 의사였던 점을 감안하면 이 앉은뱅이의 병력에 대한 그의 언급은 지나치게 간결하다. 환자는 선천성 앉은뱅이로 걸어 본 적이 없다고 그는 말한다. 그 앉은뱅이는 당시 40세가 넘었지만 장애가 워낙 심해서 구걸을 하려면 매번 누군가 그를 옮겨 주어야 했다. 하지만 베드로가 그에게 나사렛 예수의 이름으로 일어나 걸으라고 명하자, 뼈가 바로잡히는 정형외과상의 기적이 일어났다. 한 번도 걷거나 뛰어 본 적 없는 그의 발과 발목이 힘을 얻었다. 아주 강하고 날렵해져서 그는 그 발로 뛰기도 하고 걷기도 했다. 그뿐 아니라 이제 베드로와 요한을 따라 성전에 들어가 걷기도 하고 뛰기도 하며 하나님을 찬송했다. 이는 "저는 자는 사슴같이 뛸 것이며"(사 35:6)라는 메시아 예언이 탁월하게 성취된 것이었다.

사람들이 순식간에 모여들었다. "그 걷는 것과 하나님을 찬송함"(행 3:9)을 보았기 때문이다. 그들은 그가 수십 년간 매일 같은 자리에서 앉아 구걸하던 바로 그 앉은뱅이라는 것을 알아보았다. 그래서 "그에게 일어난 일로 인하여 심히 놀랍게 여기며 놀랐다"(10절).

사도행전 3:1-10을 읽으라.

베드로의 두 번째 설교

월요일

베드로가…백성에게 말하되 아브라함과 이삭과 야곱의 하나님
곧 우리 조상의 하나님이 그의 종 예수를 영화롭게 하셨느니라.
사도행전 3:12-13

눈 앞에서 앉은뱅이가 일어나 걷는 것을 보고 놀란 백성들이 성전 행각에 모여들었고, 베드로는 설교할 수 있는 기회를 놓치지 않았다. 그는 오순절 사건을 첫 번째 설교의 본문으로 삼았던 것처럼, 앉은뱅이를 고친 기적을 두 번째 설교의 본문으로 삼았다. 두 사건 다 높임 받으신 예수 그리스도께서 강력하게 역사하신 것이었다. 둘 다 그분이 구원자이자 주님이심을 보여 주는 표적이었고, 둘 다 백성들을 놀라게 했다.

베드로는 모든 영광을 예수님께 돌리며 입을 열었다. 그리고 이어서, 유대인들은 (예수님을 죽임으로써) 예수님을 부인했지만 하나님은 (예수님을 다시 살리심으로써) 그분의 정당성을 입증하셨다고 거침없이 용기 있게 선포했다.

베드로의 설교의 가장 놀라운 특징은 그리스도를 중심에 세우고 있다는 점일 것이다. 그는 백성들의 관심이 고침 받은 앉은뱅이나 사도들에게 쏠리는 것을 막고, 부활하시고 높임 받으신 그리스도에게로 향하게 했다. 베드로는 예수님을 증거하며 그분에 대한 여러 의미심장한 호칭들을 끄집어냈다. 그것은 "나사렛 예수 그리스도"(6절)로 시작하여, "[하나님의] 종"(13절), "거룩하고 의로운 이"(14절), "생명의 주"(15절), "[모세 같은] 선지자"(22절)로 이어졌다. 그러고 나서 그는 백성들에게 회개하라고 촉구한다. 회개하는 자에게 주시는 복을 상속받도록 말이다. 이는 특히 그리스도께서 만물을 온전케 하러 오실 때까지 죄사함과 새롭게 함을 얻는 것을 말한다. 이러한 그리스도 중심의 약속은 구약에 이미 기록된 것으로 베드로는 그중 일부를 언급했다. 그가 수많은 다양한 구약의 예언을 하나의 통합된 증거로 여겼다는 점은 참으로 인상적이다.

예수님에 대한 이 총체적인 증언을 보라. 사람들이 거절했지만 하나님은 정당성을 입증하신 분, 구약의 모든 예언을 성취하신 분, 회개를 촉구하시고 축복을 약속하시는 분, 생명의 주이시자 생명을 주시는 분으로서 앉은뱅이에게는 신체적인 회복을, 그 이름을 믿는 자들에게는 영적인 회복을 허락해 주시는 분이 바로 예수님이시다. 그러나 이러한 증언은 권세자들의 분노와 적개심을 불러일으켰다. 사탄은 예수 그리스도가 높임 받는 것을 참을 수 없었다. 그래서 사도들을 박해하도록 산헤드린을 자극했다.

사도행전 3:11-26을 읽으라.

화요일

박해의 시작

사도들을 붙잡았으나…
다음날까지 가두어 두었다.
사도행전 4:3(새번역)

누가는 사도들에 대한 박해가 사두개인들에 의해 시작되었음을 분명히 밝힌다. 사두개인은 부유한 귀족으로 지배 계급이었고, 몇 가지 이유에서 사도들의 가르침에 격분하게 된다. 그들은 메시아를 기다리지 않았기 때문에 예수님에 대한 사도들의 증거에 격노했다. 또한 초자연적인 현상을 인정하지 않았기 때문에, "사도들이… 예수의 부활을 내세워 죽은 사람들의 부활을 선전하고 있는 것에 격분"(2절, 새번역)했다. 뿐만 아니라 그들은 로마 세력과 결탁하고 있었기 때문에 기독교 운동의 사회 전복적 영향력이 두려워 그 세력이 더 확산되기 전에 막아야겠다고 결심을 굳힌다. 이들은 사도들을 이단이자 선동가로 여겼다.

따라서 베드로와 요한은 체포되어 옥에 갇혔고, 다음 날 아침 산헤드린 공회 앞으로 끌려갔다. 거기에는 예수님에 대한 재판과 판결에 일익을 담당한 안나스와 가야바도 있었다. 역사는 반복되는 것일까? 공회는 피고들에게 직접 질문하는 것으로 취조를 시작했다. "너희가 무슨 권세와 누구의 이름으로 이 일을 행하였느냐?"(7절) 베드로는 그들이 죽이고 하나님이 살리신 나사렛 예수 그리스도의 이름이라고 지체 없이 대답했다. 그리고 치유의 기적에서 곧장 구원의 문제로 넘어가 예수 그리스도만이 유일한 구세주시라고 선포했다(12절).

공회는 차마 입에 올리기도 싫은 "이 이름"으로는 말하지도 말고 가르치지도 말라고 베드로와 요한에게 금령을 내렸다(17절). 하지만 사도들은 보고 들은 것을 말하지 않을 수 없다고 말했다. 공회는 그들을 다시 위협하고 놓아주었다.

사도들은 즉시 동료들에게로 가서 무슨 일이 일어났는지 모두 고하고 기도에 힘쓴다. 예수님을 담대히 증거했던 사도들은 이제 담대히 기도했다. 하지만 그 어떤 간청도 하기 전에 그들의 마음은 그 기도를 들으시는 하나님으로 가득 찼다. 그들은 하나님을 '데스포테스'(*Despotēs*), 즉 "대주재"라 부르며, 그분이 창조와 계시와 역사의 하나님이심을 기억한다. 이렇게 하나님에 대한 관점이 뚜렷해진 후에야, 그들은 그분 앞에서 자신을 낮추고 진정한 기도를 드릴 수 있었다. 그들은 자신들의 안위를 위해서가 아니라 "담대히"(29절) 복음을 전파할 수 있도록, 표적과 기사로 말씀을 확증해 주시기를 기도했다.

사도행전 4:23-31을 읽으라.

계속되는 박해

수요일

> 사도들은 예수의 이름 때문에 모욕을 당할 수 있는 자격을
> 얻게 된 것을 기뻐하면서 공의회에서 물러나왔다.
> 사도행전 5:41(새번역)

유대 권세자들은 사도들을 억압하려는 첫 번째 시도가 실패로 돌아간 데 분노하여 즉시 다음 조치를 취했다. 이번에는 사도들 거의 대부분을 체포하여 옥에 가두었다. 하지만 밤에 주의 사자가 그들을 구출하여 성전 뜰에서 복음을 선포하라고 말했고, 그들은 그 말에 순종했다. 그들이 자신들을 변호하며 관심을 가졌던 것은, 하나님이 다시 살리시고 높이신 그리스도를 높여 드리는 것이었다. 공회는 예수에 대한 사도들의 담대한 증거에 분노하여 그들을 죽이고자 했다.

하지만 이 순간, 모든 백성의 존경을 받는 바리새인 가말리엘이 교섭에 나섰다. 그는 이전에 일어났던 두 번의 반란(이에 대한 역사적 기록은 명확하지 않다)을 전례로 삼아, 사도들을 그냥 내버려두라고 공회에 조언했다. 그들의 활동이 사람에게서 난 것이면 결국 실패로 돌아갈 것이고, 반면 하나님에게서 난 것이면 막을 수 없고 오히려 공회가 하나님을 대적하는 꼴이 되기 때문이다. 하지만 가말리엘의 말을 불변의 원칙으로 여겨서는 안 된다. 최소한 단기적으로 때로는 악이 승리하고 때로는 선이 패배할 수도 있기 때문이다.

공회는 가말리엘의 조언을 받아들여 사도들을 매질한 다음 예수의 이름으로 말하는 것을 다시 한 번 금하고는 놓아주었다. 사도들의 반응에 우리는 경의를 표한다. 그들의 등은 무참히 찢어지고 피가 흐르고 있었을 것이지만 그들은 그 이름 때문에 모욕당할 자격을 얻게 된 것을 기뻐하면서 공회에서 물러나왔다. 누가는 이제 초대교회를 덮친 두 번의 박해 사건에 관한 이야기를 마무리한다. 첫 번째 박해에서 공회는 설교를 금하고 위협을 가했지만, 사도들은 계속 설교할 수 있도록 담대함을 달라고 기도했다. 두 번째 박해에서도 공회는 다시 설교를 금하고 사도들을 채찍질했지만, 그들은 그리스도를 위해 수치를 당하는 영광을 얻었음에 하나님을 찬양했다.

사탄은 교회를 힘으로 억누르려는 시도를 결코 멈추지 않는다. 오늘날에도 여전히 세계 곳곳에서 많은 교회가 박해를 받고 있다. 하지만 우리는 교회가 생존할 수 있을지 두려워할 필요가 없다. 테르툴리아누스는 「변증서」(*Apology*)에서 다음과 같이 썼다. "우리를 죽여라, 고문하라, 능욕하라, 먼지가 되도록 갈아 보아라.…당신들에게 더 많이 베임을 받을수록 우리의 수는 증가할 것이다. 그리스도인의 피는 씨앗이기 때문이다."

요한복음 12:20-26을 읽으라.

목요일

아나니아와 삽비라

땅이 그대로 있을 때에는 네 땅이 아니며
판 후에도 네 마음대로 할 수가 없더냐.
사도행전 5:4

아나니아와 삽비라의 기만과 죽음 이야기는 역사가 누가의 정직성을 보여 준다는 점에서도 중요하고(이런 추악한 사건도 빠뜨리지 않았다는 점에서), 초대교회의 내부 생활을 들여다볼 수 있게 해준다는 점에서도 중요하다(당시 교회도 아름답고 의롭기만 한 것은 아니라는 점에서). 몇몇 주석가들은 여리고 성이 무너진 후 재물과 옷가지를 훔쳤던 아간과 아나니아를 나란히 놓는다. 브루스(F. F. Bruce)의 주해를 한 번 살펴보자. "사도행전의 아나니아 이야기는 여호수아서의 아간 이야기라 할 수 있다. 두 이야기 모두에서, 기만이 하나님의 백성의 전진을 방해했다."

아나니아와 삽비라는 일종의 횡령을 모의했던 것으로 보인다. 하지만 누가는 이들의 위선에 좀더 집중한다. 그들은 소유를 판 돈의 일부만을 사도들 앞에 가져와 놓고 전부를 가져온 양 속였다. 아무런 불편 없이 후하다는 인정을 받고 싶었던 것이다. 그래서 그들은 뻔뻔한 거짓말을 했다. 베드로는 이들의 위선 뒤에 숨은 사탄의 간교함을 보았다. 그래서 아나니아에게 말했다. "어찌하여 사탄이 네 마음에 가득하여 네가 성령을 속이고…사람에게 거짓말한 것이 아니요 하나님께로다"(3-4절). 아나니아는 하나님의 심판을 받아 그 자리에서 죽고, 그로부터 약 세 시간 후 삽비라도 같은 일을 당했다.

이 비극적인 사건에서 최소한 두 가지 소중한 교훈을 얻을 수 있다. 첫째, 두 사람이 지은 죄의 중대성이다. 누가는 누가복음에서 예수님이 위선을 심하게 비난하셨다고 기록한다. 아나니아와 삽비라의 위선을 공개적으로 드러내어 벌하지 않았다면, 교회에서 마음을 터놓고 교제할 수 있다는 이상은 시작부터 망가졌을 것이다.

둘째, 교회 징계의 필요성이다. 교회는 이 영역에서 극단적인 엄격함(아주 사소한 것까지 교인들을 징계하는)과 극단적인 방임(아주 중대한 잘못에 대해서조차 전혀 징계하지 않는) 사이를 계속해서 오가는 경향이 있다. 일반적으로 올바른 원칙이란 비밀스런 죄는 비밀스럽게, 사적인 죄는 사적으로, 공적인 죄만 공석으로 조치하는 것이다.

사도행전 5:1-11을 읽으라.

문제와 해결책

금요일

> 우리가 이 일을 그들에게 맡기고
> 우리는 오로지 기도하는 일과 말씀 사역에 힘쓰리라.
> 사도행전 6:3-4

사탄의 다음 공격은 세 가지 전략 중 가장 간교한 것이었다. 그는 박해나 부패로도 교회를 무너뜨리지 못하자, 이제 주의를 산만하게 하려 했다. 만일 사도들이 행정 업무(꼭 필요한 일이기는 하지만 사도들의 소명은 아닌)에 몰두한다면, 하나님이 그들에게 주신 선포와 기도의 책무를 소홀히 할 것이고, 그로 인해 이제 막 시작한 어린 교회는 온갖 거짓 교리에 대한 적절한 보호막을 잃게 될 것이다.

안타깝게도 '헬레니스타이'(Hellenistai, 헬라파 유대인)와 '헤브라이오이'(Hebraioi, 히브리파 유대인) 사이에서 '고기스모스'(goggysmos, 투덜거림)가 터져 나왔다. 특히 '헬레니스타이' 그룹이 '헤브라이오이'에 대하여, 자신들의 과부가 매일 구호 음식을 받는 일에 소홀히 여김을 받는다고 불평했다. 사도들은 이 문제를 문화적인 갈등 이상으로 보았다. 행정 업무를 하느라 모든 시간을 빼앗겨 버려, 그리스도가 특별히 맡겨 주신 사역, 다시 말해 설교와 가르침, 기도에 쓸 시간이 없어져 버린 것이다.

그래서 열두 사도는 지혜롭게도 교회 모임을 소집하여 제자들과 함께 이 문제를 의논했다. 그들은 사도들이 식탁에서 시중을 드느라 말씀 사역을 소홀히 여기는 것은 옳지 않다고 말했다. 그것은 소명의 문제였다. 그래서 사도들은 교인들에게 성령과 지혜가 충만한 사람 일곱을 택하여 과부를 보살피는 사역을 맡기자고 제안했다. 그러고 나서 사도들은 다시 설교와 기도에 우선순위를 둘 수 있게 되었다. 구제 사역을 담당한 이 일곱 사람을 '디아코노이'(diakonoi)라 부르지는 않지만, 이들이 아마 집사의 기원일 것이다.

교회는 사도들이 세운 계획의 핵심을 파악하고 그것을 실행에 옮겨 일곱 명을 택했다. 스데반과 빌립을 비롯하여 모두 헬라 이름을 지닌, 성령 충만한 신자들이었다. 그들이 사도들 앞에 나오자, 사도들은 그들을 위해 기도하고 안수하며 이 사역을 담당하도록 권한을 부여했다. 그러자 문제는 즉시 해결되었다.

사도행전 6:1-6을 읽으라.

토요일

중요한 원칙

> 그가 어떤 사람은 사도로, 어떤 사람은 선지자로, 어떤 사람은 복음 전하는 자로,
> 어떤 사람은 목사와 교사로 삼으셨으니 이는 성도를
> 온전하게 하여 봉사의 일을 하게 하며 그리스도의 몸을 세우려 하심이라.
> 에베소서 4:11-12

일곱 집사를 임명하는 과정은 중요한 원칙 하나를 보여 준다. 하나님은 모든 백성을 사역으로 부르시지만, 각 사람을 각기 다른 사역으로 부르신다는 것이다. 말씀과 기도 사역으로 부르심을 입은 자들은 이 우선순위를 혼란스럽게 하는 그 어떤 방해도 용납해서는 안 된다. 열두 사도의 일과 일곱 명의 일 둘 다를, '사역' 혹은 '봉사'를 의미하는 '디아코니아'(diakonia)라 부르는 것은 분명 의도적이다. 물론 전자는 "말씀 사역"(행 6:4) 혹은 목회 사역을 의미하는 반면, 후자는 식탁 사역(2절, 문자 그대로 "접대") 혹은 구제 사역을 의미한다. 그러나 둘 다 기독교 사역이다. 둘 다 영적인 사람을 필요로 하고, 둘 다 전임 사역이다. 한 가지 다른 점이 있다면, 다른 은사와 다른 소명이 필요한 각 사역 형태다. 따라서 목사의 직분만을 '사역'(the ministry)으로 부르면 교회에 커다란 위해를 끼치는 셈이다. 영어에서 정관사를 사용한다는 것은 안수받은 목회 사역만이 유일한 사역이라 생각한다는 의미다. 하지만 '디아코니아'는 섬김을 총칭하는 단어다. 그러니 앞에 목회, 구제, 정치, 의료, 교육 등의 형용사를 덧붙여 명확하게 해야 한다. 우리는 하나님이 그분의 백성들을 다양한 사역으로 부르신다는 점을 잊지 말아야 한다.

특히 목회자와 교회의 구성원들은 교회의 건강과 성장을 위해 이 교훈을 가슴에 새겨야 한다. 당시 사도들은 자신들의 사역을 감당하느라 바빴다기보다는 잘못된 사역 때문에 바빴다. 오늘날의 많은 목회자들도 그렇다. 말씀 사역에 집중하기보다는 온갖 행정 업무에 휩싸여 있다. 이는 때로는 목회자의 잘못(모든 일을 자기 손으로 하고 싶어 하는)이고, 때로는 교인들의 잘못(목회자가 온갖 일을 손수 처리하기를 바라는)이다. 어떤 경우든, 결과는 가히 재앙이라 할 만하다. 설교와 가르침의 수준이 낮아지고 교인들은 하나님이 주신 역할을 감당할 기회를 잃는다. 사도들이 그렇게 일곱 명을 택하여 안수한 이후에, "하나님의 말씀이 점점 왕성하여…제자의 수가 더 심히 많아"졌다(7절). 당연한 일이다! 말씀이 왕성해지는 것과 교회 성장은 늘 함께 간다.

교회의 성장에 대한 누가의 기록인 사도행전 6:7; 9:31; 12:24; 16:5; 19:20; 28:30-31을 읽으라.

제39주

세계 선교의 기초

성령이 임하시고 사탄의 방해 공작[결국 좌절되어 누가는 이를 찬양했다(행 6:7)]이 지나간 후, 교회는 세계 선교를 감당할 준비를 거의 마무리했다. 지금까지 복음은 유대인들에게만 전해졌고 예루살렘 지역에만 머물러 있었다. 하지만 이제 성령은 그분의 백성을 더 큰 세상으로 보내려 하시고, 사도 바울(누가의 주인공)은 이러한 흐름을 주도할 하나님의 도구로 선택될 것이다. 그러나 먼저 누가는 다음 여섯 장에 걸쳐, 비범한 두 사람(순교자 스데반과 전도자 빌립)이 어떻게 세계 선교의 기초를 놓았는지를 설명하고, 이어서 두 사람의 놀라운 회심(바리새인 사울과 백부장 고넬료) 사건을 이야기한다. 이 네 사람은 고넬료의 회심에 쓰임받은 베드로와 함께 각자의 방식으로, 교회가 전 세계적으로 확장되는 데 결정적인 공헌을 하게 된다.

일요일: 스데반의 증언
월요일: 스데반의 순교
화요일: 사마리아에서 복음을 전한 빌립
수요일: 에티오피아 고위 관료와 빌립
목요일: 사울의 회심—원인
금요일: 사울의 회심—결과
토요일: 고넬료의 회심

일요일

스데반의 증언

어떤 자들이 일어나 스데반으로 더불어 논쟁할새 스데반이
지혜와 성령으로 말함을 그들이 능히 당하지 못하여.
사도행전 6:9-10

스데반은 구제 사역을 위해 세운 일곱 명 가운데 하나였다. 누가는 그가 성령과 지혜와 은혜와 믿음과 권능이 충만했다고 설명한다. 그러나 놀랍게도 일부 유대인들이 그를 반대하여, "모세와 하나님을 모독하는 말"(11절)을 했다는 이유로 기소했다. 그는 산헤드린 공회 앞으로 끌려나왔고, "이 거룩한 곳과 율법을 거슬러 말하기를 마지 아니하는도다"(13절)는 기소 내용이 공개되었다. 이는 물론 대단히 심각한 사안이었다. 성전과 율법이야말로 유대인들이 가장 귀하고 거룩하게 여기는 것이었기 때문이다.

일부 주석가들은, 스데반이 공회 앞에서 한 연설이 두서없고 답답하며 주제와의 연관성이 떨어지고 심지어 일관성도 없었다고 혹평한다. 하지만 그것은 피상적인 판단이다. 특별히 스데반은, 구약의 위대한 믿음의 선배들은 하나님이 사람의 손으로 만든 건축물 안에 갇힐 수 있다고는 상상조차 하지 않았다고 주장했다. 그는 자신의 주장을 증명하기 위해 서로 다른 시대를 살았던 네 명의 주요 인물을 골랐다. 첫째, 하나님은 우상숭배가 만연했던 메소포타미아 지방의 아브라함에게 나타나셨다. 둘째, 하나님은 애굽 감옥에 있던 요셉과 함께하셨다. 셋째, 하나님은 모세의 생애 세 번의 시기 내내 함께하셨다. 넷째, 다윗과 솔로몬은 성전을 건축했지만 지극히 높으신 이는 건물 안에 거하시지 않음을 잘 알고 있었다. 이처럼 스데반의 설교를 관통하는 하나의 끈은 여호와는 순례자 하나님이시라는 것이다. 하나님은 어느 한 지역에만 거하시는 분이 아니다. 언제나 이동하시고 그분의 백성을 새로운 모험으로 부르시며 그들이 어디를 가든지 함께하신다.

율법(스데반의 두 번째 주제)에 대해서는 공회에 모인 지도자들의 판세를 뒤엎는다. 하나님의 율법을 존중하지 않은 사람은 스데반이 아니라 그들이었다. 그들이야말로 이전에 선조들이 그랬던 것처럼 "목이 곧고 마음과 귀에 할례를 받지 못한 사람들"(행 7:51)이라는 것이다. 그들은 성령님을 받아들이지 않고 하나님의 메시아를 거절했다.

사도행전 6:8-15을 읽으라.

스데반의 순교

월요일

> 그들이 돌로 스데반을 치니 스데반이 부르짖어 이르되 주 예수여 내 영혼을 받으시옵소서 하고 무릎을 꿇고 크게 불러 이르되 주여 이 죄를 그들에게 돌리지 마옵소서 이 말을 하고 자니라.
> 사도행전 7:59-60

스데반의 죽음 이야기는 그리스도로 가득 차 있었다. 누가는 스데반의 설교에 이어 그가 남긴 세 문장의 말을 더 기록한다. 첫째, 그는 "보라…인자가 하나님 우편에 서신 것을 보노라"(56절)라고 말했다. 아마도 예수님은 첫 번째 순교자를 맞이하기 위해 서 계셨던 것 같다. 예수님을 높이는 스데반의 설교를 더 이상 듣고 싶지 않았던 공회는 그에게 달려들어 그를 성문 밖으로 끌어내어 돌로 치기 시작했다. 그때 스데반은 두 번째 말을 했다. "주 예수여 내 영혼을 받으시옵소서"(59절). 이 기도는 예수님이 죽기 직전에 하셨던, "아버지 내 영혼을 아버지 손에 부탁하나이다"(눅 23:46)라는 기도와 유사했다. 세 번째로 스데반은 무릎을 꿇고 "주여 이 죄를 그들에게 돌리지 마옵소서"라고 부르짖었다(행 7:60). 이 말은 예수님이 십자가에 달리셔서 처음 하신 말을 연상시킨다. 이 역시 누가가 기록했다.

사실 예수님의 죽음과 스데반의 죽음에는 몇 가지 공통점이 있다. 두 경우 모두, 거짓 증언이 나왔고 기소 내용은 신성모독이었다. 두 경우 모두, 자신을 죽이는 이들의 죄를 사해 달라는 기도와 자기 영혼을 받아 달라는 기도가 있었다. 누가는 스데반의 죽음에 관한 이야기를 "자니라"(60절)라는 말로 끝맺는다. F. F. 브루스가 쓴 대로, "너무나도 잔인한 죽음에 대한 놀랄 만큼 아름답고 평화로운 설명"이다.

많은 사람들이 스데반이 최초의 그리스도인 순교자라는 데 관심을 갖는다. 하지만 누가의 주된 관심은 다른 데 있었다. 바로 세계 선교가 진행될 때 스데반이 한 중대한 역할이다. 스데반은 이미 구약을 통해 하나님은 특정 건물이 아니라 자기 백성들과 함께하신다는 사실을 보여 주었다. 그리고 이제 예수님은 그분의 백성이 어디로 가든 그들과 동행하실 것이다. 이는 선교에 반드시 필요한 확신이었다. 하나님은 그분의 교회와 함께 계시며(교회를 결코 떠나지 않으리라고 약속하셨다), 그분의 말씀과 함께 계신다(말씀이 결코 없어지지 않으리라고 약속하셨다). 그러나 하나님의 교회는 건물이 아니라 사람이며, 하나님의 말씀은 전통이 아니라 성경을 의미한다. 이 같은 핵심 사항이 지켜지는 한, 필요하다면 건물과 전통도 함께 갈 수 있다. 건물이나 전통이 살아 계신 하나님을 가두거나 온 세상을 향한 선교를 저해해서는 안 된다.

사도행전 7:54-60을 읽으라.

화요일

사마리아에서 복음을 전한 빌립

빌립이 사마리아 성에 내려가
그리스도를 백성에게 전파하니.
사도행전 8:5

당시 유대인과 사마리아인들 사이의 적개심이 수천 년간 지속되고 있었다는 점을 감안하면, 빌립이 사마리아인들에게 복음을 전한 것은 엄청나게 담대한 행동이었다. 하지만 예수님은 제자들이 증인이 되어야 할 영역으로 사마리아도 포함시키셨다(1:8). 그래서 빌립은 사마리아 성에 내려가 그리스도를 전했고 많은 이들이 믿고 세례를 받았다. 하지만 사마리아가 하나님의 말씀을 받아들였다는 소식을 접한 예루살렘의 사도들은 두 명의 사도(베드로와 요한)를 보내어 조사하게 했다. 그곳에 도착한 베드로와 요한은 사마리아인들이 복음을 믿고 세례를 받았지만 성령은 받지 못했음을 발견했다(어떻게 발견했는지는 나와 있지 않다). 그래서 사도들은 그들을 위해 기도하고 안수했고, 그들은 성령을 받았다. 누가는 이러한 사마리아인들의 경험을 정상이라고 이해했을까, 비정상이라고 이해했을까? 이에 대해서는 견해가 엇갈린다. 어떤 그리스도인들은, 두 단계에 걸쳐 그리스도를 영접하게 된다고 생각한다. 세례를 받고 교회의 승인을 얻거나, 중생한 후 두 번째 체험으로 성령 세례를 받는다는 것이다.

하지만 어떤 그리스도인들은 회개와 믿음, 중생, 세례, 그리고 성령의 선물이 포함된 하나의 과정으로 그리스도를 영접하게 된다고 생각한다. 만일 이 주장이 옳다면 사마리아인들이 경험한 두 단계는 비정상이다. 사도들은 일반적으로 신자들이 믿을 때 성령을 선물로 받는다고 가르쳤기 때문이다(행 2:38; 롬 8:9). 또한 전도자들의 사역을 검증하기 위해 사도들을 파견했다는 것도 이례적이다.

그렇다면 왜 그들은 여기서 그런 일을 했을까? 그리고 어쨌든 사마리아인들은 왜 그들이 믿을 때 성령을 받지 못했을까? 사마리아인들이 뒤늦게 성령을 받은 이유에 대한 가장 자연스러운 설명은, 예루살렘이 아닌 다른 곳에서, 즉 사마리아에서 복음이 전파된 것은 그때가 처음이었기 때문이라는 것이다. 이후 전개되는 누가의 이야기를 들여다보면 이는 중대한 의미를 지닌다. 이는 대단히 중대한 시점이었다. 유대인과 사마리아인 사이의 오랜 불화가 교회 공동체에서도 계속될 것인가? 하나님은 그러한 재앙을 피하기 위해 사도들이 빌립의 사역을 승인할 때까지 그분의 영이 임하는 것을 의도적으로 늦추셨다고 말하는 것이 합리적이지 않을까? 사도들의 행동은 효과적이었다. 교회 내에서 사마리아인들이 분리되는 것을 피할 수 있었다.

사도행전 8:14-17을 읽으라.

에티오피아의 고위 관료와 빌립

> 빌립이 입을 열어 이 글에서 시작하여
> 예수를 가르쳐 복음을 전하니.
> 사도행전 8:35

이 이야기는 워낙 유명하니 여기서 일일이 언급할 필요는 없을 것이다. 빌립이 사마리아 성에서 복음을 전한 후, 이번에는 애굽으로 향하는 사막 남쪽 길로 가라는 새로운 명령을 받았음을 이야기하는 정도로 충분할 것이다. 하나님의 섭리에 따라 그는 유대인으로 보이는 에티오피아 고위 관료를 만났다. 그는 예루살렘에서 유대의 연례 절기 중 하나를 지내고 돌아오는 길이었고 수레에서 무릎에 이사야서 두루마리를 펴고 있었던 것으로 보아 유대인이 틀림없었다. 빌립은 이사야 53장에서 시작하여 예수님에 관한 복음을 전하고 그 관료의 요청에 따라 그에게 세례를 주었다.

누가는 빌립의 두 가지 전도 사역을 의도적으로 함께 이야기한다. 두 이야기의 공통점은 자명하다. 우리에게 교훈이 되는 것은 이 두 사례의 차이점이다. 특히 전도의 대상과 그에 따른 전도 방식에 주목해야 한다. 먼저 전도 대상자들을 살펴보자. 그들은 인종, 계급, 종교가 전혀 달랐다. 사마리아인들은 유대인과 이방인의 혼혈 민족으로 아시아계였던 반면, 에티오피아 관료는 태생적이든 개종했든 유대인이기는 했지만 아프리카 흑인으로 추정된다. 계급을 보면, 사마리아인들은 평범한 백성으로 보이는 반면, 에티오피아의 관료는 왕을 섬기는 성공한 관료였다. 또 종교를 보면, 사마리아인들은 모세는 두려워했지만 선지자들은 거부했던 반면, 에티오피아 관료는 유대교에 대한 믿음이 강했고 사마리아인들이 거부한 바로 그 선지자들의 글 중 하나를 읽고 있었다. 하지만 그들의 이 같은 인종, 사회 계급, 종교적 성향의 차이에도 불구하고 빌립은 예수님에 관한 동일한 복음을 전했다.

이제 빌립이 사용한 전도 방식을 살펴보자. 사마리아인들을 향한 그의 사역은 '대중 전도'의 초기 모델이었다. 많은 무리가 그가 전하는 메시지를 듣고 그가 행하는 표적을 보았으며 그에게 주목했고, 그 메시지를 믿고 세례를 받았다(6, 12절). 반면 에티오피아 관료와의 대화는 '개인 전도'에 대한 분명한 모델이었다. 여기서는 한 사람이 그와 함께한 다른 사람 옆에 앉아 개인적으로 인내심을 가지고 성경을 근거로 그와 예수에 대한 이야기를 나눈다. 한 전도자가 두 가지 방식, 즉 공적인 선포와 사적인 증언 둘 다를 사용할 수 있다는 사실은 주목할 만하다. 하지만 그는 방식은 달리했지만 메시지는 수정하지 않았다.

사도행전 8:26-40을 읽으라.

목요일

사울의 회심-원인

땅에 엎드러져 들으매 소리가 있어 이르시되
사울아 사울아 네가 어찌하여 나를 박해하느냐 하시거늘.
사도행전 9:4

사울의 회심은 오늘날 그리스도인들의 회심의 모델로 의도된 것일까? 답은 '그렇다'이다. 하지만 한편의 드라마 같은 외적 현상과 핵심적인 내적 경험을 구분할 수 있을 경우에만 그렇다. 반드시 신성한 빛에 눈이 멀 필요는 없다. 하지만 예수 그리스도를 인격적으로 만나고 그 앞에 엎드리는 경험은 꼭 필요하다.

이 이야기에서 두드러지는 점은 하나님의 주권적인 은혜다. (요즘 말로 하자면) 사울이 '그리스도를 선택한' 것이 아니었다. 그리스도가 사울을 택하셨고 그를 붙드셨다. 그에 대한 증거는 논란의 여지가 없다. 누가는 사울이 "여전히 위협과 살기가 등등했다"(1절)며 그를 성난 야생 짐승처럼 그리며 이야기를 시작한다. 그리스도께서 하신 말씀에 대해 생각해 볼 마음이 전혀 없는 모습이다. 사울의 마음은 편견의 독에 물들어 있었다. 하지만 며칠 내로 그는 회심하여 세례를 받고 그리스도인이 될 것이다! 그 전에 두 가지 요건이 있다.

첫째, 사울의 회심에 드러난 하나님의 은혜는 갑작스러운 것이 아니었다. 물론 "홀연히 하늘로부터 빛이 그를 둘러 비추었다"(3절). 하지만 그리스도께서 이때 그에게 처음으로 말씀하신 것은 아니었다. 이는 오히려 일련의 과정 가운데 절정에 해당했다. 예수님은 사울에게 "가시 돋친 채찍을 발길로 차면"(26:14, 새번역) 고생일 것이라고 말씀하셨다. 마치 사울은 고집 센 수송아지에, 예수님은 가시 돋친 채찍으로 그를 제압하려는 농부에 비유하시는 것 같다. 그렇다면 이 가시 돋친 채찍은 무엇인가? 사울의 양심, 예수님이 죽음에서 부활했다는 끊임없는 소문, 스데반의 증언 그리고 무엇보다도 그의 의구심 등이었을 것이다. 칼 융(Carl Jung)이 말한 대로, "광신은 마음속에 자리잡은 비밀스러운 의심을 감추려는 사람들에게 나타난다."

둘째, 사울의 회심에 드러난 하나님의 은혜는 강제적인 것이 아니었다. 그에게 나타나신 그리스도는 그를 로봇으로 만들거나 최면 상태에 빠뜨려 어떤 행동을 강요하신 것이 아니었다. 반대로 예수님은 사울에게 질문을 던지셨다. "네가 왜 나를 박해하느냐?"(22:7). 그러자 사울은 두 가지 질문으로 대응했다. "주님 누구시니이까?" "주님 무엇을 하리이까?"(8, 10절). 사울의 대응은 이성적이었고 분명한 의식 속에서 이루어졌으며 자유의지에 따른 것이었다. 이처럼 사울의 회심은 주권적인 은혜 때문이었지만, 그 은혜는 점진적이었고 부드러웠다. 하나님의 은혜는 사람의 인격을 짓밟지 않는다.

사도행전 9:1-9을 읽으라.

사울의 회심-결과

금요일

> 주께서 [아나니아에게] 이르시되 일어나 직가라 하는 거리로 가서 유다의 집에서 다소 사람 사울이라 하는 사람을 찾으라. 그가 기도하는 중이니라.
> 사도행전 9:11

회심 후 사울에게 일어난 변화 중 특히 관계에서 변화된 모습은 참으로 놀랍다. 첫째, 그의 기도에서 드러나듯이, 그는 하나님에게 새로운 경외감을 갖게 되었다. 물론 그는 바리새인이었으므로 이전에도 종종 기도를 했을 것이다. 혹은 최소한 공개적으로나 개인적으로 기도문을 외웠을 것이다. 하지만 이제는 그리스도를 통해 새로이 하나님께 나아갔고, 성령께서 그의 영혼에 그가 하나님의 자녀임을 증거해 주셨으므로 하나님을 아버지로 새로이 깨달았다. 루터파 주석가인 렌스키(R. G. H. Lenski)가 표현한 대로, "성난 사자가 순한 양으로 변했다."

둘째, 그는 교회와 새로운 관계를 맺었다. 아나니아는 사울을 찾아와 그에게 안수할 때, 사울을 "형제 사울"이라 불렀다. 나는 이 표현을 볼 때마다 감동을 받는다. 그 말은 사울의 귀에 음악처럼 들렸을 것이다. 뭐라고? 교회의 대적 사울을 형제로 받아들인다고? 그렇다! 사울은 일어나 세례를 받고 기독교 공동체에 소속되었다. 약 3년 후 예루살렘의 제자들은 처음에는 그의 회심을 의심의 눈으로 바라보았다. 그런 제자들에게 사울을 소개한 사람이 바나바였다. 다메섹의 아나니아와 예루살렘의 바나바를 예비하신 하나님께 감사드린다. 그들이 사울을 보호하지 못했다면, 교회 역사는 달라졌을 것이다.

셋째, 바울은 이제 세상을 향한 새로운 책임감을 가졌다. 예수님은 이미 다메섹 도상에서, 보고 들은 것을 증거하도록 그를 불렀노라고 말씀하셨다. 그리고 아나니아는 그가 이방인의 사도로 부름받았음을 확인해 주었다. 또한 그는 사울이 고난을 받을 것임을 미리 경고받았다. 실제로 사울은 다메섹에서 몰래 빠져나와야 했고 후에는 예루살렘에서 도망쳐야 했다. 이처럼 사울의 회심 이야기는, 그리스도인들을 잡아 오라는 대제사장의 공문을 가지고 다메섹을 향하는 것으로 시작하여 그 자신이 도망자가 되어 예루살렘을 떠나는 것으로 끝맺는다.

오늘날의 세상에도 뛰어난 지성과 완고한 성격, 심지어 그리스도에 대한 광적인 거부감까지 가진 수많은 사울이 있다. 우리는 그들이 회심하여 그들의 모든 관계가 변화되리라는 거룩한 소망을 품어야 한다. 하나님의 은혜가 더 크게 드러나기를!

사도행전 9:19-30을 읽으라.

토요일

고넬료의 회심

그러면 하나님께서 이방인에게도
생명 얻는 회개를 주셨도다.
사도행전 11:18

오늘날 우리는 당시 유대인과 이방인의 간극이 얼마나 깊었는지 상상하기가 쉽지 않다. 정통 유대인들은 이방인의 집에 발도 들여놓지 않았다. 식탁에 같이 앉지 않는 것은 두 말할 필요도 없다. 우리는 사도행전 8장에서 하나님이 어떻게 유대인과 사마리아인의 분열을 막으셨는지 살펴보았다. 이제는 유대인과 이방인의 분열을 어떻게 막으시는지 살펴볼 차례다.

그 이야기는 사도행전에 두 번 기록되어 있다. 첫 번째는 10장에 나오는 누가의 이야기이고, 두 번째는 11장 초반에 나오는 베드로의 이야기다. 여기서는 두 번째 이야기를 살펴볼 것이다. 사도행전 10장과 11장의 중심 주제는 고넬료의 회심이 아니라 (인종적인 편견으로부터) 베드로의 회심이라는 것이 제대로 말하는 것이다. 베드로는 어떤 일이 벌어졌는지를 예루살렘 교회에 이야기한다. 하나님은 베드로에게 네 번의 연이은 강펀치 같은 계시를 주심으로, 그 누구도 깨끗하지 않다고 말할 수 없음을 깨닫게 하셨다(10:28).

첫 번째 강펀치는 **하나님이 주신 환상**이었다. 그것은 깨끗한 짐승과 깨끗하지 않은 짐승, 파충류, 새 등이 보자기 같은 그릇에 담겨 하늘로부터 내려오는 환상이었다. 또 하나님의 음성이 들려 그것들을 잡아먹으라고 하셨다. 두 번째는 **하나님의 명령**이었다. 그것은 이방인이라 하더라도 주저하거나 차별하지 말고 고넬료가 보낸 세 사람과 함께 가라는 명령이었다. 세 번째는 **하나님의 예비하심**이었다. 하나님의 사자는 고넬료에게 베드로를 데려오라고 말했다. 이처럼 하나님은, 고넬료와 베드로 두 사람 안에서 역사하셔서, 각각에게 특별한 별개의 적절한 환상을 주심으로 두 사람이 만날 수 있도록 하셨다. 네 번째이자 마지막 펀치는 **하나님의 알하심**이었다. 베드로가 설교하고 있을 때에 성령께서 그 이방 청중에게 임하셨다. 이 사건은 종종, 예루살렘에서 있었던 유대인의 오순절에 이은, 이방인의 오순절로 설명되기도 한다.

이 네 번의 강펀치 같은 계시는 모두 베드로의 인종적 편견을 깨기 위해 정교하게 계획된 것이었다. 또한 하나님은 믿는 유대인들과 마찬가지로 이방인 신자들도 동일한 조건 아래 그분의 백성으로 받아들이신다는 사실을 분명히 보여 준다. 이에 따라 즉각 합당한 추론이 이어졌다. 하나님은 이방인과 유대인 모두에게 동일한 성령의 선물을 주셨으므로 교회는 모두를 동일하게 환영해야 한다. 하나님이 성령으로 세례를 주셨다면 교회가 물세례로 거부할 수는 없다. "하나님은 사람의 외모를 보지 아니하시고"(10:34).

사도행전 11:1-18을 읽으라.

제40주

바울의 전도 여행

"하나님께서 이방인에게도 생명 얻는 회개를 주셨도다"(행 11:18). 예루살렘 교회의 보수적인 유대 지도자들의 이 말로 초기 기독교에 새로운 시대가 열렸다. 하나님은 이방인 가정에도 성령을 부어 주심으로 이 문제를 둘러싼 논란을 직접 해결하셨다. 누가는 이처럼 이방인을 포용하는 모습을 사도행전 나머지 부분의 주요 주제로 삼는다. 그리고 13장부터는 바울의 놀라운 전도 여행이 시작된다. 하지만 누가는 그 전에, 두 개의 짧은 이야기를 통해 (베드로에 의한) 최초의 이방인 회심 사건에서 (바울에 의한) 체계적인 이방 전도로 어떻게 이행했는지 보여 준다. 첫 번째는 교회가 북쪽으로 확장된 이야기로, 그 배경은 안디옥이다. 두 번째(12:1-25)는 헤롯 아그립바가 교회를 핍박한 이야기로, 그 배경은 예루살렘이다. 이것이 베드로 사도에 대한 누가의 마지막 기록이다. 이때를 기점으로 교회의 리더십은 바울에게로 넘어가고, 예루살렘 역시 로마를 겨냥한 사역을 시작하면서 그 중요성이 희미해져 간다.

일요일: 확장과 박해
월요일: 바울의 1차 전도 여행
화요일: 예루살렘 공회
수요일: 마게도냐에서의 전도
목요일: 아덴에서 복음을 전한 바울
금요일: 고린도에서 복음을 전한 바울
토요일: 에베소에서 복음을 전한 바울

일요일

확장과 박해

> 그 중에…몇 사람이 안디옥에 이르러 헬라인에게도 말하여 주 예수를 전파하니.
> 사도행전 11:20

누가는 이제 몇몇 전도자가 해안을 따라 북쪽으로 베니게와 구브로, 안디옥에까지 이르렀다고 말한다. 그리고 여기에 "유대인에게만"(19절) 복음을 전했다고 덧붙인다. 하지만 일부는 안디옥에서 "헬라인에게도" 말했다고 한다. 그 헬라인들이 과연 이교도 헬라인이었는지, 헬라어를 쓰는 유대인이었는지, 아니면 이 둘 다였는지는 분명치 않다. 그러나 안디옥은 당시 거대한 세계적인 도시였기 때문에, 최초의 다국적 교회 설립과 세계 선교의 도약대로 아주 적합한 장소였다는 것만은 분명하다.

이러한 복음 전파 소식은 예루살렘 교회의 지도자들에게도 전달되었다. 그들은 예전에 사마리아의 상황을 살피기 위해 베드로와 요한을 보냈던 것처럼, 이번에는 바나바를 보내어 안디옥의 상황을 살피게 했다. 바나바는 달라진 사람들의 삶 속에서 하나님의 은혜의 증거를 발견하고 그들에게 주와 함께 머물러 있으라고 권했다. 또한 그는 다소에 가서 사울을 데리고 와서 수많은 회심자들을 가르치게 했다.

하지만 이 놀라운 교회 성장은 곧 도전에 직면했다. 확장 뒤에 박해가 잇따랐다. 헤롯 왕의 아들 헤롯 아그립바 1세는 야고보 사도를 참수하고 베드로 사도를 옥에 가두었다. 참으로 심각한 위기였다. 하지만 초대 교인들은 기도에 힘썼고 베드로는 기적적으로 탈출했다. 다음 날, 베드로가 재판을 받고 처형당했을 수도 있었던 그날 아침, 그는 온데간데없이 사라졌다. 헤롯의 계획은 수포로 돌아갔다.

누가는 계속해서 헤롯의 최후를 기록한다. 헤롯과 반목하고 있던 두로와 시돈 사람들이 그에게 나아와 화친을 청했다. 헤롯이 날을 택하여 무리를 앞에 두고 연설을 하자 무리는 이렇게 외쳤다. "이것은 신의 소리요 사람의 소리는 아니라"(12:22). 이처럼 그가 하나님께 합당한 영광을 돌리지 않자, 즉시 주의 사자가 와서 그를 치시니 그가 죽었다.

누가는 다음과 같은 요약문을 덧붙인다. "[그러나] 하나님의 말씀은 흥왕하여 더하더라"(24절). 역사가로서 누가의 솜씨가 분명하게 드러나는 대목이다. 그는 야고보의 죽음과 베드로의 투옥, 헤롯의 승승장구로 이 장을 시작하여, 헤롯의 죽음과 베드로의 탈출, 하나님의 말씀의 승리로 마무리했다. 하나님의 권능이 인간의 적대적인 계획을 뒤엎고 그 자리에서 그분의 계획을 이루셨다.

사도행전 12:1-5을 읽으라.

바울의 1차 전도 여행

월요일

성령이 이르시되 내가 불러 시키는 일을 위하여
바나바와 사울을 따로 세우라 하시니.
사도행전 13:2

안디옥 교회의 지도자들은 바나바와 사울을, 요한 마가와 함께 선교사로 파송했다. 누가는 이후 이들이 머문 각 지역에 대해 간단하게 기록한다. 구브로(바나바의 고향)에서는 총독이 복음을 믿었고, 버가에서는 요한 마가가 두 사람을 두고 집으로 돌아갔다. 비시디아 안디옥에서는, 갈라디아서를 통해 알 수 있듯이, 바울이 말라리아로 추정되는 기력을 쇠하게 하는 병에 걸려 결국 시력이 손상되기도 했다. 하지만 여기서 바울과 바나바는 이방인들에게로 다시 돌아가는 중대한 걸음을 내딛는다.

전도 여행은 이제 남동쪽으로 160킬로미터 떨어진 이고니온으로 이어진다. 이고니온에서는 많은 수의 유대인과 이방인이 믿음으로 나아왔다. 루스드라에서는 앉은뱅이를 고치니, 이에 놀란 미신적인 무리들이 바울과 바나바에게 제사를 지내려 했다. 하지만 바울은 그들에게 우상숭배를 버리고 만물을 지으신 살아 계신 하나님께로 돌아오라고 호소했다. 그러자 무리는 바울에게서 돌아서서 그를 돌로 치고, 그가 죽은 줄 알고 성 밖으로 끌어냈다. 한순간은 경배하려 하더니 바로 다음 순간 린치를 가한 것이다! 참으로 변덕스러운 군중이다! 하지만 바울은 되살아났고, 다음 날 아침 그 상한 몸을 일으켜 더베로 향하는 90킬로미터의 여정을 시작했다. 여기에서도 많은 무리가 믿었다. 바울과 바나바는 이제 지금까지 왔던 길을 되짚어 간다. 그들이 세운 교회를 다시 방문하여 막 신자가 된 제자들을 권면했다. 수리아 안디옥에 이르러서는, 교회를 한데 모아 "하나님이 함께 행하신 모든 일과 이방인들에게 믿음의 문을 여신 것을 고했다"(14:27).

바울의 전도 전략은 어떠했는가? 롤런드 앨런(Roland Allen)이 유명한 저서 「바울의 선교 vs 우리의 선교」(*Missionary Methods: St. Paul's or Ours?*, IVP 역간)에서 언급한 대로, "바울 사도가 첫 번째 방문 때 완벽하게 교회를 세웠다는 사실은 변경할 수도 감출 수도 없는 사실이다." 현지 교인들을 중심으로 한 그의 선교 전략은 어디에 근거를 둔 것이었을까? 세 가지가 있다. 첫째, 바울은 이제 막 회심한 신자들에게 "마음을 굳게 하여 이 믿음에 머물러 있으라"(22절)라고 권했다. 즉, 그가 '믿음'이라 일컬은 핵심 진리들이 있었고, 바울은 그들에게 그것을 가르쳤다. 둘째, 바울과 바나바는 "각 교회에 장로들을[복수] 택하였다"(23절). 셋째, 바울과 바나바는 그들을 주님께 의탁하고 그분이 자기 백성들을 살피실 것임을 굳게 믿었다. 이렇듯, 이 어린 교회들에는 말씀을 가르친 사도들이 있었고, 그들을 돌보는 목회자들이 있었으며, 인도하고 보호하시는 성령님이 계셨다. 이처럼 삼중의 공급하심으로 교회들은 안전하게 자라갈 수 있었다.

사도행전 14:21-28을 읽으라.

화요일

예루살렘 공회

바리새파 중에 믿는 어떤 사람들이 일어나 말하되 이방인에게 할례를 행하고
모세의 율법을 지키라 명하는 것이 마땅하다 하니라. 사도와 장로들이 이 일을 의논하러 모여.
사도행전 15:5-6

이전의 이방인 회심자들은 할례를 통해 이스라엘 속으로 흡수되었던 듯하다. 하지만 이제 뭔가 새로운 일이 벌어지고 있었다. 많은 이들이 그 새로운 변화로 인해 놀라고 혼란스러워했다. 회심자들이 할례를 받지 않고 세례만으로 교회 공동체로 들어오고 있었던 것이다. 우리는 여기서 무엇이 문제인지를 분명히 해야 한다. '유대주의자' 혹은 '할례당'이라 불리는 압력 집단이 안디옥에 와서 사도들로부터 권한을 받았다고 내세우며 할례 없이는 구원도 없다고 주장했다. 다시 말해, 예수님을 믿는 것만으로는 부족하니, 회심자들은 반드시 믿음에 할례를 더해야 한다는 것이었다. 이는 예수님이 시작하신 일을 모세로 완성하고자 하는 시도, 율법으로 복음을 보완하겠다는 시도다. 바울은 복음에 반하는 이 주장에 분개했다. 이방인 회심자들은 유대교의 한 분파인가, 아니면 다인종 공동체의 진정한 구성원인가? 논란이 거세지자 예루살렘에서 공회가 열렸고 주님의 동생 야고보가 의장이 되었다. 먼저, 사도 베드로가 자신의 사역을 통해 고넬료와 그의 가족이 회심하고 성령을 받았음을 이야기하며 이에 유대인과 아무런 차별도 없었음을 상기시켰다. 그다음 공회는 존경하는 마음으로 바울과 바나바의 전도 여행 이야기를 경청했다. 마지막으로 야고보는 선지자 아모스의 말을 인용했다. 선지자의 증언과 사도들의 경험이 함께 그에게 확신을 주었다. 결국 야고보는 하나님께로 돌아오는 이방인들을 괴롭게 하지 말아야 한다고 결론을 내렸다. 다만 그들에게 유대인들이 금기하는 네 가지를 절제함으로 유대인의 양심을 존중해 달라고 당부했다.

그 네 가지 행위가 윤리적인 것인가 문화적인 것인가에 대해서는 논란이 있다. 만일 윤리적인 것이라면, 서방 사본(Western text)이 그렇게 하듯, 우상숭배, 살인, 성적 부도덕은 포함되고 네 번째(목매어 죽인 짐승의 고기)는 배제된다. 하지만 이것들은 이미 중대한 죄들이므로, 굳이 다른 특별 규정을 둘 필요가 없었을 것이다. 따라서 이 경우 금지된 행위들은 문화적인 것이다. 즉 그 네 가지는, 우상에게 바친 고기를 먹는 것, 피를 마시는 것, 유대교 율법에 따르지 않은 음식을 먹는 것, 금지된 친족 범위 안에서 결혼하는 것(레 17, 18장을 보라)이다. 이 중 세 가지가 식사와 관련된 것으로, 이는 유대인과 이방인의 식탁 교제에 방해가 되었다. 그러므로 우리는 예루살렘 공회가 이중의 승리를 거두었다고 평가할 수 있다. 즉 은혜의 복음을 확증함으로 진리의 승리를 이루었고, 유대인의 양심을 세심하게 배려하여 성도의 교제를 깨뜨리지 않음으로 사랑의 승리를 이루었다.

사도행전 15:19-29을 읽으라.

마게도냐에서의 전도

수요일

밤에 환상이 바울에게 보이니 마게도냐 사람 하나가 서서
그에게 청하여 이르되 마게도냐로 건너와서 우리를 도우라 하거늘.
사도행전 16:9

바울의 2차 전도 여행에서 가장 눈에 띄는 특징은 복음의 좋은 씨앗이 최초로 유럽 대륙에 심겼다는 것이다. 누가는 바울이 밤에 환상으로 마게도냐 사람 하나가 서서 도움을 청하는 것을 보았다고 기록한다. 일각에서는 그가 바로 누가였다고 추측하기도 한다. 바울과 누가가 이제 막 만났고, 처음으로 '우리'라는 부분이 시작되는 것으로 그의 존재를 확인할 수 있기 때문이다.

누가는 빌립보 전도를 통해 회심한 흥미로운 세 사람의 이야기를 전해 준다. 첫 번째는 두아디라에서 온 부유한 여성 사업가 루디아로, 이후 교회가 이 집에서 모이게 된다. 두 번째는 이름이 알려지지 않은 여종으로, 이 여종은 점으로 그 주인에게 큰 이익을 주고 있었다. 세 번째는 로마인 간수로, 어떻게 해야 구원을 받을 수 있겠냐고 물었던 사람이다. 이보다 더 다양한 사람을 만나기도 어려울 것 같다. 인종적으로나 사회적으로나 심리적으로 그들이 사는 세상은 아예 달랐다. 하지만 그리스도 안에서 하나가 되었다. 주 안에서 하나가 되라는 호소가 담긴 빌립보서를 볼 때, 그 교회에도 어떤 긴장이 있었다는 것을 알 수 있기는 하지만 말이다.

전도 여행은 다시 빌립보에서 남쪽 데살로니가로 나아간다. 이곳은 마게도냐라는 로마의 한 지방의 수도였다. 바울은 세 안식일에 성경으로 강론하며, 메시아가 고난을 받고 죽은 자 가운데서 다시 살아났음을 설명하고 증언했다. 그러고 나서는 예수님의 탄생과 생애, 죽음, 부활에 관해 이야기하며 예수님을 선포했다. 그다음, 제시한 두 가지를 하나로 통합한다. "내가 너희에게 전하는 이 예수가 곧 그리스도라"(17:3)라고 하며, 역사 속의 예수님이 곧 성경에 예언된 그리스도라고 말한다. 이에 믿지 않은 유대인들이 곧 소동을 일으켰고, 바울과 실라는 밤을 틈타 성 밖으로 몰래 빠져나가야 했다. 그래서 그들은 베뢰아로 향한다. 누가는 베뢰아 사람들이 데살로니가 사람들보다는 좀 더 열린 마음으로 바울이 말하는 바가 사실인지 매일 성경을 살펴보았다고 전한다.

데살로니가와 베뢰아 전도의 한 가지 공통된 특징은, 사람들이 성경에 대해 진지했다는 점이다. 예를 들어, 바울은 데살로니가에서 강론하고 해설하고 증명하고 선포하고 설득했다. 반면, 베뢰아에서는 유대인들이 부지런히 성경을 살폈다. 벵겔(Bengel)이 쓴 대로, "진정한 종교는 검증받는 고통을 감수한다."

사도행전 17:1-4, 10-11을 읽으라.

목요일

아덴에서 복음을 전한 바울

바울이 아덴에서 그들[실라와 디모데]을 기다리다가
그 성에 우상이 가득한 것을 보고 마음에 격분하여.
사도행전 17:16

아덴에서 복음을 전하는 바울의 모습에는 마음을 사로잡는 무언가가 있다. 위대한 그리스도의 사도가 홀로 고대 그리스의 영광이 가득한 도시에 서 있다. 바울은 도시 안으로 걸어 들어가며 우상숭배가 만연한 것을 보고 "격분했다." 이 동사는 70인역에서 우상숭배에 대한 하나님의 반응을 나타내는 데 사용했던 단어다. 바울은 아덴의 우상들을 보며 하나님의 이름이 아닌 다른 우상들이 높임을 받는 것에 대해 질투심이 끓어오르는 것을 느꼈다. 그래서 회당과 장터에서 그곳에 있는 사람들과 날마다 변론했다. 그러자 에피쿠로스학파와 스토아학파 철학자들이 바울과 쟁론하기 시작했다. 전혀 다른 종류의 사람들에게 복음을 전하는 바울의 다재다능함을 존경하지 않을 수 없다. 철학자들과 논쟁하던 바울은 곧 세계적으로 명성이 높았던 아덴의 최고 회의가 열리던 아레오바고에서 연설하도록 초청받는다.

바울은 "알지 못하는 신에게"라고 새겨진 단을 발견한 경험을 접촉점으로 삼았다. 그는 그들이 알지 못하고 경배하는 그 신을 알게 해주겠다고 선언했다. 이어서 바울은 그 신을 우주의 창조주, 천지의 주재로, 생명을 주시는 분이시니 무엇이 부족한 것처럼 받으실 필요가 없으신 분으로, 모든 민족의 연대와 거주의 경계를 정하시는 열방의 통치자로 그린다. 또 우리 인류의 아버지가 되시므로 우리는 그분의 소생이라고 말한다[스토아학파 철학자 아라투스(Aratus)가 말한 것처럼]. 또 그분은 세상의 심판자로, 과거의 무지는 간과하시되 이제는 어디서나 누구든지 다 회개하라고 명하시고, 새 심판관을 정하셔서 그를 죽음에서 일으키셨다고 말한다. 이에 어떤 이들은 조롱했고 어떤 이들은 믿었다.

인상적인 것은 바울이 전한 메시지의 포괄성이다. 그는 하나님을 창조주, 생명을 주시는 분, 통치자, 아버지, 심판자로 총체적으로 선포한다. 이 모두가 복음의 일부다. 아니 최소한 복음을 위해 꼭 필요한 머리말이라 할 수 있다. 오늘날 많은 사람들이 우리의 복음을 거부하는 이유는, 그것을 거짓으로 여겨서가 아니라 너무 시시해 보여서다. 그들은 자신들의 경험과도 부합하는 통합적인 세계관을 찾고 있다. 우리는 바울을 보며, 하나님에 관한 교리 없이는 예수님의 복음을 전할 수 없고, 창조 없이는 십자가를 전할 수 없고, 심판 없이는 구원을 전할 수 없음을 배운다. 거꾸로도 마찬가지다. 오늘날의 세상에는 좀더 거시적인 복음, 성경을 완전히 아우르는 복음이 필요하다. 이후 바울은 에베소에서 그것을 "하나님의 모든 경륜"(20:27, 새번역)이라고 부른다.

사도행전 17:22–31을 읽으라.

고린도에서 복음을 전한 바울

금요일

> 그 후에 바울이
> 아덴을 떠나 고린도에 이르러.
> 사도행전 18:1

하나의 전략적인 도시 중심지에서 다음 중심지로 이동하는 것이 바울의 의도적인 전도 방식인 것 같다. 그래서 누가는 그리스 로마 세계의 주요 세 도시 아테네, 고린도, 에베소에서의 바울의 전도를 기록하고 있다.

"그 후에(아레오바고에서 연설한 이후) 바울이 아덴을 떠나 고린도에 이르러"(1절). 바울은 나중에 이 여행에 대해, "내가 너희 중에서 예수 그리스도와 그가 십자가에 못 박히신 것 외에는 아무것도 알지 아니하기로 작정하였음이라. 내가 너희 가운데 거할 때에 약하고 두려워하고 심히 떨었노라"(고전 2:2-3)라고 쓰게 된다. 일부 주석가들은 바울의 이 같은 결단을 다음과 같이 설명한다. 철학자들을 대상으로 한 설교가 지나치게 지적이고 십자가보다는 창조에 초점을 맞춘 실패작이어서, 바울은 고린도로 가면서 회개를 했고 십자가만 전하겠다고 결심했다는 것이다. 하지만 누가는 바울의 설교를 실패라고 여긴다는 단서를 어디에서도 주지 않는다. 오히려 그 설교를 지성인들에 대한 설교의 표본으로 기록한다. 뿐만 아니라 바울은 실제로 십자가에 대한 설교를 했다. 바울은 부활을 이야기했고, 그 둘은 따로 떼어 설교할 수 없는 주제이기 때문이다. 그리고 일부가 믿었고, 바울은 고린도에 도착해서도 전술을 바꾸지 않았다.

바울의 근심과 결단의 이유는 다른 데 있었다. 그를 위축시킨 것은 고린도 사람들의 자만과 성적 부도덕이 틀림없다. 십자가는 그 두 가지와 정면충돌을 피할 수 없기 때문이다. 고린도 사람들은 그 도시에 대한(부와 문화와 스포츠 경기 등) 자부심이 대단했고, 아가야 지방의 수도로 아덴까지도 능가하는 그 특권적 지위를 자랑스러워했다. 하지만 십자가는 인간의 모든 자만심을 허물어뜨린다. 또한 고린도의 모든 사람이 성적 부도덕과 연관되어 있었다. '고린타이자이'(*korinthaizai*)라는 단어 자체가 '음행을 저지르다'라는 의미였다. 도시 뒤편 고린도의 아크로폴리스 정상 평평한 곳에는 사랑의 신 아프로디테 혹은 비너스의 신전이 있었는데, 거기 속한 수천의 여자 노예들이 밤이면 매춘을 하기 위해 거리를 배회했다. 하지만 십자가에 달려 죽으신 그리스도의 복음은 이런 고린도 사람들을 향해 회개하고 거룩함을 회복하라고 명했다. 이처럼 자기 부인과 겸손을 요구하는 그리스도의 십자가는 자만과 죄성이 가득한 고린도 사람들에게는 걸림돌이었다. 그래서 바울은 약해져서 두려워하고 심히 떨었다.

고린도전서 2:1-5을 읽으라.

토요일

에베소에서 복음을 전한 바울

아시아에 사는 자는
유대인이나 헬라인이나 다 주의 말씀을 듣더라.
사도행전 19:10

바울의 에베소 전도 사역은 고린도 사역과 유사했다. 회당에서 시작했지만 그곳에서 복음을 받아들이지 않으면 일반 거리로 장소를 옮겼다.

우리는 바울의 고린도와 에베소 사역에서 도시 전도의 때와 장소, 방법에 관한 중요한 교훈을 얻을 수 있다.

첫째, **바울이 택한 세상의 장소들**에 주목하라. 그는 고린도에서는 디도 유스도의 집을, 에베소에서는 두란노 서원을 택했다. 오늘날에도 종교적인 사람들에게는 종교적인 장소(회당에 상응하는 교회)에서 복음을 전해야 하지만, 일반인은 일반 건물에 접근하기가 훨씬 더 쉽다. 이를 테면, 가정 전도나 강연 전도처럼 말이다.

둘째, **바울의 논증적인 설교**에 주목하라. 누가는 두 개의 동사를 각각 네 번씩 사용했는데, 하나는 '논증하다'(*dialegomai*)라는 뜻이고, 다른 하나는 '설득하다'(*peithō*)라는 뜻이다. 유대인들은 "이 사람은…사람들을 선동하고 있습니다"(18:13, 새번역)라고 갈리오에게 불평했다. 회당에서든 서원에서든 바울은 논증과 설득을 조합하여 그의 접근이 진지하고 이치에 합당하며 설득력 있도록 했다. 물론 논증은 결코 성령님의 대체물이 될 수 없지만, 성령님께 의지하는 것 역시 적절한 논증을 대체할 수 없다. 진리의 영이 사람들의 마음을 여시면, 증거에도 불구하고가 아니라 증거로 인해 사람들을 예수님에 대한 믿음으로 이끄신다.

셋째, **바울이 머문 긴 시간**에 주목하라. 고린도에서 2년, 에베소에서 3년을 머물렀다. 특히 그가 두란노 서원을 이용한 것을 보면 놀라지 않을 수 없다. 일반적으로 인정받는 사본에 따르면 바울은 2년간 매일 강론했다고 한다. 여기에 베자 사본(Bezan text)은 "제5시부터 제10시까지"라는 말을 덧붙인다. 즉, 오전 11시부터 오후 4시까지라는 말이다. 바울이 안식과 예배를 위해 일주일 중 하루를 쉬었다고 가정한다면, 매일 다섯 시간씩 일주일에 6일, 2년 동안 강론을 했으니 총 3,120시간 복음을 전한 셈이다! "아시아[지방]에 사는 자는 유대인이나 헬라인이나 다 주의 말씀을 듣더라"라는 누가의 말은 놀랄 일이 아니다(19:10).

사도행전 19:8-10을 읽으라.

제41주

로마를 향한 긴 여정

누가는 이제 바울이 에베소를 떠나 이곳저곳을 다니다 예루살렘에 이르는 여정을 이야기한다(행 21:17). 또 사실 바울이 예루살렘을 방문한 후 로마로 가고자 한다는 비밀을 알려 준다(19:21). 그러나 이 시점에서 누가가 시선을 고정하고 있는 곳은 예루살렘이었다. 실제로 누가는 (누가복음의 주요 사건인) 예수님의 예루살렘 여행과 (사도행전에 기록한) 바울의 예루살렘 여행 사이의 유사점에 집중하고 있는 것 같다. 물론 예수님의 사역은 독특했다. 하지만 두 여행 사이에는 우연이라고 보기에는 지나치게 밀접한 어떤 관련성이 있다. 예수님과 마찬가지로 바울 역시 자신의 목숨을 위협하는 적대적 유대인들의 음모에도 불구하고 제자들과 예루살렘으로 향한다.

예수님과 마찬가지로 바울 역시, 이방인에게 넘겨질 것이라는 내용을 포함하여 고난받을 것이라는 계시를 연달아 세 번 직접 받기도 하고 타인으로부터 듣기도 했다. 또한 예수님과 마찬가지로 바울 역시 자신의 생명을 내려놓을 준비가 되었다고 선언했고, 하나님의 뜻에 모든 것을 맡기겠다는 의지를 표명했다. 마지막으로 예수님처럼 바울 역시 자신에게 주어진 사역을 완수할 것이며 그로부터 도망하지 않겠다는 결심을 굳혔다. 세부 사항에 지나치게 매달릴 필요는 없지만, 누가는 분명 그의 독자들이 주인의 발자취를 따르는 바울의 모습을 보기를 바랐던 것 같다.

일요일: 에베소 장로들을 향한 바울의 설교
월요일: 예루살렘에 간 바울
화요일: 옥에 갇힌 바울
수요일: 자신을 변호하는 바울
목요일: 복음을 증거하는 바울
금요일: 마침내 로마로!
토요일: 하나님의 섭리

일요일

에베소 장로들을 향한 바울의 설교

온 양 떼를 위하여 삼가라. 성령이 그들 가운데 여러분을 감독자로 삼고
하나님이 자기 피로 사신 교회를 보살피게 하셨느니라.
사도행전 20:28

바울은 예루살렘으로 가는 길에 동료들과 함께 밀레도 항에 들러, 에베소 교회 장로들에게 그곳으로 와 달라고 청했다. 바울은 목자, 양, 사나운 이리 등을 비유로 사용하여, 그들에게 목회의 본질에 대한 설교를 했다.

첫째, 그는 자신을 **목자의 표본**으로 설명했다. 그의 사역에는 엄청난 철저함이 있었다. 그의 가르침(하나님에 대한 완벽한 변론자), 사역의 범위(에베소의 인구 전체), 전도 방법(두란노 서원과 같은 공공장소와 가정 같은 사적인 장소 모두를 섭렵한) 모두 철저했다. 이렇듯 바울은 가능한 모든 진리를, 가능한 모든 수단을 동원하여, 가능한 모든 사람에게 전했다. 그는 모든 사람의 피에 대하여 깨끗하다고 주장할 만했다.

둘째, 바울은 **이리**(거짓 선생들)의 **침입**에 대해 설명했다. 이리는 독자적으로 공격하기도 하고 떼를 지어 공격하기도 하는데, 이에 대해 양들은 무방비 상태다. 그래서 바울 사도는 목자들에게 경계를 늦추지 말라고 호소한다. 그리스도의 양 떼를 맡은 목자들에게는 두 가지 과업이 부여된다. 하나는 양 떼를 먹이는 것이고, 다른 하나는 이리 떼를 몰아내는 것이다. 다시 말해, 진리를 가르치는 것과 이단을 무찌르는 것이다. 이는 오늘날 참 인기 없는 호소다. 긍정적인 내용을 가르쳐야지, 결코 부정적이어서는 안 된다고들 흔히 이야기한다. 하지만 이렇게 이야기하는 사람은 우리 주 예수님과도, 그분의 사도들과도 맥을 같이하지 않는 것이다. 예수님과 사도들은 직접 그릇된 교리와 싸웠고 우리에게도 그렇게 하라고 당부하셨다.

셋째, 바울은 **양 떼**(사람들)가 얼마나 **소중한지**를 강조했다. 그들은 그리스도의 피로 사시고 성령님을 감독자로 보내어 보살피게 하신, 아버지 하나님의 교회이기 때문이다. 이 놀라운 삼위일체적 진리는 우리 사역에 깊은 영향을 미친다. 양 떼는 멀리서 볼 때와 달리 전혀 깨끗하지도 않고 안아주고 싶지도 않다. 그저 성질 사납고 성가신 동물에 지나지 않는다. 그러니 바울의 비유를 문자 그대로 적용하기는 다소 주저된다! 분명 어떤 교인들은 목회자에게 엄청난 시험이 된다(반대도 마찬가지다). 그렇다면 우리는 어떻게 지속적으로 그들을 사랑하고 섬길 수 있을까? 바로 그들이 얼마나 소중한지를 기억하면 된다. 실은, 너무 소중해서 삼위일체의 세 위격 모두 그들을 돌보는 데 힘쓰고 계신다.

사도행전 20:17-38을 읽으라.

예루살렘에 간 바울

월요일

예루살렘에 이르니 형제들이 우리를 기꺼이 영접하거늘
그 이튿날 바울이 우리와 함께 야고보에게로 들어가니.
사도행전 21:17-18

바울과 그의 동료들은 예루살렘에 도착한 후 야고보를 만나러 갔다. 야고보는 이제 수천 명에 달하는 전 세계 유대 기독교 공동체에서 여전히 추앙받는 지도자였다. 누가는, 각자 추종자들을 대동하고 서로를 대면하는 바울과 야고보의 모습을 그리며, 위기와 가능성이 공존했던 드라마 같은 상황을 소개하고 있다. 야고보와 바울은 각각 유대 기독교와 이방 기독교를 대표하는 인물이었기 때문이다. 그리고 이들이 지난번 만난 이후로 두 공동체 모두 하나님의 선하신 섭리 아래 괄목할 만한 성장을 이루었다. 이 둘이 반목한다면 그 결과는 끔찍했을 것이다. 하지만 두 사도 모두 화합하고자 하는 마음을 가지고 있었다. 먼저 야고보를 살펴보자. 바울이 자신의 사역을 통해 하나님이 이방인들 사이에서 하신 일을 자세히 보고할 때 반감의 표시 같은 것은 없었다. 그들은 함께 하나님을 찬양했다.

바울 역시 화합을 갈망했고 그것을 다음 두 가지로 보여 주었다. 먼저 바울은 헬라 교회들에서 모아 온 구제금을 유대 교회에 전달한다(무슨 이유에서인지 누가는 사도행전 24:17에 가서야 이를 언급하기는 하지만). 아마 바울은 이미 개인적으로 그 구제금을 전달했을 것이다. 그는 그것을 단지 곤궁에 처한 이들에 대한 사랑의 표현만이 아니라, 그리스도의 몸으로서 유대인과 이방인의 연합을 구체적으로 보여 주는 상징으로 보았다. 하지만 누가는 바울이 보여 준 두 번째 화해의 사례에 주목한다. 즉, 바울은 야고보의 제안에 긍정적으로 화답했다. 당시 예루살렘에 있던 수많은 유대 그리스도인들은 모두 율법에 열심이었으므로, 당시 그들 가운데 나돌던 소문을 불식시킬 필요가 있었다. 바울이 유대 그리스도인들에게 모세에게서 떠나라고 가르치고 할례와 율법 준수는 불필요하다고 선포했다는 것이다(그가 **이방인** 회심자들에게 가르쳤던 것은 이미 예루살렘 공회에서 정리되었던 사항이었다). 그래서 야고보는 바울에게 일종의 정결 의례에 참여해 줄 것을, 의무로서가 아니라 유대 그리스도인들의 양심을 위해 참여해 줄 것을 제안했다. 바울은 즉시 적절한 조치를 취했다.

우리는 야고보와 바울이 보인 관용으로 인해 하나님께 감사할 따름이다. 두 사도는 교리적으로나(구원은 오직 믿음을 통해 그리스도의 은혜로 말미암는다고) 윤리적으로(그리스도인이 도덕법을 준수해야 한다고) 이미 같은 마음이었다. 두 사람 사이에서 정리해야 할 쟁점은 문화, 의식, 전통에 관한 것이었다.

사도행전 21:17-26을 읽으라.

화요일

옥에 갇힌 바울

백성이 달려와 모여 바울을 잡아
성전 밖으로 끌고 나가니 문들이 곧 닫히더라.
사도행전 21:30

그동안 누가는 자신의 주인공, 소아시아와 헬라 대부분의 지역에 복음의 물꼬를 튼 공격적인 모습으로 그렸다. 하지만 이제 누가는 방어적인 자세를 취한다. 그는 3차에 걸친 바울의 장대한 전도 여행에 이어 그에 대한 다섯 번의 재판을 기록한다. 즉, 유대 군중, 산헤드린, 벨릭스, 베스도, 아그립바 2세 앞에서 받은 재판이었다. 이 이야기는 성경의 거의 이백 구절에 달한다. 왜 이렇게 자세한 것일까? 그의 주요 주제 가운데 하나는 유대인과 이방인의 관계였다. 그리고 이제 사도행전 21-23장에서 누가는 복음에 대한 이 두 공동체의 반응을 묘사한다. 누가의 기록에는 유대인들의 반발과 로마인들의 정의감이라는 두 가지 주제가 얽혀 있다. 그들 사이에 잡혀온 이 그리스도의 사도는 전자의 희생자요, 후자의 수혜자가 된다.

누가는 반유대주의의 징후를 어디에서도 보이지 않는다. 그저 사실을 기록할 뿐이다. 그는 유대인들이 바울을 제거할 결심을 굳혔다고 기록한다. 군중이 바울을 성전 밖으로 끌어내자 "문들이 곧 닫히더라"(21:30)라는 누가의 기록은 단순한 사실 이상의 의미가 있다. 굳게 닫힌 문은 유대인들이 궁극적으로 복음을 거부한다는 사실을 상징했다. 이방인들에게로 돌아서는 바울의 전략이 정당화되는 대목이다.

이러한 유대인들의 반발에 대응하는 주제이자 두 번째 주제는 로마인들의 정의감이다. 누가는 로마의 권력층을 복음의 적이 아닌 친구로 제시한다. 그는 이미 빌립보의 행정관이 바울과 실라에게 가해진 부당한 처우에 대해 사과했다는 사실을 보여 주었다. 또 고린도의 갈리오 총독이 바울에 대한 유대인들의 고소 내용을 듣는 것조차 거부했던 것, 에베소의 서기장이 이 그리스도인 지도자들은 무죄라고 선언하며 성난 군중을 해산시켰던 것을 이미 전했다. 그리고 이제 예루살렘에 주둔해 있던 군대 천부장이 두 번이나 바울을 집단 구타에서 구해 주었다. 또 바울이 로마 시민임을 알게 된 후에는 고문에 의한 잔인한 취조를 면케 해주고, 유대인들의 살해 음모에서 그를 보호해 주었다.

로마인의 정의감에서 나온 이러한 보호는 바울의 재판 과정에서 더욱 뚜렷하게 나타난다. 바울을 고소한 이들은 유대인이었지만, 그를 재판하고 결국 무죄판결을 내린 이들은 로마인이었다. 예수님에 대한 재판 과정도 마찬가지였다. 예수님과 바울 모두 세 번씩 법정에서 무죄 선고를 받았다. 기독교 신앙의 합법성이 수립되는 대목이다.

사도행전 22:22-29을 읽으라.

자신을 변호하는 바울

수요일

유대인의 율법이나 성전이나 가이사에게나
내가 도무지 죄를 범하지 아니하였노라.
사도행전 25:8

누가는 바울에 대한 연이은 세 번의 재판으로 우리를 안내한다. 바로 벨릭스 총독과 베스도 총독, 아그립바 2세 앞에서의 재판이다. 그는 바울을 두 가지 모습으로 그려낸다. 첫째, 부정적인 의미에서 피고인으로서, 그리고 두 번째 긍정적인 의미에서 증인으로 그려낸다.

벨릭스 앞에 선 바울은 분열주의를 조장했다는 기소 내용을 강하게 부인했다. 또 성전을 더럽히려 했다는 죄목 역시 부인했다. 그는 자신이 전하는 복음이 구약 성경과 맥을 같이하고 있다는 점을 역설했다. 자신도 선한 양심으로 조상들의 하나님을 섬기고 있으며, 율법과 선지서들에 기록된 모든 것을 믿는다고 했다. 또한 메시아에 대한 하나님의 약속이 성취될 것을 흔들림 없이 소망하고 있다고 했다. 이렇듯 모세에 대한 자신의 입장은 배신이 아니라 연속성이라 요약했다.

이어 벨릭스의 후임 베스도 총독 앞에 선 바울은, 폭동을 선동했다는 기소 내용을 부인했다. 그는 평화를 깨뜨리는 어떤 책임질 일도 하지 않았다고 말했다. 이렇듯 가이사에게 잘못한 것이 없었기 때문에 그는 자신의 결백을 밝히기 위해 항소할 필요가 있다고 판단했다. 또한 그렇기 때문에 "유대인의 율법이나 성전이나 가이사에게나 내가 도무지 죄를 범하지 아니하였노라"(8절)라고 말할 수 있었다. 이렇듯 가이사에 대한 자신의 입장을 무정부주의가 아니라 충성심으로 요약했다.

아그립바 왕과 버니게 왕비 앞에서는 바울에게 새롭게 추가된 기소 내용이 없었다. 여기서 바울은 입 밖으로 표현되지 않은 질문, 즉 도대체 왜 유대인들이 자신을 제거하려 혈안이 되어 있는가에 답하는 듯 보인다. 그 이유는 이방인들을 향한 자신의 전도 사역과 관련이 있었다. 하지만 그는 예수님이 환상과 음성으로 들려주신 그 사명에 순종하지 않을 수 없었다.

바울의 변론은 세 번 모두 성공적이었다. 벨릭스, 베스도, 아그립바 어느 누구도 그를 유죄로 선언하지 않았다. 오히려 세 사람 모두 그의 결백을 인정했다. 하지만 바울은 여기에 만족하지 않고, 한걸음 더 나아갔다. 그는 재판정에서 자신의 삼중적인 충성심, 즉 모세와 선지자들, 가이사, 그리고 궁극적으로는 다메섹 도상에서 자신을 만나주신 예수 그리스도에 대한 충성심을 표현했다. 이것이 바울의 자기 변호였다. 그는 충성된 유대인이었고, 충성된 로마 시민이었으며, 충성된 그리스도인이었다.

사도행전 25:1-12을 읽으라.

목요일

복음을 증거하는 바울

내가…너로 종과 증인을 삼으려 함이니.
사도행전 26:16

누가가 세 번의 재판 장면을 기록한 것은 변론을 위해서만은 아니었다. 전도 측면에도 그 목적이 있었다. 수감되어 있는 2년 동안 바울의 전도 사역은 제한받을 수밖에 없었고, 그는 분명 초조했을 것이다. 하지만 복음을 증거할 기회가 생겼을 때 그는 확신을 가지고 담대하게 그 기회를 붙잡았다. 누가가 기록한 주요 사례는 벨릭스와 사적인 면담을 하는 장면과 아그립바와 공개적으로 대면한 장면이다.

벨릭스는 로마 관리 가운데 가장 포악한 자로 그려진다. 그의 잔인함, 정욕, 탐욕은 잘 알려져 있었다. 그에게 도덕적 양심이란 도무지 존재하지 않는 것처럼 보였다. 하지만 바울은 그를 두려워하지 않았다. 바울이 그에게 의와 절제와 장차 오는 심판에 대해 강론한 것으로 보아(24:25), 총독의 죄에 대해 훈계하기도 했으리라고 짐작해 볼 수 있다. 또 바울은 그에게 예수님을 믿는 믿음에 대해서도 이야기했다.

아그립바 앞에서 받은 재판에서도, 바울은 그 자리에 함께한 저명한 인물들이나 그들이 내보이는 강력한 권세들 앞에서 조금도 위축되지 않았다. 크리소스토무스는 "바울을 위해 모인 이 대단한 청중을 보라!"라고 외쳤다. 바울은 권력자들의 비위를 맞추려 하지 않았다. 그는 왕의 총애가 아니라 왕의 회심을 원했다. 누가는 왕이 듣도록 바울이 복음의 핵심을 세 번이나 반복해서 말하는 것을 그대로 전한다(26:18, 20, 23). 이렇듯 바울이 재판정에서 복음을 반복해서 말할 때, 사실 그는 의도적으로 재판정에서 설교를 하고 있었다. 베스도는 그에게 미쳤다고 했지만, 바울은 자신이 "참되고 온전한 말"(25절)을 하고 있음을 잘 알았다.

바울에게 담대함을 허락하신 하나님께 감사를! 왕과 왕비, 총독과 장군도 그를 겁먹게 하지 못했다. 예수님은 제자들이 예수의 이름을 인하여 "임금들과 집권자들 앞에" 끌려갈 것이라고 경고하시며, 그런 일이 있을 때 그들에게 "구변과 지혜"를 주실 것이라고 약속하셨다(눅 21:12, 15). 예수님은 또한 아나니아에게 바울이 "내 이름을 이방인과 임금들과 이스라엘 자손들에게 전하기 위하여 택한 나의 그릇이라"(행 9:15)라고 말씀하셨다(이 말은 아마 아나니아가 전해 주었을 것이다). 이 예언은 실현되었고 바울은 실패하지 않았다.

사도행전 26:12-23을 읽으라.

마침내 로마로!

> 그래서 우리는
> 이와 같이 로마로 가니라.
> 사도행전 28:14

사도행전 27장을 읽은 많은 사람들은 누가의 기록이 정확하고 생생하다고 말한다. 그것은 분명 누가 자신이 가이샤라에서 로마에 이르는 바울의 여정을 함께 하며 경험한 것들을 일지에 기록할 수 있었기 때문일 것이다. 30년 경력의 스코틀랜드 출신 요트 조종사 제임스 스미스(James Smith)도 누가의 정확성을 증명한 바 있다. 지중해의 기후 양상에 능통했던 그는 항해하면서 발견한 것들을 「성 바울의 여행과 조난」(The Voyage and Shipwreck of Saint Paul)이라는 책에 담았다. 바울 일행의 여행 초기, 지중해 동쪽 해안 쪽에 있을 때에는 바다가 평온했다. 하지만 겨울을 나려던 그레데에서는 안전하고 적당한 정박지를 찾지 못해, 그들은 항해를 계속해야만 했다. 그러다 결국 북동쪽에서 불어온 광풍과 맞닥뜨리게 되었다. 속수무책으로 열나흘을 파고에 휩싸이다가 마침내 멜리데에 이르게 된다. 섬사람들은 이후 3개월 동안 그들이 겨울을 날 수 있도록 보살펴 주었고, 그 후 그들은 이달리야로 항해를 계속했다. 일부 그리스도인 형제들은 바울 일행이 온다는 소식을 듣고 그들을 맞이하기 위해 압비오 길을 따라 약 50킬로미터를 걸어왔다.

로마에 도착한 바울은 그만의 거처에서 살 수 있도록 허락받았지만 군인의 감시를 받았다. 그는 유대 지도자들을 집으로 청해, 자신은 유대 사람들이나 전통에 반하는 행동은 아무것도 하지 않았으며 로마 당국은 자신을 풀어 주려 했다고 말했다. 지도자들은 바울에 대해 좋지 못한 이야기는 들은 바가 없다고 대답하고 그의 믿음에 대해 좀더 듣기를 원한다고 했다. 그래서 그들은 날을 정해 다시 만났고, 바울은 하나님 나라를 선포하고 주 예수 그리스도를 가르쳤다. 그는 역사 속의 예수가 성경의 그리스도라고 확고하게 주장했다. 바울의 이야기를 들은 청중 가운데는 믿는 사람도 있고 믿지 않는 사람도 있었다. 하지만 바울은 유대인의 마음이 완악한 것을 보고 네 번째로 이방인들에게로 마음을 돌렸다. 그리고 "그들은 그것을 들으리라!"(28절)라고 덧붙였다. 이후 2년 동안 그들은 바울에게로 와서 그의 설교를 들었다.

사도행전의 마지막 부분은 "아주 담대하게"와 "아무런 방해도 받지 않고"라는 의미의 부사 표현들로 되어 있다. 이는 복음이 내적으로나 외적으로 아무런 제한 없이 자유롭게 전파되었음을 묘사한다. 또 활짝 열린 문을 의미하기도 하는데, 이는 오늘날 우리가 통과해야 할 바로 그 문이다.

사도행전 28:17-31을 읽으라.

토요일

하나님의 섭리

이는 지나가는 길에 너희를 보고[로마에서]…
너희가 그리로[스페인으로] 보내주기를 바람이라.
로마서 15:24

사도행전 27장과 28장에서 중요한 점은 무엇일까? 바로 하나님의 섭리다. 이 두 장에서 "지혜로도 못하고 명철로도 못하고 모략으로도 여호와를 당하지 못하느니라"(잠 21:30)라는 진리를 보여 준다. 여기에서 하나님의 섭리적 행위는 두 가지 서로 보완되는 방식으로 나타난다. 첫 번째는 바울을 로마로 데려오는 과정에서, 두 번째는 그를 로마로 압송하는 과정에서 볼 수 있다. 예측 불가한 상황의 조합이었다.

첫째, 누가는 바울이 로마까지 호송되어 오는 모습을 보여 주며 우리가 그와 함께 놀라기를 바란다. 예수님은 예루살렘에 있는 그에게 이렇게 말씀하셨다. "담대하라. 네가 예루살렘에서 나의 일을 증언한 것같이 로마에서도 증언하여야 하리라"(행 23:11). 하지만 이어지는 상황을 볼 때 그것은 불가능해 보였다. 바울은 체포되어 수감되었으며 살해 위협을 받았다. 지중해에서는 거의 익사할 뻔했으며 군인들에게 죽임당할 뻔했고 독사에게도 물렸다. 이 모든 사건 배후에서는 (성난 바다로 상징되는) 사탄이 활약하고 있었다. 바울이 하나님이 미리 정하시고 약속하신 목적지에 도착하지 못하도록 막아내려는 수작이었다. 하지만 하나님은 사탄의 계획을 좌절시키셨다. 참으로 흥미진진한 광경이다. 바울은 과연 최종 목적지에 도달할 것인가? 그렇다, 그렇게 될 것이다! 그리고 그렇게 되었다! 하지만 바울은 죄수로 로마에 도착했다. 이것이 어떻게 하나님의 섭리일 수 있을까? 하나님은 바울에게 로마에서 복음을 증언하게 될 것이라고 약속하셨다. 즉, 가이사 앞에서 복음을 증언하게 되리라는 것이다(행 27:24). 그런데 이런 일은 바울이 죄수로 재판정에 서기 위해 로마로 가는 것이 아니었다면 불가능했을 것이다.

그러나 여기에는 또 다른 섭리도 있었다. 바울은 연금되었기 때문에 복음의 증인이라는 이름을 후대에 남길 수 있었다. 그 기간에 주요 옥중서신, 즉 빌립보서, 에베소서, 골로새서를 썼기 때문이다. 물론 이를 위해 옥에서 보내는 시간이 필요했다는 말은 아니다. 하지만 하나님의 섭리로 그 서신에는 특별한 무언가가 담기게 되었다. 바울은 이 세 편지에서, 가장 높으신 분이시며 주권자이시고 대적할 상대가 없는 예수 그리스도의 주되심을 좀더 강하게 선포한다. 그리스도의 인격과 사역은 이제 우주적인 데까지 미친다는 사실이 드러난다. 하나님이 그리스도를 통해 만물을 창조하시고 구속하셨기 때문이다. 또한 그분이 십자가에서 죽기까지 자신을 낮추심으로, 하나님은 그분을 가장 높은 보좌에 앉히시고 만물을 그분의 발아래 두셨다. 바울은 감옥 생활을 통해 관점이 바뀌었고, 지평은 넓어졌으며, 비전은 또렷해졌고, 증거는 풍성해졌다.

골로새서 1:15-18을 읽으라.

제42주
갈라디아서와 데살로니가전후서

앞으로 7주 동안은 신약 성경에 포함된 스무 개의 편지를 살펴볼 것이다. 그러고 나서 마지막 4주 동안 요한계시록의 주요 주제를 알아볼 것이다.

이 책의 서신서 묵상은 어쩔 수 없이 불충분할 수밖에 없다. 어떤 경우에는 중요한 서신서임에도 겨우 하루 이틀밖에는 살펴보지 못할 수도 있기 때문이다. 그럼에도 서신서들을 개관하고, 그 서신서들이 그려내는 성령 안에서의 삶을 살펴보는 일은 우리에게 유익할 것이다.

먼저 갈라디아서부터 시작해 보자. 내가 보기에, 갈라디아서는 바울이 1차 전도 여행에서 방문한 네 도시의 교회들에게 보낸 그의 첫 번째 편지이기 때문이다. 이렇게 보는 주요 근거는, 갈라디아 교회들에서 불거진 논쟁이 예루살렘 공회와 직접적인 관련이 있긴 하지만, 갈라디아서는 예루살렘 공회나 그 결과로 나온 규율들을 전혀 언급하지 않기 때문이다. 따라서 이는 공회 이전에 기록된 것이 틀림없다. 어쩌면 바울이 공회로 가는 도중에 썼을 수도 있다. 바울이 자신의 사도적 권위를 깎아내리고 은혜의 복음을 왜곡하는 유대주의자들에게 몹시 화가 나 있었음을 감지할 수 있기 때문이다.

한편 데살로니가전후서는 바울이 2차 전도 여행에서 데살로니가를 방문한 후에 쓴 편지다. 바울은 적대 세력들이 공격을 시작한 탓에 야음을 틈타 몰래 성 밖으로 빠져나와 다시 돌아가지 못했기 때문이다. 그래서 적어도 데살로니가전서에서만은 바울은 자신을 깎아내리려는 비방에 맞서 스스로를 변호하고 있다.

일요일: 다른 복음은 없다
월요일: 진정한 자유
화요일: 성령의 열매
수요일: 십자가의 그리스도를 자랑하다
목요일: 현지 교회를 통한 전도 사역
금요일: 사역에 관한 비유
토요일: 영광이 드러나다

일요일

다른 복음은 없다

그리스도의 은혜로 너희를 부르신 이를 이같이 속히 떠나
다른 복음을 따르는 것을 내가 이상하게 여기노라. 다른 복음은 없나니.
갈라디아서 1:6-7

바울과 바나바는 1차 전도 여행에서 갈라디아의 도시 네 군데에서 전도한 후 돌아와, 하나님이 "이방인들에게 믿음의 문을 여신 것"을 수리아 안디옥 교회에게 보고했다(행 14:27). 그러고 나서 안디옥에서 제자들과 오랜 기간 함께 머물렀다.

하지만 이 기간에 "어떤 사람들이 유대로부터 내려와서 형제들을 가르치되 너희가 모세의 법대로 할례를 받지 아니하면 능히 구원을 받지 못하리라"(행 15:1)라고 했다고 누가는 기록한다. 이는 분명 갈라디아서 2:12에 기록된, "야고보에서 온 어떤 이들"이 벌인 사건과 같은 사건이다[이들은 야고보가 보내서 왔다고 주장했지만, 후에 야고보는 그들에게 승인받은 권한이 없었음을 확인해 주었다(행 15:24)]. 이 방문자들이 열띤 논란을 불러일으켰으리라는 것은 누구나 쉽게 상상할 수 있다. 그들은 유대주의자들로, 복음의 기반을 약화시키고 있었다. 이방인 회심자들이 예수님을 믿는 것만으로는 부족하다고 주장했기 때문이다. 그들도 율법을 지켜야 한다고 말하며, 예수님이 시작하신 일을 모세가 완성하도록 하려 했다. 사도 베드로조차 그들의 가르침에 현혹되었다. 그래서 바울은 (갈라디아 교인들에게 말하듯이) 베드로에게 공개적으로 맞서야 했다. 복음의 진리가 위태로운 상황이었기 때문이다(갈 2:11-16). 하지만 베드로의 흔들림은 일시적인 것이었다. 예루살렘 공회가 열릴 때쯤 그는 균형을 회복했다.

그 즈음, 이 '골칫덩어리' 유대주의자들은 갈라디아의 여러 도시를 다니며 동일한 왜곡된 메시지를 가르쳤다. 그리고 놀랍게도 그들의 가르침은 어느 정도 성공을 거두기도 했다. 상황이 이토록 심각했기에, 바울은 그들의 행동을 탈선으로 여겨 크게 꾸짖고, 누구든(자신을 포함하여 천사든 사람이든) 은혜의 복음(하나님이 아무 값도 공로도 없이 주시는)을 의로운 행위의 종교로 왜곡하려는 이들에게 엄정한 심판이 임하기를 구했다. 또 그는 한걸음 더 나아가 우리가 율법에 복종함으로 구원을 얻는다면, "그리스도께서 헛되이 죽으셨느니라"라고까지 말한다(21절). 즉, 만일 우리가 스스로 잘해 나갈 수 있고 스스로 구원을 얻을 수 있다고 말한다면, 그것은 십자가가 필요하지 않다고 말하는 것과 같다. 바울은 은혜로 시작하여 은혜로 끝을 맺는다(1:3; 6:18). 복음은 값없이 주시는 하나님의 은혜에 대한 좋은 소식이다. 이 외에 다른 복음은 없다.

갈라디아서 1:6-9을 읽으라.

진정한 자유

월요일

> 그리스도께서 우리를 자유롭게 하려고 자유를 주셨으니
> 그러므로 굳건하게 서서 다시는 종의 멍에를 메지 말라.
> 갈라디아서 5:1

신약 성경은 예수 그리스도를 최고의 해방자로, 그리스도인의 삶을 자유의 삶으로 그린다. 예수님이 직접 일부 믿는 유대인들에게 "너희가 내 말에 거하면 참 내 제자가 되고 진리를 알지니 진리가 너희를 자유롭게 하리라"(요 8:31-32)라고 말씀하셨다. 그렇다면 그리스도인의 자유란 무엇인가? 그것은 율법에 복종함으로 구원을 얻을 수 있다는 끔찍한 족쇄에서 해방되는 것으로 시작된다. 또한 여기에는 죄와 죄책감에서 벗어나는 자유, 형언할 수 없는 죄사함의 기쁨, 하나님의 용납과 그분에게 가까이 갈 수 있는 권한과 함께, 아무런 공로 없이 자비를 누리는 모든 경험이 있다. 하지만 그리스도인의 자유란 모든 규율과 제약에서 벗어나는 자유가 아니다.

첫째, 이것은 자기중심적이고 타락한 우리 본성을 만족시키기 위한 자유가 아니다. 바울은 "형제들아 너희가 자유를 위하여 부르심을 입었으나 그러나 그 자유로 육체의 기회를 삼지 말고"라고 썼다(갈 5:13). 따라서 그리스도 안에서 누리는 자유를 방종에 대한 핑계로 삼아서는 안 된다. 우리가 성령 안에 거한다면, 육체의 욕심을 이루려 하지 않을 것이다(16절).

둘째, 그리스도인의 자유는 우리 이웃을 착취하는 자유가 아니다. 오히려 우리는 "사랑으로 서로 종노릇"해야 한다(13절). 여기에 강력한 역설이 있다. 우리에게는 이웃을 무시하거나 방치하거나 학대할 자유가 없다. 우리는 그들을 사랑하고, 사랑으로 그들을 섬기라는 명령을 받는다. 어떤 측면에서 그리스도인의 자유는 종의 형태를 띤다. 자기중심적인 본성의 종이 아니라 우리 이웃의 종이 되는 것이다. 우리는 하나님과의 관계에서는 자유롭지만 서로에게는 종이 된다.

셋째, 그리스도인의 자유는 율법을 무시하는 자유가 아니다. "모든 율법은 '네 이웃을 네 몸과 같이 사랑하여라' 하신 한마디 말씀 속에 다 들어 있기"(14절) 때문이다. 바울은 우리가 이웃을 사랑하면 율법을 없애는 것이 아니라 그것을 완성하게 된다고 말한다.

진정한 자유는 우리의 타락한 본성을 만족시키는 것이 아니라 그것을 통제하는 것이다. 우리 이웃을 착취하는 것이 아니라 그들을 섬기는 것이고, 율법을 폐하는 것이 아니라 그것을 완성하는 것이다.

갈라디아서 5:1-15을 읽으라.

화요일

성령의 열매

오직 성령의 열매는 사랑과 희락과 화평과
오래 참음과 자비와 양선과 충성과 온유와 절제니.
갈라디아서 5:22-23

성령은 그 본성과 성품이 거룩하실 뿐 아니라 그 백성들의 거룩함을 위해서도 일하신다. 첫째, 우리 안에는 **대적하는 두 세력**이 있다. 우리의 타고난 타락하고 왜곡된 본성인 육체와, 내주하시는 성령이 그 두 세력이다. 또한 이 두 세력의 바라는 바도 서로 대치된다. 그래서 우리 그리스도인들의 인격은 서로 대적하는 이 두 세력의 전장이라 할 수 있다.

둘째, 이 두 세력은 **대조되는 두 가지 삶의 방식**을 만들어 낸다. 육체의 일은 뻔하고 매우 불쾌하다. 바울은 그 가운데 열다섯 가지를 나열하며 그것이 다가 아니라고 덧붙였다. 이는 성, 종교, 사회, 음주, 네 개의 범주로 분류할 수 있다. 하지만 이와는 다른 삶의 방식도 있다. 이는 전자가 추했던 것만큼이나 아름다운 삶이다. 사랑과 희락과 화평은 하나님과 우리의 관계에서 나타나는 특징이고, 오래 참음과 자비와 양선은 이웃과의 관계에서 나타나는 특징이다. 그리고 충성과 온유와 절제는 자기 관리에서 나타나는 특징이다. 이러한 성품들은 예수님의 초상화라고도 할 수 있고, 성령의 열매로 규정되기도 한다. 마치 열매처럼 자연스럽게 그리고 꾸준히 자라기 때문이다.

셋째, **대조되는 두 가지 자세**가 있다. 다시 말해, 우리는 우리 육체를 물리치고 성령에 복종해야 한다. 실제로 그리스도 예수에게 속한 사람들은 (이미) 육체와 함께 그 정욕과 탐심을 십자가에 못 박았다(24절). 즉, 우리는 육체라 부르는 이 사악하고 불쾌하고 교활한 것을 가져다 십자가에 못 박았다. 그러므로 이제 우리는 거기서 떠나야 한다. 성령님께 복종하고 그분과 동행해야 한다. 이 대조되는 자세는, 결정적이고 완벽하고 지속적이어야 한다. 우리는 다시 십자가의 현장으로 돌아가서는 안 된다. 성령에 대한 자세도 마찬가지다. 우리는 주일을 지혜롭게 사용하고, 날마다 개인적인 경건 생활을 훈련하고, 정기적인 공예배와 성찬에 참여하고, 공동체를 섬김으로써, 성령의 열매를 키워 가야 한다. 이러한 것들이 하나님이 우리에게 허락하신 은혜의 도구들이기 때문이다. 다시 말해, 이것들이 바로 우리에게 임하시는 하나님의 은혜의 통로이고 성화의 비결이다.

갈라디아서 5:16-26을 읽으라.

십자가의 그리스도를 자랑하다

수요일

예수 그리스도께서 십자가에 못 박히신 것이
너희 눈앞에 밝히 보이거늘.
갈라디아서 3:1

바울은 갈라디아의 도시들에서 행한 자신의 설교 사역을 일컬어, 십자가에 못 박히신 그리스도를 공개적으로 알리는 것이라 표현했다. 물론 갈라디아 사람들은 예수님이 죽으시는 것을 목격하지 못했다. 바울도 마찬가지였다. 하지만 바울은 십자가에 대한 설교를 통하여, 과거를 현재로 가져왔고 역사적 사건인 십자가를 눈앞의 현실로 만들었다. 그 결과 갈라디아 사람들은 이제 상상 속에서 십자가를 볼 수 있었고 그리스도가 자신들의 죄로 인해 죽으셨다는 사실을 이해할 수 있었다. 또 온전히 낮아져서 십자가 앞에 무릎 꿇고, 그분이 철저하게 값없이 과분하게 주시는 영생의 선물을 받아들일 수 있게 되었다.

하지만 십자가에 대한 바울의 설교는, 이후 고린도전서에서 상세히 설명했듯이, 자만하는 인간에게는 걸림돌이 된다. 행위로는 구원을 이룰 수 없다고 말하기 때문이다. 실제로 우리는 구원을 얻는 데 아무런 기여도 할 수 없다. 구원은 전적으로 무조건적인 하나님의 선물이다. 윌리엄 템플(William Temple) 대주교가 말했듯이, "내가 구원을 위해 한 유일한 일은 구속이 필요한 죄를 지었다는 것뿐이다."

이렇게 바울은 거짓 선생들, 즉 유대주의자들과 자신을 대비시킨다. 그들은 할례(율법 준수를 통해 스스로를 구원하는 것을 일컫기 위해 바울이 사용한 약칭)를 전함으로써 그리스도의 십자가 때문에 받는 박해를 피했다(6:12). 반면 바울은 십자가에 달려 죽으신 그리스도(그리스도 한 분만으로 얻는 구원)를 전함으로써 늘 박해를 받았다(5:11).

오늘날의 모든 그리스도인 설교자들도 동일한 선택의 기로에 놓인다. 사람들의 비위를 맞추며 그들이 듣고 싶어 하는 말(스스로를 구원할 수 있는 자신들의 능력에 관한)을 하여, 그들이 기뻐 흥흥거릴 때까지 쓰다듬어 주는 달래기 사역을 할 수도 있고, 아니면 그들이 듣고 싶어 하지 않는 진리(죄, 죄책, 심판, 십자가)를 이야기하여 그들의 적대감을 불러일으킬 수도 있다. 다시 말해, 인기를 얻기 위해 신실함을 버릴 수도 있고, 아니면 신실하겠다는 결단을 하고 기꺼이 인기를 버릴 수도 있다. 신실하면서도 동시에 인기를 얻을 수 있을지 나는 심히 의심스럽다. 바울은 둘 중 하나를 선택해야 함을 알았다. 우리도 그래야 한다.

갈라디아서 5:11; 6:11-18을 읽으라.

목요일

현지 교회를 통한 전도 사역

우리는 여러분에게 복음을…전하였습니다…여러분은…
기쁨으로 말씀을 받아들여서…주님의 말씀이 여러분으로부터…두루 퍼졌습니다.
데살로니가전서 1:5-6, 8(새번역)

바울은 자신의 방문을 상기시키면서 데살로니가전서를 시작했다. 그는 그것을 세 단계로 설명했다. 첫째, **"우리는 여러분에게 복음을…전하였습니다"**(5절, 새번역). 바울은 말로 복음을 전했다(거기에는 구체적인 내용이 있기 때문이다). 하지만 말로만 전한 것은 아니었다. 인간의 약함 속에서 전달되는 말은 신적인 능력으로 확증되어야 한다. 이 복음은 또한 큰 확신으로 전해졌다. 능력이 설교의 객관적인 영향력을 의미한다면, 확신은 설교자들의 주관적인 마음 상태를 의미한다. 또 진리의 말씀, 선포되는 말씀에 대한 확신, 영향력을 끼치는 능력은 모두 성령으로부터 나온다. 진리, 확신, 능력은 여전히 진정한 기독교 설교의 필수적인 특성이다.

둘째, **"여러분은…기쁨으로 말씀을 받아들여서"**(6절, 새번역). 이 일에는 분명 극심한 고난이 있었을 것이다. 진정한 복음은 언제나 적대감을 불러일으키기 때문이다. 하지만 사람들이 복음을 받아들일 때에는 기쁨도 있다. 복음을 전하는 이들에게 능력을 주시는 동일한 성령님이 그 복음을 받아들이는 이들에게는 기쁨을 주신다. 성령님은 이 의사소통 과정의 양쪽에서 일하신다. 데살로니가의 회심자들은 또한 그리스도와 사도들을 본받는 사람들이 되었고, 그들의 변화로 모든 신도들에게 모범이 되었다.

셋째, **"주님의 말씀이 여러분으로부터…두루 퍼졌습니다"**(8절). 이 구절에 사용된 헬라어 동사는 '소리가 나다, 울리다, 껍질을 벗기다, 확산되다' 등의 의미가 있다. 크리소스토무스는 바울이 복음 전파를 커다란 트럼펫 소리에 비유하고 있다고 생각했다. 어떤 과정으로든 데살로니가 교인들이 선포한 복음이 거대한 반향을 일으켜, 헬라의 산과 골짜기 전역에 울려 퍼진 것 같다.

데살로니가전서 1장에서는 두 가지 요점이 두드러진다. 첫째, 복음을 받은 교회는 그것을 반드시 다른 곳에 전해야 한다. "우리는 여러분에게 복음을…전하였습니다", "여러분은…기쁨으로 말씀을 받아들여서", "주님의 말씀이 여러분으로부터…두루 퍼졌습니다"라는 연속되는 배열은 참으로 인상적이다. 이는 온 세상에 복음을 퍼뜨리고자 하시는 하나님의 계획을 가장 간명하게 표현한 것 같다. 둘째, 복음을 전한 교회는 그것을 반드시 체화해야 한다. 데살로니가 교인들이 변화되었다는 소식이 자연스럽게 널리 퍼져, 전도자들조차 스스로 불필요하다고 느꼈다.

데살로니가전서 1:1-10을 읽으라.

사역에 관한 비유

금요일

> 우리가 너희 믿는 자들을 향하여 어떻게 거룩하고 옳고 흠 없이 행하였는지에 대하여
> 너희가 증인이요 하나님도 그러하시도다.
> 데살로니가전서 2:10

바울이 밤에 은밀히 데살로니가를 떠나 다시 돌아오지 못한 것 때문에 많은 비난이 쏟아져, 그는 이에 대해 스스로를 변호할 필요를 느꼈다. 그래서 일련의 생생한 비유를 통해 자신을 변호했다.

그는 먼저 **청지기**의 충성에 대해 썼다. "오직 하나님께 옳게 여기심을 입어 복음을 위탁받았으니"(4절). 물론 이 구절에는 **청지기**라는 단어는 등장하지 않는다. 하지만 바울이 복음을 위탁받은 것을 볼 때 청지기의 개념이 암시되어 있다.

둘째, "우리는…너희 가운데서 유순한 자가 되어 **유모**가 자기 자녀를 기름과 같이 하였으니"(7절). 그렇다. 그냥 유순하기만 한 것이 아니라 애정을 쏟고 희생하기까지 했다. 바울처럼 성정이 강인한 사람이 자신의 사역을 이렇게 여성스러운 단어로 표현했다는 사실이 참으로 놀랍다.

셋째, "우리가 너희 각 사람에게 **아버지**가 자기 자녀에게 하듯"(11절). 바울은 말과 본으로 가르치는 아버지의 교육적인 역할을 염두에 두고 있었던 것 같다.

넷째, 바울은 주의 **사자**의 담대함을 역설한다. 주의 사자가 되어 '소식을 알리다'(*kerysso*)라는 말은 신약 성경에서 설교를 표현하는 가장 흔한 단어였다. 바울은 "너희에게 하나님의 복음을 전하였노라"라고 썼다(9절).

청지기의 충성, 유모의 유순함, 아버지의 권면, 사자의 담대함. 우리는 사역에 관한 이 네 가지 은유에서, 목회 사역으로 부름받은 이들의 두 가지 주요 책무에 관해 배운다. 첫 번째는 하나님의 말씀에 대한 책무다. 목회자들은 청지기로서 그 말씀을 지키고 주의 사자로서 말씀을 선포해야 한다. 두 번째는 하나님의 백성들에 대한 책무다. 목회자들은 어머니와 아버지처럼 그들을 사랑하고 격려해 주어야 한다. 혹은 목회자들의 중요한 두 가지 표지는 진리와 사랑의 조화라고 할 수 있다. 그것이 어떻게 가능할까? 오직 성령의 내주하심을 통해서다. 그분이 바로 진리의 영이시고, 성령의 첫 번째 열매가 사랑이기 때문이다.

데살로니가전서 2:1-13을 읽으라.

토요일

영광이 드러나다

[우리가 이렇게 기도하는 것은] 우리 하나님과 주 예수 그리스도의 은혜대로 우리 주 예수의 이름이 너희 가운데서 영광을 받으시고 너희도 그 안에서 영광을 받게 하려 함이라.
데살로니가후서 1:12

데살로니가전후서는 파루시아(Parousia), 즉 그리스도의 인격적이고, 가시적이고, 영광스러운 재림에 대해 많이 언급된 편지로 잘 알려져 있다. 실제로 여덟 개의 장 모두에 재림에 대한 언급이 있다. 그중에서도 데살로니가후서 1장에서 그리스도의 영광이 거듭 언급되는 모습은 특히 더 놀랍다.

첫째, **주 예수께서 영광 가운데 나타나실 것이다**(7절). 물론 7절에 영광이라는 단어가 빠져 있긴 하지만 그 의미는 내포되어 있다. 재림은 의미 없는 짧은 쇼가 아니라, 경외를 불러일으키는 우주적 광휘가 드러나는 사건이다.

둘째, **주 예수께서 자기 백성들에게서 영광을 받으실 것이다**(10절). 다시 말해, 그분의 영광은 객관적으로만 나타나는 것(우리가 볼 수 있도록)이 아니라 그분의 백성들 안에서도(우리가 나눌 수 있도록) 드러난다. 이 두 가지 영광스럽게 되는 일(그분과 우리가)은 동시에 일어날 것이다. 물론 바울 사도는 구원받은 이들이 영광스럽게 되는 일보다는 성도들 가운데서 구세주께서 영광스럽게 되는 일을 더 강조한다.

셋째, **고의적으로 그리스도를 거부하는 이들은 그분의 영광에 참여하지 못할 것이다**(8-9절). 이들의 끔찍한 운명은 영원한 멸망과 영광에서 떠나는 것으로 표현되어 있다. 여기에 암시된 비극은, 하나님이 그분의 뜻을 위해 그분의 형상으로 만드신 인간들이 그분의 임재에서 영원히 추방되어 하나님 없이 영원토록 거해야 한다는 것이다. 그들의 빛은 그리스도의 영광과 함께 반짝이는 대신 바깥 어둠 속에서 꺼져 갈 것이다. 여기 바울 사도가 우리 앞에 펼쳐 보이는 두 가지 다른 길이 있다. 예수 그리스도의 영광에 참여하거나 아니면 그것으로부터 소외되는 것이다.

넷째, **그때까지 예수 그리스도께서는 우리 안에서 영광을 받으셔야 한다**(12절). 예수님이 자기 백성들에게서 영광을 받으시는 일과 그로 인해 그 백성들이 영광을 받게 되는 일이 꼭 마지막 때에만 일어나야 하는 변화는 아니다. 그 과정은 지금부터 시작된다. 사실 그 변화는 지금부터 시작되어야만 예수 그리스도가 오실 때 합당한 결말을 맞이할 수 있다. 그날에, 지금 진행되는 과정이 갑작스럽게 뒤바뀌는 것이 아니라, 오히려 그 과정이 확증되고 완성될 것이다.

데살로니가후서 1:1-12을 읽으라.

제43주
로마서

로마서는 순수한 편지이기도 하지만, 예수 그리스도를 통해 얻은 자유에 대해 말하는 그리스도인의 자유 선언이기도 하다. 또 신약 성경에서 복음을 가장 완전하고 장엄하게 진술한 글이다. 로마서는 우리가 모든 경건하지 않음에 대하여 나타난 하나님의 진노에서 벗어났다고 선언한다. 또 "어둡고 좁은 지하 감옥과도 같은 우리의 자아"(말콤 머거리지)에서 벗어났다고, 윤리적 갈등에서 벗어났다고, 죽음과 죽음의 공포에서 벗어났다고, 구속된 미래의 우주에서 고통과 썩음을 당하지 않을 것이라고, 하나님과 이웃을 사랑하며 살아갈 자유를 얻었다고 선언한다.

로마서는 또한 교회에도 엄청난 영향을 끼쳤다. 특히 종교개혁 시기에 그러했다. 루터는 로마서를 일컬어 "신약 성경의 진정한 핵심이며…진실로 가장 순수한 복음"이라고 했다. 여기에 칼뱅은, 만일 로마서를 이해하게 된다면, "성경의 가장 심오한 보고로 향하는 문을 연 것이다"라고 덧붙였다. 그리고 영어 성경의 아버지 윌리엄 틴데일(William Tyndale)은 로마서를 가리켜 "신약 성경에서 가장 탁월하고도 중요한 책이며…성경 전체를 이해하는 한 줄기 빛이자 통로"라고 묘사했다.

무엇보다도 로마서에는 바울이 복음에 헌신한 모습이 담겨 있다. 1:14-16에서 그는, "내가 빚진 자라…나는 할 수 있는 대로…복음 전하기를 원하노라…내가 복음을 부끄러워하지 아니하노니"라고 고백했다. 우리도 동일한 갈망을 갖게 되기를!

일요일: 모든 사람이 죄인이다
월요일: 십자가에서 보이신 하나님의 사랑
화요일: 죄에 대하여 죽고 그리스도 안에서 살다
수요일: 하나님의 변치 않는 사랑
목요일: 유대인과 이방인을 향한 하나님의 계획
금요일: 관계의 변화
토요일: 연약한 자와 강한 자

일요일

모든 사람이 죄인이다

그러므로 율법의 행위로 그의 앞에 의롭다 하심을 얻을 육체가 없나니
율법으로는 죄를 깨달음이니라.
로마서 3:20

사람들이 그리스도에게로 다가가지 못하는 가장 큰 원인은, 그리스도가 필요하다는 사실을 깨닫지 못하거나 그 사실을 인정하려 하지 않기 때문이다. 이것이 바로 로마서 1:18-3:20 이면에 흐르는 분명하지만 환영받지 못하는 원리다. 바울은 인류를 몇 집단으로 나누어 그들의 죄를 차례로 고발함으로써, 인간의 죄와 죄책의 보편성을 보여 준다. 그는 모든 집단이 그들의 지식에 부끄럽지 않게 사는 데 실패했음을 폭로한다. 오히려 그들은 그 지식을 의도적으로 억압하거나 심지어 그에 반하는 행동을 했다. 그러므로 그들은 유죄이며 변명의 여지가 없다. 아무도 결백을 주장할 수 없다. 아무도 무지를 주장할 수 없기 때문이다.

첫째, 바울은 우상숭배와 음행과 반사회적 행위 등을 일삼는 **타락한 이방 사회**를 묘사한다(1:18-32).

둘째, 바울은 높은 수준의 윤리적 기준을 설파하고 그것을 모든 사람에게 적용하려 들지만 정작 자신들은 지키지 않는 **비판적인 도덕론자들**(이방인이든 유대인이든 상관없이)을 이야기한다(2:1-16).

셋째, 바울은 이제 **자기 의로 가득 찬 유대인**을 이야기한다. 이들은 하나님의 율법에 관한 지식이 많음을 자랑하지만 그 율법에 순종하지는 않는다(2:17-3:8).

넷째, 바울은 **모든 인류**를 포괄하여, 우리 모두 하나님 앞에서 죄인이며 변명의 여지가 없다고 결론내린다(3:9-20).

드디어 사도는 쉴 틈 없이 몰아쳐서 도달하고자 했던 지점에 이른다. 이는 "모든 입을 막고, 온 세상을 하나님 앞에서 유죄로 드러내려는"(19절, 새번역) 것이다.

그렇다면 인간의 죄와 죄책에 대한 바울의 이 끔찍한 폭로에 우리는 어떻게 반응해야 하는가? 화제를 전환하여 자존감을 갖자고 다독이는 것은 답이 아니다. 또는 본성에 따른 행동이나 우리의 교육과 문화를 비난해서도 안 된다. 오히려 우리의 상태에 대한 하나님의 진단을 받아들이고, 그에 대한 책임 역시 받아들여야 한다. 그렇게 할 때에만 로마서 3:21의 "그러나 이제"(새번역)로 시작하는 위대한 선언을 맞이할 준비가 된다. 바울 사도는 여기서부터, 하나님이 우리를 구원하시기 위해 어떻게 그리스도와 그분의 십자가를 통해 개입하셨는지 설명하기 시작한다.

로마서 3:9-31을 읽으라.

십자가에서 보이신 하나님의 사랑

월요일

이는 하나님께서…자기의 의로우심을 나타내려 하심이니…
하나님께서 우리에 대한 자기의 사랑을 확증하셨느니라.
로마서 3:25; 5:8

모든 인간은 인종과 계급을 막론하고, 도덕적으로 타락했든 도덕을 내세우든, 유대인이든 이방인이든 예외 없이 하나님 앞에서 죄인이고, 죄에 대한 책임이 있으며, 변명의 여지가 없고, 일언반구의 여지도 없다. 이것이 바로 어제 살펴본, 인간의 비참한 상태다. 거기에는 한 줄기 빛도, 희망의 희미한 빛도, 구원의 가망도 전혀 없다. "그러나 이제", 바울이 갑자기 끼어들어 말한다. 하나님이 직접 개입하셨다. 칠흑 같은 기나긴 밤이 지나고 새날의 동이 텄다. 이것은 새로운 계시로, 그리스도와 그분의 십자가에 초점을 맞추고 있다. 로마서 3:21-26은 아주 집약적인 단락이다. 찰스 크랜필드(Charles Cranfield)는 이 단락을 가리켜 로마서의 "중심이자 핵심"이라고 했다. 레온 모리스(Leon Morris)는 한걸음 더 나아가 이 문단이 아마 "지금까지 기록된 모든 단락 가운데 가장 중요한 단락"일 것이라고 썼다. 이 문단에는 **화목** 혹은 **속죄**, **구속**, **칭의** 등의 위대한 용어가 등장하기 때문이다.

하지만 나는 하나님이 공의와 사랑을 드러내신 것에 대한 바울의 기록에 초점을 맞추려 한다. 사도는 의도적으로 과거와 현재를 대비시킨다. 즉 이전에 지은 죄(하나님이 오래 참으심으로 벌하지 않고 내버려두신)와 하나님이 공의를 드러내시기 위해 행하시는 현재를 대비시킨다. 이는 형벌을 연기하신 하나님의 오래 참으심과, 그리스도와 그분의 십자가에서 행하신 하나님의 공의를 대비시킨 것이라 볼 수 있다.

하지만 로마서 5:8에 따르면, 하나님이 십자가에서 드러내신 것이 또 있다. "우리가 아직 죄인 되었을 때에 그리스도께서 우리를 위하여 죽으심으로 하나님께서 우리에 대한 자기의 사랑을 **확증하셨느니라**(demonstrate)." 영어 성경의 표현(demonstrate)은 사실 너무 약하다. 이 부분에는 '입증하다'(prove)라는 단어가 더 적합해 보인다. 이 구절의 의미를 이해하기 위해서는, 사랑의 핵심은 주는 것이며, 사랑의 가치는 선물을 주는 사람에게 그 선물이 얼마나 귀한 것인지, 또 선물을 받는 사람이 얼마나 가치 있는지 아닌지로 측정해 볼 수 있음을 기억해야 한다. 이런 기준으로 볼 때, 그리스도 안에서 보이신 하나님의 사랑은 아주 특별하다. 죄인들을 위해 죽게 하려고 자기 아들을 보냈다는 것은, 그분이 모든 것, 바로 자신의 자아를 주었다는 의미이며, 심판 외에는 아무것도 받을 자격이 없는 자들을 위해 자신을 주었다는 의미이기 때문이다.

하나님이 십자가를 통해 그분의 공의와 그분의 사랑 두 가지를 입증하셨음을 이해할 때에야 우리는 십자가를 이해할 수 있다.

로마서 5:1-11을 읽으라.

화요일

죄에 대하여 죽고 그리스도 안에서 살다

> 그런즉 우리가 무슨 말을 하리요
> 은혜를 더하게 하려고 죄에 거하겠느냐.
> 로마서 6:1

로마서 6장에서 우리는 두 번(1, 15절)이나 바울의 상상 속 비판자들이 동일한 질문을 제기하는 것을 듣는다. 바울은, 하나님이 은혜로 계속해서 우리를 용서해 주시도록 계속해서 죄를 지으라고 가르치는 것인가? 사도는 두 번 다 "그럴 수 없느니라!"라고 강하게 부정한다. 이러한 질문을 하는 그리스도인들이 있다면, 그들은 자신들이 받은 세례(1-14절)의 의미도, 회심(15-23절)의 의미도 전혀 이해하지 못한 것이다.

그들은 자신들의 세례가, 그리스도의 죽으심과 합한 것이라는 의미임을, 그분의 죽음은 죄에 대한 죽음(그 요구를 충족시키고 합당한 벌을 받은 것)이라는 것을, 또한 그들은 그분의 부활에도 연합하였다는 것을 알지 못하는 것인가? 그들은 그리스도와 연합함으로 죄에 대해서는 죽었으나 하나님에 대해서는 살아났다. 그렇다면 어떻게 이미 죽은 것 가운데서 계속 살아갈 수 있겠는가? 회심도 마찬가지다. 그들은 이미 하나님께 자신을 종으로 드리기로 결단한 것 아닌가? 그렇다면 어떻게 다시 죄의 종이 되는 뒷걸음질을 생각할 수 있겠는가? 우리의 회심과 세례는 옛 삶을 향한 문을 닫고 새로운 삶을 향한 문을 열었다. 돌아가는 것이 불가능하지는 않겠지만, 그렇게 한다는 것은 상상할 수도 없는 일이다. 하나님의 은혜는 죄를 권하기는커녕 오히려 죄를 금한다.

그러나 그저 "그럴 수 없느니라!"라고 강하게 선언하는 것만으로는 충분하지 않다. 한걸음 더 나아가 이 부정을 논리로 확증해야 한다. 다시 말해, 우리가 (내적) 회심과 (외적) 세례로 어떤 사람이 되었는지를 기억해야 한다. 우리는 그리스도와 연합하였으며(1-14절) 하나님의 종(15-23절)이다. 그런 우리가 어떻게 의도적으로 죄 가운데 거하면서 은혜가 임하기를 바랄 수 있겠는가? 그런 발상 자체를 용납하기 어렵고, 의미 면에서도 완벽한 모순이다. 그러므로 우리는 끊임없이 우리가 어떤 존재인지를 기억해야 한다. 우리는 스스로에게 말을 걸어 다음과 같이 질문하는 법을 배워야 한다. "당신이 어떤 사람인지를 알지 못하는가? 그리스도와 합한 자이며 하나님의 종임을 모르는가?" 우리는 스스로에게 이렇게 답할 수 있을 때까지 질문을 계속해야 한다. "안다. 내가 어떤 존재인지를 잘 안다. 나는 그리스도 안에서 새로운 사람이 되었다. 그러니 하나님의 은혜로 그에 합당한 삶을 살 것이다."

로마서 6:1-23을 읽으라.

하나님의 변치 않는 사랑

수요일

내가 확신하노니 사망이나 생명이나 천사들이나 권세자들이나…높음이나 깊음이나 다른 어떤 피조물이라도 우리를 우리 주 그리스도 예수 안에 있는 하나님의 사랑에서 끊을 수 없으리라.
로마서 8:38-39

의심할 여지 없이 로마서 8장은 성경에서 가장 유명한 장 가운데 하나다. 특히 마지막 열두 절이 그렇다. 여기서 사도는 장엄한 절정을 향해 치솟는다. 바울은 의롭다 함을 받은 성도들의 가장 중요한 특권, 즉 하나님과의 화목, 그리스도와의 연합, 율법에서의 해방, 성령 안에서의 삶에 대해 설명한 후, 성령의 감동을 받은 그는 영원한 과거에서 앞으로 다가올 영원한 미래에 걸친 하나님의 전체 계획과 뜻을 훑는다.

그는 먼저 **다섯 가지 흔들리지 않는 확신**으로 시작한다(28절). 즉, 하나님은 우리 삶 속에서 일하시고, 백성들의 선을 위해 힘쓰시며, 모든 면에서 그리하신다. 그분을 사랑하고, 그분의 뜻대로 부르심을 입은 사람들을 위해서 말이다. 우리는 바울이 쓴 이 다섯 가지 내용을 알기는 하지만, 항상 그것을 다 이해할 수 있는 것은 아니다. 다음으로, **다섯 가지 부인할 수 없는 확증**이 나온다(29-30절). 이는 바울이 하나님의 '뜻'이라 일컫는 것을 자세히 설명해 준다. 그들은 하나님이 미리 아시고(이는 하나님이 그들에게 사랑을 부으셨다는 의미다), 그 아들의 형상을 본받게 하기 위해 미리 정하셨으며, 복음을 통해 자신에게로 부르시고, 의롭다 칭하시고, 마침내 영화롭게 하신 하나님의 백성이다. 여기서 우리를 영화롭게 하신다는 말은 과거 시제로 표현되어 있다. 이는 비록 여전히 미래에 이루어질 일이지만 이미 확실하게 정해진 일이기 때문이다. 이처럼 바울은 천천히 한 단계 한 단계 이동하여, 마침내 **다섯 가지 반박할 수 없는 질문들**로 넘어간다.

질문 1: "만일 하나님이 우리를 위하시면 누가 우리를 대적하리요?"(31절) 질문 2: "자기 아들을 아끼지 아니하시고 우리 모든 사람을 위하여 내주신 이가 어찌 그 아들과 함께 모든 것을 우리에게 주시지 아니하시겠느냐?"(32절) 질문 3: "누가 능히 하나님께서 택하신 자들을 고발하리요 의롭다 하신 이는 하나님이시니"(33절). 질문 4: "누가 정죄하리요, 죽으실 뿐 아니라 다시 살아나신 이는 그리스도 예수시니 그는 하나님 우편에 계신 자요 우리를 위하여 간구하시는 자시니라"(34절). 질문 5: "누가 우리를 그리스도의 사랑에서 끊으리요?"(35절).

이렇듯, 하나님의 섭리에 대한 다섯 가지 확신과 그분의 뜻에 관한 다섯 가지 확증, 그리고 그분의 사랑에 관한 다섯 가지 질문이 있다. 이는 우리에게 그분에 관한 열다섯 가지 확신을 알려 준다. 오늘날 우리에게는 이 확신이 시급하게 필요하다. 이 세상에 속한 그 어떤 것도 더 이상 안전해 보이지 않기 때문이다.

로마서 8:28-39을 읽으라.

목요일

유대인과 이방인을 향한 하나님의 계획

그러므로 내가 말하노니
그들이 넘어지기까지 실족하였느냐 그럴 수 없느니라.
로마서 11:11

바울은 로마서 전반부를 지나는 동안, 로마 교회의 복잡한 인종 문제도, 소수의 유대 그리스도인과 다수의 이방 그리스도인 사이에서 계속 불거진 긴장도 잊지 않았다. 하지만 이제 그 이면에 흐르는 신학적인 문제를 정면으로 다룰 때가 되었다. 어떻게 유대 민족은 그들의 메시아를 거절할 수 있었을까? 하나님의 특별한 택함을 받은 그들이 어떻게 자기들만의 편협한 선입관 속에 웅크린 채 꼼짝하지 않을 수 있었던 것일까?

바울은 이에 대해 두 가지 답변을 준다. 먼저, 유대인의 불신앙은 하나님의 택하신 뜻 때문이다. 하지만 또한 이스라엘의 완고한 불순종 때문이기도 하다. 특히 이스라엘은 그리스도와 그분의 십자가라는 걸림돌에 걸려 넘어지고 말았다. 하나님의 택하심과 인간의 불순종 사이의 이 같은 긴장은 한계를 지닌 인간으로서는 헤아릴 수 없는 모순이다. 하지만 설령 그 모순을 해결할 수 없다 해도 우리는 두 가지 진리를 모두 인정해야 한다.

로마서 11장에서 바울은 미래를 들여다보며 이스라엘이 전체적으로 타락하지는 않았다고 선포한다. 신실한 남은 자들이 있기 때문이다. 또 그 타락이 최종적이지도 않다고 선포한다. 하나님은 자기 백성을 저버리지 않으시고 회복시키실 것이기 때문이다(1-11절). 그리고 나서는 감람나무 알레고리를 전개시키며 그로부터 두 가지 교훈을 준다. 첫 번째는, 이방인들(참감람나무에 접붙인 돌감람나무 가지)에게 주제넘게 나서거나 자랑하지 말라고 경고한다(17-22절). 두 번째는, 이스라엘(원 가지)을 향해, 만일 그들이 불신앙을 고집하지 않으면 다시금 접붙임을 받을 수 있을 것이라고 약속한다(23-24절). 바울이 미래에 관해 본 환상["신비"(25절), 혹은 계시라고 부른]은 유대인과 이방인이 모두 함께 충만한 수로 모이는 모습이다(12, 25절). 실제로 하나님은 그들 모두에게 긍휼을 베푸신다(32절). 이는 예외 없이 모두라는 의미가 아니라 차별 없이 유대인과 이방인 둘 다라는 의미다. 그렇기 때문에 바울이 이제 영광송을 부르는 것이 당연하게 느껴진다. 그는 그 풍성함이 크고 지혜가 깊으신 하나님을 찬양한다.

로마서 11:25-36을 읽으라.

관계의 변화

금요일

> 너희는 이 세대를 본받지 말고
> 오직 마음을 새롭게 함으로 변화를 받아.
> 로마서 12:2

바울은 이제 독자들에게 호소력 있게 당부한다. 그는 지금까지 상세히 설명한 하나님의 자비하심에 기초하여, 몸을 정결하게 하고 마음을 새롭게 하라고 요청한다. 그는 언제 어디에서나 하나님의 백성들이 직면하는 선명하게 대비되는 두 가지 선택안을 제시한다. 하나는 이 세상의 방식을 따르는 것이고, 다른 하나는 마음을 새롭게 함으로 변화를 받아 하나님의 "선하시고 기뻐하시고 온전하신 뜻"이 무엇인지 분별하는 것이다(2절). 세상의 방식과 주님의 뜻 사이에서 선택하라는 것이다.

이어지는 장들을 보면, 하나님의 선하신 뜻은 우리가 맺는 모든 관계와 관련이 있다는 것이 분명해진다. 복음은 우리의 관계들을 철저하게 변화시킨다. 바울은 그중 여덟 가지를 다룬다. 예를 들어, 우리는 우리 자신에 대해 냉철하게 판단하려고 노력해야 하고, 그리스도의 몸의 유익을 위해 우리 은사를 사용해야 한다. 하지만 가장 도전이 되는 권고는 원수를 사랑하라는 것이다(17-21절). 바울은 예수님의 가르침을 그대로 따르며, 악을 악으로 갚지 말고 선한 일을 도모하라고 쓴다. 우리가 직접 원수를 갚을 것이 아니라 악을 벌하시는 일은 하나님께 맡겨야 한다.

하나님의 진노를 언급하는 두 본문을 함께 살펴보는 일도 필요하다. 로마서 12:19에 따르면 우리는 직접 원수를 갚지 말고 "하나님의 진노하심에 맡겨야" 한다. 또한 로마서 13:4에 따르면 치안관들은 "하나님의 일꾼으로서, 나쁜 일을 하는 자에게 하나님의 진노를 집행하는 자"(새번역)다. 우리 각 개인은 원수를 사랑하고 섬겨야 한다. 우리에게는 법을 어기는 자들에게 직접 법을 집행하여 처벌할 권한이 없다. 악을 벌하는 것은 하나님의 특권이며, 이 시대에 그분은 법정을 통해 그 일을 하신다.

로마서 12:14-13:5을 읽으라.

토요일

연약한 자와 강한 자

믿음이 연약한 자를 너희가 받되
그의 의견을 비판하지 말라.
로마서 14:1

바울이 가장 많은 지면을 할애한 내용은 다름 아닌 연약한 자와의 관계다(14:1-15:13). 그들은 의지나 성품이 연약하다기보다는 믿음이나 확신이 연약한 이들이다. 따라서 연약한 형제나 자매를 머릿속으로 그릴 때는, 유혹에 쉽게 넘어가는 취약한 그리스도인이 아니라 망설임과 가책에 시달리는 예민한 그리스도인을 상상해야 한다. 연약한 자에게 부족한 것은 절제 능력이 아니라 양심의 자유다. 로마 교회에서 연약한 이들은 대체로 유대 그리스도인들이었을 것이다. 이들은 여전히 음식법이나 유대력에 따른 절기, 금식 등을 지켜야 한다고 믿었다. 바울은 강한 자였지만 약한 자들에게 공감했다. 풍성한 지성을 갖춘 그의 양심은 음식이나 절기는 부차적인 것임을 확신하고 있었다. 하지만 동시에 그는 연약한 자들의 예민한 양심을 함부로 짓밟아서는 안 된다고 생각했다. 그래서 그는 로마 교회를 향해, 하나님이 그리하신 것처럼 연약한 자들을 용납하고(14:1, 3), 그리스도가 그리하셨던 것처럼 서로를 받아들이라고(15:7) 권했다. 강한 자들은 연약한 자들을 무시하거나 협박하거나 비난해서도 안 되고, 또 그들의 양심에 반하는 행동을 강요하여 상처를 주어서도 안 된다.

바울의 가르침에서 가장 눈에 띄는 점은, 그가 기독론, 특히 예수님의 죽음과 부활과 재림을 가르침의 기초로 삼고 있다는 점이다. 연약한 자들 역시 그리스도가 목숨을 주고 사신 우리 형제자매들이다. 그리스도는 다시 사셔서 그들의 주가 되셨으므로, 우리에게는 그분의 종에게 참견할 권리가 없다. 예수님은 또한 우리의 심판자로 다시 오실 것이므로, 우리가 심판자 흉내를 내서는 안 된다. 우리는 또한 자신을 위해 살지 않고 종이 되신, 실제로 유대인과 이방인 모두를 위한 종이 되신 그리스도의 발자취를 따라야 한다. 마지막으로 바울은 독자들에게, 연약한 자와 강한 자, 유대 신자들과 이방 신자들에 대한 아름다운 비전을 남겨 준다. 그들은 서로 뜻을 같이 하여 함께 모여 "한 마음과 한 입으로" 하나님께 영광을 돌리게 될 것이다.

로마서 15:1-13을 읽으라.

제44주
고린도전후서

바울은 고린도를 방문하고 또 그 교회에 편지를 보냄으로 고린도 교회 성도들과의 관계를 돈독히 했지만, 그의 방문과 편지의 횟수와 시기를 재구성하기는 쉽지 않다. 하지만 그리스도의 강력한 사랑의 띠가 그들을 하나로 묶어 주었음은 분명하다. 바울은 자연스럽게 그들을 "내 사랑하는 자녀"라고 부른다(고전 4:14). 그들에게는 가르침을 주는 "일만 스승"(15절)이 있었을지 몰라도 그들을 사랑하는 아버지는 많지 않았는데, 바울은 복음으로 그들의 아버지가 되었다(15-21절을 보라).

로마서와 고린도전후서를 비교해 보면 아주 흥미롭다. 로마서는 복음을 펼쳐 보이기 위해 질서정연하고 세심하게 구성되었다. 반면 고린도전후서는 고린도 교회의 필요에 대응하고 그들이 제기한 질문들에 답해 주기 위해 쓴 특별한 문서다. 고린도전후서는 신학적·윤리적·목회적·개인적 주제 등 모두 스무 가지 정도의 주제를 다루는 것 같다. 고린도전후서가 1세기 고린도의 문제들을 다루고 있음에 불구하고, 바울의 가르침은 오늘날 다양한 문화권에 속한 교회들에게 놀랄 만큼 적실하다.

일요일: 연약함 속에서 드러나는 능력
월요일: 우상에게 바친 고기를 둘러싼 논쟁
화요일: 하나 되게 하시는 영
수요일: 바울의 여행 계획
목요일: 전도의 초자연적인 차원
금요일: 화해의 복음
토요일: 은혜와 나눔

일요일

연약함 속에서 드러나는 능력

우리가 이 보배를 질그릇에 가졌으니 이는 심히 큰 능력은 하나님께 있고
우리에게 있지 아니함을 알게 하려 함이라.
고린도후서 4:7

고린도전후서에서 가장 중요한 주제 가운데 하나는 연약함 속에서 드러나는 능력이다. 이에 대해서는 고린도전후서에 여덟 가지 독특한 표현이 등장한다.

물론 권력을 향한 욕망은, 아담과 하와가 권력과 불순종을 맞바꾸자는 제안을 받은 이래로 인간 사회의 분명한 특징이었다. 오늘날에도 여전히 돈과 명예와 영향력을 추구하는 것은 권력을 향한 숨겨진 욕구 때문이다. 이는 정치와 공직 생활에서도, 거대한 기업과 산업에서도, 각종 직업과 미디어에서도, 심지어 교회와 선교단체에서도 나타난다. 권력! 그것은 알코올보다도 사람을 취하게 하고 약물보다도 중독성이 강하다. 19세기 영국의 정치가 액튼(Acton) 경은 "권력은 부패하기 마련이고 절대 권력은 절대적으로 부패한다"는 경구를 남겼다. 그는 로마 가톨릭 신자로, 1870년 교황 무오설을 승인한 제1차 바티칸 공의회의 결정에 강하게 반발했다. 그는 권력이 교회를 부패시키고 있다고 보았던 것이다.

성경은 권력을 행사하고 남용하는 것에 대해 분명하게 경고한다. 또 바울은 연약함 속에서 드러나는 능력, 인간의 연약함 속에서 드러나는 하나님의 능력이라는 주제를 강조한다. 그는 고린도전서 1-2장에서 이 원리에 대한 세 가지 놀라운 예를 보여 준다.

우리는 먼저 복음 자체에서 그 예를 찾을 수 있다. 십자가의 연약함이 하나님의 구원하시는 능력이기 때문이다(고전 1:17-25). 둘째, 우리는 고린도 교회의 회심자들에게서 연약함 가운데 드러나는 하나님의 능력을 본다. 하나님은 강한 자들을 부끄럽게 하시려고 약한 자들을 택하셨기 때문이다(고전 1:26-31). 셋째, 전도자 바울에게서 연약함 가운데 드러나는 하나님의 능력을 발견한다. 그는 "약하고 두려워하고 심히 떨면서" 고린도에 왔지만 동시에 "성령의 나타나심과 능력으로" 그들 앞에 섰기 때문이다(고전 2:1-5).

이렇듯 복음, 회심자, 설교자(혹은 말씀, 전도 대상자, 전도자) 모두, 하나님의 능력이 인간의 연약함 가운데서 가장 잘 드러난다는 동일한 원리를 보여 준다. 하나님은 연약한 그릇(바울)을 택하셔서 (사회적으로 천대받는) 연약한 사람들에게 연약한 메시지(십자가)를 전하셨다. 하지만 이 세 가지 연약함을 통해 하나님의 능력이 드러났고 지금도 그러하다.

고린도전서 1:18-2:5을 읽으라.

우상에게 바친 고기를 둘러싼 논쟁

월요일

> 우상의 제물에 대하여는 우리가 다 지식이 있는 줄을 아나
> 지식은 교만하게 하며 사랑은 덕을 세우나니.
> 고린도전서 8:1

오늘 본문은 1세기 교회를 뒤흔든 가장 뜨거운 논란 가운데 하나로 우리를 인도한다. 예수님을 따르는 이들은 정육점에서 팔리기 전에 이교도 제사에 사용된 고기를 먹어도 될까? 아니, 그런 고기를 먹는 것은 우상숭배와 다름없는 행동인가?

(우리가 지난 토요일에 살펴보았던) 논란의 중심에 있는 두 진영은 약한 자와 강한 자다. 한쪽 편에는 신학 지식이 충분한, 강한 양심을 가진 자들이 있다. 그들은 우상이 아무것도 아님을 알았기에, 고기를 먹는 데 아무런 거리낌이 없었다. 그리고 이들의 판단은 옳았다. 하지만 이들은 연약한 자들을 거의 배려하지 않았다. 자신들의 생각을 다른 사람의 양심에도 밀어붙였다. 이 경우, 그들의 지식은 사랑으로 누그러뜨려야 했다. 다른 한쪽에는, 우상숭배에서 이제 막 회심한, 약한 양심을 가진 이들이 있다. 이들은 하나님을 신실하게 섬기는 데 누구보다도 열심이어서, 우상에게 바쳤던 고기는 손도 대지 않았을 것이다. 우상과 아무런 관련을 맺지 않으려는 그들의 결단은 옳았다. 하지만 그들의 신학은 약했다. 이 경우, 하나님을 향한 그들의 사랑은 건전한 지식으로 더욱 공고해져야 했다. 강한 자들은 좀더 부드러워져야 하고 연약한 자들은 지식을 좀더 가져야 한다.

핵심적인 표현은, "지식은 교만하게 하며 사랑은 덕을 세우나니"(1절)이다. 지식은 자유를 가져다준다(4-8절). 우리는 하나님이 한 분밖에 없음을 알고 있고, 그러한 유일신 신앙으로 양심과 행동의 자유를 얻는다. 하지만 어떤 사람들에게는 이러한 지식이 없어서 자유를 누리지도 못한다. 그렇기 때문에 사랑으로 자유를 제한해야 한다(9-13절). 만일 약한 양심을 가진 누군가가 당신(지식이 있는 사람)이 우상의 신전에서 도전적으로 고기를 먹는 것을 보면, 담력을 얻어 당신의 본을 따르려 할지도 모른다. 그러나 그의 양심에 상처가 날 것이다.

이 고대의 논쟁에서 우리는 두 가지 변치 않는 진리를 발견한다. 첫째, **양심은 존중받아야 마땅하다**. 양심에 오류가 없는 것은 아니다. 양심도 지식을 쌓아야 하지만, 침해를 받아서는 안 된다. 결코 다른 사람의 양심을 함부로 다루어서는 안 된다. 둘째, **사랑으로 자유를 제한해야 한다**. 우리 양심은 하나님의 말씀으로 지식을 얻으면, 행동이 아주 자유로워진다. 하지만 그렇다고 해서 다른 사람의 양심을 희생시키면서 우리의 자유를 주장해서는 안 된다. 지식은 자유를 주지만, 사랑은 자유를 제한한다.

고린도전서 8:1-13을 읽으라.

화요일

하나 되게 하시는 영

몸은 하나인데…그리스도도 그러하니라. 우리가 유대인이나 헬라인이나 종이나 자유인이나 다 한 성령으로 세례를 받아 한 몸이 되었고 또 다 한 성령을 마시게 하셨느니라.
고린도전서 12:12-13

우리는 고린도전서 1장을 통해 고린도 교회가 여러 분파로 쪼개져 있었다는 것을 알고 있다. 오늘 본문을 잘 이해하기 위해서는 이러한 배경을 기억해야 한다. 바울의 강조점은, 오직 한 분의 성령님이 계시고 그분은 하나 되게 하시는 영이라는 것이다. 그는 12장 전반부에서 7-8번 정도 그분을 "한 성령" 혹은 "같은 성령"이라고 지칭했다. 그리고 강력하고도 통합적인 세 마디 말로 이 사실을 강화시킨다.

첫째, 모든 신자는 한 성령, 같은 성령의 **조명하심**을 받아 "예수를 주시라"라고 말하게 된다(1-3절). 이는 오늘날도 어떤 사람이나 운동에도 적용 가능한 신뢰할 만한 검증 기준이다. 성령이 역사하시면, 예수님을 영화롭게 한다. 우리는 삼위일체의 두 번째 위격과 세 번째 위격을 결코 분리시켜서는 안 된다.

둘째, 모든 신자는 한 성령, 같은 성령이 주시는 다양한 은사들로 **풍성함을 누린다**(4-11절). 신약 성경에는 성령의 은사에 관한 목록이 다섯 개가 있는데, 이 모두를 합하면 최소한 스물한 가지 성령의 은사가 나온다. 그중 일부는 관리의 은사, 긍휼의 은사, 나눔의 은사같이 비교적 평범한 것들이다. 이러한 은사의 목적은 "공동 이익"(7절, 새번역)이며, 그 은사들이 교회를 세워 갈수록 그 중요성은 더 커진다(14:12).

셋째, 모든 신자는 한 성령, 같은 성령으로 **세례를 받아** 그리스도의 몸이 되었다(12-13절). 오순절파와 은사주의 그리스도인들은 성령 세례를, 회심과 중생에 이은 두 번째 체험으로 보고, 어떤 그리스도인들은 받고 어떤 그리스도인들을 받지 못한다고 생각한다(물론 모두 받을 수도 있지만). 하지만 오늘 본문은 그 교리와는 모순되는 것처럼 보인다. 여기 사도 바울에 따르면, 우리는 모두 한 성령으로 세례를 받고 같은 성령을 마셨기 때문이다. 세례로 그려지기도 하고 마시는 것으로 그려지기도 한 성령의 선물은, 모든 신자가 누리는 특권이다. "누구든지 그리스도의 영이 없으면 그리스도의 사람이 아니라"(롬 8:9).

고린도전서 12:1-13을 읽으라.

바울의 여행 계획

수요일

> 만일 주께서 허락하시면 얼마 동안 너희와 함께 머물기를 바람이라.
> 내가 오순절까지 에베소에 머물려 함은.
> 고린도전서 16:7-8

바울은 지금 아시아의 수도인 에베소에 있지만, 마게도냐를 거쳐 고린도로 가려 한다. 그리고 나서 구제금을 가지고 예루살렘으로 가고자 한다. 이는 직선거리만으로도 2천 킬로미터에 이르는 여정으로, 배로는 훨씬 더 긴 여정이 될 것이다.

바울은 두 가지가 서로 보완되도록 계획을 세우고 있음에 주목하라. 한편으로, 그의 모든 계획은 하나님의 뜻과 목적 아래 있었다. "주께서 만일 허락하시면"이라는 조건절은, 모든 문장에 "하나님의 뜻이라면"이라고 형식적으로 덧붙인 것이 아니라, 자신의 계획이 진정으로 그리스도의 뜻 아래 있다는 표식이다. 다른 한편으로, 바울은 계획을 짤 때 상식을 동원할 뿐 아니라 관련된 모든 상황을 고려하고 있다. 예를 들어, 그는 그가 가지고 가는 선물의 상징적인 중요성 때문에 예루살렘에 가고자 했다. 또 예루살렘으로 가는 길에 고린도에서 충분한 기간(겨울)을 보내고자 했다. 이는 분열된 교회를 화목하게 하고, 또 겨울 폭풍이 잦아들어 다시 항해할 수 있기까지 기다리기 위함이었다. 그리고 고린도에 가는 길에는 빌립보, 데살로니가, 베뢰아 등을 들르며 마게도냐 지방을 거쳐 가고자 했다. 동시에 오순절(6월)까지는 에베소에 머물기를 바랐는데, 한편으로는 "광대하고 유효한 문"(9절)이 그에게 열렸기 때문이고(두란노서원에서의 강론), 다른 한편으로는 그에게 대적하는 자가 많았기 때문이다. 이처럼 그의 여정의 각 단계에는 저마다의 이유가 있었다. 그는 봄은 에베소에서, 여름은 마게도냐에서, 가을과 겨울은 고린도에서 보내고, 그다음 해 봄에 예루살렘으로 배를 타고 가려 했다. 여기서 인상적인 것은, 바울이 여행 계획을 짤 때 하나님의 인도하심과 상식을 현명하게 잘 결합시키고 있다는 점이다.

우리는 고린도전서 16장에서, 모든 삶은 하나님께 속해 있으며 그 어떤 것도 그분의 관심 영역 밖에 있지 않다는 사실을 배운다. 이원론, 다시 말해 세속적인 것과 신성한 것을 구분하려는 생각은 교회 역사 내내 존재했던 끔찍한 경향이었다. 사도 바울은 단연코 그런 일을 저지르지 않았다. 그는 고린도전서 15장에서는 숭고한 부활의 진리를 다루었고, 16장에서는 일상적인 사건들을 다루었다. 그는 동시에 두 세계에서 살고 있었다.

고린도전서 16:1-9을 읽으라.

목요일

전도의 초자연적인 차원

어두운 데서 빛이 비치라 말씀하셨던 그 하나님께서
예수 그리스도의 얼굴에 있는 하나님의 영광을 아는 빛을 우리 마음에 비추셨느니라.
고린도후서 4:6

고린도후서 3-4장은 목회 사역에 관한 고전적인 본문이다. 여기서 바울 사도는 복음 전도의 초자연적 차원을 소개한다. 그는 "이 세상의 신[사탄]"이 믿지 않는 자들의 눈을 어둡게 한다고 말한다(4절). 우리는 눈먼 자들에 대해 속수무책이다. 우리에게는 눈먼 자들의 눈을 여는 능력이 없기 때문이다. 두터운 장막이 그들의 마음을 가리고 있기에, 그들은 그리스도의 복음의 빛을 볼 수 없다.

오직 창조주 하나님만이 사탄이 멀게 한 눈을 여실 수 있다. 그래서 바울은 우리를 창세기의 시작 부분으로 데리고 가서 하나님이 태고의 어두움을 뚫고 "빛이 있으라" 하신 그 사건을 상기시킨다. 하나님이 세상을 창조하실 때 "빛이 있으라"라고 하셨던 것처럼, 새 창조가 이루어지는 과정에서도 그분은 우리 마음에 빛을 비추어 주신다. 중생은 하나님의 최초의 창조 명령처럼 하나님의 창조 사역으로 이루어진다.

그렇다면 여기 소위 두 신이 생사가 걸린 투쟁을 벌이고 있다. 한편에는 "이 세상의 신"이 있고, 다른 한편에는 "우리 주 예수 그리스도의 하나님"(1:3)이 계시다. 또 각 세력의 행동의 특징도 분명하다. 사탄은 믿지 않는 자들의 마음을 혼미하게 하고, 하나님은 그 어두워진 마음에 빛을 비추신다(6절). 이 초자연적인 대결에 과연 우리가 기여할 바가 있을지 궁금하지 않을 수 없다. 만일 사탄은 어둡게 하고 하나님은 빛을 비추신다면, 우리는 그 전장에서 빠져나와 그 두 세력이 싸우도록 하는 것이 현명한 처사가 아닐까? 사실 일부 그리스도인들은 이러한 결정을 하기도 한다. 하지만 바울은 그렇게 하지 않았다. 5절을 보자. 5절은 그동안 내가 일부러 빼두었던 부분이다. 4절에서 6절까지 세 구절을 함께 나열해 보면, 사탄은 눈을 가리고(4절), 하나님은 빛을 비추시고(6절), 우리는 그리스도 예수의 주되신 것을 선포한다(5절). 즉, 복음 전도(그리스도의 복음을 선포하는 것)는 불필요한 것이 아니라 실제로 꼭 필요한 것이다. 하나님이 어둠에서 사람들을 구하는 그 빛이 복음이라면, 우리는 그것을 선포하지 않을 수 없다! 신실하게 복음을 선포하는 것은, 어둠의 권세를 전복시키고 인간의 마음에 빛을 비추시기 위해 하나님이 정하신 수단이다.

고린도후서 4:1-6을 읽으라.

화해의 복음

금요일

> 이 모든 것은 하나님에게서 났습니다. 하나님께서는 그리스도를 내세우셔서, 우리를 자기와 화해하게 하시고, 또 우리에게 화해의 직분을 맡겨 주셨습니다.
> 고린도후서 5:18(새번역)

속죄에 관한 신약 성경의 네 모델 혹은 은유[화목(propitiation), 구속(redemption), 칭의(justification), 화해(reconciliation)] 가운데, 화해가 아마도 가장 인기 있는 표현일 것이다. 가장 인격적인 표현이기 때문이다. 그리고 화해에 관한 신약 성경의 주요 본문 네 개 가운데 고린도후서 5장의 이 부분이 가장 완전하고도 가장 놀라운 구절이다. 본문은 그 드라마에 등장하는 세 인물을 그리고 있다.

첫째, **하나님은 화해의 입안자시다.** "이 모든 것은 하나님에게서 났습니다"(18절, 새번역). 이 단락에는 여덟 개의 중요한 동사가 나오는데 그 주어는 모두 하나님이다. 즉 모든 주도권은 하나님이 쥐고 계셨다. 따라서 그 주도권이 하나님이 아닌 그리스도나 혹은 심지어 우리에게 있다는 속죄 이야기가 있다면 그것은 성경적인 것이 아니다.

둘째, **그리스도는 화해의 집행자시다.** "하나님이 입안자시고 그리스도가 집행자시다"라고 하면 속죄에 관한 만족할 만한 요약이 된다. 18절과 19절 모두 하나님이 그리스도를 통하여, 그리스도 안에서 화해를 이루셨다고 말한다. 포사이스의 표현을 빌리자면 "'하나님이 그리스도 안에서…화해하게 하신 것입니다.' 하나님은 실제로 화해를 이루셨고 완성하셨다. 이는 잠정적이거나 예비적인 사건이 아니었다. 그리스도가 죽으심으로 화해가 온전히 이루어졌다." 그렇다면 어떻게 이 일이 일어났는가? 소극적인 방식으로 이야기하자면, 하나님이 우리 죄과를 따지지 않으셨고(19절), 적극적으로 말하자면 하나님이 죄를 모르시는 그리스도께 우리 대신 죄를 씌우셨다. 우리가 그리스도 안에서 하나님의 의가 되게 하시려고 말이다(21절). 리처드 후커(Richard Hooker)는 이렇게 말했다. "이것을 어리석음으로 여기든 광란으로 여기든 관계없다. 이것이 우리의 지혜이고 우리의 위로다. 이것 외에는 이 세상 그 어떤 지식에도 관심이 없다. 즉, 인간이 죄를 지었고 하나님이 고통당하셨으며, 하나님이 자신에게 인간의 죄를 씌우시고 그들을 하나님의 의가 되게 하셨다는 사실 외에는."

셋째, **우리는 화해의 대사다.** 이제 하나님은 화해의 사역과 메시지를 모두 우리에게 맡기셨다. 따라서 우리가 사람들에게 하나님과 화해하라고 간청하면, 하나님이 직접 우리를 통해 그들에게 호소하신다. 우리의 과제는 먼저 하나님이 십자가에서 하신 일을 설명하고 그다음 호소하는 것이다. 설명 없이는 호소도 하지 않고, 호소 없이는 설명도 하지 않는 것이 적절한 규칙이다.

고린도후서 5:11-21을 읽으라.

토요일

은혜와 나눔

우리 주 예수 그리스도의 은혜를 너희가 알거니와 부요하신 이로서
너희를 위하여 가난하게 되심은 그의 가난함으로 말미암아 너희로 부요하게 하려 하심이라.
고린도후서 8:9

은혜는 너그러움과 같은 말이다. 우리 주 예수 그리스도는 이 땅에 오셔서 죽으심으로 그 최고의 본을 보여 주셨다. 다음 네 단계를 숙고해 보라. 첫째, 그분은 부요하셨다. 천상의 부요함 가운데 영존하시며, 아버지 하나님과 하나 되셔서 우주만물을 함께 다스리시고, 죄와 고통과 사망으로부터 자유로우시다.

둘째, 그런 그분이 가난하게 되셨다. 그분은 "자기를 비어…자기를 낮추"셨을 뿐 아니라(빌 2:7-8), "심지어 자신을 거지로 만드셨다고까지 말할 수 있을지 모르겠다"[핸드리 모울(Handley Moule)]. 그분은 왕의 영광을 버리고 종이 되셨다. 죽기까지 순종하셨으며, 심지어 십자가에서 죽으셨다.

셋째, 그분은 우리 같은 가난한 죄인들을 위해 그렇게 하셨다. 우리의 가난함은 낙원에서 쫓겨나고 하나님과의 교제를 잃은 데서 드러난다.

넷째, 그분이 가난하게 되심은 우리를 부요하게 하시기 위해서였다. 즉 "측량할 수 없는 그리스도의 풍성함"으로, 다시 말해 완전한 구원으로 부요하게 하시기 위해서였다.

이렇듯 부요하신 그리스도께서 가난하게 되신 것은 가난한 우리를 그분의 부요하심으로 부요하게 하시기 위해서다. 그리스도는 우리를 부요하게 하시기 위해 가난하게 되셨다. 이것이 복음의 놀라운 선언이다. 하지만 이 본문에서 가장 놀라운 것은 그 맥락이다. 이 본문은, 바울이 헬라 교회들에게 유대 교회의 빈곤한 상황을 해소하기 위해 도움을 요청하는 고린도후서 8-9장 안에 들어 있다. 이 두 장에서 바울은 여러 가지 논증을 펼치지만 그의 승부수는 역시 그리스도의 십자가였다. 그리스도께서 자신의 모든 것을 내주셨으므로 그들 역시 그렇게 주는 법을 배워야 했다. 진정한 그리스도인의 나눔은 자발적이고 희생적이며 상징적이어야 한다. 바울 사도에게는 마지막 요건이 특히 중요했다. 그가 모은 구제금은 그저 헬라에서 유대로, 부자에게서 가난한 자에게로 가는 헌금이 아니라, 이방 교회가 유대 교회에게 보내는 선물이었기 때문이다. 바울은 이를, 그리스도의 몸 안에서 이방인과 유대인이 연합할 수 있는 훌륭한 기회로 보았다. 우리가 도움이 필요한 사람들에게 나누어 주는 선물 역시 그와 같은 상징성을 내포한다.

고린도후서 8:1-9을 읽으라.

제45주

세 개의 옥중서신

사도 바울은 로마에 도착하자마자 가택 연금에 처하게 되었고, 이후 약 2년 동안(주후 60-62년) 로마 군인의 감시를 받았다. 그는 스스로를 '주 안에서 갇힌 자'(엡 4:1)요, '그리스도 안에서 매인 자'로 표현했다(빌 1:13).

우리는 3주 전쯤, 바울이 투옥되도록 하신 하나님의 섭리를 살펴보았다. 열정적인 전도 사역에 힘쓰다가 더 이상 새로운 도시에서 복음을 전할 수도 없고 교회들을 방문할 수도 없게 된 바울은, 묵상에 더 많은 시간을 쓸 수밖에 없지 않았겠는가. 그로 인해 세 개의 옥중서신(짧은 서신인 빌레몬서가 네 번째 서신이다)이 탄생했고, 각 서신에는 최고의 기독론이 담겨 있다. 빌립보서에서 예수님은 밑바닥까지 내려가셨다가 지극히 높임을 받으시는 것으로 그려진다. 에베소서는 만물이 그분의 발아래 있다고 하고, 골로새서는 그분을 만물과 교회 둘 다의 으뜸이요 머리로 묘사한다.

일요일: 복음에 합당한 삶
월요일: 기독교의 핵심은 그리스도
화요일: 하나님의 능력을 아는 것
수요일: 하나님의 새로운 사회
목요일: 결혼에 관한 묵상
금요일: 성숙의 목표
토요일: 그리스도와 연합한 우리

일요일

복음에 합당한 삶

오직 너희는 그리스도의 복음에 합당하게 생활하라.
이는 내가 너희에게 가 보나 떠나 있으나.
빌립보서 1:27

바울은 옥에 갇혀 있었기 때문에 미래가 불투명할 수밖에 없었다. 그는 곧 죽을 수도 있음을 알고 있었다. 하지만 "내가 너희에게 가 보나 떠나 있으나", 살든지 죽든지, 그의 주된 관심사는 그 자신이 아니라 복음이었고, 그가 세상을 떠난 후 복음에 어떤 일이 생기느냐였다. 그래서 그는 빌립보 교인들에게 다섯 가지 감동적인 호소를 한다(27-30절).

첫째, **복음에 합당하게 살라**는 당부다. 우리는 부르심에 맞게 행해야 한다. 우리 존재와 우리의 말 사이에 괴리가 아닌, 근본적인 일관성이 있어야 한다.

둘째, 바울은 우리에게 **복음 안에 굳건히 서라**고 당부한다. 안정성은 모든 영역에서 중요한 덕목이다. 정부에도, 경제에도, 건물에도 모두 안정성이 필요하다. 누가는 사도들이 이전에 복음을 전했던 도시들을 다시 방문하여 회심자들을 굳게 세웠다고 전해 준다. 그러나 오늘날에는 교리나 윤리에서 안정성이 부족한 듯하다.

셋째, **복음의 신앙을 위해 싸우라**고 당부한다. 이는 전도와 변증을 조합하여 표현한 것이다. 복음을 전할 뿐 아니라 그 진리를 수호하고 논증해 내야 하는 것이다.

넷째, 우리는 **복음을 위해 협력해야 한다**. 이는 하나됨을 이루라는 당부로, 빌립보서에서 여러 번 강조된다. 바울은 빌립보의 그리스도인들에게 "여러분이 한 정신으로 굳게 서서, 한 마음으로 복음의 신앙을 위하여 함께 싸우며"(27절, 새번역)라고 권한다. 물론 바울은 어떤 대가를 지불하더라도 하나가 되라고 주장하는 것은 아니다. 근본적인 진리들을 타협하면서까지 하나되라는 것이 아니다. 복음의 본질적인 면에서 하나됨을 이루라는 것이다.

다섯째, 바울은 **복음을 위해 고난을 받으라**고 촉구한다. "그리스도를 위하여 너희에게 은혜를 주신 것은 다만 그를 믿을 뿐 아니라 또한 그를 위하여 고난도 받게 하심이라"(29절). 믿음과 고난이 하나님의 백성에게 주어지는 쌍둥이와도 같은 특권이라는 사실은 참으로 놀랍다. 빌립보 교인들은 바울이 빌립보에서 육체적인 고초를 받는 것을 보았고, 그들 역시 앞으로 고난을 받게 될 것이었다. 디트리히 본회퍼(Dietrich Bonhoeffer)의 말처럼 "고난은 진정한 그리스도인의 명찰"이기 때문이다.

빌립보서 1:27-30을 읽으라.

기독교의 핵심은 그리스도

월요일

> 그러나 무엇이든지 내게 유익하던 것을 내가 그리스도를 위하여 다 해로 여길 뿐더러 또한 모든 것을 해로 여김은 내 주 그리스도 예수를 아는 지식이 가장 고상하기 때문이라. 내가 그를 위하여 모든 것을 잃어버리고 배설물로 여김은 그리스도를 얻고.
> 빌립보서 3:7-8

수많은 사람이 기독교의 핵심을, 신조를 믿는 것이나 의로운 삶을 사는 것 혹은 교회에 다니는 것이라고 생각한다는 것은 참으로 놀라운 일이다. 이 모두가 중요하기는 하지만, 그리스도라는 핵심을 비껴간 것들이다. 그렇게 생각하는 사람들은 빌립보서를 읽어야 한다. 특히 1:21, "내게 사는 것이 그리스도니"라는 구절을 눈여겨 봐야 한다.

바울은 3장에 가서 이 내용을 자세히 설명한다. 그는 일종의 대차대조표를 만든다. 장부의 한쪽에는 유익이 되었다고 생각하는 것들을 모두 적어 넣는다. 그의 가계, 혈통, 그가 받은 교육, 히브리 문화, 종교적 열심, 율법적 의 등이 기록된다. 이제 다른 칸에는 한 단어만 쓴다. 바로 **그리스도**라고. 그런 다음 신중하게 계산을 하여 결론을 내린다. "내 주 예수 그리스도를 아는 지식이 가장 고귀하므로, 나는 그 밖의 모든 것을 해로 여깁니다"(8절, 새번역). "그리스도를 아는 지식"이란 그리스도와의 인격적인 관계를 가리키는 말로, 신약 성경에 반복해서 등장한다.

그다음 바울은 "내가 그를 위하여 모든 것을 잃어버리고 배설물로 여김은 그리스도를 얻고"(8절)라고 말한다. 여기서 그는 그리스도를, 우리가 '얻을' 수 있는 보배에 비유한다.

바울은 또 "그 안에서 발견되려 함이니 내가 가진 의는 율법에서 난 것이 아니요 오직 그리스도를 믿음으로 말미암은 것이니 곧 믿음으로 하나님께로부터 난 의라"(9절)라고 쓴다. 우리는 이 복잡한 구절을 분석해서 이해해야 한다. 하나님은 의로우시다. 이 말은 곧 우리가 그분의 임재 안으로 들어가고자 한다면 우리 또한 의로워야 한다는 논리로 귀결된다. 이렇게 하는 데는 오직 두 가지 방법밖에 없다. 하나는 율법을 지킴으로써 우리 자신이 의로움을 세우는 것이지만, 이것은 불가능하다. 다른 하나는 우리를 위해 죽으신 그리스도를 믿음으로써 그분에게서 의로움을 선물로 받는 것이다.

그래서 그리스도 예수 안에서 구원을 얻어 영화롭게 된 우리는 우리 자신을 신뢰하지 않는다. 기독교의 핵심은 그리스도다. 그분을 알고 그분을 얻고 그분을 신뢰하는 것이다.

빌립보서 3:3-11을 읽으라.

화요일

하나님의 능력을 아는 것

> 너희 마음의 눈을 밝히사…그의 힘의 위력으로 역사하심을 따라 믿는 우리에게 베푸신 능력의 지극히 크심이 어떠한 것을 너희로 알게 하시기를 구하노라. 그의 능력이 그리스도 안에서 역사하사 죽은 자들 가운데서 다시 살리시고
> 에베소서 1:18-20

에베소서 1장은 두 부분으로 나눌 수 있다. 첫 번째 부분에서 바울은 그리스도 안에서 우리에게 복 주시는 하나님을 찬양한다. 두 번째 부분에서는, 우리 눈을 여셔서 이 복의 풍성함을 볼 수 있게 해 달라고 하나님께 기도한다. 찬양과 기도를 함께 하는 것은 매우 중요하다. 어떤 그리스도인들은 이미 받은 복들은 의식하지 못하고 오로지 새로운 복을 달라는 기도만 한다. 또 어떤 그리스도인들은 모든 영적인 복은 그리스도 안에서 이미 자신들의 것이라는 사실만을 강조할 뿐, 더 이상의 관심이 없다. 둘 다 균형이 깨진 모습이다.

바울은 기본적으로 에베소 교인들이, 하나님의 부르심의 소망에 대해, 그 기업의 영광에 대해, 그 능력의 지극히 크심에 대해 알게 되기를(지식 면에서나 경험 면에서나) 기도했다. 그가 집중하고 있는 부분은 바로 하나님의 능력이다. 그는 하나님의 능력이 넘치도록 충만하다는 것을 확신하고 있었기 때문에 그분의 힘의 위력이라고 덧붙인다. 그러고 나서 에베소 교인들이 헤아릴 수 없을 만큼 지극히 크신 그분의 능력을 알게 되기를 기도한다. 그들은 어떻게 그것을 알 수 있을까? 하나님이 그리스도를 다시 살리셔서 보좌에 앉히시고 모든 권세를 주심으로 그것을 공개적으로 나타내 보이셨기 때문이다. 이 크신 능력, 하나님이 그리스도 안에서 행사하신 이 크신 능력은 이제 우리에게도 열려 있다.

바울의 기도를 정리해 보자. 그는 편지를 읽는 사람들이 하나님의 부르심과 그분의 기업과 그분의 능력을 온전히 알게 되기를, 특히 그 능력을 온전히 알게 되기를 기도했다. 하지만 어떻게 그는 자신의 기도가 응답되리라는 기대를 했을까? 첫째, 우리에게 그리스도를 알게 하시는 "지혜와 계시의 영"(17절)이신 성령님의 깨닫게 하심을 통해서다. 둘째, 예수님의 부활과 높임 받으심에서 객관적으로 드러난 하나님의 능력에 대한 묵상을 통해서다. 우리는 다시 한 번, 바울이 객관적인 것과 주관적인 것, 계시와 깨달음, 역사와 체험, 그리스도와 성령을 건전하게 결합시킨 모습을 발견한다.

에베소서 1:15-23을 읽으라.

하나님의 새로운 사회

수요일

> 그분[하나님]은 이 둘을 자기 안에서
> 하나의 새사람으로 만들어서 평화를 이루시고.
> 에베소서 2:15(새번역)

에베소서를 공부하면서 복음을 사적인 것으로 여길 사람은 없을 것이다. 에베소서는 '교회의 복음'이라 부를 수 있기 때문이다. 이 편지에는 예수 그리스도를 통하여 새로운 사회를 창조하시려는 하나님의 목적이 명시되어 있다.

하지만 바울은 먼저, 에베소서 2장에서 이중으로 소외된 이방 세계를 묘사한다. 이들은 하나님에게서도 소외되어 있었고["허물과 죄로 죽었던"(1절)], 그분의 백성 이스라엘에게서도 소외되어 있었다["이스라엘 나라 밖의 사람이라"(12절)]. 그리고 나서 에베소서 2장 후반부에서는 이방인들의 참상에 초점을 맞춘다. 우리로서는 당시 유대인이 이방인을 얼마나 경멸했는지에 대해 느끼기는커녕 이해하기도 거의 불가능하다. 유대인들은 이방인들을 '개'라고 불렀고, 그들은 하나님과 하나님의 백성 둘 다로부터 '멀리 떨어져' 있는 이들이었다.

이렇게 이중으로 소외된 모습은 "중간에 막힌 담"(14절), "서로 원수가 되어 갈리게 했던 담"(공동번역)으로 표현되었다. 이는 헤롯 왕이 예루살렘에 세운 거대한 성전의 두드러진 특징이었다. 그 성전은 제사장들과 이스라엘 사람들을 위한 세 개의 안뜰로 둘러싸여 있었다. 이러한 뜰 바깥, 더 낮은 쪽에는 바깥뜰, 즉 이방인의 뜰이 있었다. 그리고 이 안뜰과 바깥뜰 사이에는 그 둘을 나누는 담이 있었는데, 이는 1.5미터 높이의 돌로 만든 바리케이드 형태였다. 이방인들은 고개를 들어 성전을 바라볼 수는 있었지만 그 안으로 들어갈 수는 없었다. 벽에는 적정 간격으로 경고문들을 붙였는데, 들어오면 사형에 처한다는 내용이었다.

에베소서 2장의 가장 중요한 주제는 예수 그리스도께서 십자가를 통해 이 막힌 담을 무너뜨리셨고(실제로는 40년이 지나서야 무너졌지만), 분열될 수 없는 한 인류를 만드셨다는 것이다. 그 인류는 더 이상 누군가를 소외시키지 않고 서로 조화를 이루며, 더 이상 분열과 적개심이 아닌 하나됨과 평화를 드러낸다.

참으로 아름다운 비전이다. 하지만 오늘날 현실은 이와는 달리 말한다. 이른바 인종, 민족, 국적, 부족, 성별이란 장벽들이 있다. 그런데 어떻게 우리가 감히 그리스도가 이미 장벽을 무너뜨리고 세우신 그 공동체 안에 막힌 담을 또다시 쌓아 올릴 수 있겠는가?

에베소서 2:11-22을 읽으라.

목요일

결혼에 관한 묵상

> 아내들이여 자기 남편에게 복종하기를 주께 하듯 하라…남편들아 아내 사랑하기를 그리스도께서 교회를 사랑하시고 그 교회를 위하여 자신을 주심같이 하라.
> 에베소서 5:22, 25

사람들은 사도 바울을 구제 불능의 여성 혐오자로 생각한다. 하지만 이렇게 생각하면 에베소서 5:21-33에 함축된 의미를 묵상할 수가 없다. 수세기 전에 기록된 말씀이지만 여기에는 지금 우리가 시급하게 더 잘 알아야 할 탁월한 기독교의 가르침이 담겨 있기 때문이다. 그 다섯 가지 측면을 살펴보자.

첫째, 아내들에게 자기 남편에게 복종하라고 한 당부는, 그리스도인들의 보편적인 의무를 특정한 대상을 들어 지칭한 사례라고 볼 수 있다. "아내들이여…복종하라"(22절)라는 명령은 "피차 복종하라"(21절)라는 명령에 바로 이어서 나오기 때문이다. 따라서 만일 남편에게 복종하는 것이 아내의 의무라면, 하나님의 새로운 사회에 속한 구성원인 남편도 아내에게 복종해야 한다. 복종은 일방적이어서는 안 된다. 또 복종은 우리 주 예수 그리스도가 몸소 보여 주신, 그리스도인의 보편적인 의무다. 둘째, 아내는 사랑하는 사람에게 복종하는 것이지 무서운 괴물에게 복종하는 것이 아니다. 사도의 가르침은 "아내들이여 복종하라, 남편들이여 상관 노릇을 하라"가 아니라, "아내들이여 복종하라, 남편들이여 사랑하라"이다. 사랑하는 이와 폭군은 하늘과 땅만큼이나 다르다.

셋째, 남편들은 그리스도처럼 사랑해야 한다(이 말이 세 번이나 나온다). 복종도 어려울지 모르지만, 사랑은 더 어렵다. 25절에서 그 명령은 절정에 이른다. 남편들은 "그리스도께서 교회를 사랑하시고 그 교회를 위하여 자신을 주심같이" 아내를 사랑해야 한다. 갈보리의 사랑보다 더 고귀한 사랑은 상상할 수 없다. 넷째, 그리스도가 하셨듯 아내를 사랑하는 남편은 섬기기 위해 희생한다. 다시 말해, 교회를 향한 예수님의 사랑과 자기희생은 확고했고 목적이 있었다. 그 목적은, 아무 흠도 티도 없이 영광스러운 교회로 세우는 것이었다. 남편의 머리됨의 목적도 마찬가지다. 그것은, 아내를 지배하거나 억압하기 위함이 아니라 아내를 자유롭게 하여 그 여성성이 온전하게 드러나도록 하기 위함이다.

다섯째, 복종은 사랑의 다른 측면이다. 복종과 **사랑**은 서로 다른 단어이기는 하지만 둘을 구별해 내기란 쉽지 않다. 복종이 무엇인가? 그것은 누군가를 위해 자신을 포기하는 것이다. 그렇다면 사랑은 무엇인가? 이 역시 누군가를 위해 자신을 포기하는 것이다. 이렇듯 남편과 아내 둘 다 이기심을 버리고 자신을 희생할 때, 부부 관계는 지속적으로 자라갈 수 있을 것이다.

에베소서 5:21-33을 읽으라.

성숙의 목표

금요일

> 우리가 그[그리스도]를 전파하여 각 사람을 권하고 모든 지혜로 각 사람을 가르침은
> 각 사람을 그리스도 안에서 완전한 자로 세우려 함이니.
> 골로새서 1:28

우리는 바울을 개척 선교사로, 즉 사람들을 회심시키고 교회를 세우며 계속 다른 지역으로 나아가는 사람으로만 생각하는 경향이 있다. 하지만 그의 말에 따르면, 그의 사역의 목표는 회심한 이들이 제자가 되는 것, 다시 말해 "모든 사람이 그리스도를 믿고 성숙한 인간으로…서는 것"(공동번역)이었다. 우리가 그리스도를 경배하고 사랑하고 신뢰하고 순종함으로 그분과의 관계를 즐기도록 하려는 것이었다.

그렇다면 그리스도인들은 어떻게 성숙하는가? 오늘 본문이 명쾌한 답을 준다. 바로 그리스도를 선포하는 것을 통해서다. 그리스도인의 성숙이 그리스도와의 관계에서 성숙하는 것이라면, 우리가 그리스도에 대해 좀더 분명하게 알수록 그분이 우리의 사랑과 순종을 받으시기에 합당한 분임을 더욱 확신하게 된다. 패커(J. I. Packer)가 「하나님을 아는 지식」(*Knowing God*, IVP 역간)에서 썼듯이, "우리의 하나님이 왜소하기 때문에 우리가 왜소한 그리스도인이다." 혹은 "우리의 그리스도가 왜소하기 때문에" 우리가 왜소한 그리스도인이다. 실제로 오늘날의 종교 시장에는 수많은 예수가 있다. 하지만 그것들은 진정한 예수를 어설프게 모방한 것일 뿐이다. 금욕적인 예수도 있고, 뮤지컬 "갓스펠"(Godspell)의 광대 예수, '지저스 크라이스트 슈퍼스타', 자본가 예수, 사회운동가 예수, 현대 기업의 창시자 예수, 도시 게릴라 예수도 있다. 하지만 이 모든 이미지에는 결함이 있다. 그중 어느 예수도 우리가 전심으로 경배하기에는 합당하지 않다.

대신 우리는 바울이 15-21절에서 제시한 예수님을 바라보아야 한다. 이 구절은 신약성경에서 가장 장엄한 기독론을 보여 주는 본문 중 하나다. 이 구절은 예수님을, 보이지 않는 하나님의 형상이자 창조의 대행자이자 상속자로 그린다. 또한 그분은 죽은 자들 가운데서 먼저 나신 이로, 친히 만물의 으뜸이 되셨다. 실제로 신성의 모든 충만이 예수님 안에 거하고 만물이 그리스도를 통해 화목을 이루었다. 이처럼 예수 그리스도는 만물의 으뜸이자 교회의 머리로, 이중의 최고 권위를 가지신다. 그분은 그 두 창조물 모두의 주이시다. 그러므로 우리는 그분을 바라볼 때 그 앞에 엎드릴 수밖에 없다. 이제 시시하고 보잘것없는 왜소한 예수는 치워 버리자! 광대 예수나 팝 스타 예수, 정치적 메시아나 혁명가 예수는 치워 버리자. 우리가 그리스도를 이렇게 생각하니 아직 미성숙한 그리스도인인 것이다. 우리 눈을 가린 안대를 벗고, 완전한 하나님이자 인간이신 예수님과 그분의 구속 사역을 제대로 볼 수 있다면 얼마나 좋을까! 그러면 우리는 그분의 이름에 합당한 영광을 드리게 될 것이고, 그분과의 관계가 더 성숙해 갈 것이다.

골로새서 1:15-29을 읽으라.

토요일

그리스도와 연합한 우리

그러므로 너희가 그리스도와 함께 다시 살리심을 받았으면 위의 것을 찾으라.
거기는 그리스도께서 하나님 우편에 앉아 계시느니라.
골로새서 3:1

골로새서 3장은 부활절을 위한 맞춤 본문이다. 이 본문은 신학과 윤리가 반드시 통합되어야 함을 보여 줄 뿐 아니라, 우리의 모습 그대로 **살아가기** 위해서는 먼저 그 모습에 대해 **알아야** 한다는 사실을 보여 준다. 바울은 그리스도인이 어떻게 행동해야 하는지 권고하기 위해, 먼저 그리스도인이 어떤 존재인지를 설명한다. 바울의 권고는 "위의 것을 찾으라"이고, 그의 설명은 우리가 그리스도와 함께 죽었고 함께 살아났다는 것이다.

그렇다면 우리는 누구인가? 바울은 계속해서 예수님의 구속 사역의 네 가지 주요 사건, 즉 그분의 죽음, 부활, 높아지심, 재림을 언급한다. 동시에 이 같은 사건들이 그리스도에게만 일어난 것이 아니라 우리도 거기에 참여하고 있다고 말한다. 바울은 '함께'라는 의미의 헬라어 '쉰'(*sun*)을 네 번이나 사용한다. 우리는 **그리스도와 함께 죽었고**(2:20), **그리스도와 함께 다시 살리심을 받았으며**(3:1), 우리 생명이 **그리스도와 함께 감추어졌으며**(3:3), **그리스도와 함께 나타나리라**는 것이다(3:4). 이 위대한 선언은 꾸며 낸 이야기가 아니다. 이는 우리가 마음으로 믿고 외적으로 세례를 받음으로써 그리스도와 연합한 결과로 우리에게 일어난 일들이다. 우리는 동일한 얼굴에 동일한 이름, 동일한 국적과 여권과 외모를 가진 똑같은 사람이다. 하지만 우리는 그리스도와 함께 감추어진 삶을 누리는 새로운 피조물이다. 실제로 그리스도가 우리의 생명이시다(3:4).

이제 우리가 누구인지에 대한 바울의 설명에서 나와서, 그리스도인이 된 우리는 어떻게 행동해야 하는지에 관한 그의 권고를 들어 보자. 그는 "위의 것을 찾으라"라고 쓴다(1절). 또 "위의 것을 생각하고 땅의 것을 생각하지 말라"(2절)라고 말한다.

"땅의 것을 생각하지 말라"라고 할 때, 바울은 우리에게 집이나 일터, 교회나 공동체에서 부여하는 실제적인 책임을 저버리라고 말하는 것이 아니다. 이어서 그는 남편과 아내, 부모와 자녀, 주인과 종의 의무를 말하고 있기 때문이다. 땅의 것이라는 개념은 5절에도 다시 나오는데, 거기서 그것은 탐욕과 음란과 비방과 노여움과 악의 등의 죄를 가리킨다. 이것들이 바로 우리가 벗어 버려야 하는 것들이다.

우리는 우리가 어떤 존재인지 스스로에게 끊임없이 상기시켜야 한다. 그럴 때에야 그에 걸맞게 행동할 수 있다.

골로새서 3:11-14을 읽으라.

제46주

목회서신

디모데와 디도는 사도 바울이 특별한 애정을 품은, 그의 사역에서 특별한 위치를 차지했던 인물들이다. 이들에게 보낸 바울의 편지에는 교회 생활과 관련한 아주 소중한 가르침이 담겨 있다.

세 편지 모두 바울의 부재를 전제하고 있다. 바울의 부재는 일시적인 것일 수도 있고(그들을 방문하고자 하는 바울의 바람을 볼 때), 영구적인 것일 수도 있다(바울이 곧 죽을 수도 있음을 고려할 때). 그렇기 때문에 바울에게 가장 중요한 것은 자신이 아니라 복음이다. 여기서 바울은 복음을 '믿음', '진리', '교훈', '선한 것' 등으로 부른다. 그가 떠나고 나면 이 복음에 어떤 일들이 일어날 것인가? 바울은 디모데와 디도에게 열 번이나 "이것들을 가르치라"(딤전 4:11)라고 당부한다. 그 진리를 지키고 전수하라는 것이다. 디모데와 디도는 또한 사역자들을 택하여 세우라는 지시를 받는다(디모데는 에베소에서, 디도는 그레데에서). 이들의 주요 임무는 진리를 가르치고 잘못을 밝히는 것이 될 것이다. 이와 관련한 바울의 전략은 디모데후서 2:2에 개괄적으로 드러나 있다. "네가 많은 증인 앞에서 내게 들은 바를 충성된 사람들[사역자들]에게 부탁하라. 그들이 또 다른 사람들을 가르칠 수 있으리라." 이것이 바로 진정한 사도적 계승이다. 즉, 사도들의 가르침이 대대로 이어진다는 의미다. 이는 신약 성경이 있었기 때문에 가능한 일이었다.

일요일: 교회의 세계적인 시각
월요일: 젊은 목회자를 위한 조언
화요일: 하나님의 사람의 책임
수요일: 장로의 자격 요건
목요일: 그리스도의 두 번의 나타나심
금요일: 세상의 압박에 저항하라
토요일: 바울의 마지막 투옥

일요일

교회의 세계적인 시각

*우리 구주 하나님…은 모든 사람이 구원을 받으며
진리를 아는 데에 이르기를 원하시느니라.
디모데전서 2:3-4*

디모데전서 2:1-7에서 즉시 눈에 띄는 점은 '모든 사람'이라는 표현이 네 번이나 (분명히 의도적으로) 반복된다는 것이다.

첫째, **교회는 모든 사람을 위해 기도해야 한다.** 일반적으로 모든 사람만이 아니라 특별히 평화를 지키는 자들인 임금들과 국가 지도자들을 위해 기도해야 한다. 당시에는 세상 어디에도 그리스도인 통치자가 없었음에도 말이다.

둘째, **하나님의 소원은 모든 사람에게 미친다.** 하나님은 모든 사람이 구원받기를 원하신다(4절). 다시 말해, 교회가 모든 사람에게 관심을 가져야 하는 이유는 하나님이 그러하시기 때문이다. 더 나아가 복음이 보편성을 갖는 근거는 하나님의 통일성에 있다. 바울은 "하나님은 한 분이시요"(5절)라고 말한다. 세계 선교의 가장 우선적인 핵심 기초는 바로 유일신주의다.

셋째, **그리스도는 모든 사람을 위해 죽으셨다.** "하나님과 사람 사이에 중보자도 한 분이시니 곧 사람이신 그리스도 예수라. 그가 모든 사람을 위하여 자기를 대속물로 주셨으니"(5-6절). 하나님이 한 분이시라고 단언하는 것만으로는 충분치 않다. 중보자도 한 분이시요, 구원자도 한 분이시라는 사실을 더해야 한다. 이 땅에 "사람이신 그리스도 예수"로 오신 하나님의 아들은 우리를 위해 자신을 대속물로 주셨다. 이 인간, 대속물, 중보자라는 세 명사를 함께 묶어 두는 것이 중요하다. 이 단어들은 그분의 출생과 죽음과 부활을 암시한다. 하나님으로서 인간이 되셔서 대속물이 된 이도 없고, 다른 중보자도 없기 때문이다. 예수 그리스도와 같은 자격을 갖춘 이는 아무도 없다.

넷째, **사도 바울은 모든 사람을 향해 선포했다.** 그는 이방인들(다시 말해, 모든 민족)을 위한 사도요, 선포자요, 교사로 세움을 입었다. 오늘날에는 바울에 필적할 만한 사도는 없겠지만, 더 많은 복음 선포자와 교사가 시급하게 필요하다.

요약하자면, 교회는 모든 사람을 위해 기도해야 하고(1절), 모든 사람에게 복음을 전해야 한다(7절). 왜인가? 4세기의 크리소스토무스가 답을 준다. "하나님을 닮으라!" 하나님의 소원이 모든 사람에게 미치고 그리스도께서 모든 사람을 위해 죽으셨으므로, 교회의 의무 역시 모든 사람과 관련이 있어야 한다. 각각의 교회는 지역 공동체이지만, 동시에 세계적인 시각을 가져야 마땅하다.

디모데전서 2:1-7을 읽으라.

젊은 목회자를 위한 조언

월요일

너는 이것들을 명하고 가르치라.
누구든지 네 연소함을 업신여기지 못하게 하고
디모데전서 4:11-12

고백하건대, 나는 디모데라는 인물이 마음에 쏙 든다. 인간적인 연약함을 모두 가진 우리와 같은 사람이기 때문이다. 그는 스테인드글라스에 그려진 성자와는 거리가 멀다. 그의 머리 주변에 후광을 그려 넣는다면 참으로 불편하게 보일 것이다. 오히려 그는 인간의 연약함을 모두 가진 진정한 인간이었다. 첫째, 그는 비교적 어리고 경험이 없었다. 둘째, 그는 기질적으로 소심했다. 그래서 바울은 고린도 교인들에게 디모데가 그들 가운데 있을 때 마음이 불편하지 않게 해 달라고 당부해야 했다. 셋째, 그는 신체적으로도 병약한 사람이었다. 그에게는 만성 위 질환이 있어서, 바울은 치료 목적으로 약간의 알코올 처방을 제안하기도 했다. 이렇게 어리고 부끄럼 많고 연약한 사람이 바로 디모데다. 그리고 이런 것들은 그의 사역을 약화시킬 위험이 있었다. 이는 젊은이들에게는 계속 반복되는 문제다. 그렇다면 이에 대한 해결책은 무엇일까? J. B. 필립스가 지적했듯, 바울은 다음과 같이 반응한다. "누구든지 네가 어리다는 이유로 너를 업신여기지 못하게 해라. 오히려…때문에 그들이 너를 우러러보게 해라." 그러고 나서 그는 여섯 가지 방법을 설명한다.

(1) 디모데는 본을 보여야 한다(12절). 그의 삶과 성품이 존경을 살 만한 것이라면 그들은 그의 연소함을 깔보지 못할 것이다. (2) 디모데는 회중에게 성경을 읽어 주고 그 말씀을 가르치는 일에 힘써야 한다. 그렇게 함으로써 그의 권위가 어디에서 온 것인지를 보일 수 있다(13절).

(3) 디모데는 안수받을 때 얻은 은사를 가볍게 여기지 말아야 한다(14절). 하나님이 주신 은사를 사람들이 업신여기지 못할 것이기 때문이다. (4) 디모데는 부지런하고 전심을 다함으로써, 모든 사람이 그의 성숙함을 볼 수 있도록 해야만 한다(15절). (5) 디모데는 자신의 삶과 가르침이 일관성이 있도록 늘 면밀히 살펴야 한다(16절). (6) 디모데는 인간관계에 세심하게 마음을 씀으로, 성별과 나이에 맞게 사람들을 대해야 한다. 나이 드신 분들은 공경하고, 동년배들은 대등하게 대하며, 이성은 조심스럽게 대해야 한다. 모든 연령의 형제자매를 교회의 한 가족으로서 애정으로 대해야 한다(5:1-2).

이 여섯 가지 지침은 명령형으로 표현할 수도 있다. 본을 보이고 있는지 살펴라! 네 권위를 분명히 하라! 은사를 활용하라! 성숙하고 있음을 보이라! 말과 행동의 일관성을 점검하라! 관계에 잘 적응하라! 젊은 목회자들이 이 지침을 잘 따른다면, 교인들은 기꺼이 감사함으로 그들의 사역을 받아들일 것이다.

디모데전서 4:11-5:2을 읽으라.

화요일

하나님의 사람의 책임

오직 너 하나님의 사람아, 이것들을 피하고 의와 경건과 믿음과 사랑과 인내와 온유를 따르며 믿음의 선한 싸움을 싸우라. 영생을 취하라. 이를 위하여 네가 부르심을 받았고
디모데전서 6:11-12

바울은 "그러나 너는"(NIV, 개역개정판에는 번역되어 있지 않다—편집자 주)이라는 말로 당부를 시작한다. 그것은 시류에 휩쓸리지 말고 세상 문화와 구별되어야 한다는 요청이었다. 디모데는 하나님의 사람이었기 때문이다. 그의 가치관과 행동 기준은 이 세상이 아닌 하나님으로부터 온 것이기 때문이다. 바울은 이제 다음의 세 가지를 호소한다.

첫째, **윤리적인 호소다**. "이것들을 피하고 의와 경건과 믿음과 사랑과 인내와 온유를 따르며." 우리 인간은 달음박질에 아주 능하다. 우리를 위협하는 것들은 무엇이든 피해서 달리고, 우리를 매혹시키는 모든 것을 향해 내달린다. 그렇다면 악을 피해서 달리고 의를 향해 달리는 것은 어떠한가? 거룩함에 이르기 위해서는 소극적일 수 없고, 이에는 특별한 기술도 없다. 우리는 그저 달려야 한다.

둘째, **교리적 호소다**. 디모데는 "믿음의 선한 싸움을 싸워야" 했다. 포스트모더니즘은, 진리는 주관적일 뿐이고 우리 모두 저마다의 진리를 가지고 있다고 말한다. 하지만 바울은 이러한 경향에 맞서 계속해서 '믿음', '진리', '교훈', '선한 것' 등을 언급한다. 이것이 디모데가 위해 싸워야 하는, 다시 말해 지키고 방어해야 하는 교리다. 싸움은 유쾌하지 않은 일이지만, 피할 수도 없다. 그것은 하나님의 영광과 교회의 안위를 위한 '선한 싸움'이기 때문이다.

셋째, **경험적인 호소다**. "영생을 취하라. 이를 위하여 네가 부르심을 받았고." 디모데 같이 성숙한 그리스도인 지도자에게 이러한 호소가 필요하다는 것이 다소 의아해 보인다. 그는 오래 전에 그리스도인이 되지 않았는가? 그렇다. 그는 오래 전에 그리스도인이 되었다. 그는 영생을 얻지 않았는가? 그렇다. 그는 영생을 얻었다. 그렇다면 왜 바울은 그가 이미 가진 것에 대해 말하는 것일까? 그 답은, 무언가를 온전히 누리지 못하면서도 그것을 소유할 수는 있기 때문이다.

결론적으로 우리는 바울이 윤리적·교리적·경험적 호소 세 가지를 균형 있게 다룬다는 사실에 주목해야 한다. 어떤 그리스도인들은 믿음의 선한 싸움은 싸우지만 의를 따르지는 않는다. 또 다른 이들은 선하고 온유하지만 진리에 대해서는 그만큼의 관심이 없다. 또 어떤 이들은 종교적 경험만을 추구하느라 교리나 윤리는 모두 무시한다. 이 세 가지 목표를 동시에 추구하는 21세기의 디모데를 주시기를 간구한다!

디모데전서 6:11-16을 읽으라.

장로의 자격 요건

수요일

내가 너를 그레데에 남겨 둔 이유는…
내가 명한 대로 각 성에 장로들을 세우게 하려 함이니.
디도서 1:5

바울은 왜 디도를 그레데에 남겨 두었는지를 설명한다. 그것은 어떤 일들을 마무리하지 않았기 때문인데, 그중 중요한 것이 모든 성읍에 목사(장로-감독)를 세우는 일이었다. 바울은 계속해서 후보자들의 핵심 요건을 열거한다. 그 요건들 가운데 가장 놀라운 것은 아마도 '책망할 것이 없고'(blameless, 6-7절)일 것이다. 이는 '흠이 하나도 없고'라는 뜻이 아니다. 그렇다면 아담의 자손 중에는 적합한 사람이 아무도 없을 것이다. 이에 해당하는 헬라어는 '흠이 하나도 없다'는 뜻이 아니라 '책망할 것이 없다'는 뜻이다. 즉, 명성에 오점이 없음을 가리킨다. 목사직은 공적인 직무이므로, 후보자들의 공적인 기록이 반드시 필요하다. 그러므로 천거나 추천이 필요한 것이다.

바울은 이제 후보자들이 어느 영역에서 명성에 오점에 없어야 하는지 세 가지를 구체적으로 보여 준다. 첫째, **가정생활에서 책망할 것이 없어야 한다**(6절). 여기서 가정생활이라 함은, 아내와 자녀 모두와 관련이 있다. "한 아내의 남편"(6절)이라는 요건은 다양하게 해석되지만, 아마 성 도덕에 오점이 없는 남자로 보는 것이 가장 정확할 것이다. 자녀들의 경우는, 그들도 반드시 믿는 자들이어야 하고 행실이 올발라야 한다. 논리는 분명하다. 자기 가정을 잘 보살피지 못하는 사람은 하나님의 가족을 보살피는 데도 적합하지 않다는 것이다.

둘째, **성품과 행실에 책망할 것이 없어야 한다**(7-8절). 바울은 열한 가지를 말하는데 그중 다섯 가지는 부정적인 표현(예를 들어, 제 고집대로 하지 아니하며, 급히 분내지 아니하며)이고, 여섯 가지는 긍정적인 표현(예를 들어, 나그네를 대접하며, 의로우며, 거룩하며)이다. 이 모두를 관통하는 중심 요건은, 장로는 반드시 "자신을 잘 아는"(8절, 메시지), 혹은 "절제하는" 사람이어야 한다는 것이다. 이렇듯 후보자들은 자신들이 성령으로 거듭났고, 새 생명을 얻음으로 새사람이 되어 가고 있으며, 성령의 아홉 가지 열매(아홉 번째 열매가 바로 절제다)가 최소한 무르익기 시작했다는, 구체적인 증거를 내보일 수 있어야 한다.

셋째, **교리적 정통성에서 책망할 것이 없어야 한다**(9절). 후보자들은 "신실한 말씀의 가르침을", 즉 (말 그대로) 사도들의 가르침대로 "굳게 지키는 사람"(9절, 새번역)이라야 한다. 그래야만 그들은 두 가지 보완적인 사역, 즉 진리를 가르치는 일과 진리에 반대하는 자들을 논박하는 일을 감당해 낼 수 있기 때문이다. 사실 바울은 여기서 그의 전략을 드러낸다. 거짓 교사들이 판을 칠 때에는(10-16절), 참 교사의 수를 늘려야 한다는 것이다.

디도서 1:1-11을 읽으라.

목요일

그리스도의 두 번의 나타나심

모든 사람에게 구원을 주시는 하나님의 은혜가 나타나…복스러운 소망과
우리의 크신 하나님 구주 예수 그리스도의 영광이 나타나심을 기다리게 하셨으니.
디도서 2:11, 13

본문은 그리스도의 초림과 재림을 가리켜 그분의 '나타나심'이라고 표현한다. '에피파네이아'(*epiphaneia*)는 지금까지 보이지 않던 무언가가 눈에 보이게 나타난 것을 가리킨다. 고대 헬라어에서는 이 단어를 일출을 표현하는 데 사용했다. 사도행전 27장에도 이 단어가 나온다. 바울을 태우고 로마로 가던 배가 광폭한 북동풍을 만나 파선했는데, 하늘이 구름으로 뒤덮여 여러 날 동안 해도 별도 보이지(epiphany) 않았다는 것이다. 이 외에도 이 단어는 신약 성경에 총 열 번 나오는데, 그중 네 번은 그리스도의 초림을, 여섯 번은 재림을 말하기 위해서였다.

첫째, 은혜의 **나타나심**이 있었다. 즉, 예수 그리스도를 통해 하나님의 제한 없는 사랑이 나타났다. 물론 은혜는 그분과 함께 생겨난 것이 아니라, 그분 안에서 눈에 보이게 나타난 것이다. 바울은 이제 우리가 방종이 아닌 절제의 삶을 살도록 은혜가 우리를 가르치고 훈련한다고 말하면서, 은혜를 인격화한다.

둘째, **영광**의 **나타나심**이 있을 것이다. 이것이 우리의 "복스러운 소망"이다. 다시 말해, 잠시 역사의 무대에 나타나셨다가 사라지신 그분이 언젠가 다시 나타나시리라는 것이다. 그분은 은혜로 나타나셨고, 영광 가운데 다시 나타나실 것이다. "우리의 크신 하나님 구주 예수 그리스도의 영광이 나타나실" 것이다. 그런데 이 나타나심이 두 위격(우리의 크신 아버지 하나님과 예수 그리스도)의 나타나심인지, 아니면 "우리 크신 하나님 구주 예수 그리스도" 한 분의 나타나심인지에 대해서는 오랫동안 열띤 논란이 있었다. 나타나심을 말하는 신약의 다른 모든 구절이 그리스도를 가리키는 것을 고려한다면, 이 구절도 마찬가지일 것이다. 그럴 경우 이는 신약에서 예수님의 신성을 단언하는 가장 분명한 구절이라 할 수 있다.

이와 같이 바울은 이 짧은 단락에서 기독교 시대의 양 끝점을 한데 모았다. 하지만 이쯤 되면 기독교의 비판자들은 폭발하기 일보직전이다. "당신네 기독교는 아주 속수무책으로 비현실적이야! 당신들은 오래 전 과거와 머나먼 미래에 대한 생각에만 사로잡혀 있어. 대체 왜 현재를 살 수 없는 거지?" 하지만 현재를 살라는 것이 바로 바울이 우리에게 하라는 것이다. 그는 늙은 남자, 늙은 여자, 젊은 여자, 젊은 남자들의 의무를 이야기하고, 우리 모두에게 이 현 세상에서 경건하게 살라고 당부한다. 이유가 무엇인가? 그리스도인은 그리스도의 두 번의 나타나심에 기초하여 살아가기 때문이다.

디도서 2:1-15을 읽으라.

세상의 압박에 저항하라

금요일

악한 사람들과 속이는 자들은 더욱 악하여져서 속이기도 하고 속기도 하나니
그러나 너[디모데]는 배우고 확신한 일에 거하라.
디모데후서 3:13-14

디모데후서는 바울이 순교하기 직전 마지막으로 남긴 글이다. 그의 주요 관심사는 여전히 그가 더 이상 이 땅에서 교회를 인도하고 가르칠 수 없을 때 복음에 어떤 일이 일어날 것인가 하는 것이다.

디모데후서 3:1-5에서 바울은 디모데에게 "말세"(예수님이 오심으로 시작된)에는 "고통하는 때"(1절)가 있을 것이라고 경고한 다음, 그 모습을 생생하게 그려낸다. 그는 열아홉 가지 특성을 열거하는데, 그중 가장 눈에 띄는 것은 방향을 잘못 잡은 사랑이다. 사람들은 하나님을 사랑하고 선을 사랑하기보다, 자기를 사랑하고 돈을 사랑하고 쾌락을 사랑한다. 실제로 우리 사회는 "무정한"(3절) 곳이 된다. 이렇게 진정한 사랑이 없으니 사람들의 관계가 틀어진다. 바울은 디모데가 이러한 자기중심주의의 태풍에 휩쓸릴까 봐 두려워한다. 그래서 그에게 굳게 서서 이 세상 풍조의 압박에 저항하라고 권한다.

디모데후서 3:10, 14에서는 '그러나 너는'이라는 의미의 짧은 헬라어 두 단어 '수데'(*su de*)를 사용하여 디모데에게 두 번 역설한다. 작금의 세태와는 완전히 반대로, 디모데는 달라야 하고, 필요하다면 홀로 서야 한다.

바울은 디모데가 자신을 '따르는' 삶을 살고 있다고, 특히 그의 가르침과 삶의 방식을 따르고 있다고 말한다. 그러고 나서 계속해서 디모데에게 그 길에 거하라고 당부한다. "너는 배우고 확신한 일에 거하라"(14절). 이렇듯 10-13절은 디모데가 **과거에** 바울을 신실하게 따랐다고 말하고, 14-17절은 **앞으로도** 계속 그렇게 신실하라고 권한다. 그가 그렇게 해야 하는 이유는 충분하다. 한편으로는 그가 누구에게서 배웠는지를 알았기 때문이고(즉, 그는 바울에게서 배웠고, 바울의 사도적 권위를 받아들였다), 다른 한편으로는 어린 시절부터 성경을 알았고, 그 말씀들을 '테오프뉴스토스'(*theopneustos*, 문자 그대로 '하나님의 감동으로 된'이라는 뜻)이자 유익한 것으로 받아들였기 때문이다.

이 두 가지 근거는 오늘날에도 적용된다. 그리스도인들이 믿는 복음은, 하나님의 선지자와 그리스도의 사도들 둘 다가 보증한 성경적인 복음이다. 우리는 이 이중의 인증에 감사할 따름이다.

디모데후서 3:1-17을 읽으라.

토요일

바울의 마지막 투옥

나는 선한 싸움을 싸우고
나의 달려갈 길을 마치고 믿음을 지켰으니.
디모데후서 4:7

바울은 이제 더 이상, 누가가 사도행전의 마지막 장에 기록한 것과 같은, 비교적 자유롭고 안락한 가택 연금을 누릴 수 없게 되었다. 바울은 이 편지에서 자신을 묶고 있는 사슬을 두 번 언급한다. 그중 한 번은 "죄인과 같이 매이는 데"(2:9)라고 표현되어 있다. 여기서 우리는 빛과 공기가 들어오는 통로라고는 천장의 작은 구멍 하나뿐인, 어둡고 축축한 지하 감방(로마에 있는 마메르티노 감옥 유적을 볼 때)에 수감된 바울의 모습을 상상할 수 있다. 이 끔찍한 수감 생활에서 탈출할 수 있는 유일한 길은 죽음뿐이었다. 그는 이미 마음의 눈으로 처형자의 칼날이 번쩍이는 것을 보고 있었을 것이다. 전승에 따르면 그는 로마에서 약 5킬로미터 떨어진 오스티아 로에서 (로마 시민이 처형되는 방식대로) 참수되었다고 한다.

아마도 바울의 마지막 기록인 듯한 디모데전서 4장은 우리에게 아주 중요한 가르침을 준다. 그것은, 아무리 예수 그리스도가 우리를 엄청나게 변화시킨다 해도 우리는 여전히 인간적인 필요를 가진 인간이라는 것이다. 핸드리 모울(1841-1920) 주교가 썼듯이 "은혜는 절대 우리의 본성을 바꾸지는 못한다." 우리는 이것을 바울에게서도 본다.

첫째, 그는 외로웠다. 그는 디모데에게 "너는 어서 속히 내게로 오라"라고 썼다(4:9). 그리스도의 나타나심을 사모하며 소망했던 바로 그 사도가(8절), 그럼에도 불구하고 디모데가 오기를 또한 고대하고 있다. 그는 "나는 그대가 몹시 그립습니다"(1:4, 메시지)라고 썼다. 매우 강력한 영성을 지닌 그리스도인들은 어쩌면 그리스도와의 사귐만으로 충분하니, 외로움도 느끼지 않고 이 땅의 다른 친구도 필요 없다고 주장할지 모른다. 하지만 바울은 그들의 생각에 동의하지 않을 것이다.

둘째, 겨울이 다가오자 따뜻한 옷 또한 필요했다. 그래서 바울은 디모데에게 자신이 두고 온 겉옷을 가지고 와 달라고 당부한다(4:13). 그리고 바울은 세 번째로 "책은 특별히 가죽 종이에 쓴 것"(13절)을 요청한다. 이것들이 바울이 필요하다고 생각한 것들이었다. 이는 우리에게도 필요한 것들이다. 외로울 때는 친구가 필요하다. 추우면 두툼한 옷이 필요하다. 지루할 때는 책이 필요하다. 이러한 필요를 인정한다고 해서 영적이지 못한 것이 아니다. 이는 인간이기에 당연한 것이니.

디모데후서 4:1-8을 읽으라.

제47주

히브리서

히브리서는 작자 미상이다. 저자와 구체적인 수신자가 둘 다 알려지지 않았기 때문에 이를 둘러싼 논란이 계속되고 있다. 하지만 저술 목적은 알려져 있다. 당시 히브리서 독자들은 박해와 신학적인 혼란 때문에 신앙이 퇴보할, 아니 신앙을 저버릴 위기에 처해 있었다. 따라서 히브리서 저자의 목적은 예수 그리스도의 최종성, 다시 말해 그분의 제사장 됨, 희생, 언약을 각인시켜, 독자들이 믿음에서 떨어져 나가는 것을 생각조차 할 수 없게 만드는 것이었다. 히브리서에는 예수 그리스도의 인격과 사역, 그분의 높아지심과 그분이 완성하신 사역에 대한 놀라운 설명이 담겨 있다.

저자가 누구든, 그는 이런 주제를 전개해 나갈 만한 요건을 갖춘 사람임에 틀림없다. 그는 구약 이야기와 예수님의 이야기에 아주 익숙했을 뿐 아니라, 구약 성경의 기대가 예수 그리스도 안에서 성취되었음을 효과적으로 펼쳐 보일 수 있는 사람이었기 때문이다.

일요일: 하나님의 아들 예수
월요일: 인간 예수
화요일: 제사장 예수
수요일: 하나님 보좌 우편에 앉으심
목요일: 세 가지 호소
금요일: 믿음의 정의와 구체적인 사례
토요일: 그리스도인의 경주

일요일

하나님의 아들 예수

> 옛적에 선지자들을 통하여 여러 부분과 여러 모양으로 우리 조상들에게 말씀하신 하나님이 이 모든 날 마지막에는 아들을 통하여 우리에게 말씀하셨으니.
> 히브리서 1:1-2

히브리서의 첫 두 장에는 예수님에 관한 매우 균형잡힌 묘사가 나온다. 1장은 예수님을 하나님의 아들로, 그리고 2장은 인간 예수님을 그린다. 먼저 히브리서 1장은 그분의 독특성에 대해 이야기한다. 저자는 그리스도에 관한 다섯 가지 중요한 진리를 설명한다. 첫째, **예수 그리스도는 하나님의 계시의 절정이다.** 물론 하나님은 인류 역사 내내 선지자들을 통해 자신을 계시하셨지만, 그것은 부분적이고 점진적이었던 반면, 그리스도를 통한 그분의 자기 계시는 최종적이고 완벽했다. 그렇기 때문에 예수 그리스도는 세상을 향한 하나님의 마지막 말씀이다. 하나님이 성육신한 아들을 통해 주신 계시보다 더 고귀하고 온전한 계시는 상상할 수 없다. 예수 그리스도는 하나님의 계시의 절정이다.

둘째, **예수 그리스도는 창조세계의 주시다.** 하나님은 예수 그리스도를 통하여 모든 세계를 지으심으로, 그분을 "만유의 상속자"로 세우셨다(2절). 그래서 그분은 이 세상의 시작이자 끝이고, 그 근원이자 상속자시다. 그리고 그분은 세상의 시작과 종말 사이에서 "자기의 능력 있는 말씀으로 만물을 보존"하신다(3절, 새번역).

셋째, **예수 그리스도는 하나님의 아들이시다.** 그분은 "하나님의 영광의 광채"(빛으로부터 난 빛, 하나님과 함께하시는 분)이자 "그 본체의 형상"(도장 자국이 도장과 구별되는 것처럼 하나님과 구별되시는 분)이다(3절).

넷째, **예수 그리스도는 죄인들의 구세주시다.** 그분은 죄를 정결하게 하는 임무를 완수하시고 하나님의 보좌 우편에 앉으셨다.

다섯째, **예수 그리스도는 천사들의 경배 대상이다.** 실제로 그분은 "천사들보다 훨씬 더 높게 되셨으니, 천사들보다 더 빼어난 이름을 물려받으셨다"(4절, 새번역). 의심할 여지없이 천사들은 위대하고 영광스러운 존재지만, 예수 그리스도와 비할 바가 못 된다. 저자는 이제 구약 성경에서 그분의 탁월성을 여러 방식으로 이야기한 구절들을 모아 인용한다. 예를 들어 다음과 같은 구절이다. "하나님의 모든 천사들은 그에게 경배할지어다"(6절). 저자는 이 부분을 준엄한 경고로 마무리한다. 우리는 사도들의 메시지를 더욱 유념함으로 흘러 떠내려가지 않도록 해야 한다는 것이다(2:1-4).

히브리서 1:1-2:4을 읽으라.

인간 예수

월요일

> 자녀들은 혈과 육에 속하였으매
> 그도 또한 같은 모양으로 혈과 육을 함께 지니심은.
> 히브리서 2:14

어제 살펴본 바와 같이, 예수 그리스도는 신적인 영광 가운데 거하시는 독특한 분이시지만, 이는 이야기의 절반에 불과하다. 만일 여기서 멈춘다면, 우리는 그분의 신성은 인정하지만 인성은 부인하거나 무시하는, 심각한 이단이 되는 죄를 저지르게 된다. 히브리서 1장은 예수 그리스도가 하나님과 같은 분임(하나님의 존재를 공유하심)을 강조하는 반면, 히브리서 2장은 예수 그리스도가 우리와 같이 되셨음(인간의 존재를 공유하심)을 강조한다. 모든 면에서 천사들보다 높으신 그분이 잠시 동안 천사보다 못한 존재가 되셨다. 실제로 하나님의 아들이 인간이 되신 데는 기본적으로 타당한 이유가 있었다. "많은 아들들을 이끌어 영광에 들어가게 하시는 일에 그들의 구원의 창시자를…온전하게 하심이 합당하도다"(10절). 우리는 여기서 네 가지 중요한 진리를 끄집어낼 수 있다.

첫째, **그분은 우리와 같은 인간이 되셨다.** 그분은 우리의 "혈과 육"(14절)을 지니시고, 인간의 연약함과 나약함을 경험하셨다. 실제 인간의 몸(먹고, 마시고, 피곤해지는)을 입으시고, 실제로 인간의 감정(기쁨과 슬픔, 연민과 분노 등)을 느끼셨다.

둘째, **그분은 우리와 같이 시험을 받으셨다.** "그가 시험을 받아 고난을 당하셨은즉"(18절). 실제로 그분은 "모든 일에 우리와 똑같이 시험을 받으셨다"(4:15). 그분이 성육신하셨다는 것은, 시험에서 면제되는 특권을 버리고 시험에 자신을 노출시키셨다는 의미다. 그분이 받으신 시험은 우리의 시험들과 마찬가지로 실제였다. 다만 그 시험들에 결코 굴복하지 않으심으로 결코 죄를 짓지 않으셨다.

셋째, **그분은 우리와 같이 고난을 겪으셨다.** 하나님은 우리 구원의 창시자를 "고난을 통하여 온전하게 하셨다"(2:10). 이는 그분에게 죄가 있어서 불완전했다는 의미가 아니라, 그분이 우리가 고난을 받는 것처럼 고난을 받지 않으시면, 우리와 같은 인간이 되신 그분의 정체성이 불완전해진다는 의미다.

넷째, **그분은 우리와 같이 죽음을 경험하셨다.** "죽음의 고난받으심으로 말미암아 영광과 존귀로 관을 쓰신 예수를 보니 이를 행하심은 하나님의 은혜로 말미암아 모든 사람을 위하여 죽음을 맛보려 하심이라"(9절). 그분이 죽어야 했다는 말이 아니다. 그분에게는 아무런 죄도 없었기 때문이다. 하지만 그분은 우리 죄를 대신 지시고, 바로 우리 죄 때문에 죽으셨다. 예수 그리스도는 성육신하신 결과로, 우리를 대표하여 아버지께 나아가실 수 있고, 우리의 연약함을 동정하실 수 있다.

히브리서 2:9-18을 읽으라.

화요일

제사장 예수

제사장 된 그들의 수효가 많은 것은 죽음으로 말미암아 항상 있지 못함이로되
예수는 영원히 계시므로 그 제사장 직분도 갈리지 아니하느니라.
히브리서 7:23-24

히브리서의 중심 주제 가운데 하나는, 구약 성경의 레위 지파 제사장들의 불완전함과 그리스도의 제사장직의 완전함을 선명하게 대조하는 것이다. 히브리서 저자는 구약 성경에 나오는 멜기세덱이라는 낯선 인물을, 예수님의 제사장직의 전조로 본다. (1) 멜기세덱은 예수님이 그러하셨듯이 왕이자 제사장이었다. (2) 멜기세덱은 아브라함(레위 지파의 조상)을 축복하고 그에게서 십일조를 받음으로써 자신이 그보다 우위에 있음을 나타내었다. (3) 멜기세덱은 혈통이나 후대에 관한 아무런 언급도 없이 창세기에 등장한다. 이는 예수님의 영원성을 상징적으로 보여 준다.

그렇다면 구약의 아론 계열 제사장들은 어떤 점에서 불완전했을까?

첫째, **그들의 제사장직은 끝이 있었다.** 구약의 제사장들은 영원히 그 직분에 있을 수 없었지만 예수님은 "영원히 계신다"(24절). 다시 말해, 그는 "항상 살아 계셔서" 자기 백성을 위해 "간구하신다"(25절). 그 무엇도 그분의 제사장직을 방해하거나 끝낼 수 없다.

둘째, **그들은 본질적으로 죄인이었다.** 구약 시대 제사 제도에서 이례적인 것 중 하나는, 제사장들이 백성들을 위해 제사를 드리기 전에 먼저 자신들을 위해 제사를 드려야 했다는 점이다. 하지만 예수님은 죄가 없으시므로 자신을 위한 속죄가 필요 없었다. 26절에는 예수님의 무죄하심에 대한 놀라운 선언이 담겨 있다. "거룩하고 악이 없고 더러움이 없고 죄인에게서 떠나 계시고 하늘보다 높이 되신 이라."

셋째, **그들은 매일 반복해서 제사를 드려야 했다.** 그들이 드리는 모든 제사는 일시적인 방편일 뿐이었으므로 그들은 동일한 제사를 반복해서 드려야 했다. 하지만 예수님은 영단번에 죄를 위한 희생 제물로 자신을 드리셨다.

그렇다면 여기 예수님의 제사장직이 완벽한 이유가 있다. 첫째, 그분은 이 땅에 사실 때 죄를 짓지 않으셨다. 둘째, 우리 죄를 대신 짊어지신 그분의 죽음은 완벽했다. 셋째, 그분이 하늘에서 드리는 간구는 영원하다. "예수는 이러한 제사장으로 우리에게 적격이십니다"(26절, 새번역).

히브리서 7:11-28을 읽으라.

하나님 보좌 우편에 앉으심

수요일

> 오직 그리스도는 죄를 위하여
> 한 영원한 제사를 드리시고 하나님 우편에 앉으사.
> 히브리서 10:12

사도신경에 따르면 예수님은 "하늘에 오르사 전능하신 하나님 우편에 앉아 계신다." 그렇다면 우리는 그분이 하늘에 계시는 그 '기간'을 어떻게 이해해야 할까?

첫째, **예수 그리스도는 안식하고 계신다.** 그 모습은 우리가 매일 회사나 집에서 하루 일과를 끝내고 안락의자에 앉아 다리를 올려놓고 쉬는 것과 같다. 예수님의 경우는 "죄를 정결하게 하는 일을 하시고…앉으셨다"(1:3). 구약의 제사장들은 매일, 매주, 매달 자신들의 임무를 계속했다. 하지만 예수님은 "죄를 위하여 한 영원한 제사를 드리셨다"(10:12). 성전에는 의자가 없었기 때문에 아론의 제사장들은 매일 서 있었다. 하지만 예수님은 제사를 드리신 후 앉으셨다. 제사장들의 서 있는 자세는 그들의 임무가 불완전함을 상징했다. 반면, 예수님은 그분의 임무가 완수되었음을 나타내기 위해 앉으셨다.

둘째, **예수 그리스도는 다스리고 계신다.** 그분은 하나님의 보좌 우편으로, 온 우주에서 최고의 영광과 능력이 있는 자리로 높임을 받으셨다. 그분은 그 자리에서 오순절에 성령을 보내셨고 그분의 백성을 사역의 자리로 보내셨다. 이미 하늘과 땅의 모든 권세가 그분에게 주어졌다. 하지만 사탄은 아직 패배를 인정하고 있지 않다.

셋째, **예수 그리스도는** "자기 원수들을 자기 발등상이 되게 하실 때까지"(13절) **기다리고 계신다.** 시편 110:1의 말씀을 예수님이 스스로에게 적용하신 것이다. 이 구절에서 여호와는 메시아에게 "내가 네 원수들로 네 발판이 되게 하기까지 너는 내 오른쪽에 앉아 있으라"라고 말씀하셨다. 이 시편에는 두 가지 관점이 다 있다. 그분은 기다리시는 동안 다스리시고, 다스리시는 동안 기다리신다.

예수 그리스도의 승천과 하늘 보좌 우편에 앉으신 기간에, 이러한 풍성한 신학이 있다. 즉, 그분은 안식하시며, 다스리시고, 기다리고 계신다. 그분은 안식하시며, 과거를 돌이켜 보시고 그분의 구속 사역이 완성되었다고 선언하신다. 그분은 다스리시며, 현재를 지휘하시고 그분의 백성을 사역의 자리로 보내신다. 그분은 기다리시며, 원수들이 마침내 굴복하고 그분의 나라가 완성될 미래를 바라보고 계신다.

히브리서 10:11-18을 읽으라.

목요일

세 가지 호소

우리가…담력을 얻었나니…하나님께 나아가자…
우리가 믿는 도리의 소망을 움직이지 말며 굳게 잡고 서로 돌아보아 사랑과 선행을 격려하며.
히브리서 10:19, 22-24

이 세 가지 호소는 성전의 구조와 그 역할과 관련이 있다. 성전은 두 개의 영역 또는 방으로 구성되어 있었는데, 더 안쪽의 작은 방을 지성소라 불렀다. 지성소는 하나님의 임재의 상징인 하나님의 영광이 나타나는 곳이었다. 두 방 사이에는 두터운 커튼('휘장')이 드리워 있었고, 이는 지성소로 들어가는 입구를 가로막는 역할을 했다. 지성소에 들어가는 것은 엄격하게 제한되어 있었다. 오직 한 사람(대제사장), 단 하루(속죄일), 한 가지 조건(대속물의 피를 들고)이 충족될 때에만 들어갈 수 있었다.

히브리서 저자는 독자들이 이 사실을 알고 있으며, 이 모든 조건이 예수님이 대제사장이 되시고 희생 제물이 되심으로 전부 충족되었다는 그의 가르침을 이해하고 있다고 전제한다. 휘장을 지나 하나님의 임재 안으로 들어갈 수 있는 권한이 이제 모든 신자에게 주어졌다.

그렇다면 첫째로, **"하나님께 나아가자"**(22절). 참 마음과 온전한 믿음으로. 즉 내적으로는 죄책감을 벗고, 외적으로는 세례를 받아 맑은 물로 몸을 씻고서 말이다. 이렇게 하나님께 지속적으로 나아갈 수 있다는 것은 참으로 놀라운 특권이 아닐 수 없다. 둘째로, **"우리가 믿는 도리의 소망을 움직이지 말며 굳게 잡고"**(23절). 그리스도인의 소망(틀림없이 이루어질 것에 대한 기대)은 다시 오실 그리스도와 그때 그분이 보이실 영광에 초점이 맞추어져 있다. 하지만 너무 많은 사람들, 심지어 교회들까지도 소망을 포기하는 오늘날, 우리는 어떻게 이 소망을 굳게 잡을 수 있을까? 오직 한 가지 답만 있다. "우리에게 약속하신 분은 신실하시니"(23절, 새번역). 주 예수님은 능력과 큰 영광 가운데 오신다고 약속하셨고, 그 약속을 지키실 것이다. 셋째, **"서로 돌아보아 사랑과 선행을 격려하며"**(24절). 저자는 분명 독자들이 모이는 일에 점차 게을러지고 있음을 염두에 두고 있다. 그리스도인들이 서로를 돌보는 일(서로에게 마음을 쓰고 서로 격려하는 일)은 서로 만나야 가능하기 때문이다.

그렇다면 여기, 우리에게 요구되는 그리스도인의 삶이 있다. 우리는 믿음으로 하나님께로 나아가고, 소망 가운데 그리스도를 기다리며, 사랑으로 서로를 북돋아 주어야 한다. 이것은 바로 우리에게 잘 알려진 세 가지, 즉 믿음, 소망, 사랑이다.

히브리서 10:19-25을 읽으라.

믿음의 정의와 구체적인 사례

금요일

> 믿음은 바라는 것들의 실상이요
> 보이지 않는 것들의 증거니.
> 히브리서 11:1

모든 인간에게는 불확실한 두 가지 영역이 있다. 하나는 알 수 없는 미래요, 또 하나는 눈에 보이지 않는 현재다. 우리는 미래가 아닌 현재에서, 또 보이지 않는 것이 아닌 보이는 것에서 안정감을 찾기 때문이다. 미래에 대해서라면, 심지어 기상청의 일기 예보조차 종종 믿을 것이 못 된다. 또 보이지 않는 것에 대해서도, 우리는 과학 교육을 통해 실증적인 연구가 불가능한 것은 모두 회의하도록 배웠다.

그러므로 인간이 불확실성을 느끼는 이 두 영역(미래와 보이지 않는 것)이 믿음의 전문 영역이자 심지어 믿음이 더 풍성해지는 영역이라는 사실은 충격으로 다가온다! 보이지 않는 현재와 실현되지 않은 미래를 이해하는 것이 바로 믿음이 하는 일이다. 간단히 말해 믿음은 우리가 고대하는 미래가 실현될 것과, 우리가 볼 수 없는 현재가 그럼에도 불구하고 현실임을 확신하는 것이다.

물론 믿음이 없는 사람들은 그리스도인들의 믿음을 조롱한다. 볼티모어의 현자라 불리는 멘켄(H. L. Mencken)은 "믿음이란, 일어날 것 같지 않은 일이 벌어질 것이라는 비논리적인 신념이라고 간략하게 정의할 수 있다"라고 말했다. 재치 있는 말이지만 정확하지는 않다. 믿음은 **맹신**이나 **미신**과 같은 말이 아니다. 또한 비이성적이거나 비논리적이지도 한다. 그렇지 않다. 성경에서는 믿음과 이성이 서로 대립되는 개념으로 등장한 적이 없다. 믿음과 눈에 보이는 것은 서로 대립되지만, 믿음과 이성은 결코 대립되지 않는다. 반대로 "주의 이름을 아는 자는 주를 의지한다"(시 9:10). 그들은 알기 때문에 믿는다. 신뢰의 타당성은 그 대상이 얼마나 믿을 만하냐에 달려 있고, 하나님보다 믿을 만한 존재는 어디에도 없다.

이 모든 것은 히브리서 11장에 나오는 사례에서 분명하게 알 수 있다. 모든 경우에 믿음은 하나님의 말씀에 대한 반응이었다. 노아가 방주를 지은 것은 하나님이 그에게 홍수를 경고하셨기 때문이다. 아브라함이 본토와 친척을 떠난 것은 하나님이 그에게 다른 본향과 수많은 자손을 약속하셨기 때문이다. 두 경우 모두, 하나님의 말씀이 먼저 있었다. 우리도 마찬가지다. 우리는 에녹이나 아브라함, 모세 같은 영적 거장이 아니다. 하나님은 일반적으로 그들에게 하신 것과 같은 직접적인 방식으로 우리에게 이야기하지는 않으신다. 하지만 그분은 성경에서 이미 하신 말씀을 통해 계속 말씀하신다. 그러므로 믿음은 하나님의 말씀에 대한 우리의 반응이다.

히브리서 11:1-10을 읽으라.

토요일

그리스도인의 경주

> 이러므로 우리에게 구름같이 둘러싼 허다한 증인들이 있으니 모든 무거운 것과 얽매이기 쉬운 죄를 벗어 버리고 인내로써 우리 앞에 당한 경주를 하며…예수를 바라보자.
> 히브리서 12:1-2

고대 사람들은 모두 그리스의 운동경기에 대해 잘 알고 있었다. 그리스 문화가 로마 제국에 스며들면서, 그리스의 운동경기들도 따라 들어갔다. 모든 도시에 원형 경기장이 세워졌고, 운동선수들은 열광하는 거대한 관중 앞에서, 달리기, 권투, 레슬링, 창던지기, 전차 경주 등의 경기에서 저마다 기량을 뽐냈다. 신약 성경은 여러 차례 그리스도인의 삶을 운동경기에 비유하는데, 이는 우리가 다른 누군가와 경쟁하기 때문이 아니라 그리스도인의 삶은 엄청난 자기 훈련을 요구하기 때문이다. 히브리서 저자의 관심은 우리가 "인내로써 우리 앞에 당한 경주를 하는 것"이다(1절). 그는 인내로 경주할 수 있는 세 가지 요건을 열거한다.

첫째, **관중을 기억하라!** 그는 "이렇게 구름 떼와 같이 수많은 증인이 우리를 둘러싸고 있으니"(1절, 새번역)라고 쓴다. 이들은 분명 11장에 등장하는 구약의 믿음의 영웅들과 그에 필적할 만한 신약 시대의 믿음의 선배들일 것이다. 그러나 어떤 면에서 그들이 '증인'인가? 이 말은 그들이 이 땅에서 증인의 삶을 살았다는 의미가 분명하다. 하지만 이 말은 또 죽어서 천국으로 간 그리스도인들이 거기서 우리를 바라보고 있다는 의미이기도 하지 않을까? 조심스럽게 나는 그럴 것이라고 생각한다. 이 구절은 그들이 "우리를 둘러싸고" 있다고 말하기 때문이다. 즉, 이 구절은 우리에게 원형 경기장 안에 층층이 들어찬 관중을 그려 보라고 말한다. 관중을 기억하며 더 힘을 내 경기에 임할 수 있다.

둘째, **훈련에 돌입하라!** 진지하게 경기에 임하는 선수들은 먹고 마시고 연습하고 자는 모든 과정에서 혹독한 관리를 받아들인다. 또한 그 경기를 위해 선수들은 체중을 줄이고 부적절한 복장을 피한다. 그리스도인들에게 적용해 보자면, 이는 죄에서 돌아서는 것이며, 죄는 아니더라도 경주를 방해하는 것이라면 그 '짐'을 버리는 것을 말한다.

셋째, **결승선을 바라보라!** 그리스도인 운동선수들은 산만하게 하는 것들에서 눈을 돌려, 결승선에 서 계시는 예수님께 시선을 고정해야 한다. 저자는 그분을 "생각하라"(3절)고, 특히 그분이 십자가와 대적들을 참으신 것을 생각하라고 쓰고 있다. 이와 같이 우리는 증인들에게 둘러싸여, 혹독한 훈련의 도움을 받으며, 예수님께 시선을 고정한 채, 인내로 경주를 할 것이다. 중도 포기란 있을 수 없는 일이다.

히브리서 12:1-3을 읽으라.

제48주

일반서신

요한계시록 바로 앞 신약 성경의 끝부분에는 야고보, 베드로, 요한이 쓴 일반서신이 있다. 이 편지들을 일반서신이라 부르는 이유는 어떤 특정 교회에 보낸 편지가 아니기 때문이다. 예를 들어, 야고보서는 "흩어져 있는 열두 지파에게"(약 1:1), 즉 전 지역에 있는 모든 유대 그리스도인에게 보낸 편지다.

야고보는 예수님의 동생으로서, 예수님이 사역하시는 동안에는 신자가 아니었지만 오순절 즈음에 신자가 되었다. 실제로 그는 곧 예루살렘 교회와 전 세계 유대 그리스도인 공동체에서 추앙받는 지도자가 되었다. 그의 편지는 꽤 이른 시기인 주후 45년쯤에 쓰였다고 추정되며, 그는 특히 그리스도인들의 일관성 있는 행위를 강조했다.

신약 성경의 또 다른 두 편지는 사도 베드로의 편지로 알려져 있다. 하지만 두 번째 편지의 경우, 유다서와 아주 유사하다는 이유로 저자가 과연 누구냐를 두고 많은 이들이 논쟁을 벌이고 있다. 베드로는 첫 번째 편지에서 다양한 주제를 다루지만, 중점적으로 강조하는 내용은 그리스도인이 박해에 어떻게 반응해야 하는가이다. 그는 모든 장에서 고난을 언급한다.

세 개의 요한서신은 요한복음의 저자이기도 한 예수님이 사랑하시는 제자가 기록한 것이 분명하다. 요한복음의 목적이 독자들을 믿음으로 인도하여 영생에 이르게 하는 것이라면(요 20:31), 요한서신의 목적은 신자들이 영생을 얻었음을 확신하게 하는 것이다(요일 5:13).

일요일: 하나님의 말씀에 대한 반응
월요일: 믿음과 행위
화요일: 십자가의 필요성
수요일: 목회자들을 향한 호소
목요일: 성경적 진리의 특성
금요일: 진정한 확신과 거짓 확신
토요일: 그리스도인의 통합된 삶

일요일

하나님의 말씀에 대한 반응

너희는 말씀을 행하는 자가 되고
듣기만 하여 자신을 속이는 자가 되지 말라.
야고보서 1:22

야고보서의 첫 장을 읽자마자 바로 눈에 들어오는 것은, 속이는 것에 대한 세 번의 경고다(16, 22, 26절). 이 속이는 것에 대한 야고보의 해결책은 하나님의 말씀, "진리의 말씀"(18절), 즉 하나님이 그리스도와 그리스도에 대한 성경의 증언을 통해 우리에게 주신 계시다. 우리는 하나님의 말씀에 집중할 때에만 속임당하는 비극을 피할 수 있다. 우리는 이 말씀에 두 단계로 반응해야 한다.

1단계: 하나님의 말씀에 귀 기울이기. "사람마다 듣기는 속히 하고 말하기는 더디 하며"(19절). 우리의 본성은 모든 상황에서 미성숙한 반응을 하기 일쑤다. "미련한 자의 입은 미련한 것을 쏟느니라"(잠 15:2)라는 경고는 잊은 채, 자신의 의견을 말하기에 급급하다. 보통 우리가 가장 마지막에 하는 일(가장 우선해야 하는 일인데도)이 혀를 제어하고 듣는 일이다. 여기에 널리 적용되는 일반 원리가 있다. 말하기보다는 들어야 한다는 것이다. 상대를 존중하는 경청은 화목한 관계를 만드는 중요한 비결이다. 그런데 이는 하나님과의 관계에서 특히 더 그렇다. 하나님은 계속 말씀하고 계시고, 우리에게 그분의 음성에 귀 기울이라고 명하시기 때문이다. 하지만 종종 우리는 성경에서 우리가 듣기 원하는 것만 듣는다. 이는 우리의 문화적 편견에 동조하는 것일 뿐, 이렇게 되면 우리에게 귀 기울이라고 도전하시는 천둥소리 같은 하나님의 말씀은 놓치게 된다.

2단계: 하나님의 말씀에 순종하기. 야고보의 거울 은유는 특별히 호소력 있다(22-23절). 거울은 우리에게 이중의 메시지를 주기 때문이다. 우리가 누구인지를 말해 주고, 그래서 무엇을 해야 하는지를 말해 준다. 거울이 말한다. "네 오른쪽 뺨에 지저분한 얼룩이 묻었어. 그러니 어서 가서 씻어." 우리는 거울을 들여다볼 때마다 그 본 것에 기초하여 행동을 취한다. 하나님의 말씀이라는 거울을 주의 깊게 들여다볼 때도 마찬가지다. 그 말씀은 우리에게 우리가 누구이고 그래서 무엇을 해야 하는지를 말해 준다.

우리는 하나님의 말씀을 듣고 받아들이고 순종해야 한다. 이것이 없이는 진정한 제자라고 할 수 없다.

야고보서 1:16-27을 읽으라.

믿음과 행위

월요일

> 내 형제들아 만일 사람이 믿음이 있노라 하고 행함이 없으면 무슨 유익이 있으리요 그 믿음이 능히 자기를 구원하겠느냐.
> 야고보서 2:14

야고보와 바울은 칭의에 대해, 다시 말해 하나님이 어떻게 죄인을 용납하시고 의롭다 하시는지에 대해 서로 합의하지 못했다는 추정은 널리 알려져 있다. 뿐만 아니라 루터는, 이러한 명백한 신학적 불일치를 근거로, 야고보서를 "지푸라기 서신"이라 부르며 신약 성경에서 빼 버렸다.

분명 이 두 사도 사이에는 뚜렷한 차이점이 있다. 바울은 "사람이 의롭다 하심을 얻는 것은 율법의 행위에 있지 않고 믿음으로" 된다고 가르친(롬 3:28) 반면, 야고보는 "이로 보건대 사람이 행함으로 의롭다 하심을 받고 믿음으로만은 아니니라"(약 2:24)라고 썼기 때문이다. 그런데 두 사도 모두 아브라함을 자신의 영웅이라 주장했다.

하지만 그 차이는 실제라기보다는 가상에 가깝다. 바울과 야고보는 서로 다른 사역을 한 것이지, 다른 메시지를 전한 것이 아니었다. 그들은 동일한 복음을 선포했지만 강조점이 서로 달랐다. 이처럼 강조점이 달랐던 이유는, 그들이 서로 다른 거짓 선생들을 상대하고 있었기 때문이다. 바울의 상대는 율법을 지키는 행위로만 의롭다 함을 얻을 수 있다고 가르친 유대 율법주의자, 즉 유대주의자들이었던 반면, 야고보의 상대는 믿음으로만 의롭다 함을 얻을 수 있다고 가르친 유대 이지론자(intellectualizer)들이었다. 그런데 이들이 말하는 믿음은 열매 없는 공허한 정통이었다.

바울은 유대주의자들을 향해 칭의는 행위가 아니라 믿음으로 이루어진다고 역설했고, 야고보는 이지론자들을 향해 칭의는 공허한 정통 믿음(이 정도는 사탄도 알고 떤다)이 아니라 행함이 있는 믿음으로 이루어진다고 주장했다.

두 사도 모두 진정한 믿음의 본질을 명확하게 말한다. 즉, 그것은 행함이 있는 살아 있는 믿음이다. 야고보는 "나는 행함으로 내 믿음을 네게 보이리라"(약 2:18)라고 썼고, 바울은 "사랑으로써 역사하는 믿음"(갈 5:6)에 대해 썼다. 우리는 행위로 구원받을 수 없지만 그것 없이는 구원받을 수 없다. 행위는 구원을 얻기 위한 것이 아니라, 구원을 드러내는 것이다. 구원을 확보하는 수단이 아니라 구원을 증명하는 것이다. 이렇듯 두 사도 모두 행함이 있는 진정한 믿음을 가르쳤다. 그러나 바울은 행함으로 나타나게 되는 믿음을 강조했고, 야고보는 믿음에서 나오는 행함을 강조했다. 따라서 두 사도 모두 행함이 없는 믿음은 죽은 믿음이라는 데 동의했을 것이다.

야고보서 2:14-26을 읽으라.

화요일

십자가의 필요성

친히 나무에 달려 그 몸으로 우리 죄를 담당하셨으니
이는 우리로 죄에 대하여 죽고 의에 대하여 살게 하려 하심이라.
베드로전서 2:24

예수님이 처음으로 제자들에게 인자가 많은 고난을 받고 죽어야 한다고 말씀하셨을 때, 즉시 격렬하게 맞섰던 사람이 바로 베드로였다. 그는 메시아가 고난을 받아야 한다는 개념을 도무지 이해할 수 없었다. 그러나 약 30년이 지난 지금의 베드로는, 그의 첫 번째 편지에서 과거 자신이 부인했던 것이 잘못임을 역설한다! 베드로전서 1장부터 5장까지 모든 장에 메시아의 고난에 대한 중요한 단락이 담겨 있다.

베드로는 십자가의 목적에 대해 두 가지를 언급한다. 첫 번째는 그리스도께서 우리에게 본을 남겨 주시기 위함이었고(이에 대하여는 이미 살펴보았다), 두 번째는 그분이 "친히 나무에 달려 그 몸으로 우리 죄를 담당"하시기 위함이었다(24절). '죄를 담당하다'라는 말은 '죗값을 담당하다'라는 말의 구약적 표현이다. 일반적으로는 죄를 범한 사람이 자신의 죗값을 치른다. 하지만 때때로, 하나님은 크신 자비하심으로 죗값을 대신 치를 대속물을 주기도 하신다. 속죄 제물이나 특히 속죄일에 드리는 속죄 염소가 그것이다.

그러나 경건한 이스라엘 자손들은 그것이 상징일 뿐임을 알고 있었다. 황소나 염소의 피는 죄를 없이할 수 없기 때문이다(히 10:4). 그래서 그들은 이사야 53장에 기록된 고난받는 종이 자신들의 죄를 담당할 날을 고대했고, 예수님은 이 예언을 자신에게 적용하셨다.

그러나 여기에는 문제가 있다. 만일 그리스도께서 우리 죄를 담당하시고 우리의 죗값을 치르시고 우리 대신 죽으심으로 우리가 죄사함을 받았다면, (일각에서 그렇게 묻는 것처럼) 이제 우리는 하고 싶은 대로 행동하고 계속 죄를 지어도 된다는 의미가 아닌가? 바울의 비판자들은 분명 이런 식으로 비방했고, 베드로의 비판자들도 마찬가지였을 것이다. 하지만 두 사도 모두 그 비방을 강하게 부정했다. 베드로가 어떻게 반박 논리를 전개시키는지 보라. 그분이 우리 죄를 담당하신 것은 우리로 죄에 대하여 죽고 의에 대하여 살게 하기 위함이다. 그러므로 그리스도께서 죽으신 것은 단지 우리의 죄사함만을 위해서가 아니라 우리의 거룩한 삶을 위해서이기도 하다.

십자가 없는 기독교는 있을 수 없다. 십자가 없는 기독교는 사기다.

베드로전서 2:18-25을 읽으라.

목회자들을 향한 호소

수요일

너희 중에 있는
하나님의 양 무리를 치되 억지로 하지 말고
베드로전서 5:2

성경은 리더십을 양 치는 일에 여러 번 비유한다. 여호와는 이스라엘의 목자시다. 이스라엘의 정치 지도자들도 목자 역할을 물려받았지만 양 떼를 흩어지게 한 것에 대해 꾸지람을 들었다(겔 34장). 예수님도 선한 목자 역할을 이어받으셔서, 자신의 양 떼를 알고 인도하시고 부르시고 사랑하시고 먹이시고, 양 떼를 위해 목숨까지 내주셨다.

그러나 여기 교회 장로들을 향해 "하나님의 양 무리를 치라"라고 호소하는 베드로의 목소리는 유독 비장하다. 이는 부활하신 주님이 갈릴리 호숫가에서 그에게 다시 명하신 그의 사역["내 양을 먹이라"(요 21:17)]이었기 때문이다. 베드로는 교회 장로들에게 하나님의 양 무리를 치라고 당부할 때 아마도 이 일을 기억하고 있었을 것이다. 그의 메시지는 세 가지 대구로 정리되어 있다.

첫째, **반드시 자발적인 마음으로 해야 한다.** "억지로 하지 말고 하나님의 뜻을 따라 자원함으로" 해야 한다(벧전 5:2). 그리스도를 섬기는 일에 징집되었다는 생각은 괴기하다.

둘째, **돈이 목적이 되어서는 안 된다.** "더러운 이득을 위하여 하지 말고 기꺼이 하며"(2절). 그러나 역사 내내 사악한 사람들은 사역을 통해 돈을 모으려 했다. 고대 세계에는 순회 교사인 척하며 많은 돈을 벌어들이는 돌팔이 선생들이 많았다. 이에 반해 바울은 자신의 동기가 순수함을 보이기 위해 성도들의 후원을 받을 수 있는 권리를 포기하고 스스로 생계를 꾸렸다. 오늘날에도 재정적 지원을 호소하여 부를 쌓는 평판 나쁜 전도자들이 존재한다.

셋째, **겸손한 자세로 섬겨야 한다.** "맡은 자들에게 주장하는 자세를 하지 말고 양 무리의 본이 되라"(3절). 예수님은 제자들에게 바로 이 점에 대해 분명히 경고하셨다. 예수님은, 세상의 통치자들은 "백성을 강제로 지배하고 또 높은 사람들은 백성을 권력으로 내리누른다. 그러나 너희는 그래서는 안 된다"(막 10:42-43, 공동번역)라고 말씀하셨다. 대신 그리스도인 지도자들은 겸손한 섬김의 사역을 해야 한다. 그들은 힘이 아니라 본을 보임으로써 양 무리를 이끌어야 한다.

베드로전서 5:1-11을 읽으라.

목요일

성경적 진리의 특성

오직 성령의 감동하심을 받은 사람들이
하나님께 받아 말한 것임이라.
베드로후서 1:21

베드로후서 1장의 후반부는 성경적 진리의 특성을 알려 주는 놀라운 본문이다. 첫째, **성경적 진리는 기록된 진리다.** 베드로는 자신의 죽음이 가까워 옴을 깨닫고 죽음을 기다리고 있다. 그가 살아 있는 동안에는 계속 독자들에게 자신이 가르쳤던 것을 상기시킬 수 있지만, 그가 떠나고 나면 그럴 수 없기에 그 내용을 기록으로 남겨 그들이 접할 수 있게 해야 했다. 이러한 인간적인 배경 이면에는 하나님의 섭리가 숨어 있다. 만일 하나님이 그리스도를 통하여 무언가 말씀하시고 행하셨다면, 그것은 반드시 보존되어야 한다. 사람들이 그 내용을 잊어버리도록 하나님이 그냥 내버려두신다는 것은 있을 수 없는 일이다. 성경은 기록된 하나님의 말씀이다.

둘째, **성경적 진리는 목격된 진리다.** 베드로는 하나님의 영광을 보고 또 그분의 목소리를 직접 들었던 예수님의 변모 사건을 떠올리며, "우리가 그의 크신 위엄을 친히 본 자라"(16절)라고 말한다. 하지만 목격 원리는 성경의 모든 사건에 적용된다. 하나님은 증인들을 세워 그분이 이스라엘에서 하셨던 일을 기록하고 해석하도록 하셨기 때문이다. 하나님이 하신 일의 의미는 자명하지 않았다. 예를 들어, 고대 근동에서는 수많은 부족 이동이 있었으므로, 하나님이 모세를 세우지 않으셨다면 출애굽에 왜 특별한 의미가 있는지 아무도 알지 못했을 것이다. 또 로마제국 치하에서는 수천 명이 십자가형을 받았으므로, 하나님이 사도들을 세우지 않으셨다면 예수님의 십자가가 왜 특별한지 아무도 몰랐을 것이다.

셋째, **성경적 진리는 깨닫게 하는 진리다.** 우리는 "어둠 속에서 비치는 등불을 대하듯이, 이 예언의 말씀에 주의를 기울여야" 한다(19절, 새번역). 하나님의 백성들은 밤에 이동하는 순례자로 그려진다. 그들에게는 등불이 필요하다. 성경은 실제적인 목적이 있는, 그 뜻이 분명한 책이다.

넷째, **성경적 진리는 하나님의 진리다.** 베드로는, 그 예언이 사람의 뜻에서 나온 것이 아니라 하나님께로부터 왔다고 쓴다. "오직 성령의 감동하심을 받은 사람들이 하나님께 받아 말한 것임이라"(21절).

하나님이 말씀으로 진리를 드러내 주신 것에 감사드린다! 성경이 없었다면 우리는 어둠 속에서 헤매고 있을 것이다. 그분이 우리에게 길을 밝힐 등불을 주셨다면 우리는 그것을 이용해야 하지 않겠는가?

베드로후서 1:12-21을 읽으라.

진정한 확신과 거짓 확신

금요일

내가 하나님의 아들의 이름을 믿는 너희에게 이것을 쓰는 것은
너희로 하여금 너희에게 영생이 있음을 알게 하려 함이라.
요한일서 5:13

그리스도의 제자에게 확신은 합당한, 아니 꼭 필요한 요소일까? 예수님을 따르는 이들이 복음 진리에 관해서만이 아니라 특히 개인 구원에 관해서도 "우리는 안다"라고 말하는 것이 과연 적절한 표현일까? 이 질문들에 "그렇다"고 답한다면, 우리는 진실한 확신과 거짓 확신, 진정한 확신과 가짜 확신을 어떻게 구분할 수 있을까? 어떤 기준으로 그것을 판단할 수 있을까? 로버트 로(Robert Law)라는 학자는 1885년에 요한일서 주석을 출간하며 「생명의 검증 기준」(Tests of Life)이라는 제목을 붙였다. 이 책에서 그는 세 가지 기본적인 검증 기준, 즉 진정한 교사와 거짓 교사를 구분하는 세 가지 기준을 정리했다.

교리적 기준은 그 교사가 성육신을 믿느냐이다. "예수 그리스도께서 육체로 오신 것을 시인하는 영마다 하나님께 속한 것이요"(4:2).

윤리적 기준은 그 교사가 의를 행하고 하나님의 명령을 따르느냐이다. "우리가 그의 계명을 지키면 이로써 우리가 그를 아는 줄로 알 것이요"(2:3).

사회적 기준은 그가 기독교 공동체에 사랑으로 묶여 있느냐이다. "우리는 형제를 사랑함으로 사망에서 옮겨 생명으로 들어간 줄을 알거니와"(3:14).

노년에 에베소에서 살았던 사도 요한은 케린투스(Cerinthus)라는 초기 영지주의자의 반대에 부딪쳤다. 요한은 그를 거짓말쟁이요, 속이는 자라 불렀다. 그는 예수님이 신격과 인격을 동시에 지니신 분임을 부인했고, 어둠 가운데서 행하면서 하나님과 사귐을 갖고 있다고 주장했고, 형제를 미워하면서도 하나님을 사랑한다고 주장하고 거만하게 자신은 영적으로 우월하다고 주장했다. 요한은 이 세 가지 기준을 적용하여, 가짜 그리스도인들의 거짓 확신을 무너뜨리고, 진정한 그리스도인들의 올바른 확신을 더 굳건히 했다.

우리 그리스도인들이 올바른 믿음과 하나님을 향한 순종과 형제를 향한 사랑을 보이지 않는다면, 우리는 가짜다. 우리는 다시 태어날 수 없다. 우리는 믿고 순종하고 사랑하는 하나님에게서 난 자들이기 때문이다.

요한일서 1:1-10을 읽으라.

토요일

그리스도인의 통합된 삶

내가 이제 네게 구하노니 서로 사랑하자…또 사랑은 이것이니
우리가 그 계명을 따라 행하는 것이요.
요한이서 1:5-6

요한이서의 수신인으로 기록된 익명의 "택하심을 받은 부녀와 그의 자녀들"은 지역 교회를 의인화한 것이 거의 틀림없다. 이 편지의 중심 주제는 통합이다. 다시 말해, 우리가 종종 어리석게도 분리되게 내버려두는 여러 요소들 간의 통합이다.

첫째, **진리와 사랑은 같이 간다.** 이는 이 편지의 첫 몇 구절에서 각각 다섯 번씩 언급되었다. 요한은 "우리와 함께할 진리"(2절)와 그것들을 연합시킬 사랑에 대해 쓰고 있다. 요한의 기록을 보면, 그와 유사한 바울의 표현이 떠오른다. 요한에 따르면 우리는 진리 안에서 서로 사랑해야 하고, 바울에 따르면 우리는 사랑 안에서 진리를 말해야 한다(엡 4:15). 두 사도의 말을 따르자면, 진리와 사랑은 통합되어야 한다. 둘 다 성령에게서 나온다.

둘째, **사랑과 순종은 같이 간다.** 요한은 독자들에게 서로 사랑하라는 오래된 계명을 상기시킨다. 그 역 또한 진실이다. 사랑 안에서 순종이 나타난다면, 순종 안에서 사랑이 나타난다. 구약 성경에도 같은 말이 나온다. 하나님은 그분의 백성을, "나를 사랑하고 내 계명을 지키는 자"(출 20:6)라고 표현하셨다. 놀랍게도 예수님은 이것을 자신에게 적용하셨다. "나의 계명을 지키는 자라야 나를 사랑하는 자니"(요 14:21). 여기 두 번째 통합이 있다. 순종하는 것이 곧 사랑하는 것이고, 사랑하는 것은 무한정 순종하는 것이다.

셋째, **아버지와 아들은 한 분이시다.** 거짓 교사들은 "예수 그리스도께서 육체로 오심을 부인"(7절)했다. 그들은 하나님의 아들은 인간이 되신 듯 **보일 뿐**이라고 가르치거나, 잠시 동안만 신성을 입으셨다고 가르쳤다. 어떤 쪽이든 그들은 성육신을 부인했고, 이는 기독론에서 약간 탈선한 정도가 아니었다. 이것은 적그리스도였다. 요한은 또한 이들이 지나치게 나갔다(9절)고 이야기한다. 이들은 스스로 앞서 나가는 진보적인 사상가라고 주장했을지 모른다. 요한은 약간의 냉소를 담아, 이들은 너무 앞서 간 나머지 아버지 하나님은 뒤에 남겨두었다고 비꼰다. 반면 독자들에게는 사도들의 처음 가르침 안에 거하라고 신신당부한다. 그 누구도 아들을 부인하면서 아버지 하나님만을 섬길 수는 없다. 우리를 진리와 사랑과 순종이 모두 아름답게 꽃 피는 진실로 통합된 그리스도의 삶으로 인도하시기를 기도하며!

요한이서 1: 1-13을 읽으라.

제49주
일곱 교회에 보낸 그리스도의 편지

이제 우리는 성경의 마지막 책인 요한계시록에 이르렀다. 요한계시록은 첫 구절에서 이는 "예수 그리스도의 계시"라고 밝힌다(계 1:1). 또 요한은 1장에서, 한때 십자가에 달리셨으나 지금은 영광 중에 계시는 예수님에 대한 놀라운 환상을 본다. 그분은 스스로를 "처음이요 마지막이니 곧 살아 있는 자"(17, 18절)이자, "땅 위의 왕들의 지배자"(5절, 새번역)로 선언하신다. 이는 로마 황제가 자신에게 붙인 바로 그 칭호였다.

요한계시록 2장에서는 장면이 바뀐다. 부활하셔서 영광 중에 계시는 예수님이 이제 이 땅에 있는 그분의 교회들을 순회하시며 감독하신다. 그분은 요한에게 로마의 아시아 지방에 있는 일곱 교회에게 각각 편지를 쓰라고 지시하신다. 일곱 개의 편지는 모두 같은 틀로 되어 있다. 그리스도께서 각 교회의 상황을 알고 계시다는 언급으로 시작해서, 각 교회에 적합한 칭찬이나 꾸중의 메시지와 이기는 자들에게 주어지는 약속으로 마무리된다.

일곱 교회 각각은 보편 교회를 대표한다고 보는 것이 타당할 것 같다. 이 일곱 교회는 함께 이상적인 교회의 표지가 무엇인지를 우리에게 말해 준다.

일요일: 에베소 교회에 보내는 편지—사랑
월요일: 서머나 교회에 보내는 편지—고난
화요일: 버가모 교회에 보내는 편지—진리
수요일: 두아디라 교회에 보내는 편지—거룩
목요일: 사데 교회에 보내는 편지—정직
금요일: 빌라델비아 교회에 보내는 편지—선교
토요일: 라오디게아 교회에 보내는 편지—전심전력

일요일

에베소 교회에 보내는 편지-사랑

> 그러나 너를 책망할 것이 있나니
> 너의 처음 사랑을 버렸느니라.
> 요한계시록 2:4

예수님의 첫 번째 편지는 에베소 교회에 쓰신 편지였다. 에베소는 로마의 아시아 지방의 수도로, 에베소 사람들은 그곳이 정치와 경제의 중심지임을 자랑스럽게 여겼다. 또한 에베소는 풍요로운 상업의 중심지이자, 세계 7대 불가사의 중 하나였던 다이아나 신전의 수호자임을 자부했다.

게다가 에베소 교회는 칭찬받을 만한 미덕이 많은 교회였다. 예수님은 특별히 그중 세 가지를 언급하셨다. 바로, 그들의 고된 수고와 어려운 일을 인내한 것 그리고 악과 거짓은 용납하지 않는 신학적 분별력이었다. 몇 해 후 2세기가 막 시작되었을 무렵, 안디옥의 이그나티우스(Ignatius) 주교는 그리스도인으로 처형되기 위해 로마로 가는 길에 에베소 교인들에게 칭찬의 편지를 보냈다. "여러분은 모두 진리에 따라 살아가고 있습니다. 그 어떤 이단도 여러분 안에 자리잡을 수 없습니다. 실제로 여러분은 예수 그리스도나 그분의 진리에 관한 것이 아니면 그 누구에게도 귀 기울이지 않았습니다."

그러나 에베소 교회가 이렇게 모델 교회처럼 보임에도 불구하고 예수님은 한 가지 책망을 하신다. "너의 처음 사랑을 버렸노라." 에베소 교인들의 그 모든 미덕도 이 부족함을 메울 수 없었다. 그들이 회심했을 당시에는 분명 예수님에 대한 사랑이 열렬하고 생생했다. 하지만 지금은 그 열정이 사그라졌다. 여호와께서 예루살렘에 대해 예레미야에게 하셨던 불평이 떠오른다. "네가 젊은 시절에 얼마나 나에게 성실하였는지, 네가 신부 시절에 얼마나 나를 사랑하였는지…내가 잘 기억하고 있다"(렘 2:2, 새번역). 예루살렘 교회에 대해 그러셨던 것처럼 에베소 교회에 대해서도, 천상의 신랑은 그 신부에게 첫사랑의 환희를 되돌려주려 하셨다. "어디서 떨어졌는지를 생각하고 회개하여 처음 행위를 가지라"(계 2:5). 사랑이 없으면 모든 것이 허사다.

요한계시록 2:1-7을 읽으라.

서머나 교회에 보내는 편지 – 고난

월요일

> 너는 장차 받을 고난을 두려워하지 말라…
> 너희가…환난을 받으리라.
> 요한계시록 2:10

모델 교회의 첫 번째 표지가 사랑이라면, 두 번째 표지는 고난이다. 그리스도를 위해 기꺼이 고난을 받고자 하는 모습이 그분을 향한 사랑의 진정성을 증명해 준다.

서머나(현 터키의 이즈미르)는 에베소에서 해안을 따라 약 60킬로미터 떨어진 도시다. 일곱 교회를 돌며 그리스도의 편지를 전하는 우체부가 두 번째로 당도한 곳이 바로 서머나였다. 이곳은 장엄한 풍경과 에베소의 경쟁 도시로 유명했다.

서머나 교회는 고난받고 있던 교회였다. 예수님은 그들의 고통과 가난과 대적들의 비방을 잘 알고 계시다고 분명히 말씀하신다. 그들의 고난은 황제 숭배와 관련이 있었으리라고 추정된다. 서머나는 티베리우스 황제를 기리기 위해 세운 신전을 자랑스러워했기 때문이다. 때때로 서머나 시민들은 황제의 반신상 앞에서 타고 있는 불에 향을 뿌리며, 가이사를 주라고 고백해야 했다. 그러나 예수를 주로 고백한 그리스도인들이 어떻게 가이사를 주라 부를 수 있겠는가?

주후 156년 서머나의 주교 성 폴리카르포스(Polycarpos)는 바로 이런 딜레마에 직면했다. 사람들이 운집한 원형 경기장, 총독은 그에게 가이사의 이름으로 맹세하고 그리스도를 욕하라고 강요했다. 하지만 폴리카르포스는 이를 거절하며 말했다. "여든여섯 해 동안 저는 그분을 섬겼고 그분은 제게 아무런 잘못도 하지 않으셨습니다. 어찌 저를 구원하신 저의 왕을 모독할 수 있단 말입니까?" 총독은 물러서지 않고, 그가 마음을 바꾸지 않으면 맹수를 풀어 잡아먹게 하거나 화형에 처하겠다고 위협했다. 하지만 폴리카르포스는 꿋꿋했다. 결국 불이 지펴졌고, 이 성자 같은 주교는 자신을 그리스도의 잔에 동참할 만한 자로 여겨 주시고 순교자의 반열에 오르게 하신 하나님께 감사를 드렸다.

이 일이 벌어지기 반세기도 더 전에, 그리스도는 이미 서머나 교회에게 투옥과 죽음까지도 당하게 될 것이라고 경고하셨다. 그분은 이들에게 "네가 죽도록 충성하라. 그리하면 내가 생명의 관을 네게 주리라"(10절)라고 쓰셨다.

요한계시록 2:8-11을 읽으라.

화요일

버가모 교회에 보내는 편지 – 진리

네가 내 이름을 굳게 잡아서…
나를 믿는 믿음을 저버리지 아니하였도다.
요한계시록 2:13

버가모 교회는 진리에 헌신했다. 이는 그들의 종교적·문화적 환경을 생각하면 더더욱 놀랍다. 예수님은 두 번이나 그들이 어떤 곳에서 살고 있는지를 아신다고 쓰셨다. "그곳은 사탄의 왕좌가 있는 곳이다.…곧 사탄이 살고 있는 그곳에서"(13절, 새번역). 예수님이 어떤 의미로 이런 표현을 쓰셨는지는 분명하지 않다. 일반적으로는 당시 그들을 둘러싸고 있던 비기독교적 사회를 가리키는 말일 것이다. 좀더 구체적으로는 이교의 우상숭배나 황제 숭배를 의미하신 것일 수도 있다.

버가모는 이교 숭배의 중심지로 그려진다. 이곳에는 수많은 신전과 제단이 있었다. 버가모의 신전 꼭대기 가까이에는 제우스를 위한 거대한 제단이 있었고, 버가모는 건강과 치유의 신 아이스쿨라피우스(Aesculapius) 숭배의 본거지로도 유명했다.

하지만 일부 학자들은 사탄의 왕좌라는 표현은 황제 숭배와 관련이 있을 가능성이 더 많다고 생각한다. 버가모 시민들은 주전 29년에 아우구스투스를 위한 신전을 세울 수 있도록 허가를 얻었다. 살아 있는 황제를 위해 식민지에 세운 신전으로는 처음이었다. 그래서 일각에서는 버가모가 황제 숭배의 중심지였다고 생각한다.

이러한 사탄의 마수에도 불구하고 버가모 교회는 굴복하지 않았다. 반대로 예수님이 버가모 교회에게 치하의 말을 전하실 정도였다. "네가 내 이름을 굳게 잡아서 내 충성된 증인 안디바가 너희 가운데 곧 사탄이 사는 곳에서 죽임을 당할 때에도 나를 믿는 믿음을 저버리지 아니하였도다"(13절). 여기서 예수님이 안디바를 "충성된 증인"이라고 부르셨다는 것은 특히 감동적이다. 이는 앞에서 예수님에게 주어진 칭호였기 때문이다(1:5).

그럼에도 예수님은 책망의 말을 덧붙이셨다. 버가모 교회 전체는 그리스도에게 충성하고 있었지만, "발람의 가르침"과 "니골라 당의 가르침"(14, 15절, 새번역)을 따르는 일부 거짓 교사들을 용인하고 있었기 때문이다. 이들은 우상숭배와 행음을 용납하라고 가르친 듯하다.

요한계시록 2:12-17을 읽으라.

두아디라 교회에 보내는 편지 - 거룩

수요일

네 나중 행위가 처음 것보다 많도다.
요한계시록 2:19

고대 세계의 두아디라에 주목할 만한 것이 있었다면, 그것은 정치보다는 상업 면에서의 탁월함이었다. 두아디라는 번창한 상업의 중심지였다. 고고학자들이 발굴한 비문에 따르면, 두아디라는 수많은 상업 조합을 자랑했다. 예를 들어, 그곳에는 제빵사, 청동 대장장이, 의류상과 수선공, 방직공, 무두장이, 염색공, 도공들의 조합이 각각 있었다. 이것들이 특히 관심을 끄는 이유는, 빌립보 교회의 회심자로 잘 알려진 루디아가 두아디라 출신이기 때문이다. 루디아는 두아디라에서 자주색 염색 직물을 취급하는 사업을 했기에, 누가는 그녀를 "자색 옷감 장사"로 묘사했다(행 16:14). 그리스도 안에서 새롭게 태어난 루디아가 두아디라로 돌아가 그곳에서 교회를 세우는 역군이 되었다고 짐작해 볼 수도 있지 않을까?

예수님은 두아디라 교회에 보내는 편지에서, 모델 교회의 또 다른 중요한 표지로 거룩함을 강조하셨다. 그분은 따뜻한 칭찬의 말로 편지를 시작하신다. 그들의 사랑과 믿음, 섬김과 인내를 아시기 때문이다. 이는 믿음, 소망, 사랑이라는 그리스도인의 표지가 포함된 네 가지 미덕이다. 또한 주목할 만한 것은, 에베소는 시작이 좋았으나 쇠퇴했던 반면, 두아디라는 처음보다 지금 더 많은 일을 행하고 있었다는 점이다.

하지만 안타깝게도 이것이 두아디라 교회의 전체 그림은 아니었다. 그 아름다운 정원에 독초가 자라고 있었다. 훌륭한 자질을 갖춘 두아디라 교회가 도덕적 타협의 죄를 범하고 있었다. 자칭 선지자라 하는 사악한 여자를 용납한 것이다. 상징적으로 아합 왕의 사악한 왕비 이세벨이라 불린 이 여자가 두아디라 교회의 몇몇 교인을 다른 길로 이끌고 있었다. 그리스도인은 자유롭게 되었으므로 행음을 해도 괜찮다고 꼬인 것이다.

예수님은 그녀에게 회개할 기회를 주셨지만, 그녀는 회개하려 하지 않았다. 그녀와 그녀의 추종자들이 회개하지 않는다면, 어쩔 수 없이 예수님의 심판이 임하게 될 것이다.

절제를 통해 거룩해지고 그리스도를 닮아 가는 것은 모델 교회의 또 다른 필수적인 특징이다. 관용의 경우, 만일 죄를 관용한다면 그것은 미덕이 아니다. 하나님은 여전히 그분의 백성들에게 말씀하신다. "내가 거룩하니 너희도 거룩할지어다"(벧전 1:16; 또한 레위기 19:2을 보라).

요한계시록 2:18-29을 읽으라.

목요일

사데 교회에 보내는 편지 - 정직

내가 네 행위를 아노니
네가 살았다 하는 이름은 가졌으나 죽은 자로다.
요한계시록 3:1

부활하신 예수님이 요한에게 명하여 사데 교회에 보내는 편지로 기록하게 하신 편지는 유일하게 그 어떤 칭찬도 없는 편지였다. 사데 교회를 향한 비판은 거의 쉴새없이 계속된다. 사데 교회의 영적인 몰락을 드러내는 데는 단 몇 마디 말로도 충분했다. "네가 살았다 하는 이름은 가졌으나 죽은 자로다." 사데 교회는 명성을 얻은 교회였다. 활력이 넘치는 교회로 아시아의 다른 여섯 교회들에게 잘 알려져 있었다. 공동체 안에 거짓 교리가 침투해 있지도 않았다. 발람이나 니골라 당이나 이세벨이 있었다는 언급도 없다.

하지만 이러한 외적인 모양새는 끔찍한 속임수였다. 사회적으로 명망이 높았던 사데 교회의 회중은 영적으로는 공동묘지와 다름없었다. 활력이 넘친다는 명성을 얻었지만 사실은 그런 이름을 얻을 자격이 없었다. 그리스도의 눈은 껍데기 이면을 꿰뚫어 보시므로, 그분은 이렇게 말씀하셨다. "내 하나님 앞에 네 행위의 온전한 것을 찾지 못하였노니"(2절). 사데 교회가 얻은 명성은 인간들에게서 얻은 것이었지, 하나님께 인정받은 것이 아니었다. 이 같은 명성과 실제의 차이, 인간이 보는 것과 하나님이 보시는 것의 차이는 어디에서나 아주 중대한 문제였다. "내가 보는 것은 사람과 같지 아니하니 사람은 외모를 보거니와 나 여호와는 중심을 보느니라"(삼상 16:7).

외양과 명성에 집착하다 보면 자연스럽게 예수님이 그토록 증오하시는 외식을 범하게 된다. '휘포크리테스'(*hupokritēs*)는 본래 무대 위에서 연기하는 배우를 가리키는 말이었다. 하지만 어떤 역할을 자기 것인 양 주장하는 돌팔이나 사기꾼들을 표현하는 말로 의미가 확대되었다. 교회의 삶에, 특히 교회의 예배에 외식이 침투할 수 있다. 그 예배가 전례를 따르느냐 따르지 않느냐, 혹은 가톨릭처럼 의식을 중시하느냐 개신교처럼 금욕적이냐 상관없다. 어느 쪽이든 진실성 없는 모습이 나타날 수 있다. 외식은 위장이다. 반면 진실하고 살아 있는 교회는 정직하다.

요한계시록 3:1-6을 읽으라.

빌라델비아 교회에 보내는 편지 - 선교

금요일

> 볼지어다 내가 네 앞에 열린 문을 두었으되
> 능히 닫을 사람이 없으리라.
> 요한계시록 3:8

예수님은 빌라델비아 교회에 보내는 편지에서, 자신을 다윗의 열쇠를 들고 있는 자로 묘사하신다. 그 열쇠로 닫힌 문들을 열 수도 있고 열린 문들을 닫을 수도 있다. 그래서 예수님은 빌라델비아 교회에게 "볼지어다 내가 네 앞에 열린 문을 두었으되 능히 닫을 사람이 없으리라"(8절)라고 말씀하실 수 있었다. 여기서 열린 문은, 기회의 문, 특히 선교의 기회를 뜻할 가능성이 가장 높다. 사도 바울도 그의 편지에서 이 은유를 몇 차례 사용했다. 예를 들어, 바울은 1차 전도 여행에서 돌아오자마자 하나님이 "이방인들에게 믿음의 문을 여신 것"(행 14:27)을 보고했고, 3차 전도 여행 중에는 에베소에서 자신에게 "광대하고 유효한 문"이 열렸다고 기록했다(고전 16:9).

빌라델비아 교회의 경우, 열린 문이란 아마도 그 도시의 전략적인 위치를 가리키는 말 같다. 넓고 비옥한 골짜기에 자리잡고 있었던 빌라델비아는 사방으로 교역을 할 수 있었다. 20세기 초 고고학자 윌리엄 램지(William Ramsay) 경은 주전 2세기에 이 도시를 세운 사람들은 "이곳을 그리스 아시아 문명의 중심지로 삼아, 헬라 양식과 헬라어 전파의 기지로 활용하려는 의도를 가지고 있었다.…빌라델비아는 처음부터 목적을 가진 도시였다"라고 썼다. 이렇듯 헬라 문화의 전초기지였던 도시가 이제 그리스도의 복음을 위한 전초기지가 되었다. 빌라델비아는, 내륙 심장부로 화살처럼 곧게 뻗어 있던 위대한 로마 도로(Roman roads)에 자리잡고 있었다. 그 누구도 이 문을 닫을 수 없었다. 빌라델비아 교회는 이 기회를 거머쥐고 복음을 들고 담대하게 나아가야 했다.

오늘날 세계 곳곳에 선교의 문을 열어 주신 하나님께 감사드린다. 하지만 우리는 또한 사방에 닫힌 문이 즐비한 현실에도 직면해야 한다. 그중 하나는 법적으로 닫힌 문으로, 종교의 자유를 억압하는 적대적인 정부들의 압력이 있다. 또 문화적으로 닫힌 문도 있다. 이는 사람들의 마음을 편견으로 굳게 하는 이단의 압박이다. 세 번째는 인종적으로 닫힌 문으로, 애국심과 종교를 혼동하게 하며 국가에 충성하라는 압박이 있다. 우리는 그리스도의 손에 들린 위대한 열쇠에 시선을 고정해야 한다.

요한계시록 3:7-13을 읽으라.

토요일

라오디게아 교회에 보내는 편지 - 전심전력

> 내가 네 행위를 아노니 네가 차지도 아니하고 뜨겁지도 아니하도다.
> 네가 차든지 뜨겁든지 하기를 원하노라.
> 요한계시록 3:15

라오디게아 교회에 보내는 그리스도의 메시지는 명료하다. 그분은 그들이 전심전력을 다하기를 원하신다. 그래서 거침없이 말씀하신다. 자신의 제자들이 무관심으로 뜨뜻미지근하기보다는 뜨겁게 헌신하거나 혹은 차라리 적대감을 갖고 얼음처럼 차갑기를 바라신다. 무관심에 대해서는 역겨워하신다.

리쿠스 강 너머 라오디게아 바로 맞은편에는 히에라폴리스가 자리잡고 있었는데, 이곳에 있던 온천은 라오디게아 협곡으로 미지근한 물을 흘려보냈다. 그 물이 만든 석회암 지대는 오늘날까지도 선명하게 남아 있다. 그래서 종교, 정치 등에 냉담한 사람들을 의미하는 형용사로 '레어디시언'(Laodicean)이라는 단어가 생겨났다. 이처럼 라오디게아 교회는, 외적으로는 존경받을 만하지만 내적으로는 충성스럽지 않은, 오늘날 우리에게 익숙한, 순전히 명목뿐인 교회들을 대표한다.

이제 은유가 벌거벗고 눈먼 거지(17절)로 바뀌면서, 사람들은 과연 라오디게아 교회 교인들이 진정한 그리스도인이기는 했는지 의아해한다. 그리고 나서 은유는 또 빈 집으로 바뀐다(20절). 그리스도께서는 문 밖에 서서 문을 두드리며 말씀하시고 기다리신다. 내가 1938년 2월에 그랬던 것처럼, 누구라도 그 문을 열면, 그분은 약속하신 대로 들어오셔서 우리와 함께 먹기만 하시는 것이 아니라 그 집의 주인이 되신다. 이것이 바로 그리스도께서 우리에게 요구하시는 전심전력의 핵심이다.

사실 교회는 늘 '열광'이라고 부르는 것을 두려워했다. 존 웨슬리와 그 동료들은 이런 점을 잘 알고 있었다. 주교들이 그들을 '열광에 빠진 사람들'이라며 해산시켰기 때문이다. 하지만 열광은 예수님의 진정한 제자들의 핵심적인 특성이다. 이는 지식 없는 열심인 광신과는 다르다.

이제 이번 주에 살펴본 본문들을 되돌아보자. 우리는 부활하신 주님이 그분의 교회들을 순찰하시고 살피시고 감독하시는 것을 보았다. 주님은 그렇게 하시면서 그 교회들이 나타내 주기를 바라는 일곱 가지 표지를 정확히 말씀하셨다. 그것은 그리스도를 사랑하고, 그분을 위해 기꺼이 고난을 감수하며, 진리에 충실한 교리를 붙잡고, 거룩한 삶을 추구하며, 선교에 헌신하고, 모든 일에 정직하고 전심전력하는 것이다.

요한계시록 3:14-22을 읽으라.

제50주

천국 보좌

요한계시록 4장에 이르면, 이 땅의 교회에서 천상의 교회로, 가물거리는 촛대 사이에 계시던 그리스도에서 하나님의 흔들림 없는 보좌 한가운데 계신 그리스도로 갑작스럽게 장면이 전환된다. 동일한 그리스도시지만 완전히 다른 관점에서 바라본 그리스도시다.

요한은 바로 앞에서 하늘에 열린 문이 있는 것을 보았고, 나팔 소리 같은 음성이 자기에게 말하는 것을 들었다. "이리로 올라오라. 이후에 마땅히 일어날 일들을 내가 네게 보이리라"(계 4:1). 계시의 문이 열렸고, 요한은 문을 통해 세 단계로 환상이 펼쳐지는 것을 보았다. 첫째는, **보좌**였다. 하나님은 이 보좌에서 우주를 통치하신다. 둘째는, **두루마리**였다. 이는 인으로 봉하여 하나님의 오른손에 들려 있는 역사 책이었다. 마지막으로, 죽임당하신 **어린 양**이었다. 이는 두루마리를 펴 보기에, 다시 말해 역사를 해석하고 통치하기에 합당한 유일한 존재시다.

일요일: 보좌 한가운데
월요일: 피조물들의 경배
화요일: 요한이 본 두루마리 환상
수요일: 요한이 본 어린 양 환상
목요일: 여섯 인을 떼다
금요일: 구속받은 두 공동체
토요일: 거대한 세계 공동체

일요일

보좌 한가운데

하늘에 보좌를 베풀었고
그 보좌 위에 앉으신 이가 있는데.
요한계시록 4:2

요한이 열린 문을 통해 맨 처음 본 것이 보좌였다는 것은 아주 의미심장하다. 보좌는 하나님의 주권과 위엄과 왕으로서의 통치를 상징하는 것이었다. 이 보좌는 요한계시록 4장과 5장에서만 열일곱 번 언급되었다.

로마 제국의 강력한 힘에 비하면 아시아의 교회들은 보잘것없고 허우적거리는 모습이었다. 만일 황제가 이 지구상에서 교회를 모두 쓸어버리라는 칙령을 내린다면, 방어 능력도 없는 소수의 그리스도인들이 어떻게 대응할 수 있겠는가? 하지만 그들은 두려워할 필요가 없다. 우주의 중심에 보좌가 있기 때문이다. 회전하는 행성들은 그 보좌로부터 명령을 받는다. 거대한 은하수가 그 보좌를 향해 충성을 맹세한다. 가장 작은 미생물도 그 보좌 안에서 생명을 얻는다.

요한이 환상에서 본 것들은 모두 이 보좌와 관련이 있었다. 요한은 그 보좌의 중심성을 드러내기 위해 일곱 개의 전치사를 사용했다. 누군가 그 위에 앉아 있었다. 보좌 위에 앉으신 이에 대해서는 설명이 없다. 하나님은 말로 표현할 수 없는 분이시기 때문이다. 요한이 본 것이라고는 빛나는 보석 같은 눈부신 색뿐이었다. 보좌를 둘러싼 무지개는 하나님의 자비로운 언약을 상징했다. 또 스물네 개의 또 다른 보좌가 그 보좌를 둘러싸고 있었는데, 그 보좌들 위에는 교회를 대표하는 이십사 장로들(열두 지파와 열두 사도)이 앉아 있었다. 또 시내 산에서 그랬던 것처럼 그 보좌로부터 번개와 우렛소리가 나왔다. 보좌 앞에는 성령을 상징하는 일곱 개의 등불이 타오르고 있었다. 또 끝없이 광활한 공간이 펼쳐져 있었는데, 이는 하나님의 초월성을 나타낸다. 그리고 보좌 가운데와 보좌 주위에는, 일종의 안쪽 원처럼 피조물을 대표하는 네 개의 생물이 있었다.

우리는 잠깐 멈추어 과연 이러한 그림이 종말에 관한 우리의 비전인지 생각해 보아야 한다. 미래에 대한 우리의 비전은 지나치게 부정적인 경향이 있다. 우리는 더 이상 배고픔도 목마름도 없을 그날, 고통도 눈물도, 죄도 사망도 저주도 없는 그날이 온다는 요한계시록의 확신을 붙잡아야 한다. 그날에는 이 모든 것이 사라질 것이다. 하지만 이런 것들이 사라진다는 사실에 초점을 맞추기보다는 그것들이 사라지는 원인, 다시 말해 하나님 보좌의 중심성에 초점을 맞추는 것이 더 성경적이고 더 올바른 관점이다.

요한계시록 4:1-6을 읽으라.

피조물들의 경배

월요일

우리 주 하나님이여 영광과 존귀와 권능을 받으시는 것이 합당하오니
주께서 만물을 지으신지라. 만물이 주의 뜻대로 있었고 또 지으심을 받았나이다.
요한계시록 4:11

오늘은 하나님의 보좌를 둘러싼 두 개의 원, 즉 안쪽 원과 바깥쪽 원으로 다시 돌아갈 것이다. 바깥쪽 원은 이십사 장로들로 이루어져 있었다. 요한계시록에서 열둘이라는 숫자는 언제나 교회를 상징하므로, 스물넷은 구약과 신약의 교회 모두를 상징하는 암호임을 알 수 있다. 즉, 스물넷은 구약의 열두 족장과 신약에 나오는 예수 그리스도의 열두 사도를 가리킨다. 그리고 그들이 흰옷을 입고 금관을 쓰고 있었다는 것은 그들의 의로움과 권세를 나타낸다.

반면, 하나님의 보좌를 둘러싸고 있는 안쪽 원은 네 개의 '생물'로 이루어져 있었다. 그들은 "앞뒤에 눈들이 가득했고"(끊임없이 경계를 하고 있음을 표현), 그 모습이 사자, 송아지, 사람, 독수리 같았다(6, 7절). 어떤 주석가는 이 생물들이 "살아 있는 생물 가운데 가장 고귀하고, 강하고, 지혜롭고, 빠른 것"을 대표한다고 말했다.

모든 생물이 밤낮으로 쉬지 않고, 전에도 계셨고 이제도 계시고 장차 오실 전능하신 주 하나님을 찬양한다. 그리고 그들이 그렇게 찬양할 때 이십사 장로도 여기에 합류한다. 이렇듯 자연과 교회, 옛 피조물과 새 피조물이 하나되어 하나님을 경배받기에 합당하신 분으로 선포한다. 만물이 그분의 뜻대로 있었고 또 지으심을 받았기 때문이다.

요한계시록 4장과 5장의 경배는 함께 묶어서 보는 것이 유익하다. 두 장에서 모두 장로들과 생물들이 연합한다. 하지만 4장의 강조점은 창조세계["만물이 주의 뜻대로… 지으심을 받았나이다"(11절)]에 있는 반면, 5장의 강조점은 구속["주님의 피로…사람들을 사서 하나님께 드리셨습니다"(9절, 새번역)]에 있다. 우리의 창조주이자 구세주는 이중으로 경배를 받으시기에 합당하다.

하지만 하늘의 성가대와 작별하기 전에, 그들의 찬양 주제에 대해 기억할 필요가 있다. 우리는 하나님이 중심에 계시는 하늘에서의 삶을 고대하며 이 땅에서 살라는 부르심을 받았다. 모든 생각과 말과 행동이 그분의 다스림 아래 있게 될 때까지 우리는 하나님의 보좌와의 관계를 의식하며 살아가야 한다.

요한계시록 4:6-11을 읽으라.

화요일

요한이 본 두루마리 환상

내가 보매 보좌에 앉으신 이의 오른손에 두루마리가 있으니
안팎으로 썼고 일곱 인으로 봉하였더라.
요한계시록 5:1

요한은 이제 보좌와 그 위에 앉으신 이를 좀더 면밀하게 들여다보며, 그분의 오른손에 안팎으로 글이 쓰여 있고 일곱 개의 인으로 봉한 두루마리가 들려 있는 것을 발견한다. 요한은 그것이 무엇인지 우리에게 말해 주지 않는다. 하지만 그 인들을 떼어낼 때 일어나는 일들을 보며 우리는 그것이 역사책이라는 것을 알 수 있다. 알 수 없는 미래, 즉 "이 후에 마땅히 일어날 일들"에 대한 봉인된 기록인 것이다(4:1).

요한은 환상 속에서 힘 있는 천사가 나타나 우리 모두가 던졌을 법한 바로 그 질문을 커다란 소리로 외치는 것을 본다. "누가 그 두루마리를 펴며 그 인을 떼기에 합당하냐?"(5:2) 다시 말해, 미래를 통치하는 것을 차치하고라도 누가 미래를 펼쳐 보일 것인가 하는 질문이다. 이 도전적인 질문에 아무도 대답하지 않는다. 그래서 요한은 "내가 크게 울었다"(4절)라고 말한다. 요한은 그 누구도 두루마리를 펼치기에 합당하지 않고 심지어 들여다볼 만한 이도 없다는 데 크게 실망하여 감정이 북받쳐 올랐다. 그 누구도 역사의 신비를 풀 단서를 찾을 수 없었다.

그때 장로들 중 하나가 앞으로 나와 입을 열었다. 그는 요한에게 울지 말라고 말하며 다음의 말을 덧붙였다. "유대 지파의 사자 다윗의 뿌리[즉, 메시아]가 이겼으니 그 두루마리와 그 일곱 인을 떼시리라"(5절). 그분이 역사의 내용과 의미를 드러내실 것이다.

극적인 순간이었다. 요한은 그 승리한 사자를 바라보았다. 그런데 놀랍게도 그가 본 것은 어린 양이었다. 그 어린 양은 죽임을 당한 것 같은 모습이었지만 하나님과 함께 보좌 한가운데 서 계셨다(3:21을 보라). 네 생물(자연)과 장로들(교회)이 그 한가운데 계신 그분을 둘러싸고 있었다. 또한 그분은 일곱 뿔과 일곱 눈을 가진 것으로 묘사된다. 이 눈들은 "온 땅에 보내심을 받은 하나님의 일곱 영"(5:6)을 나타내는 것으로, 일곱 가지 방식으로 일하시는 성령을 상징할 것이다.

이렇듯 우리의 관심은 처음에서는 보좌에서 두루마리로, 그리고 이제는 그 두루마리에서 어린 양으로 옮겨진다.

요한계시록 5:1-6을 읽으라.

요한이 본 어린 양 환상

수요일

보좌에 앉으신 이와 어린 양에게
찬송과 존귀와 영광과 권능을 세세토록 돌릴지어다.
요한계시록 5:13

요한의 환상 속에서 이제 어린 양이 행동을 시작하신다. 그분은 나아와서 보좌에 앉으신 이의 오른손에서 두루마리를 취하셨다. 이것이 신호가 되어 네 생물과 이십사 장로들은 그 어린 양 앞에 엎드려, 그 어린 양이 두루마리를 취하고 그 봉인을 떼기에 합당하다고 선언하는 새로운 노래를 부른다. 이번에는 창조 때문이 아니라 구속하심 때문에 경배하는 것이다.

주님은 죽임을 당하시고,
주님의 피로 모든 종족과 언어와 백성과 민족 가운데서
사람들을 사서 하나님께 드리셨습니다.
주님께서 그들에게 우리 하나님 앞에서 나라가 되게 하시고, 제사장으로 삼으셨습니다.
그래서 그들은 땅을 다스릴 것입니다(9-10절, 새번역).

이어서 수많은 천사가 찬양에 합세했다. 이들은 죽임을 당하신 어린 양이야말로 일곱 가지 복을 받으시기에 합당하다고 선포했다. 그분이 마땅히 모든 능력과 지혜를 받으셔야 하기 때문이다. 그리고 마지막으로 요한은 온 우주의 모든 피조물이 "보좌에 앉으신 이와 어린 양"(13절)에게 찬양과 존귀를 돌려 드리는 것을 들었다. 네 생물은 여기에 아멘으로 화답하고 이십사 장로들은 엎드려 경배했다.

이는 모든 피조물이 하나님과 그리스도 앞에 엎드리는 아주 장엄한 환상이다. 또 어린 양이 보좌에 앉으신 이와 함께 보좌에 앉아 동일한 찬양을 받으신다는 사실 또한 참으로 놀랍다.

왜 예수 그리스도만이 역사를 해석하실 수 있는지 묻는다면, 우리는 다음과 같이 대답해야 할 것이다. "그분은 죽임을 당하셨으니까." 그분은 십자가를 통해 악을 정복하셨고, 하나님을 위해 우리를 구속하셨으며, 우리와 같이 고난을 받으셨고, 연약함을 통한 능력을 보여 주는 분명한 모범, 즉 보좌 위의 어린 양이 되셨다.

요한계시록 5:7-14을 읽으라.

목요일

여섯 인을 떼다

내가 보매
어린 양이 일곱 인 중의 하나를 떼시는데.
요한계시록 6:1

두루마리를 펼칠 유일한 권세를 소유하신 어린 양이 찬양받는 것과, 또 그 어린 양이 보좌에 앉으신 이의 손에서 두루마리를 취하신 것을 본 요한은, 이제 어린 양이 두루마리의 인을 하나씩 떼는 것을 보게 된다. 어린 양이 처음 네 개의 인을 뗄 때마다 네 생물 중 하나가 우레 같은 목소리로 "오라!"라고 외친다. 그리고 말과 그 말을 탄 자가 나타난다. 이것이 바로 그리스도인 예술가 사이에 잘 알려진, 유명한 묵시록의 네 기수다.

첫 번째 말[하얗고, 그 기수는 금관을 썼으며, "이기고 또 이기려고"(2절) 달려 나가는 것으로 묘사되어 있다]은 무력 충돌을 상징한다고 주장하는 주석가들이 많다. 하지만 요한계시록에서 하얀색은 의로움을 나타내며, 금관과 정복은 그리스도에게 속한 것이다. 19장에도 흰 말을 탄 기수가 나오는데 그는 틀림없는 그리스도다. 따라서 다른 기수들이 전쟁과 기근과 사망의 공포를 퍼뜨리기 전에 그리스도가 대열의 선두에 나와 모든 민족을 복음으로 정복하겠다는 결단을 보여 주는 것이다. 그리고 7장에 나오는 엄청난 수의 구속받은 사람들을 보건대, 그는 승리한 것이 틀림없다. 두 번째 말은 불타는 듯한 붉은 색으로 피 흘리는 전쟁을 상징한다. 세 번째는 검은 말로 기근을 상징하고, 네 번째는 청황색(6:8)으로 죽음을 상징한다.

다섯 번째 인을 떼자, 순교한 그리스도인들의 영혼이 "제단 아래"(희생 제물을 두는 곳, 9절)에서 정의를 호소하고 있는 것이 보였다. 여섯 번째 인을 떼자, 큰 지진이 나고 이어서 태양과 달과 하늘과 산들에서 끔찍한 우주적 격변이 일어난다. 이는 아마도 문자 그대로의 의미라기보다는 흔히 종말에 일어나는 일로 알려진 사회적·정치적 소요를 의미할 것이다. 모든 계급(왕부터 노예까지)의 사람들이 하나님의 얼굴과 어린 양의 진노로부터 몸을 가리고자 울며 외칠 때 심판이 임한다.

이렇게 첫 번째 여섯 인을 뗌으로 전개된 개막극은, 그리스도의 초림과 재림 사이의 역사를 대략적으로 보여 준다. 이는 극심한 소요와 고난의 시기일 것이다. 하지만 믿음의 눈은 그 배후에 계시는 그리스도를 볼 것이다. 금관을 쓰고 흰 말을 타고 오시는 승리의 기수이자, 두루마리 인을 떼시고 역사를 주관하시는 어린 양이신 그분 말이다.

요한계시록 6:1-16을 읽으라.

구속받은 두 공동체

금요일

> 내가 인침을 받은 자의 수를 들으니
> 이스라엘 자손의 각 지파 중에서 인침을 받은 자들이 십사만 사천이니.
> 요한계시록 7:4

일곱 번째 인이 떼어지는 것을 보려면 요한계시록 8장까지 기다려야 한다. 그 사이 요한은 하나님의 백성들의 안전함을 강조하는 간주곡을 들려준다. 요한계시록 7장은 두 인간 공동체를 이야기한다. 첫 번째는 (1-8절) 십사만 사천 명으로 묘사되는 공동체로, 이는 이스라엘의 열두 지파에서 도출된 수다. 두 번째는 (9-17절) 그 수를 셀 수 없는 거대한 무리로, 모든 나라와 언어와 족속으로부터 온 이들이다.

언뜻 보면 이들은 뚜렷이 구별되는 두 집단처럼 보인다(셀 수 있는 집단과 셀 수 없는 집단, 이스라엘과 이방인). 또 이 두 집단을 구별해 보려는 여러 차례의 기발한 시도들이 있었다. 하지만 좀더 자세히 들여다보면, 두 집단은 다른 관점에서 본 것일 뿐 구속받은 동일한 하나님의 공동체를 나타내는 것임이 분명해진다. 첫째, 그 사람들은 전투 대형으로 선 군사들처럼 모여 있다. 이는 이 땅에서 전투 중인 교회의 모습이다. 둘째, 그들은 전쟁을 끝내고 하나님 앞에 모여 있다. 이는 천국에 있는 승리한 교회의 모습이다.

오늘은 첫 번째 공동체를 먼저 살펴보겠다. 이들은 "하나님의 종들"(3절)이라 불리며, 하나님께 속하였음을 나타내기 위해 이마에 인침을 받았다. 십사만 사천이라는 수는 교회 전체에 대한 상징임이 분명하다(12×12×1000). 이들은 후에 요한계시록 14:3에서 "땅에서 속량함을 받은" 이들로 알려진다. 이들이 이스라엘의 열두 지파로 표현된 단 한 가지 이유는, 신약 성경 전체에서 교회는 하나님의 언약이 성취되는 "하나님의 이스라엘"(갈 6:16), "할례파"(빌 3:3), "택하신 족속이요 왕 같은 제사장들이요 거룩한 나라"(벧전 2:9)로 나타나기 때문이다.

"아무도 능히 셀 수 없는 큰 무리"(계 7:9)로 묘사된 두 번째 공동체는 내일 살펴볼 것이다.

요한계시록 7:1-8을 읽으라.

토요일

거대한 세계 공동체

이 일 후에 내가 보니 각 나라와 족속과 백성과 방언에서
아무도 능히 셀 수 없는 큰 무리가 나와…보좌 앞과 어린 양 앞에 서서.
요한계시록 7:9

두 번째 공동체는 세계적이고 그 수를 셀 수 없다고 요한은 말한다. 하나님은 아브라함에게 하늘의 별을 세 보라고 명하신 다음(불가능한 일) 그의 자손이 그처럼 많아질 것이라고 약속하셨다. 그리고 이제 하나님은 아브라함의 영적인 자녀의 수가 엄청나게 많아지는 모습으로 그 약속을 성취하고 계신다(창 12:1-3; 15:5).

그 수를 능히 셀 수 없는 큰 무리는 의의 흰옷을 입고, 승리의 종려 가지를 흔들며 하나님의 보좌 앞에 서 있다. 또한 이들은, 자신들의 구원이 하나님과 그 어린 양에게 있음을 커다란 목소리로 찬미한다. 천사들과 장로들, 네 생물들도 이 찬양의 대열에 합류하여 엎드려 하나님께 경배한다. 천국에서의 삶은 끊임없는 기쁨의 축제다. 이 땅의 합창과 합주는 그 종말적 콘서트를 위한 예행연습이다.

그렇다면 우리가 이 구속받은 세계적인 공동체에 속한 것을 어떻게 확신할 수 있을까? 장로 중 하나가 바로 그러한 걱정을 표출하며 묻는다. "이 흰 옷 입은 자들이 누구며 또 어디서 왔느냐?"(계 7:13) 그리고 나서 그는 자신의 질문에 대답한다. 한편으로 이들은 "어린 양의 피에 그 옷을 씻어 희게 한"(14절) 자들이다. 더러워질 대로 더러워지고 헤질 대로 헤진 누더기 같은 도덕성을 가지고는 하나님의 눈부신 보좌 앞에 설 수 없다. 오직 우리를 위해 죽으신 어린 양의 씻음을 받았을 때에만 그 앞에 설 수 있다. 또 다른 면에서 이들은 "큰 환난에서 나오는 자들"(14절)이다. 앞서 이들은 구속받은 모든 이로 묘사되었으므로, '큰 환난'은 적그리스도가 나타난 때와 예수님이 나타나신 때 사이의 어떤 특정한 고난의 기간을 가리키는 말일 수 없다. 오히려 그리스도인들의 삶 전체를 묘사한 것이라고 봐야 한다. 신약 성경은 계속해서 이 땅에서의 그리스도인의 삶을 고난의 때로 말하고 있기 때문이다(요 16:33; 행 14:22; 계 1:9을 보라). 그러므로 그들은 이제 하나님의 보좌 앞에 있다.

요한계시록 7장은 하나님이 그분의 백성을 안전하게 보호하시리라는 영광스러운 확신으로 끝난다. 배고픔과 목마름, 혹은 타오르는 그 어떤 열로도 더 이상 그들을 괴롭힐 수 없다. 그때에는 가장 대담한 역할의 반전이 일어난다. 어린 양이 그들의 목자가 되고, 하나님이 그들의 모든 눈물을 씻어 주실 것이다(15-17절).

요한계시록 7:9-17을 읽으라.

제51주

하나님의 의로운 심판

요한계시록, 즉 '기독교 묵시록'은 무엇보다도 하나님의 승리를 축하하는 책이다. 여기에는 하나님과 사탄의 끊임없는 대립, 어린 양과 용, 교회와 세상, 거룩한 성 예루살렘과 거대한 성 바벨론, 신부와 음녀, 그리스도의 이름으로 이마에 인침을 받은 자와 짐승의 표를 받은 자의 끊임없는 대립이 그려져 있다.

하지만 요한계시록은 대립 그 이상을 묘사한다. 즉, 이는 승리를 축하하는 책이기도 하다. 요한계시록은 그리스도께서 이미 승리하셨으며(계 5:5), 하나님이 자신의 백성들과 그 승리를 나누려 하신다고 말한다. 그리스도께서는 "이기는 그에게는 내가 내 보좌에 함께 앉게 하여 주기를 내가 이기고 아버지 보좌에 함께 앉은 것과 같이 하리라"(3:21)라고 말씀하시기 때문이다. 그래서 스웨트는 20세기 초에 "이 책 전체가 '수르숨 코르다'(*sursum corda*, '마음을 드높이 주를 향하여'라는 미사 문구)이다"라고 썼다. 즉, 독자들을 향해 마음을 드높여, 승리하시고 다스리시며 다시 오실 그리스도를 기억하며 그들의 고난을 바라보라는 권고라는 것이다.

이것이 바로 이번 주에 우리가 살펴볼 중요한 배경이다. 우리는 곧 거대한 붉은 용(사탄)과 세 명의 동맹군, 즉 두 짐승과 음녀 바벨론(박해자, 우상숭배자, 유혹자인 로마를 상징함)을 만날 것이다. 그러나 이들의 멸망은 이미 정해진 수순이다.

일요일: 일곱 나팔
월요일: 용과 그의 동맹군
화요일: 어린 양과 십사만 사천
수요일: 하나님의 진노의 일곱 대접
목요일: 바벨론의 정체와 패망
금요일: 백마 탄 자
토요일: 사탄의 멸망

일요일

일곱 나팔

내가 보매
하나님 앞에 일곱 천사가 서 있어 일곱 나팔을 받았더라.
요한계시록 8:2

일곱 인을 떼고 일곱 나팔을 불 때 이는 동일한 기간(예수님의 초림과 재림 사이의 기간)을 나타낸다는 사실을 기억해야 한다(내가 채택한 해석 방법에 따르면). 단지 다른 관점에서 본 것일 뿐이다.

나팔의 목적은 세상에 하나님의 의로운 심판이 임할 것을 경고하여 사람들로 하여금 회개하도록 하기 위함인 것으로 보인다. 구약 시대에도 나팔은 경고를 위해 사용되었다. 그래서 에스겔은 만일 파수꾼이 "그 땅에 칼이 임함을 보고 나팔을 불어 백성에게 경고"(겔 33:3)를 했다면, 사람들은 자기 행동에 대하여 스스로 책임을 물게 될 것이라고 썼다. 여기서 한걸음 더 나아가, 경고 이후에 따라오는 재난들도 경고가 되었던 듯하다. 예수님은 실로암 망대가 무너진 것을, 회개하라는 요청으로 해석하셨다(눅 13:4).

요한은 나팔 소리에 이어, 힘센 천사가 작은 두루마리를 들고 하늘에서 내려오는 것을 보았다. 요한의 묘사에 따르면, 이 천사는 요한이 선포할 복음을 가져오시는 주 예수 그리스도인 듯하다. 그래서 요한은 그 작은 두루마리를 먹으라는 명을 받는다. 그 내용을 자신의 것으로 만들라는 것이다. 그 맛은 처음에는 달았지만 후에는 배를 아프게 했다. 열방에 복음을 전하라는 명령을 다시 한 번 받은 요한은, 복음을 거부한 사람들에게는 복음의 단 맛이 쓰게 변하리라는 것을 깨닫는다.

갑자기 두 증인이 나타나는데, 이들은 복음을 증거하며 고난을 받는 교회를 대표하는 것으로 보인다(요 11:3). 그들은 예언할 능력을 부여받았다. 즉, 예수님의 초림과 재림 사이의 기간에 복음을 선포할 능력을 부여받았다. 하지만 이들은 박해를 당하고 죽임을 당할 것이다. 그러나 이후에는 순교당하고 선포를 금지당한 교회가 다시 일어나(그 증언이 다시 살아나) 적들에게 커다란 실망감을 안겨 줄 것이다.

작은 두루마리와 두 증인의 역할은 경고의 나팔 소리와 관련지어 이해해야 한다. 세상을 향한 부정적인 경고의 메시지는 긍정적인 복음 선포로 보완되기 때문이다.

요한계시록 9:20-10:11을 읽으라.

용과 그의 동맹군

월요일

우리 형제들이 어린 양의 피와
자기들이 증언하는 말씀으로써 그를 이겼으니.
요한계시록 12:11

요한계시록 12장 도입부에 기록된 환상에는 세 가지 배역이 등장한다. 해산이 임박한 여자와 이 여자가 밴 남자 아이 그리고 그 아이가 태어나자마자 삼키려고 벼르고 있는 거대한 붉은 용이다. 용은 두말할 것 없이 사탄을 가리킨다. 아이는 장차 열방을 통치할 메시아를 나타낸다. 그리고 그 아이를 밴 여자는 이스라엘 백성을 상징한다. 그리스도의 계보는 바로 이 이스라엘의 열두 족장까지 거슬러 올라간다. 하지만 남자 아이가 태어나자 그는 하나님 앞으로 올려 가고 여자는 광야로 피신한다. 요한의 환상은, 메시아의 승리를 축하하는 것으로 이어진다. 실제로 요한계시록 12장의 주요 주제는 사탄의 결정적인 전복이다. 그리스도를 삼키고 교회를 파괴하려는 사악한 그의 계획은 좌절되었다.

이제 사탄의 동맹군이 하나씩 소개된다. 그들은 바다에서 나온 짐승, 땅에서 나온 짐승, 음녀 바벨론으로 불린다. 이들은 삼위일체를 악마적으로 패러디한 것으로 보인다. 또한 이 셋은 다른 관점에서 보면, 로마 제국과 그 도시를 상징한다고 볼 수도 있다. 첫째, 바다에서 나온 짐승은 **박해 세력** 로마를 상징한다. 유대인들은 늘 바다를 두려워했다. 그러니 바다에서 나온 괴물은 그들에게 특히 더욱 공포스러운 존재였을 것이다. 둘째, 땅에서 나온 짐승은 **우상숭배 중심의 체제** 로마를 상징한다. 이는 특히 황제 숭배를 가리킨다. 이 짐승에게는 독자적인 역할이 없었다. 첫 번째 짐승에게 전적으로 의존하여 그 역할을 수행했다. 이 짐승은 사람들로 하여금 첫 번째 짐승을 숭배하게 했다.

셋째, 음녀 바벨론은 **부패한 영향력**을 행사하는 로마를 상징한다. 음녀는 "모든 나라에게 그의 음행으로 말미암아 진노의 포도주를 먹이던 자"였다(14:8). 그렇다면 요한이 이 책을 쓸 당시, 용의 세 동맹군은 박해자 로마(첫 번째 짐승), 우상숭배자 로마(두 번째 짐승 혹은 거짓 선지자), 유혹자 로마(음녀 바벨론)를 의미했다.

오늘날에도 세계 곳곳에서 교회를 향한 이와 동일한 세 가지 공격이 점점 가중되고 있다. 앞서 사도행전 초반부에서 살펴보았던 것과 같이, 사탄은 물리적(박해)·도덕적(타협)·지적(거짓 교훈)으로 계속 공격을 가한다. 사탄의 세 동맹군은 오늘날에도 여전히 매우 활발하게 활동하고 있다.

요한계시록 12:1-12을 읽으라.

화요일

어린 양과 십사만 사천

또 내가 보니 보라 어린 양이 시온 산에 섰고 그와 함께 십사만 사천이 서 있는데 그들의 이마에는 어린 양의 이름과 그 아버지의 이름을 쓴 것이 있더라.
요한계시록 14:1

요한이 요한계시록 13장과 14장에 그려낸 모습보다 더 날카로운 대조를 상상할 수 있을까? 용과 소용돌이치는 바다에 사는 그 첫 번째 짐승에서, 이제 견고하고 거룩한 땅에 서 계신 어린 양으로 장면이 바뀐다. 박해와 순교의 위협에서 안전한 시온 산으로, 불완전한 수 666에서 완전함을 상징하는 144,000으로, 이마에 짐승의 표를 받는 사람들(13:16)에서 이마에 어린 양과 그 아버지의 이름을 쓴 사람들로 장면이 극적으로 바뀐다.

요한은 어떤 놀라운 음악 소리를 듣게 된다. 그는 그 소리를 폭포수, 우렛소리, 거문고 타는 자들의 합주에 비유한다. 그리고 네 생물과 장로들은 새 노래를 부르는데, 아마 어린 양의 승리를 축하하는 노래였을 것이다. 십사만 사천 명의 경우, 이들은 속량하심을 얻었고 그리스도의 신부로 그분에게 신실하였으며, 어린 양이 어디를 가든 따라갔다.

이렇게 하나님의 백성들의 안위를 보장받았으니, 이제 세 천사가 가지고 오는 메시지를 들을 준비가 되었다. 이 세 천사의 기본 임무는 "그[하나님]의 심판의 시간이 이르렀음이라"라는 메시지를 전하는 것이다(14:7). 또 요한은 이 메시지를 곡식 추수와 포도 수확에 비유한다. 여기서 그리스도는 수확하는 이시며, 그분은 악의 자취를 모두 파괴하기 위해 단호하게 심판하실 것이다.

요한은 애굽에 내려진 각종 재앙을 연상시키는 하나님의 진노의 일곱 대접이 쏟아지는 것을 묘사하기에 앞서, 이스라엘의 출애굽과 그리스도께서 이루신 구속 사역의 놀라운 유사점을 끄집어낸다. 이스라엘 민족이 바로를 이기고 홍해 앞에 모여 있었던 것처럼, 요한은 수많은 사람이 짐승과 그의 우상을 이기고 불이 섞인 유리 바다 같은 것 앞에 서 있는 것을 본다. 미리암이 하나님의 승리를 축하하기 위해 소고를 흔들며 춤을 췄던 것처럼, 승리한 하나님의 백성들이 거문고로 찬양하는 것을 본다. 또 모세와 미리암이 하나님을 찬양하는 노래를 불렀던 것처럼, 모세(구약의 승리자)의 노래가 이제 어린 양(신약의 승리자)의 노래가 된다.

요한계시록 14:1-5을 읽으라.

하나님의 진노의 일곱 대접

수요일

> 또 내가 들으니 성전에서 큰 음성이 나서 일곱 천사에게 말하되 너희는 가서 하나님의 진노의 일곱 대접을 땅에 쏟으라 하더라.
> 요한계시록 16:1

요한계시록 15장과 16장을 이해하는 중요한 열쇠는 다음 두 표현에서 찾을 수 있다. 하나는, "하나님의 진노가 이것으로 마치리로다"(15:1)이고, 또 하나는 "되었다"(16:17)이다. '마치다'와 '되었다.' 이는 각각 완료 시제로 된 한 개의 헬라어로, 하나님이 영단번에 심판을 완수하셨음을 나타낸다. 어쩌면 예수님이 십자가에서 하신 "다 이루었다"(요 19:30)라는 말씀과 병행되도록 의도적으로 이런 표현을 사용했을 수도 있다. 앞서 있었던 심판들(일곱 인과 나팔)이 부분적이었다면, 일곱 대접의 심판은 최종적이다. 따라서 이렇게 표현할 수 있다. 믿음의 눈을 가진 이들은, 일곱 인이 떼어지는 데서는 하나님의 허용적인 뜻을, 일곱 나팔이 울리는 데서는 변화시키고자 하는 하나님의 경고를, 일곱 대접이 쏟아지는 데서는 하나님의 인과응보적인 심판을 본다.

처음부터 네 번째 대접까지는, 네 번째까지의 나팔과 똑같은 순서로 땅, 바다, 강, 해에 쏟아진다. 땅, 바다, 강, 해를 이야기하는 것은 환경에 민감한 우리 시대에 의미하는 바가 크다. 우리는 지구 생물의 다양성, 대양의 플랑크톤, 깨끗한 물의 가용성, 또 우리를 방사선과 그 해로운 영향으로부터 보호해 줄 오존층 보존에 관심이 많다. 다섯 번째 대접을 짐승의 왕국에 쏟자 그 나라가 어두워지고 혼란스러워지면서 극심한 고통이 생겨났다. 하지만 사람들은 여전히 "회개하지 않았다"(계 16:9, 11). 바로가 그랬던 것처럼 그들 역시 마음을 굳게 한 것이다.

여섯 번째 대접은 큰 강 유브라데에 쏟아졌다. 이 강은 "하나님 곧 전능하신 이의 큰 날"(14절)에 있을 마지막 전쟁을 위해 집결한, 하나님을 반대하는 세력을 상징한다. 그리고 하나님의 백성들이 이 장면에 지나치게 놀라지 않도록 예수님이 개입하셔서 우리에게 준비하라 경고하시며 외치신다. "보라 내가 도둑같이 오리니!"(15절) 하지만 이 전쟁은 문자 그대로의 전쟁이라고 볼 수 없다. 이는 어린 양과 용, 그리스도와 적그리스도 사이의 마지막 전쟁을 상징한다.

일곱 인과 나팔 소리는 예수 그리스도의 재림이라는 절정에서 끝이 난다. 일곱 대접의 재앙도 마찬가지다. 그리스도는 권능과 영광 가운데 오셔서 사탄의 세력을 완패시키시고 파괴하신다.

요한계시록 16:17-22을 읽으라.

목요일

바벨론의 정체와 패망

> 무너졌도다 무너졌도다 큰 성 바벨론이여 모든 나라에게
> 그의 음행으로 말미암아 진노의 포도주를 먹이던 자로다.
> 요한계시록 14:8

요한계시록에서 '바벨론'은 지금까지 겨우 두 번 간략하게 언급되었을 뿐, 그 두 구절 어디에서도 그것이 무엇을 상징하는지 말하지 않았다. 그러나 이제 두 장에 걸쳐 이 '바벨론'이 무엇인지 설명한다. 17장은 그 정체를 밝혀 주고, 18장은 그것이 어떻게 패망하는지 생생하게 묘사해 준다.

바벨론의 정체는 일곱 천사 가운데 하나가 밝혀 준다. 그는 요한에게 가르쳐 주겠다고 자원했다. 천사는 요한에게 음녀를 보여 준 다음, 계속해서 요한이 본 것에 대해 설명한다. 그 음녀는 붉은 짐승(앞서 등장한 바다에서 나온 짐승이라 여겨지는)을 타고 있다. 리처드 보캄(Richard Bauckham)은 "부패한 영향력을 행사하는 로마 문명은 로마 제국의 군사력을 등에 업고 있다"고 썼다. 요한은 또한 그 음녀가 순교자들의 피에 취해 있는 것을 보았다(17:6). 결론적으로 천사가 요한에게 말한다. "네가 본 그 여자는 땅의 왕들을 다스리는 큰 성이라"(17:18).

이제 바벨론의 정체가 밝혀졌으므로, 요한은 즉시 바벨론의 패망을 묘사하기 시작한다. 고트의 왕 알라리크(Alaric the Goth)가 실제로 로마를 점령하기까지는 아직 320년이란 시간이 더 남아 있었다. 하지만 요한은 예언적 과거 시제를 사용하여, 마치 이미 이루어진 일인 양 하나님의 심판의 확실성을 표현한다. "무너졌도다, 무너졌도다! 큰 성 바벨론이여!"(14:8) 18장에는 세 부류의 인간이 특별히 언급되어 있다. 즉, 왕들, 상인들, 선원들이다. 이들은 저마다 바벨론의 패망을 애통해하는 소리를 듣는다. "화 있도다 화 있도다 큰 성, 견고한 성 바벨론이여"(18:10). 18장은 축하와 애가가 뒤섞인 채 마무리된다. 심판에서 드러난 하나님의 공의는 축하하고, 문화의 모든 좋은 측면이 사라진 것에 대해서는 애통해한다. 즉, 음악 소리, 장인의 기술, 가족을 위한 식사 준비, 신랑과 신부의 기쁨에 찬 웃음 소리 등이 더 이상 들리지도 보이지도 않게 된 것이다.

1세기의 '바벨론'은 로마였다. 하지만 바벨론은 인간의 역사 내내, 세계 곳곳에서 번성하고 있다. 바벨론은 허영의 시장(Vanity Fair)이다. 우리는 우상숭배, 음행, 사치, 마법, 독재, 자만 등, 이 장에서 그 바벨론의 윤곽을 쉽게 알아챌 수 있다. 바벨론의 영향력에 더러워지지 않도록 그곳에서 어서 나오라는 경고의 나팔이 지금도 하나님의 백성들을 급하게 부르고 있다.

요한계시록 18:21-24을 읽으라.

백마 탄 자

보라 백마와 그것을 탄 자가 있으니
그 이름은 충신과 진실이라. 그가 공의로 심판하며 싸우더라.
요한계시록 19:11

이제 요한은, 불에 타 버린 바벨론의 적막과 대조적으로 "할렐루야!"를 외치는 허다한 무리의 큰 음성 같은 것을 듣는다. 이 단어는 요한계시록 19장 도입부에서만, 마치 천상의 할렐루야 합창곡처럼 네 번 반복된다. 이처럼 하나님을 찬양하라고 하는 이유는, 그분의 공의로우신 심판과 최고의 통치 때문이다. 뿐만 아니라 음녀 바벨론의 패망과는 대조적으로 어린 양의 혼인 잔치가 가까워졌고, 신부가 이제 준비를 마쳤기 때문이다(7절).

다음으로 요한은 하늘이 열리는 것을 보았는데, 그 앞에 백마와 그것을 탄 자가 서 있었다. 백마를 탄 자는 우주적 권위를 상징하는 많은 관을 쓰고 있었다. 또 그는 피 뿌린 옷을 입고 있었는데, 이는 그가 희생 제물로 죽으셨음을 나타낸다. 그는 만왕의 왕이요, 만주의 주라는 놀라운 칭호를 받는다. 이 분이 주 예수 그리스도라는 데는 추호도 의심의 여지가 없다. 그분은 신적인 위엄이 충만한 가운데, 하늘의 군대를 대동하고 심판을 위해 앞장서 가신다.

이제 두 군대, 즉 하나님의 군대와 사탄의 군대가 대면하고 있으니, 곧 마지막 전투가 이어지리라 여겨진다. 하지만 아무 일도 일어나지 않는다. 예수님이 죽음과 부활로 이미 악을 이기셨기 때문이다. 대신 이제 악의 세력이 그들이 소개되었던 것과 반대 순서로 멸망한다. 처음은 바벨론이다. 이는 이미 패망했다. 다음은 바다에서 나온 짐승(박해 세력)과 소위 '거짓 선지자'로 알려진 땅에서 나온 짐승이다. 이는 거짓 종교를 상징하는 것으로, 황제나 그 신상에 절하도록 사람들을 종용한 책임이 있다(20절). 둘 다 유황불 붙은 불못에 던져져 멸망한다. 이제 용의 패망만 남았다. 이는 요한계시록 다음 장에 기록되었고 내일 그 부분을 살펴볼 것이다.

요한계시록 19:11-16을 읽으라.

토요일

사탄의 멸망

마귀가 불과 유황 못에 던져지니
거기는 그 짐승과 거짓 선지자도 있어.
요한계시록 20:10

요한계시록 20장은 자연스럽게 세 단락으로 나누어진다. 즉, 천년의 기간(1-6절), 마지막 전투(7-10절), 최후의 심판(11-15절)이다.

첫째, 천년의 기간. 이 단어는 총 여섯 번 언급되는데, 각기 서로 다른 것을 가리키는 말로 사용되었다. 그 천년 동안 사탄이 결박되어 만국은 더 이상 미혹당하지 않으며, 순교자들과 성도들은 다시 일어나 그리스도와 함께 왕 노릇하게 된다고 성경은 말한다. 이는 천년이란, 예수님의 초림과 재림 사이의 전체 기간을 상징적으로 나타낸다는 사실을 보여 주는 것이 분명하다. 만일 이 해석을 두고 사탄이 결박당한 것처럼 보이지 않는다고 반박한다면, 우리는 그것이 신약 전체에 걸쳐 나타난 문제라고 답할 것이다. 신약 어디를 보아도 예수님이 죽음과 부활로 사탄을 무장해제시켜 결박하셨다고 단언하기 때문이다(예를 들어, 막 3:27을 보라). 게다가 요한은 사탄이 모든 면에서 결박당했다고 말하지 않고, 콕 집어서 만국과 관련하여 결박당했다고 말한다. 이는 셀 수 없는 큰 회심자 무리를 설명해 준다(계 7:9을 보라).

둘째, 요한은 천년의 기간이 끝나고 나면 사탄이 잠시 결박에서 놓일 것이고 다시 나라들을 미혹할 것이라고 말한다. 즉, 교회의 선교 사역이 반대에 부딪치고 축소될 것이다. 사탄은 교회를 향한 마지막 공세를 퍼붓기 위해 적대적인 사람들을 모을 것이다. 하지만 그리스도는 백마 탄 기수가 되어 그 모든 대립을 미리 저지하실 것이다. 그 후 용은 불못에 던져지고, 거기서 두 짐승을 만나 휴식도 끝도 없는 괴로움을 당하게 될 것이다.

셋째, 이제 용과 두 짐승과 음녀 모두 패망했으니, 모든 사람이 크고 흰 보좌 앞에 나와 심판을 받을 차례다. 요한은 "죽은 자들이 자기 행위를 따라 책들에 기록된 대로 심판을 받으니"라고 썼다(20:12). 단연코 강조하지만, 지금 요한은 죄인들이 그들의 선행으로 죄를 정당화할 수 있다고 말하는 것이 아니다. 그렇지 않다. 우리 죄인들은 십자가에 달리신 그리스도를 믿는 믿음으로 오직 하나님의 은혜로만 **의롭다 함을 받는다**. 하지만 동시에 우리 행위에 따라 **심판받을** 것이다. 심판은 공적인 행사이며, 선행은 우리 믿음의 진정성을 증명해 주는 눈에 보이는 공적인 증거가 될 것이다. "행함이 없는 믿음은 죽은 것이니라"(약 2:26). 진정한 신자는 그 이름이 어린 양의 생명책에 기록되어 있다(계 13:8; 20:15).

요한계시록 20:1-15을 읽으라.

제52주

새 하늘과 새 땅

요한계시록 20장은 그 이름이 생명책에 기록된 사람들과 그렇지 못해 둘째 사망에 던져질 운명에 처한 사람들의 무시무시한 대조로 끝난다. 즉 생명 혹은 사망이라는 전혀 다른 두 행로가 인류를 기다리고 있다. 요한계시록 21장과 22장(요한계시록의 마지막 두 장) 역시 둘째 사망을 언급한다. 하지만 이 두 장의 주요 관심사는 생명책, 생명수, 생명나무 등, 생명이다.

영생이란 예수님이 가르쳐 주셨듯이(요 17:3), 예수 그리스도를 통하여 하나님을 인격적으로 아는 것을 의미한다. 요한은 이제 세 가지 비유로 영생을 설명한다. 하나님의 도성 새 예루살렘에서 누리는 복락, 에덴동산의 생명나무에 다시 접근할 수 있게 된 것, 혼인한 신랑과 신부의 친밀한 관계가 그것이다. 요한은 성, 동산, 혼인, 세 가지 비유를 다루면서 어떤 부조화도 없이 한 비유에서 다른 비유로 넘어간다. 세 가지 모두, 바로 지금 시작하여(그리스도를 통해 그분과 화목을 이루었다면) 예수님이 다시 오실 때 완성되는, 하나님과의 친밀한 인격적 교제를 상징하고 있기 때문이다.

일요일: "만물을 새롭게 하노라"
월요일: 거룩한 성
화요일: 새 예루살렘의 동산
수요일: 이 예언의 말씀
목요일: "내가 속히 오리라!"
금요일: 혼인 잔치
토요일: 기다리는 교회

일요일

"만물을 새롭게 하노라"

보좌에 앉으신 이가 이르시되
보라 내가 만물을 새롭게 하노라.
요한계시록 21:5

요한계시록 21장의 처음 여덟 구절은 새로움이라는 주제에 관한 다양한 변주다. 요한은 새 하늘과 새 땅을 보았고, 거기서 거룩한 성 새 예루살렘이 내려오는 것을 보았다. 결과적으로 "처음 것들이 다 지나갔음이러라!"(5절) 하는 말씀이 성취된 것이다. 이러한 새로운 우주에 대한 약속은 하나님이 이사야에게 처음 하셨다(사 65:17; 66:22). 예수님도 "세상이 새롭게 되어"(마 19:28, 문자 그대로 하자면 '새로운 탄생')라는 말로 그것에 대해 말씀하셨고, 바울은 이것을 피조물이 썩어짐의 종노릇 하는 데서 해방되는 것으로 표현했다(롬 8:18-25).

따라서 여기서 기억해야 할 것은 우리 그리스도인의 소망은 천상의 천국을 바라보는 것이 아니라, 현재 세계와 연속성과 비연속성 모두를 지닌 새로워질 우주를 고대하는 것이라는 사실이다. 그리스도인 개개인이 그리스도 안에서 새로운 피조물인 것처럼, 즉 동일한 사람이지만 동시에 변화된 사람인 것처럼, 또 부활한 몸은 이전의 정체성이 전혀 훼손되지 않은 동일한 몸이지만 새로운 능력을 부여 받은 것처럼(부활하신 예수님의 몸에 남은 상처를 기억하라), 새 하늘과 새 땅도 전혀 다른 우주로 교체된 것이 아니라(처음부터 새로이 창조된 것처럼) 현재의 모든 불완전함을 제거하고 새로워진 우주다. 요한은 여기에 "바다도 다시 있지 않더라"(계 21:1)라는 세부 사항을 덧붙인다. 바다는 분리와 불안정을 상징하기 때문이다.

다음으로 요한은 하나님의 음성이 임하여 새 예루살렘이 내려온 것의 의미를 설명해 주시는 것을 들었다. "하나님의 장막이 사람들과 함께 있으매 하나님이 그들과 함께 계시리니 그들은 하나님의 백성이 되고 하나님은 친히 그들과 함께 계셔서"(3절). 이 놀라운 선포가 더욱 인상적인 것은, 성경 전체에서 되풀이되어 나타나는 언약 공식, 즉 "내가 너희의 하나님이 되고 너희는 나의 백성이 되리라"라는 공식이 담겨 있기 때문이다.

하나님과 그분의 백성이 이렇게 살아 있는 관계를 맺으면, 더 이상 고통도 눈물도 애통함도 죽음도 없을 것이다. 이 모든 것은 이미 사라진 타락한 옛 땅에 속한 것이기 때문이다. 오직 하나님만이 이 일을 하실 수 있다. 그분은 알파와 오메가요, 처음이자 마지막이기 때문이다(6절).

요한계시록 21:1-8을 읽으라.

거룩한 성

월요일

하나님께로부터 하늘에서 내려오는
거룩한 성 예루살렘을 보이니.
요한계시록 21:10

우리는 요한이 비유들을 얼마나 잘 조합하는지 앞에서(52주 개요) 언급했다. 그는 처음 거룩한 성 새 예루살렘을 보았을 때, 마치 "그 준비한 것이 신부가 남편을 위하여 단장한 것 같더라"(2절)라고 말했다. 그리고 지금 천사가 어린 양의 신부를 보여 주겠다고 했을 때 요한이 본 것이 "거룩한 성 예루살렘"이었다(10절). 21장 대부분은 하나님의 영광으로 빛나는 거룩한 성 새 예루살렘을 구체적으로 설명하는 데 할애되어 있다. 그 성의 열두 문에는 이스라엘 열두 지파의 이름이 새겨져 있었고, 그 기초석에는 열두 사도의 이름이 새겨져 있었다. 그 성은 성전의 지성소처럼 정육면체 모양이었다. 브루스 메츠거(Bruce Metzger) 박사는 새 예루살렘의 이 같은 구조에 대해 "건축학적으로 터무니없다"고 말했다(약 24만 킬로미터 길이의 정육면체. 이는 런던에서 아테네까지의 거리다). 우리가 이 말에 동의하지 않을 수 없다 해도 그 상징성만은 분명하다. 거룩한 성은 거대한 난공불락의 요새로, 구약과 신약의 완성된 교회를 나타내며, 하나님의 백성들이 누리는 평화와 안전을 상징한다.

요한이 본 성은 거대하고 견고하기만 했던 것이 아니라 아름답기도 했다. 열두 개의 기초석은 각기 다른 보석으로 장식되어 있었고, 열두 문은 각각 모두 한 개의 진주로 되어 있었다. 또 그 성의 거대한 도로는 정금으로 되어 있었다. 지금까지 새 예루살렘의 거대한 구조와 다채로운 장엄함을 들여다본 요한은 이제, 우리의 관심을 그 성에 존재하지 않는 것으로 향하게 한다. 첫째, 요한은 그 성에서 성전을 보지 못했다. 하지만 그것은 당연하다! 주님과 어린 양이 바로 새 예루살렘의 성전이시다. 그들의 임재가 그 성에 가득하기 때문에 따로 특별한 건물이 필요 없다. 둘째, 그 성에는 해나 달이 필요 없다. 하나님의 영광이 성을 밝히고 있고 그분의 빛은 온 나라를 비추기에 충분하다.

이쯤에서 우리는 24절과 26절을 주목해야 한다. "땅의 왕들이 자기 영광을 가지고 그리로 들어가리라." "사람들이 만국의 영광과 존귀를 가지고 그리로 들어가겠고." 이 구절들을 보면 세상의 문화적 보물들이 새 예루살렘을 장식하고 있다는 것을 알 수 있다. 하지만 동시에 그 어떤 불순한 것도 그 성에 들어갈 수 없고, 부끄럽고 기만적인 행동을 범한 그 어떤 사람도 들어갈 수 없다. 오직 그 이름이 어린 양의 생명책에 기록된 사람만이 들어갈 수 있다(27절).

요한계시록 21:15-27을 읽으라.

화요일

새 예루살렘의 동산

또 그가 수정 같이 맑은 생명수의 강을 내게 보이니
하나님과 및 어린 양의 보좌로부터 나와서.
요한계시록 22:1

그 성은 이제 아름다운 동산의 모습을 한 성으로 장면이 전환된다. 특히 그 안에 흐르는 강과 생명나무와 하나님의 보좌가 강조된다. 첫째, 생명수의 강이 있다. 이 강의 수정처럼 맑은 물은 보좌(하나님의 주권적인 은혜의 상징)로부터 나와 그 성의 중앙로 한가운데로 흘러간다. 그래서 목마른 자들은 언제든 와서 이 물을 마실 수 있다.

둘째, 생명나무가 있다. 요한은 강 좌우에서 이 나무가 자라고 있는 것을 본다. 타락 이후 이 나무에 접근하는 것이 금지되었지만 이제 그 금지가 해제되었다. 요한은 강 좌우에서 각각 한 그루씩의 나무만을 보았을지도 모른다. 하지만 나는 다른 주석가들의 관점을 더 선호한다. 에스겔 47장에서 이미 예언한 것처럼, 다 자란 수많은 생명나무가 강둑 양편에 즐비하게 늘어서 있어 누구든 그 열매를 먹을 수 있다. 배고픈 자나 목마른 자는 흡족할 때까지 얼마든지 먹고 마실 수 있다. 매월 새 열매를 먹을 수 있고, 잎사귀는 만국을 치료하는 데 사용될 것이다. 이는 복음이 이방 세계에 가져다 줄 넉넉하고 긍정적인 혜택을 가리킨다. 또한 요한은 이제 더 이상 저주가 없을 것이라고 덧붙인다. 이는 에덴동산에 대한 또 다른 명백한 암시다.

셋째, 요한은 이제 생명수의 강과 생명나무에서 보좌로 초점을 옮긴다. 요한계시록 4장과 5장에서 살펴본 것처럼 보좌의 중심성이 회복될 것이고, 만물이 하나님의 통치 아래 굴복할 것이다. 뿐만 아니라 그분의 종들이 그를 경배하고 "그의 얼굴을 볼" 것이다(4절). 하나님은 모세에게 "네가 내 얼굴을 보지 못하리니 나를 보고 살 자가 없음이니라"(출 33:20)라고 분명하게 말씀하셨다. 그래서 지금까지 인간이 볼 수 있었던 것은 그분의 영광이 전부였다. 이는 하나님의 내적 존재가 외적으로 발현된 것이라 할 수 있다. 또 성육신하신 그분의 아들의 인격과 사역에서 그분의 영광을 보았다. 하지만 언젠가 장막이 걷히고 우리는 그분을 "그의 참모습 그대로"(요일 3:2) 보게 될 것이다. 심지어 "얼굴과 얼굴을 대하여"(고전 13:12) 보게 될 것이다. 하나님을 직접 보는 깃은 자기 백성들을 향한 하나님의 궁극적인 목적에 없어서는 안 될 요소다.

요한계시록 22:1-5을 읽으라.

이 예언의 말씀

수요일

이 두루마리의
예언의 말씀을 지키는 자는 복이 있으리라.
요한계시록 22:7

요한계시록의 마지막 열여섯 절은 일종의 부록 혹은 후기로, 경고와 호소 모음이라 할 수 있다.

요한은 자신의 책이 진짜임을 밝히고 그 권위의 원천을 보여 주려 한다. 천사를 통해 그에게 교회를 향한 이 메시지를 주신 분은 바로 예수님이라고 요한은 단언한다. 그에 따라 요한은 "보고 들은" 것을 기록하였고, 그의 말은 "신실하고 참되다"(6-8절). 그것들은 사실 예언이었다. 다시 말해 하나님으로부터 온 계시였다. 요한은 이 점을 나타내기 위해 특별한 표현을 (약간씩 변형하여) 다섯 번 사용했다. 바로 "이 두루마리의 예언의 말씀"(7-19절)이라는 표현이다.

요한은 이 예언의 말씀에 대한 독자들의 의무를 명쾌하게 밝혔다. 그 말씀을 "지키는"(9절) 것이다. 다시 말해, 그 말씀을 믿고 순종하는 것이다. 이 예언의 말씀은 "인봉"(10절)하거나 감추어 두지 말고 다른 이들에게 알려야 한다. 그리고 그렇게 할 때 무슨 일이 있어도 그 말씀에 다른 무언가를 더하거나 빼면 안 된다. 누군가 이 책에 무언가를 더하면 하나님이 그 책에 기록된 재앙을 그에게 더하실 것이고, 이 책에서 무엇이라도 제하면 생명나무와 거룩한 성에 참여할 수 있는 권한을 빼앗아 버리실 것이기 때문이다(18-19절).

요한의 호소와 경고의 배후에는 심판에 대한 기대가 있다. 그리스도가 다시 오실 때, 두루마기를 빤 사람들과 그렇지 않은 사람들 사이에, 새 예루살렘에 들어가 복락을 누리는 사람들과 거기서 제외된 사람들 사이에 끔찍한 구별이 생길 것이기 때문이다.

이렇듯 창조주로서 만물을 창조하신 예수 그리스도께서 심판자로서 모든 것을 완성하실 것이다. 그분은 "알파와 오메가요 처음과 마지막이요 시작과 마침"(13절)이기 때문이다. 1장에서는 이 동일한 칭호가 하나님과 그리스도 모두에게 사용되었는데(8, 17절), 이 책의 마지막 장인 22장에서도 마찬가지다. 이처럼 요한은 그리스도에 대한 놀라운 선언으로 자신의 책을 시작하고 마무리하고 있다.

요한계시록 22:6-13을 읽으라.

목요일

"내가 속히 오리라!"

보라 내가 속히 오리니
내가 줄 상이 내게 있어 각 사람에게 그가 행한 대로 갚아 주리라.
요한계시록 22:12

요한계시록 22장에서 눈에 띄는 특징 가운데 하나는, 여기에 세 번이나 "내가 속히 오리라!"라는 예수님의 외침으로 방점이 찍혀 있다는 점이다(7, 12, 20절). 우리는 이것을 어떻게 해석해야 할까? 이는 예수님이 자신의 재림이 곧 일어나리라고 예언하셨지만 그것은 실수였다는 의미일까? 이는 많은 이들이 받아들이는 입장이지만, 반드시 이런 결론에 이르지 않아도 되는 여러 가지 이유가 있다.

첫째, 예수님은 자신이 오실 그날을 알지 못한다고 말씀하셨다(막 13:32). 오직 아버지만이 아신다고 하셨다. 그러므로 지금 예수님이, 전에 몰랐던 것을 이제 와서 안다고 선언하셨을 것 같지는 않다. 그분은 자신이 모르신다는 사실을 모르지 않았다. 둘째, 예수님과 사도들은 다른 곳에서 그들을 따르는 이들에게, 혼인하고 자녀들을 낳아 키우며, 생계를 꾸리고, 세상 끝까지 복음을 전하라고 권하셨다. 이러한 지시는 즉각적인 재림이 있을 것이라는 믿음과 양립하기 어렵다.

셋째, 예수님은 그분의 세대가 여전히 살아 있을 때 예루살렘이 멸망한다고 예언하셨는데, 과연 그것이 당시를 가리킨 것인지 종말의 때를 가리킨 것인지 분별하기가 쉽지 않다. 넷째, '묵시'는 그 장르만의 문학적 기법이 있는 독특한 문학 장르다. 예를 들어, 묵시 문학에서는 **갑자기** 벌어질 일을 **속히** 벌어질 일로 표현한다. 구약의 예언들에도 이런 점이 적용되었다.

그렇다면 우리는 이 **속히**라는 부사를 어떻게 이해해야 할까? 우리는 그리스도의 탄생과 죽음, 부활과 높아지심이라는 위대한 사건들로 인해 새 시대가 이미 열렸고, 이제 재림 외에는 하나님의 종말 일정에 남은 것이 없음을 기억해야 한다. 그분의 시간표에는 재림이 바로 다음 일정이다. 찰스 크랜필드는 "재림이 임박했다"는 말은 과거에도 그랬고, 지금도 여전히 진리라고 말했다. 따라서 그리스도의 제자들은 믿음과 소망과 사랑을 보이는 자들이다. 믿음은 그리스도가 **이미** 구원을 성취하셨음을 안다. 소망은 **아직 오지 않은** 그분의 구원을 고대한다. 사랑은 그렇게 믿고 소망하는 **지금 우리 삶의** 특징이다. 그렇기 때문에 **속히**라는 표현은 어쩌면 연대기적으로 부정확한 표현일지 모른다. 하지만 신학적으로는 올바른 표현이다.

마가복음 13:28-37을 읽으라.

혼인 잔치

금요일

> 또 내가 보매 거룩한 성 새 예루살렘이 하나님께로부터 하늘에서 내려오니 그 준비한 것이 신부가 남편을 위하여 단장한 것 같더라.
> 요한계시록 21:2

유대 전통에 따르면 결혼은 약혼식과 결혼식 두 단계로 이루어진다. 약혼식에서는 서약과 예물 교환을 했고, 약혼을 하고 나면 결혼한 것과 거의 비슷하게 여겨졌다. 그래서 약혼한 남녀도 남편과 아내로 부를 수 있었고, 갈라서야 할 경우 이혼을 해야 했다. 결혼식은 약혼 후 어느 정도의 기간이 지나고 나서 치렀으며 이는 공개적이고 사회적인 행사였다. 예식은 음악과 춤이 있는 축제 행렬로 시작되었고, 이 행렬과 함께 신랑과 그의 친구들이, 단장을 끝낸 신부를 데리러 왔다. 그런 다음 신랑은 신부와 친구들과 가족, 친척들과 함께 다시 그의 집으로 가서 결혼식을 치렀다. 어떤 경우에는 한 주 동안 축제가 계속되기도 했다. 그동안 신부와 신랑은 사람들 앞에서 부모의 축복을 받고, 호위를 받으며 신방으로 들어간다. 그곳에서 그들은 친밀한 육체적 결합을 통해 결혼을 완성한다.

성경은 성과 결혼 생활에 대해 말하는 데 어색해하지 않는다. 성경은 하나님과 이스라엘의 언약을 묘사하기 위해 결혼 은유를 아무런 제약 없이 사용한다. 이사야, 예레미야, 에스겔, 호세아 선지자는 이스라엘을 향한 여호와의 사랑을 묘사하기 위해 육체적인 용어를 거침없이 사용한다.

예수님 역시 자신은 자신을 따르는 이들의 신랑임을, 대범한 진술을 통해 암시하셨다. 그래서 그분이 제자들과 함께 있을 때는 그들이 금식하는 것이 적절치 못하다고 말씀하셨다. 그리고 여성 혐오자로 비난을 받는 바울도 이 결혼 은유를 더 발전시켰다. 바울은 그리스도를, 신부인 교회를 사랑하고 그 신부가 아무 흠 없이 빛나는 모습으로 자기 앞에 설 수 있도록 신부를 위해 희생하는 신랑으로 그렸다(엡 5:25-27). 여기에 바울은 "이 비밀이 크도다"(엡 5:32)라는 말을 덧붙였는데, 이는 결혼한 두 사람이 하나의 육체가 되는 경험이 곧 그리스도와 그분의 교회가 연합하는 것을 상징한다는 의미인 듯하다.

에스겔 16:7-8을 읽으라.

토요일

기다리는 교회

이것들을 증언하신 이가 이르시되
내가 진실로 속히 오리라 하시거늘 아멘 주 예수여 오시옵소서.
요한계시록 22:20

요한은 요한계시록 마지막에서도, 약혼과 결혼에 관한 생생한 비유를 사용한다. 요한은 이미 곧 다가올 혼인 잔치를 암시했다. 그는 구원받은 허다한 무리가 "어린 양의 혼인 기약이 이르렀고 그의 아내가 자신을 준비하였으므로"(19:7) 할렐루야로 찬양하는 것을 들었다고 했다. 또한 "빛나고 깨끗한 세마포 옷"(19:8)이 신부에게 주어졌다고 했다. 뿐만 아니라 요한에게 환상을 설명해 주는 천사도 "어린 양의 혼인 잔치에 청함을 받은 자들은 복이 있도다"(19:9)라고 말했다. 그리고 요한 역시 새 예루살렘을 "하나님께로부터 하늘에서 내려오니 그 준비한 것이 신부가 남편을 위하여 단장한 것 같더라"라고 묘사했다(21:2; 또 9절을 보라).

하지만 신랑은 어디에 있는가? 신랑은 어디에도 보이지 않는다! 신부가 신랑을 데리고 올 수는 없다. 신랑이 가서 신부를 데려와야 한다. 신부는 이미 단장을 끝냈다. 옷을 차려 입고 아름다운 보석으로 장식도 했다. 이제 신부는 신랑이 나타나기를 기다리는 것 외에는 더 이상 할 일이 없다. 한 가지 있다면 신랑이 어서 오기를 바라는 갈망을 표현하는 것이다. "성령과 신부가 말씀하시기를 오라 하시는도다"(22:17). 성령의 최대 임무는 그리스도를 증언하는 것이고, 신부의 최대 바람은 신랑을 맞이하는 것이다.

이렇게 요한계시록은 끝을 맺는다. 기다리고, 소망하고, 기대하고, 갈망하는 교회의 모습이 그 마지막 장면이다. 마치 신부가 신랑을 기다리는 것처럼, 그분을 소리 높여 부르며, 속히 오시겠다는 그분의 세 번의 약속을 꼭 붙들고, "아멘 주 예수여 오시옵소서"라는 신부의 외침에 함께하는 다른 사람들에게서 힘을 얻으며 말이다.

그렇게 기다리는 동안 신부는 그분의 은혜가 자기에게 충만할 것임을 확신한다(21절). 영원한 혼인 잔치가 시작되고 신랑과 영원히 연합되는 그날이 오기까지 말이다.

요한계시록 22:14-21을 읽으라.

주

제2주 화요일
1) Ian McHarg, Dunning Trust Lectures, *Ontario Naturalist*에 인용됨, March 1973.

제4주 화요일
1) Franz Delitzch, *A New Commentary on Genesis*, trans. Sophia Taylor (Edinburgh: T & T Clark, 1888), p. 218. 「카일·델리취 구약주석1: 창세기」(기독교문화사).
2) John Calvin, *A Commentary on Genesis* (Edinburgh: Banner of Truth, 1965), p. 238. 「존 칼빈 성경 주석: 창세기」(성서교재간행사).

제10주 일요일
1) Viktor E. Frankl, *Man's Search for Meaning* (1959, repr., New York: Washington Square Press, 1963), p. 154. 「죽음의 수용소에서」(청아출판사).

제21주 수요일
1) "마닐라 선언"(The Manila Manifesto, 1980년), John Stott, ed., *Making Christ Known: historic mission documents from the Lausanne Movement, 1974-1989* (Grand Rapids: Eerdmans, 1997), pp. 234-235.

제21주 금요일
1) Joachim Jeremias, *The Central Message of the New Testament* (London: SCM, 1965), pp. 16-17, 19-20, 21, 30. 「신약 성서의 중심 메시지」(무림).

제30주 토요일
1) Henri Nouwen, *Graçias: A Latin American Journal* (Maryknoll, NY: Orbis, 1983), p. 105. 「소명을 찾아서」(성요셉출판사).

제35주 일요일
1) A. N. Sherwin-White, *Roman Society and Roman Law in the New Testament* (Oxford: Oxford University Press, 1963), p. 25.

옮긴이 **이지혜**는 연세대학교 영어영문학과를 졸업하고 IVP 편집부에서 일했다. 영국 Oxford Brookes University에서 출판을 공부했으며, 현재는 프리랜서 번역 및 출판기획자로 활동 중이다. 옮긴 책으로 「냅킨 전도」, 「오늘 허락된 선물」, 「데이트, 그렇게 궁금하니?」, 「그리스도인의 양심 선언」, 「존 스토트의 생애」(이상 IVP), 「반짝이는 날들」(청림), 「교회, 스타벅스에 가다」(국제제자훈련원) 등이 있다. 이 책 처음부터 27주까지 번역했다.

옮긴이 **최효은**은 연세대학교 정치외교학과와 한동대학교 통번역대학원을 졸업하고, 현재 이화여자대학교 통번역대학원 박사과정에 재학 중이다. 하나님의 지혜와 영감을 전하는 일에 동참하고자 통역과 번역을 하고 있으며, 「세상이 묻고 진리가 답하다」, 「부활 논쟁: 부활은 역사적 사건인가」(이상 IVP)를 우리말로 옮겼다. 이 책 28주부터 끝까지 번역했다.

나의 사랑하는 책

초판 발행_ 2012년 11월 28일
초판 3쇄_ 2019년 9월 20일

지은이_ 존 스토트
옮긴이_ 이지혜 · 최효은
펴낸이_ 신현기

펴낸곳_ 한국기독학생회출판부
등록번호_ 제313-2001-198호(1978.6.1)
주소_ 04031 서울 마포구 동교로 156-10
대표 전화_ (02)337-2257 팩스_ (02)337-2258
영업 전화_ (02)338-2282 팩스_ (02)080-915-1515
홈페이지_ www.ivp.co.kr 이메일_ ivp@ivp.co.kr
ISBN 978-89-328-1283-0

ⓒ 한국기독학생회출판부 2012

책값은 뒤표지에 있습니다.
무단 전재와 복제를 금합니다.